NEUE BREMER BEITRÄGE

In Verbindung mit

Leif Ludwig Albertsen · Gotthardt Frühsorge

Wolfgang Griep · Rolf Grimminger · Gerhard Sauder

Herausgegeben von

HANS-WOLF JÄGER · GERT SAUTERMEISTER

7. Band

Europäisches Reisen
im Zeitalter der Aufklärung

HEIDELBERG 1992

CARL WINTER · UNIVERSITÄTSVERLAG

Europäisches Reisen im Zeitalter der Aufklärung

Herausgegeben von

HANS-WOLF JÄGER

HEIDELBERG 1992

CARL WINTER · UNIVERSITÄTSVERLAG

Die Deutsche Bibliothek – CIP-Einheitsaufnahme

Europäisches Reisen im Zeitalter der Aufklärung /
hrsg. von Hans-Wolf Jäger. – Heidelberg: Winter,
1992

(Neue Bremer Beiträge; Bd. 7)
ISBN 3-533-04524-2 kart.
ISBN 3-533-04525-0 Gewebe
NE: Jäger, Hans Wolf [Hrsg.]; GT

ISBN 3-533-04524-2 kart.
ISBN 3-533-04525-0 Ln.

Alle Rechte vorbehalten.
© 1992. Carl Winter Universitätsverlag, gegr. 1822, GmbH., Heidelberg
Photomechanische Wiedergabe nur mit ausdrücklicher Genehmigung durch den Verlag
Imprimé en Allemagne. Printed in Germany
Gesamtherstellung: Carl Winter Universitätsverlag, Abteilung Druckerei, Heidelberg

Inhalt

Vorwort

Nach dem Reisesymposium 1979 in Bremen und der Bonner Reisetagung 1983 veranstaltete der Forschungsschwerpunkt "Spätaufklärung" im Oktober 1986 eine dritte Konferenz zum Thema "Reise und Reisebeschreibung in Europa (1700-1800)". Wieder trafen sich, vom In- und Ausland angereist, Gelehrte aus verschiedenen historischen und philologischen Disziplinen. Man tagte diesmal in Bremens ältester Straße, dem Schnoor, wo der "Bremer Presseclub" sein Haus zur Verfügung gestellt hatte. Die "Gesellschaft der Freunde der Universität" trug zur Finanzierung der Konferenz und zur Veröffentlichung der Konferenzbeiträge bei; auch der "Dringenberger Kreis" stellte Mittel zur Verfügung. Den Gönnern wird herzlich gedankt.

Wie der vorliegende Band ausweist, bot die Tagung einen ansehnlichen Fächer von Themen, Aspekten und Methoden der Reiseliteratur und ihrer Erforschung. Die Vielfalt erinnert daran, daß die Alten den hier behandelten Gegenstand und die Kunde davon wohl unter "Satura", das 18. Jahrhundert beides unter "Wälder" rubriziert hätten. Wir haben es hier mit einem offenen prosaischen Genre ohne weitere formale Verbindlichkeiten zu tun, einer Gattung eben, die bei Aristoteles nicht vorkommt.

Vielleicht rührt es daher, daß, über Reiseliteratur zu sprechen, Vergnügen macht, wenn vielleicht auch nur so lange, wie es nicht in strikter Systematik geschieht. Geht es erst einmal ganz streng zu, mit der vollständigen Auflistung alter Reisewege, dem peniblen Nachrechnen der Reisekosten, der bibliographisch totalen Verzeichnung der Itinera: dann ist diesem anmutigen Lese- und Forschungsfeld der Charme ausgetrieben, verflogen die Munterkeit in Untersuchung und Darstellung. Zum Glück sind wir so weit nicht, noch blühen persönliche Vorlieben und gilt der individuelle Zugriff. So wird man denn, etwas Geduld und Humor vorausgesetzt, die Materialfülle der einen Arbeit schätzen neben dem Impressionismus einer andern, wird da ein terminologieschweres Maschinendeutsch gelten lassen, dort den Schwung des Rhapsoden. Noch belehrt man sich hier und freut sich doch auch.

Wolfgang Griep, der an der Universität Bremen die Arbeitsstelle 'Reiseliteratur' und ihre bedeutende Itinera-Sammlung aufgebaut hat, war maßgeblich an der Vorbereitung des Reisesymposiums 1986 beteiligt. Ihm sei dieser Band gewidmet.

Bremen, im Herbst 1991
Hans-Wolf Jäger

Hans-Wolf Jäger

Ein Bremer unterwegs.
Hermann Posts Reisetagebuch von 1716/18.[1]

Nicht nur *nach* Bremen wird gereist, sondern auch *aus* Bremen - dies letzte wohl öfter als das erste, vielleicht auch lieber. Und nicht allein Fremde, nicht nur kurzzeitige Gäste der Hansestadt fahren wieder zurück in ihre eigenen Städte und Länder, auch Bremische Bürger selbst reisen oft und gern, reisen weit und reisen zu verschiedenen Zwecken. Unser Altbürgermeister Hans Koschnick reiste öfter in die Vereinigten Staaten, um den Bestand des amerikanischen Konsulates in Bremen, des ältesten auf dem Kontinent, zu sichern; Heinrich Smidt, des Bürgermeisters Johann Smidt bedeutender Sohn, reiste im Jahr 1827 nach Brasilien, um Handelsverbindungen zu knüpfen; um das Jahr 1040 bereits gab es, wovon uns der nordische Historiker Adam von Bremen berichtet, die Expedition mehrerer bremischer Schiffe ins Eismeer nördlich von Island auf der Suche nach Missions- und Rohstoffländern. Natürlich wird auch kürzer gereist, ausflugsweise zum Weyerberg in Worpswede oder zur Badekur nach Pyrmont.

Mitten unter den Bremer Reisenden zwischen Mittelalter und Jetztzeit finden wir Hermann Post, den ersten Archivarius der Hansestadt Bremen, einen Kaufmannssohn mit Jurastudium, dessen Reise nicht unrepräsentativ scheint für die geistige, körperliche und soziale Beweglichkeit des norddeutschen Bürgertums in jener Zeit. Hermann Post hat seine Reise aus den Jahren 1716 bis 1718 ausführlich zu Papier gebracht, doch niemand kennt diese Niederschrift, oder fast niemand. Ich werde Sie also mit einer Bremensie und Novität bekannt machen, wenn ich nun in gebotener Kürze vom Verlauf und der Dauer, von den Stationen und den Mitteln der Fortbewegung, von den hier und dort notierten Beobachtungen, Erlebnissen, Gedanken dieser Kavaliers- und Bildungsreise erzähle.

Im voraus formuliere ich eine mehrteilige Frage an die Sachverständigen. Sie lautet: ist diese Kavaliers- oder Bildungsreise von 1716/1718 von einigermaßen originellem Zuschnitt oder fährt der junge Post im wörtlichen wie im übertragenen Sinn auf lange gebahnten Wegen? Erlebt und notiert er eigenwillig oder erfüllt er lediglich das itinerare Schema jener Zeit? Und weiter: handelt es sich hier um eine Kavaliers- oder um eine Bildungsreise oder um beides? Und wären diese beiden Reisearten denn überhaupt klar zu scheiden? Nun, selbst, wenn sich Posts Reise möglicherweise als schwächlicher Fall einem lang gefestigten Trend einordnen läßt, kann diese Unternehmung des jungen Bremers vom Oktober 1716 bis zum Februar 1718 unser Bild der Gattung Kavaliers- oder auch Bildungsreise bereichern. Unsere Wissenschaft ist ja eine induktive, eine, die reihenbildend verfährt und aus vielen Fällen das Allgemeine herausliest. Hier soll mein Beispiel seinen Zweck erfüllen, ein Beispiel, das ich eher aspektreich denn allzu systematisch vorstellen will.

Eine Handschrift von 400 Seiten in Folio liegt in der Bremer Staats- und Universitätsbibliothek und trägt den Titel: »Diarium itineris sui per Germaniam, Italiam, Helvetiam, Galliam et Belgium ex observationibus, literis et schedulis post reditum in patriam rude composuit Hermannus Post. J.v.D. (= Juris utriusque Doctor) Anno 1718«. Also: Tagebuch

---

1 Das Tagebuch lagert unter Signatur Brem.a 197 in der Bremer Staats- und Universitätsbibliothek; eine Edition wird vorbereitet. Hier sei der Duktus des Vortrags gewahrt, weswegen ich im folgenden auch auf Zitatnachweise verzichte.

seiner Reise durch Deutschland, Italien, die Schweiz, Frankreich und Belgien - welches Hermann Post, beider Rechte Doktor, nach Rückkehr in seine Vaterstadt ohne große Kunst (rude) aus Notizen, Aufzeichnungen und Briefen (literis) sowie aus Weg- und Zeitplänen erstellt hat. Im Jahre 1718.

Wir haben keine Sammlung unmittelbarer Notizen und Niederschriften vom Reisetag vor uns, sondern eine nachträgliche Redaktion und Komposition aus dem Jahr der Rückkehr, die - wie auch einige Stellen im Text selbst ausweisen - nicht ohne Hilfe von Fachliteratur vor sich gegangen ist. Die Seiten 1 bis 11 der Handschrift bieten ein exaktes und kleinteiliges »Verzeichnis derjenigen Örter, wo ich auf meiner Reise durchgekommen, wo ich des morgens ausgefahren und des Nachts logiret, item wie lange an jedwedem Orthe mich aufgehalten«. Dieses lange Verzeichnis ist für den Historiker darum interessant, weil er aus ihm mühelos erkennt, wieviele Stunden oder wieviele Tage man um das Jahr 1716 bei zügiger Fahrt brauchte, um von Leipzig nach Jena, von Innsbruck nach Sterzing oder von Turin nach Genf zu gelangen.

Auch bestätigt dieses Routenverzeichnis erneut, daß die auf der Reise selbst gemachten Aufzeichnungen, was etwa die berührten Orte angeht, nicht lückenlos waren, sondern der späteren Ergänzung mithilfe eines Atlanten bedurften - und daß der vollständige Reiseweg zuweilen doch nicht mehr zu rekonstruieren war. Ein Beispiel dazu. Es heißt etwa: »8. Nov. (1716). Daselbst (= Regensburg - H.W.J.) ausgefahren, und in pago ... stunden vor Viltzhofen geschlafen«. Der Name dieses Pago (= Dorfes) ist nachträglich also ebensowenig auffindbar gewesen wie seine Entfernung (»stunden«) von der Station Viltzhofen. Das Stationenverzeichnis offenbart noch anderes. Es gibt an, wann und wo das Reisegefährt gewechselt wurde, wo Hermann Post von der Kutsche ins Flußschiff umstieg, wo man auf Pferden oder Maultieren reiten, wo man zu Fuß oder per Sänfte weiterziehen mußte. Auch verrät das Itinerar, welche Ausflüge sich der Reisende von seinen jeweiligen Standquartieren aus genehmigte: von Neapel auf den Vesuv, von Florenz nach Pisa, von Mailand zum Lago Maggiore, von Zürich nach Baden. Aber vergessen wir darüber nicht das Wichtigste, nämlich die Route selbst, die von Leipzig nach Jena und Erfurt, dann in den Süden Richtung Nürnberg und Regensburg (die Stadt des Reichstages), danach per Schiff gegen Wien (den Sitz des Kaisers und des Reichshofrats) führt. Es fällt auf, daß somit dieselben Stationen berührt sind - bei der Schiffspassage von Regensburg über Passau und Linz nach Wien auch dasselbe Beförderungsmittel gewählt ist - wie erheblich später von Friedrich Nicolai bei seiner Süddeutschen Reise im Jahr 1781. Posts Weg führt dann nach Innsbruck, über den Brenner und weiter durch Trient, Verona, Padua, Venedig, über Bologna, Rimini, Loreto, nach Rom; danach gegen Neapel und wieder zurück nach Rom; die nächsten Stationen sind Siena, Florenz, Mailand, Genua, Turin; die großen Schweizer Städte Genf, Bern und Zürich werden besucht, dann geht es über Basel, Straßburg, Nancy nach Paris und schließlich über Gent, Brüssel, Amsterdam nach Bremen zurück.

Bei der italienischen Tour - jenem Reiseteil, den ich ausführlicher beobachten will - bahnt sich Post keinen originellen Weg, sondern folgt allem Anschein nach einem vorgeprägten Wegplan. Ludwig Schudt hat uns diese seit dem 17. Jahrhundert eingefahrene Route in seinem Buch über »Italienreisen im 17. und 18. Jahrhundert« (1959) bekannt gemacht, hat gezeigt, wie stabil sich die Reisewege aus den nördlichen Ländern über die Alpen bis nach Süditalien über zwei Jahrhunderte hielten. Wir erfahren bei Schudt auch, wo die vornehmen Reisenden - denn nur von solchen ist da die Rede - ihren Aufenthalt mit Vorliebe ausgedehnt und zu welchen Zeiten des Jahres sie an bestimmten Orten verweilt haben. Gewöhnlich startete man diesseits der Alpen im September oder Oktober - wir erinnern uns, daß auch

Goethe im September aufbricht, und ebenso beginnt Post seine Fahrt zu Anfang Oktober. Die Karnevalszeit wird üblicherweise in Venedig verbracht, der Reisende hat dort das Vergnügen, neben anderem die schönsten und reichsten Huren ganz Europas zu treffen, die sich zur Frühjahrslustigkeit und zum Frühjahrsgeschäft hier einfinden. Danach geht es gewöhnlich zur Wunderstätte nach Loreto, wo man betet, als Katholik in der Regel einen Ablaß gewinnt, um derart rein und gestärkt rechtzeitig zur heiligen Woche und den Osterfeierlichkeiten in Rom einzuziehen. Bevor die große Hitze einsetzt, hat der Reisende Neapel und seine malerische Umgebung zu absolvieren, dann biegt er zurück, genießt einen zweiten römischen Aufenthalt und beeilt sich - immer noch vor dem Hochsommer - Florenz, Mailand, Genua, vielleicht auch Turin zu besichtigen. Es ist ein rechtes Curriculum, dem da gefolgt wird, ein Curriculum der reisenden Selbstbildung in einem Land, das wie kein zweites in Europa vereinigt die Schönheit der Natur, die Fülle der Kunst, die Tiefe der Geschichte und Vielfalt der politischen Systeme und sie zur Anschauung bereithält: »un compendio di tutta l'Europa«, wie es bereits in einer Apodemik des 16. Jahrhunderts heißt.

Noch ein letztes Mal sei auf Hermann Posts vorgeschalteten Reiseplan geblickt und daraus abgelesen, wo seine Schwerpunkte liegen, zu welchen Zeiten der reisende Bremer sich an welchen Orten am intensivsten umgetan hat. In Wien bleibt er 16 Tage, in Venedig 27 Tage (darunter denen des Karnevals), in Rom ist er, ersten und zweiten Aufenthalt zusammengerechnet, 37 Tage (die Kar- und Osterwoche ist dabei), Neapel beansprucht 10 Tage, Florenz, Mailand und Genua jeweils 6 oder 7 Tage. Auch mit diesen zeitlichen Verhältnissen scheint Post den üblichen italienischen Plan zu erfüllen. In Paris, der französischen Hauptstadt, allerdings hält sich Post später fast vier Monate auf - und wäre wohl gern noch länger geblieben, die Zeit war ihm dort, wie er schreibt, »unter den Händen unvermuthet verfloßen«, aber er wurde »auch posttäglich meine Rückreise zu beschleunigen angemahnet«. Die Familie möchte den Sohn endlich wieder in Bremen sehen.

Denn dieser reisende Sohn ist nicht erst seit dem Oktober 1716 von Hause fort, sondern weit länger schon. Er hat im Sommer 1713 sein Jurastudium in Utrecht aufgenommen, um es zwei Jahre später in Leipzig fortzusetzen. Aus Leipzig, geradewegs von der Universität und nicht etwa aus dem Bremischen Elternhaus, beginnt Post seine Reise, und es ist eine Reise, die das Studium abschließen und krönen soll. Besonders zwei Dinge verknüpfen Posts Reise entschieden mit seinen juristischen Studien. Da ist einmal der *Reisebegleiter*, ohne welchen eine Reise nicht angetreten werden darf nach der apodemischen Regel. Post wählt zum Begleiter niemand anderen als seinen akademischen Lehrer, den Leipziger Rechtshistoriker und Staatsrechtler Johann Jacob Mascow.

»Anno 1716 den 10 Oktober«,

so beginnt das Diarium,

»morgens um 9 Uhr, setzten Magister Johannes Jacobus Maskow aus Dantzig bürtig und ich uns auf den bestellten extra ordinair-postwagen, verließen die Stadt Leipzig, und nahmen unsern Weg nach Lützen ...«.

Es geht dann rasch weiter nach Jena, wo sehr lebhaft eine studentische Sauferei geschildert wird, und nach Erfurt. Hier nun das Zweite, was Studium und Reise miteinander verbindet. In Erfurt, der ersten wirklichen Reisestation, besiegelt Post formell sein Universitätsstudium mit der *juristischen Promotion*; diese ist Teil der vor- und durchgeplanten großen Reise nach Süd- und Westeuropa. Wir werden auf diesen Zusammenhang noch einmal zurückkommen.

Doch lernen wir bereits zu so früher Reisestunde den Reisenden Post gut kennen; wir bemerken, worauf er seine Augen richtet, was ihm auffällt und wie einlässig er es niederschreibt. Wir erhalten Auskunft über die Geschichte der Stadt Erfurt, über die politischen Verhältnisse, über ihre wichtigsten Baulichkeiten; das Einladende ihrer Umgebung wird dem abstoßenden Schmutz in ihren Straßen entgegengesetzt. Post erzählt anschaulich von seiner Unterbringung in einem Haus, das kindliche Gespensterfurcht in ihm weckte; er berichtet freilich auch ausgiebig über den Hergang seiner Doktordisputation, und über den anschließenden Doktorschmaus, bei dem sich die allzeit hungrigen Professoren am meisten freuten, da sie dann schließlich »mit ziemlich von Confect ausgestopften Schubsäcken (=Jackentaschen - H.W.J.) nach Hause gehen konnten«. Gewiß sind wir hier noch viele Meilen und noch gut drei Monate von den klassischen Stätten der Beobachtung, der Bildung und des Genusses entfernt, doch lassen sich die Dinge, welche er notiert, bei Post bereits ebenso ausmachen wie die Töne, die er anschlägt.

Die Städte, durch die unser Reisender kommt oder in denen er länger verweilt, beschreibt er nach Lage und Ausdehnung - ein halber oder ganzer Kanonenschuß, so lautet meistens die Streckenangabe. Kastelle, Schlösser, Paläste werden sorgfältig hergezählt, die wichtigsten Kirchen mit Sorgfalt registriert, Fortifikation und Umwallung beschrieben. Der Bremer Bürgersohn - Kaufmannssohn, wie wir präzisieren - gibt seiner Verwunderung dabei oft den Ausdruck »wurde mit großen Unkosten errichtet«, »mit königlichen Unkosten erbaut«, »der Herzog hat keine Kosten gescheut (...)«. Besonders erregen kühngeschwungene Brücken die Achtung des Reisenden. Die Straßen inspiziert er gewissenhaft, notiert, wo sie gut gepflastert und sauber oder wo sie von Unrat bedeckt sind. Städte, die sich im industriösen oder politischen Niedergang befinden, kennzeichnet Post stereotyp dadurch, daß in ihren Straßen »Gras wächst«, etwa in Pisa im Unterschied zu den mit gut gepflasterten Straßen versehenen Städten Florenz und Mailand. Gewissenhaft werden in den Kirchen die Skulpturen und Altargemälde verzeichnet, in den Galerien die kostbarsten Bilder, in den Bibliotheken die stärksten Folianten und ältesten Codices, in den Münzkabinetten die seltensten Stücke. Öfter gibt es seitenlange Abschriften von Grab- und Denkmalsinskriptionen. Solches hat für den Reisenden Post Bedeutung. Was er in eigener Niederschrift dermaßen vor sich sieht, dessen ist er später sicher, dessen Vertrautheit kann er sich rühmen. Hic fui: ich war da - das ist Beweis seines Weltganges, für den die Mittel gut angelegt waren. *Wir* allerdings, das darf man gestehen, quälen uns bei der Lektüre solcher Partien. Und wir würden das Manuskript aus der Hand legen, wenn da nicht anderes wäre, das für solche staubtrockenen Passagen entschädigt und den Text zu mehr macht als nur einem Dokument damaliger Welt- und Kulturbemächtigung oder einer Fundgrube für Sammler römischer Inschriften.

Wir schätzen anderes mehr. In allen wichtigeren Orten, durch die er kommt oder in denen er verweilt, notiert Post, was er über die Geschichte dieses Gemeinwesens weiß und was er an Markantem über sein politisches Regiment in Erfahrung bringen kann. Die republikanische Verfassung Venedigs, das Amt und die Befugnisse des Dogen, die Rechte des Adels und der Kaufleute - das interessiert ihn, und er versäumt nicht, bei der späteren Beschreibung Genuas dessen politisches Gesetz und gesellschaftliches Leben mit denjenigen Venedigs zu vergleichen. Das Polizei- und Spitzelwesen der Lagunenstadt findet Post sehr aufmerksam, er bringt es in Verbindung mit der Regel, daß die Regierung von Venedig nur ganz wenigen Wirten das Privileg erteilt, Fremde zu beherbergen, gastronomischen Konfidenten eben, die dem Rat ständig rapportieren. Ähnlich spannend findet Post später das Spitzel- und Patrouillensystem in Paris. In Venedig fasziniert ihn zudem die Information, der Rat der Republik beschäftige - heimlich aber fest - einen Vergifter, der die

Liquidation von Bösewichtern dann vornimmt, wenn deren öffentliche Hinrichtung einen gefährlichen Volksauflauf erregen könnte. Post registriert nicht nur, er urteilt auch. Am ausführlichsten und am positivsten ist er bei der Beschreibung der Republik Genf. Genf empfindet er wegen seiner Geschichte wie seiner Verfassung und seines Bürgersinnes vorbildlich. Die Stadt erhält, wie Post schreibt, ihren »Ruhm von der Reformation, Orthodoxen Religion und wohl eingerichteten Stattregiment«. Kein Wunder, daß sie Posts Wohlgefallen hat, der selbst aus einer calvinistisch-reformierten Stadt stammt. Aus Posts konfessioneller Herkunft ist andererseits die Skepsis begreiflich, die er der weltlichen Herrschaft des Papstes über den Kirchenstaat entgegenbringt. Das politisch verursachte Bettlerunwesen in jenen Territorien, die »unter dem päpstlichen Joch seufzen«, erregt Post, auch der wirtschaftliche Zwang, das Preisdiktat, der »Judenwucher«, den die »apostolische Kammer« auf den Weizenhandel legt, um sich selbst zu bereichern.

Neben der politischen erstaunt uns die soziale Aufmerksamkeit des jungen Post. Ich möchte dafür einige Beispiele geben, ehe ich noch einmal auf den Bereich des Konfessionellen und der Religion zurückkomme. In Rom lobt Post jene

> »orthe, wo die frauens welche nicht wohl verheirathet sind, und mit ihren männern übel leben, angenommen werden, und also separiret werden« -

das, was Bürgerinitiativen heute als Frauenhäuser bezeichnen und einzurichten fordern. Auch über die Spitäler in Venedig wird berichtet und die Pflege der Geschlechtskranken auf Staatskosten gelobt. Ausführlicher noch spricht Post beim späteren Aufenthalt in Paris über die dortigen großen Kranken- und Irrenanstalten, etwa die »Salpêtrière«, oder das Findelhaus. Dem Reisenden fällt in Modena die große Anzahl der Armen auf; ebenso in Rom, wo er allerdings feststellt, daß diese Armut durch die vielen Fremden, also durch den Tourismus, gemachsam milder werde. Armut und Bettelei bestimmen das Straßenbild gerade an religiös hochkarätigen Plätzen wie dem Marienheiligtum Loreto, und die Armut an diesem kirchlich dominierten Ort ist wiederum Ursache eines unerfreulichen Sozialverhaltens seiner Bewohner. Dazu aus der Handschrift eine längere Passage:

> »So leben sie auch in der grösesten armuth, und machen sich an dem heiligen orthe kein gewissen daraus, die frembden so da theils aus curiosität, theils aus devotion täglich ankommen, auf allerhand ersinliche art und weise zu bestehlen, zu betriegen und zu vervortheilen. So daß man gedencken sollte, daß wie die heiligen Engel nach dem Himmel zurückgekehrt, sie nicht willens gewesen, die stätte zu heiligen, da sie das haus hingesetzet, sondern allerhand betrügereyen und schelmstücken zu dulden (...)«.

Deutlich vernimmt man hier einen kritischen und etwas spöttischen Ton, und dieser wird von dem jungen reformierten Norddeutschen häufiger angeschlagen, wenn er vorspringende Elemente des katholischen Glaubenslebens notiert. Wir sind also beim Thema Religion. Post genehmigt sich da subjektive, persönliche, lockere Bemerkungen. Er poltert allerdings niemals so höhnisch oder besserwisserisch wie später Friedrich Nicolai in Bayern und Wien. Nördlich der Alpen zeigt Post sogar Sympathien für das katholische Wallfahrtswesen, hält er es doch für die Ursache, daß die Straßen und das Herbergsgewerbe in Bayern und Tirol auf hoher Stufe stehen. Auch findet er, Martersteige oder Kreuzwege seien kein unprobates Mittel, um einfachen Menschen das biblische Geschehen anschaulich zu machen. Die ausführliche Schilderung der Osterwoche in Rom, die detaillierte Beschreibung der frommen Verrichtungen von Papst und Kardinälen in den Hauptkirchen vom Palm- bis zum Ostersonntag, der Fußwaschung und Selbstkasteiung, sind ganz und gar sachlich. Wem Post diese Passagen aus seinem Diarium vorgelesen hat, später in der nordisch-protestantischen Heimat, der war in der Tat informiert; auch ich habe daraus noch lernen können.

Andernorts aber, wie erwähnt, spöttelt Post. So wenn er in Rom eine Teufelsaustreibung beschreibt, bei der die Geistlichen »den Besessenen die Köpfe herumb«-drehen und ihnen was vormurmeln, oder wenn er einer Nonneneinkleidung beiwohnt, wobei ihn mehr die der Einkleidung vorhergehende Auskleidung fasziniert. Reliquienverehrung kann er nicht ernst nehmen; er glaubt nicht, daß der in Pavia gezeigte Bootsmast die Lanze des christlichen Recken Roland sei. Einen Ehrenteil, den die Frommen für den Armknochen des heiligen Antonius halten, beurteilt er eher als das »membrum genitale von einem hirsche«. Und was soll er davon denken, daß in einer Genueser Kirche der Schwanz des Esels aufbewahrt und verehrt wird, auf dem Jesus in Jerusalem einzog, wo doch jener ganze Esel, vielmehr sein Skelett, in Verona steht, wohin das Grautier »über berge, thale und meer (...) kommen und daselbst gestorben« ist? Ähnlich konfligierende Besitzansprüche erfährt Post bei einer anderen delikaten Reliquie, nämlich bei Jesu Praeputium, der »Vorhaut, daran unser H. Christus beschnitten« - nach Antwerpen soll sie Gottfried von Boullion gebracht haben, aber man veneriert sie auch in der römischen Laterankirche. Man könnte hier mit amüsanten Beispielen von Skepsis gegenüber der Volksfrömmigkeit fortfahren, doch begnüge ich mich mit einem einzigen weiteren. Über Carl Borromäus weiß Post zu berichten, seine Heiligsprechung habe die Stadt Mailand 100.000 Gulden gekostet; als man dann später den Bruder des Carl Borromäus [in Wahrheit der Neffe - H.W.J.], nämlich Fredericus Borromäus, der, wie sich herausstellte, noch heiligmäßiger war als sein Bruder, ebenfalls »ins rothe Calenderregister einverleiben« wollte, fehlte dazu leider das Geld. Man sieht Post bei dieser Anekdote geradezu schmunzeln. Er geizt nicht mit spaßigen Geschichten solcher Art, was bei einem Reisediarium des frühen 18. Jahrhunderts wohl doch etwas wundernimmt.

Ich muß mir versagen, die abenteuerlichen Episoden der Reise breiter zu referieren, die Begegnung mit räuberischen Strolchen, welche Post nahe dem Wallfahrtsort Loreto mit Pistolen in Schach hält, die Unfälle durch betrunkene Vetturine, die Mißlichkeiten in unteritalienischen Herbergen (»Wantzen und Flöhe«), gefährliche Flußüberquerungen zusammen mit Pfaffen, Huren und gemischten Viehherden auf schlechter Barke. Eine hübsche kleine Szene indessen möchte ich nicht unterschlagen. Post und Mascow sind bei den Jesuiten in Neapel zu Gast, den, wie Post sagt, »grösesten Kaufleuten von Wein ... wie sie dann Jahr aus Jahr ein über 4000 stück vaß liegen haben«; hier beweist er sein Wissen darum, wie man Kleingeld als Schlüssel einsetzt. Der Klosterbediente hat verraten, wo der »beste Wein, welchen die hochheiligen Patres gebrauchten ... läge«; Post setzt fort:

> »wir persuadirten deswegen mit überreichung einiger Scudi denselben, daß er uns hinein verhülfe. Und weil wir ziemlich stark waren, trancken wir manches glas aus der Pater Fäßchens aus, und schmeckte uns der eine noch besser wie der andre. Nach verfließung einer halben stunden wurden wir erinnert, auf unsern abschied zu trinken, wozu wir uns auch resolviren mußten. Gingen drauf nach dem *Comoedienhause*, umb den tag mit freude zu beschließen. Der wein hatte uns aber so bezaubert, daß wir zusammen anfingen zu schlafen - und nahmen deswegen von Signor *Dottore* und Signor *Pantalone* frühzeitigen abschied«.

Leid tut mir, daß ich die *Landschaftsschilderungen* nur streifen kann; gewiß sind sie nicht eben häufig, aber ich hätte in einem Text dieser Zeit weniger erwartet. Post genießt Naturansichten, den »schönen prospect«, wie er sagt, oder »das gesicht«. Er registriert eine von Leuchtkäfern erhellte Nacht vor Bologna (»als ob es feuer regnete«); er läßt sich, um das Panorama zu sehen, eigens in die Bucht von Genua rudern; und er besteigt den Vesuv - das gehört freilich zum Programm eines jeden Reisenden, doch ist die handschriftliche Erzählung davon erstaunlich individuell. *Eine* landschaftliche Kostprobe sei mir wiederzugeben gestattet. Wir sind auf der Straße aus der Po-Ebene nach Mailand, Post notiert:

»Hinter Piacenza passiret man den Po mit einer fliegenden Brücke, der weg von hier nach Mayland ist mir der allerangenehmste von gantz Italien vorgekommen. Man trift unzehliche Veränderungen des gesichts zwischen diesen beyden örthern an von kleinen wäldern, alleen von Nußbäumen, weinstöcken, feigenbäumen und andern fruchtbaren bäumen, item von wayde und kornland, so daß man sich nicht satt sehen kan. Hierzu kompt noch die menge von bächen und kleinen flüßen, welche die wege manichmahl abtheilen und scheiden, dann an beyden seiten vorbeyrauschen und eine angenehme kühle verursachen (...)«.

Damit wollen wir uns begnügen, und ebenso sei es mit den schnurrigen Beschreibungen gehalten, die Post von allerlei Kuriositäten gibt, seien es Naturalia, seien es künstliche Dinge (wie »ein Riemen, so man aus der haut eines Türken geschnitten und woran noch ein Zeh«) oder Menschen wie »Simson«, ein starker Engländer im Besitz des Erzherzogs von Florenz, der zum Amüsement der Besucher Kraftakte vollführt.

Abenteuerliche Episoden, Landschaftsschilderungen, Kuriositäten, bisweilen auch Volks-szenen würzen den Bericht des jungen Gelehrten über seine Reise. Ihretwegen nimmt man eher in Kauf, was seinerzeit wohl die Kernsubstanz der Beschreibung war: Städtetopographie; Inventare der Kirchen, Paläste und Fortifikationen; Listen der Bücher, der Gemälde, Skulpturen und Münzen; die schon erwähnten Abschriften von hundert Inskriptionen. Hätte Post seine Reise dem Druck übergeben, es wäre wohl dies letztere allein übriggeblieben, wenn ich den Stil des frühen 18. Jahrhunderts im itineraren Genre richtig fasse. Getilgt hätte Post die kleinen Respektlosigkeiten gegen das konfessionelle Treiben ebenso wie manche persönliche Bemerkung über sich selbst, über Anflüge von Zaghaftigkeit, die Neigung zum Mittagsschlaf, Ekel und Überdruß nach der Besichtigung allzu vieler hübscher Häuser und Ähnliches mehr. Diese würzenden Einsprengsel wären auf Nimmer-wiedersehen dahin, da man die Handschrift damals nicht aufzubewahren pflegte, wenn erst einmal gedruckt war.

Erlaubt seien mir gegen Ende einige Bemerkungen zum Reisenden Post und zu Art und Status seiner Reise. Dem heutigen Leser fällt bei der Lektüre auf, daß Hermann Post, mag er hie und da von sich selbst sprechen, doch nirgends in seinem Bericht zum Thema macht und ihm nie zum Problem zu werden scheint, was heute besonders interessiert, ich meine

1. den sozialen Rang des Reisenden und
2. seinen wirtschaftlich-finanziellen Status.

Zum ersten, dem sozialen Rang des Reisenden: Wie selbstverständlich berichtet Post, daß man ihn und seinen Begleiter Mascow im Kloster Melck zuvorkommend empfängt und aufs feinste bewirtet; in Regensburg unterhält er sich frei mit den norddeutschen Gesandten beim Reichstag über die politische Lage Bremens; eine Audienz beim Fürstbischof von Salzburg erscheint ebenso selbstverständlich wie eine weitere beim Erzherzog von Florenz; zum römischen Umgang Posts zählen neben Äbten und anderen höheren Kirchenbeamten auch die Söhne der Bürgermeister von Rotterdam und Amsterdam. Selbstverständlich besucht man in Venedig und Paris berühmte Gelehrte und macht angesehenen Professoren an den Universitäten Bologna und Padua seine Aufwartung. Ohne Verwunderung und ohne sich in die Brust zu werfen, berichtet der 24jährige Post, daß ihm der Professor Abelli in Bologna auf seinen Wunsch privatissime ein Colleg liest über das Recht, Jungfrauen zu rauben (»de raptu virginum«). Keine Spur von Selbstlob oder von Selbstzweifel; wir gewahren eine ihrer selbst und ihres Standes sichere Persönlichkeit, die gesellschaftliche Form beherrschend.

Zum finanziellen Status: Geld spielt keine Rolle, es wird ebensowenig erörtert wie die Bewaffnung mit guten Pistolen, von der wir ganz zufällig etwas hören, oder die Beherr-

14

schung der italienischen Sprache. Post, der zur Charakteristik schöner Baulichkeiten gern die Wörter »Kosten« und »Unkosten« gebraucht, wendet diese Begriffe auf seine eigenen Unternehmen nie an. Dabei gibt er viel aus. Er reist ja nicht mit dem allgemeinen Postwagen aus Leipzig, sondern mit »Extrapost«. Für den Weg von Wien bis Innsbruck erwirbt er eine eigene Kutsche. Die Rheinstrecke zwischen Basel und Straßburg legt er mit einem »schiff à part«, nur für ihn allein gemietet, zurück. In Rom beziehen Post und Mascow eine Flucht von 5 Zimmern, mit 5 weiteren Zimmern und dem Zugang zur Bibliothek eines hohen Klerikers; der Reisebegleiter Mascow, der Post erst während der Rückreise in der Schweiz verläßt, wird während des gesamten Giro d'Italia selbstverständlich freigehalten; für 4 Wochen ist in Rom ein Kunsthistoriker als Cicerone verpflichtet; zwei Kutscher beschäftigt der junge Bremer in Paris, einen davon überläßt er bei seiner Abreise seinem »Banquier«. Mit Bankiers steht er sich gut, die angenehmsten findet Post in Florenz, aber auch anderswo sind sie »allesamt gleich fertig ... in auszahlung der gelder« - hier dürfen wir ergänzen: in Auszahlung der Gelder, welche der Vater, der Bremische Kaufmann Simon Post, ein Mann von europäischem Radius, ins südliche und westliche Ausland angewiesen hat.

Der Kaufherr Simon Post ließ sich, wie das Jurastudium des Sohnes in Utrecht und Leipzig, so auch dessen große Reise allerhand kosten. Es macht den Anschein, als habe Vater Post diese Tour, deren erste größere Station, Erfurt, ja das Doktorat brachte, als Schlußstein in der akademischen Erudition seines Sohnes angesehen. Zu Hause wartete auf Post junior bereits die Braut, die Tochter des adeligen Bremer Ratsherren Liborius von Line. Noch 1718, im Jahr der Heimkehr, fand die Hochzeit statt; ein Vertreter des zweiten Standes - in Bremen gab es vier Stände - heiratete in den ersten Stand hinauf. Doch war das erst der halbe Schritt zum Aufstieg. Er wurde durch einen zweiten Akt zum ganzen Schritt. Simon Post beantragte nach Rückkehr seines Sohnes die erbliche Nobilität, wobei er neben der allgemeinen Formel, er habe Kaiser und Reich allezeit treu gedient, darauf verwies, daß er seinen Sohn zum Rechtstudium und Erwerb des Doktorgrades juris utriusque angehalten habe. Kaiser Karl VI sandte den erbetenen Adelsbrief im Sommer 1719, ein Jahr nach Ende der großen Reise. Von Hermann Post entsproß eine ganze Dynastie bremischer Bürgermeister und Senatoren. Am Beginn dieser Dynastie und ganz eng verbunden mit Posts Nobilitierung aber stand die große Reise, womit er sein Studium abschloß. Und so war die Fahrt dieses Bremers vielleicht eine bürgerliche Bildungsreise und eine adelige Kavalierstour zugleich.

Winfried Siebers

Beobachtung und Räsonnement
Typen, Beschreibungsformen und Öffentlichkeitsbezug der frühaufklärerischen Gelehrtenreise

1. Die Gelehrten und ihr Kommunikationssystem

Für die deutsche Literatur des 18. Jahrhunderts ist von Seiten der literatursoziologischen Forschung das gebildete Bürgertum als soziale Trägerschicht der Literatur und Kultur namhaft gemacht worden. Die sozialgeschichtlich orientierte Literaturgeschichtsschreibung verarbeitet mit diesen Feststellungen die differenzierten Ergebnisse der Geschichtswissenschaft. Rudolf Vierhaus hat vor nunmehr 20 Jahren in einem gewichtigen Vortrag über »Deutschland im 18. Jahrhundert« von den bürgerlichen Gebildeten als dem eigentlich »dynamischen Element im deutschen Sozialgefüge des 18. Jahrhunderts« gesprochen.[1] Diese neue bürgerliche Schicht, die noch keinen zuweisbaren Ort in der traditionalen Ständegesellschaft gefunden hatte, ist das personelle Äquivalent zur Herausbildung des territorialstaatlichen Absolutismus und seines wachsenden Bedarfs an qualifizierten Verwaltungsbeamten für die entstehende Finanz-, Hof- und Militärverwaltung. Eine breite Tiefenwirkung dieser aufgeklärten Elite zeigte sich aber erst in der von ihr getragenen umgreifenden Reformpraxis des aufgeklärten Absolutismus sowie der Volks- und Bauernaufklärung am Ende des 18. Jahrhunderts. Die wesentlichen Leistungen des Aufklärungsjahrhunderts werden deshalb häufig in dessen zweiter Hälfte gesehen. Dieser einseitigen Fixierung auf die vorgeblich epochemachenden Dezennien nach 1750 ist im Sinne eines umfassenderen Aufklärungsbegriffs (als Epochenbegriff) entgegenzutreten. Wiederum darf auf einen grundlegenden Anstoß in dieser Richtung von Rudolf Vierhaus aufmerksam gemacht werden. In einem neueren Beitrag zum Thema geht er auf die Traditionsgeschichte der bürgerlichen Gebildeten ein. Mit der von ihm formulierten, den Vorgang präzis bündelnden Formel »vom Gelehrten zum Gebildeten« benennt er den geschichtlichen Zusammenhang der kulturtragenden Schicht des 18. Jahrhunderts mit dem Gelehrtenstand des 16. und 17. Jahrhunderts.[2] Die zentrale Bedeutung des Gelehrten für den Aufstieg des Absolutismus und für die Literaturentwicklung der Frühen Neuzeit hat die neuere sozialgeschichtliche Barockforschung nachdrücklich und in differenzierter Weise belegen können.[3] Der Übergang vom 17. zum 18. Jahrhundert stellt sich, wenngleich nicht bruchlos,

---

1 Rudolf Vierhaus: Deutschland im 18. Jahrhundert: soziales Gefüge, politische Verfassung, geistige Bewegung (1968), in: Franklin Kopitzsch (Hg.): Aufklärung, Absolutismus und Bürgertum in Deutschland. München 1976 (nymphenburger texte zur wissenschaft. modelluniversität, 24). S. 173-191, hier: S. 180; vgl. auch Vierhaus' Gesamtdarstellungen: ders.: Deutschland im Zeitalter des Absolutismus (1648-1763). Göttingen 1978 (= Deutsche Geschichte, 6). S. 51 und S. 77-80; ders.: Staaten und Stände. Vom Westfälischen bis zum Hubertusburger Frieden. 1648 bis 1763. Berlin 1984 (= Propyläen Geschichte Deutschlands, 5). S. 205-207.

2 Rudolf Vierhaus: Umrisse einer Sozialgeschichte der Gebildeten in Deutschland. In: Quellen u. Forschungen aus ital. Archiven u. Bibliotheken 60 (1980). S. 395-419, bes. S. 401 u. 405; vgl. allgemein zum Stand der Forschung in diesem Bereich: R. Vierhaus (Hg.): Bürger und Bürgerlichkeit im Zeitalter der Aufklärung. Heidelberg 1981 (= Wolfenbütteler Studien zur Aufklärung, 7).

3 Wilhelm Kühlmann: Gelehrtenrepublik und Fürstenstaat. Entwicklung und Kritik des deutschen Späthumanismus in der Literatur des Barockzeitalters. Tübingen 1982 (= Studien und Texte zur Sozialgeschichte der Literatur, 3); Gunter E. Grimm: Literatur und Gelehrtentum in Deutschland.

so doch in beachtenswerten Hauptsträngen der geschichtlichen Entwicklung über eindeutig bestimmbare institutionelle, personelle und kulturpolitische Kontinuitäten her. Die Gelehrtenschaft der ersten Hälfte des 18. Jahrhunderts trägt ein Erbe fort, das seinen Ursprungsort im Humanismus der italienischen Frührenaissance hat, in seiner von den Frühaufklärern vorgefundenen Gestalt aber aus dem 17. Jahrhundert stammt. Sie belebt diese Überlieferung gleichzeitig durch charakteristische aufklärerische Neuerungsschübe, etwa naturrechtliche oder merkantilistische Ideen, die ihr Entwicklungspotential häufig erst im weiteren Verlauf der Aufklärungsepoche freisetzen.

Als Kerngruppe des von Vierhaus gekennzeichneten »dynamischen Elements« der Ständegesellschaft sind die überwiegend aus bürgerlichen Verhältnissen stammenden Gelehrten anzusehen, die in fürstlichen und kommunalen Verwaltungen als Juristen und Diplomaten tätig waren, als Professoren an den Landesuniversitäten für den Wissenschafts- und Beamtennachwuchs sorgten, als Schulmänner an akademischen Gymnasien lehrten, als Hofmeister und Privatlehrer die patrizische oder adlige Jugend ausbildeten, als Geistliche seelsorgerische Aufgaben wahrnahmen, als Ärzte die medizinische Betreuung durchführten oder als vermögende Privatgelehrte wissenschaftliche Studien betrieben. Der einheitliche Bildungsgang dieser Gelehrtenschicht, der über die Lateinschule und in vielen Fällen über ein studienvorbereitendes akademisches Gymnasium zur Universität führte, schuf schon während der Ausbildungszeit vielfältige Verbindungen und Verknüpfungen untereinander. Hierzu trug auch der Studienortwechsel oder der oft längerdauernde Besuch in europäischen Zentren des wissenschaftlichen Lebens bei.[1] Diese bildungsgeschichtlichen Voraussetzungen bestehen nahezu unverändert bis weit in das 18. Jahrhundert hinein.

Die Gelehrtengemeinschaft der Frühaufklärung konnte jedoch zusätzlich auf die traditionsreichen Errungenschaften und die bereits erprobten Organisationsformen der »res publica literaria« früherer Jahrhunderte als eines internationalen Kommunikationsnetzes zurückgreifen.[2] Dessen wichtigste Institutionen waren die Universitäten, die Akademien und die gelehrten Gesellschaften. Die Universitäten haben neben ihrer üblichen Rolle als Samm-

---

Untersuchungen zum Wandel ihres Verhältnisses vom Humanismus bis zur Frühaufklärung. Tübingen 1983 (= Studien zur deutschen Literatur, 75); Siegfried Wollgast: Zur Stellung des Gelehrten in Deutschland im 17. Jahrhundert. Berlin (DDR) 1984 (= Sitzungsberichte der Sächs. Akad. d. Wissenschaften zu Leipzig. Phil.-hist. Klasse. Bd. 125, H. 2); Forschungsperspektiven und Gesamtdeutung bei Klaus Garber: Gelehrtenadel und feudalabsolutistischer Staat. Zehn Thesen zur Sozial- und Mentalitätsgeschichte der »Intelligenz« in der Frühen Neuzeit. In: Jutta Held (Hg.): Kultur zwischen Bürgertum und Volk. Berlin (W.) 1983 (= Argument-Sonderband, 103). S. 31-43; vgl. auch Garbers Stellungnahme zu der als »Streitgespräch« geführten Auseinandersetzung mit Dieter Breuer um die Frage: »Gibt es eine bürgerliche Literatur im Deutschland des 17. Jahrhunderts?«. In: Germanisch-romanische Monatsschrift N.F. 31 (1981). S. 462-470; sowie D. Breuers gegenläufige Position ebd. N.F. 30 (1980). S. 211-226.

1 Hierzu prägnant Erich Trunz: Der deutsche Späthumanismus um 1600 als Standeskultur (1931). In: Richard Alewyn (Hg.): Deutsche Barockforschung. 4. Aufl. Köln, Berlin 1970 (= Neue Wissenschaftliche Bibliothek, 7). S. 147-181, hier: S. 153.

2 Zur Idee und Organisation der »res publica literaria« vgl. Fritz Schalk: Von Erasmus' Res publica literaria zur Gelehrtenrepublik der Aufklärung. In: ders.: Studien zur französischen Aufklärung. 2., verb. u. erw. Aufl. Frankfurt a.M. 1977. S. 143 bis 163; Sebastian Neumeister/Conrad Wiedemann (Hg.): Res Publica Litteraria. Die Institutionen der Gelehrsamkeit in der frühen Neuzeit. Wiesbaden 1987 (= Wolfenbütteler Arbeiten zur Barockforschung, 15). - Zum Folgenden allg.: Notker Hammerstein: Die deutschen Universitäten im Zeitalter der Aufklärung. In: Zeitschr. für Historische Forschung 10 (1983). S. 73-89; Jürgen Voss: Die Akademien als Organisationsträger der Wissenschaften im 18. Jahrhundert. In: Historische Zeitschr. 231 (1980). S. 43-74; Harald Dickerhof: Gelehrte Gesellschaften, Akademien, Ordensstudien und Universitäten. In: Zeitschr. f. bayerische Landesgeschichte 45 (1982). S. 37-66, bes. S. 44-51; Richard van Dülmen: Die Gesellschaft der Aufklärer. Zur bürgerlichen Emanzipation und aufklärerischen Kultur in Deutschland. Frankfurt a.M. 1986 (= Fischer-Taschenbuch, 4323). S. 18-54.

lungsstätten des wissenschaftlichen und akademischen Lebens vielfältige Formen von Studienkollegien, Arbeitskreisen, literarischen Vereinigungen und Lesezirkeln hervorgebracht. Die für die Frühaufklärung bedeutendsten waren die von Anfang an als Reformuniversitäten gegründeten Hochschulen in Halle und Göttingen mit ihren zentralen Gestalten Christian Thomasius und Albrecht von Haller sowie die der sächsischen Metropole Leipzig, in der Gottsched wirkte. Zu den Mittelpunkten wissenschaftlicher Forschung gehörten ebenfalls die staatlich anerkannten und geförderten Akademien, die eng mit der Entstehung der gelehrten Gesellschaften verknüpft sind. Die Akademiegründungen in Berlin (1700) und Göttingen (1751) gingen mit der gleichzeitigen Einrichtung gelehrter Sozietäten einher, welche die personelle und organisatorische Basis der Akademietätigkeit bereitstellen sollten. Die aufklärerischen Sozietäten beriefen sich dabei auf die vorbildgebenden literarischen Vereinigungen des 17. Jahrhunderts, die Sprachgesellschaften. Die Förderung besonders der naturwissenschaftlichen Disziplinen an den Akademien fand eine Ergänzung in den moralisch-patriotischen Gesellschaften, die sich hauptsächlich der Pflege von Sprache und Literatur widmeten. Der Prototyp dieser Vereinigungen ist die 1727 gegründete »Deutsche Gesellschaft« Gottscheds in Leipzig, der bis 1750 ca. fünfzehn Nachfolgesozietäten dieser Art folgten.

Den genannten offiziellen und informellen gelehrten Institutionen lagen relativ beständige Medien des wissenschaftlich-literarischen Austausches zugrunde.[1] Die wichtigste Form der gelehrten Kommunikation ist der persönliche Kontakt. Das direkte Gespräch, die gelehrte Diskussionsrunde, der Akademievortrag oder der gegenseitige Besuch durch Reisen bilden den Grundstock der wissenschaftlichen Nachrichtengebung. Hieran knüpft die briefliche Korrespondenz, die die bereits bestehenden Verbindungen festigt und eine internationale Verflechtung über weite Entfernungen hinweg ermöglicht. Das Besondere des gelehrten Briefwechsels ist dabei nicht der private Austausch über persönliche Lebensverhältnisse, sondern die gegenseitige Unterrichtung über wissenschaftliche Arbeitsvorhaben und -ergebnisse, die Darstellung von Neuigkeiten aus dem akademischen Leben und die Übermittlung bedeutsamer politischer Nachrichten. Verbreitet ist auch der thematisch gebundene Abhandlungsbrief, der je nach Umfang zu größeren, buchförmigen Manuskripten anschwellen kann, die, um die staatliche Zensur zu umgehen, häufiger in Abschriften zirkulieren.[2] Das Buch ist das genuine Medium des wissenschaftlichen Austausches. In den verschiedenen Formen der reich untergliederten Buchgattungen ist es nach Zwecksetzung und Themenstellung für Jahrhunderte das gebräuchlichste Mittel der Unterweisung und Information gewesen. Ein hochentwickelter europäischer Buchhandel hat für die größtmögliche Verbreitung der Buchgelehrsamkeit gesorgt. Die Akademien und gelehrten Sozietäten haben das wissenschaftliche Publikationswesen durch eigene Jahrbücher, Berichtsbände, Quelleneditionen und Preisschriften außerordentlich belebt.[3] Der sich im 17. Jahrhundert aus den Rezensionsorganen entwickelnde Typ der wissenschaftlichen Zeit-

---

1 Grundriß der gelehrten Kommunikationsformen bei Trunz a. a. O. S. 161-172.
2 Monika Ammermann: Gelehrten-Briefe des 17. und 18. Jahrhunderts. In: Bernhard Fabian/Paul Raabe (Hg.): Gelehrte Bücher vom Humanismus bis zur Gegenwart. Wiesbaden 1983 (= Wolfenbütteler Schriften zur Geschichte des Buchwesens, 9). S. 81-96, bes. S. 90-91; Werner Krauss: Die Leser von Manuskripten in der Frühaufklärung. In: Romanische Forschungen 87 (1975). S. 333-334; Rudolf Noack: Zur Rolle der Korrespondenz in der französischen Spätaufklärung. In: Beiträge zur Romanischen Philologie 16 (1977). S. 33-38.
3 Vgl. zum Ganzen: Bernhard Fabian: Im Mittelpunkt der Bücherwelt. Über Gelehrsamkeit und gelehrtes Schrifttum um 1750. In: Rudolf Vierhaus (Hg.): Wissenschaften im Zeitalter der Aufklärung. Göttingen 1985. S. 249-274, bes. S. 261-270.

schrift hat bis zur Mitte des 18. Jahrhunderts rasch seinen festen Ort im Ensemble der gelehrten Medien gefunden. Die Voraussetzung hierfür war ein internationales Korrespondentennetz, das Nachrichten und Neuigkeiten aus den gelehrten Zentren an die Herausgeber weiterleitete.

Die wechselseitige Unterrichtung der Gelehrten in der persönlichen Begegnung auf Reisen darf innerhalb des knapp skizzierten Kommunikationssystems der »res publica literaria« als eines der wichtigsten Informationsmittel angesehen werden. Schon im Bildungsgang und in der Berufsqualifikation des Gelehrten ist das Reisen üblich. Es sei jedoch an dieser Stelle nachdrücklich auf die offenkundigen Unterschiede zwischen der »peregrinatio academica« als in- oder ausländischer Studienwanderung während der Ausbildungszeit und der Gelehrtenreise als wissenschaftlicher Forschungs- und Studienreise des bereits ausgebildeten, womöglich beruflich gebundenen Gelehrten hingewiesen.[1] Ein unverkennbares Abgrenzungskriterium ist die Immatrikulation des reisenden Studenten oder Graduierten an den jeweils besuchten Hochschulorten. Die »peregrinatio academica« ist deshalb eher in die Nähe der Kavalierstour der adligen oder patrizischen Jugend zu rücken, wobei der Reisezweck - die Berufsqualifikation - das ausschlaggebende Merkmal der Gleichartigkeit der beiden Reiseformen darstellt. Das Schwergewicht des hier versuchten Überblicks soll im folgenden auf der innereuropäischen, forschungsorientierten Gelehrtenreise liegen. Der kurze Blick auf das System des Wissensaustausches in der Gelehrtenrepublik der Frühaufklärung war notwendig, um die Perspektive zu verdeutlichen, unter der die Forschungsreise des Gelehrten in dieser Untersuchung betrachtet wird. Diese Blickrichtung erlaubt es, manche Eigentümlichkeiten und Besonderheiten gelehrten Reisens und seiner Berichterstattung in Ansätzen zu erklären oder doch wenigstens einsichtig zu machen.[2]

Wie nun und aus welchem Anlaß sind die Gelehrten gereist, was haben sie beobachtet und aufgeschrieben, wie haben sie ihre Reiseberichte zugänglich gemacht und was - so ist schließlich zu fragen - ist das Kennzeichnende am gelehrten Reisebericht der Frühaufklärung?

2. Die Typen der Gelehrtenreise

Ich möchte im folgenden fünf Hauptgruppen gelehrten Reisens in der ersten Hälfte des 18. Jahrhunderts vorstellen. Die Typologie hat Vorschlags- bzw. Näherungscharakter; keineswegs sollen die Reiseformen festgeschrieben werden. Die bisherige Reiseliteraturfor-

---

1 Der treffende Begriff »Studienwanderung« bei Hilde de Ridder-Symoens: Peregrinatio academica doorheen Europa (13e - 18e eeuw) in vogelvlucht. In: Batavia academica 1 (1983). S. 3-11, hier S. 9; dies.: La migration académique des hommes et des idées en Europe XIIIe - XVIIIe siècles. In: C(onférence des) R(ecteurs) E(uropéens) - Information (Genf) N.S. 62 (1983). S. 69-79; Jörg Jochen Berns: Peregrinatio academica und Kavalierstour. Bildungsreisen junger Deutscher in der Frühen Neuzeit. In: Norbert Miller u.a (Hg.): Rom - Paris - London. Erfahrung und Selbsterfahrung deutscher Schriftsteller und Künstler in den fremden Metropolen. Stuttgart 1987 (= Sonderband der Deutschen Vierteljahresschrift für Literaturwissenschaft und Geistesgeschichte).

2 Hans Erich Bödeker hat auf dem letzten vom Bremer Forschungsschwerpunkt »Literatur der Spätaufklärung« veranstalteten Symposium zur Reiseliteratur (Bonn, Juni 1983) eine Untersuchung über »Reisen: Bedeutung und Funktion für die deutsche Aufklärungsgesellschaft« vorgelegt (jetzt in: Wolfgang Griep/Hans-Wolf Jäger [Hg.]: Reisen im 18. Jahrhundert. Heidelberg 1986 [= Neue Bremer Beiträge, 3]. S. 91-110). Auch er betont nachdrücklich den Stellenwert des Reisens im aufklärerischen Kommunikationssystem. Insofern stimmt sein Frageansatz mit dem hier verfolgten überein. Bödeker beschränkt sich aber fast ausschließlich auf die zweite Hälfte des 18. Jahrhunderts, so daß er viele Entwicklungen für neu ausgibt, die sich schon vor 1750 deutlich abzeichnen.

schung hat ja gezeigt, daß starre Typologisierungen den komplizierten Mischungsformen des Reisens und seiner Literatur nicht gerecht werden.[1] Das hier vorgeschlagene Verfahren vermeint möglichen Einwänden zuvorzukommen, indem es eine sozialfunktionale Gliederung unternimmt, die von den Auftraggebern und der Finanzierungsweise der Reisen ausgeht. Diese Bestimmungsfaktoren stecken den Rahmen ab für die Erkenntnismöglichkeiten und -beschränkungen der Reise und ihre Verwertung als schriftliches Zeugnis in der Gelehrtenöffentlichkeit. Ich begnüge mich mit der Nennung einiger Beispiele aus dem Zeitraum von ca. 1690 bis 1750. Verschiedentliche Hinweise auf Reisewerke aus der zweiten Hälfte des 18. Jahrhunderts mögen zur Verdeutlichung der Wirkungsgeschichte gelehrten Reisens gestattet sein. Der Bezug auf im Ausland erschienene Reisebeschreibungen rechtfertigt sich durch die Internationalität der »res publica literaria« und die häufige Verbreitung der Beschreibungen in der Gelehrtensprache Latein, der in den meisten Fällen Übersetzungen in die europäischen Hauptsprachen folgten.

Die fünf Typen der Gelehrtenreise sind: 1. die kirchliche oder Ordensreise, 2. die staatliche Auftragsreise, 3. die Akademiereise, 4. die Privatgelehrtenreise und 5. die Hofmeisterreise.

1. Die im kirchlichen Auftrag unternommenen Reisen haben immer eine konkrete Zielvorgabe gehabt. Es sind dabei nicht in erster Linie die regelmäßigen Visitationsreisen der Ordensprovinziale gemeint, sondern vor allem die von der Ordensgeschichtsschreibung Frankreichs inspirierten Archiv- und Bibliotheksreisen. Die großen kirchenhistorischen Hagiographien und Quelleneditionen der Bollandisten und Mauriner haben die gezielte Forschungsreise zur Quellenermittlung und -vergleichung hervorgebracht. In der Auseinandersetzung zwischen dem Jesuiten Daniel Papebroch und dem Benediktiner Jean Mabillon sind die Grundlagen der historischen Handschriftenkunde und Urkundenlehre formuliert worden.[2] Beide - und verschiedene ihrer Mitarbeiter wie z.B. B. de Montfaucon - haben Reisebeschreibungen hinterlassen, die den klassischen Kanon der gelehrten Beobachtungsgegenstände vorbereitet haben: Klöster, Kirchengebäude, Bibliotheken, Bildungsstätten und Altertümer. Im Mittelpunkt steht natürlich die quellenkritische Arbeit in den klösterlichen Archiven und Bibliotheken. Die am Ende des 17. Jahrhunderts unternommenen Reisen sind in den ordensgeschichtlichen Buchreihen der Kongregationen veröffentlicht worden.[3] Ihre Wirkung auf die zeitgenössische Theologie und Geschichtsfor-

---

1 Zur Kritik der Typologien treffend Klaus Beyrer: Die Postkutschenreise. Tübingen 1985 (= Untersuchungen des Ludwig-Uhland-Instituts der Universität Tübingen, 66). S. 25-27. Zur Gelehrtenreise ebd. S. 108-113.

2 Ludwig Traube: Zur Paläographie und Handschriftenkunde. Hg. von Paul Lehmann. Unveränd. Nachdr. der 1909 ersch. 1. Aufl. München 1965 (= L. Traube: Vorlesungen und Abhandlungen, 1). S. 13-30; Manfred Weitlauff: Die Mauriner und ihr historisch-kritisches Werk; und Karl Hausberger: Das kritische hagiographische Werk der Bollandisten. Beide in: Georg Schwaiger (Hg.): Historische Kritik in der Theologie. Göttingen 1980 (= Studien zur Theologie und Geistesgeschichte des Neunzehnten Jahrhunderts, 32). S. 153-209 u. S. 210-244.

3 Papebrochs handschriftlicher Reisebericht ist in Auszügen veröffentlicht worden. Die bisherigen lateinisch-deutschen Editionen listet auf: Udo Kindermann: Ingolstadt im Jahre 1660. In: Zeitschr. f. bayerische Kirchengeschichte 50 (1981). S. 29-55, hier S. 29, Anm. 5. - Jean Mabillon: Iter Germanicum. In: ders.: Vetera Analecta. Tom. 4. Luteciae Parisiorum: Billaine 1685. S. 1-88; neue Ausg. Hg. von Johann Albert Fabricius. Hamburg: Liebezeit 1717; Teilübersetzungen bei Jos(ef) Ullrich: Die deutsche Reise Mabillon's, aus dem Lat. übers. und mit Bemerkungen vers. Landshut 1867 (= Programm der k. Studienanstalt zu Landshut im Schuljahr 1866/67) und Suitbert Bäumer: Johannes Mabillon. Ein Lebens- und Literaturbild aus dem XVII. und XVIII. Jahrhundert. Augsburg 1892. S. 121-201; Überblick bei Paul McDonald: Mabillon's »Iter Germanicum« of 1683. In: Downside review, Nr. 302. 1973. S. 1-22. - Bernhard de Montfaucon: Diarium Italicum. Paris: Anisson 1702; engl. Übers.: The Travels ... from Paris thro' Italy in 1698, 1699, 1700. London: Curll 1712; 2. Aufl. Hg. von John Henley u.d.T.: The Antiquities of Italy. London: Darby 1725; vgl. auch

schung - und besonders auf die aus diesen Professionen stammenden Reisenden - sollte nicht unterschätzt werden. Das historisch-kritische Werk der Mauriner wurde zumal in Deutschland lebhaft rezipiert, nicht nur in den Ordensklöstern Süddeutschlands, für deren Bereich von einem »deutschen Maurinismus« gesprochen worden ist, sondern auch im protestantischen Norddeutschland. Vor allem die an der Reichshistorie interessierten Vertreter der Halleschen Frühaufklärung wie Ludewig, Gundling und Böhmer haben die Grundsätze der maurinischen Urkundenlehre auf deutsche Geschichtsquellen übertragen.[1] Über diese wiederum haben sich die historiographischen Traditionen der Mauriner auf die gesamte Riege der in Halle ausgebildeten Reisebeschreiber des frühen 18. Jahrhunderts ausgewirkt. Auf die hier zu Nennenden - Stolle, Uffenbach, Keyßler - komme ich später noch zurück. Ein spätes Zeugnis dieser kirchlich-antiquarischen Reisen sind z.B. die »Reisen durch Alemannien, Welschland und Frankreich« des Fürstabtes von St. Blasien, Martin Gerbert, aus dem Jahre 1767.[2]

2. Einen gänzlich anderen Aufgabenbereich haben die auf Veranlassung von Fürsten oder höheren Landesverwaltungen durchgeführten staatlichen Auftragsreisen. Zunächst ist an die Gesandtschaftsreisenden zu denken, in deren Begleitung sich häufiger Gelehrte befanden, die offizielle Berichte über die diplomatischen Missionen anfertigen mußten. Zur Untergruppe der Inspektionsreisen zählen die in fürstlichem oder landständischem Interesse unternommenen Handelsreisen. Wirtschaftspolitisch gebildete und weitblickende Verwaltungsbeamte waren aufgefordert, die Handelsströme, die gängigsten Waren, die Preisgestaltung sowie die wichtigsten Firmen und Verkehrswege einer Region zu erforschen und Vorschläge zu gezielten handelspolitischen Eingriffen zu machen.[3] Bekannt geworden sind auch zum Zwecke der Fortbildung veranlaßte Studienreisen, um sorgfältig ausgewählte Amtsträger an ausgewiesenen Bildungsstätten Spezialwissen erwerben zu lassen.[4] Auffällig ist in diesem Zweig der staatlichen Auftragsreise die Großzahl der Architekten, die von ihren deutschen Dienstherren zur Vervollkommnung ihrer Fähigkeiten und zur Kenntnisnahme der neuesten Architekturentwicklungen nach Wien, Paris oder

---

Emond Martène/Ursin Durand: Voyage littéraire de deux religieux bénédictines de la Congrégation de Saint-Maur. Tome 1-2. Paris: Delaulne 1717.

1   Ludwig Hammermayer: Zum »deutschen Maurinismus« des frühen 18. Jahrhunderts. In: Zeitschr. f. bayerische Landesgeschichte 40 (1977). S. 391-444; Paul Hans Stemmermann: Die Anfänge der deutschen Vorgeschichtsforschung. Deutschlands Bodenaltertümer in der Anschauung des 16. und 17. Jahrhunderts. Diss. phil. Heidelberg 1934. S. 112-122; Notker Hammerstein: Jus und Historie. Ein Beitrag zur Geschichte des historischen Denkens an deutschen Universitäten im späten 17. und im 18. Jahrhundert. Göttingen 1972. S. 193-194 u. S. 232.

2   Martin Gerbert: Reisen durch Alemannien, Welschland und Frankreich, welche in den Jahren 1759. 1760. 1761. und 1762. angestellet worden ... aus dem Lat. Ulm, Frankfurt, Leipzig: Wohler 1767; zu Gerbert s. Peter Jörg Becker: Bibliotheksreisen in Deutschland im 18. Jahrhundert. In: Archiv für Geschichte des Buchwesens 21 (1980). Sp. 1361-1534, hier Sp. 1419-1430.

3   Gesandtschaftsreisen: Gerhard Cornelius von den Driesch: Historische Beschreibung Der letzten Gesandtschafft An den Türckischen Sultan, So Ihro Röm. Kayserl. Majestät Durch Herrn Damian Hugo, Grafen von Virmondt verrichten lassen. Augsburg: Mertz und Mayer 1722; andere Ausg. u.d.T.: Historische Nachricht von der Röm. Kayserl. Groß=Botschafft nach Constantinopel. Nürnberg: Monath 1723; Johann-Arnold von Brand: Reysen durch die Marck Brandenburg, Preussen, Churland, Liefland ... und Moscovien. Hg. von Christian von Hennin. Wesel: J. von Wesel 1702. - Handelsreisen: Gustav Otruba: Europäische Commerzreisen um die Mitte des 18. Jahrhunderts von Ludwig Ferdinand Prokopp u.a. Linz 1982 (= Linzer Schriften zur Sozial- und Wirtschaftsgeschichte, 5).

4   Dieser Reisetyp ist schon für das Spätmittelalter belegt. Vgl. Jürgen Miethke: Die Studenten. In: Peter Moraw (Hg.): Unterwegssein im Spätmittelalter. Berlin 1985 (= Zeitschrift für Historische Forschung, Beiheft 1). S. 49-70, hier S. 57, Anm. 24.

Rom geschickt wurden. Belegreiche Beispiele hierfür sind Leonhard Christoph Sturms »Durch einen großen Theil von Teutschland und den Niederlanden biß nach Pariß gemachete Architectonische Reise=Anmerckungen« aus dem Jahre 1719, Balthasar Neumanns Reisebriefe von 1723 oder Johann Jacob Michael Küchels »Reiß-Beschreibung nacher Wienn« (1737).[1] Bei diesen Studien- und Informationsreisen standen naturgemäß Gesichtspunkte der Schloß- und Festungsarchitektur im Vordergrund. Eine Verbindung zu den im zeitgenössischen Sprachgebrauch so bezeichneten »technologischen« Gegenständen z.B. der Wasserversorgung, dem Wegebau, der Brückenkonstruktion oder mechanischer Vorrichtungen war aber leicht zu ziehen. Die Reisebeschreibungen schließen die Mitteilung über derartige Themen daher wie selbstverständlich mit ein. Auch hier darf auf einen späteren Vertreter dieses gelehrten Reisetyps hingewiesen werden, nämlich die architektonisch-technologische Reise des Lichtenberg-Schülers und Osnabrücker Landbaumeisters Georg Heinrich Hollenberg aus dem Jahre 1779, die auf Anraten Justus Mösers von der fürstbischöflichen Bauverwaltung finanziert wurde.[2] Die Gesamtheit der staatlichen Auftragsreisen ist gekennzeichnet durch ihre starke Spezialisierung. Die Erkenntnisabsichten dieser Reisen waren eng an das Interesse des absolutistischen Herrschers gebunden. Die Gelehrten, die sie durchführten, konnten ihren eigenen wissenschaftlichen Belangen nur in eingeschränktem Maße nachgehen, soweit die engen Grenzen der fürstlichen Reise-»Instructionen« das überhaupt zuließen. Ihren nachprüfbaren Nutzen für die Gelehrtenrepublik gewannen die Auftragsreisen erst dadurch, daß ihre Ergebnisse publiziert und somit einer gelehrten Öffentlichkeit zur Auswertung und Diskussion vorgelegt wurden.

3. Mit der staatlichen Auftragsreise teilt die Akademiereise - die dritte Gruppe der Gelehrtenreise - die Finanzierung und Spezialisierung. Allerdings ist die Vorbereitung und Ausführung den wissenschaftlichen Mitgliedern der Akademie und den beigeordneten Sozietäten anheimgestellt. Die beiden schon erwähnten, mit ihren Gründungsdaten die Frühaufklärung einrahmenden Akademiegründungen in Berlin und Göttingen haben freilich keine eigenen wissenschaftlichen Forschungsreisen veranstaltet. Ihre Mitglieder sind jedoch von ausländischen Akademien zu bestimmten Expeditionen beigezogen worden. Für die erste Hälfte des 18. Jahrhunderts kann deshalb nur von einer deutschen Beteiligung an den Akademiereisen der europäischen Sozietäten gesprochen werden. Die aktivsten Akademien in bezug auf Forschungsreisen waren diejenigen in London, Stockholm, Kopenhagen und St. Petersburg. Die Besonderheit der Akademiereise liegt in der durchgehend praktizierten Teamarbeit. Diese besteht zunächst in der gründlichen wissenschaftlichen Vorbereitung und Beratung durch die Gelehrtengemeinschaft. Die Erkenntnisziele der Reise werden vorab in Form von Fragelisten oder Interrogatorien festgelegt. Durch frühzeitige Bekanntmachung der Reiseabsichten und durch öffentliche Aufrufe zur Einsendung von Fragen, denen mit großem Echo gefolgt wurde, kamen so die unterschied-

---

1 Leonhard Christoph Sturm: Durch einen großen Theil von Teutschland und den Niederlanden biß nach Pariß gemachete Architectonische Reise=Anmerckungen. Augspurg: Wolffen 1719; (Balthasar Neumann): Die Briefe Balthasar Neumanns von seiner Pariser Studienreise 1723, mitgeteilt von Karl Lohmeyer. Düsseldorf 1911; vgl. hierzu Jutta Glüsing: Der Reisebericht Johann Jacob Michael Küchels von 1737. Edition, Kommentar und kunsthistorische Auswertung. Bd. 1. Diss. phil. Kiel 1978. S. 232-255; Bd. 2 der Diss. enthält die Edition des Küchelschen Tagebuchs. - Georg Troeschner: Kunst- und Künstlerwanderungen in Mitteleuropa 800-1800. Bd. 1 Baden-Baden 1953 gibt für den Zeitraum 1680-1750 mindestens 20 von deutschen Fürsten finanzierte Studienreisen nach Paris an.

2 Georg Heinrich Hollenberg: Bemerkungen über verschiedenen Gegenstände auf einer Reise durch einige deutsche Provinzen in Briefen. Stendhal: Franz u. Große 1782; zu den Reiseumständen vgl. Artikel »Hollenberg« in: Neuer Nekrolog der Deutschen 9 (1831). Th. 2. S. 817-820, hier: 819.

lichsten Interessen jeder Art von Gelehrten zur Wirkung.[1] Die Ausführung der Akademiereise erfolgte dann ebenfalls durch eine Gelehrtengruppe, die aus Vertretern der verschiedensten Fachrichtungen bestand, wobei Mediziner, Naturwissenschaftler und Ökonomen
überwogen. Da die Akademiereise - neben ihren merkantilen - besonders den festumrissenen wissenschaftlichen Zwecken diente, war die Veröffentlichung der Forschungsergebnisse in den meisten Fällen von vornherein geplant, was zumeist in mehrbändigen Reisebeschreibungen und besonderen Kompendien zu speziellen Sachgebieten geschah. Als
repräsentative Beispiele von Akademiereisen sind die zwischen 1730 und 1750 gemachten,
von der Stockholmer Akademie und den Reichsständen finanzierten innerschwedischen
Reisen Carl von Linnés und seiner Mitarbeiter zu nennen oder - für eine späteren Zeitpunkt
- die dänische Arabienexpedition der Kopenhagener Akademie.[2] Die sogenannte Zweite
Kamschatka-Expedition, die von der Petersburger Akademie gefördert wurde und die ein
zentrales Ereignis der frühaufklärerischen Akademiereisen darstellt, kann aufgrund der
Geheimhaltungspflicht ihrer Teilnehmer und eines allgemeinen Veröffentlichungsverbotes
nicht einlinig dem Idealtyp der wissenschaftlichen Gemeinschaftsreise zugerechnet werden. Das Beispiel zeigt, wie eng mitunter handelspolitische, militärische und wissenschaftliche Fragestellungen bei Reisen dieser Art miteinander verknüpft waren. Die rasche
Verbreitung der neugewonnenen Erkenntnisse ist durch solche politischen Überlagerungen
häufiger behindert worden. Eine Veröffentlichung der Ergebnisse ist im Fall der Kamschatka-Expedition schließlich aber dennoch, obwohl mit teilweise erheblicher zeitlicher Ver-
zögerung und unter schwierigen rechtlichen Bedingungen, erfolgt.[3] Bei den zwei zuletzt
genannten Unternehmungen haben deutsche Gelehrte mitgewirkt. Die Reisebeschreibung
des Tübinger Mediziners und Naturwissenschaftlers Gmelin über die Sibirienreise 1733-44
galt lange Zeit als Grundwerk über dieses Land. Die anläßlich der Kopenhagener Arabien-
Expedition verfaßte Frageliste des Göttinger Orientalisten Michaelis sowie die daran
anknüpfende »Reisebeschreibung nach Arabien« von Carsten Niebuhr fallen allerdings
schon in die sechziger und siebziger Jahre des 18. Jahrhunderts.[4] Den als Forschungsex-

---

1   Zu den Fragelisten (Interrogatorien) vgl. Justin Stagl: Der wohl unterwiesene Passagier, Reisekunst und
    Gesellschaftsbeschreibung vom 16. bis zum 18. Jahrhundert. In: B(oris) I. Krasnobaev/Gert Robel/Herbert
    Zeman (Hg.): Reisen und Reisebeschreibungen im 18. und 19. Jahrhundert als Quellen der
    Kulturbeziehungsforschung. Berlin 1980 (= Studien zur Geschichte der Kulturbeziehungen in Mittel- und
    Osteuropa, 6). S. 350-384, hier: S. 371-374; zur internationalen Beteiligung an der Formulierung der
    Fragelisten s. Sergio Moravia: Beobachtende Vernunft. Philosophie and Anthropologie in der Aufklärung.
    Frankfurt a.M., Berlin, Wien 1977 (= Ullstein-Buch, 3361). S. 126-128.
2   Carl von Linné: Lappländische Reise (1732). Aus dem Schwed. von H(ans) C(arl) Artmann. 3. Aufl. Frankfurt
    a.M. 1981 (insel-tb. 102); ders.: Reisen durch einige schwedische Provinzen im Jahr 1741 und 1746. Aus dem
    Schwed. von Johann Christian Daniel Schreber. Th. 1-2. Halle: Curtis 1764-65; zu Linnés Reisen: Uwe Ebel:
    Studien zur skandinavischen Reisebeschreibung von Linné bis Andersen. Frankfurt a.M. 1981. S. 17-63. - Zur
    dänischen Arabien-Expedition: Ralph-Rainer Wuthenow: Die erfahrene Welt. Europäische Reiseliteratur im
    Zeitalter der Aufklärung. Frankfurt a.M. 1980. S. 164-176. - Zur Akademiereise allg. William E. Stewart: Die
    Reisebeschreibung und ihre Theorie im Deutschland des 18. Jahrhunderts. Bonn 1978 (= Literatur und
    Wirklichkeit, 20). S. 57-63.
3   Vgl. Gert Robel: Die Sibirienexpeditionen und das deutsche Rußlandbild im 18. Jahrhundert. In: Erik
    Amburger/Micha Ciésla/László Sziklay (Hg.): Wissenschaftspolitik in Mittel- und Osteuropa. Berlin 1976 (=
    Studien zur Geschichte der Kulturbeziehungen in Mittel- und Osteuropa, 3). S. 271-194, hier: S. 275-277;
    Lothar Maier: Wissenschaft und Staatsinteresse zur Zeit Peters des Großen. In: Österreichische Osthefte 20
    (1978). S. 435-449; ders.: Die Krise der St. Petersburger Akademie der Wissenschaften nach der
    Thronbesteigung Elisabeth Petrovnas und die »Affäre Gmelin«. In: Jahrbücher für Geschichte Osteuropas 27
    (1979). S. 353-373. - Für den freundlichen Hinweis auf diese Publikationen danke ich Gert Robel. Vgl. auch
    dessen Beitrag zu den Rußlandreisen in diesem Band.
4   Johann Georg Gmelin: Reise durch Sibirien, von dem Jahr 1733 bis 1743. Bd. 1-4. Göttingen: Vandenhoeck

peditionen durchgeführten Akademiereisen sind die genannten Stufen der öffentlichen Vorbereitung, gemeinschaftlichen Durchführung und publizistischen Auswertung der Reise gemeinsam.

Die letzten beiden Gruppen der Gelehrtenreise - die Hofmeisterreise und die Privatgelehrtenreise - können als die am häufigsten anzutreffendsten Formen des gelehrten Reisens in der Frühaufklärung bezeichnet werden. Während die bisher aufgeführten Reisearten vom Auftraggeber und von der Durchführung her streng geplant und mit eindeutig festgelegten Forschungszielen versehen waren, ist die Privatgelehrtenreise und vor allem die Hofmeisterreise durch eine gewisse Offenheit zu ihrem Gegenstück, der Kavalierstour, gekennzeichnet. Ihren Bildungs- und Vergnügungsabsichten, ihren Reisewegen, Finanzierungsmöglichkeiten und Unwägbarkeiten sind die nun zu besprechenden Reiseformen zumindest angenähert, wenn nicht gar ausgesetzt.

4. Übergänge zur Kavalierstour treten im besonderen bei der Privatgelehrtenreise auf, deren soziale Trägerschicht im Adel oder im Patriziat zu suchen ist. Besitz, Vermögen, Erbschaft oder reiche Pfarrpfründe sind die Voraussetzung für die einer wissenschaftlichen oder kulturpolitischen Aufgabe gewidmete Privatgelehrtenexistenz. Die gelehrten Reisen dienen in diesen Fällen oft, wie bei Uffenbach, zum Handschriften- und Bucherwerb für die Privatbibliothek. Diplomatische Erfahrungen für die Verwaltung der Grundherrschaft oder eines städtischen Amtes sind durchaus mit eingeplant und eingeschlossen. Die adlige oder patrizische Orientierung schließt ein von aufklärerischen Ideen geleitetes öffentliches Wirken keineswegs aus. Albrecht von Hallers Reisetagebücher von 1723-27 als interessante Mischform von »peregrinatio academica«, Kavalierstour und Gelehrtenreise mögen als Beispiel dienen. Dieser Typus ist auch im späteren 18. Jahrhundert vertreten, so z.B. in Gerckens »Reisen durch Schwaben ... in den Jahren 1779-1782« oder Zapfs »Literarischen Reisen« von 1783.[1] Zu diesem Zeitpunkt ist die Produktion von Reiseliteratur aber bereits erheblich angewachsen, und die Privatgelehrten müssen nunmehr mit den Reisebüchern der freien Schriftsteller konkurrieren, die ihre Rundfahrten oft auf Kosten ihrer Verleger unternehmen, aus den verschiedensten sozialgeschichtlichen, bildungshistorischen und literaturtheoretischen Gründen jedoch ganz andere Erkenntnisziele haben. Die Privatgelehrten der Frühaufklärung allerdings waren auf die Veröffentlichung ihrer Reiseerfahrungen nicht angewiesen, was sich unter anderem daran zeigt, daß viele Werke dieser Art erst nachträglich aus dem handschriftlichen Nachlaß herausgegeben wurden. Die bemerkenswertesten Beschreibungen privatisierender Gelehrter sind diejenigen Zacharias Conrads und

---

1751-52; Johann David Michaelis: Fragen an eine Gesellschaft gelehrter Männer, die auf Befehl Ihro Majestät des Königs von Dännemark nach Arabien reisen. Frankfurt a.M.: Garbe 1762; Carsten Niebuhr: Reisebeschreibung nach Arabien und andern umliegenden Ländern. Bd. 1-2. Kopenhagen: Möller 1774, 1778. Bd. 3. Hamburg: Perthes 1837 (posthum).

1 Albrecht Hallers Tagebücher seiner Reisen nach Deutschland, Holland und England 1723-1727. Neue verb. und verm. Aufl. mit Anm. Hg. von Erich Hintzsche. Bern, Stuttgart, Wien 1971 (= Berner Beiträge zur Geschichte der Medizin und der Naturwissenschaften, N.F. 4); Albrecht Hallers Tagebuch seiner Studienreise nach London, Paris, Straßburg und Basel 1727-1728. 2., verb. und verm. Aufl. mit Anm. Hg. von Erich Hintzsche. Bern, Stuttgart 1968 (= Berner Beiträge ..., N.F. 2); Philipp Wilhelm Gercken: Reisen durch Schwaben, Baiern, angränzende Schweiz, Franken und die Rheinische (sic!) Provinzen, in den Jahren 1779-1785, nebst Nachrichten von Bibliotheken, Handschriften, Röm. Alterthümern, Polit. Verfassungen, Landwirthschaft und Landesproducten, Sitten, Kleidertrachten etc. Th. 1-3. Stendal: Franz u. Große 1783-86. Th. 4. Worms: Verf. 1788; Georg Wilhelm Zapf: Literarische Reisen, durch einen Theil von Baiern, Franken, Schwaben und der Schweiz in den Jahren 1780. 1781. und 1782. In einigen Briefen an meine Freunde. Augsburg: Deckardt 1783; zu Gercken und Zapf vgl. Becker: Bibliotheksreisen a. a. O. Sp. 1451-1476.

Johann Friedrich Armands von Uffenbach oder die Reiseessays Johann Michaels von Loen.[1]

5. Bei der Einordnung der Hofmeisterreise unter die gelehrten Reisen werden sich wohl die meisten Einwände erheben. Sind diese Reisen nicht durchweg vom adligen Bildungsprogramm geprägt? Steht der Reiseweg der Grand Tour nicht demjenigen einer Gelehrtenreise widerspruchsvoll entgegen? Waren die gelehrten Hofmeister nicht durch Organisationsfragen und täglichen Unterricht derart in die Pflicht genommen, daß sie weder Gelehrtenwesen noch städtische oder höfische Umwelt beobachten konnten?[2] Zweifellos haftet nahezu allen einschlägigen Beschreibungen eine oft schwer faßbare Doppelsinnigkeit an, die eine vorbehaltlose Zuweisung zu einer Reiseform immer wieder unterläuft. Und ebenso gewiß ist, daß es Reiseberichte von Hofmeistern gibt, die die galanten Unternehmungen ihrer adligen Zöglinge ausführlich und bestätigend schildern und somit beinahe die panegyrischen Gattungen streifen.[3] Doch auch in diesen Schriften ist der gelehrte Impuls in der pädagogischen Absicht der Autoren namhaft zu machen. Deutlicher wird der eruditive Grundzug in jenen Beschreibungen von Adelsreisen, in denen Reiseanlaß, Lehrverpflichtung und Berufsaufgabe des gelehrten Tutors absichtsvoll getilgt sind oder doch nur in Widmungen, Vorreden oder etwa den Anrede- und Grußformeln eines Reisebriefes erkennbar werden. Darin zeigt sich zum einen das soziale Standesbewußtsein des bürgerlichen Gelehrten, der die Mitteilung der eigenen Beobachtungen und Erlebnisse gegenüber dem repräsentativen Anspruch der Adelsreise aufwertet; es zeigt weiterhin, daß die Gelehrten in solcher Weise, und zwar nicht nur in den Reisebeschreibungen, sondern auch in anderen literarischen Gattungen, auf einen neuartigen geschichtlichen Vorgang reagieren, der für sie erstmals zu Beginn des 18. Jahrhunderts deutlich spürbar wurde. Es ist die fürstliche Reprivilegierung des Adels zuungunsten der bürgerlichen Gelehrten in den

---

1 Zacharias Conrad von Uffenbach: Merkwürdige Reisen durch Niedersachsen, Holland und Engelland. (Hg. von Johann Georg Schelhorn). Th. 1-3. Ulm, Memmingen: Gaum 1753-54 (gereist 1709-10); die handschriftlichen Reisetagebücher des jüngeren Bruders Zacharias Conrads von Uffenbach, Johann Friedrich Armand, aus den Jahren 1712-16 liegen im Uffenbach-Nachlaß der Niedersächs. Staats- und Universitätsbibliothek Göttingen (Cod. Ms. Uffenbach 29: I-IV); Teilveröffentlichungen daraus: Eberhard Preußner: Die musikalischen Reisen des Herrn von Uffenbach. Aus dem Reisetagebuch des Johann Friedrich A. von Uffenbach aus Frankfurt a.M. 1712-1716. Kassel, Basel 1949; Alste Horn-Oncken: Ausflug in elysische Gefilde. Das europäische Campanienbild des 16. und 17. Jahrhunderts und die Aufzeichnungen J.F.A. von Uffenbachs. Göttingen 1978 (=Abhandlungen der Akad. d. Wissenschaften in Göttingen. Philol.-hist. Klasse, Folge 3, Nr. 111); Auszüge aus späteren Reiseaufzeichnungen desselben: Johann Friedrich Armand von Uffenbach's Tagebuch einer Spazierfarth durch die Hessische in die Braunschweig-Lüneburgischen Lande (1728). Nach der unveröff. Göttinger Handschrift hg. und eingel. von Max Arnim. Göttingen 1928; Johann Michael von Loen: Gesammlete [sic!] Kleine Schrifften. Besorgt und hg. von J(ohann) C(aspar) Schneider. Th. 1-4. Frankfurt, Leipzig: Hutter 1749-1752, die Reiseessays in Th. 1 (1749), »Dritter Abschnitt«. S. 1-172 (getr. Pag.!) und Th. 4 (1752). S. 347-472 (gereist 1716-24); zu Z.C. von Uffenbach s. wiederum Becker: Bibliotheksreise (Anm. 15). Sp. 1391-1408; zu von Loen: Siegfried Sieber: Johann Michael von Loen. Goethes Großoheim (1694-1776). Leipzig 1922.

2 Zum Hofmeister allg. Hans H(einrich) Gerth: Bürgerliche Intelligenz um 1800. Zur Soziologie des deutschen Frühliberalismus. Mit e. Vorw. hg. von Ulrich Herrman. Göttingen 1976 (= Kritische Studien zur Geschichtswissenschaft, 19) (zuerst Diss. phil. Frankfurt a.M. 1935). S. 51-60; Ludwig Fertig: Die Hofmeister. Ein Beitrag zur Geschichte des Lehrerstandes und der bürgerlichen Intelligenz. Stuttgart 1979. Zur Hofmeisterreise bes. S. 45 u. S. 52-56.

3 Dieser Zug ist besonders kennzeichnend für Johann Balthasar Klaute: Diarium Italicum, Oder Beschreibung derjenigen Reyse, Welche der Durchläuchtigste Fürst und Herr, Herr Carl, Landgraff zu Hessen ... aus hiesiger Dero Fürstlicher Residentz angetreten ... Auf Dero gnädigsten Befehl zu Papier gebracht und zum Druck befördert. Cassel: Harmes 1722. Bes. in der unpag. »Vorrede« Klautes, fol. 4r.

höheren Verwaltungsorganen der Territorien und somit der Verlust wichtiger sozialer und politischer Einflußmöglichkeiten in der höfischen Gesellschaft.[1] In dieser Situation haben die Gelehrten eine zentrale, und weitgehend in ihren Händen liegende, Bildungsinstitution des Adels - die Kavalierstour - auf die bürgerlichen Tugend- und Leistungsanforderungen ihres eigenen Standes zu verpflichten gesucht. Die gelehrten Hofmeister haben ihre Reisezeit auf zweifache Weise zu nutzen gewußt: einmal, indem sie ihren eigenen wissenschaftlichen Interessen nachgingen, zum andern, indem sie das adlig-höfische Reiseprogramm mit gelehrten Elementen anreicherten. Gerade durch ihre Abhängigkeit von der adligen Kavalierstour ist die Hofmeisterreise eine der interessantesten, innovativsten und historisch folgenreichsten Typen der Gelehrtenreise gewesen. Ihren häufig festgestellten enzyklopädischen, oder besser: polyhistorischen, Charakter verdanken die Hofmeisterreisen der außergewöhnlichen Mischform von adliger Tradition und bürgerlich-gelehrter Emanzipation. Das zeigt sich besonders bei den von Thomasius inspirierten Reisebeschreibern der Frühaufklärung. Sie haben das in Halle konzipierte Bildungsideal der gleichzeitig politisch-galanten und polyhistorischen »Klugheit«, wie es zeitgenössisch hieß, auf die Kavalierstour des Adels angewandt. Hierdurch haben die Hofmeister einen entscheidenden Wandel der Reisebeschreibungspraxis eingeleitet. Naturwissenschaftliches, politisches, merkantiles und technisches Wissen, kombiniert mit Naturrechts- und Gemeinwohlkonzeptionen fanden über diesen Weg Eingang in die Reiseliteratur. Als Musterbeispiele der Hofmeisterreisen dürfen Gottlieb Stolles »Reyse dreyer vertrauter Freunde durch Holland und einen Theil Deutschlands« von 1703 und Johann Georg Keyßlers »Neueste Reisen durch Teutschland« gelten, die in den Jahren 1729-31 stattfanden.[2]

Die Typologie der Gelehrtenreisen hat gleichzeitig einen Querschnitt durch den Gelehrtenstand des frühen 18. Jahrhunderts gegeben: Die Ordensreise führten Geistliche aus, die staatlichen Auftragsreisen Verwaltungsbeamte juristischer und technischer Fachrichtungen, die Akademiereise Professoren, wobei hier insbesondere Mediziner und Naturwissenschaftler bevorzugt zu nennen sind, die Privatgelehrtenreise verrichtete ein Akademikerkreis, dessen Mitglieder später als freie Schriftsteller bezeichnet werden sollten, und als Hofmeister reisten Gelehrte aller Art, wenngleich Theologen, Pädagogen und Graduierte

---

1 Alberto Martino: Barockpoesie, Publikum und Verbürgerlichung der literarischen Intelligenz. In: Internationales Archiv für Sozialgeschichte der deutschen Literatur 1 (1976). S. 107-145, bes. S. 137-143; Bernd Wunder: Die Sozialstruktur der Geheimratskollegien in den süddeutschen protestantischen Fürstentümern (1660-1720). In: Vierteljahresschrift für Sozial- und Wirtschaftsgeschichte 58 (1971). S. 145-220; Vierhaus: Staaten und Stände, a. a. O. S. 206.

2 Stolles für den Druck vorbereitete, aber nicht mehr veröffentlichte Handschrift ist in Auszügen wiedergegeben bei G(ottschalk) E(duard) Guhrauer: Beiträge zur Kenntnis des 17. und 18. Jahrhunderts aus den handschriftlichen Aufzeichnungen Gottlieb Stolle's. In: Allgemeine Zeitschr. f. Geschichte 7 (1847). S. 385 bis 436 u. S. 481-531; zur Entstehungsgeschichte: Josef Becker: Untersuchungen zum Reisetagebuch des Gottlieb Stolle von 1703. In: Zentralblatt f. Bibliothekswesen 47 (1930). S. 261-274; Johann Georg Keyßler: Neueste Reise(n) durch Teutschland, Böhmen, Ungarn, die Schweitz, Italien und Lothringen, worin der Zustand und das merckwürdigste dieser Länder beschrieben und vermittelst der Natürl: Gelehrten, und Politischen Geschichte, der Mechanick, Mahler= Bau= und Bildhauer=Kunst, Müntzen, und Alterthümer erläutert wird. Bd. 1-2. Hannover: Förster 1740-41; 2. Aufl. hg. von Gottfried Schütze, ebd. 1751; 3. Aufl. Hannover: Helwing 1776; zu Keyßler s. Gerhard Körner: Johann Georg Keyßler. Eine Skizze. In: Hannoversches Wendland, H.3, 1972. S. 7-19. - Zur Gattung der Hofmeisterreisen gehört auch das bisher leider nicht veröffentlichte Reisetagebuch des Königsberger Gelehrten Christian Gabriel Fischer aus den Jahren 1727-31, s. die vielversprechenden Auszüge bei Albert Predeek: Bibliotheksbesuche eines gelehrten Reisenden im Anfange des 18. Jahrhunderts. In: Zentralblatt f. Bibliothekswesen 45 (1928). S. 221-264 u. S. 393-407.

der historisch-philologischen Fächer überwogen.

Eine Übersicht über die Organisation, die Häufigkeit und die Dauer der Gelehrtenreisen möge man an dieser Stelle nicht erwarten. Zu verschieden sind die Anlässe und Besonderheiten der einzelnen Formen, als daß sich generelle Aussagen treffen ließen. Jeder Gelehrtenvita sind entsprechende Angaben mit Leichtigkeit zu entnehmen. Ein Aspekt aber soll dennoch herausgehoben werden, der eine Korrektur der vom Blick auf das spätere 18. Jahrhundert geprägten Vorstellung von der sogenannten »europäischen Orientierung« der politischen und sozialkritischen Bildungsreise auf die europäischen Kernländer Holland und England erlaubt. Nicht die Feststellung selbst soll in Zweifel gezogen werden, sondern ihr fraglos unzutreffender historischer Einsatzpunkt.[1]

Bis 1750 sind die Niederlande ein unentbehrlicher Bestandteil einer nicht auftragsgebundenen Gelehrtenreise. Folgende Beispiele können stellvertretend für die gesamte Tendenz stehen: Pufendorf, Thomasius, Tschirnhaus, Heumann, Uffenbach, von Loen, Keyßler, Haller, Michaelis. Schon diese Zusammenstellung zeigt, daß vor allem die großen gelehrten Traditionen der Niederlande in der politischen Philosophie, der klassischen Philologie, der Medizin und den Naturwissenschaften deutsche Reisende angezogen haben.[2] Während das Reiseziel Holland auf das 16. und 17. Jahrhundert und den Zusammenhang mit dem europäischen Späthumanismus verweist, gibt das wachsende Interesse der Gelehrten an England einen Vorblick auf die »Anglomanie« des späteren 18. Jahrhunderts. Um die Wende vom 17. zum 18. Jahrhundert und verstärkt seit 1720 ist ein zunehmender Besucherstrom auf die britischen Inseln festzustellen. Zwar werden fast ausschließlich die gelehrten Zentren in London mit der Royal Society sowie die Universitätsstädte Oxford und Cambridge besucht; der Einfluß des dort erfahrenen und übermittelten Gedankenguts auf die Wissenschaftsentwicklung des deutschsprachigen Raums war jedoch erheblich. Die empirische Philosophie und Naturwissenschaft, die Einzigartigkeit der politischen Verfassung und technologische Neuerungen im ökonomisch fortgeschrittenen England waren die wesentlichsten Beweggründe zur Reise auf die Insel.[3] Die Wahl der beiden Reiseländer

---

1 Diese These wurde vor allem von Helmut Peitsch vorgetragen, vgl. ders.: Ansätze zu einer revolutionär-demokratischen Politisierung der Menschheitsperspektive. Georg Forsters Reisebeschreibung 'Ansichten vom Niederrhein'. In: Gert Mattenklott/Klaus R. Scherpe (Hg.): Westberliner Projekt: Grundkurs 18. Jahrhundert. 2., durchges. Aufl. Kronberg/Ts. 1976 (= Literatur im historischen Prozeß, 4/1). S. 216-242, hier: S. 218-223; wiederholt in: ders.: Georg Forsters »Ansichten vom Niederrhein«. Frankfurt a.M., Bern, Las Vegas 1978 (= Europäische Hochschulschriften. Reihe 1, Bd. 230). S. 152-154.

2 Hierzu Heinz Schneppen: Niederländische Universitäten und deutsches Geistesleben. Von der Gründung der Universität Leiden bis ins späte 18. Jahrhundert. Münster (Westf.) 1960 (= Neue Münstersche Beiträge zur Geschichtsforschung, 6). Bes. S. 64-67; zu Reisebeschreibungen speziell die volkskundliche Arbeit von Steffi Schmidt: Die Niederlande und die Niederländer im Urteil deutscher Reisenden [sic!]. Eine Untersuchung deutscher Reisebeschreibungen von der Mitte des 17. bis zur Mitte des 19. Jahrhunderts. Siegburg 1963 (= Quellen und Studien zur Volkskunde, 5); sowie die das Quellenmaterial vorzüglich erschließende Arbeit von J(ulia) Bientjes: Holland und der Holländer im Urteil deutscher Reisender. 1400-1800. Groningen 1967.

3 Einen allgemeinen Überblick mit reichhaltigen Literaturhinweisen gibt Hans Jürgen Teuteberg: Der Beitrag der Reiseliteratur zur Entstehung des deutschen Englandbildes zwischen Reformation und Aufklärung. In: Antoni Maczak/H.J. Teuteberg (Hg.): Reiseberichte als Quellen europäischer Kulturgeschichte. Wolfenbüttel 1982 (= Wolfenbütteler Forschungen, 21). S. 73-113; s. weiterhin Marie-Luise Spieckermann (Red.): »Der curieuse Passagier«. Deutsche Englandreisende des achtzehnten Jahrhunderts als Vermittler kultureller und technologischer Anregungen. Heidelberg 1983 (= Beiträge zur Geschichte der Literatur und Kunst des 18. Jahrhunderts, 6); einen Einzelaspekt beleuchtet Ursula Fabian: Deutsche Reisende des 18. Jahrhunderts in englischen Bibliotheken im 17. und 18. Jahrhundert. Bremen, Wolfenbüttel 1977 (= Wolfenbütteler Forschungen, 2). S. 91-117; vgl. neuerdings zusammenfassend Michael Maurer: Aufklärung und Anglophilie in Deutschland. Göttingen 1987 (= Veröffentlichungen des Deutschen Historischen Instituts London, 18). - Zu weiteren bevorzugten Zielländern der gelehrten Reise s. August Tholuck: Das akademische Leben des 17.

verdeutlicht anschaulich, wie die zwei Haupttendenzen der deutschen Frühaufklärung - ihre naturwissenschaftliche Ausrichtung einerseits, ihre vernunftgeleitete praktische Philosophie andererseits - sich auch in den Reisezielen der Gelehrten niedergeschlagen haben.

3.Beschreibungsformen und Öffentlichkeitsbezug

Der Blick auf die verschiedenartigen Typen der Gelehrtenreise hat deren unterschiedliche Erkenntnisabsichten hervortreten lassen. Entsprechend vielförmig sind die literarischen Gestaltungen der Reisebeobachtungen und -erlebnisse. Die Reisebeschreibungen variieren stark nach dem jeweiligen Aufgabenkreis der Reise-»Instructionen«, dem Beobachtungsvermögen des Beschreibers, seinen Interessen und der je nach Reiseform andersartigen Zugänglichkeit zu bestimmten Erfahrungsbereichen. Es soll im folgenden nicht darum gehen, einen vollständigen Katalog der Beobachtungs- und Beschreibungsgegenstände aufzulisten. Vielmehr ist daran gedacht, einen bei aller Divergenz im Einzelnen dennoch angebbaren Kernbestand gelehrter Beschreibungsgegenstände zu ermitteln. Die Schwerpunkte gelehrter Reiseberichterstattung seien am Beispiel von vier Beschreibungen der Freien Reichsstadt Augsburg aus dem Zeitraum 1660 bis 1740 erörtert. Die ausgewählten Beispiele repräsentieren in den verschiedensten Dimensionen (zeitlich: 1660 - 1683 - 1729 - 1737; sprachlich: lateinisch und deutsch; publizistisch: Manuskript und Druck; typologisch: Ordensreise, Hofmeisterreise, staatliche Auftragsreise) die Vielgestaltigkeit des gelehrten Reisens und seiner Literatur.[1]

Zur Quellensammlung für das ordensgeschichtliche Reihenwerk »Acta sanctorum« bereisten die beiden Bollandisten Daniel Papebroch und Gottfried Henschen im Jahre 1660 Süddeutschland und Italien. Papebrochs lateinisch verfaßtes Reisetagebuch zirkulierte später in mehreren Manuskriptabschriften unter den Ordensbrüdern. Augsburg wird vor allem von dem örtlichen Jesuiten-Kolleg her erschlossen.[2] Dessen Einrichtungen (Kirche, Gymnasium, Werkstätten, Garten) sowie die Bibliotheken des St. Ulrich Klosters und die öffentliche Bibliothek der Stadt werden ausführlich geschildert. Große Aufmerksamkeit ist naturgemäß den Kirchengebäuden gewidmet, darunter finden sich auch kurze Beschreibungen der lutherischen Kirchen im bikonfessionellen Augsburg. Selbstverständlich werden die drei besonderen Sehenswürdigkeiten der Stadt erwähnt, das weithin berühmte Rathaus, der sogenannte »Einlaß«, der als wohldurchdachtes, kompliziertes Schleusenwerk das übliche Stadttor ersetzt, und die mechanisch ausgereiften Brunnenwerke.

Jean Mabillon, im Streit um die Urkundenlehre Papebrochs Gegenspieler, reiste 1683 mit gleicher Absicht wie sein Amtsbruder durch Süddeutschland. Sein ebenfalls lateinisch geschriebener Reisebericht streift Augsburg nur kurz.[3] Erwähnenswert erscheinen ihm der

---

Jahrhunderts mit besonderer Beziehung auf die protestantisch-theologischen Fakultäten Deutschlands. Halle 1853 (= Vorgeschichte des Rationalismus, I/1). S. 305-316.

1 Vgl. zu den Beschreibungsformen der gelehrten Reise den zur Anregung lesenswerten, als Analyse aber unbefriedigenden Aufsatz von Karol Sauerland: Der Übergang der gelehrten zur aufklärerischen Reise im Deutschland des 18. Jahrhunderts. In: Joseph P. Strelka/Jörg Jungmayr (Hg.): Virtus et Fortuna. Zur deutschen Literatur zwischen 1400 und 1720. Festschrift für Hans-Gert Roloff zu seinem 50. Geburtstag. Bern, Frankfurt a.M., New York 1983. S. 557-570.

2 Vgl. Papebrock/Henschen a. a. O.; für das Augsburger Beispiel wurde die Übersetzung von Hildebrand Dussler benutzt. In: ders. (Hg.): Reisen und Reisende in Bayerisch-Schwaben ... Reiseberichte aus sechs Jahrhunderten. Weißenhorn 1974 (= Reiseberichte aus Bayerisch-Schwaben, 2). S. 106-127, bes. S. 112-127.

3 Vgl. Mabillon a. a. O.; benutzt ist ebenfalls die Übersetzung von Dussler, die genauer und vollständiger ist als diejenige Ullrichs, vgl. H. Dussler (Hg.): Reisen und Reisende in Bayerisch-Schwaben ... Reiseberichte aus elf Jahrhunderten. Weißenhorn 1968 (= Reiseberichte aus Bayerisch-Schwaben, 1).. S. 192-198, bes. S.

»Einlaß«, die verschiedenen Kirchen und die Klostergebäude. Die beiden Bibliotheken Augsburgs sind mit Bestandsvergleich und Angabe wertvoller Handschriften im Text überdurchschnittlich stark vertreten. Ein Gesamteindruck der Stadt, der sich aus Papebrochs Bericht durchaus anschaulich ergibt, fehlt bei Mabillon völlig.

Johann Georg Keyßler kann als Vertreter des Typus der Hofmeisterreise bezeichnet werden. Er reiste 1729 als Begleiter zweier Grafen von Bernstorff unter anderem durch Süddeutschland. Die polyhistorischen und kameralistischen Impulse seines bildungsgeschichtlichen Werdegangs - er studierte bei den Hauptgestalten der Halleschen Frühaufklärung Thomasius, Gundling und Ludewig - spiegeln sich deutlich in seiner Augsburg-Beschreibung.[1] Zusätzlich zu den bereits bei Papebroch und Mabillon erwähnten Beobachtungsgegenständen finden sich bei Keyßler Bemerkungen zur ökonomischen Lage der Stadt, zur Einwohnerzahl und konfessionellen Gliederung, zu den Einkünften des Bischofs, zur Geschichte des Handelshauses Fugger, zu den Feinhandwerkern der Stadt und schließlich eine ausführliche Begutachtung des »Kabinet bey Cuno«, der naturgeschichtlichen Schausammlung eines Augsburger Gelehrten. Hier und da werden Anekdoten und belehrende Erläuterungen beigegeben, so zur angeblich Ratten vertreibenden Heilerde des Klosters St. Ulrich oder zur mechanischen Vorrichtung des »Einlasses«.

Der Architekt und Ingenieur Johann Jacob Michael Küchel wurde zur eigenen Fortbildung von seinem Dienstherrn, Friedrich Karl von Schönborn, auf eine »Studienreise zum Nutzen des Hochstifts« Bamberg nach Wien geschickt.[2] Küchel beschrieb nur die wichtigsten zivilen, kirchlichen und militärischen Gebäude, wobei er besonders das Pumpwerk der Brunnen lobte. Seine Ausführungen sind sehr knapp, was sich daraus erklären läßt, daß er seinem dienstlichen Reisebericht eine umfangreiche Mappe mit Zeichnungen und Grundrissen beigab, die ihn von langwierigen schriftlichen Darlegungen entlasteten. Küchels Bericht belegt die mit der Spezialisierung einhergehende drastische Einschränkung des Beobachtungsraumes.

Eine in den Augsburger Beispielen nicht vertretene Form des gelehrten Reiseberichts hat der Thomasiusschüler Gottlieb Stolle auf einer ausgedehnten Reise durch Holland und Deutschland (1703-04) ausgeführt.[3] Seine Beschreibung verkörpert auch in ihrer schriftlichen Form den grundlegenden colloquialen Charakter der Gelehrtenreise. Von Bibliotheken, Büchern und äußeren Zuständen wird in seinem zum Druck vorbereiteten, doch bisher nur in Auszügen veröffentlichten Tagebuch nur beiläufig berichtet. Es geht fast ausschließlich um die Unterredungen mit berühmten und weniger berühmten Gelehrten, deren Lehrmeinungen, akademische Erfahrungen, konfessionellen Gesinnungen und universitären Dispute. Aus diesem sich ergänzenden Geflecht von Informationen über die europäische Gelehrtenwelt ergibt sich ein anekdotenreiches, dabei durchaus fesselndes und treffendes Gesamtbild des wissenschaftlich-akademischen Lebens um 1700.

Die Beispiele haben zwar nicht alle Möglichkeiten der gelehrten Reiseberichterstattung zeigen können, doch lassen sich immerhin drei Hauptbereiche des prinzipiell unbegrenzten

195-196.

1 Vgl. Keyßler a. a. O.; die Augsburg-Beschreibung in der besser greifbaren 2. Aufl. 1751. Bd. 1. S. 63-67.
2 So das fürstliche Dekret zur Genehmigung der Reise vom 25.4.1737, zit. nach Glüsing: Küchel (Anm. 18). Bd. 1. S. 146; Küchels Augsburg-Bericht in der Edition Glüsings, ebd. Bd. 2. S. 3-4.
3 S. Stolle a. a. O.; vgl. auch den in der Ausführung ähnlichen Bericht Christoph August Heumanns in: Georg Andreas Cassius: Ausführliche Lebensbeschreibung des um die gelehrte Welt Hochverdienten Christoph August Heumanns, aus Desselben im MSt. hinterlassenen und anderen zuverläßigen Nachrichten verfasset und zum Druck befördert. Cassel: Cramer 1768, »Von dessen gelehrter Reise nach Holland«. S. 32-137 (gereist 1705).

Beobachtungsfeldes angeben. In der Hauptsache sind dies die Verknüpfungspunkte und Sammlungsstätten des gelehrten Lebens, die Bibliotheken, Buchhandlungen, Museen, Kabinette, Bildungseinrichtungen und die um die ortsansässigen Gelehrten sich gruppierenden Nachrichten. Ein zweiter, schon wesentlich unbedeutenderer Schwerpunkt ist die Baukunst in ihren zivilen, militärischen und geistlichen Zweigen einschließlich ihrer mechanisch-technologischen Erfordernisse. Letztlich werden Mitteilungen über die wirtschaftlichen und politischen Verhältnisse und deren Auswirkungen auf das Gemeinschaftswesen gemacht.

Die Frage, in welcher Form die Gelehrtenreiseberichte niedergelegt wurden, ist bereits berührt worden. Die bisher angeführten Beispiele zeigten private Tagebücher (Papebroch), veröffentlichte und unveröffentlichte »dienstliche« Berichte (Mabillon, Küchel) sowie gedruckte und ungedruckte ausgearbeitete Beschreibungstexte (Keyßler, Stolle). Für die Zusammenordnung der Quellenbereiche gelehrter Literatur ist von deren rhetorischen Grundmustern und der engen Verquickung mit der wissenschaftlich-literarischen Öffentlichkeit ihres Sozialraumes auszugehen. Im Blickfeld der Gelehrtenrepublik der Frühaufklärung sollen abschließend vier Gesichtspunkte vorgetragen werden, die einige inhaltliche und formale Besonderheiten der gelehrten Reisebeschreibung aufhellen und auf bisher zu wenig berücksichtigte Quellengattungen aufmerksam machen möchten.

Am Anfang einer solchen Erklärungsreihe muß der Hinweis auf die Apodemik stehen. Die Apodemik als Reisetheorie und Reiseanleitung hat ihren humanistischen Ursprung im 16. Jahrhundert. Von der einfachen, jedoch vielseitig aufgliederbaren Formel »Land und Leute« der frühen Apodemiker, über die 117 Fragen des Hugo Blotius von 1629 bis zu den 2443 Fragen des Grafen Berchtold aus dem Jahre 1789 umgreifen die Beobachtungs- und Beschreibungsschemata alles Wissenswerte und Wissensmögliche aus dem gesamten gesellschaftlichen Leben der durchreisten Länder.[1] Seit der Mitte des 18. Jahrhunderts sonderten sich aus den enzyklopädisch angelegten Apodemiken spezielle Reiseanleitungen für bestimmte Forschungstätigkeiten aus. Die im Aufklärungsjahrhundert bekannteste, mehrmals aufgelegte und überarbeitete Anleitung dieses Typs ist sicherlich Johann David Köhlers »Anweisung für Reisende Gelehrte«, die seit 1740 in Vorlesungen entwickelt wurde. J.F.A. Kinderling definiert die »Reiseklugheit« in der Vorrede zu der von ihm bearbeiteten Neuausgabe von Köhlers Apodemik so:

---

1 Die neuerliche Erschließung und Untersuchung der Apodemik als Gattung der frühneuzeitlichen Reiseliteratur ist das Verdienst von Justin Stagl und Uli Kutter. Vgl. neben dem oben genannten Titel von Stagl seine Bibliographie: J. Stagl/Klaus Orda/Christel Kämpfer: Apodemiken. Eine räsonnierte Bibliographie der reisetheoretischen Literatur des 16., 17. und 18. Jahrhunderts. Paderborn (usw.) 1983 (= Quellen u. Abhandlungen zur Geschichte der Staatsbeschreibung und Statistik, 2); in nicht wenigen Fällen leider unzuverlässig, s. z.B. die Rez. von Jill Bepler in: Wolfenbütteler Notizen zur Buchgeschichte 10 (1985). S. 85-88; J.Stagl: Die Apodemik oder »Reisekunst« als Methodik der Sozialforschung vom Humanismus bis zur Aufklärung. In: Mohammed Rassem/J. Stagl (Hg.): Statistik und Staatsbeschreibung in der Neuzeit vornehmlich im 16.-18. Jahrhundert. Paderborn (usw.) 1980 (= Quellen und Abhandlungen ..., 19); S. 131-302; ders.: Das Reisen als Kunst und Wissenschaft (16.-18. Jahrhundert). In: Zeitschr. für Ethnologie 108 (1983). S. 15-34; Uli Kutter: Apodemiken und Reisehandbücher. Bemerkungen und ein bibliographischer Versuch zu einer vernachlässigten Literaturgattung. In: Das achtzehnte Jahrhundert 4 (1980). S. 116-131. - Blotius' Frageliste ist abgedruckt im Anhang zu J. Stagl: Vom Dialog zum Fragebogen. Miszellen zur Geschichte der Umfrage. In: Kölner Zeitschr. f. Soziologie und Sozialpsychologie 31 (1979). S. 611-638, hier: S. 631-638. - Leopold count Berchtold: An essay to direct and extend the inquiries of patriotic travellers ... Vol. 1-2. London: Stationers Hall 1789; dt. Übers. von Paul Jakob Bruns u.d.T.: Anweisung für Reisende, nebst einer systematischen Sammlung zweckmäßiger und nützlicher Fragen. Braunschweig: Schulbuchhandlung 1791 (nur Bd. 1).

»Die Reiseklugheit selbst, zu welcher alle diese Bücher dienen sollen, bestehet in drei Stücken, nämlich in einer zweckmässigen Vorbereitung zur Reise, klugem Betragen an fremden Oertern, und geschickten Anwendung der erlangten Kenntnisse, wenn man wieder zu Hause ist.«[1]

Er unterscheidet drei Arten der Reisevorbereitung: die philosophische, die in der Reflexion auf den Gesundheitszustand, die »Gemüthbeschaffenheit«, die Vermögensumstände und den jeweiligen Hauptzweck der Reise besteht; die gelehrte, welche die Aneignung geographischer Kenntnisse, die Lektüre gelehrter Reisewerke und die Erlernung von Fremdsprachen umfaßt; und schließlich die ökonomische, die die Planung der praktischen Reisedurchführung (Reisekleidung, Geldverkehr) betrifft. Das Werk Köhlers selbst ist als zweckdienliches Reisehandbuch gedacht, das Hilfen und Fingerzeige zur Erschließung der besuchten Sammlungen bereitstellt.[2] Der Einfluß der Apodemiken auf die Reisebeschreibungen der Frühaufklärung läßt sich leicht etwa bei jeder Stadtbeschreibung nachweisen. Die oft bemerkte Einförmigkeit der Beschreibungsweise ergibt sich nicht zuletzt aus der offensichtlichen Befolgung der apodemischen Beschreibungsratschläge.

Ein zweiter, die literarische Gattungstradition der gelehrten Reisebeschreibung unterstreichender Gesichtspunkt sei angeführt. Zunächst ist auf die im deutschen Sprachraum geschaffene neulateinische Reiseliteratur hinzuweisen. Es gibt sie in der versifizierten Form der Hodoeporica und als sachlichen Prosabericht, für den schon einige Beispiele genannt wurden. Das Hodoeporicon ist eine zu seiner Zeit überaus beliebte und verbreitete poetische Äußerungsform des deutschen Humanismus. Aufgrund der formalen und inhaltlichen Offenheit des Genres konnte das Hodoeporicon »verschiedenste Aussagebedürfnisse und diskursive Muster in sich aufnehmen bzw. sich in solche einlagern [...]: situativ konzentrierte Momente autobiographischer Erinnerung, Personalpanegyrik im eher privaten oder öffentlichen Rahmen, unterhaltsame narrative Kleinformen (Anekdote, Schwank), didaktisch oder dokumentarisch motivierte Landesbeschreibungen in der Interferenz zu benachbarten Dichtungstypen (z.B. Städtelob, Fürstenspiegel) oder Gebrauchsgenres (Reisehandbücher), schließlich die politisch-propagandistische Publizistik wie im Fall der diplomatischen Reisen in die Türkei. [...] Die erzählten Reiseerfahrungen wurden von der Mehrzahl der Dichter entweder nach lebensweltlich vorgegebenen Klischees oder im Horizont antiker Sinn- und Textschemata verarbeitet«.[3] Ein weiterer, bisher ebenfalls wenig beachteter Quellenbereich sind die von Gelehrten auf ihren Reisen mitgeführten Stammbücher, deren Nachgeschichte sich in den heute gebräuchlichen Poesiealben offenbart. Die Stammbücher spiegeln die europäischen Verbindungen und Reisewege der

---

1 Johann David Köhler: Anweisung zur Reiseklugheit für junge Gelehrte, um Bibliotheken, Münzkabinette, Antiquitätenzimmer, Bildergalerien, Naturalienkabinette und Kunstkammern mit Nutzen zu besehen, neu überarb. und mit berichtigenden Anm. vers. von Johann Friedrich August Kinderling. Bd. 1-2. Magdeburg: Creutz 1788. Bd. 1. XIX; Erstausgabe: ders.: Anweisung für Reisende [sic!] Gelehrte, Bibliothecken, Münz-Cabinette, Antiquitäten=Zimmer, Bilder=Säle, Naturalien= und Kunst=Kammern, u.d.m. mit Nutzen zu besehen. Frankfurt, Leipzig: Knoch und Eßlinger 1762; weitere Auflagen bei Stagl u.a.: Apodemik-Bibliographie. S. 60; zu Köhler vgl. Hammerstein: Jus und Historie. S. 352-356; auch die Kompendien zur »Literär-Geschichte« enthalten Ratschläge für die Gelehrtenreise, vgl. z.B. Nikolaus Hieronymus Gundling: Collegium Historico-Literarium oder Ausführliche Discourse über die Vornehmsten Wissenschaften und besonders die Rechtsgelahrtheit. Bremen: Saurmann 1738. S. 1095-1097.
2 Köhler/Kinderling. Bd. 1. S. XIX-XXIX.
3 So prägnant zusammenfassend Wilhelm Kühlmann in einer Rezension (in: Literaturwissenschaftliches Jahrbuch N.F. 27 [1986]. S. 316-320, hier S. 318) zu Hermann Wiegand: Hodoeporica. Studien zur neulateinischen Reisedichtung des deutschen Kulturraums im 16. Jahrhundert. Baden-Baden 1984 (= Saecula Spiritualia, 12). Wiegand behandelt in seiner umfassenden und Maßstäbe setzenden Untersuchung leider nur das 16. Jahrhundert. - Kurze Hinweise zur gelehrten Reisedichtung auch bei Trunz: Späthumanismus. S. 164.

Gelehrten untereinander im individuellen Eintrag des besuchten Wissenschaftlers wider. Zwar hatte die Stammbuchsitte ihren Höhepunkt in der ersten Hälfte des 17. Jahrhunderts, doch ist in den großen Alben-Sammlungen in Kopenhagen und Wroclaw (Breslau) eine nicht unbeträchtliche Zahl von Gelehrtenstammbüchern aus dem Zeitraum von 1680 bis 1750 nachgewiesen worden. Das Führen von Stammbüchern verebbt aber nach 1750, so daß sie einer »sattelzeitbraven« (O. Marquard) Literaturgeschichte aus dem Blick geraten. Als ungemein aufschlußreiches Beispiel können die Freundschaftsalben des weitgereisten Flensburger Arztes Paul Moth dienen, die D. Lohmeier untersucht und mit der Feststellung begleitet hat, daß »die Stammbücher eine der wichtigsten Quellen für die Kultur- und Sozialgeschichte des Reisens sind«.[1] Eine wirkungsvollere, weil teilweise veröffentlichte Quellengattung stellen die Akademieschriften dar. Die Reiseberichte von Akademiemitgliedern sind teilweise in den Zeitschriften und Berichtsbänden der Akademien abgedruckt worden. Eine Unzahl von unveröffentlichten Reisebriefen oder ausgearbeiteten mündlichen Vorträgen sind aufgrund verschiedener Einzelhinweise in den Archiven der gelehrten Sozietäten zu vermuten. Als Beispiel sei hier stellvertretend nur der Bericht des englischen Philosophen George Berkeley erwähnt, dessen Beschreibung eines Vesuv-Ausbruches im Jahre 1717 in den »Philosophical Transactions« erschien.[2]

Ein dritter Punkt ist hervorzuheben. Die schriftstellerische Darbietung des Reiseberichts in der Tagebuch- oder Briefform hat ebenfalls in rhetorischen Traditionen vorgebildete Entstehungsgründe. Man lasse sich durch die Bezeichnungen nicht täuschen! Die Kontinuität zu den auch im späteren 18. Jahrhundert beliebten Darbietungsformen einer Reisebeschreibung darf den Blick auf den ganz anderen Funktionszusammenhang innerhalb der Gelehrtenreise nicht verstellen. Auf das Reisetagebuch der Frühaufklärung träfe der Begriff »Arbeitsjournal« sicherlich genauer zu. Die Gelehrten haben im wesentlichen die sie interessierenden Gegenstände und Ereignisse notiert und private Mitteilungen fast völlig vermieden. Die Briefform der gedruckten Beschreibungstexte knüpft an die schon erwähnte Tradition des Abhandlungsbriefes an. Und es kann wohl kaum von einem Brief im landläufigen Sinne die Rede sein, wenn zum Beispiel Keyßler seine - übrigens »Nachrichten« genannten - Rom-Beschreibungen in Briefen von 70 und mehr Seiten im Quartformat mitteilt. In Gelehrtengeschichten wird des weiteren davon berichtet, daß die nun tatsächlich von einem auswärts weilenden Kollegen geschriebenen Reisebriefe

---

1 Dieter Lohmeier: Gelehrtenleben des Späthumanismus im Spiegel des Stammbuchs. Die Stammbücher des Paul Moth aus Flensburg. In: Jörg Ulrich Fechner (Hg.): Stammbücher als kulturhistorische Quellen. München 1981 (= Wolfenbütteler Forschungen, 11). S. 181-196, Zitat: S. 188; vgl. allg. zu den Stammbüchern neben dem Fechnerschen Sammelband als beste Einführung Peter Amelung: Die Stammbücher des 16./17. Jahrhunderts als Quelle der Kultur- und Kunstgeschichte. In: Heinrich Geissler (Red.): Zeichnung in Deutschland - Deutsche Zeichner 1549-1640. Katalog zur Ausstellung 1.12.1979-17.2.1980. Staatsgalerie Stuttgart. Bd. 2. Stuttgart 1980. S. 211-222; Wolfgang Klose: Stammbücher - eine kulturhistorische Betrachtung. In: Bibliothek und Wissenschaft 16 (1982). S. 41-67. - Die Bezeichnung »sattelzeitbrav«, in Anspielung auf Reinhart Kosellecks Epochenkonzept der Sattelzeit 1750 bis 1850, bei Odo Marquard: Der angeklagte und der entlastete Mensch in der Philosophie des 18. Jahrhunderts. In: ders.: Abschied vom Prinzipiellen. Stuttgart 1981 (Recl. Universal-Bibl., 7724). S. 39-66, Zitat: S. 41.

2 Das Beispiel ist der instruktiven Studie von Elisabeth Chevallier entnommen: La diffusion de l'information par la littérature de voyage au XVIIIe siècle: La Vésuve et les phénomènes volcaniques. In: Revue de littérature comparée 55 (1981). S. 39-53, hier: S. 40; s. auch R(ay) W(illiam) Frantz: The English traveller and the movement of ideas. 1660-1732. New York 1968 (zuerst 1934). S. 15-29, bes. 18-19. - Vgl. als Einzeldruck z.B. William Hamilton: Bericht vom gegenwärtigen Zustande des Vesuvs, und Beschreibung einer Reise in die Provinz Abruzzo und nach der Insel Ponza. D. Kgl. Societät zu London vorgelesen den 4. May 1786. Dresden: Walther 1787.

mit dessen Einverständnis in den Gelehrtenkreisen zirkulierten. Mitunter wurden sie sogar veröffentlicht, während der reisende Korrespondent noch unterwegs war.[1]

Ich möchte einen letzten Punkt berühren, der in der bisherigen Forschung entweder mit unverhohlenem Unverständnis oder unangemessenen historischen Bezügen kommentiert worden ist.[2] Es ist das dem enzyklopädischen Prinzip der Sach-Inventarisierung angeblich innewohnende Fehlen von sozialkritischen Urteilen in den frühaufklärerischen Reisebeschreibungen. Zunächst stimmt die Problemformulierung so nicht. Es finden sich durchaus Parteinahmen und Werturteile der Reisebeschreiber in ihren Berichten, allerdings nicht in der Form politisch bewußter Kritik wie am Ende des Jahrhunderts. Vielmehr sind es an vernunftutopischen, gemeinnützigen und wohlfahrtsstaatlichen Idealen orientierte Stellungnahmen. Dies zeigt sich besonders an dem für die Frühaufklärung noch bemerkenswert aktuellen Thema der Konfession. Ein Stolle, ein von Loen, ein Keyßler - sie alle werden nicht müde, immer wieder die Mißachtung religiöser Minderheiten anzuklagen, abergläubische Vorstellungen naturwissenschaftlich zu entzaubern oder beispielhafte religionspolitische Lösungen zu loben. Gleichwohl bleibt der Eindruck einer äußersten Zurückhaltung bei der Reflexion über die berichteten Gegenstände. Das Beschreibungsideal der Frühaufklärung wird treffend von Carl von Linné umrissen. In der Vorrede zu seiner Schonen-Reise von 1740 schreibt er:

> »Ich habe die Sachen ganz kurz vorgebracht, ohne vieles Räsonnieren und ohne viele Reflexionen, die sich immer von selbst verstehen, wenn die Daten richtig sind, und das alles, damit ich Kürze gewönne, die die angenehmste Schreibart ist.«[3]

Der Richtigkeit, Verläßlichkeit und Detailgenauigkeit der berichteten Fakten wird der höchste Stellenwert in dieser Beschreibungskonzeption zugemessen. Daß sich die Urteile nach Linné von selbst ergeben sollen, verweist zunächst auf eine von allen Gelehrten geteilte Grundhaltung, die Räsonnement und kritische Wertung, auch ohne ihre ausdrückliche schriftliche Aussprache, bei *jedem* Beschreibungsakt mit einschließt. Aus der hier vorgeschlagenen System-Perspektive auf die gelehrte Reisebeschreibung - als *eines* Mediums innerhalb des Kommunikationssystems der Aufklärung - ist ein bisher wenig beachteter Aspekt zu ergänzen: Die Konsequenzen aus den in den Reisebeschreibungen zusammengestellten Beobachtungen werden in den geselligen Zusammenkünften der Sozietäten und den anderen Organisationen der Gelehrtenrepublik gezogen. Die Vielzahl der universitären Veranstaltungen jener Zeit zur Reisetheorie und -praxis ist nur ein, wenngleich besonders stichhaltiger Beleg für diesen Vorgang. Berücksichtigt man das, so wird die außergewöhnliche Bedeutung der Reisebeschreibung als Nachrichtenquelle für das gesellige Räsonnement und die moralisch-politische Kritik in den Aufklärungssozietäten deutlich.

---

1 So im Fall des schwedischen Orientalisten Jacob Jonas Björnstahl; s. Becker: Bibliotheksreisen. Sp. 1431.

2 Dies ist vor allem in der älteren Reiseliteraturforschung üblich; vgl. die Hinweise darauf in den reflektierteren Darstellungen von Klaus Laermann: Raumerfahrung und Erfahrungsraum. Einige Überlegungen zu Reiseberichten aus Deutschland vom Ende des 18. Jahrhunderts. In: Hans Joachim Piechotta (Hg.): Reise und Utopie. Zur Literatur der Spätaufklärung. Frankfurt a.M. 1976 (= edition suhrk., 766). S. 57-97, hier: S. 77-82; Wolfgang Griep: Reiseliteratur im späten 18. Jahrhundert. In: Rolf Grimminger (Hg.): Deutsche Aufklärung bis zur Französischen Revolution. 1680-1789. München, Wien 1980 (= Hansers Sozialgeschichte der deutschen Literatur, 3). S. 739-764, hier: S. 744-747; Beyrer: Postkutschenreise a. a. O. S. 119-130.

3 Hier zitiert nach Ebel: Skandinavische Reisebeschreibung. S. 35-36, dessen Übersetzung klarer ist als die zeitgenössische von Schreber (s. Bd. 1. fol. a 7 r-v): »Ich habe alles Vorgefallene aufs kürzeste angezeichnet, ohne viele Beurtheilungen, welche sich jederzeit selbst geben, wenn die *data* richtig sind. Ich habe mich dabey, so viel möglich, der Kürze befleißen, welche die angenehmste Schreibart ist«.

Die polyhistorisch-galanten Impulse der Halleschen Frühaufklärung und die umfangreichen Fragelisten der Akademien haben diese Aufgabe des Reisebeschreibers nachdrücklich unterstützt. Der detailgenaue Nachvollzug der Reise ist deshalb als folgerichtige Umsetzung der empirisch-praktischen Imperative der frühaufklärerischen Gelehrtenrepublik zu deuten. Die uns Heutigen immer wieder verwundernde Eintönigkeit oder Spannungslosigkeit dieser Reiseberichte entspricht somit einer untergründig politischen Konzeption der Reisebeschreibung. Aus dieser Sichtweise erweist sich die von William E. Stewart aufgeworfene Frage, wie denn das »plötzliche Erscheinen regelrechter politischer und gesellschaftskritischer Manifeste in der Reisebeschreibungstheorie der achtziger Jahre«[1] des 18. Jahrhunderts zu erklären sei, als Scheinproblem. Dieses konnte entstehen, weil der Wirkungszusammenhang des gelehrten Kommunikationssystems nicht ausreichend berücksichtigt wurde. Vor allem die gelehrten Hofmeister haben - wie bereits erwähnt - mit moralisch-politisch motivierten Handlungsweisen auf die einzigartige gesellschaftliche Konstellation zu Beginn des 18. Jahrhunderts reagiert. Sie haben versucht, das schon überlebte Modell der adligen Kavalierstour umzuwandeln in eine bürgerlichen Ansprüchen unterworfene bildungsorientierte Studienreise. Diese Spannung zwischen ständischer Verpflichtung und überständischer Tugendnorm kennzeichnet die unverwechselbare Physiognomie und die bewußtseinsgeschichtliche Bedeutung der frühaufklärerischen Gelehrtenreise.

---

1 Stewart: Reisebeschreibung. S. 252.

Ingrid Kuczinsky

Zum Aufkommen der individualisierten Wirklichkeitssicht in der englischen Reiseliteratur des 18. Jahrhunderts

Der Wechsel von rein sachbezogener zu subjektbezogener Aneignung von Wirklichkeit begann sich in der englischen Reiseliteratur um die Mitte des 18. Jahrhunderts abzuzeichnen. Sachbezogenheit im Sinne einer faktologischen Erschließung des bereisten Landes wurde dadurch keineswegs als ein konstituierendes Merkmal des Genres außer Kraft gesetzt. Sie blieb auch nicht allein der Beschreibung wenig bekannter Gebiete oder der Erfüllung spezieller wissenschaftlicher Erkundungszwecke vorbehalten. Der Gewinn von sachlichen Kenntnissen galt das Jahrhundert hindurch als ein maßgebliches Kriterium in der Beurteilung von Reisebeschreibungen.[1]

Doch schon in den vierziger Jahren finden sich in einigen Reiseberichten Überlegungen, die auf die Begrenztheit individueller Wahrnehmungsmöglichkeiten in Bezug auf eine möglichst vollständige Erfassung der Daten eines Landes verweisen und statt - oder neben - der Einordnung neuer Details in die Summe bisherigen Wissens auf die Subjektivität der Wahrnehmung des Fremden aufmerksam machten. Das betraf vor allem solche Länder, die in der Reiseliteratur schon häufig beschrieben worden waren, wie beispielsweise der geographische Raum der römischen und griechischen Antike.

Die Verschiebung des Gewichts von der reinen Faktensammlung auf das subjektive Erlebnis und dessen wirkungsorientierte Vermittlung ist als Teil eines Prozesses zu sehen, der sich in der englischen Literatur und Ästhetik um die Jahrhundertmitte allgemein vollzog. Er richtete sich auf die Erkundung und Beförderung von Individualität. Als Reaktion gegen die klassizistische Literatur des frühen 18. Jahrhunderts, die das Individuum als Teil eines übergeordneten Ganzen betrachtet und eine Anpassung des privaten an das Gemeininteresse der Gesellschaft und des Staates verlangt hatte, wurde er im wesentlichen vom mittleren Bürgertum getragen. Dieses gehörte damals weder zur herrschenden Schicht noch war es mit ihr liiert, und seine Angehörigen verhielten sich zum Staat als Privatpersonen. Es bestimmte nach 1750 zunehmend die Literaturverhältnisse und brachte sein Interesse an der Verständigung über Bedingungen und Möglichkeiten der Entfaltung und Bewahrung von Individualität in die literarische Praxis und Theorie ein.

Wenn beispielsweise Edward Young 1759 fragte: »Born Originals, how comes it to pass that we die Copies?«[2], dann ging es ihm um die Ursachen, die die Ausbildung originaler, individueller Schöpferkraft behinderten. Er sah sie nicht in der nivellierenden Wirkung des Marktmechanismus, wie es Oliver Goldsmith im gleichen Jahr tat[3], sondern in der Last des

---

1 Vgl. dazu Batten, Charles L.: Pleasurable Instruction. Form and Convention in Eighteenth-Century Travel Literature. Berkeley 1978. P. 24-31. Batten weist unter Auswertung einschlägiger Zeitschriftenrezensionen, hauptsächlich aus der »Monthly Review« und der »Critical Review«, nach, daß die Reiseliteratur bei den Rezipienten ihre Funktion als Träger von »useful information« nicht verlor. Erst mit dem Aufkommen des »picturesque traveller« (William Gilpin und Nachfolger) in den 80er und 90er Jahren merkt er eine einschneidende Veränderung an. Doch selbst in dieser Zeit ist für die einzelne Reisebeschreibung noch eher ein Nebeneinander von faktologischem Bericht und der Vermittlung des subjektiven Erlebnisses kennzeichnend, etwa bei Arthur Young: Travels in France and Italy (1791); Ann Radcliffe: A Journey made in the summer of 1794 through Holland and the Western Frontier of Germany etc. (1795); Mary Wollstonecraft: Letters Written during a Short Residence in Sweden, Norway, and Denmark (1796).

2 Young, Edward: Conjectures on Original Composition (1759). In: Late Augustan Prose. Ed. by Patricia Meyer Spacks. Prentice Hall 1971. P. 62.

Überlieferten, des schon Produzierten, die den Menschen versklave. Young verlangte die Rückkehr in ein unmittelbares Verhältnis zur Natur, in deren Fülle und Verschiedenartigkeit das schöpferische Individuum kraft seiner spontanen Sensitivität Neues entdecken und so eine originale Leistung vollbringen sollte.

Auch in der Reiseliteratur war die Last des Überlieferten verspürt worden, die dem Individuum den Zwang der Einordnung in ein festgefügtes System auferlegte und es in Konflikt geraten ließ mit der Subjektivität seiner Wahrnehmung, seiner Erlebnis- und Erkenntnisfähigkeit. Sowohl im politischen, ideologischen oder wissenschaftlichen Diskurs als auch in der Vermittlung einer erlebenden, sinnlich-ästhetischen Aneignung von Wirklichkeit konnte der Einzelne seine originalen, unverwechselbaren Anlagen und Interessen ins Spiel bringen, die im übrigen in der Begegnung mit dem Fremden viel stärker gefordert und gefördert wurden. Das Bekenntnis zur Subjektivität war Teil eines Emanzipationsschubs, der ein produktives Verhältnis zur Realität einschloß.

In der Reiseliteratur äußerte sich das Bemühen um eine auf das ganzheitliche Individuum bezogene Wirklichkeitsaneignung unter anderem in der Integration einer ästhetisierenden Komponente. Eine durch bekannte literarische Texte oder Werke der Malerei gelenkte Sicht unterstützte den Vorgang und die Vermittlung sinnlich-emotionaler Verarbeitung von fremder Realität und diente gleichzeitig als Instrument, um diese in Vertrautes einzufügen und damit beherrschbar zu machen. Daß einmal gefundene Bilder und Argumentationen durch häufige Nachahmung rasch wieder zu Stereotypen verfallen konnten, sei nur am Rande angemerkt.[1]

Im folgenden sollen die Anfänge dieses Prozesses in englischen Reisebeschreibungen ermittelt werden, die vor der und um die Jahrhundertmitte entstanden.

Alexander Drummond, ein schottischer Kaufmann und späterer britischer Konsul in Aleppo, Verfasser der »Travels through different Cities of Germany, Italy, Greece, and Several Parts of Asia« (1754), fühlte sich zunächst sehr unbehaglich, als er 1744 in seinem ersten Reisebrief aus Italien das »Unglück« beklagen mußte,

> »I labour under from the want of proper books to direct my inquiries; and I must now add, that a traveller not only sees more perfectly those beauties which are pointed out to him by a just critick, but even acquires from that criticism an extraordinary spirit of penetration, which enables him to improve upon the discoveries of his predecessors; whereas I, who have little or no assistance of this kind, resemble an unskilful pilot tossed to and fro upon the waves at random, whithout any compass to conduct his vessel, or sea-chart to direct his voyage.«[2]

Verunsichert durch den Mangel an lenkender und stützender Reiseliteratur (Drummond standen nur Joseph Addisons »Remarks on Several Parts of Italy« von 1705 zur Verfügung) und damit abgeschnitten von dem als stabilisierend empfundenen kollektiven Wissensfundus blieb nur der für ihn zunächst schwache Trost, »that every man is an original in his own remarks and adventures«.[3]

5 Goldsmith, Oliver: An Account of the Augustan Age of England. In: Miscellaneous Works of Oliver Goldsmith. Ed. by Washington Irving. Iv. Paris 1825. P. 241-242.
1 Zur Funktion der Ästhetisierung eines geographischen Raumes, seiner Umformung von einem Ort in ein Zeichen, innerhalb einer Herrschaftsideologie s. Womack, Peter: Improvement and Romance: The Scottish Highlands in British Writing after the Forty-Five. Ph.D.thesis Edinburgh 1984; zur Herausbildung der pittoresken Landschaftssicht s. vor allem Dischner, Gisela: Ursprünge der Rheinromantik in England. Zur Geschichte der romantischen Ästhetik. Frankfurt/Main 1972. Für die Entwicklung und Ausbreitung des »optisch orientierten Tourismus« im 18. Jahrhundert gibt der Katalog zur Ausstellung »Mit dem Auge des Touristen. Zur Geschichte des Reisebildes«, Eberhard-Karls-Universität Tübingen 1981, zahlreiche Bildbeispiele und Erläuterungen.
2 Drummond, Alexander: Travels through Different Cities of Germany, Italy, Greece, and Several Parts of Asia, as far as the Banks of Euphrates: In a Series of Letters. London 1754. P. 14.
3 Ebd. P. 2.

Vier lange Briefe weiter und - wenn man sich auf deren Datierung verlassen kann - ein halbes Jahr später entdeckte er in der ihm durch Zufall aufgezwungenen Selbständigkeit subjektiver Beobachtung einen Gewinn:

> »... by this method of observing with your own eyes, we learn to think for ourselves; and are gradually detached from that implicit faith in books of travels, by which many people have been misled. The use which a traveller, conversant with the *belle lettres* ought to make of those authors who have described the same places with judgment, is, to follow their directions in inquiring for, and examining, those objects they have described; to compare their remarks with his own observations, and endeavour to consider every circumstance in all different points of view.«[1]

Das Gewicht, das in der faktensammelnden Reisebeschreibung auf der Summierung der Details einer Sache gelegen hatte, verschob sich für Drummond auf die Verschiedenartig-keit subjektiver Ansichten von ein und demselben Objekt. Noch war er nicht dazu bereit, auf die Ganzheit der zu erfassenden Sache zu verzichten: Er war weit davon entfernt, in der Subjektivität der Sicht das einzig mögliche Ergebnis reiseliterarischer Wirklichkeits-aneignung zu sehen, wie es vierzig Jahre später Hester Lynch Piozzi in ihren »Observations and Reflections made in the course of a Journey through France, Italy, and Germany« (1789) tat:

> »... Italy, at last, is only a fine well-known academy figure from which we all sit down to make drawings according as the light falls, and our seat affords opportunity. Every man sees that and indeed most things, with the eyes of his then present humour, and begins describing away so as to convey a dignified or despicable idea of the object in question, just as his disposition led him to interpret its appearance.«[2]

Drummond wollte noch durch »friendly disputes, whether historical, political, or scienti-fical«, eine allgemeingültige Aussage erreichen und damit die Subjektivität der individu-ellen Sicht aufgehoben sehen, die für ihn Begrenztheit bedeutete: »for twenty persons viewing the same object, will see it in twenty different lights, and attain the same point, by twenty different ways«.[3]

Doch was ihm in Bezug auf die Erfassung der Ganzheit einer Sache noch als Mangel erschien, entdeckte er in Bezug auf die Entfaltung von Individualität als Vorteil:

> »he (der Reisende, I.K.) learns to think for himself, his intellects are strengthened, and his understanding extended; for the mind, as well as the body, profits by the exercise of her powers.«[4]

Die Ausbildung des Bedürfnisses, individuelle Aktivität freizusetzen und den Zwang zum sklavischen Nachvollzug stereotyp gewordener, überlieferter Muster abzuschütteln, kann in Drummonds Reisebriefen als ein Prozeß nachvollzogen werden, der durch die Ausein-andersetzung mit der fremden Wirklichkeit stimuliert wurde. Originalität blieb keine zufallsbedingte Größe, mit der man sich über die Unzulänglichkeiten des eigenen Beitrags trösten konnte, sondern wurde zum erstrebenswerten Ziel, zur Voraussetzung einer der Gesellschaft dienenden Leistung. Denn »a man collects a valuable parcel of seeds, which he should carefully and judiciously sow, on his return to his native country, that his fellow-creatures may be benefited by the fruits«.[5] An die Stelle des Konzepts der Summie-rung von Wissen trat die Wachstumsmetapher.[6]

---

1   Ebd. P. 104-105.
2   Piozzi, Hester Lynch: Observations and Reflections made in the course of a Journey through France, Italy, and Germany. 2 vols. London 1789. Bd. I. P. 288-289.
3   Drummond a. a. O. P. 105.
4   Ebd. P. 104.
5   Ebd. P. 105.
6   Hier ist die Metapher allerdings noch bezogen auf einen gesellschaftlichen Produzenten und nicht - wie im

Anfangs kritisierte Drummond jene Reisebuchautoren,

>»who oblige the world with the fruit of their own observation only, and very naturally suppose that an account of those things which made the deepest impression upon their imagination, cannot fail to have the same effect upon the reader.«[1]

Aber dann ging er über zu einer selbstbewußten Darlegung seiner subjektiven Beobachtungen und Kommentare zu politischen, wirtschaftlichen und kulturellen Fragen. Dabei identifizierte er sich als britischer Bürger mit den handelspolitischen Interessen seines Landes, dessen Überlegenheit über andere Länder und gesellschaftliche Systeme hervorzuheben er nicht müde wurde. Dort, wo er die Vorstellungskraft seines Adressaten in Schottland anregen und ihn in das Erlebnis einzubeziehen versuchte, zog er das Vertraute, Heimatliche zum Vergleich heran. Der Rhein ähnelte dem Loch Long, die Alpen dem schottischen Hochland, Aleppo aus der Ferne dem Panorama von Edinburgh, und keine der Reiterstatuen in Florenz erschien Drummond so schön wie die von Karl II. am Parliament-close in Edinburgh. Da, wo das Fremde als Landschaft wahrgenommen wurde, realisierte sich der ästhetische Genuß über vertraute und patriotische Bilder.

Zu einer völligen und damals sehr ungewöhnlichen Trennung des Ästhetischen vom Ideologischen auf einem für englische Verhältnisse politisch und weltanschaulich sehr brisantem Gebiet, nämlich der Konfession, gelangte dagegen etwa zu gleichen Zeit ein junger Maler in Rom. Von 1739 an schrieb er über mehr als zehn Jahre hinweg Briefe an seine Familie in England, von denen 1748 die ersten vierzig anonym veröffentlicht wurden. 1750 folgte ein zweiter Band. Der Verfasser, James Russel, war der Sohn eines Geistlichen, studierte in Rom an der Kunstakademie und verdiente sich, soweit aus dem Text ersichtlich, seinen Lebensunterhalt mit dem Kopieren von Gemälden und gelegentlich als Cicerone englischer Touristen.[2]

Die Briefe sind an die einzelnen Angehörigen seiner Familie gerichtet, und da sich der Verfasser bemühte, in Ton und Inhalt auf deren jeweilige persönliche Neigungen einzugehen, reflektieren sie nicht nur ein Bild von Rom in wechselnder Gestalt, sondern auch die Beziehungen innerhalb einer bürgerlichen Familie, und ganz besonders die zwischen Vater und Sohn. Aber vor allem erscheinen in dieser Korrespondenz sowohl der Wandel in den Interessen als auch in der Art reiseliterarischer Wirklichkeitsaneignung und -beschreibung in der Form eines Generationskonflikts.

Auf einem Gebiet brach dieser Gegensatz sehr rasch auf. Der junge Maler zeigte sich von seiner Durchreise durch Paris an ästhetisch tief beeindruckt von den katholischen Kirchen, den Gottesdiensten und den religiösen Festen.

---

damals aufkommenden Konzept vom organischen Wachstum eines Kunstwerks - auf den Schöpfungsakt des individuellen Produzenten. Vgl. dazu Abrams, M.H.: The Mirror and the Lamp. Romantic Theory and the Critical Tradition. Oxford etc. 1971. P. 184-187, 198-201.

1 Drummond a. a. O. P. 1.
2 Letters from a Young Painter Abroad to his Friends in England. London 1748. Eine Neuauflage erschien zusammen mit Bd. II im Jahre 1750, der weitere 34 Briefe enthielt. Gelegentlich wurden die »Letters« Sir Joshua Reynolds zugeschrieben. Doch schon die Rezension in der »Monthly Review« 3 (1750), P. 341-343, nennt im Text den Namen des Verfassers (Mr. Russel). Sowohl der Vater, Richard Russel(l), M.A., als auch einer seiner Brüder, Richard Russel(l), M.D. of Rheims, sind als Autoren im Katalog des Britischen Museums verzeichnet; der erste als Verfasser theologischer Schriften, der zweite als Beteiligter an einer medizinischen Kontroverse. Einige ihrer Titel werden wiederum in den Briefen des jungen Malers genannt. James T. Hillhouse vermutete, daß der Vater, Richard Russel, Mitherausgeber des »Grub-Street Journal« gewesen sei. Dafür finden sich zumindest im Text der »Letters« keinerlei Anhaltspunkte (Hillhouse, James T.: The Grub-Street Journal, Durham, N.C. 1928, P. 44).

»The insides (der Kirchen, I.K.) are adorned either with tapestry, or pictures, or with both; and the altars are exceedingly rich: the music is very awful and solemn; and the Divine Service celebrated with so much decency and regularity, that tho' I condemn their superstitions, I cannot but be sincerely affected, when present at their worship.«[1]

Besonders in den Briefen an seine Geschwister machte er kein Hehl aus seinem ästhetischen Genuß einer Sache, die er nach patriotischer Gesinnung und religiöser Erziehung als ideologisch und moralisch verwerflich abzulehnen hatte. Für den Vater muß dieser subjektive Ausbruch aus einem weltanschaulich abgesicherten System, in dem überdies das Wahre, Gute und Schöne miteinander identifiziert wurden, unbegreiflich gewesen bzw. so bedrohlich erschienen sein, daß er ein Eingreifen für notwendig hielt. Denn nach dem ersten Jahr seines Romaufenthaltes bedankte sich der Sohn für Weihnachtsgeschenke, unter denen eine theologische Abhandlung gewesen war, und er beeilte sich, seinem Vater in diesem Zusammenhang mitzuteilen, daß er nicht um seine Konfessionstreue zu fürchten brauche:

»I can sincerely assure you, that the more I converse with the Romanists, and the oftner I enter their churches, the more strongly am I fortified against their errors.«[2]

Kraft seiner Autorität griff der Vater auch in das übrige Romerlebnis seines Sohnes ein und versuchte, es als Leser seinen Rezeptionsbedürfnissen entsprechend in eine ganz bestimmte Richtung zu lenken. Während der junge Maler den Geschwistern seine Eindrücke und Erlebnisse des modernen Roms schilderte, hatte er in den Briefen an seinen Vater dessen ausdrücklichen Anweisungen zu folgen und eine genaue, systematische und kopierende Inventarisierung aller erreichbaren Altertümer zusammen mit einer Rekapitulierung des einschlägigen antiken Schrifttums zu liefern. Obwohl Russel diese zeitraubende Aufgabe, der sich schon viele Reisende vor ihm gewidmet hatten, lästig war, er sie als trocken, zäh und prosaisch empfand und sich mitunter durch passiven Widerstand dagegen zu wehren versuchte, fügte er sich schließlich doch als gehorsamer Sohn, so daß im zweiten Band die nüchtern beschreibende Bestandsaufnahme der Altertümer die Erlebnisschilderung der Moderne allmählich verdrängte. Der Vater war auch nicht für eine Beschreibung moderner Kunst (das schloß die Renaissance ein) zu gewinnen, so daß der Sohn schließlich einsah:

»... I did not enough consider the great difference there is betwixt descriptions of ancient, and those of more modern curiosities. But you have fully convinced me, that the latter, whether they regard architecture, statuary, or paintings, if barely described in words, are not interesting enough to engage the minds of persons at a distance, unless they have a very curious turn; and that the chief use of such descriptions is to examine the things themselves exactly by them. But the case is quite different with relation to the works of the ancients: the precious remains of which can not but excite the curiosity of all, who have the least tincture of Classic learning. For, as you justly observe, antique buildings, busts, statues, bas reliefs, painting, and inscriptions, are not only entertaining, but very useful, as tending to the illustration of passages in ancient authors, both poets and historians. I shall therefore, Sir, according to your desire, be very exact in my descriptions of these, and shall communicate them to you constantly, from time to time.«[3]

In dieser *querelle* siegten nicht nur die Alten über die Modernen; es siegte auch die alte rationale Art der Wirklichkeitsaneignung, die vom Text aus ein Stück Realität vergleichend erschloß und die der Wirklichkeit, in diesem Falle den Kunstwerken, keinen eigenständigen Wert zubilligte. Sie war nur von Interesse als Illustration von Vertrautem und bereits Angeeignetem.

---

1 Russel (1748). P. 1.
2 Russel (1748). P. 73. Bei dem Buch handelte es sich um Robert Jenkin: The Reasonableness and Certainty of the Christian Religion, (1696/97), das 1734 in der 6. Aufl. erschienen war und in die Prinzipien der natürlichen und Offenbarungsreligion einführen wollte.
3 Russel (1750). Bd. II. P. 5-6.

Daß der Sohn einen eigenen, individuellen Zugang zur Antike fand, der den Text in das Medium einer produktiven Beziehung wandelte, gestand er nur seinem Bruder. Über den faktologischen Vergleich von Landschaft bzw. Monumenten mit dem Schrifttum hinausgehend, schuf sich der junge Maler aus beidem in seiner Phantasie innere Bilder einer belebten Vergangenheit und gewann daraus ein sinnlich-ästhetisches Vergnügen:

>I mean in taking a view of places the most celebrated by the ancient Poets, and comparing their present appearance with the draughts these excellent painters have left us of them. This pleasure I endeavour to repeat and increase at home, by calling to mind those many persons, so illustrious in arms or arts, of whose great actions, residence or retirement these places had been the scene. Here I give the reins to my imagination, and fancy to myself, how they fought, or spoke, or studied or diverted themselves, in this or that particular spot.«[1]

Ganz gelöst hatte er sich von seinem Vater allerdings noch nicht, aber vielleicht war es auch berufsbedingt, daß Russel im Bemühen, der Erinnerung an solche Momente und Bilder eine feste Form zu geben und sie zu vertiefen, eine Nachahmung antiker Dichtungen unternahm. Der Versuch endet nicht im Gefühl einer individuellen Leistung, sondern »is much the same with that, which always attends my copying of some pieces of the most famous Painters, a greater administration of the graces of the originals«.[2]

Was der junge Russel hier beschreibt, ist der Aufbau einer ästhetisierenden Beziehung zu Italien, die zum einen ohne das Erlebnis und das Bekenntnis zur Subjektivität nicht herstellbar gewesen wäre, und die sich zum anderen eines Mediums bediente, dessen eigene Inhalte die Realität dominierten und formten. Natürlich war gerade der junge Maler nicht allein auf die antike Literatur angewiesen, um einen Zugang zu seinem Gastland zu finden. Der Alltag seines jahrelangen Aufenthaltes bot ihm genügend Gelegenheit, sich praktisch in Beziehung zu setzen. Doch so wie für Russels Vater existierte für die meisten englischen Reisenden Italien vor allem oder auch als das Land des römischen Altertums, dessen Aneignung über das antike Schrifttum vermittelt wurde. Das galt in noch stärkerem Maße für Griechenland, Kleinasien und andere Küstenregionen des Mittelmeeres und darüber hinaus für die Gebiete, die durch Bezug auf die Bibel erschlossen werden konnten. Die Antike und die Heilige Schrift dienten als Medium wie auch als Gegenstand der Wirklichkeitsaneignung.

In den »Letters of a Young Painter« gebrauchen beide Generationen die Vermittlungsinstanz der Texte, handhaben sie jedoch auf unterschiedliche Weise. Die korrigierenden Eingriffe von Russels Vater entspringen dem Bedürfnis, aus der Dimension des Realen - der Topographie und noch vorhandener monumentaler Reste - Belege und Erklärungen für das antike Schrifttum zu gewinnen, ein Verfahren, wie es im Typ der älteren, quantifizierenden und faktensammelnden Reisebeschreibung durchweg betrieben wurde. Wenn englische Reisende des späten 17. und frühen 18. Jahrhunderts den Zug der Kinder Israels durch die Wüste verfolgten oder die Küste Nordafrikas, Kleinasiens oder die Levante erforschten, dann richteten sich ihre Beobachtungen nach den alten Texten, die sie, gleichgültig ob es sich um die Geographien Strabons und Ptolomaios', die Bibel, die homerischen Epen oder um Vergils »Aeneis« handelte, ausschließlich als Dokumente benutzten.[3]

Hier sei nur am Rande angemerkt, daß dieses antiquarische Interesse der späteren Alter-

---

1 Russel ebd. P.368-369.
2 Russel ebd. P.368-369.
3 Beispielsweise Maundrell, Henry: Journey from Aleppo to Jerusalem, at Easter. A.D. 1697 (1703); Chishull, Edmund: Travels in Turkey and back to England (1747 postum); Shaw, Thomas: Travels, or Observations relating to Several Parts of Barbary and the Levant (1738).

tumsforschung wichtiges Material erschloß[1], während der Vergleich der Heiligen Schrift mit der Welt des Tatsächlichen dabei helfen konnte, im Sinne der rationalen Theorie des 17. Jahrhunderts zwischen der Wahrheit des Glaubens und der Wahrheit von Fakten zu unterscheiden.[2]

Für eine solche reiseliterarische Erschließung dieser Regionen des Mittelmeerraumes ist ausschlaggebend, daß die englischen Reisenden sich eigentlich nicht ins Fremde begaben. Das wird besonders deutlich bei den geistlichen Reisebuchautoren, die, wie Henry Maundrell, Edmund Chishull oder Thomas Shaw, mitunter jahrelang als Pfarrer in den englischen Handelsfaktoreien von Aleppo, Smyrna oder Algier tätig gewesen waren.

Über das Schrifttum war die Welt der Bibel und der Antike untrennbarer Teil der abendländischen Kultur. Im zugehörigen historischen und geographischen Raum gab es lediglich die Hülle von Inhalten zu entdecken, die die Reisenden längst besaßen. Diese Aneignung fiel besonders im griechisch-türkischen Gebiet umso leichter, als dort die Verbindung zwischen antiker Vergangenheit und islamischer bzw. orthodoxer Gegenwart völlig abgerissen zu sein schien. Die Unwissenheit der Bevölkerung, selbst der griechisch-orthodoxen Priester, die Gleichgültigkeit gegenüber den monumentalen Relikten, die, falls sie in den modernen Lebensprozeß einbezogen wurden, nur Verwendung als Sekundärrohstoff fanden, bestätigte die englischen Reisenden in ihrer zyklentheoretisch begründeten Überzeugung von einer Wanderung der Künste und Wissenschaften aus dem antiken Morgenlande ins christliche Abendland und ihres Rechtsanspruchs auf die Überreste des Altertums. So bereisten sie das Land der Antike eigentlich als ihr Land. Seine Gegenwart gehörte dem »dunklen Zeitalter« an, stand im Kontrast zur Vergangenheit und wurde entweder ignoriert oder löste sich in der punktuellen Beobachtung in unzusammenhängende Kuriositäten auf.

Die auf das Schrifttum bezogene, sammelnde, benennende und vergleichende Methode der Aneignung reduzierte den antiken und biblischen Raum auf die noch vorhandenen gegenständlichen Zeugnisse, auf Topographie und Monumente. Sie identifizierte und rekonstruierte ein Gehäuse, das weder ästhetisch beurteilt noch in der Beschreibung mit einem Inhalt versehen wurde. Wertschätzung und Bedeutung waren durch das tradierte System von Kultur und Religion vorausgesetzt.

Auch Joseph Addison verfuhr noch nicht anders in seiner Reisebeschreibung »Remarks on Several Parts of Italy« (1705), die die Italienansicht englischer Reisender des 18. Jahrhunderts prägte, weil sie als Reisehandbuch benutzt wurde.[3] Im Vorwort zu den »Remarks« empfahl Addison den Besuch Italiens als Schauplatz historischer Ereignisse, als Kunstkammer der Antike und Moderne, als Ort, an dem man eine Vielzahl von Regierungsformen und die Raffinessen der Politik studieren könne, und als Land des

---

1 Vgl. Stark, Carl Bernhard: Systematik und Geschichte der Archäologie der Kunst. Leipzig 1880. S. 108; Momigliano, Arnaldo: Acient History and the Antiquarian. In: Journal of the Warburg and Courtauld Institutes, 13 (1950). S. 285 ff.

2 Henry Maundrell geriet auf seiner Reise durch das Gelobte Land unversehens in Zweifel, wenn er angesichts der Realität nach der Wahrscheinlichkeit der Angaben aus dem Alten Testament fragte, ein Verfahren, das objektiv gesehen ohnehin eine Revotion der religiösen Denkart bedeutete (s. Cassirer, Ernst: Die Philosophie der Aufklärung. Tübingen 1932. S. 246): »... pilgrims are apt to be much astonished and baulk'd in their expectations; finding that country in such an inhospitable condition, concerning whose pleasantness and plenty they had before form'd in their minds such high ideas from the description given of it in the word of God; insomuch that it almost startles their faith ... But it is certain that any man, who is not a little biass'd to infidelity before, may see, as he passes along, arguments enough to support his faith against such scruples« (Maundrell (Anm. 20). Edinburgh 1812. S. 108-109).

3 Vgl. Batten a. a. O. S. 10-12.

Altertums, auf das er sich besonders vorbereitet hatte:

»For before I entered on my voyage I took care to refresh my memory among the *Classic Authors*, and to make such collections out of them as I might afterwards have occasion for. I must confess it was not one of the least entertainments that I met with in travelling, to examine these several Descriptions, as it were, upon the spot, and to compare the natural face of the country with the Landskips that the Poets have given us of it.«[1]

An über 140 Stellen[2] übernahm Addison diese schon von den Dichtern ästhetisierten Landschaften - Verse, »as have given us some Image of the Place«[3] - und fügte sie ohne eigenes Urteil in seinen Reisebericht ein. Die Literatur stiftete so die Bedeutung der Orte. Für den Leser machten die in der Antike produzierten Bilder auch die gegenwärtige Landschaft Italiens aus. Der Vater des jungen Russel hielt vierzig Jahre später als Rezipient diese reiseliterarische Tradition aufrecht, die im rationalen, ahistorischen Vergleich die Rekonstruktion einer gegenständlichen Hülle für das antike Schrifttum anstrebte und die vom Primat der Texte ausging.

Die Abwehrreaktion seines Sohnes deutet darauf, daß sich dieses antiquarische Verfahren abgenutzt hatte. Der junge Russel suchte, ohne auf die Antike zu verzichten, einen anderen Zugang zu Italien. Er erlebte es, und er wollte auch die Antike erleben. Kraft seiner Phantasie überbrückte er die Kluft zwischen Vergangenheit und Gegenwart und schuf sich aus Landschaft und Schrifttum eine imaginäre Wirklichkeit, die sich bewegte, an der er teilhatte oder die er beobachten konnte. Er erfüllte das Gehäuse mit Leben und bekannte sich zum Spiel der subjektiven Vorstellungskraft, zur Selbsttätigkeit, die er genoß und die ihn die Literatur tiefer genießen ließ. Addison hatte sich seine Bilder noch von anderen geliehen und seine Empfindungen entsprechend der damals gültigen reiseliterarischen Norm nicht thematisiert; Russel produzierte seine Bilder, gesteuert durch das Medium der antiken Literatur, selbst und brachte sich bewußt als Subjekt in den Vorgang der Wirklichkeitsaneignung ein.

1753 erhob der Homerforscher Robert Wood in der Vorbemerkung zum ersten Teil seiner Mittelmeerreise »An Enquiry into the Ancient State of Palmyra« die Einfühlung und damit auch eine Ästhetisierung zum Programm seines Reiseerlebnisses. Die Schwerpunkte sind deutlich markiert: die Produktivität des Subjekts im erhöhten Genuß von Raum und Literatur, in der Entdeckung des Realitätsbezuges der Dichtung und in der Aneignung gegenwärtiger Wirklichkeit durch die Vermittlung eines ästhetischen Produkts.

Wood meinte, daß klimatische und geographische Verhältnisse für sich genommen belanglos seien, sie würden aber interessant

»from that connection with great men, and great actions, which history and poetry have given them: The life of Miltiades or Leonidas could never be read with so much pleasure, as on the plains of Marathon or at the straits of Thermopylae; the Iliad has new beauties on the banks of the Scamander, and the Odyssey is most pleasing in the countries where Ulysses travelled and Homer sung. The particular pleasure, it is true, which an imagination warmed upon the spot receives from those scenes of heroic actions, the traveller only can feel, nor is it to be communicated by description. But classical ground not only makes us always relish the poet, or historian more, but sometimes helps us to understand them better.«[4]

Wie für Addison stiftete auch für Wood die Literatur die Bedeutung des Ortes; doch Wood beschrieb außerdem einen Rezeptionsvorgang, in dem Literatur nicht nur als Dokument

---

1   Addison, Joseph: Remarks on Several Parts of Italy, etc. In the Years 1701, 1702, 1703. In: The Works of the Rt.Hon. Joseph Addison, Esqu. (4 vols.). London 1721. Bd. 2, Preface, u.p.
2   Die Zahl stammt von Batten. S. 14.
3   Addison, Bd. 2, Preface, u.p.
4   Wood, Robert: The Ruins of Palmyra and Balbec. London 1827. To the Reader, n.p.

verwendet wird. Vielmehr rückte ihr ästhetischer Wert in den Mittelpunkt. Im Prozeß der Einfühlung stellte das Individuum eine Synthese von Literatur und Landschaft her, in die es sich selbst mit Verstand, Gefühl und Sinnen einbezog. Wie ganzheitlich Wood dieses Erlebnis der Einfühlung empfand, zeigt sich daran, daß er es nicht für kommunizierbar hielt.

Damit berührte er ein Problem, vor dem nach ihm noch viele Reiseschriftsteller stehen sollten, die sich darum bemühten, den Leser unmittelbar in ihr Erlebnis einzubeziehen. Ihre Klagen über unzureichende Ausdrucksfähigkeit, über das Trügerische der Worte und über die Kluft zwischen Sprache und Empfindung[1] verweisen auf die Bewußtheit von der Unzulänglichkeit des Diskursiven; wenn Reisebuchautoren dann zur Vermittlungsinstanz der Malerei und Literatur griffen, versuchten sie damit, durch das ästhetische Medium die affektive Wirkung zu erreichen, die das Erlebnis in ihnen selbst ausgelöst hatte. Ästhetik und Affekte verschmolzen miteinander. Die Rückwirkung einer solchen Ästhetisierung der erlebten Wirklichkeit, ihre Verwandlung in Bilder oder Theaterszenen, blieb dann nicht aus. Gestützt und gefördert durch die Ästhetik des Malerischen und Erhabenen verselbständigte sich schließlich in den letzten Jahrzehnten des 18. Jahrhunderts das Mittel und wurde zum Selbstzweck und zur Mode.[2]

Wenn sich für Robert Wood das Erlebnis einer adäquaten Mitteilung entzog, so hatte er keinerlei Schwierigkeiten, die Entdeckungen weiterzugeben, die ihm die synthetisierende Einfühlung in Landschaft und Dichtung gebracht hatte. 1769 legte er, wie er es selbst formulierte, vor dem Publikum darüber Rechenschaft ab in seinem »Essay on the Original Genius and Writings of Homer«.[3]

Unter Voraussetzung des mimetischen Prinzips der homerischen Dichtung (»he enters most into the spirit of the Copy, who is best acquainted with the Original«[4]) erforschte er nicht nur die natürlichen - klimatischen und topographischen - Gegebenheiten des Gebietes, in dem er Troja vermutete, sondern auch ihre Wirkung auf die Perspektive des Dichters. In Ablehnung einer allegorischen Interpretation[5] rückte er Homers Epen in den geschichtlichen Zusammenhang von Raum und Zeit und argumentierte aufgrund seiner durch Einfühlung gewonnenen Beobachtungen, daß Homer der naturgetreue Maler und Historiker des barbarischen Zeitalters gewesen sei. Wood gelangte zu dieser Historisierung nicht allein dadurch, daß er die trojanische Landschaft mit den Helden der Ilias bevölkerte. Er setzte durch Analogieschluß die in Kleinasien und Arabien lebenden Menschen der Gegenwart in Beziehung zur Vergangenheit. Bei den Beduinen

---

1 Vgl. Piozzi (Anm. 8). S. 25; desgl. Brydone, Patrick: A Tour through Sicily and Malta in a Series of Letters to William Beckford. 2 vols. London 1774. Bd. I. S. 107, 108; Williams, Helen Maria: Letters Written in France, in the Summer 1790, To a Friend in England. London 1794. S. 2.
2 Vgl. Moir, Esther: The Discovery of Britain. The English tourists. London 1964. Kap. 10 und 11; zur Parodie des Pittoresken Omasreiter, Ria: Travels through the British Isles. Die Funktion des Reiseberichts im 18. Jahrhundert. Heidelberg 1982 (Anglistische Forschungen Heft 159). S. 139 ff.
3 Wood, Robert: An Essay on the Original Genius and Writings of Homer: with a comparative view of the Ancient and Present State of the Troade. London 1775. Diese erste, für die Öffentlichkeit bestimmte Ausgabe erschien postum. Wood hatte 1769 den Essay nur in wenigen Exemplaren drucken lassen, von denen er u.a. eines an J.D. Michaelis sandte, s. Hecht, Hans: T. Percy, R. Wood und J.D. Michaelis. Ein Beitrag zur Literaturgeschichte der Genieperiode. Stuttgart 1933 (Göttinger Forschungen 3. Heft). S. 22 ff.
4 Wood ebd. S. IX.
5 »It would be needless to enter into the extravagant fancies and laboured conjectures, by which the sense of the plainest passages in the Iliad and Odyssey has been sacrificed to this allegorizing humour. Nothing can be more contrary to our idea of the character of his writings, and to that unbiassed attention to the simple forms of Nature, which we admire as hisdistinguishing excellence«, Wood. S. 116. Wood setzte sich vor allem kritisch mit Alexander Popes Übersetzung der Ilias auseinander, indem er »Homer's Mimetic Powers« untersuchte. S. VIII. S. 78 f.

»we found the manners of the Iliad still preserved ... nay retaining, in a remarkable degree, that genuine cast of natural simplicity, which we admire in his (Homers - I.K.) works and the sacred books...«[1]

Natürlich büßten die Beduinen an Eigenständigkeit ein, wenn sie durch den Vergleich die Gestalt homerischer Helden und alttestamentarischer Patriarchen annahmen. Doch sie verloren durch ihre Einbeziehung in den universalgeschichtlichen Zusammenhang auch etwas von dem Feindlichen, das Thomas Shaw 1738 auf seiner Reise durch Nordafrika und die Levante noch abgeschreckt hatte. Auch er hatte schon Ähnlichkeiten entdeckt:

»With Regard to the Manners and Customs of the Bedoweens, it is to be observed that they retain a great many of those we read of in sacred as well as profane History; being, if we except their Religion, the same People they were two or three thousand Years ago; without even embracing any of these Novelties in Dress or Behaviour, which have had so many Periods and Revolutions in the Moorish and Turkish Cities ...

It is no Disgrace here for Persons of the highest Character to busy themselves in what we should reckon menial Employments. The greatest Prince of these Countries, is not ashamed to fetch a Lamb from his Herd and kill it, whilst the Princess is impatient 'till she hath prepared her Fire and her Kettle to dress it.«[2]

Kraft der Autorität des Alten Testaments sah sich Shaw berechtigt, die Beduinen zu Ausgestoßenen aus der menschlichen Gesellschaft zu erklären, »literally fulfilling to this Day, the Prophecy of Jacob (Gen. 16.12.) that 'Ishmael should be a wild Man; his hand should be against every Man, and every Mans hand against his'.«[3]

Wood dagegen, der über das Konzept der drei Zeitalter der Menschheitsentwicklung verfügte, konnte sie in positiver Weise in die Universalgeschichte integrieren. Aus seiner historisierenden Konstruktion gewann er eine Kontinuität zwischen dem Einst und Jetzt, die ihm ermöglichte, die Vergangenheit in sinnlicher und damit auch ästhetisierender Anschauung zu verlebendigen und sie gleichzeitig in ihrer Eigentümlichkeit verständlich zu machen. Sein Beitrag gehört in den Kontext der Kulturgeschichtsschreibung, die nach der Methode der »conjectural history« verfuhr.[4]

Lange vor Wood war die Außenseiterin Lady Mary Wortley Montagu (zwischen 1717 und 1724)[5] auf ähnliche Weise zu gleichen Ergebnissen gekommen. Auch sie hatte die Ilias an Ort und Stelle gelesen und dadurch neue Schönheiten in ihr gefunden. Während ihres Aufenthaltes in der Türkei hatte sie sich, ungleich ihren reisenden Zeitgenossen, aufgeschlossen und unvoreingenommen für die türkisch-neugriechische Lebensweise interessiert und sogar in begrenztem Maße an ihr teilgenommen. Ihr Erlebnis der Alltagskultur war die Voraussetzung, daß sie bei der griechischen Landbevölkerung in Brauchtum, Kleidung, Musik und Tänzen eine Wirklichkeit entdeckte, wie sie ihr aus der Literatur der griechischen Antike bekannt war. In ihrem Brief an Alexander Pope, datiert vom 1. April

---

1 Wood ebd. S. 145.
2 Shaw a. a. O. S. 300-301.
3 Ebd. S. 302.
4 Dugald Stewart verwandte 1795 diesen Begriff in seiner Einleitung zu nachgelassenen Schriften von Adam Smith und bezog sich in der Sache auf das Verfahren Montesquieus, Lord Kames' und John Millars: fehlende historische Belege für die gesellschaftlichen Verhältnisse vergangener Zeitalter durch Analogieschluß aus zeitgenössischen Berichten über Völker zu gewinnen, die sich noch im vorzivilisatorischen Stadium der Menschheitsentwicklung befanden (Essay on Philosophical Subjects. By the late Adam Smith. To which is prefixed, An Account of the Life and Writings of the author; by Dugald Stewart. London 1795. S. XLII-XLIV). Zur Verwendung dieser vergleichenden Methode im Bemühen um die Konstruktion einer Universalgeschichte und die damit verbundene Aufwertung von Reiseberichten s. Rubel, Margaret Mary: Savage and Barbarian. Historical Attitudes in the Criticism of Homer and Ossian in Britain, 1760-1800. Amsterdam 1978. S. 59 ff.
5 Letters of the Right Honourable Lady Mary Wortley Montagu. Written during Mr. Wortleys embassy at Constantinople; Sie wurden 1763 postum veröffentlicht. Mary Astell hatte allerdings bereits 1724 ein Vorwort zu den Briefen verfaßt.

1717, beschrieb sie ihre Eindrücke:

»The young lads generally divert themselves with making garlands for their favourite lambs, which I have often seen painted and adorned with flowers, lying at their feet while they sung or played. It is not that they ever read romances, but these are the ancient amusements here, and as natural to them as cudgel-playing and foot-ball to our British swains ...

I no longer look upon Theocritus as a romantic writer; he has only given a plain image of the way of life amongst the peasants of his country; who, before oppression had reduced them to want, were, I suppose, all employed as the better sort of them are now. I don't doubt, had he been born a Briton, his Idylliums had been filled with descriptions of threshing and churning, both which are unknown here, the corn being all trod out by oxen; and butter (I speak it with sorrow) unheard of.

I read over your Homer here with infinite pleasure, and find several little passages explained, that I did not before entirely comprehend the beauty of; many of the customs, and much of the dress then in fashion, being yet retained ... It would be too tedious to you to point out all the passages that relate to present customs. But I can assure you that the princesses and great ladies pass their time at their looms, embroidering veils and robes, surrounded by their maids, which are always very numerous, in the same manner as we find Andromache and Helen described. ... I never see (as I do very often) half a dozen of old pashas with their reverend beards, sitting basking in the sun, but I recollect good King Priam and his counsellors. Their manner of dancing is certainly the same that Diana is sung to have danced on the Banks of the Eurotas. The great lady still leads the dance, and is followed by a troop of young girls, who imitate her steps, and, if she sings, make up the chorus ... The steps are varied according to the pleasure of her that leads the dance, but always in exact time, and infinitely more agreeable than any of our dances, at least in my opinion. I sometimes make one of the train, but am not skilful enough to lead; these are Grecian dances, the Turkish being very different.«[1]

Lady Marys subjektive, sinnlich-ästhetische Aneignung gegenwärtiger Realität vermenschlichte für sie die Vergangenheit, machte sie erlebbar und ließ sie einen Teil des Bedingungsgefüges von naturgegebenen und gesellschaftlichen Verhältnissen erfassen, das diese Kultur formte.

Darüber hinaus wertete der Bezug zwischen der Dichtung der antiken Hochkultur und moderner Alltagskultur die türkisch-neugriechische Gegenwart auf, die andere englische Reisende durch ausgesprochenes Desinteresse deklassierten. Wenn Lady Mary beim Anblick alter türkischer Männer an König Priamos und seine Räte dachte oder wenn die türkischen Damen inmitten ihrer Mägde sie an Andromache und Helena erinnerten, dann bezog sie sie in das abendländische Kulturgut ein und konnte gleichzeitig über das vertraute literarische Bild ihren sinnlich-ästhetischen Eindruck an die Leser vermitteln.

Daß Einfühlung und das daraus folgende Analogieerlebnis als Methode der Beweisführung in den Dienst zeitgenössischer Kontroversen gestellt werden konnten, demonstriert schließlich Conyers Middletons »A Letter from Rome« (1729), m.E. neben Lady Mary Wortley Montagus »Embassy Letters« das früheste Zeugnis für die Beschreibung des subjektiven Erlebnisses fremder Wirklichkeit.

»A Letter from Rome« ist nicht eigentlich ein Reisebericht, sondern die Zusammenfassung der Romerfahrung des Autors im Jahre 1723 zum Zwecke religionsideologischer Polemik. Middleton wollte die Kontinuität des Heidentums im Katholizismus nachweisen und damit die »true spring of those Impostures« freilegen, »which, under the name of the Religion, have been forged and contrived from time to time for no other Purpose, than to oppress the Liberty, as well as engross the Property of Mankind«.[2] Wie Middleton selbst im Vorwort sagte,

---

1 Letters form the Right Honourable Lady Mary Wortley Montagu, 1709 to 1762, with an Introduction by R. Brimley Johnson, Everyman's Library. London o.J. S. 118-119.
2 Middleton, Conyers: A Letter from Rome, Showing an Exact Conformity between Popery and Paganism: or, the Religion of the Present Romans derived from that of their Heathen Ancestors, Third Edition, with additions. London 1733. To the Reader. N.p.; folgende Zitate ebd. S. 12, 13.

war das Argument nicht neu. Er nahm allerdings für sich die Originalität der Beweisführung in Anspruch. Denn er benutzte sein Bemühen um Einfühlung in die Vergangenheit der Antike als den Ausgangspunkt, um den Prozeß seiner aus dem Erlebnis geschöpften Erkenntnis der Kontinuität zu demonstrieren und ihn empirisch nachvollziehbar zu machen.

Conyers Middleton hatte in Rom auf den Spuren Ciceros wandeln wollen (von dem er später eine Biographie schrieb) und dabei Cicero selbst zum Vorbild gehabt, dessen größtes Vergnügen in Athen gewesen war, »in recollecting the great Men it had bred, in carefully visiting their Sepulchres, and finding out the Places where each had lived, or walked, or held his Disputations«. Auf dem Forum Romanum, Schauplatz der berühmten Reden Ciceros, meinte Middleton, viel empfänglicher geworden zu sein für »the Force of his Eloquence, whilst the very Impression of the Place served to raise and warm my Imagination to a Degree almost equal to that of his old Audience«.

Im Erlebnis der Vergangenheit sah er sich jedoch aufs Empfindlichste durch die Riten der katholischen Kirche gestört, auf die er überall stieß, bis ihm schließlich blitzartig die Ähnlichkeit zwischen heidnischem und katholischem Kult bewußt wurde:

> »For nothing, I found, concurred so much with my original Intention of conversing solely and chiefly with the Antients, or so much help'd my Imagination to fancy myself wandering about in old Heathen Rome, as to observe and attend to their Religious Worship; all whose Ceremonies appeared plainly to have been copied from the Rituals of Primitive Paganism, as if handed down by an uninterrupted Succession from the Priests of the Old to the Priests of New Rome, whilst each of them readily explained and called to my Mind some Passages of a Classick Author, where the same Ceremony was described, as transacted in the same Form and Manner, and in the same Place, where I now saw it executed before my Eyes: So that as oft as I was present at any Religious Exercise in their Churches, it was more natural to fancy myself looking on at some solemn Act of Idolatry in Old Rome: than assisting at a Worship, instituted on the Principles, and formed upon the Place of Christianity.«

Middleton nutzte seine Schlußfolgerung über die Identität von Götter- und Heiligenverehrung nicht im Sinne einer Historisierung, wie es später Wood tat; ihm ging es in erster Linie um die aufklärerische und patriotische Bloßstellung des 'papistischen Afterglaubens'. Der implizierten Kritik an der Antike brach er die Spitze ab, indem er unter den heidnischen Göttern nur solche wahrnahm, die ursprünglich Helden gewesen seien, Wohltäter der Menschheit, Erfinder der Künste und Wissenschaften, Gründer des Imperiums oder Verteidiger der Republik. Dieser Diesseitsbezug der Religion und die Zweifel an den Wundern deuten bereits im »Letter of Rome« auf Middletons spätere deistische Position.

Auch Middleton löste sich zumindest in der Führung seiner Argumentation schon aus der Einbindung in die ältere Tradition reiseliterarischer Wirklichkeitsaneignung, in der das Individuum nur als Zulieferer von Fakten für das »commonwealth of learning« fungierte. Wie bei Lady Mary Wortley Montagu und später bei Russel und Wood erscheint das subjektive Erlebnis als wertvoll in seiner Eigenständigkeit und vor allem in seiner Selbsttätigkeit, weil es eine neue Art der Erkenntnis förderte und Genuß verschaffte. Das Individuum begann sich in der Ganzheitlichkeit seiner Subjektivität, d.h. mit Verstand, Sinnlichkeit und Gefühl, in die Erfassung der Wirklichkeit bewußt einzubringen. In der Darstellung dieses Vorgangs entdeckte es dementsprechend die Wirklichkeit nicht nur als Konglomerat von Fakten, sondern als eine lebendige Einheit. Die subjektive und ästhetisierende Aneignung zeigte ihre Produktivität auch im Versuch, sich in die Vergangenheit einzufühlen und sie dadurch in der Tendenz zu historisieren.

46

Françoise Knopper

Der »reisende Franzose«

Bemerkungen über einen verdeckten französisch-deutschen Dialog

Im dritten Band der »Durchflüge durch Deutschland, die Niederlande und Frankreich« behandelt der Spätaufklärer Jonas Ludwig Heß auf 15 Seiten das Bistum Bamberg. Sachlich berichtet er über das Domkapitel, über dessen Beschaffenheit, Statuten, Einkünfte. Doch an einer Stelle wird sein Bericht persönlich mit sozialkritischem Einschlag: nachdem er auf die von den meisten Reisenden erwähnte Tatsache hingewiesen hat, daß die Domherren Bambergs mütterlicher- und väterlicherseits jeweils vier »stiftsfähige Ritter-Ahnen« nachweisen müssen, erzählt er vom Rutenschlag, einem Brauch, dem sonst nur wenige Reisebeschreiber Aufmerksamkeit schenkten: »Bei der Emancipation eines Domherren empfängt derselbe einige Ruthenstreiche auf dem Chor-Rocke.«[1]
Anstatt zu anderen Informationen überzugehen, verweilt Heß bei diesem Rutenschlag und diskutiert zunächst in der Auseinandersetzung mit zwei anderen zeitgenössischen Auslegungen dessen Herkunft:

> »Der reisende Franzose glaubt, dies geschehe, um durch diese Erniedrigung Fürstenkindern die Lust zu benehmen, hier aufgenommen zu werden. Schneidawind, in seinem Beitrag zur bambergischen Statistik, hält dafür, es sey das Zeichen der Entlassung aus der Gewalt des Scholastikers, bei dem in vorigen Zeiten die zu Domicellaren erzogenen Edelleute in die Schule gingen. Diese Meinung ist dem Costüme des Mittelalters völlig angemessen.«

Die Kritik an Johann Kaspar Riesbeck, dem »reisenden Franzosen«, und der zustimmende Hinweis auf die historisch-topographische Quelle ist kennzeichnend für die deskriptive, gewissenhafte, gründliche Methode von Heß, der sich möglichst »von allen ihm äußerlichen, aber unverrückbaren Zwecksetzungen befreien« will[2]: hier versucht der Reisende mit Hilfe historischer Ausführungen zunächst einmal Vorurteile beiseite zu rücken und vernunftgemäß die Herkunft des befremdenden Rutenschlages zu ergründen.
Er begnügt sich jedoch nicht mit einer solchen Rechtfertigung, hat er doch in seinem Reiseprogramm die »Beschränkung der älteren Reisebeschreiber auf Nachrichten und statistische Informationen« angeprangert.[3] Schon die Benutzung des Wortes »Costüm« - im Gegensatz zum damals noch gebräuchlichen französischen Begriff »cotume« - weist darauf hin, daß Heß im Sinne Herders versucht, sich in die Mentalität des Mittelalters einzufühlen, und daß er sich mit der trockenen Wiedergabe geschichtlicher Fakten nicht zufrieden gibt. Die einleitende historische Erklärung verleiht seiner Sozialkritik denn auch ein glaubwürdigeres Fundament und macht ihn kühner in der Kritik an einem Brauch, den

---

1 Heß, Jonas Ludwig: Durchflüge durch Deutschland, die Niederlande und Frankreich. Bd. 3. Hamburg 1795. S. 11 f.
2 Segeberg, Hanno: Die literarisierte Reise im späten 18. Jahrhundert. Ein Beitrag zur Gattungstypologie. In: Griep, Wolfgang/Hans-Wolf Jäger (Hrsg.): Reisen und soziale Realität am Ende des 18. Jahrhunderts. Heidelberg 1983. S. 18 f. (Neue Bremer Beiträge. 1.)
3 Griep, Wolfgang: Reiseliteratur im späten 18. Jahrhundert. In: Grimminger, Rolf (Hrsg.): Deutsche Aufklärung bis zur Französischen Revolution 1680-1789. München 1980. S. 761 (Hansers Sozialgeschichte der deutschen Literatur. 3.)

er auf die soziale Praxis der Zeit nach 1795 bezieht:[1]

> »Riesbecks Scharfsinn verdeckt nur seine Unkunde der Abstammung eines Gebrauchs, das kein Fürstenkind abhalten wird, im Falle der Noth zu erndten, wo es nicht gesäet hat.«

Heß weiß, daß das Domkapitel für den Adel bestimmt war und bleibt. Deshalb schließt er sich auch Schneidawinds Hypothese an. In seiner Kritik verzichtet er auf jeden Umweg und prangert unmittelbar den Parasitismus des Adels an. Somit verschärft er sogar Riesbecks Kritik: letzterer hing noch - mehr oder weniger unbewußt - dem althergebrachten Bild der Ehre als kennzeichnender Tugend der »Fürstenkinder« an. Heß entlarvt die darin steckende irrige Meinung, daß ein Schmarotzer nicht fähig sei, jede Erniedrigung hinzunehmen.

Heß, der gern zur Satire neigt, kann der Versuchung nicht widerstehen, das soziale Verhältnis umzukehren und ein solches »Fürstenkind« mit einem freigelassenen römischen Sklaven zu vergleichen. Aber die Vernunft, d. h. die Erklärung des Rutenschlages aus dem mittelalterlichen »Costüm« behält die Oberhand:

> »Wenn schon die Manumission mit der Ruthe der Handlung völlig ähnlich sieht, wodurch bei den Römern der Sklave zum Freigelassenen gemacht wurde, so ist sie doch völlig analog mit dem Ritterschlage, und zeigt das nämliche Verhältnis des Schlagenden zum Geschlagenen an. Das hiebei gebrauchte Schwert (...) ist beim Ritterschlage dem Weihenden blos näher zur Hand, als die Ruthe.«

In der politischen Zielsetzung ihrer Reisebeschreibungen besteht zwischen Heß und Riesbeck sicher kein grundlegender Dissens. Darum fällt in diesem besonderen Falle die Kritik von Heß wohl auch so moderat aus: er schreibt Riesbecks Fehldeutung lediglich einer lückenhaften Kenntnis des geschichtlichen Hintergrundes zu.

Riesbeck hatte aber ein anderes Ziel vor Augen: die Fiktion des »reisenden Franzosen« ermöglichte ihm, Distanz zu wahren und zugleich synthetisch vorzugehen, ohne die einzelnen Fakten der Lokalgeschichte genauer untersuchen zu müssen. Die synthetisierende Rolle dieser Fiktion wird besonders deutlich, wenn man Riesbeck mit Merveilleux und Laporte vergleicht.

Riesbeck stellt das Motiv des Rutenschlages in einen umfassenderen Zusammenhang. Er hat vorher andere Beispiele aufgeführt, um die »deutschen Domherren« anzugreifen, die für eine im Sinne der Aufklärung minimale Gegenleistung lukrative Pfründen erhalten sollen. Diese kurze Satire schließt mit den Sätzen:

> »Man versicherte mich, daß jeder Domherr von Würzburg, wenn er in das Domkapitel eintritt, von allen seinen Kollegen einen Ruthenschlag aushalten müsse. Diese seltsame Inaugurationsart soll verhindern, daß kein Prinz, um diese feyerliche Erniedrigung zu vermeiden, in das Kapitel aufgenommen zu werden anfange.«[2]

Heß ging davon aus, daß der »reisende Franzose« selbst an seine Deutung »glaube«. Zwar stimmt es, daß Riesbeck auf jeden zusätzlichen Kommentar zu dieser Information vom Hörensagen verzichtet, aber dafür gibt es Gründe, die keineswegs den Schluß zulassen, Riesbeck habe daran geglaubt. Ein Grund liegt, wie gesagt, in der übergreifenden Sicht: der Autor richtet seinen Spott nicht gegen den hohen Adel, sondern gegen die Domkapitel in ganz Deutschland. Ein zweiter, von Heß vielleicht unterschätzter Grund ist, daß Riesbecks Informant damals durchaus bekannt war. Die Vermutung liegt nahe, daß er sich mit seinem Verzicht auf einen weiteren Kommentar implizit von der französischen Quelle

---

1 Griep, Wolfgang: Reisen und deutsche Jakobiner. In: Reisen und soziale Realität, S. 64: »eine größere Gruppe von Autoren (...) sucht auch nach 1795 die Reisebeschreibung als Instrument der Revolution zu erhalten.«
2 Riesbeck, Johann Kaspar: Briefe eines Reisenden Franzosen über Deutschland An seinen Bruder zu Paris. Übersetzt von K. R. Bd. 2. 1783. S. 374.

absetzen will, und daß damit an seinem Schweigen gerade das Moderne seiner aufkläreri-schen Kritik abgelesen werden kann.

Riesbecks satirische Aussage wurzelt in einer Anekdote, die David-François de Merveil-leux in den »Amusemens des Eaux de Schwalbach, des Bains de Wisbaden et de Schlan-genbad« 1738 erzählt. Der Schweizer Merveilleux war ein ausgebildeter Arzt, der einer angesehenen Familie aus Neuchâtel entstammte und als Offizier und Dolmetscher in französischen Diensten stand. Die ihm zugeschriebenen »Amusemens« enthalten einen lebhaften Bericht von der leichtfertigen Rokokogesellschaft in den Badeorten Schwalbach, Wiesbaden, Schlangenbad. Merveilleux bezieht seine Anekdote, wie Riesbeck später, nicht auf das Domkapitel von Würzburg, sondern von Bamberg. Auch ihm »versichert man«, daß durch den Rutenschlag den Prinzen der Zutritt erschwert werden soll:

> »On dit que cette coutûme a été établie par le Chapitre, pour ôter l'envie d'y entrer aux Princes, qu'un opprobre aussi honteux est fort capable d'en dégoûter.«[1]

Merveilleux, der mit der höfischen Gesellschaft täglich verkehrt, ist überzeugt, daß man von dem Brauch absehen würde, falls ein Prinz aus dem Haus Bayern oder Pfalz sich tatsächlich um ein Kanonikat bewerben wolle.

Wenn wir auch nicht erfahren, ob Merveilleux gerade diese Anekdote bei Tisch gehört hat, so sammelt und kolportiert er in seinen »Amusemens« doch vor allem lustige Tischreden. Sein Bericht ist mit einer gelehrten Reisebeschreibung nicht vergleichbar. Er deutet den Brauch als ein Weltbürger, der mit den bestehenden Verhältnissen vertraut ist, und kritisiert zwar die veraltete Tradition, aber nicht eine bestimmte Gesellschaftsschicht. Die beste Waffe zur Abschaffung eines altmodischen, daher lächerlichen Benehmens scheint ihm der Witz zu sein. Weit entfernt, in der Geschichte des Bistums eine Rechtfertigung für diesen Brauch zu finden, greift er auf eine moralische-psychologische Erklärung zurück: die Würzburger erweisen sich als eine willkommene Zielscheibe, weil sie »die stolzesten Domherren ganz Deutschlands« seien, die nur von den Mainzer Domherren übertroffen würden. Am Ende seiner Erzählung erweckt Merveilleux also den Eindruck, daß in seinen Augen den Würzburgern recht geschieht:

> »Il y a quelque apparence que la coûtume de fouetter les Chanoines à leur réception, finira avec le tema; car on ne laisse pas de leur lacher des brocards et des railleries piquantes, souvent en pleine Table, lorsque'ils ne sont que simples Chanoines. Ce sont pourtant les plus fiers de toute l'Allemagne, si on exempte les Chanoines de Mayance.«

Merveilleux ist allerdings nicht der unmittelbare Gewährsmann Riesbecks. Die Verbindung zwischen den »Amusemens des Eaux de Schwalbach« und den »Briefen eines reisenden Franzosen« stellt »Le Voyageur Français« von Joseph de Laporte dar, der im 24. Band seiner umfangreichen Reisekompilation auch auf den berüchtigten Rutenschlag hinweist. Ein Blick auf die Formulierung von Laporte zeigt, daß Riesbeck dessen Nachricht sehr wörtlich in seine Satire übertragen hat:

> »il faut, pour y être reçu, se soumettre à une cérémonie, qui ôtera toujours aux Princes de l'Empire, l'envie d'en rechercher les canonicats; c'est de passer, nud (!) jusqu'à la ceinture, au milieu des autres Chanoines rangés en haie, qui tous donnent au Récipiendaire un coup de verge ou de fouet sur le dos.«[2]

Daß es sich um eine Übertragung handelt, beweisen bei Riesbeck der Konjunktiv der

---

1 Merveilleux, David-François de: Amusenmens des Eaux de Schwalbach, des Bains de Wisbaden et de Schlangenbad. Liège 1738. S. 9
2 La Porte, Joseph de: Le Voyageur Français, ou la connaissance de l'Ancien et du Nouveau Monde. Bd. 24. Paris 1778. S. 274.

direkten Rede und die Einschränkungen »soll«, »man versichert«, die bei Laporte selbst nicht vorkommen.

Die französische Vorlage enthält aber einen Kommentar, in dem eben auf diese Modalisierung zurückgegriffen wird: Laporte verwendet das »man sagt« für die Tatsache, daß der Brauch »alt« ist, was - wie bei Merveilleux - bedeutet, daß er überholt und lächerlich wirkt:

>»Cette humiliante coutume non moins ancienne, dit-on, que le Chapitre même, en dégouteroit également la simple Noblesse Françoise, qui, sur cet article comme sur bien d'autres, est aussi délicate, pour le moins, que les Princes d'Allemagne.«

Das »dit-on« und die Schadenfreude des ehemaligen Jesuiten Laporte hängen wahrscheinlich damit zusammen, daß in Würzburg zwischen dem Kapitel und den Jesuiten Spannungen bestanden.[1] Dabei geht »Le Voyageur Français« einen Schritt weiter als Merveilleux: er läßt nunmehr dessen Vermutung beiseite, daß der Brauch in der Praxis nicht systematisch angewendet würde, versetzt sich dagegen in die Rolle der Betreffenden und behauptet, auch der niedrige Adel Frankreichs würde vor einer derartigen Demütigung zurückschrecken. Der bei Merveilleux noch mündlich überlieferte Spott wird hier zum Anlaß, den alten Vorrangstreit zwischen dem deutschen und dem französischen Adel wieder vom Zaun zu brechen und im Namen der »simple Noblesse Française« die Ansprüche der »Princes d'Allemagne« zu ironisieren.

Es liegt auf der Hand, daß der bürgerliche Aufklärer Riesbeck einen solchen Kommentar unmöglich übernehmen konnte. Seine Verachtung und sein Spott gehen im Gegenteil aus der Tatsache hervor, daß er diese Stelle zur Gänze gestrichen hat. Somit verdeckt sein »Scharfsinn« weniger die »Unkunde der Abstammung« des Rutenschlags, sondern offenbart vor allem die Absicht, bestimmte Geistliche und bestimmte Franzosen zu kritisieren.

Es ist sehr wahrscheinlich, daß Riesbeck zu den französischen »Philosophen« auch Laporte zählt, wenn er sich in der Vorrede auf die Rede- und Denkfreiheit beruft, die in Frankreich von Regierung und Religion weniger beschränkt würden als in deutschen Ländern. Der Abbé Joseph de Laporte (Belfort 1713 - Paris 1779) gehörte zum Milieu der Pariser Literaten in der zweiten Hälfte des 18. Jahrhunderts. 1742 hatte er sich in der französischen Hauptstadt niedergelassen und als belesener Theaterkritiker und Publizist rasch einen Namen gemacht. Er wurde Mitarbeiter von Fréron, Clément, Chamfort. Seine Polemik mit Fréron ist lange unvergessen geblieben.

»Le Voyageur Français« ist ein umfassendes Sammelwerk, das für das gebildete Bürgertum bestimmt war und mehrmals neu aufgelegt wurde.[2] Laporte hat die Bände 1 bis 26 herausgegeben; nach seinem Tod wurde die Reihe von Fontenay und Dormiron fortgesetzt. Die Bände 23 und 24 über Österreich und Deutschland, 1777 bis 1778 erschienen, beruhen nicht allein auf eigener Erfahrung. Tritt Riesbeck mit seinem »reisenden Franzosen« als ein aufgeklärter, freimütiger Weltbürger auf, so greift Laporte eher auf die Einkleidung der moralischen Wochenschriften zurück. Wie der Titel des 1745 in Halle erschienenen Blattes »Der reisende Deutsche«[3], so verkündet auch »Le Voyageur Français« die Absicht, das

---

1 Vgl. Lesch, Karl Joseph: Neuorientierung der Theologie im 18. Jahrhundert in Würzburg und Bamberg. Würzburg 1978 (Forschungen zur fränkischen Kirchen- und Theologiegeschichte).
2 Erste Auflage: 1765-1795; zweite Auflage: 1766-1789; dritte Auflage: 1769-1790. Eine verkürzte und umgearbeitete Ausgabe erschien 1812.
3 Der Reisende Deutsche im Jahr 1744, welcher Länder und Städte beschreibet, auch die alten und neuesten Staats-Begebenheiten bekannt macht, nicht weniger solche, durch allerhand nöthige politische, genealogische, besonders aber geographische Anmerkungen erläutert, mit einer Vorrede Herrn Martin Schmeitzels. Halle

Publikum zu unterhalten und zugleich zu belehren, und dabei Subjektivität und Authentizität vorzutäuschen.[1] Auf diese Wirkung zielen die Briefform und die eingeschobenen Zitate aus literarischen Zeitschriften. Belehrend sind die Aufzählungen der Sehenswürdigkeiten oder die Hinweise auf humanistisches Städtelob.

Durch seine Betätigung als Publizist und Literaturkritiker versteht es Laporte, sich Nachrichten anzueignen und zu kommentieren. Das Kompilieren bedeutet bei ihm so viel wie hören oder lesen und sofort individuell, oft witzig auswerten. Er behandelt vor allem die Jahre 1756 bis 1758, den Beginn des Siebenjährigen Krieges und des österreichisch-französischen Bündnisses, für das er sich einsetzt. Aus eigener Erfahrung gibt er die Nachrichten wieder, die er im Laufe seiner Gespräche mit in deutschen Diensten stehenden Franzosen erfahren hat: Maupertuis und Bernoulli unterrichten ihn so beispielsweise über preußische Verhältnisse auf einer gemeinsamen Kutschenfahrt. Sein Informant in München ist der französische Gesandte und Malteserritter Louis Gabriel Du Buat, ein Gelehrter, der als Mitglied der Bayrischen Akademie der Wissenschaften zusammen mit Pfeffel den ersten Band der »Monumenta Boica« herausgab. In Wien spricht er mehrmals mit Valentin Jamerai Duval, seit 1748 Direktor des Münzkabinetts, »einem Hirtenknaben aus der Champagne«, dessen Ausbildung Franz I. Stephan und sein Bruder Karl finanziert hatten.

Neben diesen Informanten - oder über deren Vermittlung - schreibt Laporte wörtlich ältere Schriften aus, darunter die beiden 1705 erschienenen Reiseberichte von Casimir Freschot, einem Benediktiner aus der Franche-Comté, der sich in Italien niedergelassen hatte. Letztere Quelle spielt eine große Rolle im »Voyageur Français« und wirft indirekt auf Riesbecks »Briefe« ein neues Licht. Obwohl Laporte Freschot skrupellos verwendet, erwähnt er dessen Namen nirgends. Die Reiseberichte von Freschot zielten nämlich darauf ab, den katholischen Reichspatriotismus 1704 in Wien zu festigen, was die Leser des »Voyageur Français« nicht mehr ansprach. Unter den Nationen, die im kosmopolitischen Wien wohnen, zählt Freschot zum Beispiel nur diejenigen auf, die sich unter habsburgischer Herrschaft befinden; er bedauert darüber hinaus die »Mannigfaltigkeit« an Nationen, Sitten, Religionen, Charakteren und Sprachen, weil sie das »gegenseitige Vertrauen« verhindere und »jegliche Einigung ausschließe«.[2] Laporte wiederholt diesen Satz, aber der Liste von Freschot fügt er »Schweizer, Russen, Griechen, Armenier, Türken und Juden« hinzu; ihm liegt eher daran, zu beweisen, daß das Bündnis Österreichs mit Frankreich das bestehende Gleichgewicht der verschiedenen Bekenntnisse nicht bedroht.

Außerdem sieht Laporte in Freschot einen Jansenistenfreund, den es zu widerlegen gilt. Diese Ansicht läßt ihn manche Beobachtungen anstellen, die Riesbeck mit wiederum ganz anderen Absichten negieren oder berichtigen wird.

Wenn Laporte zum Beispiel für die Denk- und Redefreiheit in Wien eintritt und die österreichische Regierung auffordert, die Kaffeehäuser weiterhin zu dulden, so argumentiert er gegen Freschot. Jener hatte nämlich als treuer Anhänger des Kaisers mißbilligt, daß sich dort die Wiener »Novellisten« versammeln und mitten im Spanischen Erbfolgekrieg ungehindert wagen konnten, »Generäle, Minister« und sogar den Kaiser zu »zerreißen«.[3]

    1745. Vgl. hierzu: Martens, Wolfgang: Die Botschaft der Tugend. Stuttgart 1968. S. 548f.

1   Vgl. Elkar, Rainer S.: Reisen bildet. Überlegungen zur Sozial- und Bildungsgeschichte des Reisens im 18. Jahrhundert. In: Krasnobaev, Boris u. a. (Hrsg.): Reisen und Reisebeschreibungen im 18. und frühen 19. Jahrhundert als Quellen der Kulturbeziehungsforschung. Berlin 1980. S. 63.

2   Freschot, Casimir: Mémoires de la cour de Vienne, contenant les Remarques d'un Voyageur sur l'Etat présent de cette Cour, et sur ses intérêts. - Köln 1705. S. 58 F. Laporte a. a. O. Bd. 23. S. 172.

3   Freschot (Anm. 12), S. 31 f.; Laporte ebd. Bd. 23, S. 173.

Daß »Generäle, Minister und Kaiser« offen kritisiert werden, findet Laporte dagegen durchaus positiv; elf Seiten später ergänzt er, daß die Kaffeehausgespräche nicht nur politische Fragen, sondern auch Literatur, Naturwissenschaften, schöne Künste beträfen, was sicher auch den Interessen eines Pariser Belletristen entspricht. Es ist schwer zu entscheiden, ob Laportes Urteil daher rührt, daß er als Ausländer die kritische Einstellung der österreichischen Untertanen kaum fürchtet, daß er sich auch für Frankreich eine größere Denk- und Redefreiheit wünscht, oder daß er gegen die Jansenisten das moralische Räsonnement der Jesuiten entwickelt: er behauptet jedenfalls, solche Gespräche seien ebenso nützlich für die Tätigen wie für die Müßigen:

> Le Gouvernement, en supposant le bon ordre observé, ne peut qu'approuver qu'il y ait, dans une grande Ville, de ces sortes de rendez-vous, ressource honnête et peu dispendieuse pour les hommes occupés, qui ont besoin de dissipation, et pour les oisifs, qui pourraient charmer moins honnêtement le chagrin ou les ennuis inséparables de l'inaction.«[1]

Riesbeck bestreitet den Satz über »Minister und Generäle«; das literarisch-politische Ideal von Laporte, das er ins Gegenteil verkehrt (ohne dabei den »Voyageur français» zu nennen), ist ihm ein Mittel, Maria Theresia zu tadeln:

> Niemand versieht das Publikum mit Anekdoten und Neuigkeiten *du jour*. Du findest unzählige Leute vom Mittelstand, die von ihren Ministern, Generälen und Gelehrten kein Wörtchen zu sagen wissen und sie kaum dem Namen nach kennen.«

Er liefert zwei Erklärungen für Wiens Rückständigkeit: die Sinnlichkeit der Bevölkerung und die Spione, und schließt wiederum mit einem halb scherzhaften, halb ironischen Bezug auf den »Voyageur français«. Hatte Laporte Wien idealisiert, so idealisiert jetzt der »reisende Franzose« die Hauptstadt Paris unter Verwendung ähnlicher Stereotypen:

> Überhaupt herrscht hier im alltäglichen Umgang nichts (...) von dem geistigen Vermögen, der uneingeschränkten Gefälligkeit, der lebhaften und zum Interesse des Umganges unumgänglich nöthigen Neugierde, wodurch auch die Gesellschaften vom niederen Rang zu Paris beseelt werden.«[2]

Letzten Endes bleiben die religiösen Auffassungen dieser drei katholischen Reisenden doch unversöhnlich. Im Gegensatz zu Riesbeck machen Freschot und Laporte keinen Hehl aus ihrer Bewunderung der »Pietas austriaca«. Laporte beobachtet, daß »alle öffentlichen Denkmäler« in Wien religiöse Themen darstellen,[3] und mit Freschots Worten beschreibt er die Andachtsübungen der kaiserlichen Familie, ohne die Entwicklung im kirchlichen Hofzeremoniell seit 1705 spüren zu lassen.[4]

Die Volksfrömmigkeit in Bayern oder in der Steiermark deuten Freschot und Laporte übereinstimmend als eine direkte Ursache für Vaterlandsliebe und die Treue zum Landesherrn:

> Les Habitans ne passent ni pour braves ni pour spirituels; mais en revanche, ils font profession d'une dévotion particulière au culte de la Vierge, et restent tranquilles dans leurs foyers contens des seuls biens que la providence leur envoie«[5]

Damit mißt Laporte der Marienverehrung und den häufigen Wallfahrten eine große

---

1 Laporte a. a. O. Bd. 23, S. 188 f.
2 Riesbeck a. a. O. S. 278 f.
3 Laporte a. a. O. Bd. 23, S. 159
4 Zu dieser Entwicklung vgl. Kovacs, Elisabeth: Kirchliches Zeremoniell am Wiener Hof des 18. Jahrhunderts im Wandel von Mentalität und Gesellschaft. In: Mitteilungen des österreichischen Staatsarchivs. Bd. 32. Wien 1979. S. 122f.
5 Laporte a. a. O. Bd. 23. S. 470

Bedeutung bei. Angesichts eines Marienbildes, das im Wiener Dom aufgestellt ist, schreibt Laporte die »Remarques« von Freschot ab. Aber ein genauer Vergleich beider Stellen zeigt, daß Laporte alle Spitzfindigkeiten gegen die Jesuiten und gegen Frankreich, ebenso wie alle jansenistischen Forderungen wegstreicht, die Freschot bei dieser Gelegenheit anführt - etwa, daß sich das Volk an der Liturgie laut beteiligen müsse und daß die Zahl der italienischen messelesenden Priester verringert werden solle.

Freschot und Laporte betreiben katholische Apologetik - wenn auch in unterschiedlicher Weise. Riesbeck dagegen ist überzeugt, daß eine wirkliche politische und soziale Aufklärung nicht stattfinden könne, solange noch die »katholischen Pfaffen« beherrschenden Einfluß auf das Volk wie auf die Regenten haben. Die »verderblichen« und »unkristlichen« Folgen dieses Einflusses konstatiert er für Bayern wie für Wien oder die Steiermark:

> Der auffallendste Zug im Karakter der Bewohner aller dieser Länder ist eine unbeschreibliche Bigotterie mit einem ebenso unbeschreiblichen Hang zur sinnlichen Wollust.«[1]

Aber obwohl die religiösen Auffassungen von Freschot, Laporte und Riesbeck unvereinbar sind, findet doch zwischen den drei Reisenden eine Art Diskussion statt, allerdings so verdeckt, daß es schon einer sehr genauen Lektüre bedarf, um über die Zeiten hinweg die vielfältigen Reden und Gegenreden noch zu verstehen.

---

1 Riesbeck a. a. O. Bd. 1. S. 512

Michael Maurer

Die pädagogische Reise

Auch eine Tendenz der Reiseliteratur in der Spätaufklärung

I

Während in England und Frankreich, bedingt durch die literarische Entwicklung dieser Länder, nichtfiktionale Literaturgattungen wie Reiseberichte schon immer die Aufmerksamkeit der Literaturhistoriker fanden, wirkten in Deutschland innere und äußere Faktoren zusammen zu einer entweder überhaupt ungeschichtlichen Praxis der Interpretation ästhetisch hervorragender Werke oder zur geistesgeschichtlichen Konstruktion eines »Höhenkamms« weniger Meisterwerke, denen man exemplarische Dignität zuerkannte. Deshalb konnte Manfred Link in seiner Dissertation über den »Reisebericht als literarische Kunstform von Goethe bis Heine« aus dem Jahre 1963 die »wenig umfangreiche wissenschaftliche Literatur« noch in ein paar knappen Sätzen behandeln.[1] Mehr als zwei Jahrzehnte später müßte man einen umfangreichen Forschungsbericht erstatten, wenn man alles katalogisieren wollte, was seither über Reiseberichte in Deutschland geschrieben wurde. Die Erforschung der Gattung Reisebericht profitierte dabei von einem gewandelten Literaturverständnis allgemein wie auch von einer vermehrten Hinwendung der Literaturhistoriker zu nichtfiktionalen Gattungen, insbesondere aber von dem seit 1968 rege gewordenen Interesse an politischer Literatur, nicht zuletzt der Literatur revolutionärer Demokraten wie Seume, Campe und Forster, sowie, von diesen ausgehend, an der Spätaufklärung überhaupt. In diesem Zusammenhang sehe ich die Leistungen von Gruppen, vor allem des Bremer Forschungsschwerpunkts *Spätaufklärung*, und von unabhängigen Einzelnen, unter denen Ralph-Rainer Wuthenow hervorgehoben zu werden verdient.[2]

Die Neuanstöße für die Erforschung der Reiseliteratur gingen also von einem gewandelten Interesse aus und führten zu einer Erweiterung des literarischen Kanons. Es konnte allerdings, bedingt durch das angesprochene Interesse, im einzelnen auch geschehen, daß nicht nur unsere Kenntnis der Quellen vermehrt und fruchtbare Beschäftigung mit bis dahin weitgehend unbekannten Texten angeregt wurde, sondern auch, in einem zu kühnen Vorgriff, das Blickfeld eingeengt wurde auf bestimmte Realisierungen der Gattungsmöglichkeiten, die als typische hingestellt wurden. So konnte der *politische Reisebericht* als Reisebericht der Spätaufklärung schlechthin erscheinen.[3]

Wesentlich angeregt worden ist die Forschung in diesem Feld durch einige kühne Thesen von William E. Stewart, dem es um eine »Theorie der Reisebeschreibung« des 18. Jahrhunderts ging, die er, da die Reiseliteratur in den zeitgenössischen Poetiken keine Beachtung gefunden hatte, in Vorreden und Rezensionen aufsuchte. Hauptbegriffe seiner Analyse sind »Autopsie« und »Autotelie«, wobei unter »Autopsie« die »Berufung auf Eigenbeobachtung« verstanden wird, die das früher praktizierte »Appellieren an Autorität

---

1 Diss. Köln 1963, S. 6.
2 Wuthenow, Ralph-Rainer: Die erfahrene Welt. Europäische Reiseliteratur im Zeitalter der Aufklärung. Frankfurt a.M. 1980.
3 Vgl. etwa Griep, Wolfgang: Reiseliteratur im späten 18. Jahrhundert. In: Grimminger, Rolf (Hg.): Deutsche Aufklärung bis zur Französischen Revolution. 1680 bis 1789. München 1980 (Hansers Sozialgeschichte der deutschen Literatur. 3), S. 739-764.

als Beglaubigungsprinzip« fast vollständig abgelöst habe.[1] Zusätzliche Mittel autoptischer Reisebeschreibung sieht er in der starken »Akzentuierung der Ich-Erzählung« und im »mikrologischen Realismus« sowie in der Durchsetzung eines »schlichten« Stils.[2] In den achtziger und neunziger Jahren des 18. Jahrhunderts erkennt Stewart »eine allmähliche Rückkehr zu einer anspruchsvollen Ästhetik«[3] im Zusammenhang mit der Durchsetzung des »autotelischen« Modells und der Verselbständigung der Ich-Erzählung.

Auf diese begriffliche Klärung läßt Stewart einen pragmatischen Teil folgen, wobei er aus dem Horazischen *prodesse et delectare* Funktionen der Reisebeschreibung im 18. Jahrhundert aussondert: eine politische und eine *pädagogische*. An diesem Punkt setze ich mit der vorliegenden Untersuchung ein.

Meines Erachtens lassen sich neue Erkenntnisse über die Reiseliteratur vor allem auf vier Wegen gewinnen:

1. Durch bibliographische Erschließung des gesamten Quellenbestandes. - Das ist der Weg des Bremer Forschungsprojektes.[4]

2. Durch Edition von Texten außerhalb des überlieferten Quellenkanons. - Diesen Weg gingen zum Beispiel Hans-Wolf Jäger und Wolfgang Griep mit den Reisen Campes und Johann Nikolaus Beckers[5]; Ernst Osterkamp mit den Sizilienreisen, Albert Meier mit seiner Übersetzung der italienischen Reise Johann Caspar Goethes.[6]

3. Durch Einzelanalyse von Texten im pragmatischen Zusammenhang. - Dieser Weg ist in den letzten Jahren schon ziemlich häufig beschritten worden; ich nenne nur einige ausgewählte Beispiele: Karsten Wittes Untersuchung zu Halem, Harro Zimmermanns Darstellung der Stolbergschen Reise, Wolfgang Griep über Johann Pezzl, Vincent Dell'Orto und Gerhard Sauder über Moritz, Wolfgang Martens über Nicolai, Helmut Peitsch, Ralph-Rainer Wuthenow und andere über Forster.[7]

---

1 Stewart, William E.: Die Reisebeschreibung und ihre Theorie im Deutschland des 18. Jahrhunderts. Bonn 1978, S. 40.
2 Ebd.
3 Ebd.
4 Vgl. Griep, Wolfgang: Deutschsprachige Reiseliteratur 1700 bis 1810. Ein Forschungsprojekt an der Universität Bremen. In: Jahrbuch der historischen Forschung in der Bundesrepublik Deutschland 1984, S. 45-48.
5 Campe, Joachim Heinrich: Briefe aus Paris zur Zeit der Revolution geschrieben. Braunschweig 1790. Mit Erläuterungen, Dokumenten und einem Nachwort hg. von Hans-Wolf Jäger. Hildesheim 1977; Becker, Johann Nikolaus: Fragmente aus dem Tagebuch eines reisenden Neu-Franken. Nach der Erstausgabe von 1798 neu hg. und mit einem Nachwort und Erläuterungen versehen von Wolfgang Griep. Bremen 1985.
6 Osterkamp, Ernst (Hg.): Sizilien. Reisebilder aus drei Jahrhunderten. Zürich und München 1986; Goethe, Johann Caspar: Reise durch Italien im Jahre 1740 (Viaggio per l'Italia). Hg. von der Deutsch-Italienischen Vereinigung. Frankfurt a.M. Übersetzt und kommentiert von Albert Meier. München 1986.
7 Frankreich im Jahre 1790. Stuttgart 1971; Zimmermann, Harro: Der Antiquar und die Revolution. Friedrich Leopold von Stolbergs »Reise in Deutschland, der Schweiz, Italien und Sicilien«. In: Griep, Wolfgang/Jäger, Hans-Wolf (Hg.): Reise und soziale Realität am Ende des 18. Jahrhunderts. Heidelberg 1983, S. 94-126 (Neue Bremer Beiträge. 1); Griep, Wolfgang: Johann Pezzl (1756-1823). Leben und Werk. Diss. Bremen 1983; Dell'Orto, Vincent J.: Karl Philipp Moritz in England: A Psychological Study of the Traveller. In: Modern Language Notes 91 (1976), S. 453-466; Sauder, Gerhard: Reisen eines Deutschen in England im Jahr 1782: Karl Philipp Moritz. In: »Der curieuse Passagier«. Deutsche Englandreisende des 18. Jahrhunderts als Vermittler kultureller und technologischer Anregungen. Heidelberg 1983, S. 93-108; Martens, Wolfgang: Ein Bürger auf Reisen. Bürgerliche Gesichtspunkte in Nicolais »Beschreibung einer Reise durch Deutschland und die Schweiz im Jahre 1781«. In: Zeitschrift für Deutsche Philologie 97 (1978), S. 561-585; Martens, Wolfgang: Zum Bild Österreichs in Friedrich Nicolais »Beschreibung einer Reise durch Deutschland und die Schweiz im Jahre 1781«. In: Anzeiger der Phil.-Hist. Klasse der Österreichischen Akademie der Wissenschaften 116 (1979). S. 62 ff.; Martens, Wolfgang: »Kleine Nebenreise nach Ungarn«. Zu Friedrich Nicolais Ungarnbild.

4.Durch begriffliche Sonderung, durch Herausarbeitung von Typen und Funktionen der Reiseliteratur. Um sie hat sich schon Manfred Link bemüht, der von literarischen Reiseberichten ausging; mit verschiedenen Intentionen haben der Literaturhistoriker Joseph Strelka und der Osteuropahistoriker Wolfgang Kessler daran anzuknüpfen versucht.[1] Eigenständige Überlegungen steuerten Klaus Laermann und Harro Segeberg bei[2], um nur einige Namen zu nennen.

Ich selbst gehe im Hauptteil der folgenden Untersuchung den Weg der Einzelanalyse weniger bekannter Quellen, und zwar unter Berücksichtigung ihres Produktions- und Wirkungszusammenhanges, indem ich die Reiseberichte der Sophie von La Roche interpretiere und abstrahierbare Inhalte nach gewissen Gesichtspunkten systematisiere. Daraus soll sich im Ergebnis (Schlußteil der vorliegenden Untersuchung) ein Beitrag zur begrifflichen Vermessung der Reiseliteratur in der Spätaufklärung ableiten lassen, insofern ich *eine* Tendenz aus der Fülle der Möglichkeiten zu sondern und zu definieren versuchen werde: die *pädagogische Reise*.

II

1. Motivation und Absicht

»Wieder eine Reise! werden meine Freunde, meine Kinder und Bekannte sagen. - Ja es werden Alle staunen, daß eine Frau, in meinen Jahren, die Gelegenheit und den Willen hat, solche Reisen zu machen, welche sonst ganz allein die Sache der Jugend, des Reichthums, der Freiheit und der Geschäfte sind. *Yorik* setzte noch zwei Arten Reisende hinzu: *Kranke*, die eine Hülfsquelle aufsuchen, - und *Wißbegierige*, welche sich, auch ausser ihrem Wohnort, nach der Erde und ihren Kindern umsehen. Zu der letzten Gattung gehöre ich; und meine Geschäfte sind - an der Seite einer höchst edlen Freundin, welche wegen ihrer Gesundheit reiset - mich umzusehen, und alles zu bemerken, was mir Unterricht und Freude geben kann.«[3]

Soweit die Eingangspassage des »Tagebuches einer Reise durch Holland und England von der Verfasserin von Rosaliens Briefen«. Schon dieser Titel macht darauf aufmerksam, daß es sich um die Reisebeschreibung einer Frau handelt, ja einer Romanschriftstellerin, deren empfindsame Schilderungen und lehrreiche Ausführungen bekannt waren. Ihr Name stand nicht auf dem Titelblatt. Gleich in den ersten Sätzen suchte sie anzuknüpfen an jenes für die Entwicklung der Reiseliteratur so folgenreiche Werk, Laurence Sternes »Sentimental Journey«, in dem man unter theoretischen Aspekten eine »parodistisch überspitzte« Verabsolutierung der Ich-Erzählung gesehen hat.[4] Locker definierte Sophie La Roche die Fülle

In: Kessler, Wolfgang u.a. (Hg.): Kulturbeziehungen in Mittel- und Osteuropa im 18. und 19. Jahrhundert. Festschrift für Heinz Ischreyt zum 65. Geburtstag. Berlin 1982, S. 147-155; Peitsch, Helmut: Georg Forsters »Ansichten vom Niederrhein«. Zum Problem des Übergangs vom bürgerlichen Humanismus zum revolutionären Demokratismus. Frankfurt/Bern/Las Vegas 1978; Wuthenow, Ralph-Rainer: Vernunft und Republik. Studien zu Georg Forsters Schriften. Bad Homburg/Berlin/Zürich 1970.

1 Strelka, Joseph: Der literarische Reisebericht. In: Jahrbuch für Internationale Germanistik 3 (1971), S. 63-75; Kessler, Wolfgang: Kulturbeziehungen und Reisen. In: Kessler, W. u.a. (Hg.) a. a. O. S. 263-290.

2 Laermann, Klaus: Raumerfahrung und Erfahrungsraum. Einige Überlegungen zu Reiseberichten aus Deutschland vom Ende des 18. Jahrhunderts. In: Piechotta, Hans-Joachim (Hg.): Reise und Utopie. Zur Literatur der Spätaufklärung. Frankfurt 1976, S. 57-97; Segeberg, Harro: Aufklärer unterwegs. Zur »Literatur des Reisens« im späten 18. Jahrhundert. In: Textsorten und literarische Gattungen. Dokumentation des Germanistentages in Hamburg vom 1. bis 4. April 1979. Hg. vom Vorstand der Vereinigung der deutschen Hochschulgermanisten. Berlin 1983, S. 489-507; Segeberg, Harro: Die literarisierte Reise im späten 18. Jahrhundert. Ein Beitrag zur Gattungstypologie. In: Griep, W./Jäger, H.-W. (Hg.) a. a. O. S. 14-31.

3 Tagebuch einer Reise durch Holland und England, von der Verfasserin von Rosaliens Briefen (= Sophie von La Roche). Offenbach 1788. Vorrede (unpaginiert).

4 Stewart a. a. O. S. 47.

der Reisezwecke, um ihre Freundin Sternes erster Ergänzung, sich selbst aber der zweiten zuzuordnen. »Sentimental travellers« waren alle. Indem sie sich aber den Wißbegierigen zuordnet, betont sie den rationalen Pol in einem Zeitalter der Subjektivität, d.h. für den Leser und Käufer: im Medium des Gefühls ist Verständigung über die Außenwelt, durchgeistigte Informationsfülle in Aussicht gestellt.

Da die Autorin an anderer Stelle in guter alter Tradition auf die Bedeutung der Vorrede in Büchern hingewiesen hat[1], da sie außerdem, ganz im Gegensatz zu ihrem sonstigen Redefluß, äußerst sparsame Vorreden schrieb, wird man diese ersten Worte allemal auf die Goldwaage legen dürfen. Deshalb ist auch zu bemerken, daß sie mit einer »höchst edlen Freundin« reiste, in Verhältnissen also, die eine empfindsam-kommunikative Situation eröffneten, und daß sie im ersten Satz ihrer Kinder, Freunde und Bekannten gedachte. Diese werden als erste Leser gleich einbezogen, indem sie reagierend imaginiert werden. Der Verweis auf das Alter stellt ein reifes Urteil in Aussicht, und wer Sophie von La Roche kennt, hört in der Opposition der »Erde« und ihrer »Kinder« gleich ein Bezugssystem für vielfältige Analogien zwischen umgebender Natur und Menschenwelt anklingen.

Daß diese Hinweise auf eine empfindsame Kommunikationssituation planvoll angelegt sind, ergibt sich durch den Vergleich mit Briefzeugnissen. Die reale Situation, wie sie nicht im Reisebericht, sondern nur aus äußerer Evidenz rekonstruierbar ist, war diese: Der Speyrer Domherr Christoph von Hohenfeld wollte mit seiner kränkelnden Schwester eine Badereise nach Spa machen, auf der sie von Sophie von La Roche als Gesellschafterin und Freundin begleitet wurden; auch ihr Sohn Carl durfte sich anschließen, weil man dem jungen Mann auf diesem Wege nebenbei eine Bildungsreise ermöglichen wollte.[2] Hohenfeld kommt in dem Reisebericht nicht vor; er wird sich die literarische Berühmtheit verbeten haben. Der Sohn aber ist am Ende der Vorrede angeführt, womit sich eine pädagogische Konstellation ergibt. Dem zuhause zurückgelassenen Gatten und Vater wird scheidend dankbare Reverenz erwiesen.[3] Am Ende der Reisebeschreibung wendet sie sich nochmals an das Zielpublikum der Reisebeschreibung: ihre Kinder. Dieser Punkt bedarf der Vertiefung.

Die erste Reisebeschreibung der Sophie von La Roche, »Tagebuch einer Reise durch die Schweitz von der Verfasserin von Rosaliens Briefen«, war nicht nur den Töchtern gewidmet, sondern ihnen in Form von Briefen gewissermaßen zugeschrieben. Auf ihrer ersten großen Reise im Jahre 1784 begleitete Sophie von La Roche ihren jüngsten Sohn Franz Wilhelm auf einer Reise durch die Schweiz und auf Pfeffels Kriegsakademie nach Kolmar, wo er seine Ausbildung fortsetzen sollte. Der Beginn der Reisebeschreibung berichtet den zuhause gebliebenen Töchtern von ihrem Bruder und kleinen häuslichen Umständen in

---

1 »Eine vernünftige Person solle immer die Vorrede eines Buchs lesen, einmal, weil sie darin die Absicht des Schriftstellers findet, und also dadurch in den Stand gesetzt wird, ihn recht zu fassen und ihn nach seiner Absicht zu beurtheilen, und dann, weil man aus der Vorrede sehen kann, ob das Buch verdient, gelesen zu werden« (»Ueber das Lesen«. In: Sophie von La Roche: Pomona für Teutschlands Töchter. Speyer 1783-1784. Septemberheft 1783).

2 Vgl. »Ich bin mehr Herz als Kopf«. Sophie von La Roche - ein Lebensbild in Briefen. Hg. von Michael Maurer. München 1985, S. 282.

3 Die Bedeutung dieser beiläufigen Reverenz liegt darin, daß sich die gebildete, reisende Frau immer als gehorsame Gattin und Mutter darstellt, die ihre Pflichten kennt und die Freiheit zu schätzen weiß, die man ihr gewährt (nicht: die sie sich genommen hat). Deshalb die häufigen Danksagungen an die Adresse des Gatten in diesem und in anderen Reiseberichten (vgl. etwa Tagebuch einer Reise durch Holland. S. 19; Journal einer Reise durch Frankreich von der Verfasserin von Rosaliens Briefen (= Sophie von La Roche) Altenburg 1787. S. 2, 25, 332, 535).

radikaler Subjektivität. Der Leser ist als Voyeur dabei. Die beständigen moralischen Nutzanwendungen aus allen vorfallenden Begebenheiten, die einen direkt angesprochenen unbeteiligten Leser abschrecken könnten, werden auf diese Weise plausibel: Die Autorin ist als Mutter in der Erziehungsrolle für ihre Kinder ganz natürlich. Der in die Briefe gewissermaßen verstohlen mit hineinschauende Leser muß sich, wenn er die Perspektive des Voyeurs annimmt, nebenbei miterziehen lassen.

Die Reiseberichte der Sophie von La Roche geben sich durchweg als Schriften für ihre (mittlerweile übrigens längst erwachsenen) Töchter.

> »Mit Euch, meine geliebten Töchter! theilte ich jede Bemerkung und jedes Gefühl über Personen und Dinge, welche ich sah. Ihr hörtet in Eurer Jugend meine Erzählungen gerne, und es freute mich, Euren guten kindlichen Herzen angenehme und nützliche Augenblicke zu schaffen. Ich wünsche, daß diese Bogen meines Tagebuches Euch jetzo in den Jahren Eurer Vernunft und erworbenen Kenntnisse eben so viele Zufriedenheit geben mögen.«[1]

Diese Hinwendung zu den eigenen Töchtern, die rein subjektiv scheint, nimmt dann eine andere Qualität an, wenn man begriffen hat, daß Erziehung eine Leistung für die Gesellschaft ist, daß die Öffentlichkeit der Erziehung der eigenen Töchter nur konsequent ist, wenn man von allgemein verbindlichen Normen ausgeht. Die Sicherheit dieses Ansatzes kommt aus dem Religiösen.

Der abendländische *ordo* hat im Denken der Sophie von La Roche und vieler ihrer Zeitgenossen die Kraft eines das Leben des Einzelnen umgreifenden Prinzips wiedergewinnen können, weil die Naturwissenschaft der Zeit die umfassende Weisheit und Güte des Schöpfers zu bestätigen schien. Eine heitere Weltzugewandtheit war die Folge; Reisen hatte einen tieferen Sinn. Der religiöse Reisezweck ist von Sophie von La Roche mehrfach ausgesprochen worden; im »Tagebuch einer Reise durch die Schweitz« einmal mit folgenden Worten:

> »Ich dankte Gott in meiner Seele, daß er bis auf diesen Tag mein Gefühl für jedes große und kleine Schöne, Nützliche und Gute so lebhaft erhalten hat, wie viele reine und wahre Freuden hätte ich auf dieser Reise entbehrt, wenn mir das Geringe nicht gefällig wäre. Warum sollte ich nur von dem trockenen schönen Weg und den Gebäuden reden, welche von Menschen hervorgebracht wurden, und nicht von den Hügeln, Bergen, Bäumen und Blumen, die Gottes Hand an diesem Weg und um diese Gebäude ausstreute.«[2]

Die weltfromme, religiöse Art des Reisens findet ihre Erfüllung in der Empfindung der Güte, Schönheit und Nützlichkeit der Schöpfung; ihre Propagierung durch den Druck der Reisebeschreibung. Die oben angeführte Dichotomie der »Erde« und ihrer »Kinder« faltet sich an der soeben zitierten Stelle so auf: Gottes Werke sind in der Natur zu preisen, nicht nur die Werke des göttlichen Geschöpfes, des Menschen, nämlich die Wege und Gebäude. Die implizierte Kritik an aufgeklärt-utilitaristischen Reisebeschreibern mag sich gegen Reisen von der Art Nicolais richten.

Die privat und subjektiv scheinende Hinwendung zu den Töchtern, die auch zwischendurch mehrfach wiederaufgenommen wird, gibt sich also als ein pädagogischer Gestus zu erkennen, der Öffentlichkeitscharakter beanspruchen kann. Sophie von La Roche lehrt ihre Töchter, was sie öffentlich verantworten kann, und sie lehrt es auf mustergültige Weise. Deshalb scheinen hinter den biographisch nachweisbaren Töchtern immer wieder »Teutschlands Töchter« auf, das Publikum ihrer Frauenzeitschrift »Pomona«. Und »Teutschlands Töchter« erreicht sie, indem sie ihren Reisebericht publiziert. Die Wendung

---

1 Tagebuch einer Reise durch die Schweitz von der Verfasserin von Rosaliens Briefen (= Sophie von La Roche). Altenburg 1787, S. 434.
2 Ebd. S. 162.

von der persönlichen Ansprache an ihre Töchter zu einer allgemeinen Lebenslehre für einen weiteren Kreis von Leserinnen, die sich ihren Töchtern zuzugesellen willens sind, erkennt man deutlicher noch an folgender Stelle aus dem »Tagebuch einer Reise durch die Schweitz«:

> »Wenigstens sehen meine geliebten Töchter, daß ihre Mutter in jedem Zeitpunkt ihres Lebens mit Zärtlichkeit an ihre Kinder denkt, und überall das Gute aufsucht, wo es in der Natur, oder in dem Menschen liegt. Ich wünsche, daß Ihr es auch so machen möget, denn es ist Pflicht gegen Gott, gegen den Nächsten, und gewiß viel Vortheil für uns selbst dabey; und ich würde Euch glücklich achten, wenn ich Eurer Eigenliebe die Ueberzeugung geben könte: daß mehr Verstand dazu erfordert wird, das Gute eher, als das Schlimme zu finden; wenigstens, liebe Kinder! seht das Unvollkommene immer als den Schatten der Sachen und Personen an, und vergeßt dabey nicht, daß der Zufall oft Menschen und andre Dinge an eine Stelle bringt, wo diese Schatten schwärzer scheinen, als sie auf einer andern Stelle nicht geschienen haben würden.«[1]

So naiv und direkt sich alles Beobachten oft an die Außenwelteindrücke zu heften scheint, die reisend erfahren werden, so subtil, geradezu spitzfindig sind doch die Anwendungen, so raffiniert, zuweilen sublim sind die Reflexionen, die sich an die notierten Eindrücke heften. In dieser Konstellation versagen die Kategorien »subjektiv« und »objektiv«, mit denen Strelka Pole zu markieren sucht, die sich nur im klassischen Muster von Goethes »Italienischer Reise« so zu durchdringen scheinen, daß sie sich aufheben können.[2] Gleichfalls versagen hier Kategorien wie »autoptisch« und »autotelisch«, weil das Pathos des Selbst-gesehen-Habens, dessen die empfindsame Reisebeschreiberin auch nicht entraten kann, keineswegs nur die Folie oder den Vorwand für ein beständiges Moralisieren abgibt, sondern die planvolle Selbstzentriertheit der aufgeklärten Reisenden zugleich die Gesetze der kosmischen Ordnung durchscheinen läßt, die sich im Ich spiegeln.

Während wir also auf der einfachsten biographisch-historischen Ebene durch Zeugnisse aus erster Hand beweisen können, daß Sophie von La Roche große Reisen unternahm, weil sie Freude daran hatte[3]; daß sie mit Geschick Beziehungen knüpfte, die ihr solche Reisen stets als Begleiterin möglich machten[4]; daß sie Reisebeschreibungen verfaßte, weil sie sich Geld damit verdienen wollte und die Reisebeschreibungen immer dickleibiger wurden, weil die Verleger bogenweise bezahlten[5]; können wir doch nicht umhin, nach ihrer Motivation und Wirkungsabsicht noch auf einer anderen Ebene zu fragen, auf der dann die angedeuteten Zusammenhänge transparent werden.

Ihre intellektuelle Spiritualität gibt sich meist ganz pragmatisch:

> »Wer Vermögen und Freyheit hat, kann für seine Gesundheit und seinen Verstand nichts bessers thun, als reisen, um die verschiedenen Gegenden der Welt und Gaben der Natur nach ihren tausendfachen Gestalten und Eigenschaften zu sehen; zu bemerken, wie verschieden sie von den Menschen gebraucht werden; welche Gesetze diese beherrschen, und welche in dieser und jener Himmelsgegend zum Besten der Bewohner am nöthigsten gefunden wurden ...«[6]

Mensch und Natur in gegenseitiger Abhängigkeit, in ihrer wechselseitigen Wirkung aufeinander: das ist eine Blickrichtung, die der Reisenden eine ganze Welt aufschließt und einer Reisebeschreiberin unendliche Möglichkeiten der Verknüpfung und Deutung isolierter Fakten der äußeren Welt eröffnet. Dabei ist es aufschlußreich, die Applikation der

---

1 Ebd. S. 434 f.
2 Strelka a. a. O. S. 64.
3 Vgl. Maurer (Hg.) a.a. O. S. 262.
4 Vgl. ebd. S. 28.
5 Vgl. zu dieser Problematik vor allem Maurer, Michael: Das Gute und das Schöne. Sophie von La Roche (1730-1807) wiederentdecken? In: Euphorion 79 (1985), S. 111-138.
6 Journal einer Reise durch Frankreich. S. 67.

geistigen Schemata auf die oft zufällig scheinenden Fälle der Wirklichkeit nachzuvollziehen. Auf ihr »Tagebuch einer Reise durch die Schweitz« ließ sie ein »Journal einer Reise durch Frankreich« folgen, an dessen Beginn sie sich in bewährter Manier an ihre Töchter wandte, und zwar mit folgendem Satz:

> »Ich wünsche aber, meine lieben Töchter, daß Ihr diese zwey Tagebücher als Umrisse von Gemälden ansehen möchtet, wovon eines die Wunder der *Natur*, das andere die Wunder der *Kunst* in sich faßt ...«[1]

Das Tagebuch von den Wundern der *Natur* ist die Beschreibung der Reise durch die Schweiz; das Tagebuch von den Wundern der *Kunst* ist die Beschreibung der Reise durch Frankreich. Der bewußte Rekurs auf die verfügbaren Klischees von Ländern und Völkern ist zugleich eine Applikation des schon angesprochenen Schemas Natur/Mensch; Erde/ihre Kinder; Gottes Werk/Menschenwerk nach dem Formprinzip des »Witzes«. Reisen bedeutet auch: Erkenntnis solcher Beziehungen. Und Beschreibung einer Reise bedeutet Unterricht im Denken, Schule des Witzes, Gotteserkenntnis als Lebenslehre.

2. Weltwahrnehmung und Weltdeutung

Die ungegliederte Fülle ist ein Gesetz der Gattung. Wo Informationen nach Kapiteln und Sachthemen gegliedert dargeboten werden, kann man sinnvollerweise nicht mehr von einer Reisebeschreibung sprechen. In der Regel haben Reisebeschreibungen kein Formgesetz außer der itineraren Anordnung. Häufig ist diese Stationenfolge im Raum gekoppelt mit Zeitangaben, aber nicht notwendigerweise. Bei Sophie von La Roche finden wir die tagebuchartige Reihung der Abschnitte zumeist mit Orts- und Zeitangaben am Kopf eines Abschnitts versehen. Da die ausgearbeiteten Texte aber sehr ausführlich sind, drängt sich die zeitliche Reihung nicht in den Vordergrund. Oft sind zudem die Jahreszahlen weggelassen, so daß die Datumsangaben nur noch relative Ordnung zeigen, aber keine absolute geschichtliche Festlegung mehr. Zum Tagebuchprinzip tritt das Briefprinzip mit gelegentlichen Anreden an die Töchter. Die Brieffiktion wird aber kaum angedeutet, indem nie Grußformeln am Schluß der Briefe stehen und kaum einmal eine Anredeformel an den Beginn einer Eintragung gestellt wird.

Ein wichtiges Stilprinzip aber ist der Gestus der Unmittelbarkeit. Selbstverständlich sind die dickleibigen Reisewerke zuhaus am Schreibtisch entstanden. Ebenso selbstverständlich, daß sich die Fülle der Informationen nur bändigen ließ bei fleißigem Tagebuchschreiben. Je mehr die Textredaktion aber gedruckte Quellen einbezieht, desto programmatischer ist aus den ursprünglichen Tagebüchern neben der Orts- und Zeitangabe auch das Dramatische des unmittelbaren Notierens übernommen. So lautet etwa eine Eintragung im »Tagebuch einer Reise durch die Schweitz«:

> »Nun ist, liebe Kinder, ein starker Gewitterregen über Eurer Mutter, und der Lucerner See stürmt unter und neben mir; wenn ihr es wüßtet, so würdet ihr über mich jammern, besonders wenn ihr die Donnerschläge hörtet, welche an den Gebürgen wiederhallten, und zwischen denen die Blitze sich hin und herschlängeln. (...) Ich mußte aufhören zu schreiben, weil das Schiff zu unruhig ward, aber ich sah desto besser den Zug des Gewitters ...«[2]

Weniger dramatisch wird der Gestus der Unmittelbarkeit eingesetzt bei der Rast in Gasthöfen:

> »Hier bin ich auch, meine Kinder, und kan, während meine durch einen Gewitterregen genetzten Kleider trocknen, etwas von dem schreiben, was ich seit zween Tagen sah.«[3]

---

1 Ebd. S. 1.
2 Tagebuch einer Reise durch die Schweitz, S. 143.
3 Ebd. S. 248.

Zuweilen wird in der Orts- und Zeitangabe auf die Schreibsituation hingewiesen:

>»Murten, während das Mittagessen zurechtgemacht wird«.[1]

>»Bern, den. 16. Juli. Früh Morgens, während man einspannt.«[2]

Ebenso wie der Detailrealismus und »Mikrologismus«[3] dient auch der Gestus der Unmittelbarkeit der Beglaubigung des Berichts und der dramatischen Vergegenwärtigung.

Die Reisebeschreibung der Spätaufklärung bedarf, anders als der Roman etwa, keiner inneren Kohärenz außer der räumlich-zeitlichen Reihung. Welche Fakten aufgenommen und welche ausgeschlossen werden, läßt sich auf keine Weise begründen. Einzig die Subjektivität der Autorin filtert die andringenden Umweltreize. Unter den Bedingungen der ökonomischen Notwendigkeit und der bogenweisen Vergütung dürfte nur selten eine Entscheidung zuungunsten zusätzlicher Informationsaufnahme stattgefunden haben, sofern nicht persönliche Rücksichten Schweigen geboten. Eine Gefahr bestand im Gegenteil gerade darin, daß die Tagebücher unmittelbarer Reisen bei der Redaktion am Schreibtisch durch Heranziehung gedruckten Materials aufgeschwemmt wurden. Die Dickleibigkeit der Reisewerke der Sophie von La Roche rührt zum Teil von ihrer schon angesprochenen Wißbegierde, zum Teil aber auch daher, daß einer moralisch-empfindsamen Reisenden ihrer Art kein Gegenstand zu klein war, als daß sich nicht noch eine Reflexion an ihn hätte knüpfen lassen. Die universale Deutbarkeit der Erscheinungen bildete einen steten Anreiz zur Beobachtung und Aufzeichnung. Die Übergänge von der Außenweltwahrnehmung zu ihrer Deutung sollen nun etwas näher ausgeleuchtet werden.

Beim Erklimmen des wildromantischen Höllentales vor Neustadt im Schwarzwald notierte Sophie von La Roche:

>»Wir giengen weiter, und sahen manchen jungen noch herrlichen Baum zwischen Felsenklumpen und Kieselsteinen kümmerlich und einsam da stehen, wie oft die besten Menschen bey gefühllosen Nachbarn schmachten müssen, die ihrem Vaterlande Zierde und Nutzen geben würden, aber auch, wie diese Bäume, vor der Zeit in dem undankbaren Boden zu Grunde gehen. Auf einer andern Seite lagen erstaunend große Felsenstücke auf Millionen kleinen Kieseln, wie ein Despot auf Millionen Unterthanen drükt.«[4]

Die Vergleichbarkeit mit Erscheinungen in der Menschenwelt verleiht jedem Stein die Dignität. Außenweltwahrnehmung wird fortwährend umgesetzt in moralische Energie. Aus dem Empfinden großartiger Naturschönheit im Montblanc-Massiv folgert die Verfasserin beispielsweise:

>»Ich dachte des Glücks unwürdig zu seyn, daß ich genoß, wenn ich nicht meine Seele dem Himmel so rein zeigte, wie die Luft, welche ich athmete.«[5]

Es versteht sich von selbst, daß Eindrücke aus der Menschenwelt bei dieser Disposition noch weit mehr Stoff zu moralischen Betrachtungen boten als bloße Natureindrücke. Durch das Prinzip des »Witzes« sind die Bereiche ständig verfügbar für Vergleiche.

>»Die natürliche höfliche Güte, welche ich in dieser Gesellschaft genoß, war mir ein ebenso schöner Blick in die moralischen Gesinnungen der Bewohner von Lausanne, als die Aussicht vom Belvedere in Herrn le Vadés Hause in die herrliche Gegend der Natur.«[6]

---

1 Ebd. S. 173.
2 Ebd. S. 168.
3 Stewart a. a. O. S. 34.
4 Tagebuch einer Reise durch die Schweitz, S. 46 f.
5 Ebd. S. 260.
6 Ebd. S. 199 f.

Die Analogiemanier der Sophie von La Roche ist keineswegs rein erbaulich oder nur auf private Moralität ausgerichtet. Gewiß gelten die meisten Beispiele der Vervollkommnung des Individuums. Aber es besteht keine Grenze zur öffentlich wirksamen Forderung nach Vervollkommnung des Gemeinwesens. Die erste Möglichkeit ist dabei das Lob positiver Zustände andernorts. Die zweite Möglichkeit ist die Erkenntnis von Fehlern anhand der vorfindbaren Wirklichkeit. Beispielsweise kann man an einer Schilderung ländlicher Verhältnisse in der Pfalz, gar nicht weit von ihrem Wohnort, sehr schön sehen, wie die Beobachtung und Aufzeichnung der bloßen Befunde zwangsläufig zu Sozialkritik führen muß:

>Die ganze Gegend ist wirklich sehr fruchtbar, aber das Auge erblickt, auf beinah unabsehbaren Strecken hin, kein einziges Dorf, oder Weiler; die Bevölkerung fehlt dem schönen Lande. Die Leute sagen: Bedrückung der Beamten verjage viele aus dem Vaterland nach Ungarn oder Pohlen; daher käme, daß ein Mann, der nur 5 Kühe hat, 60 Morgen Land besitze, und nur alle 12 Jahre den Cirkel des Anbaues vollende. Viele Familien könnten noch in diesem schönen Stück der Pfalz wohnen, den Boden besser bauen, und den Wohlstand ihres Fürsten und ihrer Kinder neben dem ihrigen vermehren.

Jetzo sind die Gemarkungen ungeheuer groß. Knechte und Ackervieh kommen durch den langen Weg ermüdet auf das Feld, und verlieren ganze Stunden des Tages nur mit hin und wieder gehen. Ich wünschte, daß die Dörfer umher Colonien von ihren jungen Leuten bis auf die Hälfte der Gemarkung, zum Anbau einzelner Höfe ausschickten; so würden die erstaunenden Brachen vermindert, und der gute Boden benutzt, der ihren Fleiß gewiß bälder belohnte, als die Erde, welche sie in Ungarn oder Pohlen umwühlen. Unklug sind auch die Waldungen umher ausgereutet, und der Holzmangel, ungeachtet der Entvölkerung, so eingerissen, daß ein Klafter den Wirth in dem Wald 7 Gulden kostet, und fünf Klafter den Wirth in Adernheim 50 Gulden zu stehen kamen, bis er sie in seinem Hof hatte. Die Staatsökonomie wird also noch lange zu arbeiten, und nachzudenken haben, ehe sie Mißbräuche und Mißverstand abschafft.«[1]

Obwohl von konkreten Zuständen die Rede ist, wird hier kein Herr oder Fürst direkt angeklagt. Das Ausweichen ins allgemeine Fazit beschönigt aber nicht den drückenden Übelstand, auch wenn direkte Schuldzuweisungen vermieden werden. Am zitierten Beispiel wird auch deutlich, daß die Wahrnehmung selbstverständlich von gedanklichen Konzepten vorstrukturiert wird. Die menschenleere Landschaft wird mit physiokratischem Blick wahrgenommen. Zuweilen tritt diese wahrnehmungsleitende gedankliche Vorstrukturierung auch unvermittelter zutage, wenngleich nicht oft. Auch dazu ein Beispiel, das sich die Reisende in der Rheingegend unweit Bingen vor der schönen Natur einfallen läßt.

>Die Vorstellung des Glücks, *Herr* von diesen Gefilden zu seyn, und den Landmann, neben dem Dank für die Wohltaten der Natur, noch den Seegen aussprechen zu hören, weil er bei dem Ihrigen sie schützt, und den Ertrag ihres Fleißes sie in Ruhe genießen läßt - diese Vorstellung erfüllte meine ganze Seele. Es ist ein schönes Loos, Churfürst von der Pfalz oder von Mainz zu seyn; doch wünsche ich für die Wohlfarth des letzten Landes, daß nie ein andrer Domherr auf den wichtigen Platz dieses Erzbisthums gesetzt würde, als der eine Statthalterschaft oder Vicedomsamt verwaltet hätte: weil er dadurch eine geübte eigne Kenntniß von den Unterbeamten und Räthen erhielt, Wohl und Weh der Unterthanen in der Nähe sah, und das köstliche Gefühl des Mitleidens und der wahren Wohlthätigkeit erlangt hätte —.«[2]

Dieser Vorschlag ist zwar nicht revolutionär, weil er innerhalb der bestehenden Strukturen verwirklicht werden konnte, aber es bedeutet doch eine deutliche Schwächung des Elements der Tradition, daß die Autorin auf praktische Erfahrung und Leistung dringt. Dies aber sind bürgerliche Kriterien.

---

1 Tagebuch einer Reise durch Holland. S. 7 f.
2 Ebd. S. 19.

3. Botschaft: Das bürgerliche Wertsystem

Die Reiseberichte der Sophie von La Roche wirkten auch deshalb pädagogisch, weil sie bestimmte Werthaltungen vermittelten. Das konnte zwanglos geschehen, indem sie an fremden Orten positiv hervorhob, was ihren Vorstellungen entsprach, oder negativ, was ihnen entgegenstand.

Die Reisende ist zunächst von der *Reinlichkeit* oder Unreinlichkeit der Gasthöfe betroffen, mit denen sie vorlieb nehmen muß. Im Gasthof zu Rheinhadern findet sie wohl schöne, reichgeschmückte Mädchen; es ist aber alles unsauber, das Hauswesen vernachlässigt; die Reisende registriert eine Empfindung des Ekels.[1] Bei dieser Gelegenheit wendet sich Sophie von La Roche an ihre Töchter:

> »Ich weiß es meiner Mutter unendlichen Dank, daß sie mir die Unordnung zu einer schmerzlichen Empfindung machte, und ich wünsche Euch Beyden das nämliche Gefühl gegeben zu haben, und daß meine Enkelinnen es erblich finden mögen.«[2]

Weil sie die propagierten Werte Reinlichkeit und Ordnungsliebe unzweifelhaft als Produkte der Erziehung erkennt, sind sie in besonderem Maße Gegenstand einer pädagogischen Schrift. Während es, wenn sie zum Beispiel die Schönheit eines Gemüsemarktes schildert, den Anschein haben kann, daß Reinlichkeit und Ordnung ästhetischer Wahrnehmung entspringen[3], wird an anderer Stelle auch klar die grundlegende Hygiene Gegenstand positiver Auszeichnung:

> »Reinlich sein ist doch immer eine Hauptsache für Gesundheit und eines der größten Vergnügen, welches ich nie entbehren möchte.«[4]

Während die empirisch orientierte Reisende die Zustände beschreibt, wie sie sie vorfindet, wechselnd gut oder schlecht, sucht sie doch immer verallgemeinerte Schlüsse abzuleiten. So urteilt sie etwa über die deutsche Schweiz im ganzen:

> »Die Weiber sind arbeitsam, sorgfältig und reinlich in der Haushaltung, im Gartenwesen, Spinnen und aller ihrem Geschlechte anständigen Arbeit.«[5]

Bereits in Genf aber konstatiert sie Diskrepanzen:

> »Modische Kleidung tragen alle Leute, in dem Ganzen aber herrscht ein Mangel an Reinlichkeit, welcher dem Auge wehthut.«[6]

Das ist schon der Tenor der Frankreichreise des folgenden Jahres.[7] Besonders Paris schlägt alle Rekorde. Auf den Boulevards findet sie »alles sehr schmutzig«.[8] Das Pariser Rathaus beschreibt sie als »sorglos und unsauber gehalten«.[9] »Der Schmutz auf der Straße, in den Gäßgen, dem Hause, der Stiege und Stube ist beynah unbeschreiblich«.[10] Und wie im einzelnen, so ist es im ganzen:

---

1 Vgl. zu diesem Komplex vor allem Griep, Wolfgang: Die reinliche Stadt. Über fremden und eigenen Schmutz. In: Wiedemann, Conrad (Hg.): Rom - Paris - London. Erfahrung und Selbsterfahrung deutscher Schriftsteller und Künstler in den fremden Metropolen. Stuttgart 1987, S. 135-154.
2 Tagebuch einer Reise durch die Schweitz. S. 11.
3 Ebd. S. 25.
4 Ebd. S. 189.
5 Ebd. S. 346.
6 Ebd. S. 228 f.
7 Journal einer Reise durch Frankreich. S. 5, 6, 22, 37, 75, 97, 79 f., 124 f., 277.
8 Ebd. S. 63.
9 Ebd. S. 76.
10 Ebd. S. 77.

»... auch übersteigt die Armuth des Volks und der hohe Grad Unreinlichkeit, welche man hier überall antrifft, alle Vorstellung, und wir betrügen uns sehr, wenn wir jene Pariserin nach ihrer Art für eine so nett gepuzte Puppe halten, wie Herr Retif de la Bretonne sie in den Erzählungen seiner Zeitgenossen beschreibt und in Kupfer darstellt.«[1]

Das Problem der Reinlichkeit hat mehrere Dimensionen: Die ästhetische wird problematisch, wo Schönheit und Reinlichkeit auseinanderfallen können; in solchen Fällen rekurriert Sophie von La Roche auf Hygiene. Die soziale Dimension wird zuweilen sichtbar; Reinlichkeit erscheint dann als etwas, was sich die Armen und Dürftigen nicht leisten können, als soziales Problem. Indem aber gerade in Frankreich immer wieder Schmutz und Pracht vereint diagnostiziert werden müssen, erscheint Reinlichkeit als spezifisch *bürgerlicher* Wert, mit dem man sich nach oben und nach unten abgrenzen kann. Die dritte Dimension schließlich ist die nationale: Frankreich erscheint überwiegend als schmutzig, England und vor allem Holland waren für ihre Reinlichkeit berühmt.[2] Dies sind zugleich die Regionen eines prosperierenden Bürgertums. Insofern können die soziale und die nationale Dimension im Zusammenhang gesehen werden. Dies wird sehr deutlich an einer Stelle, wo Sophie von La Roche über die Ursachen der holländischen Reinlichkeit reflektiert:

»Ich bin sicher, daß der allgemeine Handlungs- und Manufakturgeist den größten Antheil an der Ordnung und den Verzierungen hat, welche in diesem Lande überall glänzen; - denn wenn man Geld für seine Waaren haben will, so müssen diese in Ordnung und Schönheit vorgezeiget werden. - Da nun Holland nicht viel aus seinem Boden zieht, für alles Geld geben muß, und alles für Geld hergiebt; so sahen die Einwohner gleichsam alles für Handlungsartikel an, und halten es immer im Stande, jeden Augenblick in verkäuflichem Zustande zu erscheinen, und seinen Werth unverrückt zu erhalten. Jetzo ist diese Nettigkeit Bedürfniß für das Auge geworden, welchem es gewiß schmerzlich fallen würde, wenn es sich davon entwöhnen sollte.«[3]

Die ästhetische Dimension gibt sich als Ergebnis eines Internalisierung-Aktes zu erkennen. Die Reinlichkeit der Holländer ist die ökonomisch unabdingbare Tugend eines Händlervolkes und mithin einer der Spitzenwerte des Bürgertums.

Inwiefern diese bürgerlichen Tugenden alle zusammenhängen, wird an einer Notiz aus Rotterdam sichtbar:

»Im Ganzen herrscht überall Wohlstand, so wie die ämsigste Arbeitsamkeit, und alles ist rein, auch die geringsten Hütten und Boutiquen - alle Menschen geschäftig und alle ordentlich. - Wenn ich nun an die allgemeine Unsauberkeit von Italien und Paris mich erinnere, so muß ich denken, daß die Macht der Gewohnheit ganzen Nationen Tugenden und Fehler eigen machen kann.«[4]

---

1 Ebd. S. 65 f.
2 »Ich finde zwar in allem die Uebergänge von einer Sache zur andern so abgeschnitten, es mag Häuser, Geräthe oder Personen betreffen; so giebts wenig Dinge, wo die Mittelstrase beobachtet wäre, welche Glanz mit Schmuz und Pracht mit Simplicität vereinigte, denn selbst im Hause des Herrn Beujon (Pariser Bankier), kommt man von kleinen Schlupwinkelgen der etwas schmuzigen Ecken in die kostbarsten Zimmer« (ebd., S. 124). - Bei Mademoiselle Bertin, der berühmtesten Modeschöpferin der Zeit, stellte sie fest: »Ein äusserst großes und würklich prächtiges, obschon in der Reinlichkeit sehr vernachläßigtes Haus ...« (S. 125). - Über Schmutz und Elend in Paris (bevor sie noch die Regionen der Reinlichkeit selbst hatte in Augenschein nehmen können): »Ich weis nicht, in wie weit das gemeine Volk in England an der Reinlichkeit Antheil nimmt; welche an diesen zwo Nationen bewundert wird; aber das ist gewis, daß diese Tugend hier nicht herrscht, und daß gemeine Weiber, Kinder und Männer ekelhaft schmutzig sind, und daß viele tausend in den elendesten Winkeln wohnen, vor welchen das Auge zurück bebt. Denn ich habe auf allen meinen Reisen nichts traurigers und unreinlichers gesehen, als ich hier in diesen wenigen Tagen an vielen hundert Häusern sah« (S. 79 f.). Lob holländischer Reinlichkeit: Tagebuch einer Reise durch Holland. S. 51, 52, 77, 80, 84, 90, 116, 119, 123. Lob englischer Reinlichkeit: Ebd. S. 187, 199, 250, 350.
3 Ebd. S. 67 f.
4 Ebd. S. 72 f.

Arbeitsamkeit als zweiter bürgerlicher Zentralwert wurde hier schon angesprochen. Gelegentlich ist auch einfach von »Fleiß« die Rede oder von »Industriosität«. Allerdings ist »Fleiß« ein allgemeineres Wort, das man beispielsweise auch auf bäuerliche Arbeit anwenden kann. »Industriosität« bringt dagegen mehr die Manufakturkomponente ins Spiel, das zugleich Erfinderische und anhaltend Tätige, das in einer produktionsorientierten Lebensweise seinen Ausdruck findet.[1]

Zwar hat auch die Arbeitsamkeit wieder eine soziale und eine nationale Dimension; es empfiehlt sich aber, hier genauer zu differenzieren. »Wohlstand« und »Ordnung« als Produkt von »Arbeitsamkeit« findet Sophie von La Roche in der Schweiz im allgemeinen, in Bern aber im besonderen.[2] Schon in Mühlhausen im Elsaß konnte sie feststellen:

>»(...) ich lobte mit Vergnügen den muntern Fleiß der Einwohner, welchen ich in ihrem eilenden Gang über die Gasse, und in den benachbarten Häusern und Kramläden bemerkte. Man antwortete mir: Es sey etwas daran, daß der Fleiß hurtig gehen mache; aber die Mühlhäuser wären immer hitzige Köpfe gewesen, und dieß möchte wohl auch die Ursache der schnellen Bewegung ihrer Füße seyn. Indem hörte man auf einmal viele Leute gehen, und Truppweise aus Straßen kommen; ich fragte, und erhielt die Nachricht: Daß es lauter Arbeiter der Cotton- und Wollenfabriken wären, die nach Hause gehen, und bey Tausend über diese Gasse kämen: die übrigen drey Tausend aber suchten auf der andern Seite ihre Heimat. Nun wurden mir die artigen Kaufmannshäuser und die lebhafte Hitze des Mühlhäuser Charakters lieb, denn es ist schön, vier Tausend Personen Nahrung zu geben (...).«[3]

Da Arbeitsamkeit ein ökonomischer und moralischer Wert ist, den man Kindern nicht früh genug vermitteln kann, wird auch Kinderarbeit von Sophie von La Roche positiv gedeutet[4] - womit sie sich bei den Philanthropen in bester Gesellschaft befand.[5]

Gerade der Zug der Arbeitsamkeit führt zu einer Auflockerung der Nationalcharakterstereotypen bei Sophie von La Roche. Als Regionen auffallender Industriosität macht sie etwa das Périgord und die Touraine aus:

>»Wir kennen Frankreich nicht, wir sehen seine innern Hülfsquellen, seinen wahren Charakter nicht, wenn wir nur Paris, seine Bewohner und die Gegend besehen, welche die Hauptstadt umgiebt. Unsere Landleute sind so thätig nicht wie die, welche ich in Touraine sah.«[6]

Nationen, denen Arbeitsamkeit in hohem Maße zugesprochen werden kann, sind natürlich die Holländer und Engländer[7], wiederum bürgerlich dominierte Länder also. Während Arbeitsamkeit ein Wert ist, den man dem »gemeinen Mann« predigt und in gewissen Gegenden auch schon bei ihm feststellen kann, erhebt sich der Bürger über ihn durch rational gesteuerte Anstrengungen zur Ermöglichung von Industriosität. Immer wieder werden bürgerliche Anstalten gepriesen, die dazu führen, daß sich arme Leute »Brot

---

1 Vgl. zu diesem Komplex vor allem Münch, Paul (Hg.): Ordnung, Fleiß und Sparsamkeit. Texte und Dokumente zur Entstehung der »bürgerlichen Tugenden«. München 1984.
2 Tagebuch einer Reise durch die Schweitz. S. 34, 35.
3 Ebd. S. 399 f.
4 Ebd. S. 242.
5 Vgl. Panzer, Bärbel: Die Reisebeschreibung als Gattung der philanthropischen Jugendliteratur in der zweiten Hälfte des 18. Jahrhunderts. Frankfurt/Bern/New York 1983, S. 158.
6 Journal einer Reise durch Frankreich. S. 246. - Périgueux: »In der ganzen Gegend sieht man keinen Bettler, sondern lauter fleisige Leute, und sie müssen es seyn, um zwischen ihren schwarzen Felsen Wein zu ziehen« (ebd. S. 354.). - Immer wieder konnte sie in ländlichen Regionen Frankreichs feststellen, daß bei der bäuerlichen Bevölkerung eine weiterführende Industriosität um sich griff. In La Brède etwa: »Sie kauften auch (...) viele Stricknadeln, indem sie hier so fleißig sind, wie in Catalonien; denn alle, die unter die Bürde auf dem Kopf tragen, stricken dabey, so wie die, welche zwischen ihren Gemüßkörben auf dem Esel sitzen, oder auch auf dem Feld, Ziegen, Gänse oder Kühe hüten, spinnen ...« (ebd. S. 285). Vgl. auch ebd. S. 353 und 355.
7 Tagebuch einer Reise durch Holland. S. 146, 180, 205, 250.

schaffen« können.[1] Ein positives »Gewicht der Nützlichkeit« wird auch einer Luxuswarenproduzentin wie der Pariser Modeschöpferin Bertin noch zugesprochen, weil ihre phantastischen Formen »zwey tausend Menschen Lebensunterhalt verschaffen«.[2] Immer wieder singt Sophie von La Roche das »Lob der Mechanik« und der nützlichen Künste.[3] Nach oben grenzt sich das Bürgertum durch Arbeitsamkeit gegen den Adel ab; eine Satire auf den »unruhigen Nichtstuer« ist in Paris allemal am Platze.[4]

Zum Komplex Arbeitsamkeit gehören auch anhaltende Tätigkeit, Sparsamkeit, Frugalität und Daseinsvorsorge. Die Reisende zeichnet auch hier wieder die Verhältnisse in Paris als abschreckendes Gegenbild:

> »Sonderbar leben die Einwohner von Paris, wo die Weiber gar nicht, die Männer nur so lange arbeiten, bis sie etwas zu Kleidern und Nahrung erworben haben. Wer so viel hat, daß er zween Tage leben kann, geht diese müssig, und fängt erst, wenn er den lezten Sols ausgiebt, wieder an, etwas zu verdienen.«[5]

Eine irritierende Verhaltensweise für einen Bürger, weil hier offenbar die Arbeitsamkeit noch nicht in Fleisch und Blut übergegangen ist, Arbeit noch nicht als ein Zweck in sich selbst aufgefaßt wird.

Als ein dritter bürgerlicher Zentralwert soll hier die *»Empfindsamkeit«* vorgestellt werden. Darunter lassen sich verschiedene Verhaltensweisen fassen, die wesentlich auf den Genuß des eigenen Selbst in Tätigkeit für den Nächsten gerichtet sind. Sozialbeachtung führt grundsätzlich zum Nachdenken über Möglichkeiten der Verbesserung, sowohl in struktueller Hinsicht als auch individuell-caritativ. Das oben zitierte Beispiel mühsamen bäuerlichen Lebens in der depeuplierten Pfalz zeigt das. Einerseits werden Fürsten und Staatsökonomie aufgerufen, die Probleme grundsätzlich anzupacken, andererseits erhält die einzelne Bauersfrau, die über die Verhältnisse Auskunft gibt, ein Almosen.[6] Zumindest eine empfindsame Träne steht jedem Dürftigen zu: dem Negersklaven, dem Londoner Werftarbeiter,

---

1 Ein wichtiger Bestandteil des bürgerlichen Wertesystems ist die Überzeugung von der Bedeutung des kaufmännisch-unternehmerischen Wesens. Dazu notierte Sophie von La Roche in Bordeaux: »Ich werde mich auch wohl nie wieder so nah und so oft bey dem Genius der Handlung befinden, dessen Thätigkeit viel wirkender zu seyn scheint, als bloße schöne Kenntnisse. Wie viel Muth, wie viel Ausdauer flößt der Geist der Handlung bey den größten Gefahren und Beschwerden ein, und wie weiß er alle Kräfte des Verstandes und des Körpers zu wecken und arbeiten zu machen. Wie viele Bande werden durch ihn geknüpft, wie viele Freuden des Lebens befördert! Diesen Abend habe ich noch lange an meinem Fenster darüber nachgedacht, als ich die Lichter in den vielen hundert Schiffen blühen sah, und die Sterne betrachtete, welche bald Vielen unter ihnen ihre einzige Hoffnung seyn werden.« (Journal einer Reise durch Frankreich. S. 344). - Dieselbe Werthaltung bei Nicolai diagnostiziert Martens: Bürger. S. 569-574, 582-585. - Zur selben Werthaltung bei Georg Forster vgl. Maurer, Michael: Aufklärung und Anglophilie in Deutschland. Kultureller Kontext und politisches Bewußtsein. Göttingen 1987, S. 384-389.
2 Journal einer Reise durch Frankreich. S. 126.
3 »Die Mechanick war mir allezeit schäzbar, und immer werde ich alles, was sie hervorbringt, mit Achtung und Freude ansehen. Denn wir alle geniessen und besitzen nichts, wobey nicht diese wirksame und wohlthätige Kunst zu unserm Besten mitgearbeitet hätte, und noch arbeitet; indem sie täglich entweder die alten Werkzeuge verbessert oder neue erfindet, wodurch die Sachen, welche wir zum Bedürfnis, oder Vergnügen des Lebens gebrauchen, leichter verfertigt und vollkommner gemacht werden können. Aber welche edle Menschenseele wird sich allein deswegen freuen, daß sie alles, was sie wünscht, schneller und leichter erhalten kann, als vorher? Warum sollte sie sich nicht auch aus Menschenliebe freuen, daß die Mechanik den Arbeitern ihre Mühe erleichtert, die Verwendung und das Abnutzen ihrer Kräfte vermindert, und dadurch tausend und aber tausend Familienväter der arbeitsamen Classe länger für ihre Kinder erhält?« (ebd. S. 150). Vgl. auch ebd. S. 374-376 sowie Tagebuch einer Reise durch Holland. S. 299-301, 310.
4 Vgl. Journal einer Reise durch Frankreich. S. 148 f.
5 Ebd. S. 552.
6 Tagebuch einer Reise durch Holland. S. 8 f.

der lothringischen Bäuerin in ihrer ärmlichen Kate.[1] Empfindsamkeit mildert die Härten der Arbeitsamkeit, hebt die Fühllosigkeit des ökonomischen Denkens auf im Menschlichen und rechtfertigt den bürgerlichen Erwerbssinn, weil der Bürger nicht zu seinem Wohl allein, sondern für seine Familie, für die Armen, für die ganze Gesellschaft arbeitet und strebt. Empfindsamkeit ist sozial integrativ; auch wer nichts besitzt, kann ein gutes Herz haben. Es kommt aber auch immer wieder zum Vorschein, daß Empfindsamkeit als bürgerlicher Wert gemeint ist, durch den sich menschliche Bürger vor den fühllosen Großen und Glücklichen auszeichnen. Sophie von La Roche findet es positiv bemerkenswert, daß im Hause der Familie Bethmann in Bordeaux, bei reichen Kaufleuten und Bankiers also, bürgerliche Empfindsamkeit kultiviert wird. Ausführlich schildert sie eine Begrüßungsszene, um daran die Bemerkung zu knüpfen:

> »Mich freut es, in diesem zum Ueberfluß des Goldes bestimmten Hause die zu allen Zeiten von den besten Menschen geschätzten Gefühle des Herzens auch im vollen Erguß gesehen zu haben.«[2]

Negativ wird die Fühllosigkeit der Hofleute vom bürgerlichen Mitleid abgesetzt, als die Reisende in Paris den Einzug des Königs und einige damit zusammenhängende Unfälle beobachtet:

> »Allein im Ganzen sind die herrschenden Grundsätze und Charakterzüge der Grosen und Glücklichen *das Ich der allerhöchsten Selbstliebe*. Denn als ich beym Einzug des Königs und um dem Gedränge des Volks, über Leute, welche unter Kutschen kamen, und über die, welche von den Soldaten so sehr mit den Flintenkolben gestossen und geschlagen wurden, jammerte, so sagten mir zwo Personen von grosem Stand: Ueber dieses Gefühl müssen Sie hinausgehen, wer könnte sonst sein Leben geniessen? ein Jeder sorge für sich, und sehe auf seinen Weg. (...) Wie auffallend war mir die Verschiedenheit der Gesinnungen des Bürgers und des Hofmanns! Die ersten beklagten und besorgten die Getödteten und Verwundeten mit innigem Mitleiden, und zeigten doch dabei ihre Liebe für den König, und die Freude, ihn zu sehen. Die andern sprachen von der durch eine Raquete getödeten Person und den Verwundeten, wie sie von einer zerbrochenen Radspeiche reden könnten.«[3]

Empfindsamkeit als Appell an die Menschlichkeit: das führt zu vielerlei Beobachtungen und Schlußfolgerungen auf verschiedenen Ebenen. Der althergebrachte öffentliche Strafvollzug mit seinen abschreckenden Körperstrafen[4] wird als unmenschliche Grausamkeit gebrandmarkt.[5] Toleranz gegenüber Andersdenkenden wird eingefordert.[6] Tierliebe schließlich darf nicht fehlen.[7]

III

Innerhalb des Gesamtwerks der Sophie von La Roche nehmen die Reiseberichte keine unbedeutende Stellung ein. Auf die drei genannten großen Auslandsreisen der achtziger Jahre folgten später noch »Erinnerungen aus meiner dritten Schweitzerreise« (1793) und die »Reise von Offenbach nach Weimar und Schönebeck im Jahr 1799« (1800). Zuvor war

---

1 Negersklaven: ebd. S. 285, 343, 360; Journal einer Reise durch Frankreich. S. 453 f.; englische Werftarbeiter: Tagebuch einer Reise durch Holland. S. 507; lothringische Bäuerin: Journal einer Reise durch Frankreich. S. 31.
2 Ebd. S. 265.
3 Ebd. S. 130 f.
4 Vgl. dazu Schild, Wolfgang: Alte Gerichtsbarkeit. Vom Gottesurteil bis zum Beginn der modernen Rechtssprechung. München 1980; Dülmen, Richard van: Theater des Schreckens. Gerichtspraxis und Strafrituale in der frühen Neuzeit. München 1985.
5 Journal einer Reise durch Frankreich. S. 75 f.
6 Ebd. S. 297 f.
7 Ebd. S. 576 u.ö.

sie durch Romane und Moralische Erzählungen bekannt geworden; dazu kamen dann noch pädagogische Schriften. Die Bedeutung der Reiseberichte liegt vor allem darin, daß Sophie von La Roche, die ihre schriftstellerische Arbeit als moralisch-pädagogische Praxis verstand und den Rahmen des Horazischen *prodesse et delectare* nie verließ[1], in ihnen eine ihren Bestrebungen adäquate Ausdrucksform gefunden hatte. Während in früheren fiktionalen Werken, in der »Geschichte des Fräuleins von Sternheim« und in »Rosaliens Briefen an ihre Freundin Mariane von St***«, eigene Reisen in die fiktive Erzählung einbezogen wurden, verzichtete sie in den Reiseberichten völlig auf die Fiktion von Begebenheiten. Dies war konsequent im Sinne der biographischen Beglaubigung wie auch hinsichtlich ihres Literaturverständnisses: Belehrung ließ sich an erfahrene Fakten ebenso oder gar besser knüpfen als an erfundene. Und im Vergleich mit ihren bloß pädagogischen Schriften stehen ihre Reiseberichte noch besser da: Der diaristisch-autobiographische Reiserahmen macht sie in jedem Fall zu einem Zeugnis, das ein teilnehmendes Interesse wachhält.

Die Bedeutung der pädagogischen Tendenz innerhalb der Reiseliteratur der Spätaufklärung kann kaum überschätzt werden. Zum einen ist der geistesgeschichtliche Standort wichtig: die protestantisch-rational-bürgerliche Wendung zur Welt gibt der Außenwelterfahrung eine eigene Dignität, die ihr früher nicht zugekommen war. Zugleich leidet die Literatur im Sinne einer autonomen Ästhetik noch immer unter dem traditionellen Verdikt über das unnütze, ja gefährliche Gaukelspiel des Romans.[2] Philanthropische Schriftsteller empfahlen Reisebeschreibungen für die Jugend, um diese von der sinnverwirrenden Romanlektüre abzubringen.[3] Das ist auch der Standpunkt der pädagogischen Reiseberichte der Sophie von La Roche.

Zum zweiten waren durch die Philanthropen die Realien auch für die Kindererziehung aufgewertet worden. In einem ersten, praktischen Sinn wurden Reiseberichte damals als Faktenrelationen gelesen: als Bestandsaufnahme der äußeren Gestalt unserer Welt, als Lehrbücher der Geographie und Naturgeschichte. Oft genug, vor allem bei Sophie von La Roche, kommt die historische Dimension hinzu: Die Erfahrung fremder Länder bietet Anlaß zu Bemerkungen über deren Geschichte, insbesondere bei Besichtigung von Gebäuden, Denkmälern und Kunstsammlungen. Am Leitfaden einer subjektiv-autobiographischen, linearen Reisedarstellung werden abstrakte Kenntnisse bei jeder sich bietenden Gelegenheit eingeflochten, häufig in sentimentalen Bezügen.[4]

Zum dritten ist die Reisebeschreibung als solche schon eine Schule des Sehens, Bemerkens und Beobachtens. Wer so zur Weltwahrnehmung angeleitet wurde, sah seine eigene, ihm selbst erfahrbare Welt fortan mit neuen Augen. Diese primitivste Komponente bleibt übrig selbst noch in Reduktionsformen wie Schlözers Reisebeschreibung für seine vierjährige

---

1 Vgl. Maurer: Das Gute..., S. 132f.
2 Vgl. Lämmert, Eberhard u.a. (Hg.): Romantheorie. Dokumentation ihrer Geschichte in Deutschland 1620 - 1880. Köln/Berlin 1971.
3 Vgl. Panzer a. a. O. S. 77 f.
4 Statt vieler Beispiele nur zwei: »Es that mir leid, daß Mathilde, die Gemahlin Heinrich I., welche 1118 starb, kein Denkmal hat, weil ich ihr so viel Dank weiß, daß sie Brücken bauen ließ, für die Verbesserung der Landstraßen sorgte und den Armen viel Gutes that« (Tagebuch einer Reise durch Holland. S. 259 f.). »Heinrich der Achte hat eine dem moralischen Gefühl höchstwidrige Physiognomie; seine vollen Backen und sein doppeltes Kinn scheinen von eingesaugtem Blut und Lebenssäften guter Geschöpfe angefüllt; das Lächlende in seinen Augen und Mund hat etwas Fürchterliches. Er erregt noch itzt mit diesen so deutlichen, so wie Cromwell mit den verdeckten Zügen seines Charakters, einen Schauer; da im Gegentheil die sichtbare Engelsunschuld und die Verdienste der Johanna Gray und ihres Guildford innigen Schmerz und Liebe« (ebd. S. 241).

Tochter: »Dortchens Reise von Göttingen nach Franken und wieder zurück«.[1]

Viertens ist der Reisebericht eine Schule des Deutens. Wir haben schon gesehen, wie die Beschreibung ländlicher Wirklichkeit geradezu ohne äußeres Zutun in Sozialkritik übergeht. Kritik aber ist ein Modus bürgerlichen Weltbegreifens. Der Zusammenhang der Erscheinungen wird deutend erfahren. Einübung in Deutungskategorien ist vielleicht die wichtigste Funktion der pädagogischen Reiseliteratur. Hierin liegt der Sinn bürgerlicher Wertkriterien, die positiv oder negativ in Beziehung gesetzt werden.

Fünftens ist die Reisebeschreibung eine Schule des Witzes. Reisend werden Realien verfügbar gemacht für ein freies Spiel geistiger Beziehungen.[2] Die reisende Pädagogin demonstriert anhand dessen, was ihr zur Fülle der Gegenstände einfällt, was denkbar ist, was als geistreich begriffen wird (und nebenbei auch: wie fatal es ist, wenn einmal das Gedächtnis, die intellektuelle Kraft des Beziehungsstiftens versagt).[3]

Es wäre gewiß verfehlt, wenn man alle Reisebeschreibungen, die Kenntnisse vermitteln oder didaktische Elemente aufweisen, als pädagogische Reisen auffassen würde. Denn der Begriff soll trennen, nicht Unklarheit schaffen. Es kann auch nicht entscheidend sein, daß Sophie von La Roche besonders gern pädagogische Anstalten besichtigt.[4] Eher stoßen wir zum Herz der pädagogischen Reise vor, wenn wir uns die Kommunikationssituation

---

1 Ein kurioses Büchelchen von 16 Seiten Duodez. Der Professor schreibt aus der Perspektive seiner vierjährigen Tochter Dorothea. Ein Ferienvergnügen, aber natürlich ein pädagogisches. Die Städtenamen sind fettgedruckt und silbenweise abgetrennt. Geographische Kenntnisse: »In Münden blieben wir über Nacht. Hier ist die Fulda, und die Werra: die fliesen hier zusammen und heisen alsdenn die Weser. Auf der Weser gehen Schiffe, bis nach Bremen hinunter« (Anonym (August Ludwig Schlözer): Dortgens Reise von Göttingen nach Franken und wieder zurück. Göttingen o.J. (1774), S. 2 f.) Man sieht etwas Neues und lernt die richtigen Begriffe: »Bei Ernspach war eine Decke über das Wasser. Mein Papa sagte mir, das heisse eine Brücke«. (Ebd. S. 9.) Man macht Erfahrungen und zieht daraus Konsequenzen: »In Giessen waren viele viele Kinder an *bösen* Pocken gestorben: und die noch lebten, hatten lauter rothe Flecken und Narben im Gesicht. Warum haben sich doch diese Kinder nicht inoculiren lassen? so wären sie nicht gestorben. Auf Pfingsten will ich mir *gute* Pocken inoculiren lassen« (ebd. S. 5)

2 Einige Beispiele für »Witz« in diesem Sinn: »Meine geliebte Auguste ist auf einem Berg in der Molkenkur, wie meine Henriette Sandoz von Neufchatel es ist. Sonderbar, daß alle, die mich in diesem Lande kanten und liebten, über die Stelle erhaben sind, wo ich mich befinde. Diese Zwey auf den Gebürgen, wo ich nicht hinkomme, und meine Julia Bondely in der ewigen höhern Welt«. (Tagebuch einer Reise durch die Schweitz (Anm. 18), S. 294. Vgl. auch S. 216-218, 231). - »Ueberall, an allen Sträuchen und Bäumen war die Nordseite mit einem Streif Schnee bedeckt, gleich einer Menschen-Physiognomie, in welcher die Züge des Nachdenkens über rauhe Stürme des Lebens etwas kaltes und trauriges haben. Schön war mir an diesem Abend der Himmel voller Gold- und Feuerfarbe, der zwischen den entblätterten Bäumen durchschimmerte, und den dürren Reißern eine wahre Anmuth gab, die mir den Wunsch einflößte, daß immer ein so heiterer Geist durch meine verwelkten Gesichtszüge scheinen, und ihnen etwas Gefälliges geben möge. Diesem Gedanken folgte der: Daß der Himmel immer einen hohen Werth in sich faßt, wir mögen ihn nach seinen Lichtfarben auf der Erde betrachten, oder nach der Religion an das denken, was uns von ihm für die andre Welt versprochen wird«. (Journal einer Reise durch Frankreich. S. 3). - »Die gute Diana sah immer blässer zu uns herab, und die Morgenröthe wurde immer brennender. Da sie uns bey dem jedesmaligen Wenden der Kutsche etwas rückwärts kam, hielt ich den schwarzen Fernspiegel hinaus, in welchem wir die zunehmenden Feuerfarben und Beleuchtung der Wolken neben den ersten Stralen zwischen Bäumen erblickten, biß endlich die Sonne selbst in lieblicher Röthe erschien; denn in diesem Spiegel kann das Auge den Wiederschein einige Zeit ertragen, welches in der Natur selbst nicht thunlich ist. Man hat aber den Verlust, das mächtige wohlthätige Geschöpf nur im Kleinen zu sehen; doch wir sind überhaupt nicht darzu geschaffen, das Göttliche in seiner Vollkommenheit, sondern nur im Abglanz zu sehen. Im weitern Fortrücken wurde der kleine Spiegel immer mehr werth, denn die Bäume und Sträucher gleiteten durch die rothe, goldene Sonnenscheibe, und gaben uns tausendfache Gemälde der schönen Gegend«. (Ebd. S. 255).

3 Vgl. Tagebuch einer Reise durch Holland. S. 408.

4 Beispielsweise ebd. S. 292 f. Tagebuch einer Reise durch die Schweitz. S. 84-86, 300 f., 405-412. Journal einer Reise durch Frankreich. S. 426-436.

vergegenwärtigen: Die Verfasserin ist stets mit einer empfindsamen Freundin unterwegs, schreibt an die zuhausegebliebenen Töchter, und stellt zudem (im Fall der ersten Schweiz- und der Englandreise) sich selbst als Pädagogin mit einem Sohn reisend in pädagogischen Situationen dar.[1]

Entscheidend ist aber der Bezug auf ein überwiegend weibliches Publikum, den die Reiseschriften der Sophie von La Roche mit ihren Romanen, Moralischen Erzählungen und den übrigen pädagogischen Werken gemeinsam haben. Da bei Frauen, die erst allmählich in die Bildungswelt der literarischen Kultur einrückten, in den achtziger Jahren des 18. Jahrhunderts in Deutschland noch allgemein von einem Nachholbedarf und Bildungsdefizit auszugehen ist, stehen die Reiseberichte der Sophie von La Roche an einem interessanten Wendepunkt: bis dahin war es möglich, Reiseberichte für Kinder und Jugend- liche mit den Reiseberichten für ein allgemeines Publikum zu verbinden - jedenfalls zur Bildung der Frauen. Seit Campe, Salzmann und Pestalozzi entstehen in Deutschland pädagogische Reisen, die sich als Reisen für die Jugend von den allgemeinen Reisen sondern.[2]

---

1 Zwei Beispiele: »Ich soll mit nach den Eisgebürgen, sagt Herr le Vadé, und mit ihm diesen uns neuen Schauplatz der Natur besuchen; Franz bat mich so inständig darum, daß, wenn auch mein Verstand und Herz nicht die nehmliche Begierde gehabt hätte, ich doch Eurem Bruder zuliebe hingegangen seyn würde, weil ich den Grundsaz habe, daß man vernünftige Wünsche der jungen Leute, wozu dieser gehört, allezeit erfüllen soll, besonders wenn es, wie in diesem Augenblick, allein von dem guten Willen der Vorgesezten abhängt; denn es geschieht oft genug, daß die Umstände Eltern und Vorgesezte zwingen, sich selbst und ihren Untergebenen edle billige Freuden zu versagen, welches dann jungen Leuten nur durch die Lehre der nothwendigen Unterwerfung in die Gewalt des Schicksals und durch die Vorstellung des Schönen der Resignation etwas Nutzen schaffen kan. Ich gehe also mit Franz nach Chaumoni in Savoyen« (Tagebuch einer Reise durch die Schweitz. S. 248). - »Ich gieng mit ihm an das obere Ende des Berges; seine jugendliche Seele war auch von dem Anblick der Eismassen bewegt. Ich erzählte ihm von den großen Absichten in der Haushaltung der Natur, weil diese Eismeere Wasserbehälter sind, aus welchen ein groser Theil von Europa getränkt, und unsere Meere bereichert werden« (ebd. S. 261; vgl. auch S. 14, 103 f., 413).
2 Vgl. Panzer a. a. O.

Albert Meier

Als Moralist durch Italien

Johann Caspar Goethes »Viaggio per l'Italia fatto nel anno MDCCXL«

Am 30. Dezember 1739 ist Johann Caspar Goethe, der Vater Johann Wolfgang Goethes, von Wien aus zu einer ca. achtmonatigen Reise durch Italien aufgebrochen. Der wohlhabende Frankfurter Bürgerssohn hatte sich, nachdem er zum Doktor beider Rechte promoviert worden war, zunächst zu Studienzwecken jeweils für ein halbes Jahr am Reichstag zu Regensburg und am Reichshofrat in Wien aufgehalten; in Venedig tat er sich dann mit drei adeligen Zufallsbekannten zusammen, um unter der Obhut eines »impresario« den üblichen »giro« von Venedig nach Neapel und zurück bis Genua zu absolvieren. Man fuhr, in der damals gebräuchlichen Art der (aus der adeligen Kavalierstour entstandenen)[1] Bildungsreise, in einachsigen Sedien, überließ die Sorge für Unterkunft und Verpflegung dem Reiseleiter und trennte sich nicht einmal bei der Vesuvbesteigung von seinem Galanteriedegen.

Wenngleich es sich nun beim Bericht J.C. Goethes von dieser Reise keineswegs um die erste Beschreibung einer auf eigene Faust unternommenen Italienreise eines gebildeten deutschen Bürgers handelt[2], so ist der mehr als 1000 Seiten umfassende und etwas radebrechend in italienischer Sprache niedergeschriebene »Viaggio per l'Italia fatto nel anno MDCCXL« dennoch nicht nur als Pendant zur »Italienischen Reise« des Sohnes Johann Wolfgang Goethe von Interesse. Mentalitätsgeschichtlich aufschlußreich sind diese Aufzeichnungen vielmehr als exemplarische Dokumentation der Laienkultur der deutschen Aufklärung, da die (häufig stereotypen) Beobachtungen und Werturteile von Goethes Vater mustergültig Denk- und Wahrnehmungsweisen seiner sozialen Schicht (des geistig anspruchsvollen, ständisch selbstbewußten und vor allem finanziell gut gestellten Großstadtbürgertums) widerspiegeln. Auf der Grundlage der enzyklopädischen »curiositas« geht es bei dieser Reise hauptsächlich um eine reflektierte Bestandsaufnahme des fremden Landes: Alles Wissenswerte - vom Naturphänomenen über Kunstschätze, Volkssitten und militärische Anlagen bis hin zum charakteristischen kirchlichen Brauchtum - wird gesammelt, um aus der Fülle der einzelnen Daten einen Gesamteindruck (»idea generale«) von

---

1 Vgl. zur Geschichte der »Kavalierstour« Gian Paolo Brizzi: La pratica del viaggio d'istruzione in Italia nel Sei-Settecento. In: Annali dell'Istituto storico italo-germanico in Trento / Jahrbuch des italienisch-deutschen historischen Instituts in Trient. Jg. 2 (1976), S. 203-291; Conrads, Norbert: Politische und staatsrechtliche Probleme der Kavalierstour. In: Reiseberichte als Quellen europäischer Kulturgeschichte. Aufgaben und Möglichkeiten der historischen Reiseforschung. Hg. von Antoni Maczak und Hans Jürgen Teuteberg. Herzog August Bibliothek Wolfenbüttel 1982 (Wolfenbütteler Forschungen Bd. 21), S. 45-64. Bezieht man die wenigen bisher ausgewerteten Italienreisen von deutschen Bürgerlichen auf die Geschichte der deutschen Kavalierstour, so liegt die Vermutung nahe, daß sich die bürgerlichen Reisen aus der Tradition der adeligen Kavalierstour heraus entwickelt haben bei eingeschränkter Reiseroute und kürzerer Reisedauer; war die Kavalierstour dazu gedacht, den jungen Adeligen ebenso eine akademische Bildung wie gesellschaftliche Erfahrungen (vor allem an Fürstenhöfen) zu ermöglichen, so zielt die bürgerliche Reise eher auf Verbesserung der Allgemeinbildung ab.

2 Vgl. hierzu z.B. in vorliegendem Band den Beitrag von Hans-Wolf Jäger: Ein Bremer Bürger auf Bildungsreise. Hermann Posts Reisetagebuch von 1716/18.

71

den verschiedenen Städten und letztlich vom ganzen Land zu erwerben. Ließ sich auch das meiste davon schon zu Hause den vielen Büchern über Italien entnehmen, so kam es doch vorrangig darauf an, solches Bücherwissen an den Gegenständen selbst zu konkretisieren und zu überprüfen, um auf diese Weise das ebenso protestantische wie cartesianische Ideal des eigenständigen, kritischen Denkens[1] zu verwirklichen:

>>Ohne zu erröten darf ich (...) behaupten, daß meine Beobachtungen deshalb eine gewisse Aufmerksamkeit verdienen, weil sie immer dort gemacht worden sind, wo sich die erwähnten Dinge befunden haben (...). Unstreitig hat sich auch ein Großteil der Dinge, die schon vor längerer Zeit beschrieben wurden, inzwischen sehr verändert oder wird heute mit anderen, wenigstens sorgfältigeren Augen als damals betrachtet. Zum Beweis hierfür könnte ich die Sammlung von Inschriften anführen, die Nemeitz in Italien zusammengetragen hat und in der sich zahllose Schreib- und Druckfehler finden. Ich habe nicht versäumt, sie überall mit den Denkmälern selbst zu vergleichen, sie zu verbessern und, so gut ich konnte, zu ergänzen und verstehbar zu machen, wenn ein Stück fehlte (...)«.[2]

Im Vordergrund steht also das Prinzip der Autopsie und des stets zum Zweifel bereiten Räsonnements, der Wunsch nach authentischen Erfahrungen und ihrer rationalen Verarbeitung, wobei nicht nur das individuelle Faktenwissen bereichert, sondern vor allem auch vernünftiges Verhalten praktisch eingeübt werden soll. Demgemäß hat das Reisen in erster Linie nützlich zu sein: sowohl dem Reisenden selbst als auch - durch die schriftliche Fixierung des Erlebten - den Daheimgebliebenen.[3] In diesem Nützlichkeitspostulat, das das »prodesse« mit dem »delectare« verbindet, macht sich auch die Absicht geltend, den Adel (der vordem mehr oder weniger einzigen Schicht, die aus privaten Gründen reise) auf seinem privilegierten Gebiet zu übertrumpfen.

War die »grand tour« der jungen europäischen Adeligen häufig zur bloßen Vergnügungsreise verkommen, so begann im frühen 18. Jahrhundert auch das gehobene Bürgertum, auf ausgedehnten Auslandsreisen Lebenserfahrung zu sammeln und die eigene Kultur zu bereichern. J.C. Goethe jedenfalls weist mehrfach auf die Nützlichkeit des Reisens hin, wobei Wissenserwerb und Festigung des Charakters Hand in Hand gehen:

>>Ich habe das alles nur deshalb erwähnt, weil ich meinen guten Willen zeigen wollte, aus jeder Gelegenheit Nutzen zu ziehen und den unsterblichen Geist zu vervollkommnen.«[4]

Goethes Vater orientiert sich also an der aus dem polyhistorischen Bildungsideal des 17. Jahrhunderts hervorgegangenen Maxime seines literarischen Reiseführers François-Maximilien Misson: »profiter de tout«.[5] Bei aller Bereitwilligkeit, sich dieser Verpflichtung auf

---

1 Vgl. hierzu das Lob Gottscheds auf den »Zweifel, oder vielmehr die Sorgfalt, die uns Cartesius in Untersuchung der Wahrheit vorgeschrieben«, weil dies u.a. der »Gründlichkeit im moralischen Erkenntnisse« dienlich sei (Johann Christoph Gottsched: Erste Gründe der gesamten Weltweisheit. Unveränderter Nachdruck der zweiteiligen Ausgabe Leipzig 1733/34. Frankfurt a.M. 1965, Bd. II, S. 320; aus dieser Ausgabe wird im folgenden unter Angabe der Sigle »Weltweisheit«, der jeweiligen Bandbezeichnung in römischen Ziffern und der Seitenzahl in arabischen Ziffern zitiert).

2 Johann Caspar Goethe: Reise durch Italien im Jahre 1740. (Viaggio per l'Italia). Vollständige Ausgabe. Hg. von der Deutsch-Italienischen Vereinigung e.V., Frankfurt a.M. Aus dem Italienischen übersetzt und kommentiert von Albert Meier unter Mitarbeit von Heide Hollmer. München: dtv 1986 (aus dieser Ausgabe wird im folgenden unter Angabe der Sigle »Viaggio« und der Seitenzahl zitiert).

3 Der »Viaggio per l'Italia« enthält zahlreiche Ratschläge an künftige Reisende, z.B.: »Von Neapel nach Rom sah ich mich genötigt, denselben Weg zu nehmen wie auf der Hinfahrt; ich hatte meinem Vetturin in unserm Vertrag nämlich zuviel Freiheit gelassen, so daß er mit mir umspringen konnte, wie es ihm gerade paßte. So mußte ich mich also ein zweites Mal auf der holperigen Via Appia rädern lassen und will deswegen jedermann raten, lieber eine Feluke nach Ostia zu nehmen (...)« (Viaggio, S. 218).

4 Viaggio, S. 142.

5 Zitiert nach Ludwig Schudt: Italienreisen im 17. und 18. Jahrhundert. Wien-München 1959 (Römische

Nützlichkeit zu stellen, ist J.C. Goethe allerdings ehrlich genug, gelegentlich seinen Überdruß an der Langeweile des gelehrten und im großen und ganzen standardisierten Reiseprogramms einzugestehen:

>>Man bräuchte aber viel mehr Zeit, wenn man alle Kirchen (in Neapel - A.M.) besuchen wollte. Mir scheint freilich, daß man ihrer schließlich überdrüssig würde, da man zwar unendlich schöne Dinge, aber im Grunde doch immer nur dieselben zu sehen bekommt. Was mich angeht, so gilt meine Bewunderung eher der Seltenheit herrlicher Dinge; wenn mir diese aber zu oft unter die Augen kommen, dann entsteht dabei leicht eine gewisse Gleichgültigkeit.<<[1]

Derlei subjektive Einschaltungen, die trotz des überwiegend kompilatorischen Charakters des >>Viaggio<< keineswegs selten sind (die Skala reicht von Zornesausbrüchen über Sarkasmen bis zu selbstkritischen Überlegungen), lassen die Persönlichkeit von Goethes Vater sehr plastisch in Erscheinung treten. Seine Reisebeschreibung besitzt folglich diesseits des Exemplarisch-Typischen auch eine individuelle Note, die sie von den rein sachbezogenen Reiseführern eines Johann Christoph Nemeitz oder Johann Georg Keyßler abhebt und deutlich macht, daß die Vernünftigkeit der Frühaufklärung nicht ohne weiteres mit Trockenheit und Pedanterie gleichzusetzen ist.

Dies zeigt sich allein schon an J.C. Goethes Bemühen, seinen Bericht literarisch zu stilisieren. Die seit Misson gebräuchliche[2] Fiktion, es handle sich um Briefe, die von den jeweiligen Reiseetappen aus an einen Freund in der Heimat adressiert seien (tatsächlich ist der >>Viaggio<< aber erst ein Vierteljahrhundert nach der Rückkehr aus Italien entstanden), wird immer wieder durch Anreden an den angeblichen Briefempfänger und durch Erwähnungen seiner Antworten[3] lebendig erhalten; blumige Wendungen, Wortspiele und Ironie sollen darüber hinaus für den poetischen Reiz sorgen. Der im Anhang beigegebene Briefroman um eine wohl fiktive Romanze in Mailand bildet dann den literarischen Höhepunkt.[4] Trotz dieser dichterischen Tendenzen legt J.C. Goethe aber in erster Linie Wert auf die chronologische Vollständigkeit seines Reiseberichtes: Es geht ihm vorrangig um die umfassende Dokumentation seiner Erlebnisse, da er auf diese Weise dem enzyklopädischen Bildungsideal seiner Zeit gerecht werden kann.

Wenn sich Goethes Vater auch, wie alle Reisenden seiner Zeit[5], mehr oder weniger unterschiedslos für alles interessiert, so lassen sich bei ihm doch vier dominierende

---

Forschungen der Bibliotheca Hertziana Bd. XV), S. 26 (aus dieser Ausgabe wird im folgenden unter Angabe der Sigle «Schudt» und der Seitenzahl zitiert).

1 Viaggio, S. 176.

2 Vgl. hierzu Schudt, S. 26.

3 J.C. Goethe geht in seiner Bemühung um die Glaubwürdigkeit seiner Brieffiktion ein wenig zu weit, wenn er seinem Adressaten bereits im zweiten Brief für dessen Antwort dankt - ist doch der erste Brief mit der Ankündigung, die Reise in Briefen beschreiben zu wollen, erst zwei Tage zuvor abgeschickt worden.

4 Der fremde Reisende und die junge Mailänderin, die sich nur von Fenster zu Fenster sehen können, kommen aufgrund vieler nötiger und unnötiger Rücksichten, Empfindlichkeiten und literarischer Klischees nicht zueinander, so daß der Briefwechsel nach der Abreise des Fremden bald abbricht. Man darf vermuten, daß es J.C. Goethe in erster Linie um eine Stilübung ging, in der er Topoi der Liebeskasuistik des Cinquecento mit empfindsamen Lesererfahrungen in der Art von Rousseaus >>Nouvelle Héloïse<< zu verbinden sucht.

5 Vgl. hierzu Missons Katalog der beachtenswerten Gegenstände: >>Klima. Regierungsform. Militär. Schlösser. Zitadellen. Arsenale. Garnisonen. Befestigungsanlagen. Freudenhäuser. Grenzen. Größe der Städte. Religion. Sprache. Geld. Handel. Messen. Manufakturen. Reichtum. Akademien. Universität. Bischofssitz. Altertum. Denkmäler. Bibliotheken. Raritätenkabinette. Gelehrte. Geschickte Handwerker. Malerei. Bildhauerei. Baukunst. Paläste. Aussichtspunkte. Handelswege. Umgebung. Brücken. Flüsse. Wälder. Berge. Vorstädte und Dörfer. Brauchtum. Kleidersitten. Privilegien. Seltsame Begebenheiten. Feste und alljährliche Feierlichkeiten. Begebenheiten aus jüngerer Zeit. Merkwürdigkeiten der Natur und der Kunst. Boden. Pflanzen. Früchte des Feldes. Tiere usw.<< (Vgl. Viaggio. S. 492).

Themenbereiche feststellen: die Naturwissenschaft, die Kunst, das religiöse Brauchtum sowie die sozialen und politischen Verhältnisse. Es erweist sich dabei, daß J.C. Goethe voll und ganz den »Habitus«[1] der protestantischen Frühaufklärung verinnerlicht hat, wie er hauptsächlich von Thomasius, Leibniz und Wolff philosophisch begründet worden war und in Gottscheds »Erste Gründe der gesammten Weltweisheit« weite Verbreitung gefunden hatte.[2]

Als naturwissenschaftlicher Laie, der gern mit seinen Unzulänglichkeiten kokettiert[3], übernimmt J.C. Goethe den zeittypischen Empirismus. Hatten Wolff und Gottsched[4] zur Schulung der Aufmerksamkeit und damit letztlich zur Verbesserung des Verstandes die Durchführung kleinerer physikalischer Experimente angeraten, so nützt Goethes Vater diese Bildungschance in Italien:

> »(...) führten wir an besagtem rauchendem Felsen (im Krater des Vesuvs A.M.) einen Versuch mit einigen weißen Papierstückchen durch: das in die Ritzen gesteckte Papier entzündete sich tatsächlich nicht, sondern wurde nur schwarz, und ähnlich wie bei einem Kessel mit kochendem Wasser stieg unter Grollen und Brummen sehr viel Rauch auf.«[5]

Auch Nichtwissenschaftler sollten durch derartige praktische Übungen ihr kritisches Bewußtsein den wissenschaftlichen Theorien gegenüber schärfen und befähigt werden, die Thesen eines Descartes oder Newton nachzuvollziehen und zu prüfen. Ausführlich befolgt J.C. Goethe dieses Prinzip in seinen Reflexionen über Gezeitenwechsel:

> »Es trifft tatsächlich zu, daß der Unterschied zwischen Ebbe und Flut immer geringer wird, je weiter man nach Süden kommt; in Ancona macht er nur noch einen Fuß aus und verschwindet dann allmählich vollständig. Da ich ein wenig über die Wirkungsursache nachgedacht habe, kann ich meine Meinung nicht länger zurückhalten: man sagt, Ebbe und Flut seien eine Folgeerscheinung des Mondes, darüber sind sich die heutigen Naturforscher einig. Allerdings haben sie sich noch nicht darüber verständigen können, ob der Mond durch seinen Druck oder seinen Sog wirkt. Letzteres liegt zwar näher, weil man mit eigenen Augen sehen kann, wie das Meer anschwillt und sich in seinem gewohnten Bett ausdehnt. Nehmen wir dagegen an, der Druck wäre die Ursache, dann müßte sich das Meer entfernen. Aber, bei allem schuldigen Respekt vor den Naturforschern, kann denn nicht das eine ebenso wahr sein wie das andere, je nachdem, was wir für den ursprünglichen Zustand des Wassers halten? Denn wenn die Flut den ursprünglichen Zustand darstellt, so würde der Mond durch seinen Druck wirken, ist es aber die Ebbe, dann wirkt er durch seinen Sog. Wer aber sollte das je entscheiden?«[6]

J.C. Goethe bezieht sich hier auf die konkurrierenden Erklärungsversuche von Descartes und Kepler/Newton, wie sie z.B. von Gottsched referiert wurden.[7] Anders als der geschulte

---

1 Vgl. hierzu die im Anschluß an Erwin Panofsky entwickelte wissenssoziologische Definition des »Habitus«-Begriffes bei Pierre Bourdieu: »ein System verinnerlichter Muster, die es erlauben, alle typischen Gedanken, Wahrnehmungen und Handlungen einer Kultur zu erzeugen - und nur diese«, d.h. eine Verbindung des einzelnen mit dem kollektiven Bewußtsein (Pierre Bourdieu: Der Habitus als Vermittlung zwischen Struktur und Praxis. In: Bourdieu: Zur Soziologie der symbolischen Formen. Frankfurt a.M. 1970, S. 125-158, speziell S. 143).

2 Gottscheds «Weltweisheit» ist in der - allerdings nur unvollständig dokumentierten - Bibliothek J.C. Goethes nicht nachzuweisen - es geht im folgenden aber auch nicht darum, Goethes Vater als Adepten des Wolffianismus darzustellen, sondern durch Hinweise auf Korrespondenzen mit Wolff und Gottsched aufzuzeigen, wie sehr J.C. Goethe der Denkweise und den Ideen der Frühaufklärung verhaftet war.

3 Vgl. z.B.: «So stelle ich mir das mit meiner bescheidenen Beschlagenheit auf dem Gebiet der Naturforschung vor» (Viaggio. S. 199) - gemeint ist hier die Beschreibung der Vulkantätigkeit durch den Vergleich mit einem überkochenden Milchtopf.

4 Vgl. Gottscheds «Weltweisheit» II. S. 499-501, und mehr noch die dreibändige Sammlung und Erläuterung von Experimenten Christian Wolffs: Allerhand nützliche Versuche, dadurch zu genauer Erkäntnis der Natur und Kunst der Weg gebähnet wird. Halle 1727-1729.

5 Viaggio. S. 199.

6 Viaggio. S. 124 f.

7 Vgl. «Weltweisheit» I, S. 900-909.

Akademiker, der eine klare Entscheidung zugunsten der Attraktionsthese Newtons fällt, hält sich Goethes Vater mit einer Wertung freilich zurück. Als Nichtfachmann, der das Phänomen nicht genau studieren, sondern nur in Augenschein nehmen kann, beschränkt er sich auf die Position des Skeptikers, der sich mit logischen Erwägungen a priori zufriedengeben muß, wenn er unvorsichtige und vorschnelle Urteile vermeiden will.

Weniger skeptisch, aber um so mehr in Einklang mit dem Weltbild seiner Zeit ist J.C. Goethe dort, wo er dem Zusammenhang zwischen den drei Reichen der Natur nachsinnt:

> »Was den Seestern angeht, so hätte ich ihn eher für eine Pflanze gehalten, mit der er ja große Ähnlichkeit hat; seine tierische Natur entdeckt man nämlich erst bei genauerem Hinsehen (...). An diesem Beispiel zeigt sich, was die heutigen Naturforscher schon mit vielen Beweisen dargelegt haben: nämlich die Wahrheit von dem engen Zusammenhang zwischen den drei Reichen der Natur, hier eben zwischen dem pflanzlichen und dem tierischen Zustand. (...) Wahrhaftig, in der gesamten Schöpfung vom Erzengel bis zum unscheinbarsten Staubkorn waltet von Stufe zu Stufe eine so wunderbare Sorgfalt des höchsten Schöpfers, daß nicht einmal die erleuchtetsten Geister zu bestimmen vermögen, wo die eine erschaffene Art endet und die andere beginnt. (...) Die Natur ähnelt also einer Kette, und die Dinge der Schöpfung sind deren Glieder.«[1]

J.C. Goethe übernimmt also eine der zentralen Ideen der Aufklärung[2], die vor allem durch Alexander Popes »Essay on Man« (in J.C. Goethes Bibliothek mehrfach vorhanden)[3] popularisiert wurde. Von entscheidender Bedeutung für das aufklärerische Weltbild ist dieser Gedanke der »vast chain of being«[4] vor allem zweier Aspekte wegen: zum einen äußert sich in der Auffassung von der Einheit der drei Reiche der Natur die seit Descartes geläufige rationalistische Vollkommenheitsidee von der Einheit im Mannigfaltigen, zum anderen sichert der Glaube an die universale Geordnetheit der Welt das Vertrauen auf einen gütigen, wohlwollenden Schöpfer ab und garantiert damit auch die optimistische Überzeugung, die Welt als Ganzes sei gut (»whatever is, is right«[5]; kraft seiner Vernunft, die mit der Natur im Einklang steht, könne jeder Mensch schon auf Erden ein glückseliges Leben in Tugend führen und sei darüber hinaus vervollkommnungsfähig.

Die von der Leibniz-Wolff-Schule aktualisierte Übertragung des rationalistischen Vollkommenheitskonzepts auf die Ästhetik, derzufolge das Schöne als sinnlicher Ausdruck bzw. als undeutliche, weil nicht logisch-begrifflich erfaßbare Wahrnehmung einer Vollkommenheit gilt[6], wird von J.C. Goethe zwar nicht explizit angesprochen, liegt seinen Kunsturteilen aber implizit zugrunde.[7] Im Vergleich zur »Italienischen Reise« Johann Wolfgang Goethes und insbesondere zu den Italienreisen der kunstenthusiastischen Romantiker erscheinen die Auseinandersetzungen Johann Caspar Goethes mit Werken der bildenden Kunst, die im »Viaggio« keinen geringen Raum einnehmen, allerdings als sehr enttäuschend. Es finden sich keine Beschreibungen von Kunstwerken[8] und erst recht keine subjektiven Geschmacks- und Gefühlsäußerungen; an manchen der auch damals schon

---

1 Viaggio. S. 115.
2 Vgl. hierzu das Standardwerk von Arthur O. Lovejoy: The Great Chain of Being. A Study in the History of an Idea. Cambridge - Massachusetts. 1966.
3 Vgl. hierzu Franz Götting: Die Bibliothek von Goethes Vater. In: Nassauische Annalen. Jahrbuch des Vereins für Nassauische Altertumskunde und Geschichtsforschung. 64. Bd. (1953). S. 23-69, speziell S. 53.
4 Vgl. Alexander Pope: An Essay on Man, Epistle I. Vers 237.
5 Ebd. Vers 294.
6 Vgl. hierzu z.B. Gottscheds »Weltweisheit« I. 249.
7 Vgl. hierzu weiter unten insbesondere J.C. Goethes Stellungnahme zur Umgestaltung Turins.
8 Am detailliertesten sind noch die Ausführungen zu einem Gemälde Veroneses in Vicenza: »Dieses ist zwar von unvergleichlicher Kunstfertigkeit, aber die Erfindung ist um so abgeschmackter: unser Herr sitzt nämlich zwischen Papst Gregor und zwei Kardinälen an einer Tafel und wird von einem Pagen in spanischer Kleidung bedient.« (Viaggio. S. 390.)

berühmten Werke wie dem Laokoon geht Goethes Vater sogar gleichgültig vorüber[1], und zumeist beschränken sich seine Bemerkungen auf konventionalisierte Floskeln wie »bello« oder »ben fatto«[2], die nicht selten durch Hinweise auf den Handelswert eines Objekts ergänzt werden. Setzt man aber diese in der Tat sehr unpersönlichen Ausführungen in Beziehung zur Kunsttheorie der Frühaufklärung, so wird deutlich, daß ihr Schematismus nicht nur einem individuellen Mangel an Kunstsinn anzulasten ist, sondern auch auf den zeitgenössischen ästhetischen Auffassungen beruht.

Im Zentrum steht das traditionelle aristotelische Postulat der Nachahmung, und folglich gilt als oberstes Wertkriterium für ein Kunstwerk seine Übereinstimmung mit dem realen Vorbild - diese Auffassung liegt z.B. dem Lob J.C. Goethes für eine Darstellung des Einzugs der Tiere in die Arche Noah (in San Giorgio Maggiore, Venedig) zugrunde, deren Maler schon damals nicht mehr identifizierbar war:

»Der Name des Malers ist nicht mehr bekannt, aber er hat gewiß seine ganze Kunst aufwenden müssen, um so viele verschiedene Tiere in derart bewundernswerter Weise naturgetreu abzubilden«.[3]

Die Fixierung auf die Abbildfunktion der Kunst verdeckt notwendigerweise die schöpferische Leistung eines Künstlers, für die erst die sensualistische Spätaufklärung Interesse entwickelte. Demgemäß dominieren bei J.C. Goethe allein die handwerklichen Aspekte: die Genauigkeit der Abbildung, das differenzierte technische Geschick des Künstlers, die Kostbarkeit des Materials. Künstlerisches Ideal ist somit die Täuschung des Zuschauers - je überzeugender die Wirklichkeit imitiert ist, desto höher wird der künstlerische Wert eingeschätzt. Es ist daher nur folgerichtig, wenn bei J.C. Goethe dieselben Normen, nach denen Kunstwerke beurteilt werden, auch für anatomisch exakte Abbildungen von Leichen zu Studienzwecken dienen:

»Im vierten Saal (der Uffizien A.M.) sah ich zwei Wachsarbeiten, die mit soviel Geschick angefertigt waren, daß sie mit der Natur selbst wetteifern konnten. Die eine stellt in einem Grab die verschiedenen Grade der Verwesung des menschlichen Körpers dar und die andere in gleicher Weise die Pest (...). An ihnen ist alles so bewundernswert genau dargestellt, daß man des Schauens nicht müde wird, was vor allem für ein Spinnennetz gilt, das sich über die Leichen spannt und das man für ein echtes halten möchte.«[4]

Johann Gottfried Herder hat einige Jahrzehnte später bei ähnlicher Gelegenheit keinen Sinn mehr für die bloße Genauigkeit der Nachahmung:

»Der Bildner aber, der einen Leichnam, die abscheuliche Speise der Würmer, unserm Gefühl also grausend vorbildete, daß dies in uns überginge, uns zerriße und mit Eiter und Abscheu salbte - ich weiß für den Henker unsres Vergnügens keinen Namen.«[5]

Über diese technische Kunstauffassung hinaus erweist sich J.C. Goethe natürlich als vom klassizistischen, spätbarocken Zeitgeschmack bestimmt. Unter den Bildhauern wird sein

---

1 Die Beschreibung des Belvedere im Vatikan bleibt höchst summarisch: «(...) tritt man in einen winzigen Innenhof voller schöner Dinge aus alter und neuer Zeit. In den Winkeln dieses Hofes stehen vier große Marmorstatuen, von denen die Künstler gerne Zeichnungen anfertigen» (Viaggio. S. 246).

2 Vgl. hierzu z.B. die standardisierte Formel zu S. Giustina (Padua): «Über die der hl. Justina geweihte Kirche brauche ich sonst nichts zu sagen, als daß ich bislang keine gesehen habe, die ihr an Schönheit gleichkäme.» (Viaggio. S. 36.) - In J.C. Nemeitz' «Nachlese besonderer Nachrichten von Italien» (Leipzig 1726. S. 108.) heißt es: «Die Kirche der heiligen *Justinae* ist eine von den schönsten, so iehmals mit Augen gesehen werden mag».

3 Viaggio. S. 23.

4 Viaggio. S. 351.

5 Johann Gottfried Herder: Plastik. Einige Wahrnehmungen über Form und Gestalt aus Pygmalions bildendem Traume. 1778. In: Herder: Sämtliche Werke Bd. VIII. Hg. von Bernhard Suphan. Berlin 1892. S. 30.

größtes Lob dem Virtuosen Bernini zuteil[1], unter den Malern der venezianischen Pastell-künstlerin Rosalba Carriera[2] - auch Palladio, der ja keineswegs erst durch Johann Wolfgang Goethe wiederentdeckt wurde, genießt höchste, wenngleich nur formelhafte Anerken-nung.[3] Daneben hat J.C. Goethe aber keine Probleme, die Leistungen der Gotik zu billigen: Zwar zieht er z.B. den Petersdom zu Rom vor, doch die Kathedralen von Pisa, Siena und Mailand erscheinen ihm keineswegs als häßlich. So sehr diese Indifferenz der damaligen deutschen Kunstauffassung entspricht, weil die Gotik (worauf Erwin Panofsky hingewie-sen hat)[4] nördlich der Alpen bis ins 18. Jahrhundert hinein nicht als Gegensatz zum klassischen Schönheitsideal wahrgenommen wurde, so läßt sich dennoch nicht übersehen, daß es Goethes Vater auch individuell an konkreten Kriterien oder präzisen Kategorien des Geschmackes mangelt. Mehr oder weniger unterschiedslos gelten ihm Gemälde von Raffael ebenso als schön wie die von drittklassigen Malern, und kunsthandwerkliche Brunnenfiguren eines Michelangelo Naccarini hält er für das Werk von Michelangelo Buonarroti. Vor allem aber kennt er noch keine wesentliche Differenz zwischen Gegenwart und Antike. Die »Querelle des Anciens et des Modernes« hatte ja nur die italienische und französische, nicht aber die deutsche Kunstdiskussion des 17. Jahrhunderts geprägt und konnte daher bei J.C. Goethe noch keine Resonanz finden; auch an die Distinktion zwischen griechischer und römischer Antike ist noch nicht zu denken. Obwohl Goethes Vater seinen »Viaggio per l'Italia« ungefähr zum Zeitpunkt des Erscheinens von Winckel-manns »Geschichte der Kunst des Altertums« (1764) niederschreibt, fehlt ihm jedes Bewußtsein von einer historischen Entwicklung der Kunst. Auf dem Hintergrund des literarisch fundierten klassizistischen Bildungsideals ist ihm deshalb zwar viel an der Erhaltung antiker Bauwerke wie dem Kolosseum gelegen[5] - sie gelten ihm aber nur als Dokumente einer früheren Zeit, ohne daß damit das Bedürfnis nach einer Rückbesinnung auf die authentische Antike, nach einer Assimilation ans Griechentum verbunden wäre. Eine Weiterreise über Neapel hinaus auf das griechisch geprägte Sizilien, wie sie dann 1787 der Sohn Johann Wolfgang Goethe im Geist J.J. Winckelmanns und J.H. Riedesels unternimmt[6], kann folglich für J.C. Goethe noch nicht in Frage kommen.

Das dem Autor gewiß liebste Thema ist das Studium des Katholizismus und seiner Kultformen. Als stolzer Lutheraner, der sich in seiner überlegenen Vernünftigkeit ge-schmeichelt fühlt, wenn katholische Mönche seine Konfession sofort erraten, betrachtet er den Reliquien- und Wunderglauben der Italiener von vornherein mit eindeutiger Ablehn-ung: Für den in eine Flasche eingesperrten Geist Josephs, für eine bei der Verkündigung den Flügeln des Erzengels Gabriel entfallene Feder[7] oder für das Blutwunder des hl. Januarius[8] hat der aufgeklärte Skeptiker nur Spott übrig. Zwar hält auch ein Gottsched

---

1   Vgl. die Ausführungen J.C. Goethes zu den Plastiken Berninis in der Villa Borghese, Rom (Viaggio. S. 303 f.).
2   «In ihren Bildnissen herrschen Leben und Kunst, und die Natur wird darin derart getreu nachgeahmt, daß jeder, der diese Gemälde einmal gesehen hat, sie immer wieder sehen möchte« (Viaggio. S. 385).
3   »Dieser große Mann (...) hat über eine wahrhaft große Beschlagenheit in seiner Kunst verfügt (...)«. (Viaggio. S. 391).
4   Vgl. hierzu Erwin Panofsky: Sinn und Deutung in der bildenden Kunst (Meaning in the Visual Arts). Köln 1978. S. 202 f.
5   Vgl. hierzu »Viaggio«. S. 236 f.
6   Vgl. hierzu im vorliegenden Band den Beitrag von Ernst Osterkamp: Johann Hermann Riedesels Sizilienreise. Die Winckelmannsche Perspektive und ihre Folgen.
7   Vgl. hierzu »Viaggio«. S. 137.
8   Vgl. »Viaggio«. S. 168.

Wunder durchaus für möglich[1] - die Häufigkeit und vor allem die Trivialität der italienischen Mirakel sind aber dazu angetan, der Ehre Gottes Abbruch zu tun, da dieser doch die Welt so gut geschaffen hat, daß sie auch ohne zusätzliche Eingriffe sehr wohl bestehen kann:

> »Man rühmt sich auch heute noch der wunderbaren Kraft dieser Erde (im Campo Santo zu Pisa - A.M.), die bestattete Körper in 24 Stunden zersetzen soll. Falls dem wirklich so ist, dann beruht das in meinen Augen nicht auf der Heiligkeit, sondern viel eher auf einer bestimmten Mischung und Zusammensetzung der Erde, die die Zersetzung beschleunigen kann. Auf diese Weise suchen wir oft Geheimnisse und übernatürliche Kräfte, wo ein unvoreingenommener Geist ohne große Mühe auf die natürlichen und einfachen Erklärungen stößt.«[2]

Die Wunder in Italien, die dem Glauben an die universale Geordnetheit der Welt widersprechen, werden von J.C. Goethe konsequenterweise (in Anlehnung an das Schlagwort vom »Priestertrug«) als Machenschaften des Klerus entlarvt[3], dem es darum gehe, das unwissende, abergläubische Volk in geistiger Unmündigkeit zu halten, um es desto besser beherrschen zu können:

> »Das Heidentum strotzt von solchen Torheiten (wie dem Priapuskult - A.M.), die meiner Meinung nach ausschließlich dem Volk zur Zerstreuung gedient haben, damit es sich die schöne Einfalt bewahrte, die denjenigen zum großen Nutzen gereichte, welche die Herrschaft innehatten. Eine gewisse Sekte (die Katholiken, A.M.), die in vielen Dingen das Heidentum sogar noch übertrifft, macht das in unseren Tagen nur unwesentlich anders (...)«.[4]

So versteht J.C. Goethe den Allmachtsanspruch des unfehlbaren Papstes auch weniger als theologisches[5] denn als ethisch-politisches Problem:

> »da nämlich immer nur Greise zu dieser allerhöchsten Würde erhoben werden, die schon den Tag herannahen sehen, da sie in Charons Nachen steigen müssen, so beeilen sie sich, in den wenigen Tagen aus ihrem Amt soviel Profit als möglich zu schlagen, um damit ihre Nepoten zu bereichern. Sie nehmen daher alles, was sie ihren armen Untertanen entreißen können (...).«[6]

Unabhängig von allen theologischen Differenzen[7] verbindet sich hier die lutheranische Kritik an der weltlichen Herrschaft des Klerus im Kirchenstaat mit den naturrechtlichen Denkweisen der Frühaufklärung. In dieser Attacke auf den Papst und die gesamte katholische Kirche manifestiert sich aber auch ein ungebrochener Fortschrittsoptimismus, die Repressionsinstrumente des Papstes würden mit der Zeit überwunden werden:

> »Der neapolitanische Klerus, der von Neid auf die weltliche Gewalt erfüllt ist, hat immer wieder versucht, die abscheuliche Inquisition (...) auch hier (in Neapel - A.M.) einzuführen. Gottseidank hat dieses scheußliche

---

1 Vgl. Gottscheds »Weltweisheit« I. S. 400-414.
2 Viaggio. S. 334.
3 Vgl. die Bemerkung J.C. Goethes zu einem Wunder in Sirolo, wo einem Kruzifix die Haare immer wieder nachwachsen:»Wahrscheinlich treffe ich den Nagel auf den Kopf, wenn ich dieses Kunststück einem schlauen Mönch zuschreibe« (Viaggio. S. 126).
4 Viaggio. S. 219 f.
5 In theologischer Hinsicht begnügt sich der Protestant J.C. Goethe mit einem ironischen Argument, das sich auf die »cattedra« des hl. Petrus im Petersdom bezieht:»Aber auch unterstellt, sie sei echt - ist es nicht eigenartig, daß sie die Unfehlbarkeit verleihen kann? Ich möchte wirklich gerne wissen, ob man es seit Anbeginn der Welt je erlebt hat, daß ein einfältiger und törichter Mensch (...) dadurch klug und weise geworden wäre, daß er sich auf den Stuhl einer geistvollen und hochgelehrten Persönlichkeit gesetzt hat« (Viaggio. S. 250).
6 Viaggio. S. 98.
7 Die einzige im engeren Sinn theologische Auseinandersetzung mit dem Katholizismus geschieht bei Gelegenheit einer Doktorpromotion in Rom: J.C. Goethe bekennt sich in seinem Bericht vehement zu der vom Kandidaten attackierten Gnadenlehre Luthers (vgl. »Viaggio«, S. 255 f.).

Tribunal bislang aber noch keinen Fuß in die Stadt setzen können, und dies wird auch künftig nicht gelingen, da die Welt doch immer aufgeklärter wird«.[1]

Die gleiche Kritik am unvernünftigen, weil egoistischen Absolutismus übt J.C. Goethe auch an den savoyischen Herrschern, die ihre Hauptstadt Thurin im 17. und 18. Jahrhundert streng nach rationalistischen Normen zu einer einheitlichen und geometrisch gegliederten Stadt umgebaut haben: Die Häuser wurden in Größe und Stil einander angepaßt, die Straßen großzügig, geradlinig und rechtwinklig angelegt. Diese Umgestaltung einer Großstadt bedeutete die Verwirklichung des rationalistischen Schönheitsideals im größtmöglichen Ausmaß und entsprach, als Einheit im Mannigfaltigen, allen Anforderungen an Klarheit und Übersichtlichkeit. In ästhetischer Hinsicht konnte und mußte J.C. Goethe das Unternehmen also voll und ganz billigen - als vielleicht einziger Thurinbesucher des 18. Jahrhunderts ließ er sich jedoch von der Schönheit nicht blenden, sondern nahm dahinter die politische Gewalt wahr, ohne die die Neustrukturierung Thurins nicht möglich wäre:

> »(...) um die Wahrheit zu sagen, es geschieht sehr zum Leidwesen der Besitzer, weil man diese zwingt, entweder einen Teil ihres Hauses an den Nachbarn abzutreten oder alles zu verlieren, wie das der neue Plan verlangt. Auf diese Weise sind die größeren Häuser sehr klein und die kleineren sehr groß geworden. Diejenigen, deren Häuser erweitert wurden, hat man gezwungen, die anderen anteilsmäßig auszuzahlen, aber nicht selten haben jene ihr Geld ebenso widerwillig verloren wie diese ihren Grund und Boden. Wahrlich, bei diesem Unternehmen regiert nicht die Vernunft, sondern einzig und allein die Willkür des Herrschers, der man sich besser nicht widersetzt. Wie man sich leicht vorstellen kann, hat diese äußere Gleichheit im Innern der Häuser eine beispiellose Ungleichheit verursacht. Vielleicht ändert sich in dieser Angelegenheit der Geschmack des Königs noch, wenn er erkennt, wie wenig Gutes und wieviel Schlechtes dabei entsteht.«[2]

Ex negatio lassen sich somit aus der Kritik an den städtebaulichen Maßnahmen des savoyischen Absolutismus, J.C. Goethes wohl eigenständigster intellektueller Leistung, sowie aus der Papstkritik die Kategorien herausarbeiten, die den politisch-ethischen Reflexionen von Goethes Vater zugrundeliegen. J.C. Goethe wendet sich keinesfalls generell gegen eine monarchische oder aristokratische Staatsform, zumal er das Volk als Pöbel, als von niederen Affekten bestimmte Masse versteht, die von den Regierungen notfalls gewaltsam unter Kontrolle gehalten werden muß.[3] Der Herrscher (und da sich noch keine Spur rousseauschen Vertragsdenkens findet, darf man wohl auch sagen: der Souverän) mag absolutistisch regieren oder konstitutionell eingeschränkt sein, durch eine Wahl bestimmt werden oder nicht - entscheidend ist für J.C. Goethe vielmehr, daß der Regent sein Amt weder willkürlich noch egoistisch ausüben darf, da er nur als Funktionär im Dienste des Gemeinwesens gilt, auf dessen Vervollkommnung und Glückseligmachung er verpflichtet ist. Einen grundsätzlichen Unterschied zwischen den verschiedenen Staatsformen macht J.C. Goethe daher ebensowenig wie Gottsched, der Ideologe des aufgeklärten Bürgertums[4], sofern die jeweilige Staatsform nicht - im aristotelischen Sinn - entartet. Bei aller Billigung der Monarchie ist J.C. Goethe allerdings ein scharfer Gegner der Tyrannei, die als Willkürherrschaft eines Einzelnen sowohl dem Naturrecht als auch dem

---

1 Viaggio. S. 213 f.
2 Viaggio. S. 421.
3 So heißt es z.B. über Neapel und seine Kastelle, die vor allem für Bürgerkriegssituationen gedacht sein sollen: »Die hiesige Bevölkerung, die leicht zum Aufruhr neigt (...), wird dabei immer von der Hefe des Volkes angestachelt, weshalb die Obrigkeit dafür Sorge getragen hat, solche wilden Tiere zu zügeln« (Viaggio. S. 212).
4 Vgl. Gottscheds »Weltweisheit«, II, S. 760, wo in Anlehnung an Aristoteles Demokratie, Aristokratie und Monarchie im Unterschied zu den jeweiligen Entartungsformen als gleichermaßen »gute« Regierungssysteme dargestellt werden.

Postulat der Triebbeherrschung widerspricht. Diese Auffassung ist signifikant für die politische Haltung des gehobenen Bürgertums im frühen 18. Jahrhundert: Man steht der spezifischen Herrschaftsform relativ indifferent gegenüber, weil diese weniger als politisch-soziales denn als moralisches Problem betrachtet wird - ob ein Staat gut oder schlecht regiert wird, soll weniger von den Institutionen als von der individuellen Tugend- oder Lasterhaftigkeit des Regenten abhängen.

Größere sozialgeschichtliche Sprengkraft besitzt J.C. Goethes Bemerkung über den Umgang der venezianischen Nobili mit dem Bürgertum, der vom Verhalten des deutschen Adels positiv abweicht:

> »(...) obwohl die venezianischen Nobili ihren Adel zumeist bis auf die entlegendsten Zeiten zurückverfolgen können, gehen sie (...) selbst mit den niedrigsten Krämern derart vertraut um, daß sie allein schon durch diese beständige Nähe leutselig werden müßten, wenn sie dies nicht schon vorher gewesen wären. Und sagen Sie mir doch, worin denn eigentlich der wahre Adel besteht: daß man die Tieferstehenden verachtet und sich aufbläht wie der Frosch in der Fabel? Gewiß nicht. Sind die Adeligen vielleicht aus einem anderen Stoff gemacht als diejenigen, denen das Schicksal zufällig Bürgerliche als Eltern gegeben hat? Auch nicht. Diejenigen sind also die wahren Adeligen, die bei allem pflichtschuldigsten Respekt den unter ihnen Stehenden verbunden bleiben, das Laster fliehen und der Tugend nachstreben. Welche Schande für unseren deutschen Adel.«[1]

Der Adel wird also nicht grundsätzlich angegriffen, sondern als eigener Stand neben dem Bürgertum durchaus anerkannt - moniert wird freilich die Tendenz der deutschen Adeligen, sich gegen das Bürgertum abzuschließen. Auch in dieser Hinsicht nimmt J.C. Goethe das soziale Phänomen aus moralischem Blickwinkel wahr (als ein letztlich individuelles ethisches Problem) und dementiert somit trotz der grundsätzlichen Anerkennung der Standesdifferenzen stillschweigend die Distinktion zwischen Adel und Bürgertum, ohne daß von einer bewußten Rivalität bzw. Konkurrenz die Rede sein könnte. Das bürgerliche Streben nach Gleichberechtigung macht sich vielmehr auf einer sublimeren, naturrechtlichen Ebene geltend: So wirft J.C. Goethe beim Vergleich der beiden Republiken Genua und Venedig die Frage auf, ob ein Adeliger Handel treiben dürfe, und beantwortet sie ganz selbstverständlich positiv. Der Adel wird damit ebenso wie das Bürgertum auf gesellschaftliche Nützlichkeit verpflichtet; die Standesunterschiede erscheinen folglich nur noch als Äußerlichkeit der Titel, während die essentielle Gleichheit von Adeligen und Bürgern als gemeinsamen Mitgliedern der Gesellschaft in den Vordergrund tritt.

Jeder Einzelne, gleichgültig welchen Standes, ist also in erster Linie der Gemeinschaft verpflichtet und hat sein Verhalten an deren Interesse auszurichten. Aus diesem Postulat der sozialen Nützlichkeit resultiert die Notwendigkeit, das Handeln jeweils strikt durch die Vernunft zu kontrollieren, d.h. die egoistischen Triebe und Affekte so zu zügeln, daß sie den Zwecken des Staatsverbandes dienstbar werden. J.C. Goethe erweist sich auch in dieser Hinsicht als Adept der protestantisch-aufklärerischen Ethik, deren Grundforderung in der individuellen Beherrschung der Leidenschaften zugunsten einer vernunftbestimmten Lebensweise bestand.[2] Goethes Vater wird demgemäß nicht müde, die oft widrigen Reiseumstände als Gelegenheit zur Einübung in die »constantia« zu nutzen:

> »Ich zog aus diesen unerfreulichen Erfahrungen die Folgerung, daß es den vollkommenen Genuß nur selten

---

1 Viaggio. S. 56.
2 Vgl. z.B. Gottsched: »(...) muß man sich eine Herrschaft über seine Sinne zuwege bringen, und die Affecten so regieren lernen, daß sie mit dem freyen Willen, und also auch mit den Aussprüchen der gesunden Vernunft übereinstimmen« (Weltweisheit II, S. 301).

und vielleicht gar nie gibt. Man tut daher gut daran, sich mit stoischem Gleichmut zu wappnen und sich beizeiten an alles zu gewöhnen, bis man nach und nach die Fähigkeit erwirbt, jede Beleidigung zu ertragen, falls etwas nicht nach Wunsch geht.«[1]

Aufgrund dieser neostoizistischen, gesellschaftsbezogenen Ethik dominiert beim Reisenden J.C. Goethe der moralische Blick, d.h. die Erlebnisse werden stets moralisch bewertet und sowohl zur eigenen Erbauung als auch zur Mahnung an die Leser des Berichts genutzt. Bezeichnend ist in dieser Hinsicht die Auseinandersetzung mit den venezianischen Prostituierten:

>Mit Einbruch der Nacht suchen (...) dann, genau wie bei uns zu Hause, die Nymphen Venedigs ihr Glück - und wehe denen, die ihnen unvorsichtigerweise in die Netze gehen. Oft versteckt sich unter einer schönen Maske und auf wohlgeputzten Füßen die gemeinste und häßlichste Fratze der Welt. Mit ihren Schmeicheleien ziehen sie aber ihre Opfer in ihren Bann, und wer darauf hereinfällt, der bleibt gefangen.«[2]

Aus dieser Warnung vor der Prostitution, einem Topos in zeitgenössischen Reisebeschreibungen, darf nun allerdings nicht auf eine grundsätzlich negative Einstellung J.C. Goethes zur Sinnlichkeit geschlossen werden. Goethes Vater entrüstet sich zwar über die Aktmodelle in den venezianischen Malerschulen[3], fordert aber keineswegs die generelle Unterdrückung der Sexualität. Daß ihm Askese vielmehr als naturwidrig gilt, weil Sexualität im Rahmen ihrer biologischen Funktion einen positiven Wert darstellt, wird bei der Schilderung der Aufnahme zweier sehr junger Mädchen ins Kloster deutlich:

>Es ist doch wahrhaft ein bedenkliches Unterfangen, der Welt in einem Alter zu entsagen, in dem es einem noch an Urteilsvermögen fehlt. Wenn dann solche Mädchen beginnen, den Stachel der Leidenschaft zu verspüren und die irdischen Vergnügungen kennenzulernen, was wird sie dann trösten können? Gewiß nichts als Gebete und die Geduld. Vortrefflich! Ich weiß freilich nicht, ob sich die Natur damit zufriedengeben kann und darf, da unser Schöpfer doch gewollt hat, daß die Natur auf eine Weise befriedigt wird, die zum universalen Zweck besser paßt.«[4]

Klimatheoretische Entschuldigungen für sinnliche Ausschweifungen werden hingegen zurückgewiesen - die Prostitution gilt in erster Linie als Polizeiproblem, das eine weise Regierung jederzeit lösen könnte (und müßte):

>Ich will (...) einstweilen nur sagen, daß jene zügellose Freiheit von der Nachlässigkeit der Regierung herrührt, da sich diese um solche Kleinigkeiten nicht bekümmert, sondern nur darum bemüht ist, sich in ihrer Herrlichkeit zu bewahren. Wir beide leben in einer Stadt (Frankfurt - A.M.), die weder am Meer liegt noch einen Salzfluß hat, aber dennoch kommen auch bei uns abertausend solcher Unflätigkeiten vor, die von nichts anderm herrühren als von der zu geringen Sorgfalt, die man darauf verwendet, respektive von den zu geringen Strafen, die auf solche Vergehen gesetzt sind«[5].

Ähnlich wie bei seiner Kritik an der katholischen Kirche, die das Volk absichtlich in geistlosem Aberglauben gefangen hält, interpretiert J.C. Goethe die lockeren Sitten Venedigs als Mittel zur Entmündigung der Bürger. Das im 17. und 18. Jahrhundert gern als

---

1 Viaggio. S. 142.
2 Viaggio. S. 26 f.
3 »Es gibt hier deren zwei (gemeint sind Malerakademien - A.M.), die für ihren Zweck besonders geeignet sind, weil sich dort lebende Menschen beiderlei Geschlechts nackt zur Schau stellen und sich dafür bezahlen lassen, daß sie verschiedene Stellungen und Bewegungen vorführen sowie bestimmte Körperhaltungen einnehmen, wie man es ihnen jeweils befiehlt. Und dann behauptet man, daß irgendeine Jungfrau, die nach einem dieser verworfenen Geschöpfe gemalt wurde, Wunder tun soll. Sie sehen ja selbst, welch schöne Schule der Schändlichkeiten das ist! Hoffentlich verübeln Sie mir diese Bemerkung nicht, aber ich bin nun einmal Moralist und würde platzen, wenn ich solche Gedanken nicht äußern dürfte« (Viaggio. S. 385 f.).
4 Viaggio. S. 371 f.
5 Viaggio. S. 67.

politisches Vorbild gepriesene Venedig wird so einer scharfen Kritik unterzogen, weil es auf Kosten des Vervollkommnungsanspruches jedes einzelnen Bürgers illegitime Machtinteressen pflegt. Gemessen am Ideal eines tugendhaften Gemeinwesens, in dem die Obrigkeit einzig und allein das Glück der Gemeinschaft im Auge hat[1], verfällt die von einer kleinen, hermetisch abgeschlossenen Patrizierschicht geführte Republik ebenso wie das Königreich Sardinien dem implizit naturrechtlich begründeten Verdikt des autoritären Egoismus.

Johann Caspar Goethe hat Italien also primär unter moralischem Gesichtspunkt wahrgenommen. Diese Dominanz des Moralischen - »ich bin nun einmal Moralist«[2] - unterscheidet die frühaufklärerische Italienreise des Sohnes Johann Wolfgang Goethe, der ein halbes Jahrhundert nach dem Vater die Not italienischer Bettler ohne jeden sittlichen oder politischen Kommentar als rein ästhetisches Phänomen wahrnehmen kann:

>»Unter dem Obdach einer luftigen, an der schlechten Herberge vorgebauten Halle erquickten wir uns an einem mäßigen Imbiß. Hunde verzehrten begierig die weggeworfenen Schalen unserer Würste, ein Betteljunge vertrieb sie und speiste mit Appetit die Schalen der Äpfel, die wir verzehrten, dieser aber ward gleichfalls von einem alten Bettler verjagt. Handwerkersneid ist überall zu Hause«.[3]

Idealtypisch deutlich wird die Differenz zwischen der normativen, jedes Phänomen moralisch wertenden Sichtweise des Vaters und dem ästhetisch-rezeptiven Verhalten des Sohnes, wenn man die unterschiedliche Wahrnehmung des Vesuvs bei beiden Reisenden vergleicht:
J.C. Goethe:

>»Es ist wirklich schade, daß dieses so fruchtbare Land mitsamt seiner ganzen Umgebung auf immer diesem Berg ausgeliefert ist; vielleicht muß man dies aber auch als Segen für dieses Volk ansehen, das in einem irdischen Paradies lebt und gar zu leicht das himmlische vergessen würde, wenn es nicht so nahe bei diesem Höllenschlund lebte«.[4]

J.W. Goethe:

>»Wir standen an einem Fenster (...), der Vesuv gerade vor uns; die herabfließende Lava, deren Flamme bei längst niedergegangener Sonne schon deutlich glühte und ihren begleitenden Rauch schon zu vergolden anfing; der Berg gewaltsam tobend, über ihm eine ungeheure feststehende Dampfwolke, ihre verschiedenen Massen bei jedem Auswurf blitzartig gesondert und körperhaft erleuchtet. Von da herab bis gegen das Meer ein Streif von Gluten und glühenden Dünsten; übrigens das Meer und Erde, Fels und Wachstum, deutlich in der Abenddämmerung, klar, friedlich, in einer zauberhaften Ruhe. Dies alles mit einem Blick zu übersehen und den hinter dem Bergrücken hervortretenden Vollmond als die Erfüllung des wunderbarsten Bildes zu schauen, mußte wohl Erstaunen erregen«.[5]

Für den Vater bedeutet der Vesuv nicht nur ein naturwissenschaftliches Experimentierobjekt, sondern auch ein moralisches Mahnmal - dem Sohn hingegen, der den Paradies/Hölle-Topos an anderer Stelle nur noch anzitiert[6], erscheint der Vulkan als ein sinnlich

---

1   Vgl. hierzu auch Gottsched: »Die Mitglieder eines Staates sollen in demselben, so viel als möglich ist, glücklich gemacht werden (...). Die Glückseligkeit aber ist ein Zustand eines beständigen Vergnügens (...): Folglich muß denn die Obrigkeit auch das Vergnügen (sic) ihrer Bürger nach dem Vermögen befördern« (Weltweisheit II. S. 259).

2   Viaggio. S. 386.

3   Johann Wolfgang von Goethe: Werke. Hamburger Ausgabe in 14 Bänden. Band 11: Autobiographische Schriften III (= Italienische Reise). Textkritisch durchgesehen von Erich Trunz. Kommentiert von Herbert von Einem. München 1981. S. 268 (aus dieser Ausgabe wird im folgenden unter Angabe der Sigle «IR» und der Seitenzahl zitiert).

4   Viaggio. S. 202.

5   IR. S. 345 f.

6   Vgl. hierzu u.a.: «Denke ich an Neapel, ja gar nach Sizilien, so fällt es einem sowohl in der Erzählung als in Bildern auf, daß in diesen Paradiesen der Welt sich zugleich die vulkanische Hölle so gewaltsam auftut und

reizvolles Naturschauspiel.[1] In dieser Differenz manifestiert sich ein historischer Wandel der Apperzeptionsweisen, der es erlaubt, zwei Kulturepochen voneinander zu unterscheiden.

Johann Caspar Goethe hat Italien aus einer kritisch-reflektierten Distanz wahrgenommen. Das fremde Land ist für ihn eine Schatzkammer mit zahllosen Kuriositäten, die ein gebildeter Mann zu kennen hat, weil er auf diese Weise seine Persönlichkeit bereichern und sich vervollkommnen kann. Goethes Vater läßt sich dabei aber nicht auf die Besonderheit des Mediterranen ein, sondern betrachtet alle Sehenswürdigkeiten Italiens mit den Augen des Deutschen[2], für den es keinen Wesensunterschied zwischen den beiden Ländern und Völkern gibt. Italien weicht zwar äußerlich, aufgrund des Klimas und der kulturellen Tradition, von Deutschland ab - es wird jedoch nicht als etwas »anderes« verstanden, da die Unterschiede nur als phänotypisch gelten. Dieser nivellierende Blick des Aufklärers richtet sich demgemäß auf die Vielzahl der Objekte, um an ihnen die allgemeine politische, religiöse, kulturelle etc. Einschätzung zu bestätigen, die von Hause mitgebracht wurde. Für J.C. Goethe geht es folglich in erster Linie um ein Generalisieren: Jedes konkrete Objekt wird nur auf der Folie des Allgemeinen wahrgenommen.

Während der von der literarischen Kultur geprägte J.C. Goethe Italien also als Analogon zu Deutschland verstand, erfährt sein an der individuelleren bildenden Kunst geschulter Sohn Italien als »Arkadien« im Gegensatz zum nordischen »Kimmerien« (mit den Konnotationen: Wärme, Sorglosigkeit, Naturnähe etc.). Johann Wolfgang Goethe läßt sich von Anfang an auf den spezifischen Charakter des Südens ein, so daß Italien für ihn zu einem Hoffnungsland werden kann, dessen Sinnlichkeit die Beschädigungen durch das entfremdete Leben im Norden kompensieren soll. Er bemüht sich daher um das Sicheinfühlen in die kulturelle Besonderheit des Mediterranen; er will kein fremder, distanziert beobachtender Besucher bleiben, sondern die andere Kultur in sich aufnehmen - der Süden erscheint ihm demgemäß als ein zum Norden komplementärer Lebensbereich.[3]

Dem Sensualismus J.W. Goethes eröffnet sich auf diese Weise die Möglichkeit, das Individuelle nicht mehr auf abstrakte, rationale Regeln zurückführen zu müssen. Besonders deutlich wird dieser Perspektivenwechsel, der das Erfassen der konkreten Phänomene im Rahmen ihrer individuellen Umstände erlaubt, in der Beurteilung des italienischen Volkslebens. Hatte Johann Caspar Goethe wie alle aufgeklärten Reisenden das niedere Volk Italiens als Faulenzer abgetan[4], so erkennt Johann Wolfgang Goethe nun im »dolce far niente« der neapolitanischen Lazzaroni eine dem Klima angemessene Form des Tätigseins, die es zu begreifen gilt, wenn man in seiner moralischen Kritik nicht fehlgehen will:

»Der gute und so brauchbare Volkmann nötigt mich, von Zeit zu Zeit von seiner Meinung abzugehen. Er

---

seit Jahrtausenden die Wohnenden und Genießenden aufschreckt und irremacht» (IR. S. 171).

1 Vgl. hierzu Dieter Richters «kurze Formel» für den Wandel in der Wahrnehmungsweise des Vesuvs: «hatte der Berg vorher *gepredigt*, so gibt er jetzt ein *Schauspiel*.» (Dieter Richter: Nachwort. In: Der brennende Berg. Geschichten vom Vesuv. Hg. von Dieter Richter. Köln 1986. S. 100-118, hier speziell S. 110).

2 Vgl. z.B. J.C. Goethes Kritik an Neapel, die auch heute noch einen touristischen Topos darstellt: « Trotz dieser bemerkenswerten Vorzüge muß man aber in den Hauptstraßen ein großes Übel feststellen: die zahlreichen Läden, in denen es Lebensmittel aller Art wie Fisch, Fleisch und Wein etc. gibt, verleiden einem nämlich den Anblick, und der Geruch der vielen in Öl gebackenen Speisen belästigt eine deutsche Nase erheblich» (Viaggio. S. 155).

3 Daß Italien in der Tradition Goethes als zu Deutschland komplementäres Land verstanden werden muß, formuliert bereits der Goethe-Kalender von 1910, S. 79 (vgl. hierzu das Nachwort von Peter Sprengel in: Johann Wolfgang von Goethe: Italienische Reise. 1986 (Goldmann Klassiker 7641), S. 550).

4 »Jedermann weiß, daß das niedere Volk sehr zum Müßiggang neigt (...)« (Viaggio. S. 11).

spricht z.B., daß dreißig- bis vierzigtausend Müßiggänger in Neapel zu finden wären, und wer spricht's ihm nicht nach! Ich vermutete zwar sehr bald nach einiger erlangter Kenntnis des südlichen Zustandes, daß dies wohl eine nordische Ansicht sein möchte, wo man jeden für einen Müßiggänger hält, der sich nicht den ganzen Tag ängstlich abmüht. Ich wendete deshalb vorzügliche Aufmerksamkeit auf das Volk, es mochte sich bewegen oder in Ruhe verharren, und konnte zwar sehr viel übelgekleidete Menschen bemerken, aber keine unbeschäftigten«.[1]

Die moralisch-politische Sichtweise mit ihrer normativen Tendenz, die J.C. Goethe noch mit Johann Jakob Volkmann, dem Reiseführer des Sohnes, teilt, wird hier abgelöst durch eine sensualistisch-ästhetische, die sich auf das Individuelle bezieht und dieses nach seinen besonderen Umständen beurteilt. Das Bewußtsein von der Relativität der Kulturen - und damit eine wesentliche Grundbedingung von Toleranz - entsteht so auf Kosten der politischen Kritik bzw. der ethischen Indifferenz.

Wirft man nun von den beiden Italienreisen Vater und Sohn Goethe aus einen Blick auf den bislang jüngsten Versuch, für die Reiseliteratur des 18. Jahrhunderts Kategorien zu entwickeln, die eine Periodisierung erlauben, so wird die Notwendigkeit von Korrekturen deutlich. Karol Sauerland[2] hat u.a. die »gelehrte« Reisebeschreibung von der »aufklärerischen« unterschieden:

»Gelehrte Reisen zeichnen sich dadurch aus, daß die Autoren mit Bezug auf zuvor erschienene Reisewerke schreiben. Ihre Arbeit rechtfertigen sie damit, daß sie Mängel der vorhergehenden zu beseitigen suchten. (...) Ein Kennzeichen der gelehrten Reise ist, daß ihre Autoren umfassend (...) sein wollen. Alle Wissensgebiete sollen Berücksichtigung finden. (...) Gelehrte Reisen sind natürlich auch mit Anmerkungen vollgepfropft, in denen auf weitere Literatur oder auch auf gegenteilige Meinungen verwiesen wird.«[3]

Demgegenüber beschreiben

»(...) die Aufklärer (...) vor allem das, was *allgemein* nützlich, was der Hebung des Wohlstandes aller dienlich und der Zunahme der Aufklärung förderlich sein könnte.«[4]

Da sich in J.C. Goethes »Viaggio per l'Italia« Elemente beider Typen finden lassen, muß Sauerlands Distinktion zwischen »gelehrter« und »aufklärerischer« Reise wohl als zu restriktiv, als künstlich eingeschätzt werden. Eine andere, wichtigere Beobachtung Sauerlands läßt sich anhand von Vater und Sohn Goethe hingegen bestätigen:

»Betrachtet man sich die gelehrten und aufklärerischen Reisen vom Standpunkt der sentimentalen und späteren romantischen Reisen, erscheint der Unterschied zwischen den beiden erst recht gering. Denn nun setzt eine völlig neue Form des Reisens ein. Man bereitet sich nicht mehr intensiv auf das Reisen vor und interessiert sich auch nicht mehr für eine große Zahl von Dingen, schon gar nicht für gelehrte Sachen. Der Reisende entschließt sich recht plötzlich zu seiner Fahrt und sucht nichts anderes als gefühlvolle Begegnungen oder wie in den romantischen Reisen das Erlebnis der Natur. (...) An eine unmittelbar praktische Verbesserung der Zustände denkt der sentimentale Reisende nicht.«[5]

Sieht man von der ebenfalls unzulänglichen Unterscheidung zwischen »sentimentaler« und »romantischer« Reise ab (allein schon der Blick auf J.W. Goethes »Italienische Reise«, die sowohl die Episode der »schönen Mailänderin« als auch die kunstvoll geschilderten

1 IR. S. 332 f.
2 Karol Sauerland: Der Übergang der gelehrten zur aufklärerischen Reise im Deutschland des 18. Jahrhunderts. In: Virtus et Fortuna. Zur Deutschen Literatur zwischen 1400 und 1720. Festschrift für Hans-Gert Roloff zu seinem 50. Geburtstag. Hg. von Joseph P. Strelka und Jörg Jungmayr. Bern- Frankfurt/M.-New York 1983. S. 557-570 (aus diesem Aufsatz wird im folgenden unter Angabe der Sigle »Sauerland« und der Seitenzahl zitiert).
3 Sauerland. S. 561 f.
4 Sauerland. S. 564.
5 Sauerland. S. 568 f.

Eindrücke der sizilianischen Landschaft enthält, kann als Widerlegung dienen), so erscheint der hier konstatierte Dualismus der jeweils nur unscharf differenzierten Typen »gelehrte«/»aufklärerische« Reise und »sentimentale«/»romantische« Reise als geeignet, die Differenz zwischen dem »Viaggio per lItalia« Johann Caspar Goethes und der »Italienischen Reise« Johann Wolfgang Goethes begrifflich zu erfassen und ideengeschichtlich einzuordnen. Der Begriffsantagonismus »aufklärerisch« und »romantisch« (oder vielleicht: »moralisch« - »ästhetisch«) wäre daher auf seine Tauglichkeit hin zu überprüfen, den Paradigmenwechsel der Reiseliteratur vom frühen 18. Jahrhundert zur Wende von 18. zum 19. Jahrhundert zu beschreiben. Das entscheidende Ereignis dürfte dabei die Einbeziehung Siziliens gewesen sein: Unter dem Einfluß Winckelmanns wurde Italien nunmehr als primär griechisches Land wahrgenommen[1], nicht mehr als römisches - die Deutschen, die sich aus vielerlei (hier nicht zu diskutierenden) Gründen zunehmend als Nachfolger der Griechen fühlten (im Gegensatz zu den römisch geprägten Franzosen), konnten damit Italien als eigentliche Heimat empfinden.

Die folgende, keinesfalls Vollständigkeit beanspruchende Gegenüberstellung von wesentlichen Merkmalen ist als Vorschlag gedacht, wie eine Unterscheidung zwischen beiden Typen von Italienreisen möglich sein könnte. Dabei brauchen im Einzelfall keineswegs alle Kriterien erfüllt zu sein, und selbstverständlich spielen auch andere Faktoren wie die Standeszugehörigkeit des Reisenden oder der literarische Zweck eine entscheidende Rolle[2]:

aufklärerische Reise - romantische Reise
standardisiert/geplant - individuell/spontan
Reise *durch* Italien - Aufenthalt *in* Italien
Primat der »Nützlichkeit« - Primat der »Erfahrung«
Dominanz der Städte - Dominanz der Natur
literarisch geprägt - ästhetisch geprägt
Italien als Land der Römer - Italien als Land der Griechen
Neapel als südlicher Endpunkt - Einbeziehung Siziliens
Erfahrungsrahmen wird bestätigt - Fremderfahrung.

---

1 »Wer künftig nach Sizilien reist, kehrt Rom - (...) - den Rücken und betritt das Land der Griechen (...)« (Ernst Osterkamp: Nachwort. In: Sizilien. Reisebilder aus drei Jahrhunderten. Hg. von Ernst Osterkamp. München 1986. S. 361-388, speziell S. 362).
2 Vgl. hierzu als Beispiel für berufsspezifische Distinktionsmöglichkeiten in vorliegendem Band den Beitrag von Winfried Siebers: Die Gelehrtenreise der Frühaufklärung.

Peter Boerner

Man reist ja nicht, um anzukommen, oder: Goethe als Reisender und Bleibender

Alle, die sich einmal mit Goethe beschäftigten, haben eine Vorstellung von ihm als Reisenden. Daß er nach Italien fuhr und dort fast zwei Jahre verbrachte, daß er 1792 an der glücklosen Invasion der Reichsfürsten in Frankreich teilnahm, dreimal die Schweiz sah und im Alter häufig die böhmischen Bäder besuchte, gehört zum allgemeinen Wissen über ihn. In vielen Orten, in denen er sich aufhielt, gedenkt man des Umstands bis heute, und Bücher, die dazu einladen, seinen »Spuren« in dieser oder jener Landschaft zu folgen, werden immer wieder verlegt.[1]

Ein persönlich gefärbtes Interesse drückt sich auch in fast allen auf Goethes Reisen bezogenen Forschungen aus. So spricht die bisher umfangreichste Untersuchung von ihnen als »biographischen Stationen« und »Wegmarken seines Lebens«[2]: auf vierzig »großen« Reisen habe er einunddreißigtausend Kilometer hinter sich gebracht. Dazu kämen hundertundvierzig »kleine« Reisen, vornehmlich Ritte und Fahrten innerhalb Thüringens mit noch einmal siebentausend Kilometern. Insgesamt habe er eine Strecke zurückgelegt, die den Erdumfang übertrifft, »für die damalige Zeit eine außerordentliche Leistung«. Rechne man den Zeitaufwand für diese Reisen zusammen, so erstrecken sie sich über mehr als dreizehn Jahre.[3]

Erkundigen wir uns, über solche meßbaren Informationen hinausgehend, nach Goethes Art und Weise des Reisens, so erfahren wir dagegen wenig, und es scheint, als gäbe es hier noch offene Fragen. Einige davon möchte ich mit den folgenden Überlegungen aufgreifen. Ich habe sie in sieben Thesen verpackt und dabei versucht, eher das Unerwartete als das Erwartete zu betonen.

Erstens. Goethe war, gemessen an den ihm gebotenen Möglichkeiten, ein zurückhaltender Reisender.

Zweitens. Neben dem Wunsch, seine Weltkenntnis zu erweitern, spielte bei seinen Reisen das Bedürfnis nach psychischer oder physischer Therapie eine wichtige Rolle.

Drittens. Er neigte dazu, auf seinen Reisen vornehmlich das zu sehen, was seinen Anlagen und Interessen entsprach.

Viertens. Noch während seines Aufenthaltes in Italien wurde er sich seines subjektiven Reisens bewußt. Um sich davon zu lösen, entwickelte er ein Programm des gegenständlichen Beobachtens, befolgte es jedoch nicht konsequent.

Fünftens. Nur ein Teil seiner Weltkenntnis geht auf die eigenen Reisen zurück. Auch Erfahrungen anderer hatten für ihn beträchtliches Gewicht.

Sechstens. Die von ihm in Druck gegebenen Reiseberichte entsprechen nicht immer seinen ursprünglichen Eindrücken.

Siebentens. Er entwickelte eine Symbolik des Reisens, die in ihrer Intensität über sein eigenes Reisen hinausgeht.

---

1 So etwa Grävenitz, George von: Goethe unser Reisebegleiter in Italien. Berlin 1904; Burghoff, Ingrid und Lothar: Reisen zu Goethe. Berlin 1982.
2 Balzer, Georg: Goethe auf Reisen. München 1979. Klappentext.
3 Ebd. S. 219.

Erste These: Er war, gemessen an den ihm gebotenen Möglichkeiten, ein zurückhaltender Reisender.

Der Kern dieser These ist, daß Goethe im Hinblick auf seine soziale Stellung wie auf die ihm zur Verfügung stehenden Mittel eigentlich wenig unterwegs war. Um ihn als Reisenden zu beurteilen, sollte man nämlich nicht allein konstatieren, wohin er überall kam, sondern auch bedenken, daß er so manche ihm mögliche Reise eben nicht unternahm und daß er manche Stadt und manche Gegend, die zu kennen sich für Gebildete seiner Zeit gehörte, niemals besucht hat. So sah er nicht die deutschen Hansehäfen mit der Nord- und Ostsee, auch nicht Residenzen wie Wolfenbüttel und Salzburg oder Universitäten wie Königsberg und Frankfurt an der Oder. Berlin, das er von Weimar aus in drei Tagen erreichen konnte, hat er nach einem kurzen Aufenthalt zu Beginn seiner amtlichen Tätigkeit nie wieder betreten. Und unter den Angehörigen des Weimarischen Hofs blieb er wohl einer der wenigen, die weder in Wien noch in Petersburg, Paris oder London gewesen sind. Dabei hat es ihm an Einladungen zu diesen Orten nicht gefehlt.

Für die zweite Hälfte seines Lebens läßt sich bei ihm sogar ein Hang zur Seßhaftigkeit feststellen. Statt die Welt zu sehen, konzentrierte er sich in Weimar auf seine wissenschaftlichen und poetischen Arbeiten. Als im Sommer 1816 bei Antritt einer geplanten Reise nach Süddeutschland die Achse seiner Kutsche brach, deutete er den Unfall als einen Wink des Schicksals und beschloß, von nun an zu Hause zu bleiben. Die Fahrten zu den relativ nahe gelegenen Bädern Böhmens, die er dann noch unternahm, auch seine Aufenthalte in Jena, waren so sehr seinem heimischen Lebensstil angepaßt, daß man sie nur in begrenztem Umfang als Reisen bezeichnen kann.

Zum Bild Goethes als zögerndem Reisenden paßt ferner, daß ihm das Aufbrechen fast immer schwer fiel. Um die Fahrt nach Italien zu beginnen, bedurfte er mehrerer Anläufe, zur Teilnahme an der Kampagne in Frankreich konnte er sich erst auf das Drängen seines Herzogs hin entschließen. Ja, schon in seiner Jugend kamen die Anregungen zu größeren Reisen fast immer von außen an ihn heran: daß er mit Lavater an die Lahn und mit den Brüdern Stolberg in die Schweiz fuhr, ging mehr auf deren Zuspruch als auf seine eigenen Intentionen zurück.

Goethe war kein Reisebesessener. Der Begriff »Fernweh« gehörte nicht zu seinem persönlichen Vokabular, und das Gefühl mancher Zeitgenossen, reisen zu sollen, um der Enge ihres Vaterlands zu entgehen, war ihm fremd. Er unternahm keine Reise nur des Ortswechsels wegen. »Um zu begreifen, daß der Himmel überall blau ist, braucht man nicht um die Welt zu reisen«, heißt es in den »Maximen und Reflexionen«.[1]

Zweite These: Neben dem Wunsch, seine Weltkenntnis zu erweitern, spielte bei seinen Reisen das Bedürfnis nach psychischer oder physischer Therapie eine wichtige Rolle.

Die Feststellung, daß Goethe nur ungern etwas unternahm, das nicht seiner Bildung, im faktischen wie im persönlichen Sinn, förderlich war, gilt auch für seine Reisen. Unterwegs zu sein, bedeutete für ihn, das Gesehene in sich aufzunehmen, über das Aufgenommene zu reflektieren und das Reflektierte in seine Weltschau zu integrieren. Ob er sich als Dreißigjähriger von der Schönheit der savoyischen Eisgebirge überwältigen ließ oder ob er später den Egerer Kammerberg im Hinblick auf seine neptunistischen Theorien betrachtete - immer war er als Reisender zugleich ein Lernender und Forschender. Diese Motivation ist

---

1 Goethe: Gedenkausgabe der Werke, Briefe und Gespräche. Hg. v. Ernst Beutler. Zürich 1948-1971. Bd. 9. S. 573.

in allen seinen Berichten offensichtlich und bedarf keiner weiteren Erklärung.

Kaum weniger zählte für ihn aber das Bemühen, durch das Reisen mit sich selbst fertig zu werden. Ein Beispiel für diese Haltung gibt seine Fahrt nach Italien. Mag der Anlaß dazu in seinem gestörten Verhältnis zu Charlotte von Stein gelegen haben, oder, wie andere meinen, in seinem Gefühl, als Staatsdiener versagt zu haben - nicht zu bestreiten ist, daß ihm die Reise dazu verhalf, eine persönliche Krise zu bewältigen. Nur aus dieser Sicht ist die mit seinem dortigen Aufenthalt so innig verbundene Wiedergeburts-Symbolik zu verstehen.

Vielleicht darf man sogar behaupten, daß eigentlich alle seine Reisen auf eine derartige Selbstbesinnung zurückgingen. Von seinem im Winter 1777 unternommenen Ritt in den Harz bis zu einer seiner letzten Abwesenheiten von Weimar, als er nach dem Tod des Herzogs Karl August die Dornburger Schlösser aufsuchte, sind die psychologischen Komponenten vielfach die gleichen: indem er sich von seiner gewohnten Umgebung löste, versuchte er, ihn bedrängende Spannungen zu verarbeiten. Um sich dabei eine gewisse Freiheit zu bewahren, reiste er zudem gern in aller Heimlichkeit oder verbarg seine Identität unter angenommenen Namen. Er entzog sich der Welt um ihn, in einer Stimmung ähnlich derjenigen, mit der ein mittelalterlicher Mensch in einem Kloster verschwunden wäre.

Berücksichtigt man schließlich, daß die Badeaufenthalte des älteren Goethe durch seine körperlichen Beschwerden bedingt waren, so gilt, daß fast alle seine Reisen mit seinem Suchen nach Gesundung, sei sie psychischer oder physischer Art, zusammenhingen.

Dritte These: Er neigte dazu, auf seinen Reisen vornehmlich das zu sehen, was seinen Anlagen und Interessen entsprach.

Wenn wir zu bestimmen suchen, was Goethe auf seinen Reisen beobachtete und in seinen Niederschriften festhielt, so finden wir, daß Wahrnehmungen aus dem Bereich der Kunst und Natur bei weitem überwiegen. Im Vergleich dazu scheinen ihn die Phänomene des sozialen und politischen Lebens, die bei vielen Reisenden eine dominierende Rolle spielen, weniger berührt zu haben. So ließ er während der Kampagne in Frankreich die kriegerischen Vorgänge kaum an sich herankommen und konzentrierte sich statt dessen auf Dinge, die seinen persönlichen Interessen entsprachen: bei der Beschießung Verduns etwa auf einen mit Wasser gefüllten Erdtrichter, in dem eine Tonscherbe prismatische Farbeffekte hervorrief.

In ähnlicher Weise tendierte er dazu, auf seinen Reisen das Volk als Ganzes kaum zu beachten. Von Ausnahmen wie dem Römischen Karneval oder dem Sankt Rochus-Fest zu Bingen abgesehen, richtete er seine Aufmerksamkeit weniger auf die Menge als auf einzelne Menschen: Handwerker, denen er bei ihren Arbeiten zuschauen konnte, oder Landleute, die ihm umliegende Bergspitzen erklärten. In dem Bericht von seiner dritten Schweizer Reise blickte er höchst liebevoll auf die Kleinstadt Heilbronn; über das große Frankfurt dagegen, wo, wie er meinte, das Publikum in einem »beständigen Taumel von Erwerben und Verzehren« dahinlebte, äußerte er sich zurückhaltend.[1]

Diese Neigung Goethes zum selektiven Beobachten wurde für manche sogar ein Stein des Anstoßes. So bezichtigt ihn Eliza Butler im Zusammenhang ihrer Kritik an dem Antike-Kult der Deutschen, in Italien viele für dieses Land bezeichnende Aspekte ignoriert zu haben. Sein intensives Interesse an der Kunst der griechischen und römischen Klassik habe ihn für Dinge, die nicht damit verbunden waren, blind gemacht, ja selbst seine Kunstbe-

---

1 Gedenkausgabe. Bd. 12. S. 80.

trachtung sei durch Einseitigkeiten belastet gewesen:

>>He could hardly glance without wincing at medieval pictures, or at gothic, let alone baroque, architecture. Modern and medieval Italy were both equally distasteful to him from the religious, aesthetic and hygienic points of view<<.[1]

Wie man auch sonst zu den Ansichten Butlers stehen mag, hier darf man ihr weitgehend zustimmen.

Vierte These: Noch während seines Aufenthaltes in Italien wurde Goethe sich seines subjektiven Reisens bewußt. Um sich davon zu lösen, entwickelte er ein Programm des gegenständlichen Beobachtens, befolgte es jedoch nicht konsequent.

Daß es ihm bei seinen Reisen schwer fiel, von seiner Person abzusehen, war eine Problematik, die Goethe selbst intensiv beschäftigte. So überlegte er in Italien mehrfach, wie er seinen Briefen mehr an sachlichem Gehalt geben könne. Er wolle, so schrieb er, nicht mehr nur >>denken, empfinden und phantasieren<<, sondern die Gegenstände nach ihrem >>inneren Werte<< beurteilen.[2] Diesen Vorsatz im Sinn, bemühte er sich, beherrschter als zuvor zu berichten, und flocht in seine Erzählung viele faktische Mitteilungen ein. Aber sein Drang, von sich selbst zu sprechen, war offenbar stärker als diese Intentionen: immer wieder durchbrach er den gesucht trockenen Ton seiner Niederschriften. Nicht zuletzt weil ihn die Diskrepanz zwischen dem Gewollten und dem Erreichten beschämte, erbat er, nachdem er aus dem Süden zurückgekehrt war, von seinen Freunden die ihnen übersandten Briefe zurück und bezeichnete sie als >>Pudenda<<[3], die er nicht wieder aus den Händen geben wolle.

Später trieb er diese Distanzierung sogar noch weiter. Als er 1795 eine zweite, dann allerdings wegen der napoleonischen Feldzüge aufgegebene Italienreise plante, entwarf er eine Liste von Dingen, die er dabei beobachten, in täglichen Notizen festhalten und zu einer Monographie verarbeiten wollte: sie reicht von den Bereichen der Kunst, der Naturwissenschaft, des öffentlichen und häuslichen Lebens bis zu Stichworten wie >>Spiele der Kinder<<, >>Jagd<<, >>Haustiere<< und >>Verhältnis der Bedienten zu den Herren<<[4], insgesamt mehr als hundert Kategorien, ein gewaltiges Programm, so enzyklopädisch, daß kaum ein Reisender es erfüllen könnte, ohne in ein mechanisches Aufzählen zu verfallen. Von Goethe selbst besitzen wir keinen Text, der solchen Forderungen entspräche. Die Aufzeichnungen von der dritten Reise in die Schweiz und sein Journal der Fahrten durch die Rhein- und Maingegenden von 1814/15 neigen zwar zur Monotonie, enthalten aber immer wieder Äußerungen, die in kein vorgefaßtes Beobachtungs-Schema passen wollen.

Fünfte These: Nur ein Teil seiner Weltkenntnis geht auf die eigenen Reisen zurück. Auch Erfahrungen anderer hatten für ihn beträchtliches Gewicht.

Soweit Goethe mit seinem Reisen den Zweck verfolgte, sein Weltbild zu erweitern, gilt dieses Postulat auch für seine Beschäftigung mit Reiseberichten anderer. Er folgte damit dem Beispiel der >>lesenden Reisenden<< des 18. Jahrhunderts, die ihre Urteile über fremde Länder und Völker oft ausschließlich aus Büchern gewonnen hatten. Im Englischen hat man sie >>armchair travellers<< oder auch >>fireside travellers<< genannt. Die deutsche

---

1 Butler, Eliza M.: The Tyranny of Greece over Germany. Cambridge 1935. S. 110.
2 Brief an Herzogin Luise von Sachsen-Weimar-Eisenach, 23. Dezember 1786. Gedenkausgabe. Bd. 19. S. 44.
3 Brief an Herder, Ende Juli/Anfang August 1788. Goethes Werke, Weimarer Ausgabe. IV. Abt. Bd. 9. Weimar 1891. S. 9
4 Weimarer Ausgabe. I. Abt. Bd. 34/2. Weimar 1904. S. 162

Sprache besitzt keinen entsprechenden Ausdruck, es sei denn, man wolle das Wort »Lehnstuhlreisender« akzeptieren.

Goethe wuchs von früh an in diese Art des »Reisens« hinein. Wie er sich in »Dichtung und Wahrheit« erinnert, besaß sein Vater eine Sammlung der »besten neusten Reisebeschreibungen«[1] und hielt auch den Sohn an, sich darin zu vertiefen. Lord Ansons Reisen um die Welt habe zu den ersten Büchern gehört, mit denen er als Knabe bekannt wurde. Indem er »diesen trefflichen Seemann« in Gedanken begleitete, habe er das »Würdige der Wahrheit« zugleich mit dem »Phantasiereichen des Märchens« in sich aufgenommen.[2] Ähnliche Bemerkungen gelten Dappers und Guys' Relationen über ihre Fahrten in fremde Länder.[3]

Die Beschäftigung mit gedruckten Reiseberichten blieb für Goethe sein ganzes Leben hindurch ein Bestandteil seiner Bildungsbemühungen. Neben der Reiseliteratur an sich las er geographische und historische Handbücher, Romane mit Bezügen auf das Leben anderer Nationen sowie naturwissenschaftliche Arbeiten über alle Erdgegenden. Von manchen bedeutenden Reisenden erhielt er persönliche Auskünfte.

Das Ausmaß seiner Studien läßt sich sogar in Zahlen ausdrücken: wie die Ausleihkataloge der Weimarer Bibliothek zeigen, forderte er zwischen 1799 und 1831 allein 309 auf Reisen bezogene Bücher an. Aus einer Kollationierung dieser Titel schließt Arthur R. Schultz, daß Goethe sich vornehmlich mit den zivilisatorisch hoch entwickelten Teilen der Erde beschäftigte, und hier wieder am meisten mit den Ländern des Mittelmeerraumes.

> »To judge by the number of books consulted on each area, the seats of Greek culture, together with the Roman, Trojan, and Etruscan, rated first in his interest. Only slightly less frequently studied were books on the Near and Middle East, the home of the Persian, Arabian, and Judiac culture».

Berichte von überseeischen Reisen und Abenteuern, die bei seinen Zeitgenossen populär waren, habe er dagegen weitgehend ignoriert.[4]

Dieser Aufzählung muß man hinzufügen, daß sie nur einen Teil des von Goethe Gelesenen umfaßt. Das Verzeichnis seiner eigenen Bibliothek, das erst nach dem Erscheinen von Schultz' Untersuchung zugänglich wurde, enthält in den Kategorien «Geographie» und «Reisen» noch einmal mehr als zweihundert Titel, wobei allerdings Atlanten und ethnographische Kompendien sowie Beschreibungen der von ihm selbst besuchten Orte überwiegen.[5]

Wichtiger als eine quantitative Bewertung der von Goethe aufgenommenen Reisewerke ist jedoch, daß es ihm gelang, sich aus dem Gelesenen oder Gehörten höchst konkrete Vorstellungen von bestimmten Orten, auch von einzelnen Ländern und Völkern zu bilden. Im Falle Englands etwa gewann er aus den Einzelinformationen ein überzeugendes Gesamtbild.[6] Als Lehnstuhlreisender vollzog er somit ein Programm der allseitigen Unterrichtung, das er in persona nicht hatte durchführen können. Wohl nicht zu Unrecht durfte er von sich behaupten, alle Reisebeschreibungen seien ihm, als wenn er in seine «flache Hand sähe».[7]

---

1 Gedenkausgabe. Bd. 10. S. 34.
2 Gedenkausgabe. Bd. 10. S. 42.
3 Gedenkausgabe. Bd. 10. S. 588.
4 Schultz, Arthur R.: Goethe and the Literature of Travel. In: The Journal of English and German Philology. Bd. XLVIII/1949. S. 445-468.
5 Goethes Bibliothek. Katalog. Hg. v. Hans Ruppert. Weimar 1958. S. 562-596.
6 Vgl. Verf.: Goethes »Englische Reise« oder Gedanken zur Physiognomie des nicht-reisenden Reisenden, in »Der curieuse Passagier«. Deutsche Englandreisende des achtzehnten Jahrhunderts als Vermittler kultureller und technologischer Anregungen. Heidelberg. 1983. S. 75-91.
7 Brief an Schiller. 4. Mai 1802. Gedenkausgabe. Bd. 20. S. 895.

Sechste These: Die von ihm in Druck gegebenen Reiseberichte entsprechen nicht immer seinen ursprünglichen Eindrücken.

Der Ansatz für diese Überlegung ist Goethes Gewohnheit, man kann fast sagen, Besessenheit, bei allen Reisen das Gesehene und Erlebte in Briefen, Tagebüchern und sonstigen Notizen festzuhalten. Vieles davon hat er in seinen autobiographischen Schriften publiziert. Was man bei deren Lektüre allerdings kaum wahrnimmt, ist, daß sie trotz ihrer scheinbaren Frische fast immer auf Revisionen der ursprünglichen Niederschriften zurückgehen. Für die »Italienische Reise« etwa bezeugen die im Weimarer Goethe- und Schiller-Archiv aufbewahrten Manuskripte, wie er, dreißig Jahre nach der Reise, unzählige Stellen gekürzt, miteinander vertauscht oder neu formuliert hat. Ganze Abschnitte, darunter die Zeugnisse über seinen Aufenthalt in Neapel und Sizilien, hat er, wie es in den Anmerkungen der »Weimarer Ausgabe« heißt, »nach erfolgter Benützung« den Flammen überantwortet.[1]

Was er bei der Redaktion im einzelnen änderte, erkennt man an seiner Beschreibung des Römischen Karnevals, jenem einzigen Stück des Werkes, das von seinem Korrekturstift verschont blieb, weil er es schon zuvor publiziert hatte: hier stehen überraschend viele Hinweise auf Dinge, die ihm nicht nur bei dem Fest, sondern in Rom überhaupt mißfielen - er spricht sogar von einem »engen, ja beinahe ängstlichen Zustand«, in dem er sich befunden habe[2] - alles Aussagen, die gar nicht zu dem heiteren Ton der anderen Teile der »Italienischen Reise« passen wollen.

Siebente These: Er entwickelte eine Symbolik des Reisens, die in ihrer Intensität über sein eigenes Reisen hinausgeht.

So widersprüchlich Goethe als Reisender und Nicht-Reisender erscheinen mag, so strahlend steht er vor uns, wenn wir uns vergegenwärtigen, welche Bedeutung das Reisen für ihn als poetische Metapher hatte. Dafür gibt es zahllose Belege in seinen Schriften: ob er in den »Wahlverwandtschaften« den englischen Lord sagen ließ, er glaube, auf dem rechten Wege zu sein, weil er sich »immerfort als einen Reisenden betrachte, der vielem entsagt, um vieles zu genießen«[3]; oder ob er in der Geschichte seiner botanischen Studien meinte, der eigentlichste Gewinn des Reisens sei es, neue Gegenstände zu sehen, die, »indem sie den Geist erregen, uns erfahren lassen, daß wir eines reinen Enthusiasmus fähig sind«[4], - immer wieder diente ihm die Reise als Ausdruck des menschlichen Bemühens um äußere und innere Bildung.

In manchen seiner Werke gewinnen Bezüge auf Reisen, Wandern und Sich-Bewegen geradezu leitmotivische Bedeutung. Hierher gehören etwa der »Wilhelm Meister« mit seiner gedanklichen Verquickung von Reise und Dasein oder der »Westöstliche Diwan«, in dem es um eine Flucht und Reise durch Raum und Zeit geht. »Faust« enthält Elemente einer gleichnishaften Reise durch diese und andere Welten.

Fast so etwas wie die Quintessenz von Goethes Reise-Symbolik bietet sein - gesprächsweise formuliertes - Aperçu, man reise »ja nicht um anzukommen, sondern um zu reisen«.[5] Reisen, so möchte man unterstellen, steht hier für Bewegung um ihrer selbst willen, für ein bewußtes Erfassen der Gegenwart bei ständig wechselnden Schauplätzen. Zweck des Reisens wird das Reisen selbst, als beantworte es die für Fausts Denken so aufschlußreiche

1   Weimarer Ausgabe. I. Abt. Bd. 30. Weimar 1903. S. 284.
2   Gedenkausgabe. Bd. 11. S. 550.
3   Gedenkausgabe. Bd. 9. S. 213.
4   Gedenkausgabe. Bd. 17. S. 78.
5   Faust. Vers 1681.

Frage nach einem »Spiel, bei dem man nie gewinnt«.[1]

Mit Goethes eigenen Reisen hat solche Symbolik freilich nur noch in beschränktem Umfang zu tun. Mag sie auch manche der in unseren Thesen betonten Züge, vornehmlich die therapeutische Bedeutung des Reisens einschließen, in ihrer Intensität geht sie über das hinaus, was er für sich selbst verfolgen konnte.

Wie auch immer sich in Goethes Reise-Gedanken Privates und Poetisches überschneiden oder voneinander trennen mögen, die Maxime, daß es beim Reisen nicht auf das Erreichen eines Zieles, sondern auf das Reisen selbst ankomme, ist prägnant genug, um sie wiederzuerkennen, wo andere Ähnliches sagen. So meinte Montaigne bereits zweihundert Jahre vor Goethe, er ginge nicht auf Reisen, um zu einem bestimmten Ort zu gelangen, sondern um sich in Bewegung zu halten[2], und auch neuere Autoren haben vergleichbare Formulierungen gefunden.[3] Ihre Äußerungen im einzelnen zu betrachten und zu verfolgen, welche Verbindungen zwischen ihnen bestehen, wäre eine kaum weniger reizvolle Aufgabe, als über Goethes Art des Reisens zu reflektieren.

---

1   Überliefert von Caroline Herder, nach einem Gespräch mit Goethe im September 1788. Gedenkausgabe. Bd. 22. S. 169.
2   Montaigne: Essais. Bordeaux 1588. Buch III. Kapitel 9.
3   An Goethes Wort anklingende Äußerungen finden sich etwa bei Franz Kafka, Hermann Hesse, Marie Luise Kaschnitz, Cesare Pavese und Max Frisch. Für einzelne Texte und Quellenangaben siehe Reis, Thomas: »... Dazu verhilft die Lust der Reise«. Reise-Aphorismen. Ludwigsburg 1982.

Ernst Osterkamp

Johann Hermann von Riedesels Sizilienreise
Die Winckelmannsche Perspektive und ihre Folgen[1]

»Indem wir als Deutsche dieses Inselland betreten, scheint sich uns unablehnbar Goethes Genius zum Begleiter anzubieten. Wir kreuzen mit jedem Gang die Spuren seines Weges; alle diese Namen waren uns schon vorher durch ihn vertraut; wir hatten diese Buchten und Berge durch ihn gesehen, bevor wir sie gesehen hatten. Es ist unvermeidlich, daß wir uns seiner immer wieder erinnern«.[2]

So beginnt 1926 Hugo von Hofmannsthal seinen Essay »Sizilien und wir«, der deshalb auch eher ein Goethe- als ein Sizilienessay ist. Wohl nirgends ist die prägende Kraft, die von Goethes »Italienischer Reise« auf ein Jahrhundert deutscher Sizilienerfahrung ausgegangen ist, klarer hervorgehoben worden als hier, kaum jemals zuvor hat freilich auch ein bedeutender Autor seinen eigenen Blick auf dieses Land so bereitwillig an den Perspektiven sich entlang bewegen lassen, die Goethe ihm vorgegeben hatte.[3] Am Beispiel Hofmannsthals wird jedoch nur im Extrem erfahrbar, daß es den genuin eigenen, von vorgängigen Perspektivierungen freien Blick auf ein fremdes Land nicht gibt. Dies bedeutet aber auch, daß durch das Medium der Goetheschen Siziliendarstellung hindurch ältere Wahrnehmungsweisen und Perspektiven auf unsere heutige Erfahrung der Insel, so weit sie von Goethes »Italienischer Reise« mitgeprägt ist, nach wie vor einwirken. Denn natürlich hatte, um es mit Hofmannsthals Worten zu sagen, auch Goethe diese Buchten und Berge gesehen, bevor er sie gesehen hatte, und auch er hatte, wenn nicht einen »Genius«, so doch einen »Mentor« zum »Begleiter«, der für seine Sizilienerfahrung von erheblicher Bedeutung war. Goethe selbst hat dies auch gar nicht verleugnet, es gehört aber mit zur Erfolgsgeschichte der »Italienischen Reise«, daß die Prägungen, die auf Goethes Italienerfahrung von früheren Traditionen der Italienwahrnehmung ausgegangen sind, nicht mehr ernstgenommen oder auch völlig übersehen wurden. Man vergegenwärtige sich dagegen, was Goethe am 26. April 1787 in Agrigent notierte:

»Ich genoß des herrlichsten Morgens am Fenster, meinen geheimen, stillen, aber nicht stummen Freund an der Seite. Aus frommer Scheu habe ich bisher den Namen nicht genannt des Mentors, auf den ich von Zeit zu Zeit hinblicke und hinhorche; es ist der treffliche von Riedesel, dessen Büchlein ich wie ein Brevier oder Talisman am Busen trage. Sehr gern habe ich mich immer in solchen Wesen bespiegelt, die das besitzen, was mir abgeht, und so ist es grade hier: ruhiger Vorsatz, Sicherheit des Zwecks, reinliche, schickliche Mittel, Vorbereitung und Kenntnis, inniges Verhältnis zu einem meisterhaft Belehrenden, zu Winckelmann; dies alles geht mir ab und alles übrige, was daraus entspringt. Und doch kann ich mir nicht feind sein, daß ich das zu erschleichen, zu erstürmen, zu erlisten suche, was mir während meines Lebens auf dem gewöhnlichen Wege versagt war«.[4]

---

1   Eine erste, erheblich kürzere Fassung dieses Referats habe ich am 16. April 1986 bei einem Colloquium des Goethe-Instituts Palermo zum Thema »Goethe in Sicilia. L'immagine della Sicilia nella letteratura tedesca« unter dem Titel »Riedesel: la guida di Goethe in Sicilia« vorgetragen. Der hier vorliegende Text gibt mein am 10. Oktober 1986 beim Bremer Symposium »Europäische Reiseliteratur im 18. und 19. Jahrhundert« gehaltenes Referat unverändert, ergänzt nur um den Anmerkungsteil, wieder.
2   Hugo von Hofmannsthal: Erzählungen. Erfundene Gespräche und Briefe. Reisen. Hg. von Bernd Schoeller. Frankfurt a.M. 1979. S. 658.
3   Zur Geschichte der deutschen Sizilienreisen vgl. mein Nachwort zu: Sizilien. Reisebilder aus drei Jahrhunderten. Hg. von Ernst Osterkamp. München 1986. S. 361-388.
4   Goethe: Italienische Reise. Hg. von Herbert von Einem. München 1978. S. 277.

Diese Sätze, die eine der fundamentalsten Selbstproblematisierungen des mittleren Goethe, seines Lebens- und Bildungsganges, enthalten, lassen es zumindest zweifelhaft erscheinen, ob die Entschiedenheit, mit der Hofmannsthal in schwankender Zeit sich an Goethes »Genius« orientierte, nicht noch von derjenigen übertroffen wird, mit der Goethe seinem »Mentor« folgte: denn wer seinen Reiseführer mit »frommer Scheu« ein »Brevier oder Talisman« nennt, verleiht dessen Weisungen eine nachgerade religiöse Unumstößlichkeit. Wie aus jedem Brevier, so spricht auch aus demjenigen des »trefflichen von Riedesel« ein höherer »Genius«, dem dessen Leser Goethe sich anvertraut: Es ist der Geist Winckelmanns, den Goethe so häufig in der »Italienischen Reise«, die ja nicht zuletzt als ein groß angelegtes antiromantisches Bekenntnis gelesen sein will, als ideale Ausformung aller Bestrebungen des Weimarer Klassizismus zitiert. Über Riedesel wirken also Winckelmannsche Impulse auf Goethes Sizilienerfahrung ein, die im Zuge der Wirkungsgeschichte der »Italienischen Reise« die deutsche Sizilienwahrnehmung des 19. und 20. Jahrhunderts mitgeprägt haben. Riedesels »Reise durch Sizilien und Großgriechenland«, dieser erste deutsche Sizilienreisebericht im 18. Jahrhundert überhaupt, ist eines der wenigen deutschen Reisebücher, die eine gesamteuropäische Wirkung entfalteten[1], und dies paradoxerweise gerade deshalb, weil es nur für einen einzigen Leser geschrieben worden war, in dem freilich eine gesamteuropäische Strömung, die Wiederentdeckung des Griechentums, ihren größten Theoretiker gefunden hat. Ich werde mich aus diesem Grund im folgenden auf Stichworte zur Bedeutung der Winckelmannschen Perspektive für Riedesels Sizilienwahrnehmung und für die Wirkungsgeschichte seiner Reisebeschreibung beschränken.

Zunächst einige Worte zu Riedesels Biographie, die in den grundlegenden Aufsätzen von Walter Rehm (1938) und Eduard Edwin Becker (1942) erschlossen wurde.[2] Johann Hermann Riedesel, Freiherr zu Eisenbach, geboren 1740, also im Jahr von Johann Caspar Goethes Italienreise, entstammt einer weitverzweigten hessischen Adelsfamilie. Nach kurzem Jurastudium in Erlangen tritt er im Dezember 1761 seine Kavalierstour an, die ihn auf ganz traditionelle Weise in anderthalb Jahren nach Paris, Rom, Neapel und Venedig führt. Bei seinem Romaufenthalt lernt Riedesel im Herbst 1762 Johann Joachim Winckelmann kennen. Seit diesen Tagen zählt Riedesel zu Winckelmanns bewährtesten Freunden; die Briefe des päpstlichen Antiquars an Riedesel sind gedruckt, Riedesels Antworten müssen leider als verloren gelten. - Als Kammerherr im Dienste des Hauses Württemberg geht Riedesel im Frühjahr 1765 nach Lausanne an den Genfer See, also in die unmittelbare Nachbarschaft der beiden großen Antipoden Voltaire und Rousseau; ein Brief des Prinzen Ludwig Eugen von Württemberg an Rousseau, in dem dieser den jungen Riedesel dem Philosophen empfiehlt, hat sich erhalten.[3] - Ende 1765 beginnt der kleine, bucklige, nicht sehr kräftige Riedesel, damals 25 Jahre alt, eine in der Geschichte der deutschen Reisen des 18. Jahrhunderts völlig außergewöhnliche Fahrt durch den gesamten Mittelmeerraum:

---

1   Vgl. z.B. Arnaldo Momigliano: The Rediscovery of Greek History in the Eighteenth Century: The Case of Sicily. In: Studies in Eighteenth-Century Culture. Vol. 9. Ed. Roseann Runte. Madison/Wisc. and London 1979. S. 177.

2   Walter Rehm: Johann Hermann von Riedesel. Freund Winckelmanns, Mentor Goethes, Diplomat Friedrichs des Großen. In: ders.: Götterstille und Göttertrauer. Aufsätze zur deutsch-antiken Begegnung. München 1951. S. 202-247. (Erstdruck 1938); Eduard Edwin Becker: Johann Hermann Riedesel. In: Johann Hermann Riedesel Freiherr zu Eisenbach: Randbemerkungen über eine Reise nach der Levante 1768. Übersetzt von Lili M. Schultheis. Darmstadt 1940 (eigentlich 1942). S. 7-62. Manches verdanken die folgenden Ausführungen auch Walther Rehms Kommentar zu der von ihm besorgten Ausgabe: Johann Joachim Winckelmann: Briefe. In Verbindung mit Hans Diepolder hg. von Walther Rehm. 4 Bde., Berlin 1952-1957.

3   Vgl. Rehm a. a. O. S. 207.

durch Italien und Sizilien, dann durch Griechenland und Kleinasien nach Konstantinopel, anschließend nach Spanien und Portugal. Seine über sechs Jahre dauernde Reise schließt mit einem fast anderthalbjährigen Englandaufenthalt, den er keineswegs nur in London verbringt, sondern auch zu Abstechern nach Schottland und Irland nutzt. In Edinburgh plaudert er mit David Hume über Rousseau, in Bath findet man ihn in der Gesellschaft David Garricks.[1]

Man muß solche Daten erwähnen, weil sie den Adressatenbezug von Riedesels Sizilienbüchlein deutlicher hervortreten lassen: Wenn uns heute Riedesel aufgrund seiner Sizilien- und Griechenlandbücher ausschließlich als Adept Winckelmanns erscheint, so wird doch in seinen Reisebewegungen gleichsam die gesamte Entwicklungsgeschichte der europäischen Aufklärung sichtbar: Am Anfang steht Frankreich mit Montesquieu, Voltaire und Rousseau, dann folgt Italien mit der Griechensehnsucht Winckelmanns, den ja schon Diderot mit Rousseau verglichen hatte[2], endlich orientiert sich Riedesel ganz nach England, auf das in diesen Jahren die gesamte fortgeschrittene Intelligenz Europas zu blicken beginnt. Wenn Riedesel also im Dezember 1771 nach Berlin geht, so tut er dies ausdrücklich mit der Absicht, Gesandter Preußens in London zu werden. Stattdessen wird er schon im Juni 1773 zum bevollmächtigten Minister Preußens am Wiener Hof der Kaiserin Maria Theresia ernannt; mit 33 Jahren nimmt Riedesel also einen der wichtigsten diplomatischen Posten Preußens überhaupt ein. In Wien stirbt Riedesel 1785 nach zwölfjähriger diplomatischer Tätigkeit - sein größter Erfolg ist der Friede von Teschen nach dem Bayrischen Erbfolgekrieg - im Alter von 45 Jahren an den Folgen eines Reitunfalls. Man sieht: In Riedesel kamen zentrale Strömungen der europäischen Aufklärung zusammen, von denen die Winckelmannsche Wiederentdeckung der griechischen Kunst nur eine war, deren Dominanz in Riedesels Biographie im übrigen auch zeitlich eng begrenzt gewesen sein dürfte. Es lassen sich ja auch in seinen Reiseberichten überall die Einflüsse Montesquieus, Voltaires und Rousseaus nachweisen; immerhin rühmt er bei seiner Sizilienreise den Bischof von Catania, weil er in dessen Bibliothek »sämtliche Werke des Voltaire, Rousseau und Helvetius« gefunden hat.[3] Aufs ganze gesehen steht Riedesels Sizilienreise freilich völlig im Zeichen Winckelmanns.

Riedesel hat sich, bevor er von Neapel aus nach Sizilien fuhr, fast ein Jahr lang in Rom aufgehalten. In dieser Zeit muß er, wie wir aus seinem Bericht über die Sizilienreise schließen können, eine sehr gründliche altertumskundliche Ausbildung durch Winckelmann erhalten haben. Dies zeigt sich nicht nur an der umfassenden antiquarischen Bildung und an der Sicherheit, mit der Riedesel die griechischen Kunstwerke und Bauten Siziliens historisch einordnete, sondern vor allem an den ästhetischen Leitvorstellungen und den historischen Erklärungsmustern, die er seinen Bewertungen unterlegt: Sie gehen bis in die Sprachgestalt hinein auf Winckelmann zurück. Im übrigen kommentiert Riedesel gelegentlich auch Kunstwerke aus dem Gedächtnis durch Querverweise auf Winckelmanns »Geschichte der Kunst des Altertums« und den Stoschischen Gemmenkatalog (S. 23, 91). Daß Winckelmann selbst seinen seit 1757 gehegten Plan einer Sizilienreise nie hat verwirkli-

---

1 Becker a. a. O. S. 35, 38.

2 Im »Salon de 1765«. Carl Justi: Winckelmann und seine Zeitgenossen. 5. Auflage. Köln 1956. Bd. 2. S. 72.

3 Zitiert wird nach der heute am leichtesten zugänglichen Neuausgabe: Johann Hermann von Riedesels Reise durch Sizilien und Großgriechenland. Einführung und Anmerkungen von Arthur Schulz. Berlin 1965 (= Jahresgabe 1964 der Winckelmann-Gesellschaft Stendal). S. 64. Eine weitere Ausgabe erschien 1942 als bibliophiler Druck in 500 Exemplaren: Johann Hermann Riedesels Freiherrn zu Eisenbach Sendschreiben über seine Reise nach Sizilien und Großgriechenland 1767. Mit einer Einleitung von Kasimir Edschmid. Darmstadt 1939 (eigentlich 1942).

chen können, findet seine Gründe in zufälligen Bedingungen von dessen römischer Karriere. Wir wissen aber aus seinen Briefen, was er in Süditalien und Sizilien zu suchen gedachte und zu finden hoffte. Das Schlüsselerlebnis bildet hier seine Reise zu den erst 1746 wiederentdeckten Tempeln von Paestum, die er, gemeinsam übrigens mit Volkmann, dem Autor von Goethes späterem Reiseführer, als erster Deutscher überhaupt gesehen hat. Wenn, so war seine Überlegung, nicht weit von Neapel solche großartigen Zeugnisse der griechischen Kultur gänzlich unbeachtet bleiben konnten, was alles mußte dann nicht erst in dem unwegsamen Gelände Apuliens und Kalabriens zu finden sein! Winckelmanns Entdeckereuphorie führt, seinem Ideal der Autopsie entsprechend, zu der Konsequenz, persönlich ganz Italien systematisch nach Zeugnissen der griechischen Kultur absuchen zu wollen; er schreibt am 5.8.1758 an Stosch:

> »Das Untertheil zu Fuße: denn daselbst ist kein ander Mittel, und so hat es Cluverius gemacht. Ich traue keiner Neapolitanischen Nachricht. Ich weiß z.E. daß zu Velia, (...) noch 30 Mil. weiter als Pesto, so zu sagen, gantze und halbe alte Tempel stehen sollen. Ich muß mir die Zufriedenheit verschaffen, Dinge gesehen zu haben, die keiner von allen Deutschen sehen wird. Ich habe dazu ersparet, und ich habe nichts als einen Pilger-Kittel nöthig (...). Die Gebäude zu Pesto von welchen vor 10 Jahren kein Mensch nicht einmahl in Neapel gewußt, und die von jeder Zeit vor aller Welt Augen sichtbar gewesen, (...) laßen mich hoffen, daß die gantze öde und verlaßene See=Küste, wo die berühmten Städte von Groß=Griechenland gewesen, noch viel Reste habe.«[1]

Diese Sätze zeigen, wie gering der Kenntnisstand über Süditalien zu dieser Zeit noch war, wie unerschlossen weite Teile Italiens als archäologische Landschaft waren, und wie groß entsprechend die Erwartungen sein mußten, die Winckelmann an eine Erforschung dieser Landstriche richten konnte. Dieser Brief enthält deshalb im Grunde schon das Reiseprogramm für Riedesels Erkundung von Großgriechenland: Es geht um die systematische Aufnahme aller bedeutenden Zeugnisse der griechischen Kultur in der Magna Graecia. Riedesel hat sich neun Jahre später präzise daran gehalten und Ort für Ort die bedeutendsten Ruinen und Sammlungen notiert. Und natürlich konnte es keine Versuchung für ihn bedeuten, die insgesamt enttäuschenden Ergebnisse durch Hinweise etwa aufs Castel del Monte oder andere Bauten des Stauferkaisers Friedrich II. aufzuwiegen.

Kaum besser lagen die Verhältnisse in Sizilien. Zwar kann Winckelmann Riedesel für seine Reise neben der »Sicilia antiqua« des Philippus Cluverius (1619) bereits die auf einer ca. 1729 unternommenen Sizilienreise beruhende Darstellung des Jacob Philipp d'Orville (posthum 1764) empfehlen[2], daneben gab es aber nur das 1751/52 erschienene Werk des Theatiners Pancrazi »Antichità Siciliane spiegate«, das allein die Tempel in Agrigent darstellte; »una opera fatta al modo fratesco«, wie Winckelmann abschätzig urteilte.[3] Die antiquarisch zuverlässigsten Nachrichten über die Tempel Agrigents konnte man zu dieser Zeit tatsächlich wohl bei Winckelmann selbst finden, der sie nie gesehen hat: in seinem 1759 erschienenen Aufsatz »Anmerkungen über die Baukunst der alten Tempel zu Girgenti in Sicilien«, der sich auf bis dahin unpublizierte Vermessungen durch den jungen schottischen Architekten Robert Mylne stützte.[4] Auch Sizilien war also zu dieser Zeit archäologisch noch weitgehend eine terra incognita.

Riedesel nun, der gehofft hatte, seine Sizilienreise gemeinsam mit Winckelmann absolvieren zu können, notiert, als sich dies nicht realisieren ließ, in seinen Reiseaufzeichnungen

---

1 Winckelmann: Briefe. Bd. 1. S. 403.
2 Vgl. Winckelmanns Brief an Riedesel vom 23.2.1767 ebd. Bd. 3. S. 237.
3 Vgl. Winckelmanns Brief an Riedesel ebd. Bd. 1. S. 456.
4 Vgl. Johann Joachim Winckelmann: Kleine Schriften. Vorreden. Entwürfe. Hg. von Walther Rehm. Mit einer Einleitung von Helmut Sichtermann. Berlin 1968. S. 174-185.

bevorzugt solche Sachverhalte, von denen er glaubt, daß Winckelmann selbst sie sich im Falle einer Sizilienreise aufgezeichnet haben würde oder daß sie zumindest für den gelehrten Antiquar von Interesse sein könnten. Er hat seinen Reisebericht also nur für diesen einen Leser geschrieben. »Ich bin«, so schreibt er am 12.7.1771, nach Erscheinen des Bändchens, an dessen Verleger Caspar Füssli nach Zürich, »nicht zufrieden, meine Sachen bekannt gemacht zu haben, da ich gar nicht willens gewesen, ein Buch zu schreiben, sondern diese Anmerckungen der Freundschaft, in welcher mit Hr. Winckelmann gelebt, aufgeopfert (...)«.[1] Riedesels »Reise durch Sizilien und Großgriechenland« ist die ausschließlich für Winckelmann hergestellte Ausfertigung seines Reisetagebuchs, die im Sommer 1767, also gleich nach der Reise, in Fortsetzungen von Neapel nach Rom geschickt wird. Winckelmann hat, als er Riedesels Bericht erhielt, sogleich den Entschluß gefaßt, ihn, sprachlich überarbeitet und mit einer Vorrede versehen, als Buch zu veröffentlichen. Er hat ihn dann aber, ohne Vorrede und in seiner ursprünglichen Gestalt, an seine Freunde nach Zürich geschickt, in deren Verlag er erst 1771 anonym, aber mit einer Widmung an Winckelmann versehen, erschien. Da Riedesels Sizilienbuch nach der Auswahl der Gegenstände und der Art ihrer Beschreibung auf den ersten und ursprünglich einzigen Leser des Buches, auf Winckelmann, hin konzipiert war, erscheint es dem heutigen Leser gerade aufgrund der Ausschließlichkeit seines Adressatenbezugs als Reisebericht problematisch, während Winckelmann aus dem gleichen Grund natürlich ein »Muster« der Gattung vor sich zu haben meinte; am 22. Juli 1767 schreibt er an Usteri: »(...) ich glaube nicht, daß dergleichen würdige, nützliche und unterrichtende Reise erschienen sey. Sie kann anderen künftig zum Muster dienen«.[2]

Bevor im folgenden erläutert wird, warum Winckelmann den Bericht als musterhaft empfand, müssen freilich kurz Reiseroute und Reisebedingungen skizziert werden. Riedesel landet am 18. März 1767 im Hafen von Palermo. Von dort reist er in Begleitung seines Dieners und eines vom Vizekönig gestellten Soldaten auf dem Landweg nach Alcamo, Segesta, Trapani, Marsala, Castevetrano, Selinunt, Sciacca, Girgenti und schließlich nach Alicata. Dort mietet er sich eine Speronara, mit der er den ganzen Rest der Reise, genau gesagt bis Gallipoli im Golf von Tarent, absolviert. Er bereist also nach seiner Rückkehr von Malta auch die Ostküste Siziliens mit der Speronara, wobei er in Syrakus, Catania (mit Ätnabesteigung), Taormina und Messina Station macht. Am 8. Juni, also nach knapp drei Monaten, trifft er wieder in Neapel ein.

Riedesels Reiseroute ist tatsächlich musterbildend: Er konzentriert sich auf die West-, Süd- und Ostküste und vermeidet die Nordküste, weil es dort nichts Griechisches zu sehen gab. Seine Reisebedingungen dagegen führen dazu, daß sich seine Sizilienerfahrung von derjenigen seiner deutschen Nachfolger erheblich unterscheidet: Zum einen reist Riedesel vergleichsweise luxuriös, zum großen Teil mit dem Schiff und versehen mit Empfehlungsschreiben an die besten Häuser; zweitens beschränkt sich seine Reise ausschließlich auf die Küstenregionen, vom Landesinneren hat er kaum etwas gesehen. Wenn Sizilien in Riedesels Reisebericht also als ein grünes, fruchtbares, blühendes, in landschaftlichen Einzelprospekten sogar nachgerade idyllisches Land erscheint und das Elend der Landbevölkerung nirgends erwähnt wird, so geht es auf diese Reisebedingungen zurück und läßt keine unmittelbaren mentalitätsgeschichtlichen Rückschlüsse zu. Es kann, um nur einen Hinweis zu geben, in der Sizilienerfahrung allein schon dadurch zu fundamental unter-

---

1 Zit. nach Winckelmann: Briefe. Bd. 3. S. 534.
2 Winckelmann: Briefe. S. 292.

schiedlichen Wertungen kommen, daß der Reisende Syrakus vom Meer aus, wie Riedesel, und nicht auf dem Landwege erreicht, wie Bartels, Seume oder Platen.

In welcher Weise prägt nun ihr impliziter Adressatenbezug Riedesels Reiseschilderung? Ich nenne im folgenden zwölf Punkte, wobei ich von allgemeinen Darstellungsprinzipien ausgehe und dann einige Grundmuster der Wahrnehmung skizziere.

1. Riedesel hat seinen Reisebericht auf Deutsch verfaßt. Tatsächlich ist dies nur durch Winckelmanns bittere Idiosynkrasie gegen alles Französische zu erklären[1], denn Riedesel selbst schrieb, wie seine Briefe zeigen, zeitlebens Französisch. Riedesels 1773, also fünf Jahre nach Winckelmanns Tod, erschienene Bemerkungen über seine Griechenlandreise, auf Briefen an seine Schwester, eine Gräfin Degenfeld, basierend, sind deshalb ganz selbstverständlich wieder auf Französisch verfaßt. Auch einen Satz wie »Der Adel in Palermo äffet die französische Mode, so wie das übrige Europa, nach« (S. 74) wird man in dem Griechenlandbuch nicht mehr finden. Gerade dies läßt das Sizilienbuch auch als Indikator jenes Geschmackswandels erscheinen, der von der Orientierung der deutschen Intellektuellen an der französischen Kultur fortführt; der Winckelmannsche Griechenkult spielt hierbei eine wichtige Rolle.

2. Riedesel hat seinen Reiseaufzeichnungen die Form von zwei »Sendschreiben« an Winckelmann gegeben, von denen das erste die Sizilienreise, das zweite die Reise durch Großgriechenland umfaßt. Man kann hier nicht, wie bei der Mehrzahl der deutschen Reisebücher dieser Zeit, von einer Brieffiktion sprechen, denn der persönliche Bezug der Mitteilungen bleibt bei Riedesel gewahrt. Tatsächlich hat Riedesel die Form selbst von Winckelmann übernommen, der es liebte, thematisch gebundenen Abhandlungen die Form von Sendschreiben an Freunde, die einen engen persönlichen Bezug zum Thema besaßen, zu geben; erinnert sei an die »Abhandlung von der Fähigkeit der Empfindung des Schönen in der Kunst«, die als Sendschreiben an den jungen Freiherrn von Berg erschien, oder an den Entwurf eines Riedesel gewidmeten Sendschreibens »Von der Reise eines Liebhabers der Künste nach Rom«, das ein Besuchsprogramm für deutsche Romreisende enthalten sollte.[2] Solche Sendschreiben eröffnete Winckelmann, ganz im Sinne der nun aufbrechenden Gefühlskultur, mit großen Beteuerungen seiner Freundschaft und Liebe zum angesprochenen Adressaten, und Riedesel folgt auch diesem Muster mit den Freundschaftsbeteuerungen seines Proömions. - Riedesels Griechenlandreisebuch, das tatsächlich auf Briefen basiert, ist nicht mehr in Form von Sendschreiben verfaßt.

3. Zur Erläuterung seiner sizilianischen Funde und Entdeckungen wählt Riedesel bevorzugt Vergleiche mit römischen Altertümern; so vergleicht er eine Büste in Palermo mit der »Statue des Sardanapalus bey dem Bildhauer Cavaceppi zu Rom« (S. 23) oder den Lavaelefanten in Catania mit jenem zu Rom »alla Piazza della Minerva« (S. 53). Für eine Reisebeschreibung zur Unterrichtung deutscher Leser wären solche Vergleiche ausgesprochen ungeschickt gewesen, weil sie eine Unbekannte durch eine andere Unbekannte erläutert hätten. Winckelmann jedoch, für den sie gedacht waren, mußte sie als mustergültig empfinden, weil er die Vergleichsobjekte unmittelbar vor seiner Haustür besaß.

4. Der Lakonismus von Riedesels Darstellung setzt einen Leser voraus, der über vorzügliche altertumskundliche Kenntnisse und eine kleine Handbibliothek von Siziliana verfügt. Riedesel kann davon ausgehen, daß sein Leser die Sizilienliteratur von Fazello bis d'Orville kennt und dort nachschlagen kann; deshalb notiert er vorzugsweise das, was man bisher

---

1 Vgl. hierzu Manfred Fuhrmann: Winckelmann, ein deutsches Symbol. In: Neue Rundschau 83 (1972). S. 268.
2 Vgl. Winckelmann: Kleine Schriften a. a. O. S. 203-233.

nicht oder doch falsch gesehen hat. »Sie werden des d'Orville Kupfer zur Hand nehmen müssen um mich zu verstehen« (S. 66): dieser für eine Reisebeschreibung im Grunde ruinöse Satz findet durch den Adressatenbezug auf Winckelmann seinen guten Sinn. Jedenfalls dürfte auch für einen Leser des 18. Jahrhunderts Riedesels Buch nicht selten eine kryptische Lektüre gewesen sein.

5. Ohnehin ist Riedesels Stilideal der brevitas ein genuin Winckelmannsches Erbe: »(...) im Schreiben ist meine Regel nichts mit zwey Worten zu sagen, was mit einem einzigen geschehen kann«.[1] So Winckelmann, und Riedesel: »Soll ich mich in Beschreibung aller besondern Kirchen und Palläste einlassen? Ich überlasse dieses andern, welche mehr Geduld zu schreiben und zu lesen, als wir beyde haben« (S. 22). Die Kürze und Prägnanz der Darstellung bedingen dann aber auch, daß eigentliche Reiseerlebnisse zurückgedrängt werden und Landschaftsschilderungen selten sind. Riedesel führt gezielt zu den wichtigen Objekten, er schildert aber nicht die Wege, auf denen er zu ihnen gelangt, und baut auch keine weiträumigen Topographien auf.

6. Winckelmanns wissenschaftliches Ethos gründet, ganz im Sinne der Wissenschaftsentwicklung des 18. Jahrhunderts, auf dem Prinzip der Autopsie; eine Leitmaxime der »Geschichte der Kunst des Altertums« ist, daß nur derjenige über Kunstwerke schreiben könne, der sie selbst gesehen und untersucht habe. Riedesel folgt ihm hierin vollkommen: Er ist ein Empiriker, der alles gesehen, erforscht und vermessen haben will, worüber er schreibt. »Wie ich durch die Erfahrung war belehret worden« (S. 40), oder: »die durch meinen Augenschein widerlegte und verbesserte Vorurtheile gegen diese Länder« (S. 101): dies sind Grundmotive seiner Darstellung. Riedesel glaubt deshalb auch nicht mehr an die alten poetischen Beschreibungen. So überprüft er die Nachrichten von der Gefährlichkeit der Charybdis, des Strudels in der Meerenge von Messina, auf bezeichnende Weise: »Ich bin mit einem kleinen Kahne selbst darüber gefahren, um mich davon zu überzeugen: Das Wasser ist nur 30. Palme tief; mithin kann dieser Wirbel nicht so gefährlich seyn, als man solchen beschreibt.« (S. 71) Riedesel geht jedenfalls bei allem, was er schreibt, davon aus, daß erst die durch den Augenschein beglaubigte Authentizität der Nachrichten diese für Winckelmann verwertbar macht.

7.Die Wahrnehmung des aufgeklärten Empirikers bleibt nicht auf die griechischen Kunstwerke und Architekturen begrenzt, wie er seinem Freund schon im ersten Absatz ankündigt. Bereits Riedesels Sizilienbericht zeichnet sich durch jenes Ineinander von rückwärtsgewandter Griechensehnsucht und gegenwartsorientierter Sozialkritik aus, das die späteren deutschen Sizilienberichte des 18. Jahrhunderts prägt.[2] Hierfür liefert eines der Lieblingsdenkmodelle des 18. Jahrhunderts die theoretische Grundlage: der Vergleich von Antike und Moderne, bei dem die Moderne in der Regel schlecht abschneidet. Wenn Riedesel also die griechischen Bauwerke bewundert, so führt ihn dies unmittelbar zur Kritik der gegenwärtigen politischen Situation Siziliens, die solche großartigen Architekturen nicht mehr entstehen läßt. Seine Erklärung hierfür orientiert sich ganz an Winckelmanns theoretischen Grundannahmen: Voraussetzung für die Entstehung großer Kunstwerke, so war Winckelmanns Überzeugung, ist das Zusammentreten zweier Bedingungen: eines milden, ausgeglichenen Klimas und der politischen Freiheit (Annahmen, die freilich in der politischen Geschichte Siziliens leicht durch das Beispiel der Tyrannenherrschaft in Syrakus und Akragas zu widerlegen gewesen wären). Wenn es also, so schließt Riedesel, auf Sizilien

---

1   Winckelmann: Briefe. Bd. 1. S. 273.
2   Vgl. Osterkamp: Sizilien. S. 366.

keine große Kunst mehr gibt, so muß das an der politischen Unfreiheit Siziliens unter den neapolitanischen Bourbonen liegen, denn das Klima ist noch immer das gleiche wie zur Zeit der Griechen:»Das Clima, der Boden des Landes, und die Früchte desselben sind noch so vollkommen als sie jemals gewesen; die Griechische göldene Freyheit aber, die Bevölkerung, die Macht, die Pracht und der gute Geschmack sind nicht mehr in derselben, so wie vor Zeiten, zu finden« (S. 75). Diese Befunde führen Riedesel noch nicht zur Sozialkritik etwa im Sinne Seumes, der auf die elenden sozialen Verhältnisse der Landbevölkerung hinweist; auch bleibt Riedesels Freiheitspathos, wie das Winckelmannsche, insgesamt recht abstrakt, sieht man einmal von einem klaustrophoben Schub in Malta ab.[1] Dagegen kritisiert der junge Baron als künftiger aufgeklärter Diplomat und merkantilistischer Ökonom die Regierungspolitik. Er notiert sich Produktionsziffern, Ein- und Ausfuhrdaten, Brot- und Getreidepreise und rechnet auf dieser Basis der Regierung all ihre Fehler und Versäumnisse vor. Und als Ökonom wie als Leser Voltaires begründet er zugleich einen Topos der deutschen Sizilienliteratur: die Kritik an der parasitären sizilianischen Geistlichkeit: » Die Menge der Mönche ist ärgerlich, und ihre Einkünfte sind sündlich stark« (S. 53). Der sizilianische Mönch erscheint als der Antitypus zum freien Griechen schlechthin. Riedesel wußte, daß er mit solchen Bemerkungen bei dem Voltaireleser Winckelmann auf offene Ohren stieß.

8. Eine noch größere Bedeutung als Winckelmanns Motiv der griechischen Freiheit besitzt dessen Klimatheorie für Riedesels Sizilienerfahrung. Winckelmann hatte die Klimatheorie von Montesquieu übernommen, woher sie auch Riedesel kannte.[2] Sie besagt, daß das gesamte Leben des Menschen, von seiner äußeren Erscheinung bis hin zum Staatswesen und zur künstlerischen Produktion, vom Klima abhänge. Aus dieser Theorie folgte für den Reisenden, daß das Klima Siziliens noch immer Menschen von gleicher idealer Schönheit hervorbringen müsse wie zur Zeit der Griechen: Menschen, schön wie griechische Statuen. Riedesel geht deshalb an allen Orten auf die Suche nach schönen Sizilianerinnen und Sizilianern und findet sie auch. So sagt er etwa, daß man in Trapani die schönsten Frauen Siziliens finde, mit den »regelmäßigsten griechischen Profilen; die reinere, heitere und feine Luft ist die natürliche Ursache hiervon« (S. 26). Es gibt viele solcher Stellen in Riedesels Reisebericht, denn er wußte, wie entscheidend für Winckelmann solche für seine Kunsttheorie zentralen Nachrichten waren. - Nur am Rande sei vermerkt, daß Riedesel bei seiner Griechenlandreise geradezu obsessiv auf Montesquieus Klimatheorie zurückgreift, wodurch es zu massiven Kollisionen mit der Empirie kommen konnte: so in Athen, wo sich das Klima gegen alle theoretischen Vorannahmen als höchst unangenehm erwies.[3]

9. Auf dem Hintergrund der Einsicht, daß das sizilianische Klima der Entstehung großer Kunst förderlich war, während die gegenwärtigen politischen und ökonomischen Verhältnisse ihr abträglich sein mußten, sucht Riedesel, dem alle Adelshäuser und Klöster offenstehen, ja, der in Catania Freundschaft schließt mit dem Fürsten Biscari[4], nun in Sizilien auch nach Zeugnissen neuerer bedeutender Kunst und gelangt, wie nicht anders zu erwarten, zu verheerenden Resultaten. Winckelmanns antibarocker Impuls kommt dabei

---

1 »Mich überfiel in denen folgenden Tagen eine solche Angst und Beklemmung des Herzens, als im Spazierengehen alle diese Wälle umgieng und mich allenthalben eingeschlossen sahe, daß ich mich sehnte abzureisen« (S. 42).

2 Vgl. besonders Riedesels an Montesquieu anknüpfende Betrachtungen über das Klima in der Levante in seinem Levante-Reisebericht a. a. O. S. 158 ff.

3 Ebd. S. 115.

4 Zu Biscari vgl. Der Archäologe. Graphische Bildnisse aus dem Porträtarchiv Diepenbroick. Ausstellungskatalog Münster 1983. S. 218.

zu voller Wirkung. Die neuen barocken Bauten Siziliens verwirft Riedesel fast durchgängig als Auswüchse des schlechten Geschmacks, so die Klosterkirche von S. Niccolo in Catania, die, »wie alles was die Pfaffen unternehmen, ohne Geschmack vieles Geld kosten wird« (S. 53). Er sucht alle Gemäldesammlungen und Kirchen nach guten Bildern ab und findet doch kaum je etwas, das vor seinem klassizistischen, am späten Raffael orientierten Geschmack bestehen kann. Die mittelalterlichen Bauwerke Siziliens übergeht Riedesel völlig. Wer auf der Suche nach dem guten, dem griechischen Geschmack war, konnte sie als Beispiele des »gotischen«, und das heißt allemal des schlechten Geschmacks getrost beiseite lassen. Über Monreale heißt es z.B.: »Ich übergehe die Gothische Musacio-Arbeit, wovon die Sicilianer soviel Geschrey machen« (S. 23). Wenn Riedesel dennoch immerhin die Sarkophage der Normannen- und Stauferkönige im Dom zu Palermo erwähnt, so bezeichnenderweise nur deshalb, weil er sie irrtümlich für römische Arbeiten hält. Auf die Kirchen und Paläste Palermos verwendet Riedesel kein Wort: Für Winckelmann und ihn selbst sei, so schreibt er, die Zeit zu schade dafür (S. 22). Die Ausgrenzung des bedeutenden sizilianischen Barock, vor allem aber der großen mittelalterlichen Architekturen Siziliens aus der Sizilienwahrnehmung der Reisenden des späten 18. Jahrhunderts geht also nicht zuletzt auf die klassizistische Perspektive Riedesels zurück.

10. So dient Riedesels Sizilienreise letztlich der genauen Aufnahme aller griechischen Bauten und Kunstwerke, die er in Sizilien finden kann. Von ihm stammt zum Beispiel die vielleicht früheste Vermessung des Tempels von Segesta.[1] Auf Winckelmanns Wunsch bemüht er sich mit besonderer Sorgfalt um die genaue Vermessung des Olympieions in Agrigent, und sehr genau beschreibt er auch das Theater in Taormina. Riedesel sucht tatsächlich Sizilien systematisch nach allen bedeutenden Zeugnissen der griechischen Antike ab. Aus diesem Grund wird zum Höhepunkt seiner Sizilienreise ausgerechnet der Aufenthalt im barocken Catania, denn hier stößt er auf die erste große Antikensammlung Siziliens, das Museum des Fürsten Biscari, dessen Objekte bis dahin unpubliziert waren (und auch bis 1776 unveröffentlicht bleiben sollten); tatsächlich war dies wohl die wichtigste Nachricht für Winckelmann überhaupt. - Gewiß ist Riedesel als Archäologe ein Dilettant, der sich immer wieder als »Apocryphischer Antiquarius« vor dem »Patriarchen der Alterthümer«, vor Winckelmann, verneigt (S. 68). Aber andererseits hat er sich das Winckelmannsche methodische Instrumentarium so genau angeeignet, daß er immer wieder zu überraschenden Einsichten gelangt. Ich kann das hier nur an einem Beispiel zeigen: Winckelmann hatte bei der Deutung antiker Kunstwerke dadurch einen gewaltigen Fortschritt erzielt, daß er ihre Sujets nicht mehr auf die römische Geschichte, sondern auf den griechischen Mythos bezog.[2] Riedesel ist auch hier Winckelmanns Schüler; so schreibt er über Biscaris Vasensammlung: »(...) die Sujets der Figuren schienen alle aus der griechischen Historie und Mythologie zu seyn« (S. 57). Mit größtem Erfolg wendet Riedesel Winckelmanns Hermeneutik auf das damals berühmteste antike Relief Siziliens an: auf den Phaidra-Sarkophag in Agrigent. Dieser Sarkophag war noch 1752 von Guiseppe Maria Pancrazi gedeutet worden als eine Darstellung der Geschichte des Phintias, des

---

1 Rehm: J.H. von Riedesel. S. 219. Die heutige Forschung bewertet Riedesels Maßangaben freilich als »überaus ungenau«. Vgl. Dieter Mertens: Der Tempel von Segesta und die dorische Tempelbaukunst des griechischen Westens in klassischer Zeit. Mit einem Beitrag von Vincenzo Tura. Mainz 1984 (= Deutsches Archäologisches Institut Rom. Sonderschriften. Bd. 6). S. 14, Anm. 47.

2 Nikolaus Himmelmann: Winckelmanns Hermeneutik. Wiesbaden 1971 (= Akademie der Wissenschaften und der Literatur. Abhandlungen der geistes- und sozialwissenschaftlichen Klasse. Jg. 1971. Nr. 12); Markus Käfer: Winckelmanns hermeneutische Prinzipien. Heidelberg 1986 (= Heidelberger Forschungen. H. 27).

letzten Königs von Agrigent. Erst Riedesel gelangt mit Winckelmanns Methode zu der bis heute unangefochtenen Deutung des Sarkophags: Er stellt kein historisches Ereignis dar, sondern den Mythos von Phaidra und Hippolytos. - Im übrigen kann man den von Winckelmann vollzogenen Paradigmenwechsel von der römischen zur griechischen Antike bei Riedesel bis in die Einzelbeurteilung antiker Kunstwerke hinein verfolgen, bei denen »römisch« synonym steht für »mittelmäßig«. So heißt es über Sarkophage in Mazara: »es ist römische und mittelmäßige Arbeit« (S. 27), und über einen Torso in Malta: »in der Mauer ist der Rumpf einer mittelmäßigen Statue, römischer Manier, eingemauert« (S. 42).

11.Aber nicht nur Riedesels wissensschaftliche Methode, sondern auch seine ästhetischen Urteile gehen auf Winckelmann zurück. Auch hierfür nur ein Beispiel: Riedesels Beschreibung des Concordia-Tempels in Agrigent:

> »Hier kann man deutlich die Schönheit der edeln Einfalt und wenigen Zierrathen in der Baukunst beurtheilen; nichts kann diesem, in Vergleichung anderer kleiner Tempel, an Schönheit verglichen werden, und das Auge wird durch die Uebereinstimmung der wenigen aber edeln und harmonischen Theile zu dem ganzen Gebäude entzücket« (S. 34).

Das klassizistische Schönheitsideal der Einheit in der Vielfalt, die von Winckelmann in Deutschland popularisierte Formel von der »edlen Einfalt«[1], die anti-barocke Ablehnung funktionslosen Bauschmucks und das Harmoniegesetz: all dies sind zentrale Komponenten der Winckelmannschen Ästhetik, die hier zum erstenmal auf den Concordia-Tempel in Agrigent angewendet werden. Wenn später Goethe gerade in Agrigent sein Lob Riedesels niederschrieb, so geht dies, wie ich vermuten möchte, wohl nicht zuletzt auf dessen Darstellung des Concordia-Tempels zurück: Denn sie mag ihm das Auge geöffnet haben dafür, daß wenigstens dieser Tempel dem Goetheschen Stilideal des »Schönen und Gefälligen« entsprach[2], das doch durch die anderen dorischen Tempel Siziliens so heftig irritiert wurde.

In welchem Ausmaß Winckelmanns Denkweise und Sprachformen auf Riedesel eingewirkt haben, soll ein letztes Beispiel zeigen. Riedesel schreibt, was er auf dem Gipfel des Ätna empfunden hat:

> »man glaubet der Natur zu gebieten, wenn man sich über alles, was sterblich ist, so hoch empor siehet« (S. 61).

Darin steckt ein Zitat aus Winckelmanns berühmtestem Text, der Beschreibung des Apollo im Belvedere: »Ueber die Menschheit erhaben ist sein Gewächs«.[3] Nur deutet sich hier schon in der Verwendung des Zitats ein deutlicher Unterschied an: Während für Winckelmann »über die Menschheit erhaben« das Kunstwerk ist, fühlt sich Riedesel »über die Menschheit erhaben« beim Anblick der ewigen Natur. Wir haben hier also den Verehrer Rousseaus vor uns, der später nicht mehr in den Kunstlandschaften Italiens, sondern in den natürlicheren Verhältnissen Englands leben will.

12.Dieser nüchterne Empiriker war deshalb durchaus empfänglich für die Schönheit der sizilianischen Landschaft, die er immer wieder als »anmutig« schildert. Sie war für ihn, der nur die grünen Küsten gesehen hatte, also nicht die heroische Landschaft Homers, sondern die idyllische Landschaft Theokrits. In dieser Hinsicht repräsentiert Riedesel noch

---

1   Vgl. hierzu Wolfgang Stammler: »Edle Einfalt«. Zur Geschichte eines kunsttheoretischen Topos. In: Worte und Werte. Bruno Markwardt zum 60. Geburtstag. Hg. von Gustav Erdmann und Alfons Eichstaedt. Berlin 1961. S. 359-382.
2   Goethe: Italienische Reise. S. 275.
3   Winckelmann: Kleine Schriften. S. 267.

den Geschmack des ausgehenden Rokoko, der sich für das neue Naturempfinden erst öffnet:

»In der Viehzucht findet man den Theocrit und viele Beschreibungen desselben; (...) die Hirten singen noch mit einander um die Wette und stellen einen Stab oder Tasche zum Preiß aus; das gelinde und glückliche Clima erlaubt denselben, das ganze Jahr auf dem Felde zu wohnen« (S. 74).

Diese zeitlose arkadische Idylle Theokrits, zu der sich einem reisenden Aristokraten die sizilianische Lebenswirklichkeit zu verklären drohte, hat dann bezeichnenderweise das äußere Gewand von Riedesels Buch geprägt. Auf dem Titel der Erstausgabe findet sich ein kleiner Kupferstich, auf dem der Phaidrasarkophag in eine zeitlose Naturlandschaft hineingestellt ist. Zwei Putten betrachten den Sarkophag und weisen sich gegenseitig auf jenen kleinen Eros hin, der sich auf dem Relief tröstend um die zusammengesunkene Phaidra bemüht. Dieser Stich, in dem die heroische Antike in eine zeitlose Idylle übergeht, stammt von dem erfolgreichsten deutschen Dichter des 18. Jahrhunderts, von Salomon Geßner, der seinen europäischen Ruhm wiederum seinen Idyllendichtungen in der Nachfolge Theokrits verdankte. Es verdient angemerkt zu werden, daß Geßner der einzige zeitgenössische Dichter ist, dessen Werk Winckelmann gelesen und gerühmt hat.

Ich habe in zwölf Punkten stichwortartig den impliziten Adressatenbezug des Riedeselschen Textes herauszuarbeiten versucht. Wie adressatenbezogen ein Text ist, läßt sich freilich nicht zuletzt an der Intensität ablesen, mit der der Adressat selbst auf ihn reagiert. Nun hat Winckelmann ja bereits durch die Publikation des Reiseberichts die Gültigkeit von Riedesels Reiseprogramm und Wahrnehmungsweise bestätigt. Tatsächlich war aber auch darüberhinaus die Wirkung von Riedesels Reisebericht auf den päpstlichen Antiquar sehr groß, ja, das Büchlein hätte wohl bedeutende Folgen innerhalb von Winckelmanns Gesamtwerk gezeigt, wäre Winckelmann nicht auf den Tag genau ein Jahr nach Riedesels Rückkehr ermordet worden. Diese Wirkung läßt sich auf zwei Ebenen nachweisen:

Zum einen faßt Winckelmann sofort, nachdem er Riedesels Bericht gelesen hat, den Plan einer Reise »nach Sicilien, und meine Absicht ist vornemlich auf Girgenti und Catanea gerichtet, wo eine Menge gemahlter Griechischer irdner Gefäße sind«; so heißt es in einem Brief vom 29. August 1767 an Christian Gottlob Heyne.[1] Man sieht: Nicht die griechischen Tempel locken Winckelmann nach Sizilien, denn zum einen gehörte der Architektur ohnehin nicht sein eigentliches Interesse, und zum anderen glaubte er wohl, daß mit Riedesels Vermessungen das wichtigste getan war. Dagegen haben Riedesels ausführliche Nachrichten über die unpublizierten Museumsbestände in Agrigent und Catania auf Winckelmann elektrisierend gewirkt. Es war seine Absicht, diese Sammlungen mit einem Zeichner durchzugehen, die wichtigsten Stücke auszuwählen und zu publizieren. Dies wäre dann vermutlich der dritte Band von Winckelmanns spätem Hauptwerk »Monumenti antichi inediti« geworden.

Konkret greifbar ist Riedesels Wirkung auf Winckelmann noch an anderer Stelle. Winckelmann hat in seinem letzten Lebensjahr an einer Neufassung seiner »Geschichte der Kunst des Altertums« gearbeitet, die freilich erst 1776 aus dem Nachlaß in einer philologisch umstrittenen Ausgabe in Wien erschien. In diese zweite Fassung seiner Kunstgeschichte hat Winckelmann viele der Riedeselschen Nachrichten über Sizilien eingearbeitet, ja, er hat hier Riedesel, lange vor Erscheinen von dessen Reisebericht, ein kleines Denkmal gesetzt, indem er an einer Stelle auf den Bericht

---

1 Winckelmann: Briefe. Bd. 3. S. 306.

»meines Freundes des Freyherrn von Riedesel (welcher als ein Kenner der Alterthümer und der Künste ganz Sicilien und Großgriechenland durchreiset ist)«,

ausdrücklich verweist.[1] Ich gebe einige Beispiele für Riedeselsche Nachrichten, die Winckelmann in die »Geschichte der Kunst des Altertums« eingearbeitet hat:

die klimatheoretische Begründung für die Schönheit der Frauen von Erice[2],

süditalienisches Belegmaterial dafür, daß die griechischen Vasen tatsächlich von Griechen und nicht, wie die Archäologie des 18. Jahrhunderts fast durchgängig annahm, von Etruskern stammen[3],

Hinweise auf die Vasensammlungen des Bischofs Lucchesi in Agrigent und des Fürsten Biscari in Catania[4],

die Nachrichten über antike goldene Schalen in Agrigent[5],

Riedesels falsche Informationen über die Porphyrsarkophage in den Domen von Palermo und Monreale.[6]

Diese Beispiele einer produktiven Rezeption, deren Stellenwert innerhalb von Winckelmanns Argumentation natürlich noch herauszuarbeiten wäre, lassen erkennen, wie genau Riedesel die Auswahl seiner sizilianischen Nachrichten auf die Bedürfnisse seines Lesers Winckelmann abzustimmen gewußt hat. Der »Genius« des »Breviers«, das Goethe in Sizilien am Busen trug, heißt also Winckelmann.

* * *

Nachleben und Wirkung von Johann Hermann Riedesels Sizilienbuch verbinden sich für den heutigen Leser mit Goethes Riedesel-Lob in Agrigent. Dies führte dazu, daß man nicht selten Riedesels Wirkung überhaupt erst bei Goethe beginnen ließ; so schreibt J. Mordaunt Crook in seinem schönen Buch über den Neoklassizismus in der britischen Architektur »The Greek Revival«, Riedesels Buch »became the bible of Sicilian tourists from Goethe onwards«.[7] Dabei ist das genaue Gegenteil der Fall: Mit Goethes Sizilienreise im Jahre 1787 setzt das Ende von Riedesels europäischer Wirkung ein. Der erstaunliche Erfolg des Büchleins gründet in seinem Adressatenbezug auf Winckelmann; dadurch erst wird es zu einem bedeutenden Zeugnis der gesamteuropäischen Wiederentdeckung des Griechentums, innerhalb derer der Weimarer Klassizismus eine vergleichsweise späte und wohl auch ein wenig provinzielle Ausformung darstellt. 1773 erscheinen eine englische und eine französische Übersetzung von Riedesels Buch; von nun an gehört das Lob Riedesels zum Pflichtprogramm der Vorreden zu allen Sizilienreiseberichten der aufgeklärten Reisenden vor Goethe: so 1773 bei dem Engländer Patrick Brydone, so bei dem Polen Graf Borch 1777 (der freilich Riedesels »Neigung für das schöne Alterthum« auch kritisiert)[8], so 1786

---

1 Johann Winckelmanns Geschichte der Kunst des Alterthums. Nach dem Tode des Verfassers herausgegeben, und dem Fürsten Wenzel von Kaunitz-Rietberg gewidmet von der kaiserlichen königlichen Akademie der bildenden Künste. Wien 1776. S. 196 f.
2 Ebd. S. 45.
3 Ebd. S. 196.
4 Ebd. S. 202.
5 Ebd. S. 455 f.
6 Ebd. S. 878.
7 J. Mourdant Crook: The Greek Revival. Neo-Classical Attitudes in British Architecture. 1760-1870. London 1972. S. 27.
8 Briefe über Sicilien und Maltha, von dem H. Grafen von Borch an H.G. von N. geschrieben im Jahr 1777. Bern 1783. Bd. 1. Vorrede.

bei dem Kopenhagener Theologen Friedrich Münter und im gleichen Jahr bei dem Hamburger Juristen Johann Heinrich Bartels. Den Riedesel folgenden aufgeklärten Reisenden öffnete gerade die Bewunderung für die großen Zeugnisse der Antike den Blick für die Miserabilität des gegenwärtigen Zustands der Insel. Dies auf Riedesel zurückgehende Ineinander von Griechenkult und Gegenwartskritik in der Sizilienwahrnehmung zerbricht dann mit der Goetheschen Autonomieästhetik, so daß es zu einer Zweiteilung kommen kann: auf der einen Seite die mit Goethe einsetzende Ästhetisierung Siziliens zu einem zeit- und gegenwartslosen Griechentraum, auf der anderen Seite die rigorose Sozialkritik Seumes, die von den griechischen Ruinen kaum noch etwas wissen will und deshalb auch keinen Riedesel mehr als »Mentor« braucht. Aus bekannten Gründen sind die deutschen Sizilienreisenden des 19. Jahrhunderts nicht der aufgeklärt-kritischen Gegenwartsorientierung Seumes gefolgt, sondern Goethes klassizistischer Ästhetisierung Siziliens. Deshalb konnte Riedesels Sizilienbuch, das für den klassizistischen Griechentraum manchen greifbaren Tagesrest geliefert hatte, durch Goethes »Italienische Reise« hindurch weiterhin auf das Sizilienbild der Deutschen einwirken - losgelöst freilich von Winckelmanns historisch-politischen Begründungen für die Größe der griechischen Kunst, losgelöst ebenso von dem aufklärerischen Argumentationszusammenhang, dem Riedesel angehört.

Wenn man nun zu bestimmen versucht, welche Bedeutung Riedesels Sizilienbuch für Goethes Sizilienwahrnehmung besessen hat, so muß man von dem Begriff ausgehen, mit dem Goethe Riedesel benennt: dem des »Mentors«. Damit formuliert Goethe seine Achtung vor einem Vertreter der Winckelmann-Generation, die noch über klare ästhetische Maßstäbe und über einen festumrissenen Begriff des Griechischen verfügte. Gerade diese Maßstäbe aber drohten Goethe angesichts der lebendigen Anschauung der dorischen Tempel wieder verloren zu gehen. Goethe folgt also Riedesel völlig in der Auswahl der Gegenstände, die er in Sizilien besichtigt, und er versucht, mit Hilfe von Riedesels klaren ästhetischen Prämissen historische Orientierungen zu gewinnen, die ihm bei seiner irritierenden Begegnung mit den griechischen Zeugnissen Siziliens helfen konnten. Seine Wahrnehmungsweise aber unterscheidet sich völlig von derjenigen Riedesels. Denn für Goethe war das antike Paradigma ein ganz anderes als für seinen Vorgänger: er erblickt in Sizilien nicht mehr die idyllische Landschaft Theokrits, sondern die heroische Homers. Außerdem näherte Riedesel sich den griechischen Bauten mit dem nüchternen Blick des Archäologen, während Goethe auf der Suche war nach einer griechischen Antike, die er als sinnlich-lebendige Gegenwärtigkeit und als harmonische, tätige Teilhabe am wirklichen Leben verstand. Schon dies ließ ihn vor den übermächtigen dorischen Tempelruinen, die so wenig seinem Architekturideal eines gefälligen palladianischen Klassizismus entsprachen, ausweichen in die sizilianische Landschaft und ihr Licht.

Aber in der Auswahl der Kunstwerke und Architekturen, ja, selbst der Orte, die Goethe besucht, orientiert er sich ganz am Vorbild Riedesels. Goethe mißachtet die Normannenbauten Palermos und Monreales und folgt darin doch nur seinem Reiseführer Riedesel. Er reist nicht an die Westküste Siziliens, denn bei Riedesel konnte er lesen, daß es hier bedeutende antike Zeugnisse nicht zu finden gab. Er geht nicht nach Selinunt und nicht nach Syrakus - beide uns heute kaum noch verständliche Versäumnisse Goethes gehen auf die Beschreibungen Riedesels zurück, der Selinunt als eine Zyklopenlandschaft aus Trümmern »gänzlich niedergerissener« Tempel geschildert hat (S. 28) und der beim Anblick der öden Flächen um die Insel Ortygia, aus denen nahezu alle Zeugnisse einer großen Geschichte verschwunden waren, in den Ton barocker Vergänglichkeitsklagen zurückgefallen war. Hierher konnte es Goethe, der nach einer lebendigen Antike suchte, nicht ziehen.

Und schließlich folgt Goethe Riedesel auch in seinem Verzicht auf die Nordküste Siziliens. Aber auch in seinen Besichtigungsprogrammen und Wertungen hält er sich an Riedesel; z.B. beim Aufenthalt in Agrigent: beide verbringen den ersten Tag in Girgenti oben in der Stadt und beschreiben die Schönheit der Landschaft und des Ausblicks auf die Tempel. Dann besichtigen beide den Phaidra-Sarkophag, den Riedesel begeistert »eines der herrlichsten, und vielleicht das schönste Basisrelief« der Antike nennt (S. 31), während Goethe gesteht, »von halberhabener Arbeit nichts Herrlichers« gesehen zu haben.[1] Nach dem Sarkophag betrachten beide ebenfalls im Dom einen rotfigurig bemalten Krater von korinthischer Form. Riedesel nennt diese Vase eine »der grösten und schönsten des Alterthums« (S. 32); Goethe spricht von »einer köstlichen Vase von bedeutender Größe«.[2] Dieser Krater, mit dem Riedesel sich eingehend beschäftigt hat, ist die einzige griechische Vase, die Goethe in der »Italienischen Reise« einer Beschreibung würdigte.

Ein Detailvergleich zwischen Goethes und Riedesels Sizilienreisen würde ergeben, daß für Goethes Sizilienwahrnehmung nur ein Buch von vergleichbarer Bedeutung war wie Homers »Odyssee«: Riedesels Reisebericht. Beide Bücher aber standen komplementär zueinander: Während Riedesel letztlich mit der Autorität Winckelmanns Goethe die griechischen Architekturen und Kunstwerke Siziliens erschloß, eröffnete sich Goethe die sizilianische Landschaft im Epos Homers. Beide Dimensionen stehen, wie jede Lektüre der »Italienischen Reise« zeigt, in einem komplexen Widerspruchsverhältnis zueinander.

Johann Hermann von Riedesel aber hat - dies sei zum Abschluß bemerkt - noch lange in Sizilien ein gutes Andenken hinterlassen. Als Goethe im Mai 1787 die Witwe des Fürsten Biscari in Catania besucht, erkundigt diese sich nicht nur nach den Herren Münter und Bartels, die im vergangenen Jahr bei ihr vorgesprochen hatten, sondern auch nach dem kleinen Baron Riedesel, der zwanzig Jahre zuvor eine Woche lang der Gast ihres Mannes gewesen war.[3]

---

1   Goethe: Italienische Reise. S. 274.
2   Ebd., vgl. des weiteren S. 280. Abbildungen des Sarkophags und der Vase bei Max Wegner: Goethes Anschauung antiker Kunst. Berlin 1944. Abb. 59 und 37.
3   Goethe: Italienische Reise. S. 292.

Jörg Drews

»Ach Galatea, Du Schöne, warum verwirfst Du mein Flehen?«
Seume in Sizilien, oder:
Besudelung und Sturz zweier Götterbilder

Werner Kraft
in Jerusalem
in Verehrung

In Sizilien, nach einer 36-stündigen Überfahrt von Neapel nach Palermo am Ziel seines Gewaltmarsches durch Italien angelangt, möchte Johann Gottfried Seume gleich losmarschieren, »in die Insel hineinstechen«.[1] Da er aber zunächst seine »Stiefeln besohlen« (120) lassen muß, entsteht eine Zwangspause, die seine Rastlosigkeit ein bißchen bremst; den Tag nutzt er, ein Stück aus Theokrits 11. Idylle zu übersetzen. Locker und launig sich entschuldigend konstatiert er, der Leser habe diese Übersetzung nur seinen, Seumes, defekten Schuhen zu verdanken, sonst hätte er diese Theokrit-Stelle »wohl schwerlich« (121) auf Deutsch niedergeschrieben. Aber es ist doch immerhin ein Sizilier, dem er gleich nach seiner Ankunft die Ehre einer Übersetzung erweist, der Autor auch, den er nennt, als er in Wien nach dem Zweck seiner Sizilien-Reise gefragt wird: »Waß wüll Ähr da machchen« - Antwort: »Ich will den Theokrit dort studieren.« (25). Und daß die übersetzte Theokrit-Stelle einen Bezug auf ihn selbst hat, also wohl doch nicht ganz so zufällig und obenhin gewählt ist, gesteht er, kaum daß die Übersetzung geliefert ist, selbst ein. Sich selbst verspottend vergleicht er sich mit dem »heiß in Galateen entbrannten« Cyclopen Polyphem, dessen Verliebtheit ihm »gewaltig possierlich« dünkt und ihm »Reminiszenzen meiner übergroßen Seligkeit« (122/123) bringt, Erinnerungen also an jene Zeit, in der er in Wilhelmine Röder verliebt war und sich Hoffnungen auf eine Ehe machte, Leipzig, im Herbst und Winter 1795.

Seume beeilt sich hinzuzufügen, diese Erinnerungen seien ihm »nunmehr« - wir schreiben das Frühjahr 1802 - »nicht unangenehm«; also, kann man schließen, war ihm zumindest einst die Erinnerung an diese unglückliche Liebesbeziehung eben doch unangenehm. Ist man einmal darauf aufmerksam geworden, wie - bisweilen geradezu skurriles - Understatement und Nonchalance bei Seume fast immer ein Indiz dafür sind, daß er über etwas Schmerzhaftes oder ihm Peinliches mit einem Scherzwort hinweggehen möchte, so steigt der Verdacht, daß seine Spiegelung im Schicksal des Polyphem nicht nur souverän selbstironisch ist.

Denn Seume hatte ja nicht einfach »mit meinem Cyclopen gleiches Schicksal und brauchte mit ziemlichem Erfolg das nämliche Mittel« (123), nämlich den Kummer, von einer Frau verschmäht zu werden, und das Remedium, sich den Schmerz von der Seele zu 'singen'. Seine Identifikation mit Polyphem zeigt einige Details, stützt sich auf einige Einzelheiten, die ziemlich traumatischer Art waren und etwas über Seumes psychische Disposition sagen

---

1 Johann Gottfried Seume: Spaziergang nach Syrakus im Jahre 1802. Hg. und kommentiert von Albert Meier. München: Deutscher Taschenbuchverlag 1985. S. 120. Zahlen, die im folgenden in Klammern im Text stehen, beziehen sich auf Seitenzahlen in dieser Ausgabe des »Spaziergangs«.

- sozusagen über die dynamische Rückseite dessen, was gern als sein fester 'Charakter' gerühmt wurde - über sein Befinden bei der Ankunft in Sizilien hinaus, und nicht in Bezug auf das unglückliche Ende seiner Liebesbeziehung zu Wilhelmine Röder allein.

Warum und wie vergleicht er sich mit dem verliebten Polyphem? Weil der »alte Cyklope« sich lächerlicherweise in ein »Mädchen« verliebt hat, also in jemand unangemessen viel jüngeren - wie Seume; weil Polyphem wußte, daß Galatea ihn wie »den Wolf den grauen« ansah und als ängstliches »Schaf« (122/123) natürlich floh; für ähnlich unvorteilhaft hielt Seume sein Aussehen, und nicht nur seines Alters wegen - denn schließlich war er zur Zeit seiner Verliebtheit in Wilhelmine Röder erst 32 Jahre alt! - sondern weil seine Augenbrauen, wie wir aus Schilderungen von Zeitgenossen wissen und wie Porträtstiche von ihm ahnen lassen, buschig und über der Nasenwurzel leicht zusammengewachsen waren. »Weil sich über die ganze Stirne mir zottig die Braue, / Von dem Ohre zum Ohre gespannt, die einzige hinzieht« (121) - so beschreibt sich Polyphem in Seumes Übersetzung, und einige Zeilen später nimmt die Identifikation dann sogar eine ziemlich krasse, geradezu selbstverstümmlerische Wendung:

> »Und bin ich ja für Dich, mein liebliches Mädchen, zu zottig,
> Ei so haben wir eichenes Holz und glühende Kohlen;
> Und von Dir vertrag ich, daß Du die Seele mir ausbrennst,
> Und was am liebsten und wertsten mir ist, das einzige Auge (...)« (122).

Sicher, Seume ist nur der Übersetzer dieser Stelle, aber er hat sie selbst sich ausgewählt (hat sie auch der Übersetzung zweier anderer Passagen aus Theokrits Idyllen vorgezogen; 123), hat übersetzend diese sich tief erniedrigende Phantasie Polyphems nachvollzogen, nachvollziehen müssen, und hat die ganze Übersetzung in seinen Text des »Spaziergangs nach Syrakus im Jahre 1802« aufgenommen. Als hätte ihn aller Stolz, alles Selbstwertgefühl verlassen, bietet der Liebende der Geliebten an, sie könne ihm die häßliche Braue wegsengen, sie dürfe ihm das Auge ausbrennen, ja sogar die Seele. »von Dir vertrag ich (...)« (122) - das heißt ja wohl: Von dir laß ich mir alles gefallen; daß du meine Braue wegsengst, daß du mich blendest - was wohl zu lesen ist als: daß du mich blind machst vor Liebe, wie ich, Seume, es damals, 1795, war, und daß du mir meine ganze Seele verzehrst. Diese letzte hyperbolische Konzession scheint mir geradezu auf ein Übermaß von Schmerz zu deuten, denn die Formulierung »Und ich vertrag von Dir, daß Du die Seele mir ausbrennst« ist doch nur sinnvoll zu lesen als der Wunsch, mit der Seele auch das Organ der Schmerzempfindung los zu sein. Mir erscheint dies eine masochistische Phantasie Seumes, die einerseits auf sein tief gestörtes Selbstwertgefühl deutet - gestört keineswegs erstmals und entscheidend durch jene unglückliche Neigung zu Wilhelmine Röder, die einen anderen heiratete -, und andererseits auf Selbstmordabsichten, die er nach eigener Bekundung immer wieder hegte. Wie der Cyclope nächtens in der Grotte sitzt und sich in Selbstgespräch und Phantasie seine Galatea herwünscht, so sitzt bzw. saß der schüchterne, »murrsinnige« (sagt er; also: misanthropisch depressive), »bärenmäßige« (also: ungeschlachte, bauern-mäßige, plumpe, »zottige«) Seume im »dunkelsten Winkel der Loge« (123) des Schauspiels in Leipzig und starrte, wie er sich erinnert, zu seiner Göttin Wilhelmine hinüber - zu der Göttin in Gala-Kleidung, der Gala-Thea, um eine assoziative Etymologie als ironische Hommage, aber nicht nur als unernsten Schnörkel an Seumes häufig zu beobachtende Neigung zu skurrilen etymologischen Spekulationen herzusetzen.

So »gewaltig possierlich«, wie er munter betont, ist Seumes Polyphem-Phantasie also nicht, oder nicht nur; aber ein starkes Element von gelingender Distanzierung und seelischer Bewältigung des alten Schmerzes ist doch in dieser Passage, diesem Arrangement von Übersetzung aus Identifikation, Erinnerung und Gegenwart des Reisenden Seume schon enthalten. Sein Polyphem weiß »gegen die Liebe keine anderes Pflaster und keine andere Salbe als Musengesänge« (121); sein Heilmittel ist der Ausdruck:

»er setzte sich hoch auf den Felsen,
Schaute hinaus in das Meer und hob zum Gesang die Stimme (...)«.

Daß Seume den Cyclopen zwar als Klagenden, aber doch zu einer gewissen Selbstironie Fähigen aus dem Theokrit hierher setzt, reflektiert auch objektiv seine eigene Situation. Davon sprechend, befreit er sich von seinem Schmerz, wobei »davon sprechend« bei Seume, der der unverstellten Aussage über sich selbst und seine Gefühle hochgradig unfähig war, heißen muß, daß er a) eben Theokrit/Polyphem für sich sprechen läßt, und daß b) seine Wanderung nach Syrakus und seine Ankunft schließlich, »hoch auf den Felsen« (121) über der Bucht von Palermo, und sein Bericht von dieser Wanderung der Musengesang sind, mit er sich seine Last von der Seele läuft und spricht bzw. 'singt'.

Das erste nämlich, was er nach seiner Landung in Palermo tut, ist, den »alten Erkte«, also den Monte Pellegrino, zu besteigen, der eine so lockende Aussicht bietet, und ein Aufstieg zu diesem Berg, dessen Name nicht nur als »Pellegrino« dem »Pilger« Seume, sondern als »Er(e)kte« auch dem Liebessehnsüchtigen Seume seltsam nahe ist, ist auch die letzte größere Aktivität, von der Seume aus Palermo bzw. überhaupt aus Sizilien erzählt; danach, bis zur Abfahrt des Paketboots nach Neapel, berichtet er nur noch eher wahllose Details von den Tagen, die er auf günstigen Wind wartend sich in Palermo vertreibt. »... als ob ich auch ein heiliger Pilger wäre« (188), will er hinauf auf den Monte Pellegrino, den Pilger-Berg, aber als ein Quasi-Pilger nur, wie er andeutet, denn ihn »lockt bloß die Aussicht« - er ist ja nicht fromm. Er muß betonen, daß es »nur« die Aussicht war, als stehe eben doch zu vermuten, daß noch etwas anderes im Spiel gewesen sei. Jedenfalls kann er es nicht lassen, einen Seitenhieb gegen andere, 'richtige' Pilger auszuteilen, die ja bei ihren Wallfahrten auch sozusagen »bloß irgendeine Aussicht locken mag« (188) - die Aussicht auf Vergebung von Sünden, auf die Verkürzung von Höllenstrafen, die Aussicht aufs Paradies. Ganz nüchtern und launig krittelt er ein bißchen am Bild der heiligen Rosalie herum; es sollte »füglich etwas besser sein«, sagt er.

Die ganze Rosalien-Szene aber ist höchst erstaunlich. Sie ist schon deshalb merkwürdig, weil 15 Jahre vor Seume ein anderer Sizilienreisender ebenfalls von Palermo aus den Monte Pellegrino besteigt und - man lese die Eintragung unter dem 6. April 1787 in Goethes »Italienischer Reise« - ein geradezu voyeurhaft entzücktes, langes Verweilen vor dem berühmten Rosalien-Bild eingestehen muß. Aber das von Goethe hingerissen angestarrte Bild war eine Skulptur, die hinter einem Eisengitter den Zudringlichkeiten der Pilger entzogen lag[1], während Seume von einem »Gemälde« (189) spricht. Unterliegt Seume einer Erinnerungstäuschung? Sah er *andernorts* das Gemälde einer Heiligen (einer *anderen* Rosalie?) und kritzelte dort seinen Namenszug drauf, projizierte diese Erinnerung dann aber in die Kapelle der heiligen Rosalie auf dem Monte Pellegrino? Oder gab es in der dortigen Kapelle sehr wohl auch ein Rosalien-Gemälde, das Seume wahrnahm, Goethe aber, offenbar zu Recht und auch hier dem (wie dieser selbst ja oft und gern eingesteht) Kunst-Muffel Seume überlegen, nicht? Und dafür übersah Seume die viel berühmtere

---

1 Vgl. zu Goethe und Rosalie auch den Katalog »Goethe in Italien« zu den Ausstellungen in Frankfurt und Düsseldorf. 1986. S. 29/30.

Skulptur im Schrein hinter Gittern, an der Goethe seine stark erotisch getönte Augenlust hatte? Im Moment kann ich nicht klären, wie es sich faktisch verhalten hat oder verhalten haben könnte - befand oder befindet sich auf dem Pellegrino in der Kapelle auch ein Rosalien-*Gemälde*? War die liegende Rosalie vielleicht zur Zeit von Seumes Besuch nicht von einem Gitter geschützt? -; auffällig ist die Stelle bei Seume aber auf jeden Fall.

Denn die heilige Rosalie nennt er halb spöttelnd profan, halb zärtlich das »heilige Rosenmädchen« (188), und bei seinem ersten Palermo-Aufenthalt, nachdem er bereits ein erstes Mal den Monte Pellegrino bestiegen hat, kommt ihm gleich nach der Übersetzung der erwähnten Polyphem-Passage die Erinnerung daran, daß er damals, 1795, seiner (= »meiner«) »Galatee« durch deren kleine Schwester eine »teuer gekaufte Spät*rose*« (123) überbringen ließ. Zu seiner großen Enttäuschung tanzte ihm dann das Rosenmädchen Wilhelmine damals auf der Nase herum, und dafür rächt er sich nun an ihrer Stellvertreterin, indem er etwas Touristisch-Billiges tut, das so sehr unter seinem Niveau ist, daß es ihm auch selbst - gleich oder nachträglich? - auffällt, und indem er zugleich das tut, was ihm zum erstenmal großen Ruhm einbringt (denn erst mit dem »Spaziergang nach Syrakus« wird er mit einem Schlag berühmt): Er beschreibt sie, er setzt ihr seinen »Namen auf die Nasenspitze« (189) - eine Handlung, die wahrhaft mehrfach determiniert ist.

Ein Aspekt dieser für Seume höchst merkwürdigen Tat ist der einer vulgären Besudelung: 'Seume was here' lautet sogesehen sein Namenszug, und ist eigentlich nicht mehr als ein Graffiti auf einer Klowand. Daß er der Rosalie seinen Namenszug auf die Nase setzt, hat also den Aspekt der Besudelung und Beschädigung, aber auch den der Besitzergreifung. Seume, dessen Haltung zu Frauen grundsätzlich aus kaum eingestandener Sehnsucht nach Zärtlichkeit, aus Prüderie, aus selbstkritisch-offen eingestandener Unsicherheit und aus beträchtlicher Aggressivität gemischt ist, beschädigt und entstellt das Gemälde - und signiert es, entschuldigt sich aber doch halb wieder dafür, indem er hinzufügt, die Nasenspitze sei durch seinen Namenszug »nicht verdorben worden« (189) - weil das Bild ohnehin »füglich etwas besser sein sollte«, also sowieso häßlich war? Ist dies eine indirekte nachträgliche Herabsetzung des Aussehens von Wilhelmine, oder macht er sie häßlich, um sie nicht mehr lieben zu müssen?

> »dieses ist das einzige Mal, daß ich auf der ganzen Wanderung meinen Namen geschrieben habe, wenn mich nicht die Polizei dazu nötigte« (189) -

da wird man denn doch fragen dürfen, welche Instanz dies eine Mal ihn nötigte, *sich* zu verewigen und damit *sie*, Rosalie/Wilhelmine, dergestalt verunstaltet zu verewigen. Unübersehbar erscheint mir die enge Verbindung von Name und Nase an dieser Stelle, und in der Tat trugen ja in Seumes Augen diejenigen, die bereits einen Namen hatten, die »Privilegierten«, und das heißt vor allem: der Adel, die Nase besonders hoch.

> »Mich schlägt bei einem Blicke in die Welt nichts mehr nieder, als daß ich so viel Gesichter sehe, die ihre Ansprüche auf irgendein Privilegium auf die Nase gepflanzt haben«[1],

notiert er einmal, und vielleicht kann man Seumes Akt des Sich-Einschreibens auch so lesen, daß Wilhelmine/Rosalie bereits berühmt, schön und 'von Stand' sind, also einen Namen haben, während er, Seume, sich durch Schreiben einen Namen *machen* muß, und wird. Wilhelmine war ihm gegenüber 'hochnäsig' gewesen, hatte ihm 'eine lange Nase

---

1 Seumes Werke in zwei Bänden. Ausgewählt und eingeleitet von Anneliese und Karl-Heinz Klingenberg. Weimar. Aufbau 1962. 4. Auflage 1983. Band II. S. 256.

gedreht', während er sich bei ihr 'eine Nase holte', 'eine blutige Nase holte', 'eine lange Nase bekam', also einen Verweis oder eine abschlägige Antwort, wie uns der zwei volle Spalten lange Eintrag in Adelungs Wörterbuch belehrt, der die große Fruchtbarkeit des Bildspenders 'Nase' belegt.

Zu den Erwartungen, die Seume bezüglich Siziliens-Trinacrias, von Alters her für seine Aphrodite-Heiligtümer berühmt - hegte, gehörte übrigens auch der Anblick der Venus von Medici, wie er gleich zu Anfang des »Spaziergangs nach Syrakus« gesteht; in Palermo, so dachte er, stehe zur Zeit die »Mediceerin« (6), wohin sie in der Tat während der napoleonischen Kriege für einige Zeit verbracht worden war; doch hatte man sie offenbar schon vor Seumes Ankunft 1802 wieder abtransportiert, nach Paris, wo er sie dann im Sommer 1802 auch nicht sah[1]; jedenfalls erwähnt er sie nicht unter den von ihm in Paris besichtigten Kunstwerken. Aber an die Venus, die »erycinische Göttin« (124), denkt er schon auf dem Weg von Palermo ins Inselinnere; auf diesem Weg verfehlt er sie allerdings durch einen Trick bzw. eine Unverschämtheit seines Eseltreibers. Nun aber, zum zweiten Mal in Palermo, sieht er den Berg Eryx mit dem Heiligtum der Aphrodite wenigstens vom Monte Pellegrino ausblickend in der Ferne, und einige Zeilen später erwähnt er auch die »Göttin« des Heiligtums von »Amathunt« (189), ebenfalls Aphrodite, und die zwei Aphroditen sieht er dann kurz darauf in einer (Assoziations-)Reihe mit einer dritten 'Göttin', deren »Profanation« die beiden ersteren »rächen« (189). Die gemeinte Profanation kann keine andere sein als die, welche er selbst dem »heiligen Rosenmädchen«, einer anderen Venus/Aphrodite also, zugefügt hat, als er ihr den Namenszug »Seume« auf die Nase schrieb. Sein Unrechtsbewußtsein ist also offenbar wach. Venus/Aphrodite ist demnach in mehrfacher Gestalt anwesend in dieser Passage.

Eine weitere ihrer Inkarnationen ist die schöne Lais. Die muß Seume, dem Lektor und Korrektor von Christoph Martin Wielands Roman »Aristipp und einige seiner Zeitgenossen« natürlich einfallen, hat er sich doch von der Arbeit an der Drucklegung von Wielands Buch erhoben, um nach Sizilien, der Heimat der Lais zu gehen. Nun sieht er vom Berg bei Palermo aus das Städtchen (oder doch die Gegend von dessen einstiger Lage) Hykkara, mit dem sich ihm durch drei Gewährsleute der Name der schönen Lais verknüpft: Durch den Artikel »Lais« in Pierre Bayles »Dictionnaire«, das er schon in seiner ersten Leipziger Studentenzeit las, durch Plutarch, einen seiner Lieblingsautoren, auf den Bayle sich übrigens beruft und den Seume dann später philologisch-politisch kommentiert, und eben durch des verehrten Wieland hochgeschätzten Roman »Aristipp«, worin in Teil 1, Buch 1, Kapitel XIV von Lais gehandelt wird. »Lais, eine berufene Hure, war von Hyccara, einer Stadt in Sicilien (...) Dieses lehret uns Plutarch«, heißt es bei Bayle über die traditionell gefühlskalte und teure Lais, die Seume leicht in Verbindung bringen kann mit der (zumindest ihm gegenüber) gefühlskalten Wilhelmine Röder, die nun einen reichen Kaufmann geheiratet hat, die er aber doch einst gerne zu sich nach Hause geführt hätte wie Nicias die Lais nach Griechenland.

Seume merkt selbst, daß ihm - sei's auf dem Monte Pellegrino selbst, sei's beim Erinnern und Aus- und Nach-Phantasieren dieses Moments seiner Reise - hier die Assoziationen besonders dicht und sprunghaft durch den Kopf schießen; plötzlich kommt er auch noch auf Samuel Butlers »Hudibras«, merkt expressis verbis an, daß »die Ideenverbindung wohl etwas schnell und gesetzlos gewesen sein mag« (189), wehrt aber eine Rekonstruktion ihres

---

1 Vgl. Spaziergang. S. 321/322.

Gangs ab, weil er dies »nicht für wichtig genug« halte (189). Aber wenn ihm schon selbst auffällt, daß hier die Assoziationen verdächtig dicht und intensiv knistern, so darf man als Leser erst recht die Gelegenheit nutzen, an dieser Stelle hinter die Fassade von Stoizismus, hinter den Charakterpanzer Seumes zu blicken. Deshalb ist zuerst anzumerken, daß der Held von Butlers religionskritischer Satire sich in eine Dame verliebt, derentwegen er dann verprügelt und eingesperrt wird - nicht unähnlich Seume. Sodann: Eine »beliebte Melodie« aus Mozarts »Zauberflöte« unterlegt er der Knittelrhythmik Butlers, so sagt er, und probiert man durch, welche Melodie dies sein könnte, bleibt in der Tat nur Papagenos »Der Vogelfänger bin ich ja, / Stets lustig, heissa, hopsassa!«. Auf die Melodie dieses Liedchens setzt Seume nun ein Stück Text aus dem »Hudibras«, das von der Gesichtschirurgie durch den Dr. Taliacotius handelt:

> »So learned Taliacotius from
> The brawny part of porters bum
> Cut supplemental noses, which
> Would last as long as parent breech;
> And as the date of Knock was out,
> Off dropt the sympathetic snout.«[1]

Taliacotius also, so wird es im »Hudibras« erzählt, implantiert Ersatznasen, repariert also etwas Defektes, kurzfristig jedenfalls. Sagen wir es deutlich: Das liest sich wie eine Wunschphantasie von der Beseitigung einer Beschädigung, der Rückgängigmachung einer Kastration oder 'Kastration', mag die nun eine physische oder psychische Realität gewesen sein, und daß die Nase schon im 18. Jahrhundert als Penis-Symbol auch literarisch gang und gäbe war, wissen wir nicht zuletzt durch »Slawkenbergius's Tale« aus Laurence Sternes »Tristram Shandy«, den Seume kannte und schätzte. Auf der einen Seite also hier wieder die Nase, diesmal eine beschädigte bzw. reparierte männliche; zugleich aber schlüpft Seume sängerisch in die Identifikation mit dem Vogelfänger, der am liebsten »alle« Vögel finge und hätte, wie Papageno in seinen Haremsphantasien es mehrfach naiv ausplaudert:

> »Ein Netz für Mädchen möchte ich,
> Ich fing sie dutzendweis für mich!
> Dann sperrte ich sie bei mir ein,
> Und alle Mädchen wären mein.«[2]

Der keusche Seume natürlich - der, worauf Albert Meier aufmerksam gemacht hat, bei seiner Übersetzung von Polyphems Klagen um die ihn abweisende Galatea übrigens einige leichtsinnig die Freuden erotischer Vergnügungen mit »zahlreichen Mädchen« (frivole Ersatzlösung für die sich versagende Nymphe Galatea) preisende Verse Theokrits nicht übersetzt hat[3] -, der hochmoralische Seume also singt durch die Maske und in der Stimme seines Stellvertreters Papageno. Und er singt nicht nur vom Vogelfangen (via Melodie) und von der Restitution der Nasenpracht (via Text). Lassen wir einmal die Arien der »Zauber-flöte«, deren Text oft und präzis mit Seumes Disposition in Verbindung zu bringen ist, Revue passieren: »Schnelle Füße, rascher Mut, / Schützt vor Feindes List und Wut ...« (die schnellen Füße Seumes bei seinem Gewaltmarsch nach Sizilien, seinem Davonlaufen ...);

---

1 Zitiert nach Spaziergang. S. 189. Übersetzt: »So schnitt der gelehrte Taliacotius aus dem muskulösen Teil von Türhütershintern Ersatznasen, die so lange hielten wie das Fell des Spenders; und wenn dessen Stunde gekommen war, fiel der sympathetische Rüssel wieder ab«.
2 Die Zauberflöte. 2. Aufzug, 1. Auftritt, Nr. 2.
3 Spaziergang. S. 346.

»Du feines Täubchen, nur herein ...« (da wünscht sich doch einer eine Gespielin ...); »Ein Mädchen oder Weibchen / Wünscht Papageno sich ...« (da sagt er es ja selbst ...); »Ach kann ich denn keiner von allen / Den reizenden Mädchen gefallen? / Helf' eine mir nur aus der Not. / Sonst gräm ich mich wahrlich zu Tod ... Nun adé, du feile Welt ...« schließlich - da will doch einer Selbstmord begehen, und eben nicht nur Papageno durch den Strick, sondern auch der häufig schwer depressive Seume, der nicht nur am Tiefpunkt der Röder-Affäre an einen befreienden Pistolenschuß durch seinen Kopf dachte, weil er sich vergeblich »ein Mädchen oder Weibchen« gewünscht hatte.

In zwei weiteren Punkten leiht sich überdies Papageno bequem der Identifikation durch Seume. Erstens ist Papageno so befiedert wie Seume behaart ist (Stichwort: »zottig«!), und zweitens ist er ein einfacher Mensch, sprich: niederen Standes wie Seume, der ja etwas gegen die Taminos, die Prinzen dieser Welt, die Adeligen hat und überzeugt ist, daß »wir Wilden« (und dazu zählt er sich wohl in seinem Gedicht »Der Wilde«, mit den Huronen sympathisierend, auch selbst) »doch bess're Menschen« sind. Ein »Wilder ist obendrein ja auch der häßliche Mohr Monostatos, der ebenfalls seine Pamina nicht kriegt. Und ganz besonders schließlich mit den Priestern im 2. Aufzug der »Zauberflöte« könnte Seume, der Stoiker, auch - gegen den »Geschlechtszauber«, wie er das häufig nennt - singen:

> »Bewahret euch vor Weibertücken:
> Dies ist des Bundes erste Pflicht!
> Manch weiser Mann läßt sich berücken,
> Er fehlte und versah sich's nicht.
> Verlassen sah er sich am Ende,
> Vergolten seine Treu mit Hohn.
> Vergebens rang er seine Hände,
> Tod und Verzweiflung war sein Lohn.«[1]

Man sieht, Hermann Abert hat recht: »... not only music was influenced by the 'Magic Flute'; deep traces of it can also be found in German literature«.[2]

Kaum hat er durch das Butler, Mozart und Schikaneder aufeinanderschichtende Liedchen von (s)einer wenigstens für kurze Zeit restaurierten Nase phantasiert, da fällt er schon auf dieselbe, und zwar selbstverschuldet, durch Unachtsamkeit, durch »Enthusiasmus« (189) - zu viel davon bzw. der sprichwörtliche 'blinde Enthusiasmus' (eben eine Polyphemsche Verblendung ...) hatte ihn ja auch bei seiner Wilhelminen-Verehrung auf die Nase fallen lassen. Jetzt ist er also wieder 'von den Socken', wie die englischen Weggenossen, die Landsleute Butlers, beim Gang auf den Aetna zuerst auf den Strümpfen daherkamen und dann von denselben waren, nämlich auch auf die Nase fielen (175). Wer assoziativ ausloten will, wie das von Seume selbst gebrauchte Bild des 'von den Strümpfen'- bzw. 'von den Socken'-Seins zusammenhängt mit bildlichen Redewendungen der Goethe-Zeit, die mit 'Stolpern' und 'zu Fall kommen', auch 'unangenehme Überraschung' usw. verknüpft sind, der wird am Artikel »Strumpf« im GRIMM seine Freude haben. Seume jedenfalls holt sich erneut und diesmal wörtlich eine blutige Nase, blutet aber wohl auch figurativ: wie eine Frau, menstruierend? 'kastriert'? Doch mit objektivem - weil unbewußtem - Geschick kombiniert und kompensiert er die »Rache« der »Göttin« Venus/Aphrodite durch seine eigene Beschädigung und durch den gleich folgenden Bildersturz der Madonna Rosa-

---

1 Die Zauberflöte. 2. Aufzug, 3. Auftritt, Nr. 11.
2 Die Zauberflöte, ediert und mit einem Vorwort von Hermann Abert. London/Mainz o.J. S.V. (Edition Eulenburg).

lie/»Rosenmädchen«-Wilhelmine. Denn ein kleines Porträt Wilhelmines, ein »Madonnen-bildchen« (189), hatte er seit 1795 »an einer seidenen Schnur am Halse hangen« - kann man sich übrigens an einer seidenen Schnur nicht auch gut erhängen? Wie singt doch Papageno:

»Diesen Baum da will ich zieren,
Mir an ihm den Hals zuschnüren,
Weil das Leben mir mißfällt;
Gute Nacht, du falsche Welt«.[1]

Das Madonnenbildchen jedenfalls will Seume, um seine definitive Erleichterung zu besiegeln, nun endlich von seinem Herzen nehmen, denn dessen Bluten hat ja inzwischen die Nase übernommen, und: »Besser die Nase, als das Herz, dachte ich« (189). »Unwill-kürlich« - und das darf man wohl lesen als: 'ohne verstandesmäßige Kontrolle', 'ohne Besinnung', 'unbewußt' - will er es von der linken Brustseite, also vom Herzen nehmen, und »unwillkürlich« macht er den Glasdeckel auf, und dann kommt der Schreck. Denn er will ja das ganze Bild der Madonna Wilhelmine entfernen, aber das Bild ist in Scherben. Dreimal in vier Zeilen dies »unwillkürlich« (190)! Die Stelle ist sehr nachdrücklich und zugleich ungenau formuliert: »ich ... erschrak, als ich es heftig unwillkürlich in zehen Stücke zersplittert zwischen den Daumen hielt.« Wie soll man sich das vorstellen: »... zwischen den Daumen«? Und was ist das für eine seltsam schwebende Zuordnung bzw. Stellung des »heftig« in dem Ausdruck »heftig unwillkürlich«? War er hier so erregt, daß sich ihm noch nachträglich die Sprache verheddert? Sagt er selbst hier indirekt, er habe das Bild in einer Fehlleistung zerstört, sei darüber aber dann doch erschrocken? Wann hat er eigentlich »unwillkürlich« Gewalt angewendet: als er das Bild in den Fingern hielt oder schon vorher? Diente *sein* Fall der Zerstörung *ihres* Bildes? oder gar der Zerstörung der Abgebildeten selbst? Einen Moment erwägt er, daß die Zerstörung des »Idolchens« (190) der zweite Teil der Rache von Rosalie und Aphrodite an ihm sein könnte, um diesen Gedanken dann aber leichthin mit einem Achselzucken zu quittieren. Wenn er aber dann »Freund Schnorr«, den Maler Veit Hans Schnorr von Carolsfeld, der das Amulett gemalt hat, um Verzeihung bittet, muß er jedenfalls sich selbst die Schuld an der Zerstörung zuschreiben.

»Phantasus«, der Gott des (Tag-)Traums führt ihm noch einmal das Original vor Augen, das dann in einem letzten Akt der Überwindung und Befreiung in effigie in den Orkus geschickt, sprich: Tod und Vergessen überantwortet wird. Wilhelmine, inzwischen »im goldenen Wagen« durch Berlin rollend - wird nicht die mythische Galatea auch mit einem goldenen Wagen in Verbindung gebracht? -, fliegt »mit der goldenen Einfassung den Abgrund hinunter« (190), begleitet von einem verhaltenen Stoßseufzer in der Form eines großartigen Epigramms: »Ehemals wäre ich dem Bildchen nachgesprungen; noch jetzt dem Original.« Und einen Moment hat man hier das Gefühl, daß Seume sich kurzfristig doch eben auch mit dem Prinzen Tamino identifiziert hatte:

»Dies Bildnis ist bezaubernd schön,
Wie noch kein Auge je gesehn!
Ich fühl es, wie dies Götterbild
Mein Herz mit neuer Regung füllt (...)«[2]

---

1 Die Zauberflöte, 2. Aufzug, 28. Auftritt.
2 Die Zauberflöte, 1. Aufzug, 4. Auftritt, Nr. 3.

114

Füllte, denn Tamino bekommt ja die Pamina, ein armer Papageno aber kann von einer Pamina nur »königlich betrogen« (190) werden, wie Seume es - nach seiner eigenen Meinung jedenfalls - von Wilhelmine Röder wurde. Deren Gatten schreibt er dann später einen Brief, den Walter Benjamin einer Aufnahme in seine Sammlung »Deutsche Menschen« von 1936 für würdig befand. Der Brief ist jedoch vielleicht nicht der beste Beleg für Seumes von Benjamin im Kommentar zu dem Brief gerühmte »untadelige Haltung in allen Krisen«[1], denn einmal ist er wenn auch verzeihlich so doch peinlich, weil klar darin zum Ausdruck kommt, daß Seume von Wilhelmine Röder innerlich noch nicht loskam, sie noch nicht lassen konnte und an ihren Mann seltsam gewundene Ratschläge richtet, die dieser sich eigentlich nur verbitten konnte; zum andern ist der so »gefaßte« (Benjamin) Ton des Briefes von Seume durchzittert von einem Todeswunsch für den Mann Wilhelmines. Dem starren, wie mit zusammengekniffenen Lippen geschriebenen Brief ist die verzweifelt unterdrückte Aggressivität Seumes anzumerken. Damit aber sind wir übrigens noch einmal bei Polyphem. Denn der brachte ja den Acis, den Galatea ihm vorgezogen hatte, wirklich um, indem er mit einem Felsbrocken nach ihm warf, der den Acis unter sich begrub.

Seume jedenfalls steigt aber nun, nach diesen Phantasien und diesen mehrfach symbolischen Handlungen, »ruhiger« (190) nach Palermo hinunter, nochmals nicht unähnlich dem von ihm nachgedichteten Theokritischen Polyphem, von dem er am Ende seiner Übersetzung beim ersten Palermo-Aufenthalt sagt:

> »Also weidete Polyphemus und sang von der Liebe,
> Und es ward ihm leichter, als hätt' er Schätze vergeudet« (122).

So war Seume endlich seinen ehemaligen Schatz losgeworden. Daß er diese ganze Szene so ausführlich und einschließlich seiner einstigen Demütigungen und dem neuen Sturz auf die Nase erzählt, deutet darauf hin, daß die Lust bei dieser Erzählung die Unlust überwog, die Befreiung also wirklich eine war.

»Wie diese Überwindung«, schreibt Walter Benjamin in seinem Kommentar zu dem schon angeführten Brief Seumes an den Mann seiner ehemaligen Verlobten, »sich vollzog« (die Überwindung der Nachwirkungen der unglücklichen Beziehung zu Wilhelmine nämlich), »erzählt Seume gelegentlich der Beschreibung seines Aufstiegs auf den Pellegrino in der Nähe Palermos«.[2] Das stimmt nicht ganz, denn Seume erzählt das, wie zu sehen war, nicht einfach »gelegentlich« dieses Gangs auf den Monte Pellegrino, und er erzählt eben nur von den Zeichen, die gewissermaßen die Siegel auf die Beendigung der Beziehung darstellen; er erzählt von den Indizien dafür, daß es nun mit der teils unbewußten, teils bewußten vollständigen Zerstörung des Götzenbildchens »im Innern« wirklich »getan« ist, um eine Goethesche Formulierung zu borgen. »Ach Galatea, Du Schöne, warum *verwirfst* Du mein Flehen?« läßt Seume den Polyphem klagen (121); auf dem Pellegrino hat er dann endlich die Kraft, seinerseits Wilhelmine Röder zu *verwerfen*. Bemerkenswert an dieser Passage seines Spaziergangs ist die außerordentlich deutliche und sogar Seume selbst auffällige psychische Dynamik dieses endgültigen Abtuns der einstmals Geliebten, die sich im raschen und dichten Assoziieren auf mehreren Ebenen unter Einbezug von Handlungselementen, Situationen und Formulierungen aus Mozart/Schikaneder, Butler und Theokrit und in den Fehlleistungen des Sich-selbst-zu-Fall-Bringens und der Zertrümmerung des Amu-

---

1 Walter Benjamin: Gesammelte Schriften. Band VI/1. Hg. von Tillman Rexroth. Frankfurt 1972. S. 168.
2 Benjamin a. a. O.

letts greifen läßt. Wahrhaft eine äußerst 'subjektive' Stelle in der Geschichte der bei Seume so stark vorangetriebenen Subjektivierung der Gattung Reisebeschreibung; man lese nur zum Vergleich, wie etwa Friedrich Leopold Graf zu Stolberg sorgfältig und auf Vollständigkeit, jedenfalls auf umfassende Unterrichtung des Lesers bedacht, in seinem 87. Brief unter dem 9. Juni 1792 aus Palermo berichtet.

Die psychophysische Therapie, die Seume sich selbst verschrieben hatte, zeigte offenbar Wirkung, und zu dieser Therapie gehörte wohl auch, daß er zwar, wie er öfters versichert, gerne »in der Welt umher *schlendern*« wollte (Hervorhebungen von mir - J.Dr.), daß er auch angeblich »von Leipzig nach Agrigent tornistern wollte, bloß um an dem südlichen Ufer Siziliens etwas herumzu*schlendern* und etwa junge Mandeln und ganz frische Apfelsinen dort zu essen« (102), solche Entspanntheit aber eben nicht fertigbringt, sondern glattweg nach Syrakus *rennt*. Rennt er so überaus stramm, weil er eine Fußverletzung (durch eine Quetschung) hatte und sich daher seine Marsch-Potenz beweisen mußte, und vielleicht nicht nur diese: seine körperliche Unversehrtheit und auch seine psychische Wiederherstellung überhaupt? Hängen in Seumes Unbewußtem die Worte und Bilder Fuß / Potenz / pous / pen /penis / Nase eng zusammen, und ist Seume vielleicht deshalb gerade so peinlich berührt, so auffällig prüde indigniert über das »stante pede« / »stante pene«-Wortspiel auf dem Dresdner Theater (6)? Gefiel ihm in eben diesem Sinn auch die von ihm übersetzte Theokrit-Stelle, deren drittletzte Zeile in seiner deutschen Fassung Polyphems Selbst-Zuspruch enthält:

»Denn ich bin auf der Welt doch wohl auch wahrlich ein Kerl noch«.

Es geht nicht um Entlarvungspsychologie; nicht um eine Psychotherapie Seumes - jedenfalls nicht als Selbstzweck. Mir scheint vielmehr, daß gerade vor dem Hintergrund des bekannten und hier bei den Ereignissen auf dem Pellegrino erneut deutlich werdenden, schon früh sehr tief gestörten und immer wieder wankenden Selbstwertgefühl Seumes seine Lebensleistung umso bewundernswerter hervortritt, und ein entscheidender Teil dieser Leistung ist die Transformierung seiner ihm auferlegten Selbstdisziplinierung im literarischen Stil. »Der lacht der Narben, welcher Wunden nie gefühlt«: wenn man die Verwundungen rekonstruiert, die Seume von Kindheit an hinnehmen mußte - und zu den frühesten seiner schweren Kränkungen gehört wohl, daß er die Demütigung seines verarmten und kranken Vaters als Kind ohnmächtig mitansehen mußte: »Ich habe die Katastrophe nie loswerden können, ob ich gleich selten oder nie davon gesprochen habe ...« -, so wird man der Narben Seumes, die nicht zuletzt eben auch an Verwerfungen seiner Prosa sichtbar werden, nicht lachen. *So* gesehen stimmt das Bild vom »braven«, »tapferen«, »männlichen« Seume, wie es vom frühen 19. Jahrhundert (Göschen/Clodius) bis zu Walter Benjamin und Werner Kraft[1] gemalt wurde, eben doch.

»Ob mich, den Pilger, wilde Samojeden
In ihrem Reich,
Ob Räuber mich am Fuß des Ätna töten,
Mir ist es gleich (...)«

Ganz so »gleich«, wie Seume es im Einleitungsgedicht zu »Mein Sommer 1805« behauptet, war ihm sein Tod doch wohl nicht, aber die Wanderung durch den Tiefschnee der Alpen

1 Werner Kraft: Einleitung zu Johann Gottfried Seume: Prosaschriften. Köln 1962. Dieser Essay erschien später nochmals in: Werner Kraft: Rebellen des Geistes. Stuttgart 1968. S. 135-163.

und durch das politisch aufgewühlte, für Fußreisen extrem unsichere Italien nach Sizilien hat ein Element des bewußt riskierten Todes, und das heißt: des knapp vermiedenen Selbstmords. Seume setzte sich aufs Spiel und fühlte dann offenbar, sich und sein Selbstwertgefühl wieder gewonnen zu haben: er war wieder »ein Kerl«. Unerschütterlichkeit besaß Gottfried Seume, dieser späte Stoiker, nicht, mußte sie sich vielmehr immer wieder erkämpfen. Davon erzählt, verdeckt oder offen, ein Großteil seiner Literatur; davon zeugt vor allem sein Stil, der sich zwischen fast launiger Selbst-Exposition und in die Sentenz sich rettender Selbst-Befestigung bewegt und in diesem Hin und Her seine bewundernswerte Dynamik hat.

Dieter Richter

Das Bild der Neapolitaner in der Reiseliteratur des achtzehnten und neunzehnten Jahrhunderts

»Dem reisenden Bürger, der bis Rom
sich von Kunstwerk zu Kunstwerk wie
an einem Staket weitertastet, wird
in Neapel nicht wohl«
(Walter Benjamin, Neapel, 1925)

Die Muster der klassischen Italienreise sind immer wieder beschrieben worden: Es waren südliche *Landschaft*, italienische *Kunst* und das Erlebnis griechisch-römischer *Antike*, die seit der Mitte des 18. Jahrhunderts eine wachsende Zahl von Reisenden in den Süden lockten. Weniger bekannt ist ein anderer Gegenstand nördlicher Neugier: das *Volk*. Nicht erst seit der romantischen Epoche gehören Volksszenen zu den wiederkehrenden Sujets der europäischen Reiseliteratur. Die bürgerliche »Bildungsreise« (ein ziemlich unscharfer Begriff!) ist gegenüber älteren Reiseformen wie der »Kavalierstour« oder der »Pilgerreise« nicht nur markiert durch neue Wahrnehmungsweisen von Landschaft und Kunst, ist nicht nur definiert durch größere Sensibilität des reisenden Individuums gegenüber sich selbst, sondern auch durch eine neue Aufmerksamkeit auf das Volk. Die »Bildungsreise«, die klassische Italienreise war immer auch *Reise zum Volk.* » Die Haupt Idee die sich mir wieder hier aufdringt, ist wieder Volck«. Und: »Das Volk interessirt mich unendlich« - so notiert Goethe 1786 in Venedig im Tagebuch für Frau von Stein.[1]
Sätze dieser Art wird man in älteren italienischen Reiseberichten vergeblich suchen. Die reisenden Kavaliere der vorbürgerlichen Epoche - meist sehr junge Herren in Begleitung eines Tutors - auch aber wissenschaftlich, schriftstellerisch oder diplomatisch ambitionierte Reisende, denen wir im 17. und frühen 18. Jahrhundert in Italien begegnen, hatten, dürfen wir den Berichten glauben, kaum ein Auge fürs Populäre. Während der *Grand Tour* wollte man das Leben an den Höfen kennenlernen, mit einflußreichen Personen Kontakte knüpfen und sich in feiner Lebensart vervollkommnen. Der Katalog des auf Reisen Sehenswerten - zeitgenössische Handbücher stellten dafür regelrechte Listen zusammen[2] - war breit gefächert, umfaßte Handel und Gewerbe, Justizwesen, Verwaltung, Befestigungsanlagen, Architektur, Kunst, Raritätenkabinette, Botanik, kirchliche Zeremonien, gesellschaftliche Ereignisse, Theater - das Volk, »die Leute« interessierten nicht, warum auch. Logiert wurde im allgemeinen privat, so blieb man auch hier unter sich.[3] In Reisebeschreibungen des 16.,

1 Venedig 29. September 1786. In: J.W. Goethe: Tagebuch der italienischen Reise 1786. Hg. von Ch. Michel. Frankfurt (Insel) 1976. S. 101 und 104.
2 Vgl. Francis Bacon: Of Trauaile. In: The Essays. London 1625. S. 72-73. (»The Things to be seene and observed are (...)«); [Hendrik van Huyssen:] Curieuse und vollständige Reiß-Beschreibung von gantz Italien. Bd. III. Freiburg 1701. S. 87. (»Verzeichnüß (...) dessen man sich zu erkundigen hat, man mag hinkommen wohin man wolle«).
3 Daß die Veränderung der äußeren Reisegewohnheiten auch Wahrnehmungsveränderungen mit sich brachte, liegt auf der Hand. Wer auf billige Absteigequartiere angewiesen oder gezwungen ist, zu Fuß zu reisen, kommt auch mit anderen Menschen in Berührung. Was vom Standpunkt des gutbetuchten Post-, Lohn- oder Privatkutschenreisenden aus als zeitraubend, anstrengend und gefährlich erschien - das Wandern - wandelt sich schon am Ende des 18. Jahrhunderts von der Not des Mittellosen zur Tugend alternativer Welterfahrung,

17. und frühen 18. Jahrhunderts spielen Bemerkungen über das Volk - sehen wir von der Wahrnehmung bestimmter Kuriositäten ab - kaum eine Rolle.

Woher nun die Veränderung? Ich gehe von folgender These aus:

Die Reiseliteratur des 18. und 19. Jahrhunderts spiegelt sehr deutlich den Prozeß der Selbst-Bewußtwerdung des bürgerlichen Individuums, wie er auch in anderen Zusammenhängen der Geistesgeschichte immer wieder beschrieben worden ist. Bürgerliches Selbstbewußtsein aber konstituiert sich nicht nur im anti-höfischen Affekt, nicht nur im neuen wissenschaftlichen Blick auf die Welt, sondern ganz wesentlich noch in anderer Form: in der Auseinandersetzung mit dem »kleinen Mann«, mit dem Volk.[1]

Selbst-Erfahrung entwickelt sich über Fremd-Erfahrung, d.h. die Erfahrung des Fremden, des Anderen. Und gerade die Reise fordert dabei immer wieder zur Auseinandersetzung mit diesem Fremden heraus, das dann »die unteren Volksclassen«, »der gemeine Mann«, »Pöbel«, »Volk« oder einfach »die Leute« genannt wird.

Wie dieses »fremde Volk« von den Reisenden wahrgenommen wurde, will ich am Beispiel einer Stadt beschreiben, deren Bewohner immer wieder als das »andere Extrem« des eigenen Selbst auffielen (und das im Grunde bis heute): Neapel. Ich schicke einige Bemerkungen zur historischen Realität der Stadt voraus.

Eine wahre Hauptstadt

In den 200 Jahren der spanischen Herrschaft in Süditalien (1505-1734) hatte sich Neapel, Sitz der spanischen Vizekönige, zu einer modernen europäischen Kapitale und Residenzstadt entwickelt.[2] In einem riesigen urbanistischen Programm wird die Stadt im 16. Jahrhundert restrukturiert (Mauerbau, Anlage von Prachtstraßen, Ausbau des Hafens, Kanalisation, neue Wohnviertel), ihre Gesamtfläche dabei um ein Drittel erweitert. Neue Quartiere entstehen, in denen vor allem die Soldaten der spanischen Garnison untergebracht werden. Um die Mitte des 17. Jahrhunderts zählt die Stadt nicht weniger als 425.000 Einwohner. Als Residenz wird sie dabei zum Magnet für zahlreiche süditalienische Barone und Landadelige und eine sich um den Hof gruppierende Beamtenschaft. Die soziale Struktur, die dabei entsteht, bestimmt noch das 18. Jahrhundert (ab 1734 regieren die Bourbonen Neapel): Einer relativ kleinen höfischen Oberschicht stehen riesige plebejische Massen gegenüber, wohingegen - anders als in anderen europäischen Großstädten - eine bürgerliche Mittelschicht sich nur zögernd entwickelt.

Die soziale und politische Situation der Riesenstadt ist dabei latent krisenhaft: Die wirtschaftlichen Auspressungen durch die spanischen Eroberer führen zu Geldentwertungen, Teuerungen und Hungerkatastrophen, die immer wieder Revolten zur Folge haben (am bekanntesten wurde der Volksaufstand unter dem Fischer Masaniello 1647).[3] Mehrfach

---

der besseren Kenntnis von Land und, vor allem, von Leuten. Johann Gottfried Seumes »Spaziergang nach Syrakus im Jahre 1802« ist dafür ein gutes Beispiel: Die Straße bringt den republikanischen Reisenden auch immer wieder mit kleinen Leuten zusammen, deren kritische Meinungen über Gott und die Welt, über Pfaffen und Herren er dann genüßlich zum besten gibt.

1 Wie der Prozeß bürgerlicher Selbstbewußtwerdung in der Auseinandersetzung mit anderen »kleinen Leuten«, den Kindern, vonstatten geht, habe ich dargestellt in: Dieter Richter: Das fremde Kind. Zur Geschichte der Kindheitsbilder des bürgerlichen Zeitalters. Frankfurt 1987.

2 Vgl. zum folgenden u.a. A.A.V.V.: Storia die Napoli, vol. IV, Napoli 1974; Civiltà del Seicento a Napoli. Catalogo. 2 Bände. Napoli 1984. S. 23 ff. und 77 ff.

3 Vgl. K. Fiorentino: La rivolta di Masaniello del 1647. In: Civiltà del Seicento. Bd. 2. S. 43-49.

wird die volkreiche Stadt von der Pest heimgesucht und die Gegend von den Ausbrüchen des ab 1631 wieder aktiven Vesuv verheert. Auf der anderen Seite inszenieren zunächst die spanischen, dann die bourbonischen Herrscher eine Hofhaltung, die in Pomp und Prachtentfaltung allenfalls in Versailles Entsprechung hat. Das Volk wird dabei mit Brot und Spielen - so der alljährlich während des Karneval inszenierten Cuccagna[1] - bei Laune gehalten.

Im ausgehenden 18. Jahrhundert folgt auf den reformbewußten Bourbonen Karl III (1734-59) die lange Epoche des kindischen und regierungsschwachen Ferdinand IV (1759-1825). Formell eine der europäischen Großmächte und verwandtschaftlich mehrfach mit dem Haus Habsburg verbunden, ist das Königreich Beider Sizilien nach außen hin schwach und wird zum Spielball im Interessenkonflikt Englands gegen das napoleonische Frankreich. Nach der Vertreibung der Bourbonen wird 1799 die »Parthenopäische Republik« ausgerufen. Die nach Napoleons zeitweiligem Rückzug aus Oberitalien unter englischem Flottenschutz (Lord Nelson) zurückkommenden Royalisten richten in der Stadt ein Blutbad an. 1806 müssen die Bourbonen erneut weichen; nach Joseph Bonaparte regiert Murat das Königreich. Mit Napoleon stürzt auch er, erneut kehrt die bourbonische Reaktion zurück.

Vielleicht kann man die gewaltige Potenz, die eine solche Stadt für die europäischen Reisenden war, allein an einem zahlenmäßigen Faktum verdeutlichen. »Man zählt hier gegen 360.000 Seelen, so daß Neapel nach Paris und London die volkreichste unter den Städten Europas ist«, heißt es in den 1793 erschienenen »Interessanten Bemerkungen eines Reisenden durch Frankreich und Italien« (Leipzig 1793).[2] Der Reisende, der gerade aus der klassischen »Hauptstadt der Welt«, aus Rom kam, das mit seinen 160.000 Einwohnern vergleichsweise bescheiden wirkte und mit seinen ausgedehnten Grünzonen innerhalb der alten Mauern bis weit ins 19. Jahrhundert hinein einen eher ländlichen Eindruck machte, sah sich in Neapel plötzlich in eine brodelnde Großstadtlandschaft, eine wahre Metropole versetzt. Wenn es in Italien irgendwo eine Hauptstadt gab, die diesen Namen verdiente, dann war es Neapel. In seinen »Lettres historiques et critiques sur l'Italie« (1799) urteilt der französische Diplomat Charles de Brosses, der das Land in den Jahren 1739-40 bereist hatte:

> »Meiner Meinung nach ist Neapel die einzige Stadt Italiens, die wirklich die Hauptstadt spüren läßt; der Verkehr, der Auflauf des Volkes, die Zahl und der beständige Lärm der Wagen, eine wirkliche Hofhaltung, die Lebensart und Prachtliebe der großen Herren: all das trägt dazu bei, ihr jenes lebhafte und rege Äußere zu geben, das Paris und London haben und das man in Rom ganz und gar nicht findet.«[3]

In der Tat begegnet in der Reiseliteratur des 18. und 19. Jahrhunderts immer wieder der Vergleichstopos *Neapel gegen Rom.*

> »Zwischen Neapel und Rom zählt man an die 40 Meilen Distanz; vom Unterschied des Blutes her zu urteilen, welches doch ein und denselben Ursprung hat, mögen es deren tausend scheinen«,

heißt es in einer französischen Reisebeschreibung der revolutionären Ära.[4] Rom erscheint den Reisenden immer wieder als ernst, einfach, ruhig, als Ort der Besinnung und des Nachdenkens; Neapel hingegen wird als laut, umtriebig und leichtfertig erlebt.

---

1   Vgl. Dieter Richter: Schlaraffenland, Geschichte einer populären Phantasie. Köln 1984. S. 79-86.
2   Interessante Bemerkungen eines Reisenden durch Frankreich und Italien. Leipzig 1793. S. 526.
3   Charles de Brosses: Lettres historiques et critiques sur l'Italie. Vol II. Paris 1799. S. 145.
4   Voyage forcé de Naples, par le Citoyen M+++. Paris o.J. S. 154 (deutsch Göttingen 1803).

»Die stille Größe Roms contrastirt mit dem betäubenden Lärm Neapels, seine einfache ungesuchte Pracht mit dem bunten Flitterglanz der Gegnerin auf das grellste (...) Überall statt römischer Einfachheit und römischen Ernstes, Lärmen, Ausgelassenheit und krampfhafte Lebendigkeit, statt römischer Stille und Einsamkeit ein unermeßliches Gewühl, ein betäubendes Geschrey, statt römischer Sittigkeit die dreiste und verletzendste Schaamlosigkeit. Hier ist nicht die Rede von einem stillen, nach Innen zugekehrten Leben: in diesem rauschenden Meer von Lebenslust und toller Sorglosigkeit wird es uns unmöglich, die ernsten Seiten des Lebens zu erfassen, uns mit dem zu beschäftigen, was dem sinnenden Geist, der ahnenden Seele Befriedigung gibt. Der Strudel des gegenwärtigen und lebendigen Daseyns ergreift uns unwillkürlich (...)«[1]

Eine Beschreibung wie diese läßt sich natürlich auch positiv lesen, und Reisende wie Herder oder Stendhal haben gerade wegen dieses »gegenwärtigen und lebendigen Daseins« Neapel vor Rom den Vorzug gegeben. Aber wer studieren und seinen Geschmack ausbilden wolle, solle in Rom bleiben und Neapel meiden, so hatte schon Montesquieu (Italien-Reise 1728/29) geraten[2], und der Topos von der »Irritation Neapel« kehrt im 18. Jahrhundert vielfältig wieder. »Was kann man anderes in Neapel machen, wenn nicht geniessen und leben«, heißt es bei dem Aufklärer Charles Dupaty[3] (1785), und ähnlich bei Herder (1789): »In Neapel läßt sich nicht schreiben, nur sehen und träumen«.[4] Und Goethe schreibt: »Wenn man in Rom gern studieren mag, so will man hier nur leben, man vergißt sich und die Welt«.[5] Oder, einfacher, wie im Brief an Frau von Stein: »Und dann wird man hier immer fauler und fauler«.[6]

Nach dem Studium der »Dialektik der Aufklärung« ahnen wir, was hinter Dichotomisierungen wie »studieren - leben« oder »schreiben - träumen« verborgen sein mag: Es sind die Strukturen des bürgerlichen Individuums, dessen, der gelernt hat, »das Ich zusammen zu halten« (Horkheimer/Adorno), die in dieser Stadt immer wieder in Gefahr geraten, sich aufzulösen.

»Jedermann lebt in einer Art von trunkner Selbstvergessenheit. Mir geht es ebenso, ich erkenne mich kaum, ich scheine mir ein ganz andrer Mensch. Gestern dachte ich: 'Entweder du warst sonst toll, oder du bist es jetzt'« (Goethe).[7]

Warum ist es gerade Neapel, das solche Reaktionen bei den Reisenden auslöste? Eine Antwort (aber, ich denke, nur eine unbefriedigende Teil-Antwort) könnte sein: Die Erfahrung des Fremden, die die Reisenden, zumal die deutschen, in der Zeit um 1800 in Neapel machten, war die neue Schock-Erfahrung der modernen Großstadt mit ihrem charakteristischen Bild des »Menschen der Masse«.[8] Die Deutschen kamen ja überwiegend aus Klein- und Kleinststädten (Weimar zählte am Ende des 18. Jahrhunderts 6.000 Einwohner und das große Berlin nicht mehr als 111.000); für manchen (Goethe etwa) war Neapel die erste oder gar einzige wirkliche Großstadt, die er in seinem Leben sah. Hinzu kommen Spezifika

---

1 Wilhelm von Lüdemann: Neapel wie es ist. Dresden 1827. S. 4.
2 Voyage de Gratz à la Haye, in: OEuvres complètes. Paris (Gallimard) 1949. Vol. I. 719.
3 Charles Dupaty: Lettres sur l'Italie en 1785. Vol. II. Rome et Paris 1788. 140 (deutsche Ausgabe Mainz 1789/90 in der Übersetzung von Georg Forster).
4 Johann Gottfried Herder: Bloß für dich geschrieben. Briefe und Aufzeichnungen über eine Reise nach Italien. Berlin 1980. S. 220.
5 Caserta, 16.3.1787. In: Werke. Hamburger Ausgabe. XI. S. 208.
6 Brief an Frau von Stein vom 1.6.1787. In: Tagebücher und Briefe Goethes aus Italien an Frau von Stein und Herder. Weimar 1886. S. 306.
7 Goethe: Werke. Hamburger Ausgabe XI. S. 207.
8 Heinz Brüggemann hat diese Schock-Erfahrung im zeitgenössischen Reisebericht am Beispiel Paris und London beschrieben. Heinz Brüggemann: »Aber schickt keinen Poeten nach London.« Großstadt und literarische Wahrnehmung im 18. und 19. Jahrhundert. Reinbek 1985.

des Ortes, die sich doch nicht nur großstadtsoziologisch fassen lassen: landschaftliche Lage, Klima, politische Verhältnisse, eine traditionelle Religiosität, eine hochentwickelte Festkultur, vielfältige Formen plebejischer Öffentlichkeit, eine fremde Mentalität - alle diese Faktoren zusammengenommen haben das Bild des Neapolitaners in der zeitgenössischen Reiseliteratur geprägt.[1] Und natürlich auch die ihrerseits wirksamen literarischen Topoi, über die sich Generationen von Nordländern dieses Bild vermittelte.

Schönes Land - böse Leut, oder: Ein Paradies voller Teufel

»Schönes Land - böse Leut«: auf diese Formel[2] läßt sich der wohl wirksamste reiseliterarische Topos bringen. Der vielkolportierte Satz: »Neapolis sey ein von lauter teufeln bewohntes paradiß« begegnet uns schon in der barocken Reiseliteratur, etwa in Maximilien Missons durch ganz Europa verbreiteter »Nouveau Voyage d'Italie« (London 1688, Gent 1691, Leipzig 1701), die, in immer neuen Auflagen, Generationen von Reisenden als vorbereitende Lektüre diente.[3] Und dieser Satz wird, noch anderthalb Jahrhunderte später, äußerlich fast unverändert wiederkehren, wenn etwa der Bildhauer Ernst Rietschel (der Schöpfer des Goethe-Schiller-Denkmals in Weimar) in einem Brief über die Gegend am Golf schreibt:

> »Da überall ist das Paradies der Erde, oder es würde es sein, wenn keine Menschen dort wären, die die niedrigste Brut ist, die mir je vorgekommen.«[4]

Die »Teufel« in diesem Paradies, das waren in erster Linie die Angehörigen der untersten Volksschichten, die Lazzaroni:

> »Die Volksmenge Neapels ist so hervorstechend, daß ein Fremder, der zum ersten Male bestimmte Teile der Stadt passiert, meinen möchte, das Volk habe sich aus einem außerordentlichen Anlaß auf den Straßen versammelt; aber die Wahrheit ist, daß Tausende des Pöbels (man nennt sie Lazaroni oder Black-Guards) keine andere Wohnung haben, als die Straße, und der bei weitem größere Theil der anderen wegen Mangels an Manufakturen oder wegen eines natürlichen Hanges zur Faulheit keine Beschäftigung hat und vom Morgen bis in die Nacht auf den Straßen herumbummelt und diese Massen bildet, wie man sie in anderen Städten nicht sieht, es sei denn zu Festen, Wahlen etc. (...)«[5]

So der Engländer Samuel Sharp 1767. Im gleichen Jahrhundert charakterisiert der französische Mathematiker und Astronom Josephe Jérome de Lalande eben diese Masse mit dem berühmten geflügelten Wort:

---

1   Zum Thema »Neapel-Reise« und »Neapel-Bild«: Napoli nei canti dei poeti stranieri. Napoli 1899; G. Porcaro: Napoli, il suo mare e il suo porto, visiti da viaggiatori illustri. Napoli 1962; G. Doria: Viaggiatori stranieri a Napoli. Napoli 1984; A. Mozzillo: La sirena inquietante. Immagine e mito di Napoli nell'Europa del Settecento. Napoli 1983; Dieter Richter: Viaggiatori stranieri nel Sud, L'immagine della costa di Amalfi nella culturo europea tra mito e realta. Amalfi 1985. S. 6-14.

2   Die Formel nach Claus Gatterer: Schöne Welt, böse Leut. Kindheit in Südtirol. Wien/München 1969.

3   Maximilian Misson: Reisen aus Holland durch Deutschland in Italien. Leipzig 1701. S. 373: »Und ist mit einem Wort zu sagen der Neapolitanische pöbel ein vertrackt volck. Die gefängnisse wimmeln von Missethätern, und hat man uns versichert, es sässen derer nur in zwey gefängnissen über vier tausend auff den halß. Und wird man dahero nicht unrecht thun, wenn man sagt, Neapolis sey von lauter teuffeln bewohntes paradiß« - die Formel auch in Hendrik van Huyssen a. a. O. S. 139. Der Verfasser bezieht sich auf ein italienisches Sprichwort.

4   Brief an Christian Daniel Rauch vom 19.11.1830. In: E. Haufe (Hg.): Deutsche Briefe aus Italien. Hamburg 1965. S. 288.

5   Samuel Sharp: Letters from Italy, describing the customs and manners of that country in the years 1765 and 1766. London. 3rd ed. 1767. P. 99.

122

»Der Pöbel von Neapel ist ungeachtet seiner Zahl leicht niederzuhalten; man braucht dafür drei Dinge: farina, furca, festini (= Mehl, Galgen, Feste).«[1]

Seit den französischen und englischen Neapel-Beschreibungen der 60er und 70er Jahre des 18. Jahrhunderts (Richard, de Lalande, Sharp, Swinburne, Moore) werden die *Lazzaroni* - »eine Menschengattung, die keine einzige Stadt der Welt besitzt« (Archenholtz 1787)[2] - zu einer regelrechten Besucherattraktion für die Reisenden aus dem Norden. Der Begriff *Lazzaroni*[3], abgeleitet vom Namen des »armen Lazarus« im biblischen Gleichnis (Lukas 16) und über französisch *lazare* und spanisch *lazaro* in der Bedeutung »Aussätziger« nach Neapel gekommen, war damit ursprünglich eine *soziale* Kategorie, meinte den armen kranken Mann. Aber der Begriff wird schnell zur moralischen Kategorie im negativen Sinn. Die Bedeutung des Wortes bewegt sich dabei in der europäischen Reiseliteratur vor allem auf zwei Feldern: *Lazzaroni*, das ist zum einen das Volk der Müßiggänger und Arbeitsscheuen, zum anderen die possierliche, leicht erregbare, sinnliche, gewalttätige Masse. (»Zur Hälfte Affe, zur Hälfte Tiger« wird Emile Zola über den gemeinen Mann in Neapel sagen[4]). Was an den *Lazzaroni* damit kritisiert und als »schwerer Schaden für ein Staatswesen« (J.J. Volkmann)[5] diagnostiziert wird, thematisiert nichts anderes als die beiden zentralen Bereiche der volkserzieherischen Bemühungen im ökonomisch fortgeschritteneren West- und Nordeuropa: die Erziehung zur Arbeitsamkeit bzw. zum planvollen Umgang mit der Zeit und die Erziehung zur Beherrschung von Triebhaftigkeit und Sinnlichkeit. Die Lazzaroni erscheinen in bürgerlich-aufgeklärter Perspektive als das Gegenbild des Volkes, wie es sein soll. Mit der Kritik an den Neapolitanern werden dem »Volk« in Frankreich, England oder Deutschland die Leviten gelesen. »Leute, (...) die (...) die Arbeit um der Arbeit willen lieben, giebt es nur wenige«, kritisiert der Komponist Felix Mendelssohn-Bartholdy 1831 in Neapel, und er macht damit den Konflikt zweier ökonomisch-moralischer Tugendsysteme recht gut deutlich.[6] Auch die immer wieder registrierte »Spielleidenschaft« der Neapolitaner gehört in diesen Zusammenhang. Das »Fremde«, das den aufgeklärten Reisenden des Nordens in Gestalt der *Lazzaroni* entgegentritt, ist der Gestalt gewordene »präindustriale Sozialcharakter« - allerdings, und das macht das Spannende an dieser Begegnung aus, erscheint dieser »gestrige« Menschenschlag in der modernsten Form der Vergesellschaftung: der Großstadt.

---

1   Voyage en Italie (...) par M. de La Lande. 2de ed. T. VII. P. 179. Vermutlich liegt ein neapolitanisches *detto* zugrunde. Vgl. auch: V. Gleijeses: Feste, farina de forca. Napoli 1977.

2   Johann Wilhelm Archenholtz: England und Italien. 4. Theil. Leipzig 1787. S. 180.

3   Charles de Brosses (1739/40) gebraucht den Begriff *Lazarielli* (»Abergläubisch, verräterisch, aufrührerisch und arglistig wird sie [die Masse] sich stets im Gefolge des ersten besten Masaniello, der die Gelegenheit zum Aufruhr geschickt beim Schopfe faßt, zu jeder Meuterei bereit finden. Das widerlichste Geschmeiß, das verruchteste Gesindel, das je über die Erdoberfläche dahinkroch« Le Président de Brosses en Italie. Lettres familières écrites en 1739 et 1740. Bd. II. Paris 1885. P. 338. - Vgl. auch A. Fliri: La Sirena e il Lazzarone. Viaggiatori tedeschi nella Napoli del Settecento. In: La città e l'immaginario, a cura di D. Mazzoleni. Roma 1985. P. 159-160.

4   Nach H.Haas: Neapel und seine Umgebung und Sizilien. Bielefeld/Leipzig 1927. S. 82 (= Monographien zur Erdkunde, 17).

5   Johann Jakob Volkmann: Historisch-kritische Nachrichten von Italien ... 2.Aufl. Leipzig 1777/78. Bd. III. S. 159-160.

6   Brief vom 6.6.1831. In: Felix Mendelssohn-Bartholdy, Briefe aus den Jahren 1830 bis 1847. Leipzig 1899. S. 126.

Die Wilden Europas

Es ist kein Wunder, wenn wir in den Beschreibungen der Neapolitaner auch immer wieder auf den vertrauten Topos vom »Wilden« treffen. Denn der Wilde ist, seit Beginn der »europäisch-überseeischen Begegnung«, ja nicht nur der geographisch, sondern vor allem der *zivilisatorisch* Ferne, der Repräsentant des vor-neuzeitlichen Menschen.[1] Die »faulen« und »triebhaften« Neapolitaner erscheinen so gleichsam als die Wilden an der Südgrenze Europas. Felix Mendelssohn-Bartholdy, in dem eben zitierten Brief, schreibt:

»Die Idee eines Mittelpunktes für ein großes Volk, die London so wunderbar schön macht, giebt mir Neapel nicht, und zwar, weil eben das Volk fehlt; denn die Fischer und Lazzaroni kann ich kein Volk nennen. Sie sind mehr wie Wilde, und ihr Mittelpunkt ist nicht Neapel, sondern das Meer.«[2]

Wesentlich derber las es sich 26 Jahre vorher bei August Kotzebue:

»Wenn ich von einem Volke, ohne es zu nennen, erzählte: es sey faul, unreinlich, sinnlich, abergläubisch, auf Hazardspiele mit Wuth erpicht, völlig gleichgültig gegen Künste und Wissenschaften, bloß Flitterstaat liebend, der ehelichen Treue fremd - würde man nicht glauben, ich spräche von Irokesen oder Hottentotten? - nun ja, die vornehmen Neapolitaner sind die Wilden von Europa.«[3]

»Die *vornehmen* Neapolitaner« sagt Kotzebue - und verweist damit auf eine bezeichnende Wandlung des Topos. Galt der Satz von den »faulen« und »sinnlichen« Neapolitanern zunächst den Unterschichten, den *Lazzaroni* (die Reisenden des Barockzeitalters wußten mit den »Vornehmen« Neapels sehr wohl als mit ihresgleichen zu verkehren), so wandelt sich die *soziale* allmählich in eine *national-geographische* Kategorie. Der Mythos vom neapolitanischen *Volkscharakter* (»Es giebt hier Lazzaroni in jedem Stand«[4]) entsteht.

Der Mensch des Südens und der Mensch des Nordens, oder: Klima und Frömmigkeit

Eine populäre Rechtfertigung findet dieses Neapel-Bild um 1800 in der zeitgenössischen Anthropologie. »L'homme du midi et l'homme du nord ou l'influence du climat« - unter diesem Titel erschien im Jahr 1824 ein Alexander von Humboldt gewidmetes Buch des Schweizer Politikers und Schriftstellers Carl Victor von Bonstetten (deutsche Übersetzung Leipzig 1825). Der Verfasser konstatiert darin eine klimatisch bedingte Nord-Süd-Polarität der Charaktere, wobei, wie er schreibt, sich zwischen Rom und Neapel alle Züge des Südens verstärken.[5] 1829 greift der romantische Dichter Friedrich de la Motte-Fouquet in seinem Buch »Der Mensch des Südens und der Mensch des Nordens« Bonstettens Gedanken auf und verallgemeinert sie: »Nordmenschliches« und »Südmenschliches« sei

---

1 Vgl. Urs Bitterli: Die »Wilden« und die »Zivilisierten«. Grundzüge einer Geistes- und Kulturgeschichte der europäisch-überseeischen Begegnung. München 1976.
2 Mendelssohn-Bartholdy: Briefe. S. 125.
3 August von Kotzebue: Erinnerungen von einer Reise aus Liefland nach Rom. Bd. II. Berlin 1805. S. 157. - Vgl. aus späterer Zeit auch Ernst Willkomm: Italienische Nächte. Bd. II. Leipzig 1847. S. 337. Über die Bewohner der Gegend von Pästum: »Die Bildung dieser Leute mag wohl wenig verschieden sein von der der Kalmücken oder Baschkiren«.
4 Neapel und die Lazzaroni. Ein charakteristisches Gemälde für Liebhaber der Zeitgeschichte. Mit einem großen ausgemalten Carricaturkupfer, die Bewaffnung der Lazzaroni's vorstellend. Frankfurt und Leipzig 1799. S. 68.
5 Ch.-Victor de Bonstetten: L'homme du midi et l'homme du nord ou l'influence du climat. Geneve/Paris 1824. Für den Norden gilt danach z.B.: politische Freiheit, Herrschaft der Gesetze, größere Selbstmordrate, Laster der Trunksucht; für den Süden: Sorglosigkeit gegenüber der Zukunft, Laster des Bettelwesens, Cicisbeismus. - Zu Neapel vgl. S. 19.

eine grundsätzliche Polarität, die sich in nördlichen und südlichen Breiten nur jeweils besonders deutlich ausgeprägt zeige.[1]

Mit der Auffassung von der »Nord-Süd-Polarität« der menschlichen Charaktere (wie sie sich in den Schriften des Göttinger Anthropologen Christoph Meiners schon vorgebildet findet[2]) gerät die Gegend am Golf von Neapel - in der Regel die südlichste Station der Italientour - für die Reisenden aus dem Norden an das äußerste Ende der »Fremdheitsskala«:

>»Wenn jemand, er sey evangelisch oder katholisch, von Stralsund aus durch die Mitte von Deutschland reiste, und sodann weiter durch die Schweiz und Italien bis Neapel oder Sicilien, so würde er mit einigem Beobachtungsgeiste die unfehlbare Bemerkung machen, daß die Menschen stufenweise schlimmer würden, je weiter er auf seiner Reise käme. In Pommern würde er treuherzige, gute Menschen mit schlichtem Menschenverstande, in den preußischen Staaten würde er höhere Cultur, jedoch mit Rechtschaffenheit im Ganzen verbunden finden; weiter in Deutschland hinein würde er die Cultur mit List, ganz in dem Süden dieses Landes mit Unredlichkeit vermischt sehen; in den Städten der Schweiz würde er Eigennutz und Mangel an Cultur finden; schon in Verona würde er unter Menschen von niedriger, gewissenloser Denkungsart sein, und dies würde durch ganz Italien durch alle Nuancen steigen, bis er zuletzt in Rom und Neapel den Abschaum der Menschen, den Gipfel der Verworfenheit fände.«[3]

Auf Benkowitz' eingangs gestellte Frage: »Warum werden die Menschen immer schlimmer, je weiter man nach dem Süden kömmt?« lautet die Antwort des aus Schlesien gebürtigen Autors allerdings nicht: wegen des Klimas, sondern: wegen des Katholizismus. Denn auch die traditionelle Religiosität, d.h. die für Neapel typischen öffentlichen massenhaften und lautstarken Inszenierungen von Frömmigkeit, wie sie vor allem in den großen Festen (San Gennaro, Piedigrotta, San Giovanni Battista) ihren turbulenten Ausdruck fanden, wirkte auf die Reisenden immer wieder in höchstem Maße fremd und irritierend - und zwar schon im Kontext eines »nördlichen« katholischen Spektrums. Auch ein konservativer Royalist und Katholik wie Charles de Brosses (1739/40) verspottet in seinen »Vertraulichen Briefen« das berühmte Blutwunder von San Gennaro als »ein recht artiges chemisches Stücklein« (un assez joli morceau de chimie).[4] Und ein aufgeklärter Katholik wie Henry Swinburne sagt, in der ihm eigenen vornehmen Zurückhaltung, über die Neapolitaner, daß »manche Übungen ihrer religiösen Verehrung römischen Katholiken anderer Länder extravagant und unschicklich erscheinen« müßten.[5]

Wie viel schwerer hatten es da die Protestanten mit ihrem verinnerlichten Glaubensbegriff, ein durch und durch »abergläubisches« Volk zu verstehen, bei dem - so die obligatorisch wiederholten Vorwürfe - alle Religion statt wahrer Herzensandacht nur eitles äußerliches Gepräge sei.[6]

Die Überraschung, die Vertretern *beider* Konfessionen blühen konnte, wenn sie aus Rom, dem Zentrum der katholischen Christenheit, nach Neapel kamen, gibt Archenholtz anschaulich wieder:

---

1 Friedrich de la Motte-Fouqué: Der Mensch des Südens und der Mensch des Nordens. Sendschreiben in Bezug auf das gleichnamige Werk des Herrn von Bonstetten. Berlin 1829.

2 Christoph Meiners: Grundriß zu einer Geschichte der Menschheit. Lemgo 1793.

3 Karl Friedrich Benkowitz: Reise von Glogau nach Sorrent. Bd. 3. Berlin 1804. S. 324-325.

4 Lettres familières a. a. O. II. P. 336. - Auch Charles Duclos, Sekretär der Académie Française, mokiert sich über das Gennaro-Wunder (Reise durch Italien oder Bemerkungen über Italien. Aus dem Französischen des Herrn Duclos. Jena 1792. S. 126-128. - Voyage en Italie ou Consideration sür l'Italie. Paris 1791. Duclos reiste 1766/67 durch Italien).

5 Henry Swinburne: Travels in the Two Sicilies in the Years 1777, 1778, 1779 and 1780. Vol II. London 1785. P. 83.

6 Vgl. z.B. Archenholtz a. a. O. S. 170 ff.; Benkowitz a. a. O. S. 327.

»Ein Chineser, der, ohne Europa zu kennen, von Rom nach Neapel käme, würde schwerlich glauben, daß beide Städte ganz einerley Religion haben, noch weniger, daß der Hauptsitz derselben in derjenigen von beyden sey, die sich bei allen Andachtsübungen am laulichsten zeigt.«[1]

Der Geist Masaniellos und das Feuer des Vesuv

Eine historische »Aktualisierung« erfährt das *Lazzaroni*-Bild in den politisch turbulenten Jahren nach 1798.[2] Die Volksmassen (die sich während des Sturzes der Bourbonen 1798 und 1806 übrigens königstreu und franzosenfeindlich verhielten) erscheinen in Darstellungen der historischen Ereignisse nördlich der Alpen als wahre Ungeheuer. Ihre lange schlummernden zerstörerischen Energien hätten sich, heißt es, jetzt schrecklich entladen, und das fürchterliche Sengen der politischen Leidenschaften wird dem unheilvollen Wüten des brennenden Berges[3] vor den Toren der Stadt verglichen:

»Dieses zeitherige Ruhigbleiben dieser Leute glich der Ruhe des Vesuvs, der nach langer Stille nur desto stärker zu rasen anfängt(...) Der Geist der Mordlust, der Ausschweifung und der wüthenden Ausgelassenheit und Raserei, der sie einst zu den Zeiten Masanniellos belebte, war ganz wieder in sie gefahren. - Sie haußten noch schrecklicher als damals. - Sie mordeten, was ihnen in die Hände fiel« (1799).[4]

Das beigegebene kolorierte Kupfer »Bewaffnung der Lazzaronis zu Neapel« zeigt die aufständische Masse in lächerlicher Kostümierung und mit cretinhaften Physiognomien - mit dem Lumpengeneral an der Spitze, der Totenkopffahne und der Statue des kopflosen San Gennaro. »Zur Seite tanzt ein Polchinell mit blutigem Dolche«[5], und im Hintergrund bricht der Vesuv aus.

Die alte Geschichte vom Volksaufstand 1647 unter dem neapolitanischen Fischer Masaniello, die auch nördlich der Alpen bekannt war (Christian Weisse: Masaniello, Trauerspiel 1683), bekommt unter dem Eindruck der politischen Ereignisse neue Aktualität: vom Drama (August Fresenius: Thomas Aniello, 1818)[6] über die Oper (Daniel Auber: Die Stumme von Portici, 1828) und den Roman (Alexandre Dumas: Masaniello, 1845) bis zum Kinderbuch.[7]

Für die Reisenden aber, die sich während der revolutionären Ereignisse in Neapel aufhielten, konnten die *Lazzaroni* jetzt zur Projektionsfläche für die eigene Angst vor der Revolution werden. Eindringlich beschwört Elisa von der Recke, die im Sommer 1806, kurz vor dem Einmarsch Joseph Bonapartes und der zweiten Vertreibung König Ferdinands IV in Neapel weilt, die angespannte, ungewisse Situation:

»Welch ein Volk bewegt sich hier vor meinen Augen. Es scheint nur die äußere Gestalt von Menschen zu haben, im Innern ist alles rohe Wildheit. Es ist eine entzündbare Masse, die nur eines Funkens bedarf, um aufzufahren, und nach regellosen Richtungen hin Verderben zu schleudern.«[8]

---

1 Archenholtz a. a. O. S. 171.
2 Vgl. dazu A. Mozzillo a. a. O. S. 105 ff.
3 Zur politischen Metaphorik des Vesuv vgl. Dieter Richter: Der brennende Berg - Geschichten vom Vesuv. Köln 1986. S. 117.
4 Vgl. Neapel und die Lazzaroni a. a. O. S. 785. - Eine betont frankophile Darstellung der Ereignisse gibt Johann Gottfried Pahl: Geschichte der Parthenopäischen Republik. Frankfurt 1801.
5 Neapel und die Lazzaroni a. a. O. S. XI (Bildlegende) - wie weit das Klischee von der Wirklichkeit entfernt ist, zeigt auch, daß es sich bei dem angeblichen Pulchinella um einen Arlecchino handelt.
6 August Fresenius: Thomas Aniello. Trauerspiel in fünf Aufzügen. Hg. von Friedrich Baron de la Motte-Fouqué. Frankfurt 1818.
7 Johann Fr. Fr. Chur: Neuer Tugendspiegel oder Anecdoten und Characterzüge aus dem Jugendleben denkwürdiger Personen alter und neuer Zeit. 2. Aufl. o.O. 1830.
8 Elisa von der Recke: Tagebuch einer Reise durch einen Teil Deutschlands und durch Italien in den Jahren

Die Schuld der Regierung

Das Bild der *Lazzaroni* als einer präindustrialen und präzivilisierten Masse kann allerdings in der Reiseliteratur der Zeit um 1800 auch ganz anders bewertet werden. Vor allem englische und französische Aufklärer, denen es in ihren Reisebeschreibungen immer wieder darum geht, die Entwicklung des Gewerbefleißes der Nationen in Relation zu Klima, natürlichen Ressourcen und staatlicher Ordnung zu setzen (und die wohl auch einfach in der Wahrnehmung großstädtischer Massen erfahrener waren als die Deutschen) tendieren dazu, das »Problem« der *Lazzaroni* als Problem der Desorganisation und Rückständigkeit des absolutistischen Staates zu sehen. Daß sie »wegen des Mangels an Manufakturen oder wegen eines natürlichen Hanges zur Faulheit keine Beschäftigung haben«, urteilt vorsichtig der schon zitierte Samuel Sharp (1765/66)[1], der auch sonst Erscheinungsbild und Verhalten der Volksmassen ohne Abscheu und Häme skizziert. Daß sie »keinesfalls ein so grausames und rachsüchtiges Volk sind, wie sie von vielen Reisenden geschildert werden«, versichert auch der sehr umsichtig beobachtende Henry Swinburne (1783) und weist darauf hin, daß in Neapel selbst im Hungerjahr 1764 nur ein einziger Bäckerladen geplündert worden sei: »Kann man das von der Besonnenheit der Massen in London und Edinburgh sagen?«[2] Eine ausgesprochen nüchtern-aufgeklärte Perspektive nimmt auch John Moore (1775) ein, der Italien immer wieder am ökonomisch entwickelten und demokratischen England mißt. Er schreibt über die *Lazzaroni*:

> »Wenn diese armen Kerle müßig sind, so ist das nicht ihr eigener Fehler; sie laufen, wie man es mir von den Handwerkern in China erzählt hat, beständig auf den Straßen umher, bieten ihre Dienste an und betteln um Beschäftigung.«

Und:

> »Die Lazzaroni werden im allgemeinen als ein fauler, zügelloser und unordentlicher Menschenschlag beschrieben; was ich beobachtet habe, gibt mir einen ganz anderen Begriff ihres Charakters. Ihr Müßiggang ist offensichtlich nicht selbstgewählt, sondern die Folge der Not; sie sind jederzeit bereit, irgendeine Arbeit, auch wenn sie anstrengend ist, für eine sehr bescheidene Vergütung anzunehmen. Es muß der Schuld der Regierung entspringen, wenn eine solche Zahl von so überaus wackeren Bürgern unbeschäftigt bleibt; und sie sind so weit von Zügellosigkeit und Unordentlichkeit entfernt, daß sich mir manchmal sogar der Gedanke aufdrängt, sie seien bei weitem allzu zahm und unterwürfig.«[3]

Moore nimmt diese Beobachtungen zum Anlaß, um mit dem neapolitanischen Feudalsystem hart ins Gericht zu gehen und Luxus und Verschwendungssucht der Herrschenden zu tadeln.[4]

An diese Tradition der Beschreibung wird dann auch Goethe anknüpfen, der - in ausdrücklicher Distanz zum »guten Volkmann« (seinem Reiseführer) - in Neapel »von keinem Alter und Geschlecht eigentliche Müßiggänger finden konnte«. Er registriert, wo andere Besucher Arbeitsamkeit vermissen, doch überall Tätigkeit, bemerkt, daß der klimatisch begünstigte Süden auf Vorsorgewirtschaft weitgehend verzichten könne und pointiert zwei

---

1804-1806. Bd. 3. Berlin 1817. S. 258.

1 Sharp a. a. O. S. 99.

2 Swinburne a. a. O.P. 61-62.

3 John Moore: A view of society and manners in Italy. 2. Aufl. London 1781. P. 130 and 164.

4 In der Epoche der Revolutionen bildete die Kritik an den politischen Bedingungen im Königreich beider Sizilien einen konstitutiven Bestandteil auch der französischen Reiseliteratur. Vgl. dazu G. Luciani: Voyagers français dans le Sud d'Italie entre XVIIIe et XIXe siècles. In: Recherches de travaux. Université de Grenoble. U.E.R. de Lettres. Bulletin 21 (1981). P. 147.

unterschiedliche Einstellungen zur Arbeit, wenn er von den *Lazzaroni* schreibt:

»Man würde alsdann im ganzen vielleicht (...) wahrnehmen, daß alle in ihrer Art nicht arbeiten, um bloß zu leben, sondern um zu genießen und daß sie sogar bei der Arbeit des Lebens froh werden wollen.«[1]

Wie sehr die Begegnung mit dem fremden Volk in der Stadt am Golf die gewohnten Maßstäbe durcheinanderbringen konnte, deutet Goethe in einem Brief an Frau von Stein an:

»Wenn man diese Stadt nur in sich selbst und recht im Detail ansieht und sie nicht mit einem nordisch moralischen Policey Maasstab ansieht; so ist es ein großer herrlicher Anblick.«[2]

Noch wesentlich weiter geht dann ein Autor wie der Schwabe Philipp Joseph Rehfues, der in seinem dreibändigen, durch zahlreiche »Volksstudien« interessanten Werk »Gemälde von Neapel und seinen Umgebungen« (1808) die Neapolitaner vehement gegen die traditionellen Vorwürfe verteidigt, ihnen - in regelrechter Umkehrung der Tadelpunkte - die protestantischen Tugenden der »Mäßigkeit«, des »Fleisses«, dazu »Witz« und »Bonhommie« zuspricht und zusammenfaßt:

»Hierher gehe also, wer sich mit dem dolce far niente der Italiener versöhnen will; er wird nur den erfreulichen Anblick einer wohlhabenden thätigen und somit glücklichen Menschenklasse genießen.«[3]

Bezeichnenderweise gehört Rehfues zu den ganz wenigen deutschen Reisenden, die sich ausdrücklich, ja überschwenglich zur Parthenopäischen Republik von 1799 bekennen.[4]

Ein schönes Schauspiel

Die Stilisierung der Neapolitaner als die »Wilden Europas« verweist dabei auf die bekannte Ambivalenz in der Einschätzung des Fremden: Die »Wilden«, das konnten - in der gegenläufigen Wertung ein und derselben Wahrnehmung - ja auch die »edleren«, »besseren« Menschen sein, Menschen, wie die Schöpfung sie eigentlich gemeint habe. (Hierher gehört auch der deutsche Topos, Neapolitaner - und allgemeiner: Italiener - seien »wie die Kinder«.[5]) Die angebliche Faulheit der *Lazzaroni* konnte in dieser romantischen Perspektive dann als Lebenskunst erscheinen, ihre »Zügellosigkeit« als Unbekümmertheit, ihr »hitziges Wesen« als Natürlichkeit. »Neapel als Studium der Leidenschaften für den Künstler« - so überschreibt Karl Friedrich Benkowitz (1804) ein den *Lazzaroni* gewidmetes Kapitel seines Süditalien-Buches. Die Neapolitaner, sagt er, überließen sich ohne Scheu ihren Leidenschaften, seien ungezwungen in Freude und Schmerz und überhaupt »gebohrne Schauspieler«. »Kein Volk kann in seinem öffentlichen Benehmen freier, ungezwungener, theatralischer sein«.[6] Für den Künstler, so Benkowitz, seien Gestalten dieser Art Quelle vielfältiger Inspiration.

Der Neapolitaner als Schauspieler, die Stadt am Golf als große Bühne - immer wieder findet

---

1 Italienische Reise, 28. Mai 1787. In: Werke. Hamburger Ausgabe. Bd. XI. S. 333 und 338. - Goethes Bemerkungen waren zunächst 1788 im »Teutschen Merkur« erschienen (»Neapel, Auszüge aus einem Reisejournal«).
2 Briefe und Tagebücher Goethes. Brief an Frau von Stein, Neapel 25.5.1787. S. 302 f.
3 Ph.J. Rehfues: Gemälde von Neapel und seinen Umgebungen. 3 Bände. Zürich 1808. S. 77, 79, 82, 89 und 90. - Rehfues lebte von 1804 bis 1805 in Neapel.
4 Rehfues a. a. O. S. 227 ff.
5 Vgl. z.B. Goethe a. a. O. Bd. XII. S. 338; Kotzebue a. a. O. Bd. 2. S. 195.
6 Benkowitz a. a. O. S. 278 ff. und 250.

sich in der Reiseliteratur der Zeit diese Stilisierung Neapels zum schönen Schauspiel:

»Gehe ich in das Gewühl der Stadt«,

schreibt Karl Friedrich Schinkel 1804 aus Neapel,

»so bietet sich ein neues Schauspiel dar, das man in jedem andern Ort vergeblich sucht. Denken Sie sich (...) die Anzahl von fast einer Million Menschen, von dem der größte Teil sein ganzes Geschäft auf der Straße treibt, dort schläft, der jede Handlung durch die größte Lebhaftigkeit und beständigen Frohsinn bezeichnet, dem das öffentliche Leben einen Nationalcharakter gibt, der sich in jeder Bewegung zeigt, in einem Grad, daß, sobald man eingeweiht, in weiter Entfernung das Gespräch zweier Menschen am Gestischen und der Miene bald errät. Ein schneller Fassungsgeist leuchtet aus jeder Unternehmung, Gefühl fürs Schöne zeigt sich auf allen Gassen. Nicht selten sieht man in einem Kreis von Lazzari den aufmerksamen Ohren von einem Volkssänger Gesänge Tassos oder Dantes klingen, oft sammelt abends eine gut gespielte Zither ein weites Auditorium von allen Klassen, die oft durch Bravo den Künstler ermuntern, ihnen das Vergnügen zu verlängern.«[1]

Der »romantische Blick« auf die *Lazzaroni* löst übrigens - zeitlich gesehen - die negative Wahrnehmung nicht einfach ab. Durch das ganze 19. Jahrhundert hindurch finden sich beide Perspektiven nebeneinander, oft bei ein und demselben Autor. Die Romantisierung eines meridionalen Ideal-Volkes steht hart neben der Verachtung der Leute aus Fleisch und Blut, vor allem dann, wenn sie sich an den Reisenden »heranmachen«, die Distanz des schönen Schauspiels durchbrechen - und daran hat sich ja bis heute nichts Wesentliches geändert.

Die Kinder von Hellas und Rom

Die »positive Mythisierung« der Neapolitaner in der Reiseliteratur der Zeit um 1800 entwickelt sich nicht nur über die bekannte allgemeine Gleichsetzung von *Volk* mit *Natur*.[2] Im Falle Süditaliens, der ehemaligen *Magna Graecia*, kommt als besondere Wahrnehmungsweise die »Antikisierung«, speziell »Gräzisierung« des Volkes hinzu - eine Einstellung, die auch die deutsche und italienische Süditalien-Volkskunde bis weit ins 20. Jahrhundert hinein geprägt hat.[3]

Denn vor allem nach der Wiederentdeckung der klassischen, speziell der griechischen Antike in der zweiten Hälfte des 18. Jahrhunderts, wird Neapel, die »Parthenopäische Stadt«, immer wieder als »griechischer«, »homerischer« oder, im allgemeinen Sinne, »klassischer« Ort erlebt und beschrieben - wobei solche »Klassizität« weniger der Stadt selber (Vergil-Grab) als ihrer Umgebung (Bajae, Pozzuoli, Averner See, Sibyllen-Grotte) und der wunderbaren Landschaft am Golf zugesprochen wurde.

»Homer und Virgil haben das einzige Ewige ihrer Gedichte aus *einer* Gegend genommen, die vor meinen Augen ist, rechter Hand vor meinem Fenster«,

begeistert sich Herder 1789 in Neapel.[4]

Entsprechend dieser »klassischen« Wahrnehmung der Landschaft werden auch deren Bewohner stilisiert; sie erscheinen als Enkel bedeutender Vorfahren. Goethe findet in Metaphorik und Sprachwitz der *Lazzaroni* die altitalische Volksposse wieder.[5] Philipp

---

1 K.F. Schinkel: Reisen nach Italien. Berlin. 2. Aufl. 1982. S. 71.
2 Die »Naturmythisierung« kennzeichnet sehr stark auch Goethes Wahrnehmung der Italiener (Volk als »große Masse! und ein nothwendiges unwillkürliches Daseyn«. Venedig, 29.9.1786. In: Tagebuch a. a. O. S. 101).
3 Vgl. Th. Hauschild: Mein Mezzogiorno. Religionsethnologische Feldarbeit in Süditalien. In: H. Fischer (Hg.): Feldforschungen. Berlin 1980. S. 243-245.
4 Herder: Bloß für dich geschrieben. S. 208.
5 Goethe: Italienische Reise. Hamburger Ausg. Bd. 11. S. 338.

Joseph Rehfues (1808) und Karl August Meyer (1842) entdecken die Gebärdensprache der Neapolitaner als klassischen künstlerischen Ausdruck:

> »Sieh das Leben in Leonardo da Vincis Abendmahl, sieh den Ausdruck in den Bewegungen und der Sprache ihrer Hände. So sitzen alle Italiener zu Tische.«[1]

Das wiederkehrende Bild des Erzählers in Lumpengestalt, der auf dem Molo von Neapel, ein Buch in der Hand, den Ariost rezitiert[2], imaginiert ein durch und durch poetisches Volk. »Diesem Volke (wird) alles zum Fest und das Leben zur Dichtung«, schreibt noch Victor Hehn (1864), der große Italienkenner, über die Neapolitaner.[3] Und selbst der kritische Gregorovius, der 1853 auf Capri erlebt, wie eine Gruppe von Mädchen eine zum Ausbau des dortigen Klosters bestimmte Schiffsladung schwerer Tuffsteine auf dem Kopf den steilen Weg hinaufschleppen muß, kommentiert antikisierend:

> »Diese Reihen der armen wandelnden Steinträgerinnen schienen mir die antiken Figuren der Kanephoren auf neue originelle Weise zu vermehren.«[4]

»Als hätten wir uns selbst verwandelt (...)«

Zu dem, was Gregorovius hier empfindet, fällt uns heute schnell das abschätzige Wort von der »Idealisierung«, von der »Verklärung« von Armut und Elend ein. Aber war es wirklich nur schlechter Folklorismus, der sich da artikulierte? Auf der anderen Seite gehen wir ebenso schnell - und auch hier finde ich: zu schnell - mit dem Gegenteil dieser Einstellung ins Gericht: mit der progressiv-aufgeklärten Kritik an den Neapolitanern. War es wirklich nur rationalistische Besserwisserei, die sich da aus dem Norden zu Wort meldete? Ich denke, beide - die reisenden Enthusiasten und die reisenden Kritiker - haben in Neapel Richtiges wahrgenommen: die Andere Welt. Sie sind dem Fremden begegnet - und wer dem Fremden begegnet, gerade auf Reisen, begibt sich immer in Gefahr: entweder in die Gefahr, sich selber zu verlieren, oder in die Gefahr, sich selber zu verhärten - und beides sind Grenzpositionen bürgerlicher Individualität. »Denn es war eine dämonische Stadt, und ich wußte es nicht« - so formuliert noch in unserem Jahrhundert Marie Luise Kaschnitz in Neapel diese Überwältigung durch das Fremde.

> »Jetzt in der Erinnerung kommt es mir vor, als hätten wir uns selbst von dem Augenblick an, in dem wir die Luft dieser Stadt atmeten, mit rasender Schnelligkeit verwandelt (...) Vielleicht trugen wir den Keim schon in uns, und er brach auf und gedieh üppig, wie alles dort gedeiht, Frucht, Unkraut und Schmarotzerpflanze, in der heißen vulkanischen Erde, die niemals ganz zur Ruhe gekommen ist.«[5]

Kaschnitz' poetisches Bild deutet es an: Die Erfahrung des fremden Neapel war immer auch Begegnung mit dem eigenen Fremden, mit jenem fremden ungelebten Leben in der Seele, das dem fremden gelebten Leben auf der Straße in geheimnisvoller Weise verbunden ist.

---

1 K.A. Meyer: Neapel und die Neapolitaner. Bd. 2. Oldenburg 1842. S. 257. - Antike Ursprünge der Gebärdensprache bei A. de Jorio: La mimica degli Antichi investigata nel gestire Napoletano. Napoli 1832 (Nachdruck 1964); Karl Sittl: Gebärden der Griechen und Römer. Leipzig 1890.

2 Z.B. W. Kaden: Volksthümliches aus Süditalien. Leipzig 1896. S. 121. Das Motiv war auch als Gouache und als Lithographie verbreitet.

3 V. Hehn: Pro populo italico. In: Italien. Ansichten und Streiflichter. 11. Aufl. Berlin 1912. S. 117.

4 F. Gregorovius: Capri, Idylle vom Mittelmeer. Leipzig 1880. S. 27.

5 M.L. Kaschnitz: Liebe beginnt [1933]. Frankfurt 1981. S. 79 und 81.

Helmut Peitsch

Die Entdeckung der »Hauptstadt der Welt«

Zur Ausformung eines Bildes von London in deutschen Zeitschriften und Reisebeschreibungen des 18. Jahrhunderts

Ein Werk der politischen Ökonomie gab 1770 dem Rezensenten der »Allgemeinen Deutschen Bibliothek« Anlaß, eine Mahnung an Reisebeschreiber zu richten:

> »Ein reisender Beobachter hat sich überhaupt in Acht zu nehmen, den guten oder schlechten Zustand einer Gegend oder Stadt in Deutschland nicht blos nach dem Aeusserlichen zu beurtheilen (...).«[1]

Die so allgemein gehaltene Warnung, die in zahllosen Rezensionen der literarischen Zeitschriften wiederkehrt, reflektierte nicht grundsätzlich das problematische Verhältnis von Augenschein und Perspektive, sondern entsprang dem Wunsch, die den deutschen Verhältnissen angeblich unangemessene Kritik eines schottischen Reisenden zurückzuweisen. James Stewart, der Verfasser der rezensierten »Untersuchung der Grundsätze von der Staatswirthschaft als ein Versuch über die Wissenschaft von der innerlichen Politik der freyen Nationen«, habe zu Unrecht den »elende(n) Zustand in den kleinen Städten Deutschlands« beklagt, indem er ihn mit der »kostbare(n)« und zugleich »wohlfeil(en)« Lebensart der »großen Städte« - »London und Paris« - verglichen habe.[2] Das Innere, das Stewart übersehen habe, war für den Rezensenten die Zufriedenheit der deutschen Kleinstädter: »(...) sie haben (...) zu leben, ob sie schon kein baar Geld und keinen Ueberfluß haben.«[3] Der Gesichtspunkt des Rezensenten, der die Beobachtungen Stewarts zu äußerlichen machte, war nicht nur ein moralischer, sondern zugleich ein politisch-ökonomischer: Emphatisch wurde in der »Allgemeinen Deutschen Bibliothek« der Vorrang der Landwirtschaft vor Handel und Industrie verfochten.

Das London des 18. Jahrhunderts stellte gewissermaßen das Gegenbild zu diesem ökonomischen Gesellschaftsmodell dar, in dem für den Bedarf produziert wurde und deshalb Austausch und Geld entbehrlich schienen. Folgerichtig konnten »große Landstraßen«, »die zugleich zur Beförderung des Ackerbaues gereichen«, dem Rezensenten kein Gegenargument sein für seine feste Meinung, »daß London und Paris durch ihre Größe dem Staate schädlich sind«.[4]

Die absprechenden Urteile des Rezensenten können als Beispiel dafür dienen, welche Schwierigkeiten der an den sozialökonomischen Verhältnissen Deutschlands haftende Blick eines Reisenden des 18. Jahrhunderts mit der Wahrnehmung der großen Stadt London haben mußte. Der Augenschein, den das im Laufe des Jahrhunderts zur bei weitem größten Stadt der Welt werdende London bot, hing auch von den Perspektiven ab; etwas anderes stellte sich dar, je nachdem - wie in unserem zitierten Fall - ein Anhänger der liberalen Ökonomie oder ein Verteidiger stationärer Bedarfsdeckungswirtschaft einen Blick auf die große Stadt warf.

---

1 Allgemeine Deutsche Bibliothek 13 (1770). St. 1. S. 137.
2 Ebd. S. 137, 125.
3 Ebd. S. 137.
4 Ebd. S. 126.

Die Größe Londons, das zu Beginn des 18. Jahrhunderts zwischen 550.000 und 575.000 Einwohner und an dessen Ende zwischen 900.000 und 1 Million hatte, galt absolut und relativ: Die nächstgrößte Stadt der Welt war mit 550.000 Einwohnern Paris, das im Verlauf des 18. Jahrhunderts allerdings stagnierte und deshalb von London überflügelt wurde; nur jeder 40. Franzose lebte in Paris, dagegen ein Zehntel aller Briten in der Hauptstadt. Die größten deutschen Städte waren Wien und Berlin, die 170.000 bzw. 230.000 Einwohner zählten, während Dresden, Breslau, Königsberg, Danzig und Leipzig zwischen 50.000 und 62.000 Einwohnern hatten.[1]

Dem »halb-ländlichen« Muster deutscher Städte, das auch die Residenzen und freien Reichsstädte prägte, stand in London das der »multi-funktionalen« City gegenüber, das traditionelle und neuartige Funktionen vereinte.[2] London war nicht nur eines der »centres of government and administration«[3] - wie z.B. auch Berlin, Karlsruhe oder Mannheim -, sondern vor allem »the nation's banker, chief centre of overseas trade, a major manufacturing centre, and the largest consumer of her agricultural and industrial products.«[4] London und seine deutschen Besucher verhielten sich zueinander wie City und Country, die nationale Differenz war zugleich eine soziale, was das Problem der Wahrnehmung, das Verhältnis von Augenschein und Blickpunkt noch komplizierte.

Dennoch entwickelte sich, wie insbesondere die Forschungen Karl Rihas und Heinz Brüggemanns ausgewiesen haben, in der deutschen Literatur des 18. Jahrhunderts eine »neue Weise«[5], die große Stadt zu sehen, die - analog zur englischen Literatur, die Raymond Williams' bahnbrechende Studie »The Country and the City« untersucht hat - mit dem traditionellen pastoralen Topos von ländlicher Unschuld und städtischem Laster brach. Bislang vernachlässigt wurde allerdings der innere Zusammenhang zwischen dem Medium der Zeitschrift und dem Genre der Reisebeschreibung, worin sich im Laufe des 18. Jahrhunderts die Entdeckung von London als der »Hauptstadt der Welt« vollzog, wie nicht nur Horace Walpole die britische Metropole damals nannte. Das sich in den Zeitschriften über verschiedene Etappen herausbildende London-Bild war nicht nur das Resultat von Reisen (man brachte Übersetzungen, Rezensionen und schließlich Reisebeschreibungen mit), sondern auch eine wichtige Bedingung und ein Ergebnis der Rezeption englischer Literatur. Institutionen der Vermittlung von Literatur waren die deutschen Zeitschriften als Organe der sich herausbildenden literarischen Öffentlichkeit. Die Orientierung der Zeitschriften auf London folgte notwendigerweise aus einer Funktion, die die Herausgeber ihren Zeitschriften setzten: Sie sollten den deutschen Mangel einer Hauptstadt als Zentrum literarischer Öffentlichkeit kompensieren. In allen deutschen Zeitschriften, angefangen von den Moralischen Wochenschriften über die literarischen Zeitschriften und die kulturpolitischen Journale bis zu dem auf die Vermittlung englischer Literatur spezialisierten »Brittischen Museen«, artikulierte sich früher oder später ein Bewußtsein deutscher »Rückstän-

---

1 Vgl. George Rudé: Europe in the Eighteenth Century. Aristocracy and the Bourgeois Challenge. London 1972. S. 54-56.
2 Ebd. S. 57.
3 Ebd. S. 57.
4 George Rudé: Hannoverian London 1714-1808. London 1971. S. 36.
5 Raymond Williams: The Country and the City. London 1985. S. 149 (zuerst: London 1973); vgl. Karl Riha: Die Beschreibung der 'Großen Stadt'. Zur Entstehung des Großstadtmotivs in der deutschen Literatur (ca. 1750 - ca. 1850). Bad Homburg, Berlin, Zürich 1970; Heinz Brüggemann: »Aber schickt keinen Poeten nach London«. Großstadt und literarische Wahrnehmung im 18. und 19. Jahrhundert. Texte und Interpretationen. Reinbek 1985.

digkeit«.[1] Wichtiger als der schon topisch gewordene Streit zwischen Alten und Modernen wurde im 18. Jahrhundert für einige Jahrzehnte die Frage nach der Rangfolge der »vornehmsten europäischen Nationen«.[2]

Im Spannungsfeld des Gegensatzes zwischen Country und City wurden die Londonerfahrungen der Reisenden und das literarische London der rezipierten Werke von den deutschen Zeitschriften angeeignet; das Medium Zeitschrift verkörperte geradezu eine Wechselwirkung von Literatur und Realitätswahrnehmung. So wurde London für die deutschen Zeitschriften zu einem Laboratorium sozialer Wahrnehmungsfähigkeit, in dem sie das Verschwinden des Gewohnten besichtigen konnten.

I.

Bevor deutsche Autoren ihre Beschreibungen von Englandreisen als Bücher veröffentlichten, zu einer Zeit, als die Beschreibungen des Londons der Kavalierstouren noch auf Französisch und im Ausland erschienen, enthielten deutsche Zeitschriften schon Artikel über London als die große Stadt. Allerdings handelte es sich um Übersetzungen. Adelgunde Gottscheds Vorrede zu ihrer neuen Übersetzung des »Spectator«[3] begann mit der Klage über die Rückständigkeit der barbarischen Deutschen hinter dem englischen Geschmack. So belegen denn auch das 49., 251. oder 454. Stück des »Spectator«, daß die der deutschen Reisebeschreibung des späten 18. Jahrhunderts von der Forschung zugeschriebenen Formmerkmale bereits für die London-Beschreibungen in den englischen Moralischen Wochenschriften des frühen 18. Jahrhunderts gelten. Autotelische Schreibart zeigen die Stücke über London im deutschen »Zuschauer«, insofern, als sie Ich-Erzählungen sind, die Reisebegebenheiten mindestens so wichtig nehmen wie die Reisebeobachtungen und einen unsystematischen Stil pflegen.[4] Zusätzliche Merkmale, die auf spätere Stadtbeschreibungen in der zurückgebliebenen deutschen Literatur vorausdeuten, lassen sich Addisons und Steeles Szenen aus dem London des beginnenden 18. Jahrhunderts entnehmen: die Bevorzugung der optischen Wahrnehmung vor der akustischen und der Beobachtung vom »street level«[5] vor dem Blick von oben oder von unten, die Tendenz zur Dialogisierung und das dramatisierbare Erzählmuster der Reise zu Fuß, besonders der Reise als Kur, sowie das Motiv der unterstellten Katastrophe, das die Straßen der großen Stadt darstellen läßt, als ob ein

---

1 Jürgen Wilke: Literarische Zeitschriften des 18. Jahrhunderts (1688-1789). T.2: Repertorium. Stuttgart 1978. S. 6.

2 Vgl. Goethes Rezension eines entsprechenden englischen Titels in: Frankfurter Gelehrte Anzeigen vom Jahr 1772. Heilbronn 1883 (= Deutsche Literaturdenkmale des 18. Jahrhunderts. 7.8.). S. 570/571.

3 L.A.V. Gottsched: Vorrede. In: Der Zuschauer. Aus dem Englischen übersetzt von L.A.V. Gottsched, J.J. Schwabe und J.C. Gottsched. Th. 1. Leipzig 1739, ohne Seitenzählung. Diese Ausgabe wird im folgenden im Text unter Angabe des Stücks zitiert.

4 William E. Stewart: Die Reisebeschreibung und ihre Theorie im Deutschland des 18. Jahrhunderts. Bonn 1978 (= Literatur und Wirklichkeit. 20.). S. 34, 43, 156. Vgl. zur Datierung des ʼAutotelismusʼ Harro Segeberg: Die literarisierte Reise im späten 18. Jahrhundert. Ein Beitrag zur Gattungstypologie. In: Wolfgang Griep und Hans-Wolf Jäger (Hg.): Reise und soziale Realität am Ende des 18. Jahrhunderts. Heidelberg 1983. S. 26; Wolfgang Griep: Reisen und deutsche Jakobiner. In: ebd. S. 57; Hans-Wolf Jäger: Kritik und Kontrafaktur. Die Gegner der Aufklärungs- und Revolutionsreise. In: ebd. S. 79. Den traditionellen Gegensatz von ʼObjektivitätʼ und ʼSubjektivitätʼ benutzt Manfred Link: Der Reisebericht als literarische Kunstform von Goethe bis Heine. Phil. Diss. Köln 1963; zur Kritik vgl. Helmut Peitsch: Georg Forster »Ansichten vom Niederrhein«. Zum Problem des Übergangs vom bürgerlichen Humanismus zum revolutionären Demokratismus. Frankfurt, Bern, Las Vegas 1978. S. 585-588.

5 Vgl. weiter unten zu der Beziehung zwischen dem sozialen Standpunkt und der »choice of spatial viewpoint«, wie ihn Burton Pike beschreibt: The Image of the City in Modern Literature. Princeton 1981. S. 33.

Unglück die Menschen so in Bewegung brächte, daß sie als Individuum nicht mehr zu unterscheiden seien. Keine deutsche Moralische Wochenschrift enthält eine Stadtbeschreibung, die diese Techniken benutzt. Im Gegenteil: Grenzen der Nachahmbarkeit lassen sich schon an den Übersetzungsproblemen der Gottschedin erkennen. Während die Londoner Welt des Warenaustausches ihr keine Schwierigkeiten machte, laborierte die Übersetzerin mit den Klassen der englischen Gesellschaft und an der Sphäre der politischen Öffentlichkeit.

Schon die Erhebung des »Spectator« und nicht des »Tatler« zum Prototypen des deutschen Genres drückt eine Abgrenzung vom Aktuellen aus, insofern es Politik war und in politische Personalsatire Eingang fand. Die Gottschedin betonte deshalb in ihrer Vorrede, indem sie den »spektatorischen Schriften« die Bezeichnungen »Wöchentliche Moralische Schriften«, »öffentliche Sittenschrift« und »moralisches Journal wöchentlich« gab, die Inaktualität des Inhalts. Folgerichtig kam sie deshalb auch in den London-Stücken nicht mit den Wortfeldern »public« und »common« zurecht. Sie übersetzte »public« als Bezeichnung des Publikums im 251. Stück zu weit mit (das) »gemeine Wesen«, »politics« hingegen im 454. Stück zu eng als »Staatssache«; »private« im Unterschied zu »public« war ihr im 49. Stück eine »einsame Lebensart«, »public« folgerichtig »gemeinschaftliche Versammlungen«; politische Neuigkeiten wurden von ihr durchgängig mit ihrer Veröffentlichungsform, nämlich Zeitungen, identifiziert, aber der interessante politische Inhalt verschwand, wenn sie von »einiger neuen Zeitung von öffentlichen Sachen« sprach. Die von ihr nicht erkannten Verständnisprobleme lagen also gerade in der Sphäre, die Privates und Politisches im England des frühen 18. Jahrhunderts verband und für die es keine Entsprechung in Deutschland gab. So wurde »Publicks mindedness« im 251. Stück zur archaisierenden »Liebe zum gemeinen Wesen«, weil die Gottschedin auf antike Hilfsvorstellungen auswich.

Etwas anders liegt der Fall ihrer Fehlinterpretation sozialer Begriffe: Während sie die Sprache der politischen Öffentlichkeit privatisierte, milderte sie moralisch die satirische Zeichnung von Angehörigen der Aristokratie. Sie verringerte den sozialen Rang und nahm den Worten jede Schärfe, wenn ein »virtuoso« ein »Gelehrter« wurde (49. Stück), »fashion« zur »gesitteten Welt« oder gar die »rakes« zu »Flegeln« (454. Stück). Das im Übersetzungsproblem sich meldende, aber unerkannte Fremde der Hauptstadt der Welt wurde in den deutschen Nachahmungen der Moralischen Wochenschriften von vornherein eliminiert, insofern es den Fiktionsrahmen betraf. An die Stelle des Perspektivenvergleichs zwischen City und Country trat die einheitliche Rahmung durch ein Landgut.

II.

Auf die Moralischen Wochenschriften folgten in der Entwicklung einer deutschen literarischen Öffentlichkeit seit den 40er Jahren die literarischen Zeitschriften. Einige der wichtigsten neuen Journale übernahmen von den Moralischen Wochenschriften nicht nur das Interesse an englischer Literatur, die zum Muster erhoben wurde, weil sie sich schon als Nationalliteratur konstituiert hatte, sondern auch literarische Mittel, die bedeutsam waren für das von den literarischen Zeitschriften vermittelte London-Bild. Die weiterhin geltende Abgrenzung von der Politik sprach aus der Konstanz des auf einem Landgut angesiedelten Fiktionsrahmens, in dem die als Briefe über Gegenstände der Literatur abgefaßten Betrachtungen integriert wurden. Ob »Briefe die neueste Literatur betreffend« oder »Briefe über Merkwürdigkeiten der Litteratur«: ihre Verfasser wurden als Landedelleute vorgestellt, die weder mit dem Hof noch mit den Städten viel zu tun hatten.[1]

Dennoch vollzog sich in den literarischen Zeitschriften eine Entwicklung, die London zum Problem der Darstellung werden ließ, noch bevor eigens für die schon stärker politisierten literarischen oder allgemeinkulturellen Zeitschriften der 70er Jahre verfaßte Reisebeschreibungen als selbständige Artikel gedruckt wurden. In Vorreden, Anmerkungen oder Briefen an die Leser bezogen sich die Herausgeber auf London als Muster einer literarischen Öffentlichkeit, als deren Inbegriff das Theater dargestellt wurde; gelehrte Nachrichten aus London bekamen einen Platz in Rubriken, die »Auszüge aus Briefen« hießen, und veränderten sich allmählich in regelrechte Portraits; in den Rezensionen spielten englische Romane eine zunehmend gewichtige Rolle, denn sie wurden als Wahrnehmungsmuster gelesen: Am London-Bild englischer Romane schulte sich ein Verständnis des Romans als Sittenbild, dem die große Stadt Welt- und Menschenkenntnis zu verbürgen schien.

Der starke Eindruck, den die größte Stadt der Welt auf die deutschen Provinzler machte, wurde zunächst nicht in Reiseliteratur umgesetzt, auch nicht von jenen Reisenden, die Schriftsteller waren. Das öffentliche Schweigen Johann Joachim Ewalds, Friedrichs von Hagedorn, Johann Georg Hamanns und Justus Mösers (von Albrecht von Haller, der schon in den 20er Jahren England bereiste, einmal abgesehen) spricht dafür, daß die Vorarbeit der literarischen Zeitschrift notwendig war, damit Sturz und Lichtenberg, bezeichnenderweise beide mit einem erheblichen Abstand von der Reise, ihre London-Bilder veröffentlichen konnten. Ihre Vorgänger schrieben private, nicht zur Publikation bestimmte Briefe aus London. Zwar nannte Ewald - wie der »Zuschauer« - in seinem Brief an Christian Ludwig von Brandt vom 19. und 24.8.1757 London »eine Welt«[2] und nahm Justus Möser eine von Defoe stammende Metapher für die Größe Londons auf, wenn er brieflich vom »Ungeheuer«[3] sprach, aber beide Perspektiven wurden nicht ins Verhältnis zum Augenschein gesetzt, weil sie für kein Publikum schrieben. Wenn Friedrich Nicolai in seiner Biographie Justus Mösers betonte, daß dessen »Aufmerksamkeit« in London weniger »Landesverfassung, Politik, Industrie, Handlung, Literatur, Schauspiele, Nationalbelustigungen« als vielmehr »menschliche Charaktere von der interessantesten und verschiedensten Art beschäftigten«[4], dann wird allerdings die Übereinstimmung der Perspektive dieser Londonreisenden mit der in den Moralischen Wochenschriften begründeten und von den literarischen Zeitschriften auf eine neue Weise fortgeführten Sicht auf die große Stadt deutlich.

Des Reisenden Entdeckung Londons als Ort von Welt- und Menschenkenntnis, der Charaktere ausbildet, führte bei Christlob Mylius zwar noch nicht zum Verfassen einer Reisebeschreibung, aber doch zur Übersetzung von William Hogarth' »Anatomy of Beauty« und zum Schreiben einer Verteidigung des englischen Theaters, zu der er sich nicht

---

1 Vgl. Gotthold Ephraim Lessing: Werke. Hg. v. Herbert G. Göpfert. Bd. 5: Literaturkritik, Poetik und Philologie. München 1973. S. 30; Briefe über die Merkwürdigkeiten der Litteratur. Stuttgart 1890 (= Deutsche Litteraturdenkmale des 18. und 19. Jahrhunderts in Neudrucken. 29. 30.). S. 264.

2 Zitiert nach Franz Muncker: Anschauungen vom englischen Staat und Volk in der deutschen Literatur der letzten vier Jahrhunderte. T. 1: Von Erasmus bis zu Goethe und den Romantikern. München 1918. S. 56; vgl. auch die umfassende neue Studie von Michael Maurer: Aufklärung und Anglophilie in Deutschland. Göttingen 1987.

3 Zitiert nach Franz Muncker: Anschauungen. S. 69.

4 Zitiert nach: Robert Elsasser: Über die politischen Bildungsreisen der Deutschen nach England (vom achtzehnten Jahrhundert bis 1815). Heidelberg 1917. S. 12.

zuletzt durch das Erlebnis von David Garricks Schauspielkunst veranlaßt sah.[1] Zwischen den Interessen der deutschen Reisenden der Jahrhundertmitte am englischen Roman, an Hogarth' Kupferstichen und Garricks Charakterrollen einerseits und ihrer Londonwahrnehmung andererseits bestand ein enger Zusammenhang. Die literarisch-künstlerischen Interessen führten nämlich in das neue Zentrum der Weltstadt:

> »(...) by the middle of the century the prevailing aristocratic patronage and culture, based on the more faishonable quarters of Westminster and the Court of St. James's, was already challenged by a new 'rich' or 'middling' culture and patronage being based on the City and the Strand. These 'middling' classes found a painter of their own in Hogarth; and the novel, one of the great cultural innovations of the century, was essentially an urban» product which drew its inspiration and its 'values' more from the coffee-houses of the city than from the aristocratic or 'genteel' houses of St. James's. More over, from the 1760s, middle class patrons began to make their presence felt in the theatres of Haymarket and Covent Garden, and it was David Garrick's realisation of this fact and his willingnes to come to terms with it that accounted, in part at least, for his enormous popularity.«[2]

Auf diese City von London bezogen sich die literarischen Zeitschriften Deutschlands, wenn sie ihre Funktion darin sahen, den deutschen Mangel einer literarischen Hauptstadt zu kompensieren. Während die Gottschedin Addisons und Steeles »City« noch mit »Stadt« übersetzte[3], war dem Rezensenten der »Allgemeinen Deutschen Bibliothek« die Besonderheit der City schon bewußt, wenn er zur Übersetzung von Smollets »Peregrine Pickle« schrieb: »S. 28 findet man verschiedenes von der 'Stadt', das man nicht verstehen kann, wenn man nicht weis, daß ein Theil von London 'the City' heißt.«[4]

Die Mannigfaltigkeit der historisch, nicht mehr vorrangig moralisch gesehenen Sitten der Großstadt wurde von den Zeitschriften vor allem an zwei Hogarth'schen Motiven gerühmt, die in den Beschreibungen der großen Stadt topisch wurden: der Veränderung der Straßenszene im Laufe der »Tageszeiten« und dem »Leichenbegängnis«, das die »Neue Bibliothek der freyen Wissenschaften und schönen Künste« in einem Stich von Covent Garden »sehr natürlich und angebracht fand«. Daß es - neben Hogarth' Stichen - Garricks Schauspielkunst und insbesondere die englischen Romanautoren waren, die eine besondere Perspektive auf die Kultur der City förderten, geht aus einer Passage in Lichtenbergs »Briefen aus England« sehr deutlich hervor. Gegen den deutschen Genie-Kult, den er der Buchgelehrsamkeit verdächtigte, betonte Lichtenberg, daß Garrick, wie Shakespeare, »die Schule« besuchte,

> »wo ein Mann mit solchem Talent zur Beobachtung seinen Erfahrungssätzen in einem Jahre leicht eine Richtigkeit geben kann, wozu kaum in einem Städtchen, wo alles einerlei hofft und fürchtet, einerlei bewundert und einerlei erzählt, und wo alles sich reimt, ein ganzes Leben hinreichend wäre. Ich wundere mich daher gar nicht, wenn sich dort zuweilen ein Mann bildet, dessen Werke hernach Leute an andern Orten und von mindrer Erfahrung zum Maßstab ihres Wachstums in der Kenntnis des Menschen gebrauchen können, ich meine, in denen man immer mehr findet, je mehr man selbst zur Lesung mitzubringen hat, sondern ich wundere mich, daß London nicht mehrere bildet, ich meine nicht mehrere Garricke oder Hogarthe oder Fieldinge, sondern Leute, die zwar etwas anderes wären, aber es so würden wie jene. Kenntnis der Welt gibt dem Schriftsteller in jeder Klasse Überlegenheit. Sie gibt, wo nicht in allen Fällen seinem »Was«, doch immer seinem »Wie« eine Stärke, gegen die der große nachahmende Zauberer nicht aufkommt, so sehr auch Er, oder sein Club oder sein Städtchen das Gegenteil glauben mag, und unter Umständen glauben muß.«[5]

---

1 Vgl. William Douglas Robson-Scott: German Travellers in England 1400-1800. Oxford 1954. S. 133/134.
2 Rudé: Hannoverian London 1714-1808. S. XI.
3 Der Zuschauer. 454. St. S. 275, 276.
4 Allgemeine Deutsche Bibliothek 11 (1770). St. 1. S. 337.
5 Georg Christoph Lichtenberg: Schriften und Briefe. Hg. v. Wolfgang Promies. Bd. 3-4. München 1972. S. 383.

Fielding, der englische »Historiker des Privatlebens«[1], lieferte für die deutschen literarischen Zeitschriften das Muster einer Wahrnehmungsweise, die die Mannigfaltigkeit des Beobachtbaren einer individuellen Perspektive zuordnete. Erzähltechnisch implizierte sie den Bruch mit dem moralisierenden Autorenkommentar zugunsten der perspektivischen Bindung des Beschriebenen, die dem Leser eine Wirklichkeitsillusion vermitteln sollte.

Das den literarischen Zeitschriften eingeschriebene Bild Londons als historisch aufgefaßte Gegenwart enthielt also, wenn wir zusammenfassen, drei für die Wahrnehmungs- und Beschreibungsweise von Reisenden wesentliche Momente: Muster einer nationalliterarischen Öffentlichkeit; Ort des Austauschs zwischen Gelehrten, Künstlern und Publikum; Stätte der Welt- und Menschenkenntnis. Diese inhaltlichen Merkmale waren zugleich von formaler Relevanz: London als Modell zu begreifen, hieß den Vergleich zwischen den zurückgebliebenen deutschen und den englischen Verhältnissen explizieren. Daraus folgte eine Reflexionsstruktur, die die Besonderheit des Blickpunkts des deutschen Reisenden kenntlich macht. Das Interesse an der als vorbildlich aufgefaßten literarischen Kommunikation führte zum Portraitieren von Künstlern, die das harmonische, klassisch genannte Verhältnis zwischen Kunst und Publikum verkörperten. Der Perspektivismus des englischen Romans förderte schließlich illusionsbildende Beschreibungstechniken, die die Reisebeobachtungen mit den Reisebegebenheiten verbanden. Auf den ersten Blick können die Briefe Helferich Peter Sturz' und Georg Christoph Lichtenbergs über London, die im »Deutschen Museum« 1777/1778 erschienen, als Verkörperung dieser Tendenzen gelesen werden.

III.

Sowohl Lichtenbergs als auch Sturz' Briefe sind Portrait-Reihen. Sie haben weniger mit den nicht zur Veröffentlichung bestimmten Privatbriefen der Verfasser gemein als mit den in den literarischen Zeitschriften seit der Jahrhundertmitte üblichen Briefen als '*lebhafter*' Form zur Mitteilung gelehrter Nachrichten.

Den fiktiven Charakter teilen sie mit der Tradition des Briefs in den Moralischen Wochenschriften. Fiktionalisierung spricht nicht aus dem zeitlichen Abstand, der zwischen den Reisen nach England und dem Verfassen der Briefe über England liegt: bei Sturz mehr als acht Jahre, bei Lichtenberg fast ein Jahr. Beide bemühen sich aber, gerade in den obligatorischen Teilen der Rahmung - in Datierung, Anrede und Schlußformel - die Illusion der Gegenwart zu erzeugen, sei es durch zeitliche Bestimmungen (»Ich komme von ...«[2], »Ich habe gestern ... zugebracht«[3], »Ein unangenehmer Vorfall ... gibt mir itzt ganz unvermutet Zeit...«[4]), sei es durch Einführung für das Portrait unwesentlicher Reisebegebenheiten (»die Unpasslichkeit eines meiner Reisegefährten«[5]). Vorrang besaß allerdings für beide Briefschreiber die Beziehung zum Adressaten, womit das Unsystematische der Beschreibung betont wurde: »Ich habe vergessen, Ihnen zu sagen, daß ...«[6]; »Künftig sage ich Ihnen vielleicht etwas über ...«[7]; »Ohne ... den Leitfaden von Fragen abzuwarten, durch den ich

---

1 Vgl. hierzu Wolfgang Heise: Über die Geschichtlichkeit der Wahrheit der Poesie (Überlegungen zu Hegel). In: Jürgen Kuczynski, Ders.: Bild und Begriff. Berlin, Weimar 1975. S. 159-171.

2 Helferich Peter Sturz: Briefe, im Jahre 1768 auf einer Reise im Gefolge des Königs von Dänemark geschrieben. In: ders.: Die Reise nach dem Deister. Prosa und Briefe. Hg. v. Karl Wolfgang Becker. Berlin 1976. S. 7.

3 Ebd. S. 12.

4 Lichtenberg: Schriften und Briefe. S. 347.

5 Ebd. S. 347, vgl. auch S. 367.

6 Sturz: Briefe. S. 11.

7 Ebd. S. 19.

den Weg zu Ihrer Befriedigung geschwinder finden könnte, schreibe ich Ihnen schon wieder. Ich habe itzt gerade Zeit und Mut darnach herumzusuchen, und beide mögten mir fehlen, wann Sie mir den Leitfaden zuwerfen«[1]; »Sie verzeihen mir diese Sprünge, mein Freund, und ich wage sie desto getroster, als ich Ihnen unter meinen vielen Versprechungen, das weiß ich, sicherlich keine Ordnung in meinen Briefen versprochen habe.«[2] Dennoch setzte sich in den Briefen beider Autoren eine Ordnung in den Portraitreihen durch. Sie wird an einem zentralen Merkmal der Fiktionalisierung erkennbar: Sturz wie Lichtenberg lösten ihre Reisebeschreibung entschieden aus dem Zusammenhang, in dem beide ihre Beobachtungen machten und Reisebegebenheiten erlebten. Die im »Deutschen Museum« publizierten Texte lassen nicht erkennen, daß es sich bei beiden Londonreisen um zwei traditionelle Formen des Reisens handelte, die Verfasser also in einem institutionellen Rahmen wahrnahmen, der Motiv des Reisens, Gegenstände des Interesses und Funktion verband[3]: Der Sekretär der Deutschen Kanzlei im Dänischen Ministerium für auswärtige Angelegenheiten, Sturz, begleitete den König Christian VII. auf einer Kavalierstour; der Göttinger Professor für Mathematik und Physik, Lichtenberg, unternahm als offizieller Gast des englischen Königs, der zugleich sein hannoveranischer Landesherr war, eine gelehrte Reise, u.a. als Hofmeister englischer Adliger, die in Göttingen studiert hatten und die er nach England zurückbrachte. Wie Lichtenberg ging Sturz über den mit der Kavalierstour und der gelehrten Reise gesetzten Rahmen hinaus. In dem Herausgeber des »Deutschen Museums« gewannen die fiktionalisierten Briefe ein Bild der Adressaten: die in den freundschaftlichen Anreden explizierten Interessen konnten als solche des Publikums einer literarischen Zeitschrift gelten, zu dem sie als lesende Autoren wiederum selbst gehörten.

Die Besonderheit der durch die Institution der literarischen Zeitschrift vermittelten Perspektive auf die Weltstadt London wird noch deutlicher als in der Abgrenzung von der sozialen Funktion der Reisen, die Sturz und Lichtenberg unternahmen, in der Differenz zwischen Lichtenbergs Privatbriefen und dem veröffentlichten Brief als Teil einer Reisebeschreibung. Die Briefe, vor allem der berühmte Brief an Ernst Gottfried Baldinger vom 10.1.1775, enthalten ein System des Ausschließens aus der Beschreibbarkeit, das als Indiz für eine Hierarchie des Darstellungswürdigen genommen werden kann. Lichtenberg vertagte Baldinger gegenüber bestimmte Beobachtungen auf die Situation des Gesprächs. Nicht einmal zur Schriftlichkeit des Privatbriefs zugelassen wurden Erfahrungen mit der Sexualität in der großen Stadt - sei es durch »——«[4], sei es durch Umschreibung: »... eine Art ..., die ich Ihnen dadurch deutlich genug bezeichne, daß ich sie Ihnen nicht sage«.[5] Wenn das Intime der mündlichen Kommunikation vorbehalten wurde, so das Alltägliche der Weltstadt der privaten. Lichtenbergs »flüchtiges Gemählde von einem Abend in London auf der Strase«[6] fand keinen Eingang in die Veröffentlichung, weil die Institution der literarischen Zeitschrift das an London Darstellungswürdige begrenzte. Die gesellschaftliche Erfahrung der Weltstadt als geschichtlich aufgefaßte Gegenwart konnte nur in die

---

1 Lichtenberg: Schriften und Briefe. S. 338.
2 Ebd. S. 366.
3 Vgl. meinen diese Kriterien anwendenden Versuch einer Typologie der Reisebeschreibung des 18. Jahrhunderts: Georg Forsters »Ansichten vom Niederrhein«. S. 137-155; sowie Wolf Kaiser, Helmut Peitsch: Reisebeschreibung. In: Praxis Deutsch 61 (1983). H. 61. S. 58-63. I-VII.
4 Georg Christoph Lichtenberg: Briefwechsel. Hg. v. Ulrich Joost u. Albrecht Schöne. Bd. 1. 1765-1779. München 1983. S. 486.
5 Lichtenberg: Briefwechsel. S. 490.
6 Ebd. S. 488.

Form des Portraits eindringen, indem die Darstellung von Charakteren mit der moralischen Typisierung brach und die durch die sozialen Bedingungen der Großstadt bedingten Züge hervorhob.

Als Portraitreihe entsprachen Sturz' und Lichtenbergs Briefe sehr genau dem in den literarischen Zeitschriften entwickelten Londonbild. Zur zentralen Figur wurde ihnen Garrick, über den Sturz epigrammatisch formulierte: »Alles, was aus den Provinzen oder übers Meer kommt, will durchaus die Löwen im Tower und Garrick, den Wundermann, sehen.«[1] Auf die bereits bestehende Bekanntheit Garricks in Deutschland bezog sich auch Lichtenberg, wenn er einerseits auf Kupferstichsammlungen - Sayers »bekannte (...) Bildchen«[2] - anspielte, andererseits auf den »Enthusiasmus« der »Reisenden«: »Von seinen Gaben das Gesicht zu verändern haben Sie vermutlich, so wie ich, in Deutschland schon gehört.«[3] Gestützt sahen beide Garricks Ruhm durch Hogarth, den »Geistesverwandten«[4], und Fielding, der Garricks Hamlet durch die »Szenen aus Meister Rebhuhn(s) vortrefflicher Beschreibung im Fündling«[5] bekannt gemacht habe; Sturz sah in Garricks Landhaus Hogarth'sche Gemälde und befragte den Schauspieler über den Romancier:

> »Fielding malte die Natur so getreu, daß Sie in England überall eine Bekanntschaft aus dem 'Tom Jones' antreffen, so wie in Holland aus jeder Hütte ein Ostade oder Tenier kriecht.«[6]

Sturz' wie Lichtenbergs Portraits von Garrick betonten die individuelle Perspektive - fast kein Satz war ohne »ich« -, gerade um die Musterhaftigkeit des Schauspielers herauszuarbeiten, die ihnen jedoch nur ein Spezialfall der Vorbildlichkeit Englands als eines Landes mit bürgerlicher Nationalliteratur war. Außer Garrick protraitierten die beiden Reisenden Dr. Johnson und die Malerin Angelika Kaufmann, andere Schauspieler und Schauspielerinnen wie Weston, Abington und Barry sowie die Opernsängerin Gabrielli. Die Wertung der englischen Nationalkultur über die »Liebling(e) des Volks«[7] wurde am deutlichsten von Lichtenberg aus den besonderen Bedingungen der Kultur einer Großstadt abgeleitet. In der Erhebung Englands zum literarischen, keineswegs zum politischen Musterland äußerte sich auf diese Weise der durchgängige Vergleich der englischen Verhältnisse mit den deutschen. Sturz' beiläufige Gleichsetzung der englischen Provinzler und der deutschen Reisenden, die nach London kommen, kehrt wieder in einem Zitat aus Garricks Stück »The Farmer's Return« (wobei Sturz nicht vergaß, das »Titelkupfer von Hogarth« zu erwähnen, »das man sonst in keinem Kupferladen findet«):

> »Ein ehrlicher Pächter aus dem nördlichen England ist zum ersten Mal in seinem Leben in London gewesen und erzählt bei seiner Zurückkunft der erstaunten Familie alle Wunder, die er gesehen hat.«[8]

Die Formen, worin Lichtenberg und Sturz den literarisch-kulturellen Vergleich zwischen englischem Vorbild und deutscher Rückständigkeit zogen, sind sehr unterschiedlich. Während Lichtenberg Anekdoten als Bericht darbot, bemühte sich Sturz um deren Einbettung in kleine Szenen. Seine Gespräche mit Johnson oder Garrick wurden weitgehend als

---

1 Sturz: Briefe. S. 19.
2 Lichtenberg: Schriften und Briefe. S. 352.
3 Ebd. S. 332.
4 Ebd. S. 330.
5 Ebd. S. 334.
6 Sturz: Briefe. S. 15/16.
7 Lichtenberg: Schriften und Briefe. S. 326.
8 Sturz: Briefe. S. 26.

Dialog wiedergegeben. Sturz' Tendenz zur witzigen Pointierung sicherte einigen der von ihm festgehaltenen Äußerungen Johnsons einen Platz in den Literaturgeschichten, so Johnsons Stellungnahme zu Ossian: »Macpherson ist ein Schottländer; und er will ihn lieber für einen großen Dichter gelten lassen als für einen ehrlichen Mann.«[1] Weiter, was den Vergleich zwischen englischer Großstadt und deutscher Provinz angeht, führte Lichtenberg seine »Raisonnement(s)« als »Ausschweifung« in die berichteten »Beobachtung(en)« ein[2], während Sturz den drei Portraits einen eher systematischen Brief anschloß, der sofort mit dem Problem einsetzt:

> »Alle Reisebeobachter sind gewohnt, allgemeine Schlüsse auf einzelne Tatsachen zu gründen; daher rührt das schiefe Urteil, welches man mit kühnem Leichtsinn über Menschen und Staaten ausspricht.«[3]

Während Lichtenbergs integrierte Reflexion über die »Garricke oder Hogarthe oder Fieldinge«, jeder ein »Abgott der Nation«[4], alle »Lieblinge eines erleuchteten Volks«, stets die »Schule«[5] London mit den deutschen »Städtchen« kontrastierte, um in der Nationalkultur »Wirkungen von Ursachen, die sehr tief liegen«[6] zu erblicken, gerät Sturz' Traktat über die Möglichkeit, Reisebeobachtungen zu verallgemeinern, zu einer politischen Verteidigung der Monarchie.

Lichtenberg waren die weltstädtischen Bedingungen, die die gepriesene nationale Kultur ermöglichten, kein der öffentlichen Darstellung würdiger Gegenstand; er behielt sie den Privatbriefen vor. Sturz befaßte sich in seiner Publikation mit der Öffentlichkeit Großbritanniens und fiel dabei ins politische Moralisieren. So reproduzierte sich für die Londonbeschreibungen literarischer Zeitschriften in der Verengung der Musterhaftigkeit Englands aufs Literarische der in Deutschland gegebene, primär literarische Status der Öffentlichkeit, indem einerseits ins Private, andererseits in das Politische als das Höfische ausgewichen wurde. Daran änderte nichts, daß beide Verfasser davon ausgingen, daß »die deutsche schöne Literatur länger als die anderer Völker in ihrer Minderjährigkeit« blieb[7], und daß beide andererseit ihren - gemessen am englischen Muster - relativen Fortschritt durchaus anerkannten. Gegen die »Freunde(n) in Deutschland« zugeschriebene Vermutung, sein »bißchen Reisen« werde ihm den Geschmack an deutscher Kultur nehmen, versicherte Lichtenberg:

> »Gerade umgekehrt, ich werde künftig die braven Leute noch weit mehr bewundern, als ehemals, da sie es in Umständen, in welchen sie sich gemeiniglich bei uns befinden, so sehr weit gebracht haben, wie ich itzo besser, als ehemals, einsehe.«[8]

Während Lichtenberg dieses Modell literarischen Fortschritts auf die Sphäre der bürgerlichen Öffentlichkeit bezog, konzentrierte sich Sturz auf die politische »Verfassung«[9] Englands. Sturz' Traktat zum Lob der gemäßigten Monarchie integrierte drei Beobachtungen, deren Wahl für seine Argumentation strategische Bedeutung hat: »den König an einem feierlichen Tage unter seinen Hofämtern (...) im glänzenden Haufen«, »Wenig Schritt von

---

1 Sturz: Briefe. S. 11/12.
2 Lichtenberg: Schriften und Briefe. S. 326.
3 Sturz: Briefe. S. 32.
4 Lichtenberg: Schriften und Briefe. S. 333.
5 Ebd. S. 351.
6 Ebd. S. 336.
7 Sturz: Briefe. S. 364.
8 Lichtenberg: Schriften und Briefe. S. 336/337.
9 Sturz: Briefe. S. 33; die folgenden Zitate ebd. S. 32, 34, 35, 32, 35, 34, 30, 34, 35.

diesem Schauspiel« - »ein öffentliches Blatt, welches über die Regierung mit aufrührerischem Frevel lästert« und, wiederum den König im »Genuß des häuslichen Glücks«, wo man »in dem Hause eines weisen, begüterten Privatmanns zu sein« glaube.

Den »Widerspruch«, den der 'leichtsinnige' Reisende sich »nicht zu erklären« wisse, löste Sturz als 'Kenner' der Verfassung, wie das dritte Exempel schon nahelegt, moralisch. Zwischen repräsentativer und politischer Öffentlichkeit sah er eine Moral vermitteln, die auf Seiten der Politik wie des Hofes »Ordnung« mehr verlangte als wahrnahm. Wenn von Sturz in den Gemächern Georgs III. der »Geist des Monarchen, vernünftige Wahl und gefällige Ordnung, ein sanfter, geläuterter Geschmack« gesehen wurden, so meinte er selbst bei »eifrige(n) Whigs« die Tendenz zur Einschränkung der Freiheit zugunsten der »Ordnung und der bürgerlichen Ruhe« zu erkennen. Über die »Frevel« der »Preßfreiheit« schrieb er:

> »so erträgt man das Übel, weil es aus der Freiheit, dem größten Vorrecht der Menschheit, entspringt, wie hier und da eine schädliche Pflanze aus einem wohltätigen Boden sproßt.«

Sturz tröstete sich mit einem staatstheoretischen Mittelweg, dessen Polarität zwischen Extremen in seiner geschichtstheoretischen Deutung der Lage Englands als Zyklus von Aufstieg und Fall wiederkehrten.

> »Weder Locke noch Rousseau, noch Hume haben ja eine Regimentsverfassung erkünstelt, welche frei von Gebrechen und Widersprüchen wäre; alle wiegen sich in verschiedenen Zeiten nach Anarchie oder Knechtschaft hin.«

Der anfänglich moralisch ausgelöste Widerspruch zwischen Erscheinungen des Luxus und der Anarchie wird in dem geschichtsphilosophischen Schlußakzent zur einheitlichen Symptomatik des Niedergangs:

> »Großbritannien nähert sich der Epoche, in der sich Rom befand, als Asien geplündert war. Seine Triumphe im letzten Kriege, die Eroberungen in Indien, haben Reichtum und verdorbene Sitten, Üppigkeit und Hochmut verbreitet (...) Dieser Staat ist auf dem Punkt der Reife, welche an das Verwelken grenzt.«

Kaum ein größerer Gegensatz zu diesem Englandbild ist denkbar als jenes, das Lichtenberg in seinem privaten Brief an Ernst Gottfried Baldinger am Beispiel Londons entwarf. Die in ihrem humanistischen Moralismus letztlich gelehrte Perspektive Sturz' konnte zwischen Beobachtungen und Verallgemeinerungen keine andere Beziehung herstellen als eine, die in der klassischen Literatur vorgegeben war, welcher die Geschichte eine Sammlung moralischer Exempel bedeutete. Lichtenberg nahm demgegenüber London als Historiker der Gegenwart wahr.

IV.

Ein Brief an Christian Gottlob Heyne, dem »Lichtenberg« von seinem ersten Besuch »dieser ungeheuren Stadt«[1] am 17.4.1770 schrieb, »verspar(t)e« zwar »alle Beschreibungen von dem was ich gesehen habe«[2] auf das Wiedersehen in Göttingen, enthielt aber schon Deutungsmuster der Großstadterfahrung, die zwischen individueller Perspektive und Beobachtetem vermittelten. Mit der Schwierigkeit der Beschreibung formulierte Lichtenberg so gegenüber Heyne schon deren Lösung:

> »Es ist unglaublich was die Menge von neuen Gegenständen die ich nicht so gleich immer in meinem Kopf unterzubringen wußte für eine Wirkung auf mich gehabt hat. Ich vergaß immer über das letzte das erste völlig, und lebe noch jetzo würcklich in einer solchen Verwirrung daß ich mich, der ich sonst mit kleinen Stadtneuig-

---

1 Lichtenberg: Schriften und Briefe. Bd. 1. S. 20.
2 Ebd. Bd. 1. S. 23.

keiten Bogen anfüllen könte, in großer Verlegenheit befinde aus London und aus dem Wust von Dingen, die ich sagen könte, so viel klar zu bekommen, als zu einem kleinen Brief nöthig ist.«[1]

Wenn Lichtenberg hier die weltstädtische Mannigfaltigkeit dessen betonte, was seine »so eingezogene Seele« »alles in einer Woche« »gesehen habe«, so beschrieb er zugleich die »Würckung« des Neuen auf den Kleinstädter als »Selbstvergessen«, »Verwirrung« und »Verlegenheit«.[2]

Aus seinem Vergleich dieses seelischen Zustands mit einem körperlichen geht hervor, daß die Wirkung der Großstadt keineswegs als eindeutig negativ bestimmt werden kann, wie es Brüggemann vorgeschlagen hat, der die »Entmächtigungserfahrung«[3], den »Verlust (...) eigenmächtiger Zeit- und Handlungsperspektiven«[4] und damit »individueller Souveränität« an ein »übermächtiges Allgemeines«[5] verabsolutiert. Der großstädtische Alltag erwies sich in Lichtenbergs Metaphorik als Fest, wenn er die seelische 'Verwirrung' mit jener des Körpers verglich, die diesem »eine Woche von Doktorsschmäußen und Hochzeitsfesten ohne Ruhe und ohne Schlaf seyn würde«.[6] Die Erhebung des keineswegs nur niedergedrückten Subjekts spricht nicht nur aus dem schon zitierten, ambivalenten Leitwort 'ungeheuer', sondern aus dem Nebeneinander zweier Ansätze zu Straßenszenen, die im Brief an Heyne sich noch in der Form des knappen Berichts verpuppten. Im Vergleich der Großstadt mit einem Fest sprach Lichtenberg den 'Reiz' der neuen Erfahrung aus, den »Wahrnehmungsreiz«, von dem Brüggemann nur beiläufig und bezogen auf das innerliterarische »Bedürfnis nach ästhetischer Aneignung auch dieser Umwelt« spricht, das er erst im 19. Jahrhundert bei Balzac und Dickens über die »Trauer um das historisch-gesellschaftlich verurteilte Schöne« triumphieren sieht.[7]

Lichtenberg faßte seinen Fußweg durch die City, wo er »an Silberboutiquen, Boutiquen von Indianischen Waaren, Instrumenten u(nd) dergleichen hängen« blieb, so zusammen:

»Geht man aus, so ist die Zerstreuung auf der Straße noch gröser, das ungeheure Getöse überall, und die Menge von neuen Dingen wohin man nur sieht, das Gedränge von Chaisen und von Menschen, sind Ursache, daß man gemeiniglich spat oder wohl gar nicht dahin kommt, wo man hin will.«[8]

Gegen das hier enthaltene Bedrohliche, das an akustische und taktile Wahrnehmungen gebunden wird, steht der sichere Blick aus der Kutsche Lord Bostons, die »gleichsam« an einer politischen Demonstration teilnimmt, anläßlich der Freilassung John Wilkes:

»Was für Gesichter ich da gesehen habe, (...) halbnackte Männer und Weiber, Kinder, Caminfeger, Kesselflikker, Mohren und Gelehrte, Fischweiber und Frauenzimmer in grosem Staat, alles war in sich selbst vergnügt und jedes mit seiner eigenen Grille berauscht und schrie und lachte ohne jemanden zu kräncken.«

Zwar hielt diese Beschreibung, gerade im letzten Nebensatz, das Bedrohliche noch fest, aber daneben entfaltet sie die Wahrnehmung von »Menge« als Vielheit von Individualität, Mannigfaltigkeit von Charakteren.

Während im ersten Brief über Londons Straßen die Beschreibung der berichtenden Expli-

---

1 Ebd. Bd. 1. S.20/21.
2 Ebd. Bd. 1. S. 20/21.
3 Brüggemann: »Aber schickt...« S. 19.
4 Ebd. S. 27.
5 Ebd. S. 18.
6 Lichtenberg: Schriften und Briefe. Bd. 1. S. 21.
7 Brüggemann: »Aber schickt...« S. 20.
8 Lichtenberg: Schriften und Briefe. Bd. 1. S. 22; folgende Zitate ebd. S. 23, 21.

kation von Deutungsmustern untergeordnet blieb, fand die Erfahrung sozialer »Ambivalenz«[1] im Brief an Baldinger szenische Darstellung.

Das »Gemählde«[2] von »Cheapside und Fleetstreet an einem December Abend« ist gebunden an die Perspektive des Ich-Erzählers, der sich als jemand einführt, der aus dem »neblichten Kew« ins »unermeßliche« London reist, um der »Melancholie«, ihren »Grillen«, schlechtem »Gewissen«, Selbstmordgedanken sowie Gedanken an die Entfernung der Freunde zu entgehen. Ein Kranker reist also, um sich zu heilen. Der wiederholte Besuch der Londoner City als Kur wird in der konventionellen Verbindung von Klima und Temperament unterstrichen; die Szene somit als iterative Raffung dargeboten:

> »Sehr offt stehe ich alsdann auf, sehe nach meinem Geldbeutel, und wenn es da auf gut Wetter steht, so nehme ich eine Kutsche und fliege für 18 pence nach London; dieses habe ich während meines hiesigen Aufenthaltes auf 14mal gethan. Da vergesse ich mich dann sehr leicht.«

Die positive Wertung des Selbstvergessens muß gegen Brüggemanns Interpretation festgehalten werden. Gegen die Rückprojizierung einer melancholischen Kapitalismuskritik, der als Fehlleistung die Verwechslung von Privateigentum und Schicklichkeit unterläuft[3], ist an die sozialhistorischen Widersprüche zu erinnern, die nicht erst heute Hoffnungen sind. Lichtenberg führt sich nämlich als Warenbesitzer ein, dessen Geld die Heilung von der Melancholie durch wiederholten, genußvollen Besuch der Weltstadt ermöglicht. Sein Text erarbeitet Wahrnehmungsmuster, die in der englischen Literatur bereits vorlagen, durch Übersetzung in Deutschland bekannt und partiell in der Orientierung der literarischen Zeitschriften auf England und die englische Literatur schon institutionalisiert waren.

Lichtenberg benutzt die aus dem »Spectator« geläufigen Motive der Fußreise durch die Stadt, der Aufspaltung der sinnlichen Wahrnehmung und der unterstellten Katastrophe, um das Erhebende wie das Bedrohliche der Straßenszene zu erzählen. Besonders erfolgreich für die Illusion der Gegenwärtigkeit wirkt seine Nutzung der Adressatenanrede, die in dem »Sie« zugleich den Leser Baldinger, den Autor und Ich-Erzähler und ein verallgemeinerndes 'man' hervorbringt: »Ehe Sie es sich versehen, nimmt Sie ein schönes, niedlich angekleidetes Mädchen bey der Hand (...)« Die erste Leseranrede integriert den Vergleich mit der deutschen Kleinstadt in die Erzählerperspektive des »street level«[4]: »Stellen Sie sich eine Strase vor etwa so breit als die Weender' aber ... wohl auf 6mal so lang.«[5] Der Blickpunkt des »ungewöhnten Auges« auf den »Zauber« ist damit installiert:

> »In Göttingen geht man hin und sieht von wenigstens 40 Schritten her an, was es giebt, hier ist man (...) froh, wenn man mit heiler Haut in einem Neben Gäßgen den Sturm auswarten kan.«

Faszination und Bedrohung werden so zugleich erzählt: die Aufzählungen von sinnlich Wahrnehmbaren - »Augen«, »Nasen«, Tastsinn und Ohr - leiten zu den wörtlich wiedergegebenen Reden von Menschen, die dem Fußreisenden begegnen, beides mit wertenden Attributen und Vergleichen versehen, die um die Wortfelder »Lust« und »Gefahr« organisiert sind. Der vor allem den Augen wahrnehmbare »Zauber«, »Alles gehörig zu betrachten«, regiert die Fest-Vergleiche: »wie zu einem Jubelfeste illuminirt«, »Lustfeuer«,

---

1 Vgl. zu diesem Begriff schon Riha a. a. O. S. 50; und neuerdings Pike a. a. O. S. XII, S. 17-21, der Freuds Metaphorik im »Unbehagen in der Kultur« als Leitfaden benutzt.
2 Lichtenberg: Schriften und Briefe. Bd. 1. S. 488; folgende Zitate ebd. S. 486-489.
3 Brüggemann: »Aber schickt...« S. 32.
4 Pike a. a. O. S. 34.
5 Lichtenberg: Schriften und Briefe. Bd. 1. S. 489; folgende Zitate ebd. S. 488-490.

»jubilirende« »Christtagspuppen«, während die »Gefahr« akustisch und taktil wahrnehmbar wird: »Geschrey (...), als wenn ein Feuer auskäme, oder ein Haus einfiele oder ein Patriot zum Fenster herausguckte.«

Ein besonderer Fall sind die »Gruppen (...), die man nicht gern mit so dauerhaffter Farbe, als Dinte, malt«: die Prostituierten, aber auch die Verkäuferinnen in den Läden. Brüggemann nimmt den moralisierenden Schluß von Lichtenbergs Reflexion über das »Unheil«, dem »Einhalt zu thun« sei, ernst, übersieht damit aber die Faszination, die, entgegen der von Lichtenberg vorgenommenen Zählung, aus den sehr häufigen Erwähnungen spricht. Ob »was den Teufel los macht, offt nicht bewachte weißarmige Nymphen mit seidenen Hütchen und seidenen Schlenderchen« sind, ob »ein schönes, niedlich angekleidetes Mädchen«, ob »Christtagspuppen«, die, »wenn sie wollen und Gehör finden, hundert mal mehr belebt sind, als manche unserer lebendigen vornehmen Christtagspuppen«, bei aller moralischen Distanzierung von »liederlichen Mädchen« schlägt in der Beschreibung die Lust an der Lust durch. Die Metapher »Hexenwesen« bezeichnet die Ambivalenz auch hier, so gut wie Lichtenbergs Aussage: »es ist offt unmöglich von ihnen loß zu kommen, ohne ihnen wenigstens etwas zu schenken«. Wenn von der sinnlichen Faszination Lichtenbergs ausgegangen wird, dann ist auch die Begründung für diesen halben Handel anders zu lesen, als Brüggemann vorschlägt. Lichtenberg verbindet die Umschreibung der drastischen sexuellen Aufforderung mit deren Kommentierung über Privateigentum und Freiheit; wenn er in diesem Zusammenhang feststellt: »Dabey sehen sich die vorbeygehenden nicht einmal um«, scheint es weniger eine Anklage moralischer Gleichgültigkeit als ein Lob durch das Geld vermittelter Freiheit. Hierfür spricht eine zweite Stelle, die die sexuelle Attraktion der Verkäuferinnen betrifft:

> »Sie werden von ihren Herrn den Pasteten und Torten weißlich zugesellt, um auch den gesättigten Magen lüstern zu machen und dem armen Geldbeutel seinen zweyt letzten Schilling zu rauben, denn hungriche und reiche zu reitzen, wären die Pasteten mit ihrer Atmosphäre allein hinreichend.«

Gleichgültigkeit kann hier nur die der Ware gegenüber dem Geld sein, sei es nun das des Reichen oder das des Armen; akzentuiert wird von Lichtenberg jedenfalls die sinnliche Lust, wobei die sexuelle als die, verglichen mit der kulinarischen, höhere erscheint.

Lichtenbergs Straßenszene stellt also, noch in den scheinbar eindeutigen moralischen Klagen, die soziale Ambivalenz der Großstadterfahrung eines deutschen Reisenden heraus: Lust und Gefahr, wobei die Rahmengeschichte wie die Verkaufsgespräche das Verlockende akzentuieren, ohne daß, wie Monika Lengelsen wiederum vereindeutigt, der Leser »mit Lichtenberg die Großstadt London wie den sinnesberauschenden Taumel eines nicht enden wollenden Festes« erfährt[1], als »Abenteuer jenseits aller bürgerlichen Moral«.[2] Deren Bezugspunkt erscheint nämlich durchaus in Lichtenbergs Brief an Baldinger, wenn er seine letzte moralische Reflexion über die Straßenprostitution aus dem Unterschied zwischen der Perspektive des Reisenden und der des Londoners ableitet:

> »(...) ist man es ein mal gewohnt, und ist mehr auf seine Geschäffte, als auf dieses Hexenwesen bedacht, so ist es höchst unangenehm, und kan ich nicht begreifen, warum man diesem Unheil kein Einhalt zu thun sucht.«

Im Blick des Gegenwartshistorikers Lichtenberg auf die Weltstadt London läßt sich also

---

1 Monika Lengelsen: Londoner Imaginationen. William Hogarth's modern moral subjects' und Georg Christoph Lichtenbergs 'eigene Welt'. In: 'Der curieuse Passagier'. Deutsche Englandreisende als Vermittler kultureller und technologischer Anregungen. Heidelberg 1983. S. 111.
2 Ebd. S. 113.

weniger ein schreckliches 'Wesen' des Kapitalismus feststellen als ein historischer Widerspruch: die mit der Verallgemeinerung der kapitalistischen Warenproduktion verbundene Freisetzung der gesellschaftlichen Individuen und ihre ebenso darin liegende sachliche Abhängigkeit. Die unhistorische Vorverlegung des Schrecklichen der Masse übersieht die Momente der Emanzipation, die im Jubel des Einzelnen mit diesem Widerspruch gegeben war. Der objektive Widerspruch wurde in der individuellen Perspektive zu einem Gefühl, weil die historisch-gesellschaftliche Realität in ihrer Beziehung auf ein Subjekt angeeignet wurde: wertend, nicht nur erkennend. Maßstab der ästhetischen Wertung war aber ein relativer Reichtum an Beziehungen zur Wirklichkeit, der selbst schon ein Produkt der Universalisierung der Warenbeziehungen war. Zu dieser Wahrnehmungsweise konnten deutsche Reisende des 18. Jahrhunderts insbesondere deshalb gelangen, weil sie in Deutschland einerseits noch die ständischen Schranken erfuhren, die der Entwicklung bürgerlicher Individualitätsformen gesetzt waren, andererseits gerade ihr Erfahrungsbereich, die Sphäre der literarischen Produktion, Distribution und Rezeption, schon kapitalistisch verfaßt war, so daß Freiheit und Gleichheit des Warenproduzenten das Alltagsbewußtseins bestimmte. In der Konfrontation mit den fortgeschrittenen kapitalistischen Verhältnissen Großbritanniens, wo eine verbürgerlichte Feudalklasse die traditionelle Herrschaft zu bewahren trachtete, indem sie die Konsequenzen des freien Marktes der liberalen Ökonomie zu vermeiden suchte, von dem sie schon profitierte[1], bedingte dieses deutsche Verhältnis von Noch-Ständischem und Schon-Freiem eine Perspektive des Vergleichens, die Unterschiede und Gemeinsamkeiten wahrnehmen ließ. Indem der Blick auf die Weltstadt London konzentriert wurde, traf er vor allem auf Unterschiede, die der weiterentwikkelten »nationale(n) Geld- und Marktwirtschaft«[2] zuzuschreiben waren. Die größte Stadt der Welt zu sehen, bedeutete mithin für den Reisenden aus einer 'Provinz', die große Sektoren der Produktion noch nicht in die Warenproduktion einbezogen und keinen nationalen Austausch kannte, »den größten aller konzentrierten Warenmärkte«[3] kennenzulernen. Wenn die Reisenden Schriftsteller waren, die in schon kapitalistischen Literaturverhältnissen produzierten, dann mußte der Anblick eines solchen Marktes sich mit der individuellen Perspektive, der 'Augenschein' mit dem Blickwinkel verbinden, sobald ein ständisches Verhältnis der literarischen Produktion als gelehrtes Amt überwunden war. Der mit der Produktion für den Markt gegebene Individualismus auf Seiten des Produzenten wie des Konsumenten mußte sich sowohl als Befreiung als auch als Reichtum darstellen, insofern der für das Wahrnehmen des literarischen Produzenten im gesellschaftlichen System der Arbeitsteilung ausschlaggebende Bereich der Literaturverhältnisse als Wahrnehmungsmuster diente, wo Warenproduktion Lösung aus ständischer Abhängigkeit und Reproduktion auf erweiterter Stufenleiter Zugangsmöglichkeiten bedeuteten. Die Literatur als Ware bildete ein »breites und sozial differenziertes Publikum«, wie sie den Autoren erlaubte, »sich aus den Bindungen an das feudale Mäzenatentum zu lösen.«[4]

---

1 Vgl. Roy Porter: English Society in the Eighteenth Century. Harmondsworth 1982. S. 361.
2 Eric J. Hobsbawm: Industrie und Empire. I. Britische Wirtschaftsgeschichte seit 1750. Frankfurt 1969. S. 26.
3 Ebd. S. 26.
4 Evi Rietzschel: Nachwort. In: dies. (Hg.): Gelehrsamkeit ein Handwerk? Bücherschreiben ein Gewerbe?
  Dokumente zum Verhältnis von Schriftsteller und Verleger im 18. Jahrhundert in Deutschland. Leipzig 1982.
  S. 258. Vgl. ähnlich Martin Fontius: Produktivkraftentfaltung und Autonomie der Kunst. Zur Ablösung
  ständischer Voraussetzungen in der Literaturtheorie. In: Günther Klotz u.a. (Hg.): Literatur im
  Epochenumbruch. Funktionen europäischer Literaturen im 18. und beginnenden 19. Jahrhundert. Berlin,
  Weimar 1977. S. 495/496. Fontius setzt allerdings diesen Fortschritt in Gegensatz zu Moritz' und anderer

Kein deutscher Reisender des 18. Jahrhunderts formulierte so genau Einsichten in die Widersprüchlichkeit dieser epochalen gesellschaftlichen Situation wie Karl Philipp Moritz, indem er seine Gefühle mitteilte.

V.

Die in der Forschung immer wieder anerkannte Besonderheit von Moritz' »Reisen eines Deutschen in England im Jahr 1782« hat man ebenso oft zu Unrecht auf eine Sterne-Nachahmung zurückgeführt. Demgegenüber haben Vincent J. Dell'Orto und Gerhard Sauder die individuelle Perspektive des reisenden Berliner Professors präziser bestimmt, indem sie sich auf die »Vorrede« bezogen, in der Moritz betont, »daß jeder seinen eigenen Masstab hat, wonach er die Dinge ausser sich abmißt, und seinen eigenen Gesichtspunkt, woraus er die Dinge betrachtet«.[1] Als Autor, der seinem literarischen Werk eine von allen anderen abgrenzende Besonderheit zuschrieb, unterlag Moritz mit dieser werbenden Selbstankündigung zugleich dem Zwang der in den Literaturverhältnissen institutionalisierten Konkurrenz. Moritz formulierte sie als freier Schriftsteller, weil der literarische Warenproduzent sich nicht mehr hinter dem Gelehrten versteckte, wie schon die Titelseite zeigt, die nur dem Adressaten, »Herrn Direktor Gedicke«, die ständische Ehre erweist, nicht aber dem Verfasser.

Während Dell'Orto den Moritzschen Perspektivismus aus dessen Erfahrungsseelenkunde ableitet, die er als Erkenntnis theoretischen Skeptizismus bestimmt, »the personality of the traveller acts as a mediator between the foreign society and his reader«[2], sieht Sauder Moritz' Poetik der Reisebeschreibung um eine »Synthese«[3] zwischen autoptischer und autotelischer Tradition bemüht. So

»nähert Moritz seine Reise in kompositioneller Hinsicht dem fiktiven Romantext aus subjektiver Perspektive an, doch hat bei ihm die Evokation von Stadt und Landschaft ein nicht zu unterschätzendes Gewicht.«[4]

Sauders Hinweis auf das Erzählen, zu dem sich Moritz in der Vorrede bekannte, ist wichtig, um über das Gewicht, also den quantitativen Anteil hinaus, die Form der Großstadtbeschreibung zu bestimmen, die das Zentrum von Moritz' Buch ausmacht: neun der vierzehn meist sehr langen Briefe behandeln die Hauptstadt der Welt.

Der »Erzähler«, so die Vorrede dieser Briefe, von denen einer in der »Berlinischen Monatsschrift« vorabgedruckt wurde[5], verallgemeinert nämlich gewissermaßen national, in die Provinz, die Fußreise, die seit den Moralischen Wochenschriften als festes Motiv der Londonbeschreibung diente. Diese Möglichkeit, Reisebegebenheiten und Reisebeobachtungen erzählerisch zu integrieren, »Abentheuer«[6] so zu berichten, daß zugleich »Sitten und Menschen«[7] beschrieben werden und damit den individuellen 'Blickpunkt' und den

---

Konzeption der Autonomie der Kunst; er sieht im »Marktmechanismus« nicht die Grundlage, sondern eine »Heteronomie«, gegen deren »Druck sich der Gedanke der Autonomie überhaupt erst entwickeln konnte« (S. 491).

1 Carl Philipp Moritz: Reisen eines Deutschen in England im Jahr 1782. Hg. v. Otto zur Linde. Berlin 1903. S. 3.

2 Vincent J. Dell'Orto: Karl Philipp Moritz in England: A Psychological Study of the Traveller. In: Modern Language Notes 91 (1971). S. 463.

3 Gerhard Sauder: Reisen eines Deutschen in England im Jahre 1782: Karl Philipp Moritz. In: 'Der curieuse Passagier'. S. 96.

4 Ebd. S. 97.

5 Ein Brief aus London. London den 18. Junius 1782. In: Berlinische Monatsschrift 1 (1782) St. 3. S. 298-305.

6 Moritz: Reisen. S. 77.

7 Ebd. S. 90. Vgl. hierzu Sauder a. a. O. S. 104/105. Unzureichend ist leider die Darstellung Mark Boulbys:

'Augenschein' dem Leser zu vermitteln, war an die Großstadt gebunden; das geht aus Moritz' Schilderung seines Aufenthaltes in Burton hervor, wenn er die großstädtisch geprägte Erwartung des Fußreisenden und die provinzielle Sitte der Menschen in der Abenteuererzählung kontrastiert:

> »Schon ehe ich an diese Stadt kam, war ich ziemlich müde, und nahm mir also vor, die Nacht hier zu bleiben. Allein wie bald ließ ich diesen Entschluß fahren, da ich nun in die Stadt kam und alles wieder ein so vornehmes Ansehen hatte, als wenn ich nahe bei London wäre. Und doch war es hier so kleinstädtisch, daß man auf mich, als einen Fremden, der zu fuße ging, fast mit den Fingern wies. Und nun kam ich dazu durch eine lange Straße, wo es an beiden Seiten vor allen Thüren voller Menschen stand, die mich ordentlich durch ihre neugierigen Blicke Spießruthen gehen ließen, und immer hinter mir her zischelten. Alle meine Beruhigungsgründe, daß ich da doch diese Leute nie wieder sehen würde, ebensowenig, wie sie mich, und dergleichen, halfen nichts; dieser Zustand ward mir beinahe unerträglich, und die Straße ward mir so lang, als ob ich eine Meile gegangen wäre, und ermüdete mich auch ebenso sehr.«[1]

Das mit dem Motiv der Fußreise verknüpfte großstädtische Wahrnehmungsmuster der »Anonymität« meint hier eine »Gleichgültigkeit«[2], die positiv gewertet und keineswegs als Vorwurf »moralisch-sozialer Indifferenz«[3] verstanden wird. Die »verhaßte Aufmerksamkeit«[4] der Provinz wird der großstädtischen Anonymität entgegengesetzt.

Die beiden Straßenszenen, die Moritz' Londondarstellung enthält, entfalten die Ambivalenz der mit der Massenhaftigkeit gesetzten Anonymität. Während die erste von der Kutsche aus entworfen wird, mit der Moritz - auf einer »Landstraße«, die »schon weit lebhafter (war), als die volksreichste Straße in Berlin« - aus Greenwich kommend in London eintrifft, rafft die zweite iterativ das »Durchstreichen« Londons während der ersten »Paar Tage« auf einem »Spaziergang«. Moritz teilt seine Gefühle mit, indem er von »Vergnügen« einerseits, vom »Schrecken« andererseits spricht. Die Umschwünge des Gefühls markieren hier seine stereotypen Wendungen: »sonderbar ist es«, »gar auffallend ist es« oder »ein sonderbarer Anblick ist es«. Sie bezeichnen jeweils den Wechsel von dem in Deutschland Gewohnten zum Fremden. Die Reflexion der Gefühlsveränderung vollzieht sich in der Form des Vergleichs zwischen England und Deutschland. Gegenstand des Vergnügens ist die Mannigfaltigkeit des Sichtbaren, Schrecken haftet eher am »Gewühl«, welches »Gedränge« und »Geräusch«, Taktiles und Akustisches verbindet. Deshalb sucht Moritz »Prospekt(e)« oder »Anblick(e)«: Wahrnehmungen aus der Entfernung oder der Höhe, die beinahe »die ganze Stadt mit einem Blick« überschaubar machen, Embankment oder Westminsterbridge. »Es ist, als ob man über diese Brücke eine kleine Reise thut, so mancherley Gegenstände erblickt man von derselben«, wo die Themse »beinahe so lebhaft wird wie eine Londoner Straße.« In dem Vergleich steckt dieselbe distanzierende Anstrengung wie im Aufsuchen der »kleinen Straßen« des Temple, wo »auf einmal eine so angenehme Stille (herrscht), daß man ganz aus dem Geräusch der Stadt entfernt zu seyn glaubt, welches man doch wieder so nahe hat«. Die hier für die Wahrnehmungsvermögen gesuchte Mitte zwischen Nähe und Ferne gilt auch für London als Ganzes: eine zwischen Bekanntheit und Fremde.

Moritz beschreibt London als »die« literarisch evozierte Stadt«[5]; deshalb sei sie zwar

---

Karl Philipp Moritz. At the Fringe of Genius. Toronto, Buffalo, London 1979. S. 107.

1 Moritz: Reisen. S. 107.
2 Riha a. a. O. S. 50.
3 Brüggemann: »Aber schickt...« S. 29.
4 Moritz: Reisen. S. 107.
5 Sauder a. a. O. S. 102.

fremd, aber zugleich bekannt: »(...) das macht, weil sie mehr als die unsern in Romanen und Büchern figuriert« habe: »Beinahe sind die Londoner Plätze und Straßen weltbekannter, als die meisten unserer Städte.« Gerade die Fremdheit läßt ihn über Bekanntes stutzen, wenn er die Unvergleichbarkeit festgestellt hat:

> »Ich konnte London seinem äußern Anblick nach, in meinen Gedanken mit keiner Stadt vergleichen, die ich sonst gesehen hatte. Sonderbar ist es, daß mir ungefähr vor fünf Jahren, beim ersten Eintritt in Leipzig, gerade so wie hier zu Muthe war: vielleicht, daß die hohen Häuser, wodurch die Straßen zum Theil verdunkelt werden, die große Anzahl der Kaufmannsgewölbe, und die Menge von Menschen, welche ich damals in Leipzig sahe, mit dem einige entfernte Ähnlichkeit haben mochte, was ich nun in London um mich her erblickte.«

Das Gefühl erinnert den Reisenden an die ähnliche Erfahrung, die er in einer der damals größten deutschen Städte gemacht hatte; Leipzig zählte zu den acht deutschen Städten zwischen dreißig- und fünfzigtausend Einwohnern.[1] Die Mitte zwischen Nähe und Ferne spricht auch aus Moritz' Freude an seinen englischen Sprachkenntnissen, die es ihm erlaubten, mit Fremden »um(zu)gehen und (zu) reden (...), als ob ich von Jugend auf mit ihnen erzogen wäre«.[2]

Wie die Perspektive des Fremden, der aus der Ferne kommt, vor Gefahren der größeren Nähe schützt, erzählt Moritz am Beispiel einer Attraktion, eines Schiffes auf der Themse, das zum »Matrosenpressen« diente:

> »Einfältigen Leuten, die etwa vom Lande kommen und hier stehen bleiben um es anzugaffen, verspricht man, es für eine Kleinigkeit zu zeigen, und sobald sie darin sind, werden sie wie in einer Falle festgehalten.«

Der so zwischen befremdender, bedrohlicher Nähe und vergnügender naher Fremdheit festgestellte Blick fällt auf die Masse der Londoner auf dem Strand. Zwei gegensätzliche Bilder stehen für die Ambivalenz der Anonymität und Massenhaftigkeit: die Beschreibung der Häuser, die »oft von unten bis oben mit großen, an aufgehängte Tafeln gemahlten Buchstaben beschrieben« sind, dies eines »Leichenzug(s)«, um den man sich so wenig »bekümmert«, »als ob ein Heuwagen vorbeiführe«. Der Vergleich mit der Provinz verweist auf das beiden Bildern Gemeinsame: das Problem des Namens, der Individualität. Die »schreckliche« »Gleichgültigkeit der Zuschauer« auf dem Strand - »der Mensch wird fortgetragen, als ob er gar nicht zu den übrigen gehört hätte« - wird von Moritz mit einem provinziellen Begräbnis verglichen: »In einer kleinen Stadt oder Dorfe kennt ihn ein jeder, und sein Name wird wenigstens genannt.« Das Bild der Häuser des Strands hingegen belegt, daß auch in der Großstadt Namen eine große Rolle spielen. Weil niemand weiß, wer was verkauft, müssen die Namen gerade bekannt gemacht werden:

> »Alles was in dem Hause lebt und webt prangt auch mit einem Schilde vor der Thüre, und da ist in der That kein Schuhflicker, dessen Nahmen und Gewerbe nicht mit großer goldner Schrift von jedermann zu lesen ist. Es ist hier gar nichts Ungewöhnliches, hinter einander an den Thüren zu lesen: hier werden Kinder erzogen, hier Schuh geflickt, hier fremde Liqueurs verkauft und hier Begräbnisse veranstaltet.«

Der Namenlosigkeit entspricht also eine, wie Moritz deutlich erstaunt feststellt, neue Namhaftigkeit, die auf der Grundlage des Warenaustauschs notwendig wird, der Gleichgültigkeit eine andere Aufmerksamkeit. Moritz' Staunen über den goldenen Glanz, den die Geld- und Marktwirtschaft noch dem verachteten Handwerk gibt, setzt sich deshalb fort in dem über den Wohlstand, den er in der City, wo er »allenthalben mehr und schönere

---

1   Vgl. Rudé: Europe in the Eighteenth Century. S. 55.
2   Moritz: Reisen. S. 11; die folgenden Zitate ebd. S. 15-17

Menschen, als in Berlin«, erblickt, die Standesgrenzen negieren sieht:

> »Es macht mir ein wahres Vergnügen, so oft ich von Charingkroß, den Strand hinauf, und so weiter, vor der Paulskirche vorbei, nach der Königlichen Börse gehe, wenn mir vom höchsten bis zum niedrigsten Stande fast lauter wohlgestaltete, reinlich gekleidete Leute, im dicksten Gedränge begegnen, wo ich keinen Karrenschieber ohne weiße Wäsche sehe, und kaum einen Bettler erblicke, der unter seinen zerlumpten Kleidern nicht wenigstens ein reines Hemd trüge.«

Zur ökonomischen Lage des Volkes tritt in Moritz' positiver Bilanz der anonymen Massenhaftigkeit die politische, wiederum in einer bezeichnenden Ambivalenz: das Interesse am politischen Austausch spielt in der Straßenszene eine positive Rolle, wenn er das Diskussionsthema anekdotisch einbringt, zugleich aber klingt negativ die politische Gefährlichkeit der doch als so mit ihrem Wohlstand zufrieden dargestellten Massen an:

> »Auch sind bei dem letzten Aufruhre, der noch jetzt immer der zweite oder dritte Gegenstand ist, worauf sich die gewöhnlichen Konversationen zu lenken pflegen, mehr Menschen bei den ausgeleerten Brandweinfässern auf den Straßen als durch die Musketenkugeln der eingerückten Regimenter, todt gefunden worden.«

So deutlich dieser beiläufige Einschub des Politischen ins soziale Bild der Weltstadt die Grenzen des Demokratismus des Autors und auch seines Publikationsorgans markiert, so bedeutsam bleibt Moritz' Aushalten des Gefühls der Ambivalenz. Trotz des Veröffentlichungsorts des Vorabdrucks in der »Monatsschrift« der Berliner Spätaufklärung, die vorsichtige Reformen wollte, beweist die Reisebeschreibung zur Gänze eine ähnliche Ambivalenz wie die Straßenszene: Vergnügen und Schrecken trennen sich wie das Ökonomisch-Soziale und das Politische.

Es entsprach den Interessen der Adressaten der »Berlinischen Monatsschrift«, wenn sie aus der Londondarstellung von Moritz' Reisebeschreibung insbesondere die Abschnitte über das Parlament und das englische Erziehungswesen auswählte. Die Zeitschrift gehörte zu dem seit den 70er Jahren immer mehr sich verbreitenden Typ der allgemein-kulturellen, kulturpolitischen Zeitschrift, die sowohl die gelehrte als auch die literarische Spezialisierung in einer allgemeinen Politisierung aufhob.[1]

Diese Veränderungen spiegeln sich auch in den Anforderungen, die in den Rezensionsspalten der unterschiedlichen Zeitschriftentypen an die Reisebeschreibung als Genre gestellt wurden. So postulierte die »Allgemeine Deutsche Bibliothek«, die als literarische Zeitschrift die einzelnen Sparten der Gelehrsamkeit noch respektierte, die sie doch mit der schönen Literatur zur 'gemeinnützigen Lektüre' vereinen wollte, bis in die 90er Jahre den Vorrang gelehrter Information über Beobachtungen auf Reisen; Spezialisten mit konkreten Interessen auf einzelnen Gebieten des Wissens sollten neue Kenntnisse einem Leserkreis vermitteln, den die Zeitschrift vor allem, wenn auch nicht ausschließlich aus Fachleuten zusammengesetzt sah. Stereotyp diente daher in der »Allgemeinen Deutschen Bibliothek« das Erzählen von unwesentlichen Reisebegebenheiten zur Begründung von Verrissen.[2]

Alle Zeitschriften belegen im übrigen, wie unzutreffend es ist, die autotelische Schreibweise mit der Nachahmung von Sternes »Sentimental Journey« gleichzusetzen. Die Verurteilung der Weltlosigkeit der deutschen empfindsamen Reisen konnte sowohl dem Mangel

---

1 Vgl. Peter Schmidt, Paul Hocks: Literarische und politische Zeitschriften 1789-1805. Stuttgart 1975. S. 81-84.
2 Vgl. zu deren kritischem Maßstab Stewart a. a. O. S. 53, S. 139-141; Wolfgang Griep benutzt für diesen Maßstab den treffenden Begriff des »Verwertungsinteresse(s)« in: Reiseliteratur im späten 18. Jahrhundert. In: Grimminger (Hg.): Deutsche Aufklärung. S. 746; vgl. z.B. Allgemeine Deutsche Bibliothek 17 (1772) St. 1, S. 247; 10 (1769) St. 2, S. 190; 11 (1770) St. 2, S. 329; 14 (1771) St. 1, S. 250.

des gelehrten Spezialwissens als auch dem an gesellschaftlicher Erfahrung gelten. »Allgemeine Deutsche Bibliothek« wie »Teutscher Merkur« trafen sich, wie Gerhard Sauder nachgewiesen hat, in dem Vorwurf gegen die deutsche Sterne-Nachfolge, die ausgestellte Empfindsamkeit, Gefühle und Reflexionen, machten eine Reise überhaupt entbehrlich.[1] Weil jedoch weder Schummel noch Jacobi auf das Erzählen verzichteten, wählten sie als Plot zwar Reisebegebenheiten, aber keine, die eine Vermittlung von »Abentheuern« und »Sitten und Menschen« ermöglichten.[2]

Im Unterschied zur »Allgemeinen Deutschen Bibliothek« vollzog sich im »Teutschen Merkur«, der ein Medium der Politisierung der literarischen Öffentlichkeit Deutschlands war, allmählich, aber erkennbar seit der enthusiastischen Rezeption von Georg Forsters »Reise um die Welt« eine Wende nicht nur von der Favorisierung der autoptischen zu der der autotelischen Schreibweise, sondern auch von der Orientierung auf das im Enzyklopädischen nur als Summe aufgehobene Spezialwissen zu einer Problematisierung der Möglichkeiten politisch wichtiger gesellschaftlicher Erfahrung.

Die Anerkennung der individuellen Perspektive auf die Gesellschaft brachte jedoch unter den deutschen Verhältnissen ein Problem mit sich, das unter dem Stichwort 'Freimütigkeit' in den Zeitschriften diskutiert wurde. Unter den deutschen Bedingungen konnte der Hinweis auf die individuelle Perspektive auch die Funktion haben, politische Kritik zu relativieren. Demgegenüber versuchte Johann Wilhelm von Archenholtz seine Darstellung der politischen Situation Englands im »Teutschen Merkur« gerade gegen mögliche Einwände abzusichern, indem er den begrenzten Wert des Augenscheins betonte. Archenholtz wählte sein Beispiel nicht zufällig; das Urteil des durchschnittlichen Lesers über England schien ihm von den Londoner Straßenszenen geprägt:

> »Ein Ausländer, der nach London kommt, und ohne die Sache gehörig zu untersuchen nach dem Äussern urtheilt, macht sich von dem Reichthum dieser Krämer einen hohen Begriff, der sich auf ihre aufgeputzten glänzenden Laden gründet. Neun Zehntheile derselben aber sind arm, und handeln blos auf Credit, ohne eignes Vermögen zu besitzen.«[3]

VI.

Eine Zeitschrift, die weder den gelehrt-literarischen noch den kulturpolitischen Interessen entsprach, wurde von einer Reisebeschreiberin herausgegeben, die sich sowohl zur autoptischen Schreibweise als auch zur Sterne-Nachfolge bekannte und deren »Tagebuch einer Reise durch Holland und England« eine Szene von der Oxford Street enthielt, auf die das von Archenholtz aufgeworfene Problem zutraf. Sophie von La Roches »Pomona. Für Deutschlands Töchter« brachte einzelne Stücke, die zur Gänze einzelnen Ländern vorbehalten waren: England kam nach Frankreich und vor Italien an die Reihe. Die Orientierung auf eine spezifisch weibliche Bildung, die der Gelehrsamkeit und der schönen Literatur Grenzen setzte[4], bestimmte Inhalte und Formen der in der Frauenzeitschrift gepflegten Genres. Sie standen in der von den Moralischen Wochenschriften begründeten Tradition. Der Vorrang der Briefform und das Gewicht von Roman bzw. moralischer Erzählung und

---

1 Gerhard Sauder: Sternes »Sentimental Journey« und die »Empfindsamen Reisen« in Deutschland. In: Griep/Jäger (Hg.): Reise. S. 310.
2 Moritz: Reisen. S. 77, 90.
3 Teutscher Merkur (1786) 2. Vierteljahr. S. 284.
4 Die Zeitschrift beschrieb ihre Leserin: »sie soll von den Wissenschaften nur so viel Kenntnis erlangen, als sie von den Blumen hat.« Zitiert nach: Wilke (Anm. 10). Bd. 2. S. 126.

Reisebeschreibung sowie der Ausschluß der Literaturkritik zeigen an, daß die Zeitschrift eine Zwischenstellung zwischen den Zeitschriften des frühen und denen der Mitte des 18. Jahrhunderts einnahm. Die Fixierung des Weiblichen im Privaten schloß die Politik aus, die sich die allgemein-kulturellen und kulturpolitischen Zeitschriften zu Beginn des Erscheinens der Frauenzeitschriften, in den 80er Jahren, zunehmend eroberten. In Wielands »Teutschem Merkur« wurde die Zeitschrift der Verfasserin der »Geschichte des Fräulein von Sternheim« emphatisch gelobt, nicht zuletzt, weil »Nachrichten von dem, was in England, Frankreich und Italien für Frauenzimmer geschrieben wird, bey jedem Stücke hinzukommen.«[1] Daß eine Frauenzeitschrift hinter der Entwicklung der von Männern für Männer geschriebenen Literatur zurückstehen müsse, galt als ausgemacht, ihr wurde die spezifisch weibliche Verbreitung des bereits Bekannten zugewiesen.

Weil Sophie von La Roche im »Journal einer Reise durch Frankreich« die Leserin an die Hand nehme und ihr zugleich in »wirklicher Anschauung« das Wahrgenommene vermittele, sah der »Teutsche Merkur« den Maßstab neuer Erkenntnisse außer Kraft gesetzt:

> »Man kann alles gelesen haben, was über Paris und seine Seltenheiten geschrieben ist, und doch wird man diese Beschreibung wieder neu finden, weil sie auch schon bekannte Dinge von neuen Seiten darstellt.«[2]

Noch ausdrücklicher hatte die Besprechung des »Tagebuchs einer Reise durch die Schweiz von der Verfasserin von Rosaliens Briefen« die Nutzung von »bereits vorhandenen Blüthen und Früchten des Geistes«[3] ein weibliches Vorrecht genannt. Weil die weibliche von der männlichen Perspektive auf »ein (...) und denselben Gegenstand« unterschieden wurde, konnte das Lob sich gerade auf die Schreibweise beziehen, an der die Mitteilung von Gefühlen der Erzählerin, die Lebhaftigkeit der Illusion und die Nähe zur Leserin hervorgehoben wurden:

> »Die getreue Beobachtung der Grenzen, die sich eine Schriftstellerin, der die edle Bestimmung ihres Geschlechtes weder fremd noch gleichgültig ist, in dieser Rücksicht selbst vorschreibt, belohnt sich reichlich genug durch das praktische Interesse, die reizende Lebhaftigkeit, und die liebliche Wärme, wodurch sich weibliche Geistesarbeit gemeiniglich vor der männlichen auszeichnet, wenn man beyde in der Behandlung eines und desselben Gegenstandes vergleicht. (...) Man möchte dasselbe die Geschichte ihres Herzens während ihrer Reise durch die Schweiz nennen. Fast alles, was die Verfasserin sieht und hört, wirkt auf ihr sittliches Gefühl, und beschäftigt ihre zur Natur gewordene Fertigkeit an jedem Gegenstande, selbst den unbedeutendsten nicht ausgenommen, der sich ihrer Beobachtung oder Betrachtung darbietet, ein moralisches Interesse ausfindig zu machen.«[4]

Die von den Rezensenten des »Teutschen Merkur« gerühmte spezifisch weibliche Schreibweise der La Roche als Reisebeschreiberin wäre als 'autotelisch' nur unzureichend bestimmt. Zeigt das Beispiel des Disputs zwischen Archenholtz und Wieland die Verbindung zwischen Autotelie und Politik, so das der La Roche die von autotelischem Schreiben und Feminismus.

Um so merkwürdiger wird die bereits erwähnte Programmatik der englischen Reisebeschreibung, in der sich Autopsie und Sterne-Nachfolge verknüpfen. Sie erklärt sich aber aus der bewußten Unterordnung des weiblichen Herzens unter den männlichen Verstand. In der Vorrede zum »Tagebuch einer Reise durch Holland und England« deutet Sophie von La Roche Sterne im Sinne der Poetik des delectare et prodesse und sichert so, ganz wie

---

1 Teutscher Merkur (1782). 4. Vierteljahr. S. 190.
2 Ebd. (1787). 4. Vierteljahr. Anzeiger. S. XCVI.
3 Ebd. 1. Vierteljahr. Anzeiger. S. XX.
4 Ebd. S. XXI.

die »Allgemeine Deutsche Bibliothek«, den 'nützlichen und angenehmen Kenntnissen' den Vorrang, wenn sie sich als 'Wißbegierige' einführt, um die weibliche Verfasserschaft zu rechtfertigen:

> »Ja es werden Alle staunen, daß eine Frau, in meinen Jahren, die Gelegenheit und den Willen hat, solche Reisen zu machen, welche sonst ganz allein die Sache der Jugend, des Reichthums, der Freiheit und der Geschäfte sind. Yorick setzte noch zwei Arten Reisende hinzu: Kranke, die eine Hülfsquelle aufsuchen - und Wißbegierige, welche sich, auch außer ihrem Wohnort, nach der Erde und ihren Kindern umsehen. Zu der letzten Gattung gehöre ich; und meine Geschäfte sind (...) mich umzusehen und alles zu bemerken, was mir Unterricht und Freude geben kann.«[1]

Der Bezug auf Sterne erweist sich in einem Autorkommentar als Abwertung des weiblichen Fühlens gegenüber dem männlichen Wissen, indem das eigene 'Erzählen' nur auf die 'angenehme', 'unterhaltende' Form verwiesen wird, während der männliche 'Unterricht' den Inhalten entsprechen soll. Besonders deutlich wird diese Hierarchie in dem Vorbehalt gegenüber Moritz und der Bevorzugung der systematischen Reisewerke der 80er Jahre[2], die Archenholtz und Wendeborn unter Verzicht auf jegliche Bindung der Beobachtung an Reisebegebenheiten vorgelegt hatten:

> »Archenholtz, und der nicht genug, nicht nach Verdienst bekannte und geachtete Wendeborn, haben von Englands Merkwürdigkeiten so schön und so unterrichtend geschrieben, daß jeder Andere zurückbleiben muß, ungeachtet gewiß Moritz und ein Herr von Wazdorf Vieles für sich haben. Ich mache keine Prätension, als daß ich bei dem Erzählen dessen, was ich sah und dachte, meinen Töchtern eine kleine Unterhaltung, mir aber eine Erneuerung angenehmer Tage verschaffen will.«[3]

Gegen diese Unterdrückung der Frau auch in den Literaturverhältnissen geschuldete Untertreibung erweist La Roches Erzählung von der Oxford Street die soziale Bedeutsamkeit der individuellen Perspektive. Blickpunkt und Augenschein werden auf den drei Seiten der Straßenszene so miteinander vermittelt, daß Einsichten möglich sind, die nicht in der 'angenehmen' Formung des männlichen Wissens aufgehen. La Roche begründet im ersten Satz den Zeitpunkt, zu dem sie mit ihren Begleitern auf der »Oxford-Straße« »auf und ab spazieren« geht; so erklärt sich das in der Szene vorherrschende 'wir' und der Abend: »(...) man sieht immer gewisse Waaren bei der Beleuchtung in mehrerem Glanz«.[4] In der Beschreibung der Oxford Street dominieren Verben der optischen Wahrnehmung, meist in der Wir-Form, die auch das unpersönliche 'man' färbt, mit dem die Eindrücke verallgemeinert werden. Die einleitende Leseranrede hebt das Wunderbare des Blicks auf die 'ungeheure Warensammlung' hervor, indem sie in einen Märchenton verfällt. Das »denkt euch aber, liebe Kinder!«[5] bezieht sich auch auf die gefühlsmäßige Wertung des Sichtbaren und nicht nur darauf, daß die unmittelbaren, privaten Adressaten und die Leser der Publikation eine solche Straße nicht kennen konnten, weil die durch den Westminster Paving Act von 1762 und die verschiedenen Watching and Lighting Acts seit 1736 erreichte Qualität der Straße in Europa ohne Beispiel war: »In Oxford Road alone there are more lamps than in all the city of Paris.«[6] La Roches Konzentration auf das Optische und die Ausblendung

---

1 Sophie von La Roche: Tagebuch einer Reise durch Holland und England. 2. Aufl. Offenbach 1791. S. 3-4. Vgl. zum Weiteren im vorliegenden Band den Beitrag von Michael Maurer.
2 Vgl. zu diesen Robert Elsasser a. a. O. S. 24-40.
3 La Roche: Tagebuch. S. 238.
4 Ebd. S. 290.
5 Ebd. S. 290.
6 Dorothy George: London Life in the Eighteenth Century. London 1930. S. 102.

anderer Sinneswahrnehmungen nimmt die seit den Moralischen Wochenschriften ausge-bildete Motivik der Straßenszene auf. Sie verwandelt das Straßenleben in eine »Reihe Gemählde«[1], doch die Reihung von Farben, Licht und Formen ist weit von jener verstö-renden Auflösung gesellschaftlichen Zusammenhangs in eine »Folge von Bildern«[2] ent-fernt, die etwa Raymond Williams an Wordsworth' Lyrik beschreibt. Die Abstraktion vom Akustischen ist vielmehr eine Bedingung des Genusses. Sie dürfte durch die Schulung des Blicks an Kupferstichen fest geworden sein; denn nicht nur das bereits erwähnte 'Leichen-begängniß' in Covent Garden, sondern auch die neuen Straßen, Brücken oder Bauwerke des London seit der Jahrhundertmitte wurden dem deutschen Publikum durch Kupferstiche sowie deren Besprechung, z.B. in der »Neuen Bibliothek der freyen Wissenschaften und schönen Künste«, mit der »größten Wahrheit«[3] sichtbar gemacht. Der Blick der La Roche auf die Oxford Street ähnelt der ruhigen Betrachtung eines Stichs, weil die - durch die Breite des Fußwegs ermöglichte - »Gemächlichkeit« hervorgehoben wird, mit der »die so ungemein schön beleuchteten Boutiquen zu betrachten« sind.[4] Allerdings sind Leitworte der Beschreibung neben den »Formen« immer wieder die »Farben« und das »Licht«, das die 'Verschiedenheit' der Farben und die 'Mannigfaltigkeit' der Formen akzentuiert; »verschieden« und ein die Vielheit übertreibendes »alle (möglichen)« herrschen vor.[5] Traditionell ist auch der Vergleich des wunderbaren Anblicks des Alltags mit einem Fest, den bereits Lichtenberg und Moritz brachten. La Roche berichtet allerdings nicht die Anekdote, die Moritz so erfolgreich in die Reisebeschreibungen über London einführte, daß sie sich von Johanna Schopenhauer bis in wissenschaftliche Darstellungen des 20. Jahrhunderts hinein hielt; Johanna Schopenhauer schrieb, ohne Moritz zu zitieren:

> »man erzählt von einem der unzähligen kleinen Souveräns des weiland Hl. römischen Reiches, er habe, da er spät abends in London seinen Einzug hielt, geglaubt, die Stadt sei ihm zu Ehren illuminiert.«[6]

Das Wunderbare läßt die La Roche an den »größte(n) Lord« und den »niedrigste(n) Arbeiter« denken und deren »gemeinsame(s) Bedürfniß, »Licht«.[7] Daß das in Deutschland Besondere in England etwas Allgemeines ist, das Fest den Alltag ausmacht, ist der springende Punkt auch in La Roches Reflexion des Unterschieds zwischen einer großen deutschen Stadt und der englischen Weltstadt:

> »Man trift bis 11 Uhr Nachts immer so viele Menschen auf dieser Straße an, als in Frankfurt während der Messe; ohne das ewige Rollen der Kutschen zu berechnen.«[8]

Moritz hatte die »herrliche Erleuchtung der Straßen« mit der »äußerst armselig(en)« in Berlin verglichen und der Feststellung, »daß diese gewöhnliche Erleuchtung einer feierli-chen Illumination ähnlich sieht«, eine ironische Wendung gegeben:

---

1 La Roche: Tagebuch. S. 292.
2 Williams: The Country and the City. London 1985. S. 150.
3 Neue Bibliothek der freyen Wissenschaften und schönen Künste 4 (1767) St. 1. S. 196.
4 La Roche: Tagebuch. S. 291.
5 Ebd. S. 291.
6 Johanna Schopenhauer: Reise nach England. Hg. v. Konrad Paul. Berlin 1973. S. 83; vgl. Malcolm Letts: As the Foreigner saw us. London 1935. S. 74.
7 La Roche: Tagebuch. S. 292.
8 Ebd. S. 292.

»(...) wofür sie auch ein deutscher Prinz hielt, der zum erstenmal nach London kam, und im Ernst glaubte, daß sie seinetwegen veranstaltet sey.«[1]

La Roche gibt dieser Illusion, die Beleuchtung geschehe um eines Einzelnen willen, eine andere Wendung, die sich in der Reflexion der Gemeinsamkeit zwischen Lord und Arbeiter ankündigt. Schon auf der Ebene des Sichtbaren gibt es nämlich trotz des einheitlich »bewunder(nden)« Tons ein Merkmal von Ambivalenz: »lockend«, »verführerisch«, »blendend« bereiten eine Steigerung des lustvollen optischen Eindrucks ins Bedrohliche vor.[2] Den größten Raum in La Roches Beschreibung nimmt ein Laden »mit argantischen und andern Lampen« ein.[3] Den Namen des englischen Erfinders[4] macht La Roche wie selbstverständlich zum Adjektiv und unterstreicht so die metonymische Rede[5], die alle Details ihrer Reisebeschreibung auf das Ganze der Weltstadt London und Englands beziehen läßt. Indem sie aber an dieser Stelle vom Wir/Man des bewundernden Sehens zum Ich wechselt, wird eine Irritation beschreibbar, die sich anschließend nur durch Reflexion besänftigen läßt:

»Es waren Reverbere in der Bude, welche das Licht mehrere hundertmale zurückwarfen und das so stark, daß mein Auge es kaum einen Moment ertrug.«[6]

»Der größte Lord«, fährt La Roche fort,

»und der niedrigste Arbeiter, finden hier Lampen von der höchsten Schönheit und Preise, wie von dem geringsten Werth, und beide werden gleiche schnell und höflich bedient. Ich verweilte lange genug, um dieses alles zu bemerken, und freute mich über die Einrichtung: das gemeinsame Bedürfniß, Licht, an dem nämlichen Ort, es sey für Guinee oder wenige Schillinge und Pence, mit der nämlichen Dienstfertigkeit erhalten zu können.«

Es fällt auf, daß La Roche die besänftigende Reflexion an die individuelle Perspektive bindet, allerdings in der traditionellen Form des Verweises auf das eigene Sehen. So verschwindet hinter der Bekundung des Augenscheins der soziale Blickpunkt, der die Erfahrung der Freiheit und Gleichheit der Warenbesitzer an die Menschlichkeit der Verkäufer knüpft.

Die soziale Harmonie, die La Roche hier im Warenaustausch wahrnimmt, der die ständischen Unterschiede aufhebt, bleibt das Thema der abschließenden letzten Passage der Straßenszene. Wiederum schreibt sie dem Sichtbaren die Merkmale ihrer Perspektive zu und erneut machen Gefühle des Ich die Brüchigkeit der Ideologisierung erkennbar. Der Blick der Autorin verwandelt die Großstadt in einen Familienroman: »Familienscene(n)« und »Gemählde des häuslichen und geschäftigen Lebens« nimmt sie wahr.

»Die wirklich perspektivische Einrichtung der Boutiquen, und die daran stoßenden Wohnzimmer, machen ein

---

1 Moritz: Reisen. S. 19.
2 La Roche: Tagebuch. S. 291.
3 Ebd. S. 291.
4 Hierzu vgl. John George Robertson: Sophie von La Roche's Visit to England in 1786. In: Modern Language Review 27. (1932). S. 199. Zur Identifizierung Londons mit der Argantischen Lampe vgl. den Brief Samuel Thomas Sömmerings an Georg Forster, in dem er diesen bittet, ihm aus London 1790 eine »Argantische Lampe« (S. 407) mitzubringen, und einen Johann Georg Schlossers, der stolz war, eine solche bereits zu besitzen (S. 476): Georg Forster: Werke. Bd. 18: Briefe an Forster. Bearb. v. Brigitte Leuschner u.a. Berlin 1982.
5 Vgl. David Lodges Vergleich von Straßenszenen in dem Kapitel »Types of Description« in: The Modes of Modern Writing. Metaphor, Metonymy, and the Typology of Modern Literature. London 1977. S. 93-103.
6 La Roche: Tagebuch. S. 291; die folgenden Zitate S. 292-293.

ebenso großes Vergnügen. Denn man sieht durch die so vortreflich beleuchteten Buden hindurch manche einnehmende Familienscene: die eine arbeiten noch; die andre trinken Thee; die dritte unterhalten sich mit einem freundlichen Besuch; in einer vierten scherzen und spielen Eltern mit ihren kleinen Kindern —.«

Drei der vier pars pro toto stehenden Details weisen auf den Teil der Privatheit der Warenbesitzer, der nicht durch Arbeit bestimmt wird. Das Intime der Familie als Stätte der Reproduktion wird so betont, gerade weil schon die Auswahl von Orten der Produktion und des Austauschs, die durch die Einheit von Beruf und Kleinfamilie bestimmt sind, dem in der Großstadt erreichten Grad der Arbeitsteilung nur noch ausnahmsweise entspricht. Die von La Roche hier ausgewählten Besitzer von »Boutiquen« auf der Oxford Street waren jedenfalls weder mit den »niedrigste(n) Arbeiter(n)« - also ihre erste Reflexion - noch den »Künstler(n), Handwerker(n) und Tagelöhner(n)« gleichzusetzen, »welche« - so die folgende Reflexion - »zur Anhäufung dieser ungeheuern Menge Kunstarbeiten geholfen«.

Die von La Roche wahrgenommenen Kaufleute von Oxford Street gehörten im Sprachgebrauch des englischen 18. Jahrhunderts zu der »middle sort«, die Daniel Defoe oder John Wilkes einerseits von den Großkaufleuten und Manufakturisten als »men of property«, die Gentry und Aristokratie näher standen, andererseits von den »working trades« abgrenzten, zu denen Kleinhändler und Handwerker wie Gesellen, Lehrlinge, Tagelöhner und Dienstboten zählten.[1] La Roches Blick haftet also an der »middling group« der »tradesmen and shopkeepers of the cities of London and Westminster«, und das hier Wahrgenommene wird auf das »inferior set of people« oder die »poor and miserable« übertragen. Für letztere galt jene Einheit von Arbeit und Familienleben nicht mehr, die La Roche an Richardsons Romanen geschulter Blick auf England sucht und findet.

Die Ahnung dieser Differenz zeigt sich in einem Einwand, den die Verfasserin in ihrer Beschreibung macht. Ein »gewiß« und ein irreales »herzlich wünschte ich« markieren die Besonderheit der individuellen Perspektive, auch wenn sie wiederum im Gegenstand die Gründe für ihr Idyll zu finden meint:

»Gewiß eine solche Reihe Gemählde des häuslichen und geschäftigen Lebens trift sich nirgends so schön in einer Stunde, als ich sie da sah. Wie schnell giengen diesen Abend tausendfache Arbeiten der Tage von vielen tausen ämsigen Menschen bei mir vorüber.«

La Roche glaubt die 'Schönheit' ihrer 'Szene' auf die Tatsache zurückführen zu können, daß die Straße der Weltstadt eine räumliche Konzentration von zeitlich Disparatem bedeute. Die Zusammenführung des vereinzelt Produzierten im Angebot, die Anwesenheit des Nicht-Sichtbaren im Bild des Marktes, mithin Arbeitsteilung und Warenaustausch als solche, sollen die Harmonie beweisen, die La Roche zwischen den Klassen 'sieht'. Daß diese Harmonie nicht 'sichtbar' ist, läßt die Verfasserin den Irrealis benutzen, wenn sie die Verwandlung des Gesellschaftlichen in Privates, der Warenproduktion und des Warenaustauschs in Familiarität für die unmittelbaren Produzenten erhofft:

»Herzlich wünschte ich: daß jeder Künstler, Handwerker und Tagelöhner, welche zu Anhäufung dieser ungeheuern Menge Kunstarbeiten geholfen, mit seiner Frau und Kindern ein ruhiges Abendbrod genießen, und in einem erquickenden Schlaf neue Kräfte finden möge.«

La Roches Beschreibung besänftigt im idyllischen Bild des Familienromans und in Reflexionen sozialer Harmonie die mit der Großstadterfahrung verbundene Irritation. Ihre

---

1 Rudé: Hannoverian London. S. 56/57, 82/83.

Privatisierung kann an die ideologischen Erfahrungen der Freiheit und Gleichheit der Warenbesitzer anknüpfen. Sie entspricht überdies der schon in den Moralischen Wochenschriften geübten Form der Individualisierung. Die erfahrbare Freiheit des Konsums wird so fortgeschrieben auf die Produktion. Im Bild der 'erleuchteten' Weltstadtstraße, das nur die optischen Eindrücke ausstellt, gewinnt das Licht den Rang einer Metapher. Die soziale Harmonisierung der empfindsamen Aufklärerin, die mit den Augen des Familienromans Szenen sieht, erlaubt nur noch eine Ahnung davon, daß das Idyll nicht die letzte Wahrheit über die große Stadt ist.

So deutlich die ideologischen Grenzen dieser Wahrnehmungsweise der Weltstadt London sind, so wichtig scheint mir, auf der relativen Wahrheit zu bestehen, die sich in dem Gefühl sozialer Ambivalenz darstellt, das von Sturz und Lichtenberg über Moritz bis La Roche perspektivisch zwischen dem Augenschein der Weltstadt und dem Gesichtspunkt des deutschen Provinzlers vermittelt. Noch am vielleicht extremen Fall der Autorin, die Inhalte und Formen der Beschreibung der Straßenszenen nur zusammenfaßt, die im Laufe des 18. Jahrhunderts von der deutschen Literatur in Zeitschriften entwickelt wurden, und deshalb in der individuellen Perspektive nicht integrieren kann, werden so Widersprüche erkennbar. Indem sich die deutschen Beschreibungen der Londoner Straße im 18. Jahrhundert der »so familiar« gewordenen »denunciation of the 'crowd', the 'masses'« entziehen, selbst wenn im Lob der geordneten Freiheit, das in den Besänftigungen der Irritationen anklingt, die Furcht vor dem Mob sich ankündigt, halten sie den Blick frei für den Widerspruch, den Raymond Williams beschreibt:

> »The objectively uniting and liberating forces (are to be ...) seen in the same activity as the forces of threat, confusion, and loss of identity.«[1]

---

1 Williams: The Country and the City. London 1985. S. 151. Vgl. auch die grundsätzlichen Ausführungen in Raymond Williams: Politics and Letters. Interviews with New Left Review. London 1979. S. 311. Eine historische und nationale Schematisierung der Ambivalenz findet sich in Peter Hall: Unreal City. In: Times Literary Supplement. 30.5.1986. Zu untersuchen wäre noch die Frage, ob die - Walter Benjamin verpflichtete - Datierung des Flaneurs auf das 19. Jahrhundert nicht einer Korrektur bedarf. Vgl. als Beispiel für die späte Datierung, die die deutsche Literatur des 18. Jahrhunderts vollends zu einer provinziellen macht: Hannelore Schlaffer: Vaterhäuser und Lusthäuser. Wo Dichter wohnen. In: Frankfurter Allgemeine Zeitung. 26.7.1986.

Hubert Amft

»Nirgends ist Lectüre eine allgemeineres Bedürfniss ...«
Kunst und Literatur Englands
in den »Annalen«-Beiträgen Georg Forsters

Stets wird in der Literatur über Georg Forster die Bedeutung seines England-Erlebnisses hervorgehoben. Doch seine fünf Aufsätze zur englischen Literatur und Kunst sind bislang relativ unbeachtet geblieben, sieht man von den 1963 entstandenen fundierten Einführungen Gerhard Steiners im Band 7 der Forster-Gesamtausgabe[1] und von gelegentlichen Erwähnungen in anderen Veröffentlichungen ab. Josef Strelkas Verdikt, daß diese Arbeiten »heute höchstens noch für den Kulturhistoriker oder den speziellen Biographen Forsters von Interesse«[2] seien, mag als repräsentativ dafür angeführt werden, wie ein Teil der Literaturgeschichtsschreibung diesen angeblich reinen »Brotarbeiten« gegenüberstand. England, bis zum Ausbruch der Französischen Revolution das »Musterland« bürgerlicher Freiheit im 18. Jahrhundert, ist zeitlebens ein wichtiges Phänomen für Georg Forster gewesen. Es vermittelte wesentliche Kriterien für die Beurteilung seiner Zeit und gab ihm die Orientierung auf den historischen Fortschritt. Die Entwicklung Forsters wurde maßgeblich durch die in England verbrachte Jugendzeit (1766-1778) und das Elementarerlebnis der Weltreise bestimmt, und die dabei erworbene antifeudale und republikanische Haltung prägt, nachdem Forster England 1778 mit großer Erbitterung über die hoffnungslos gewordene materielle Situation seiner Familie verlassen hat, sein Verhältnis zur gesellschaftlichen Wirklichkeit Deutschlands (Hessen-Kassel) und Polen-Litauens (Wilna). Etwa ab 1785 beginnt sich das Bild Englands für Forster in der Erinnerung wieder zu verklären. Häufig gibt er nun in Briefen seinem Wunsche Ausdruck,

> »dieses göttliche Land noch einmal mit den Augen des Mannes wieder zu sehen (...) Eine Reise nach Italien ist auch unter meinen Hoffnungen« (AA XV, 238 - 3.1.1789 an Jacobi).

Forsters im Zeitraum von 1786/87 bis Ende 1792 entstehende Arbeiten zum Thema England mit ihren geschichts- und kulturphilosophischen, ästhetischen, sozialökonomischen und politischen Überlegungen markieren eine bedeutsame Übergangssituation: beginnend mit dem «Neuholland»-Kalenderartikel und dem «Cook»-Essay vollzieht sich eine Verlagerung seines Interesses von der reinen Naturforschung auf den historisch-gesellschaftlichen Prozeß sowie auf Probleme des Kunstschaffens. Zunächst äußert sich das in anthropologisch-kulturgeschichtlichen Aufsätzen («Noch etwas über Menschenracen«; «Über Leckereyen«), in der Folgezeit aber besonders in ästhetisch-geschichtsphiloso-

---

1 Steiner, Gerhard: Erläuterungen zu Georg Forster: Kleine Schriften zu Kunst und Literatur. Sakontala (Georg Forsters Werke. Sämtliche Schriften, Tagebücher und Briefe. Band 7) Berlin (DDR) 1963. S. 462-475. - Aus weiteren Bänden dieser von der Akademie der Wissenschaften der DDR, Zentralinstitut für Literaturgeschichte, herausgegebenen Ausgabe (im folgenden mit AA, Band und Seitenzahl angegeben) werden zitiert: Kleine Schriften zur Völker- und Länderkunde. Band 5. 1985; Kleine Schriften zu Philosophie und Zeitgeschichte. Band 8. 1974; Rezensionen. Band 11. 1977; Tagebücher. Band 12. 1973; Briefe 1772-1794. Band 13-17. 1978. 1978. 1981. 1980. 1988; Briefe an Forster. Band 18. 1982.
2 Strelka, Josef: Georg Forsters literaturhistorische Bedeutung. Wien 1954. S. 11. (Literaturhistorische Schriftenreihe des Instituts für Wissenschaft und Kunst in Wien.)

phisch orientierten Arbeiten («Fragment eines Briefes an einen deutschen Schriftsteller über Schillers Götter Griechenlands»; «Die Kunst und das Zeitalter«). Ihre Ergebnisse fließen auch in die «Annalen«-Aufsätze ein. Die Beschäftigung mit den bis zu diesem Zeitpunkt vorliegenden Teilen von Herders «Ideen« und die Lektüre von Archenholtz' «England und Italien«, die sozialen Erfahrungen in Polen-Litauen (1784-1787) sowie der Wunsch, die Ergebnisse seiner empirischen Forschungen und Erkenntnisse unmittelbar für die philosophischen, gesellschafts- und kunsttheoretischen Debatten dieser Jahre nutzbar zu machen, haben auch stimulierend auf die Entstehung der «Annalen«-Beiträge gewirkt. Mit seinem 1785 - auf dem Höhepunkt der Anglomanie-Welle in Deutschland - erschienenen, international sehr erfolgreichen Buch »England und Italien« war es Archenholtz gelungen, die Aufmerksamkeit eines großen Teils des deutschen Lesepublikums auf die beiden Länder zu lenken, die inzwischen zu bevorzugten Reisezielen deutscher Künstler, Schriftsteller, Gelehrter und Politiker geworden waren. Besonders seit Beginn der 80er Jahre des 18. Jahrhunderts ergoß sich ein auch im 19. Jahrhundert nicht mehr abreißender Strom deutscher Reisender in Richtung Italien, das »Land der Kunst« gewissermaßen »mit der Seele suchend«. Unter südlich-heiterem Himmel, inmitten eines den sinnlichen Freuden des Lebens zugewandten Volkes und im Anblick der erhalten gebliebenen Kunstwerke aus Antike und Renaissance suchten die von der deutschen sozialen Wirklichkeit frustrierten Rom-Pilger ein neues, individuell geprägtes Daseinsgefühl zu gewinnen. Die in der Folgezeit entstehenden Briefe, Dichtungen und Werke der bildenden Kunst standen alle mehr oder weniger unter dem Motto »Auch ich war in Arkadien«[1], und nicht wenige dokumentierten die zumindest partiell vollzogene zeitweilige Abkehr ihrer Verfasser von der gesellschaftlichen Wirklichkeit in Deutschland, ja eine Flucht in das ideelle Reich der Kunst.

Derartig eskapistische Sehnsüchte bildeten hingegen nicht das Zentrum der Überlegungen und Betrachtungen deutscher England-Reisender. Auch von ihnen blieben Landschaft, Menschen und Kunstwerke - wenn letzteres die meisten auch nur marginal berührte - durchaus nicht unbeachtet. So vermißte Archenholtz angesichts der englischen Parkanlagen, die ja nicht eben arm an (freilich künstlichen) antiken Tempelchen, Ruinen und Statuetten waren, nur noch die Anwesenheit arkadischer Schäfer, «um sich ganz in Arkadien zu dünken«.[2] Geradezu ein Topos wurde auch das Schwärmen von der Schönheit und «Niedlichkeit« des englischen «Frauenzimmers«, das Archenholtz[3] nicht hoch genug rühmen konnte und in dem der sichtlich faszinierte Lichtenberg in spaßiger Übertreibung gar den Hauptgrund für die Einfälle der Angeln und Sachsen erblickte.

Aber ansonsten fühlten sich die deutschen Reisenden in England wenig berührt von arkadischen Gefühlen. In dem Inselreich, das sich in jener Zeit auf dem Wege zum Industriekapitalismus der freien Konkurrenz befand und mit dieser Entwicklung den Charakter der Epoche bestimmte, sah das nach wirtschaftlicher und politischer Emanzipa-

---

1   Vgl. hierzu: Auch ich war in Arkadien. Kunstreisen nach Italien 1600-1900. Ausstellung. Katalog bearb. von Dorothea Kuhn unter Mitarbeit von Annelise Hofmann und Anneliese Kunz. 3., unveränderte Auflage. Marbach 1986.

2   Archenholtz, Johann Wilhelm von: «England und Italien«. 2 Bde. Ersten Bandes zweiter Theil. Leipzig 1785. S. 596.

3   »Von allem Schönen, was diese Insel zeigt, ist nichts so bewundernswürdig als die Reize des schönen Geschlechts. Diese haben eine so gewaltige Wirkung, daß jeder Ausländer, von welcher Nation er auch immer seyn mag, ohne Bedenken den Engländerinnen den Apfel zuerkennt.« (Archenholtz, J.W. v. (Anm. 4). S. 436 f.

tion strebende deutsche Bürgertum seine eigenen Forderungen nach gesellschaftlicher Mitbestimmung bereits weitgehend verwirklicht. So war es kein Wunder, daß die konstitutionelle Monarchie England - viele deutsche Reisende nannten sie sogar eine «Republik» - für die »oppositionellen Kräfte in den europäischen Feudalstaaten (...) in ideologischer, politischer und sozialökonomischer Hinsicht«[1] Vorbildwirkung erlangte. Es wurde zu einem wirksamen Mittel auch der deutschen Literatur, durch das z.T. überschwengliche Preisen der bürgerlichen Zustände Englands auf die rückständigen Verhältnisse in Deutschland aufmerksam zu machen und notwendige Reformen anzuregen. Während England im 18. Jahrhundert immer mehr an Bedeutung gewann, ließ der Einfluß französischer Kultur und Institutionen, die nach 1648 für mehr als 100 Jahre die Maßstäbe geliefert hatten, in Deutschland spürbar nach, da sich in Frankreich infolge der verfehlten Innenpolitik Ludwigs XV., wirtschaftlicher Stagnation und außenpolitischer Desaster die Grenzen des politischen Absolutismus deutlich abzuzeichnen begannen. Zudem kanonisierten auch führende Vertreter der französischen Aufklärungsbewegung, wie Montesquieu in seinem »Esprit des Lois«, die Vorzüge der auf Gewaltenteilung beruhenden Verfassung Englands, ja die gesamte politische Ordnung der konstitutionellen Monarchie als nachahmenswertes Beispiel für Regierungsreform, Ökonomie, Sitten und Religion.

Zur Jahrhundertmitte erreichte der von Jahrzehnt zu Jahrzehnt wachsende Einfluß der englischen Kultur und Lebensweise auf das geistig-kulturelle und politisch-wirtschaftliche Leben in Deutschland eine neue Qualität:

>»England had at last been fully discovered, and had definitely begun to take the place of France as the country most worth-visiting for the serious students of human affairs.«[2]

Zentren der deutschen England-Rezeption waren vor allem die Städte Hamburg, Leipzig, Berlin und Stuttgart, die bereits über ein wirtschaftlich starkes und kulturell vielseitig interessiertes Bürgertum verfügten, sowie Göttingen mit seiner Universität, der - wie Georg Forster es einmal nannte - «Republik der Professoren« (AA XV, 188), das aufgrund seiner Zugehörigkeit zu dem in Personalunion mit England verbundenen Kurfürstentum Hannover zahlreiche Kontakte pflegte.[3] Der gemäßigte Charakter der englischen Aufklärung - im Vergleich zu den weit radikaler vorgetragenen Ideen Voltaires und den demokratischen Phantasien Rousseaus - ließ das englische System[4] den Vertretern unterschiedlichster politischer Couleur als nachahmenswert erscheinen, so daß auch Angehörige des sogenannten philanthropischen Absolutismus wie der Fürst Leopold III. von Anhalt-Dessau oder die konservativen Reformer Gentz, Rehberg und Brandes in das allgemeine Lob einzustimmen vermochten.

Der «größere Spielraum der Mobilität«[5] , den die sich infolge der Entwicklung von

---

1 Literatur im Epochenumbruch. Funktionen europäischer Literatur im 18. und beginnenden 19. Jahrhundert. Hg. von Günther Klotz, Winfried Schröder und Peter Weber. Berlin (DDR) 1977. S. 167.
2 Robson-Scott, William Douglas: German Travellers in England 1400-1800. Oxford 1953. P. 135.
3 Gordon, Joseph Stuart: Reinhold and Georg Forster in England 1766-1780. Duke University, Ph. D. 1975. S. 4: »The University of Göttingen (...) was an important disseminator of English thought and a point of contact between English and German.«
4 Vgl. Stephan, Inge: Literarischer Jakobinismus in Deutschland (1789-1806). Stuttgart 1976. S. 54: »England (...) wurde sowohl als Beispiel für eine republikanische Staatsform wie auch als Beispiel für eine monarchisch-aristokratische Repräsentativverfassung rezipiert.«
5 Laermann, Klaus: Raumerfahrung und Erfahrungsraum. Einige Überlegungen zu Reiseberichten aus Deutschland vom Ende des 18. Jahrhunderts. In: Piechotta, Hans-Joachim (Hg.): Reise und Utopie. Zur

Industrie und Handel, dem Ausbau der Transport- und Verkehrswege stetig erweiternden Reisemöglichkeiten boten, erlaubte es, das «pium desiderium» bürgerlicher Freiheit selbst in Augenschein zu nehmen. In Reiseberichten, Tagebüchern und fiktiven Briefen wurden die gewonnenen Eindrücke und Erfahrungen festgehalten und die gewachsenen Publikationsmöglichkeiten auf dem sich in den 80er Jahren rasch vergrößernden literarischen Markt genutzt. Bald entstanden auch auf dem Gebiet der Gesellschaftstheorie, der Ökonomie und Naturwissenschaften eingehendere und systematischere Studien[1], die sich von deutscher Seite zunächst einseitig auf England richteten. Der auf diese Weise möglich werdende Vergleich Deutschlands mit England förderte die Entstehung bürgerlichen Perspektivbewußtseins insofern, als das deutsche Lesepublikum in England eigene, bisher aber nur theoretisch-geschichtsphilosophisch formulierte Ziele in der Praxis bestätigt fand. Dies erklärt nun auch die zunehmende Popularität des Genres Reisebeschreibung in der 2. Hälfte des 18. Jahrhunderts. Nicht nur innerhalb der in den 80er Jahren gegründeten Lesegesellschaften, Sammelpunkten der progressivsten Vertreter des Bürgertums und liberaler Ideen aufgeschlossen gegenüberstehender Aristokraten, «gehörten die Reisebeschreibungen neben der historisch-politischen Publizistik zur beliebtesten Lektüre».[2]

In einer amerikanischen Untersuchung der deutschen England-Rezeption wird konstatiert, daß

> »the number of Germans, who found their way to England in the eighteenth century is little short of astonishing (...)«[3].

Und tatsächlich ist vor allem der geistige und künstlerische Rang der Reisenden erstaunlich, befanden sich doch unter ihnen so bekannte Persönlichkeiten - Schriftsteller, Wissenschaftler und Beamte - wie Hamann, Möser, Schlözer, Sturz, Lichtenberg, Moritz, Bahrdt, J.R. und G. Forster, Archenholtz, Grimm, Sophie von La Roche, Jacobi, von Hardenberg, Brandes, der Freiherr vom Stein - sowie zahlreiche Künstler, von denen hier nur Gluck, Mozart, Haydn, Erdmannsdorff, A. Kaufmann und Füßli genannt sein sollen. Nach England reisten aber auch Industrielle und Kaufleute, wie der Maschinenbauer König, der Lithograph Senefelder und die argwöhnisch beobachteten deutschen Industriespione[4] -, und man wählte das Land häufig zum ständigen oder oft Jahrzehnte währenden Aufenthalt, so daß

Literatur der Spätaufklärung. Frankfurt/M. 1976. S. 77 f.

1 Klingenberg, Anneliese: Smith-Rezeption als ideologische Einleitung der Kunstperiode. Beziehungen von Ökonomie, Staatskritik und Kunstidee. In: Kunstperiode. Studien zur deutschen Literatur des ausgehenden 18. Jahrhunderts. Berlin (DDR) 1982. (Literatur und Gesellschaft); Epstein, Klaus: Die Ursprünge des Konservativismus in Deutschland. Frankfurt/M./Berlin 1973. S. 656-661.

2 Laermann a.a.O., S. 77 f.; Peitsch, Helmut: Ansätze zu einer revolutionär-demokratischen Politisierung der Menschheitsperspektive. In: Westberliner Projekt: Grundkurs 18. Jahrhundert. Hg. von Mattenklott, Gert; Scherpe, Klaus R. Kronberg/Ts. 1976. S. 219 f. (Literatur im historischen Prozeß 4/1); Griep, Wolfgang: Reiseliteratur im späten 18. Jahrhundert. In: Hausers Sozialgeschichte der deutschen Literatur. Band 3. Zweiter Teilband. Hg. von Rolf Grimminger. München 1984. S. 739-764.

3 Kelly, John A.: England und Englishmen in German literature of the 18th Century. New York 1966. P. XII. Nach Abfassung des vorliegenden Aufsatzes erschien die grundlegende und umfassende Untersuchung »Aufklärung und Anglophilie in Deutschland« von Michael Maurer (Göttingen/Zürich 1987), die leider nicht mehr ausgewertet werden konnte.

4 Braun, Hans-Joachim: German Entrepreneurs and Technicians in England in the Eighteenth Century. In: Der curieuse Passagier. Deutsche England-Reisende des achtzehnten Jahrhunderts als Vermittler kultureller und technologischer Anregungen. Heidelberg 1983. S. 63-74 (Beiträge zur Geschichte der Literatur und Kunst des 18. Jahrhunderts. Band 6.)

die deutsche Gemeinde in London zwischen 1770 und 1790 bisweilen mehr als 5000 Mitglieder zählte.[1]

Besonders zahlreich waren naturgemäß die Besucher aus Hannover, Göttingen, Braunschweig und vor allem Hamburg, das seit Jahrhunderten durch enge Handelsbeziehungen mit dem Inselreich verbunden war und als Haupteinfallstor für alle englischen Einflüsse und zudem als »politischer Ziehbrunnen«[2] Deutschlands galt. Nicht Sehnsucht nach antiken Kunstschätzen und südlicher Landschaft konnte wie bei den Italien-Reisenden Movens der deutschen England-Besucher sein: in den Mittelpunkt ihrer Betrachtungen rückte neben der aus ihrer beruflichen Tätigkeit im Staatswesen, in Wirtschaft, Wissenschaft oder Kultur herrührenden Interessensphäre besonders die Realität gesellschaftlicher Zusammenhänge.[3] Zu Recht hat Elsasser diese Reisen als «politische Bildungsreisen» definiert.[4] Im Jahrzehnt zwischen 1780 und 1790 veröffentlichte eine ganze Reihe von Autoren ihre England-Erlebnisse in Büchern und Zeitschriften, von denen hier nur die bedeutendsten - die Arbeiten von Lichtenberg[5], Moritz[6], Wendeborn[7], Archenholtz[8] und Sophie von La Roche[9] - genannt seien.

Alle Reisenden kamen mehr oder weniger verändert, mit neuen Maßstäben und Perspektiven in die Heimat zurück: das Erlebnis der politischen, ökonomischen und kulturellen Verhältnisse Englands hatte den Blick für die deutschen Mißstände und ihre Ursachen geschärft, und es wirkte ein Leben lang nach. Wem es an Gelegenheit oder Mitteln für eine Reise fehlte, der suchte durch möglichst umfassende Information aus Briefen, Büchern und Zeitschriften diesen Mangel auszugleichen - so stand Klopstock mit Richardson, Young und Macpherson in Kontakt, verschafften sich die Göttinger Gelehrten Heyne, Michaelis und Schlözer durch regen Briefwechsel mit englischen Wissenschaftlern oder Nutzung der in den Bibliotheken und Lesegesellschaften vorhandenen Lektüre alles Wissenswerte, suchten sich Verleger, Herausgeber von Periodika und Übersetzer ständige Informanten in der britischen Hauptstadt. Auch Goethe gehörte zu der großen Familie der »armchair travellers«[10] und hat es verstanden, am englischen Bildungsleben teilzunehmen, indem er

---

1 Schaible, Karl-Heinrich: Geschichte der Deutschen in England von den ersten germanischen Ansiedlungen in Britannien bis zum Ende des achtzehnten Jahrhunderts. Straßburg 1885. S. 342 f.

2 So Archenholtz in der Minerva 1801, Iv. S. 114 - zitiert bei: Ruof, Friedrich: Johann Wilhelm von Archenholtz. Ein deutscher Schriftsteller zur Zeit der Französischen Revolution und Napoleons (1741-1812). Berlin 1915. S. 52.

3 Vgl. Peitsch a. a. O. S. 222 f.; Weissel, Bernhard: Von wem die Gewalt in den Staaten herrührt. Beiträge zu den Auswirkungen der Staats- und Gesellschaftsauffassungen Rousseaus auf Deutschland im letzten Viertel des 18. Jahrhunderts. Berlin (DDR) 1963. S. 281 ff.; Stewart, William E.: Die Reisebeschreibung und ihre Theorie in Deutschland. Bonn 1978. S. 253 ff.

4 Elsasser, Robert: Über die politischen Bildungsreisen der Deutschen nach England (vom achtzehnten Jahrhundert bis 1815). Heidelberg 1917. S. 2 ff.

5 Lichtenbergs Tagebücher und Briefe wurden 1977 von Hans Ludwig Gumpert neu herausgegeben und erläutert: Lichtenberg in England. Dokumente einer Begegnung. Band I und II. Wiesbaden 1977.

6 Moritz, Carl Philipp: Reisen eines Deutschen in England im Jahre 1782. In Briefen an Herrn Direktor Gedike. Berlin 1783.

7 Wendeborn, Gebhard Friedrich August: Der Zustand des Staats, der Religion, der Gelehrsamkeit und Kunst in Großbritannien gegen das Ende des achtzehnten Jahrhunderts. Erster bis Vierter Theil. Berlin 1785-1788.

8 Archenholtz a. a. O.

9 La Roche, Sophie v.: Tagebuch einer Reise durch Holland und England von der Verfasserin von Rosaliens Briefen. Offenbach 1788.

10 Vgl. Boerner, Peter: Goethes »Englische Reise« oder Gedanken zur Physiognomie des nicht-reisenden Reisenden. In: Der curieuse Passagier. S. 75-91.

sich der Hilfe Hüttners, des Londoner Agenten Herzog Karl Augusts, bediente. Waren es die Reisenden von Deutschland her auch gewohnt, vorrangig die Sphäre des gesellschaftlichen Bewußtseins - Bildungswesen, Moral, Religion und Kunst - zu behandeln, so stießen sie in England wie von selbst auf praktische Fragen des politisch-gesellschaftlichen Lebens, bot ihnen die englische Realität Erfahrungsbereiche, die sie in Deutschland bislang entbehrt hatten. Laermann[1] spricht im Zusammenhang mit der Zunahme der Reisetätigkeit bürgerlicher Intellektueller in Deutschland von »Raumerfahrung«, die die Reisen und - im Nachvollzug durch den Leser - die Reiseliteratur vermittelte. Welche Vielfalt gesellschaftlichen Lebens, welche sozialen, geographischen und geistigen »Räume« aber boten sich im Vergleich zu Deutschland in England, vor allem in der Riesenstadt London, wenn man sich wie Lichtenberg »aus einem Göttinger Hinterhaus in eine der ersten Straßen der Hauptstadt der Welt«[2] versetzt sah und als Bürgerlicher der Privatgast des englischen Königs war. Dort gab es keine »Stubenluft«, nicht die provinzielle Enge und geistige Borniertheit eines kleinen deutschen Feudalstaates mit seinen enggesetzten sozialen Schranken. Geschäftiges Leben und Treiben herrschte auf den Straßen, der Umgang der Menschen untereinander zeugte von Tätigkeit, Großzügigkeit, Toleranz und gesundem Selbstbewußtsein. Die deutschen Reisenden besuchten Parlamentsdebatten und wurden dabei zu Vergleichen mit den antiken griechischen Stadtrepubliken und der römischen res publica angeregt; sie wohnten öffentlichen Gerichtsverhandlungen bei, gingen in Konzerte und Theater, besuchten Bildungseinrichtungen, caritative Anstalten, wissenschaftliche Akademien, Stätten des Vergnügens, Museen und wurden in Privathäuser eingeladen. Und sie bewunderten das Interesse der Engländer an ihren nationalen Angelegenheiten und am künstlerischen Leben; sie waren erstaunt über den relativ zwanglosen Verkehr, den in England die Stände untereinander zu pflegen schienen, und konstatierten die Pressefreiheit, die große Publizität aller öffentlichen Vorgänge unter der Bevölkerung, die in so schroffem Gegensatz zur Indolenz breiter Schichten des Bürgertums in Deutschland stand. Auch reiste man - so Lichtenberg, Moritz, Wendeborn und später, im Jahre 1790, auch Forster - in das Innere des Landes, nutzte die vorzüglichen neuen Straßen und bequemen Transportmittel, die gepflegten Gasthöfe. Nicht nur die Universitätsstädte Oxford, Cambridge oder den berühmten Badeort Bath wollte man kennenlernen, sondern auch die Stätten aufblühender Industrie und die lebhaften Handelsstädte, wo Wissen und Erfahrungen praktisch genutzt und den Bedürfnissen des Lebens entsprechend angewendet wurden. Daß man vorher, wie es beispielsweise Archenholtz tat, den Großteil der eigenen Barschaft möglichst gut versteckt aufbewahrte, um von den berüchtigten englischen Straßenräubern nicht völlig ausgeplündert zu werden, gab den Reisen zudem ein abenteuerliches, in deutschen Gefilden inzwischen weitgehend ungewohntes Flair.

Zu den bedeutendsten Beiträgen der England-Rezeption der deutschen Spätaufklärung gehören die in den Jahren 1788-1792 entstandenen fünf »Annalen«-Aufsätze Georg Forsters zur zeitgenössischen englischen Literatur und Kunst. Unter der Vielzahl deutscher Schriftsteller, die sich im 18. Jahrhundert mit England beschäftigten, wird Forster von Robson-Scott[3] als »perhaps the most distinguished of all German travel writers on

---

1 Laermann a. a. O. S. 82 f.
2 Lichtenberg a. a. O. S. 263 (Brief vom 8.10.1774 an E.G. Baldinger).
3 Robson-Scott a. a. O. P. 192.

England« bezeichnet. Auch in den Arbeiten von Philippstal, Elsasser und Muncker[1] findet sein England-Beitrag besondere Hervorhebung, doch bleiben die Literatur- und Kunstaufsätze im Gegensatz zu dem häufig zitierten England-Tagebuch der 1790er Reise nahezu unberücksichtigt. Gordon[2] hingegen bescheinigt ihnen: »Of particular importance were his six essays on England in Archenholtz Annalen der Britischen Geschichte in the late 1780s and early 1790s«, wobei freilich die Bemerkung von den »sechs« Aufsätzen nicht eben von genauer Kenntnis dieser Arbeiten zeugt. Marita Gilli meint in ihnen eine besonders gelungene Verdeutlichung seiner ästhetischen Theorien zu sehen:

> »Cette histoire représente une très bonne illustration des théories esthétiques de Forster et on comprend mal pourquoi la plupart des critiques ont passé cette oeuvre sous silence.«[3]

Dank seiner in England verbrachten Jugendzeit, die ihm entscheidende geistige Anstöße - »where I received my Education and took that bent of mind which will now last even to the end« (AA XIV, 336 - 22.5.1785 an Sir Joseph Banks) - und reiche soziale Erfahrungen für sein ganzes Leben gab, und der durch die Beschreibung von Cooks zweiter Weltumseglung erlangten internationalen Berühmtheit galt Forster in der deutschen literarischen Öffentlichkeit der 80er und 90er Jahre des 18. Jahrhunderts als eine *Autorität* in allen England betreffenden Fragen. Daß dies nicht nur für das Gebiet der Naturkunde und Reiseliteratur, sondern auch für die sogenannte Schöne Literatur und Kunst zutraf, ist weniger auf Forsters tatsächlich vorhandenes Wissen - bereits 1778 hatte der 23jährige England den Rücken gekehrt und sich danach in Deutschland und Polen-Litauen vorwiegend mit naturwissenschaftlichen Fragen beschäftigt[4] - zurückzuführen, sondern auf seinen Ruf als glänzender Stilist und Essayist, den er 1787 mit dem Aufsatz »Cook, der Entdecker«[5] erneut unter Beweis gestellt hatte.

Im »Cook«-Aufsatz erfahren viele Überlegungen Forsters zur geschichtsbildenden Potenz menschlicher Tätigkeit, zum Verhältnis von Individuum und Gesellschaft, zur wechselseitigen Abhängigkeit der einzelnen sozialen Bereiche eine erste schriftliche Fixierung[6] - u.a. wie eine »weise Staatskunst« (AA V, 287) zur Perfektibilität, zur harmonischen Entwicklung aller im Menschen vorhandenen Anlagen beizutragen vermag. Während in Ländern mit nach Forsters damaligem Verständnis freiheitlicher, »glücklicher Verfassung« (AA V,

---

1 Philippstal, Robert: Deutsche Reisende des 18. Jahrhunderts. Hannover 1908. S. 79 f.; Elsasser, Robert: Politische Bildungsreisen. S. 96 ff.; Muncker, Franz: Anschauungen vom englischen Staat und Volk in der deutschen Literatur der letzten vier Jahrhunderte. München 1918. S. 104 ff.

2 Gordon a. a. O. P. 324.

3 Gilli, Marita: Georg Forster (1754-1794). L'oeuvre d'un penseur allemand réaliste et révolutionaire. Diss. Université de Nanterre (Paris X) 1974. 2 Bände. P. 346.

4 »Das Fach der Wissenschaft, auf welches ich mich vorzüglich gelegt habe, ist die Kenntnis der Natur (...) mit Inbegriff von etwas Physik und Chemie. Ich kann Thiere und Pflanzen erträglich zeichnen. Von Philosophie, schönen Wissenschaften und Künsten habe ich einigen Vorgeschmack. Geographie, Geschichte, Politik, Statistik, Handlungsgeschichte sind Lieblingsfächer (...)« (AA XV, S. 73 f. - Entwurf zu einem französisch geschriebenen Brief Forsters vom 23.12.1787 an den Marquis dElhuyar).

5 Lichtenberg schrieb Mitte September 1787 nach der Lektüre des »Cook«-Essays begeistert an Forster: »O! Wenn Sie wüsten was Sie mir für eine Freude mit ihrem Cook dem Entdecker gemacht haben! Ich habe lange nichts gelesen, was meiner Vernunfft und Phantasie eine so reitzende Beschäfftigung gewährt hätte, als dieser vortreffliche Aufsatz (...)« (AA XVIII, S. 178).

6 Vgl. vor allem Prodoehl, Hans Gerd: Individuum und Geschichtsprozeß. Zur Geschichtsphilosophie Georg Forsters. In: Georg Forster in seiner Epoche. Hg. von Gerhard Pickerodt. Berlin (West) 1982. S. 149-197 (Literatur im historischen Prozeß. Neue Folge 4); Nachwort von Popp, Klaus-Georg zu: Cook der Entdecker. Schriften über James Cook von Georg Forster und Georg Christoph Lichtenberg. Leipzig 1976. S. 201-229.

215) dafür gute Voraussetzungen bestehen, werden diese Anlagen in einer von Despotismus und Intoleranz bestimmten Gesellschaft durch »gewaltsame(n) Druck« gehemmt oder sogar »erstickt« (AA V, 163). Alle positiven Merkmale aber sind für Forster »hinreichend, jedermann einen Staat ins Gedächtnis zu rufen, der sie alle in sich vereinigt« (AA V, 287): das bürgerliche England der 2. Jahrhunderthälfte des 18. Jahrhunderts.

Forster besaß eine beachtliche Kenntnis der zeitgenössischen englischen Romanliteratur - freilich vor allem ihres »Goldenen Zeitalters« zwischen 1740 und 1780 -, der Lyrik, Essayistik wie auch des dramatischen Schaffens, was durch zahlreiche Briefstellen, in denen er Fielding, Goldsmith, Johnson, Pope, Reynolds, Richardson, Smollett, Sterne und besonders häufig Shakespeare zitiert bzw. anführt, belegt ist. Und das kleine, 1777 englisch geschriebene Tagebuch seiner »Reise von Paris nach London« (AA XII, 4-19), welches Forster als meisterhaften Stilisten zeigt, läßt erkennen, daß Sternes »Sentimental Journey« für einige Szenen modellbildend gewirkt hat.[1] Auch die englische Malerei, Plastik und Architektur hat Forster bei seinem Aufenthalt in England durch den Besuch von Galerien und zahlreichen Ausstellungen in London kennenlernen können, war er doch als ein begabter Zeichner[2] besonders an der bildenden Kunst zeit seines Lebens interessiert.

In seiner Stellung als »Sachverständiger« in England-Fragen wurde Forster, der sich zudem selbst gern eine gute »Bekanntschaft (...) mit der englischen Art zu schreiben« (AA XIV, 15) zugestand, nur annähernd von Archenholtz und Lichtenberg erreicht, die sich gleich-falls auf mehr oder weniger lange Aufenthalte in England berufen konnten. Beweis der Wertschätzung Forsters als Kritiker ist, daß einige der wichtigsten zwischen 1780 und 1790, auf dem Höhepunkt deutscher Anglomanie erschienenen Bücher von ihm in den »Göttingischen Anzeigen von gelehrten Sachen« rezensiert wurden. Es handelt sich um die bereits erwähnten Bücher von Wendeborn und Moritz.[3] Auch »England und Italien« war vom Autor zunächst Georg Forster zur Rezension zugedacht, doch glaubte sich dieser 1785 in Wilna nicht mehr die »erforderliche Kenntniß« Englands - Italien lernte er nie aus eigener Anschauung kennen - zutrauen zu dürfen, damit »Archenholtz das Lob erhielte, welches er in meinen Augen verdient« (AA XIV, 364 - 19.9.1785 an Heyne). Diese Mitteilung scheint zu dem vorher Gesagten in Widerspruch zu stehen, doch entbehrt sie nicht einer sachlichen Grundlage. Sieben Jahre zuvor hatte Forster England verlassen. Während er sich in Kassel noch durch die hervorragende, ihm relativ leicht zugängliche Göttinger Bibliothek über neue englische Bücher sowie durch zahlreiche Journale über gesellschaft-liche und geistig-kulturelle Entwicklungen in England informieren konnte, sah er sich nun in Wilna (1784-1787) von fast allen literarischen Hilfsmitteln entblößt. Zeitschriften, neu erscheinende Bücher, ja selbst Briefe erreichten ihn nur sehr unregelmäßig oder blieben völlig aus[4] ; auch fehlte ihm der in Deutschland gewohnte und für einen Geselligkeit liebenden Menschen wie Forster außerordentlich wichtige geistige Austausch mit den Freunden Sömmering, Jacobi und Lichtenberg. Hinzu kommt, daß Forster kaum noch

---

1 Vgl. hierzu die Ausführungen Ludwig Uhligs in: Uhlig, Ludwig: Georg Forster. Einheit und Mannigfaltigkeit seiner geistigen Welt. Tübingen 1965. S. 231 f.
2 Forsters Zeichentalent wurde u.a. von Lichtenberg gerühmt: »(...) ein Mensch von 21 Jahren und vortrefflicher Zeichner.« In: Lichtenberg a. a. O. Bd. I. S. 314.
3 Die Rezensionen sind zu finden in AA XI, S. 107-108 (Moritz) und S. 139-144 (Wendeborn).
4 Vgl. u.a. AA XIV, S. 575. Forster klagt in einem Brief vom 5.11.1786 an Lichtenberg darüber, daß »ein Pack Bücher aus London (...) schon zwey Jahre in der Welt herumreiset, und in der Zeit beynah hätte rund um die Welt reisen können. So schwer hält es, daß etwas Gelehrtes sich nach Litthauen finden will«.

persönliche Verbindungen nach England besaß. Hoffnungen, einst dorthin zurückzukehren und eine neue wissenschaftliche Karriere zu beginnen, hegte Forster jedoch nach wie vor. Allerdings hatte Johann Reinhold Forsters 1783 veröffentlichtes »Tableau de l'Angleterre«, das zahlreiche Invektiven gegen die englische Königsfamilie und hochgestellte Persönlichkeiten enthielt, etwa noch vorhandene Chancen beträchtlich geschmälert.

Seit dem Spätsommer 1787 wieder in Deutschland und im Jahre 1788 in Mainz ansässig geworden, dürfte das durch die Arbeit am »Cook«-Aufsatz ausgelöste, nun weiter zunehmende Interesse Forsters an England neben der willkommenen Geldeinnahme der hauptsächliche Grund gewesen sein, daß der sich noch 1785 in Sachen England *inkompetent* fühlende Forster einen Vorschlag des Herausgebers Archenholtz akzeptierte, für dessen »Annalen der Brittischen Geschichte« die Kunst- und Literaturartikel zu übernehmen. Forster hatte den ehemaligen preußischen Offizier bereits in London kennengelernt und blieb ihm durch Briefwechsel verbunden. In Hamburg, der politisch regen und durch eine milde Pressezensur begünstigten Handelsstadt, fand Archenholtz sehr gute Voraussetzungen für die Herausgabe einer ganzen Reihe von Periodika, die durch Berichte über England die bürgerliche Aufklärung in Deutschland befördern sollten. Er gab u.a. in englischer Sprache »The British Mercury« (1787-1790) heraus, auf deutsch den »Brittischen Merkur« und ab 1788 die »Annalen der Brittischen Geschichte«, die es in der Folgezeit - ab 1789 in jährlich zwei, ab 1795 in drei Teilbänden erscheinend - auf 20 Bände brachten. Während der Französischen Revolution erlangte seine Zeitschrift »Minerva« unter den liberal denkenden deutschen Intellektuellen Bedeutung.[1]

Mit den »Annalen« suchte Archenholtz an sein erfolgreiches Buch »England und Italien« anzuknüpfen. In der Form von Jahresbänden sollte zu Beginn eines Jahres über die wichtigsten gesellschaftlichen Ereignisse Englands des voraufgegangenen Jahres berichtet werden, wobei Archenholtz alle Abschnitte (u.a. der »Zustand von Großbritannien am Ende des Jahres (...)«, »Geschichte des Brittischen Senats«, »Geschichte der Brittischen Regierung«, »Geschichte der Nation«, »Tribunalvorfälle«, »Sittengeschichte« etc.) - bis auf die Berichte über Kunst und Literatur - selbst verfassen wollte. Kurz vor dem Ende des Erscheinens der »Annalen«, im Band XIX, hat Archenholtz einmal geäußert, was ihn 1788 zur Herausgabe bewogen habe:

> »damals war England immer noch der interessanteste aller europäischen Staaten, *das Land der Freiheit*, von Menschen bewohnt, die mehr wie unter irgend einem Himmelsstrich original dachten und handelten. Noch war die Revolution in Frankreich nicht ausgebrochen, wodurch alle andre Begebenheiten der Welt in Schatten gestellt wurden, und die alles historische Interesse gleichsam monopolisirte.«[2]

Anfänglich also ein absoluter Befürworter Englands, meinte Archenholtz in den 90er Jahren dort deutliche Spuren eines allgemeinen Niedergangs feststellen zu müssen, und gab 1800 die »Annalen« auf. Sein Biograf Ruof[3] nimmt freilich an, daß das »Publikum seiner dauernden Deklamationen von Englands Untergang, an den doch niemand glaubte, müde war«.

In seinem Vorbericht zum ersten Band der »Annalen« konnte Archenholtz voll Stolz ankündigen, daß der »achte und neunte Abschnitt (...) als die Geschichte der Litteratur und

---

1 Zu Leben und Persönlichkeit von Archenholtz unterrichtet: Ruof, F.: Johann Wilhelm von Archenholtz.
2 Annalen der Brittischen Geschichte des Jahres 1796. Von J.W. von Archenholtz. XIX. Tübingen 1799. S. 467 f. - So auch zitiert in AA VII, S. 463.
3 Ruof a. a. O. S. 128.

Kunst (...) von dem Herrn Geheimen=Rath und Churfürstlichen Bibliothekar in Mainz« - Georg Forster - bearbeitet werde, »der mit allen dazu erforderlichen Kenntnissen ausgerüstet« sei.[1] Und da der neunte Abschnitt, der Kunstaufsatz, von »der Feder des in ihrem Heiligthum eingeweiheten Forster« leider »unvermeidlicher Unfälle halber unmöglich« in den ersten Band der »Annalen« aufgenommen werden konnte, wurden die Leser auf einen später erscheinenden Anhang vertröstet.[2]

Die Tendenz und Wirkungsintention der »Annalen«, das Beispiel des Musterlandes der europäischen Aufklärung in Deutschland hell erstrahlen zu lassen, kam Georg Forsters wachsendem Interesse an England sehr entgegen. Einerseits bot sich ihm aufgrund der großen Reichweite eines solchen Kommunikationsmediums mit seinen über 2000 Abonnenten - vor allem lebten sie in Mittel- und Süddeutschland - die Möglichkeit, publizistisch wirksam tätig zu sein und seine Auffassungen einem größeren Leserkreis vorzutragen, konnte er dabei doch auch der »Kumulationseffekte der Lesegesellschaften« gewiß sein.[3] Andererseits aber mußte er, als er im Spätherbst 1788 mit der Niederschrift des ersten Literaturaufsatzes beginnen wollte, bald feststellen, daß es ihm an Stoffkenntnis und den nötigen Materialien mangelte und er über die neuesten Entwicklungen von Literatur und Kunst in England längst nicht so gut informiert war, wie es der Herausgeber verlautbart hatte - Forster war tatsächlich »somewhat out of touch with England«.[4]

Am 19.11.1788 berichtet Forster dem Freund Jacobi von dem »dumme(n) Streich« (AA XV, 209), auf den er sich da eingelassen habe, und ersucht den Göttinger Bibliothekar Reuß dringend, ihm den 4. Teil von Wendeborns soeben erschienenem »Der Zustand des Staats, der Religion, der Gelehrsamkeit und der Kunst in Grosbritannien gegen das Ende des achtzehnten Jahrhunderts« zuzusenden; er habe »binnen wenigen Tagen einen Aufsatz zu liefern versprochen«, wozu er ihn »nothwendig brauche« (AA XV, 225). Die Dringlichkeit der Bitte ist umso verwunderlicher, als Forster doch diesen Band kurz zuvor, im September 1788, im »Göttingischen Anzeiger« rezensiert hatte und die Arbeit Wendeborns nicht sonderlich schätzte. Aber das von diesem aufbereitete Material muß für Forster seiner Aktualität wegen von ziemlichem Belang gewesen sein, und tatsächlich weisen viele Passagen in dem ersten Literaturbericht und in der »Geschichte der Kunst in England. Vom Jahre 1789« auf die Wendebornsche Quelle hin. Endlich, Ende Dezember 1788, ist der erste Literaturaufsatz beendet, und am 3.1.1789 schreibt Forster erneut an Jacobi:

> »Denken Sie sich das tolle Unternehmen! Ohne Materialien laß ich mich darauf ein, und schreibe, weil ich wirklich einmal (...) zur Zunft der Schriftsteller gehöre, das heißt, weil ich Waare fürs Geld liefern muß« (AA XV, 231).

Forster war sich der Problematik seines Vorgehens, ohne eigene detaillierte Kenntnis der aktuellen Entwicklungen in England einen solchen Aufsatz zu schreiben, sehr wohl bewußt. Die Nutzung zahlreicher sekundärer Quellen war notwendig und wurde von Archenholtz im vorletzten Band der »Annalen« auch zugegeben.[5] Bei Forster verstärkte sich daher der Wunsch, nach England zu reisen. Und nachdem er den Aufsatz über die »Geschichte der

---

1 Annalen der Brittischen Geschichte des Jahres 1788. Neue Auflage. I. Hamburg 1790. S. V.
2 Ebd. S. 338.
3 Wilke, Jürgen: Literarische Zeitschriften des 18. Jahrhunderts (1688-1789). Teil I: Grundlegung. Stuttgart 1978. S. 105.
4 Saine, Thomas P.: Georg Forster. New York 1972. P. 95.
5 »Die critischen Journale in Verbindung mit den Originalen der wichtigsten Bücher selbst, Kupferstiche und handschriftliche Nachrichten, gaben den Stoff zur Literär- und Kunstgeschichte.« In: Annalen 1796. S. 469.

Kunst in England. Vom Jahre 1789« Mitte November 1789 wieder ohne ausreichende Materialgrundlage beendet hat, teilt er am 28.11. dem Schwiegervater Heyne mit:

»Ueberhaupt wird es künftig nicht wohl möglich seyn über die Produkte der englischen Künstler, ohne Anschauen, zu urtheilen. Zum erstenmal konnte man dem Publikum wohl einen blauen Dunst vormachen, und auch aus alten Erinnerungen sprechen!« (AA XV, S. 378).

Hinzu kam die Enttäuschung über die sich immer mehr abzeichnende schwache konzeptionelle Basis der »Annalen«, mit denen - eine Ausnahme bildeten Forsters jeweilige Artikel - zumeist nur das Unterhaltungsbedürfnis des Publikums befriedigt wurde. Schon vor Abschluß des Kunstaufsatzes hatte Forster über die »Annalen« geurteilt: »Solches elende Zeug (...) erlebt auch schon die zweite Auflage!« (AA XV, S. 367, 14.11.1789 an Heyne). Forsters Wunsch, sich von Archenholtz oberflächlichen Arbeiten abzugrenzen, bezeugt sein Brief vom 26.20.1789 an den Verleger Spener:

»Unter uns, diese Verbindung ist nicht nach meinem Sinn; der Mann hat sich in seinen Annalen so vernachläßigt, daß mein Aufsatz über die *Englische* Litteratur daran verschwendet ist, ohne Ruhm zu melden« (AA XV, S. 362).

Daß Archenholtz bei der Ausschlachtung seiner England-Information nicht eben zimperlich vorging, sie wiederholt in seinen verschiedenen England-Periodica benutzte, forderte unter den Zeitgenossen nicht nur Lichtenbergs bissigen Spott heraus, sondern dessen Kritik dürfte eher symptomatisch dafür sein, wie nach anfänglich zustimmender Aufnahme der ersten beiden Bände das anspruchsvollere Lesepublikum den »Annalen« gegenüberstand.[1] Zunächst aber dachte Forster noch keineswegs daran, seine Mitarbeit aufzugeben. In der Forster-Literatur wird zumeist übersehen, daß Forster zwar den »Annalen« als insgesamt flachem Publikationsorgan bald sehr kritisch gegenüberstand, den Wert der eigenen »Brotarbeiten« aber durchaus nicht niedrig veranschlagte. Es ist bedauerlich, daß der größte Teil der Korrespondenz Forsters mit Archenholtz nicht erhalten blieb und sich auch sonst in seinen Briefen nur relativ wenige Belege über die Mitarbeit an den »Annalen« finden. Aus einigen Briefen an Jacobi und Heyne wissen wir jedoch, daß Forster mit dem Ergebnis seiner Arbeit zufrieden war und es ihn interessierte, die Meinung der Freunde zu erfahren. Am 21.2.1789 schreibt er an Jacobi: »Mein Literaturartikel wird Ihnen als flüchtige Uebersicht vielleicht gefallen« (AA XV, S. 271), und Heyne ersucht er am 2.3.1789:

»Wenn Sie können, bitte ich der *Brittischen* Annalen eingedenk zu seyn; (...) ich wünschte doch auch, daß mein Litteraturartikel nicht (...) mit zwey Worten, wie mein Cook abgefertigt würde« (AA XV, S. 272).

Ganz besonders muß Forster der anerkennende Brief Wilhelm von Humboldts vom 17.3.1789 ermuntert haben, in dem Forsters Wirkungsintentionen prägnant erfaßt wurden:

»Vorzüglich aber hat mir die Art gefallen, wie Sie den Einfluß des brittischen Nationalgeistes auf die Litteratur zeigen (...) der raisonirende Leser (...) will wissen, warum die Schriftsteller in diesem Lande gerade in diesem und keinem andern Geiste schrieben (...) und das dünkt mich doch, haben Sie vortreflich entwikkelt« (AA XVIII, S. 320).

---

1 Brief vom 17. Juni 1792 an Kries: »Diese Annalen sind im Grunde wieder weiter nichts als der British Mercury nach den Materialien geordnet, auch hat Forster alle Facta daraus entnommen. Archenholtz weiß doch fürwahr seine Producte an den Mann zu bringen. Erst schreibt er eine Zeitung englisch, bringt sie 2) Stückweise in sein deutsches Journal, läßt sie 3) ganz ins Deutsche übersetzen, und ordnet sie 4) nach den Materien und heißt das Werk Annalen (...) und nun fehlt weiter nichts, als daß er sie noch einmal in Frag und Antwort behandelt«. In: Lichtenbergs Briefe. Hg. von A. Leitzmann und C. Schüddekopf. 1790-99. Nachträge. III. Leipzig 1904. S. 259 f.; so zitiert auch in AA VII, S. 463.

Durch die England-Reise des Jahres 1790 beabsichtigte Forster, seine Aufsätze auf eine solidere Quellengrundlage zu stellen, wobei er vor allem die Absicht hegte, sich in London zuverlässiger Informanten zu versichern, die gleichzeitig auch seiner Übersetzertätigkeit aufhelfen sollten. Daß die bis zur Reise fertiggestellten zwei Literaturaufsätze für die Jahre 1788 und 1789 wie auch der Kunstaufsatz aus dem Jahre 1789 ein offensichtlich harmonisierendes, glättendes Bild Forster schon damals durchaus bekannter, kritikwürdiger Verhältnisse bieten[1], kann zum einen damit erklärt werden, daß der Autor bestrebt war, die Modellfunktion Englands möglichst wenig zu beeinträchtigen. Andererseits ist auch nicht auszuschließen, daß Forster auch persönliche Rücksichten auf das englische Königshaus nahm. Noch immer trug sich Forster angesichts der ihn bedrückenden engen Verhältnisse in Mainz mit dem Gedanken, sich in England niederzulassen. Gleichzeitig liebäugelte er damit, nachträglich vom englischen Königshaus eine finanzielle Abfindung in Form einer Pension zu erhalten, da er sich für den Streit seines Vaters mit der Admiralität in den Jahren nach 1775 nicht verantwortlich fühlte. So schreibt er am 25.4.1789 an Heyne:

»Es ist doch arg, bei einer Gelegenheit, wo alle Andere versorgt wurden, so ganz leer ausgehen zu müssen. Könnte ich nur 50 *Pfund Sterling* Pension bekommen, so wäre es schon eine Hülfe« (AA XV, S. 286).

Bei ihrem Aufenthalt im England der 2. Hälfte des 18. Jahrhunderts machten die durchaus nicht primär an Kunst und Kultur interessierten deutschen Reisenden eine überraschende Entdeckung. England, mit der in der damaligen Zeit fortschrittlichsten Verfassung, mit einer sich ständig erweiternden und vervollkommnenden Industrie und einem die ganze Welt umspannenden Handel: das war keineswegs nur das »Musterland« bürgerlicher Freiheit schlechthin und einer - das wußte man freilich sehr wohl - die gesamte europäische Literatur beeinflussenden und befruchtenden realistischen Romankunst. England war zugleich ein Land, in dem eine für deutsche und europäische Verhältnisse ungewöhnliche Blütezeit unterschiedlichster Kunstgattungen und eine breite Schichten der Bevölkerung einbeziehende Kunstrezeption herrschten. Es war eine Kunst, die nicht wie die Kunstwerke aus Antike und Renaissance einem vergangenen, nur im Geist wieder neu heraufbeschworenen und als nachahmenswert empfundenen Zeitalter entstammten, sondern ihre Wurzeln im Hier und Heute, in der konkreten gesellschaftlichen Situation Englands und im Denken und Fühlen seiner Bewohner hatte.

Verkörperten in der Literatur Namen wie Fielding, Goldsmith, Johnson, Richardson, Smollett, Sheridan und Sterne das besonders in den Jahrzehnten zwischen 1740 und 1780 erreichte hohe Niveau, so wirkte in der Tonkunst die Händelepoche mit einer die deutschen Besucher hinsichtlich Quantität und Qualität verblüffenden Musikkultur (AA VII, 159) nach, wurden in der Baukunst bei der Errichtung von öffentlichen Gebäuden, Vergnügungsstätten und Privathäusern wohlhabender Bürger die Traditionen solch bedeutender Architekten wie Wren und Jones weitergeführt (AA VII, 161). In der Malerei gaben Hogarth, Reynolds, Gainsborough, Romney und West sowohl in Porträt und Historienmalerei als auch in ihren Landschaftsbildern den Anschauungen ihrer Zeit, der »vielleicht heroischsten Phase der englischen Bourgeoisie«[2], Ausdruck und schufen die ausgeprägteste bürgerliche

---

1 Vgl. die Rezension Georg Forsters vom 6.9.1788 zu Wendeborns »Der Zustand des Staats (...)«, in der Forster u.a. »die Gebrechen der britischen Verfassung«, das »Matrosenpressen« zitiert und »mit Erstaunen« zur Kenntnis nimmt, »daß der sechste Theil der (englischen) Einwohner in Dürftigkeit versunken ist (...)« (AA XI, S. 139).

2 Antal, Frederick: Hogarth und seine Stellung in der europäischen Kunst. Dresden 1966. S. 204.

Kultur, die es in Europa vor der Französischen Revolution gab. Auch die Schauspielkunst repräsentierte sich in einer Vielzahl glanzvoller Aufführungen vor allem der Werke Shakespeares und in adäquaten schauspielerischen Leistungen. Es seien hier nur die Namen solch berühmter Akteure wie Garrick, Roote, Abingdon und Siddons genannt, die teilweise die Funktionen von Autor, Regisseur und Schauspieler in sich vereinigten und die Bewunderung deutscher Besucher - man denke an die Schilderungen von Sturz oder Lichtenberg - hervorriefen. Diese galt aber auch der großen Anteilnahme und dem kritischen Verständnis des englischen Publikums, das diese Leistungen, und nicht nur die der Schauspieler, zu beurteilen und zu würdigen wußte: in materieller, aber auch in ideeller Hinsicht (AA VII, 159). Bei so viel Glanz und Vielfalt des kulturellen Lebens wurde oft übersehen, daß nicht wenige Schriftsteller in großer existentieller Not lebten und auf dem expandierenden literarischen Markt von skrupellosen Verlegern und Buchhändlern in Abhängigkeit gehalten wurden.

Am deutlichsten hat zweifelsohne Georg Forster die sozialökonomische Determiniertheit dieser gegen Ende des 18. Jahrhunderts freilich schon von einem gewissen Verfall gekennzeichneten Blütezeit der Künste in England erkannt. Die ästhetisch relevanten Ausführungen Forsters sind nicht - wie z.B. die berühmten Exkurse in den »Ansichten vom Niederrhein« - primär ein Beitrag zu der in der zeitgenössischen Ästhetik-Diskussion im Zentrum stehenden Problematik des Schönen und des künstlerischen Ideals oder der Autonomie der Künste, auch liegt ihre Bedeutung nicht in etwa noch heute gültigen originellen Urteilen über einzelne Künstler und Werke. Forster berichtet ja in seinen Literaturaufsätzen nicht nur über künstlerische Literaturgattungen wie Roman, Lyrik, Schauspiel; über pragmatische Formen wie Reiseliteratur, Essay oder Biographie, sondern er bezieht entsprechend der Literaturauffassung der Aufklärung das gesamte Spektrum damaliger Literatur ein, so daß der Bogen von der »Schönen Literatur« über Religions-, Rechts- und Geschichtswissenschaft, Geographie, Staatstheorie, Ökonomie, Medizin, Biologie, Zoologie, Mathematik, Physik, Landwirtschaft, Botanik bis hin zu Archäologie und Orientalistik reicht. Mit einer gewissen Berechtigung sieht Ludwig Uhlig darum in den Jahresberichten zur englischen Literatur 1788-1791 eine Bereicherung von Forsters Rezensententätigkeit. Was die inhaltlichen Aussagen der Berichte angeht, sind diese freilich nicht auf den bloßen Nenner einer »Rezensententätigkeit« zu bringen.

Die Mehrzahl der von Forster in vier Aufsätzen genannten Titel und Schriftsteller sind heute bis auf ganz wenige Ausnahmen (u.a. wären hier Burney, Beckford, Boswell, Burns und - wenn auch nicht der Belletristik zugehörig - Burke, Gibbon, Gilpin, Paine, Pennant, Priestley, Robertson und Wollstonecraft zu nennen) mit Recht vergessen, und im übrigen sind sie zumeist der wissenschaftlichen Literatur zuzurechnen. Im Kunstaufsatz aus dem Jahre 1789 versperrt Forster ein noch weitestgehend genutzter klassizistischer Normenkatalog mitunter eine, bei aller Wertschätzung von Künstlern wie Gainsborough, Hogarth, Reynolds und Romney, angemessene Beurteilung.

So ist es vor allem das Erhellen des engen Zusammenhangs, der zwischen den politischen und sozialen Verhältnissen Englands und der kulturellen Situation besteht, der den fünf »Annalen«-Beiträgen ihren Rang innerhalb der den Fragen der Beziehung von Kunst und Gesellschaft gewidmeten Arbeiten Georg Forsters verleiht. Reflexionen und ästhetische Exkurse in den Aufsätzen wie auch im England-Tagebuch bereiten den Boden vor für eine *neue* Sicht auf moderne Kunstbestrebungen, die das Negativ-Bild im Essay »Die Kunst und das Zeitalter« (Herbst 1789) zwar nicht völlig aufhebt, aber doch wesentlich modifiziert, und sie dienen ihm in der Darstellung englischer Verhältnisse als Spiegel und als Richtpunkt einer auch für Deutschland anzustrebenden bürgerlichen Entwicklung. Denn, um mit Marx zu sprechen,

> »in gewisser Art geht's dem Menschen wie der Ware. Da er weder mit einem Spiegel auf die Welt kommt noch als Fichtescher Philosoph: Ich bin ich, bespiegelt sich der Mensch zuerst in einem andern«.[1]

Indem Forster die gesellschaftlichen Verhältnisse Englands untersucht und mit Hilfe komparativer Methoden - sachlicher Verweis, Ironie und unverhüllte Kritik stehen ihm dafür zu Gebote - direkt auf die deutschen Gegebenheiten bezieht, erkennt er, und mit ihm der Leser, wie weit Deutschland noch von der in England erreichten Entwicklung entfernt ist.

Welche Dinge waren es nun, die - wie Georg Forster ausführt - »den Engländern den Ruhm des ersten unter den gesitteten Völkern, des aufgeklärtesten, weisesten Volkes« (AA VII, 62) verschafften und es der Kunst und Literatur ermöglichten, ihrer sozialen und ideologischen Rolle zu entsprechen? Neben der Staatsverfassung, die die Kräfte des Bürgers in »Spannung« und »Thätigkeit« versetzte und »seinen Geisteskräften (...) und Schlüssen den ungehemmtesten Umlauf« (AA VII, 186) gestattet, nennt Forster als wesentlichen materiellen Faktor vor allem den Reichtum der englischen Nation, den er in enge Beziehung zu der besonders im Handel aufscheinenden regen Wirtschaftskraft und der häufig zitierten »Betriebsamkeit« der Engländer setzt:

> »Unter die wesentlichsten Beförderungsmittel der Litteratur, welche zugleich ihren intensiven Fortschritt begünstigen, gehört zunächst der Reichthum der Nation« (AA VII, 64).

An anderer Stelle spricht Forster davon, daß die »Epoche des höchsten Wohlstands, des überschwänglichen Reichthums (...) beider Indien, die Schiffahrt und der Handel« in England »die erste Morgenröthe des Künstlergenies hervorschimmern« sah (AA VII, 113). Es ist evident, daß in Forsters Gesichtskreis vor allem die Zirkulationssphäre tritt, verkörpert im Handel, und der Bereich der materiellen Produktion nur vereinzelt erscheint.[2] Neben Staatsverfassung und Handel nennt Forster wiederholt die großen wissenschaftlichen Fortschritte der Engländer auf dem Gebiet der Erfahrungswissenschaften, die er in Relation zu den Ergebnissen der industriellen Revolution setzt sowie auf politische, sittliche und künstlerische Entwicklungen in der 2. Hälfte des 18. Jahrhunderts bezieht. Dabei gelangt er zu dem Schluß:

> »Auch in Absicht auf litterarische Geistesprodukte müsse die Revolution, die sich seit einigen Jahren (...) ereignet hat, merkliche Folgen nach sich gezogen haben« (AA VII, 57),

und zwar, wie er weiter ausführt, auf das Denken und den Schaffensprozeß der Künstler, auf die von ihnen geschaffenen Werke, auf deren Rezeption wie auch die Entwicklung der englischen Sprache.

In der 1791 entstandenen »Vorläufigen Schilderung des Nordens von Amerika«, die Forster mit einem geschichtsphilosophischen, die weltzivilisatorische Rolle des Handels würdi-

---

1 Marx, Karl: Das Kapital. Kritik der politischen Ökonomie. Erster Band. Berlin (DDR) 1982. S. 67, Fußnote 18.

2 »Die erste theoretische Behandlung der modernen Produktionsweise - das Merkantilsystem - ging notwendig aus von den oberflächlichen Phänomenen des Zirkulationsprozesses, wie sie in der Bewegung des Handelskapitals verselbständigt sind, und griff daher nur den Schein auf.« In: Marx/Engels, Werke (MEW). Band 25. Berlin (DDR) 1970. S. 349.

genden Abschnitt »Der Handelsbetrieb der Engländer« eröffnet, ist es der Handel allein, der

> »die Quelle des Reichthums und der mit ihm und durch ihn allein im Schooße der Sicherheit aufsprossenden zarteren Blüthen des geselligen Lebens, dieser höheren Bildung und Entwickelung der edelsten Seelenkräfte und ihrer Ausgeburten, der Kunst und Wissenschaft«

bildet (AA V, 514). Der Begriff der »Sicherheit« verweist dabei auf ein Element von Forsters am Beispiel Englands gewonnener Definition des Begriffs der bürgerlichen Freiheit.[1] Auch die Reihenfolge Kunst *und* Wissenschaft ist nicht zufällig und nimmt erneut Überlegungen zu beider Rolle im Zeitalter der Aufklärung auf, die der Aufsatz »Die Kunst und das Zeitalter« explizit ausgesprochen hatte.

Großen Einfluß auf die kulturelle Entwicklung Englands haben nach Forsters Auffassung auch die Rolle Londons als geistiger Mittelpunkt des Landes, die Presse- und Redefreiheit, der Schutz der persönlichen Sicherheit der Bürger sowie die Fähigkeit der Engländer, sich das Wissen anderer Nationen - besonders auf künstlerischem Gebiet, wo lange Zeit ein großer Nachholbedarf nach den Wirren der bürgerlichen Revolution im 17. Jahrhundert herrschte - zunutze zu machen. In England meint Forster den größten Gemeingeist - den von Archenholtz, Wendeborn und auch Moritz so häufig bemühten »Public Spirit« - und ein Höchstmaß an »sittliche(r) und ästhetische(r) Bildung« (AA XII, S. 256) vorzufinden: »Wir sehen einen herrlichen Wald voll schlanker, geradegewachsener Stämme«, der sich von jener »künstlichen« Ähnlichkeit, »welche die despotische Gärtnerscheere erzwingt«, beträchtlich unterscheide (AA VII, 63).

Ein relativ allgemeiner Wohlstand zieht sich zudem nach Auffassung Forsters, wie auch der meisten deutschen Reisenden der 70er und 80er Jahre, durch alle Schichten der englischen Bevölkerung und bietet außergewöhnlich günstige Möglichkeiten für einen entwickelten Kunst- und Literaturmarkt. Neue literarische Erzeugnisse werden in handlichen, preisgünstigen und gut illustrierten Ausgaben angeboten, so daß Forster urteilt:

> »Nirgends ist Lectüre ein allgemeineres Bedürfniß als in England, und nirgends hat man auch die Bücherliebhaberey, die Pracht in Editionen, in Druck, Papier, und Verzierungen höher getrieben« (AA VII, 64).

Täglich lesen die englischen Bürger in den in allen Kaffeehäusern vorhandenen Zeitungen über Parlamentsdebatten, neue Bücher und Gemäldeausstellungen, und in den Auslagen der unterschiedlichsten Läden sieht man in geschmackvoller Weise Kunstwerke angeordnet, so daß schon Moritz mit Erstaunen feststellte: »Oft scheint eine solche Straße einem wohlgeordneten Kunstkabinett zu gleichen.«[2] Ähnliche Beobachtungen veranlassen Georg Forster zu folgender Überlegung:

> »Es kömmt darauf an, den Sinn für das Vollkommene der Kunst im Durchschnitt des ganzen Volks, und ohne Rücksicht auf besondere Classen, mit dem Kunstsinn des Auslands (...) zu vergleichen. Fragen wir den Einwohner von London, welches neue Kunstproduct seiner Landsleute ihm am besten gefällt, so wird er uns hundert für eins zu nennen wissen, die er gestern im Vorbeigehen an den Fenstern der Bilderladen begaffte: wir fragen in allen unseren Hauptstädten, und man zeigt uns die Frazzen irgend eines Taschencalenders« (AA VII, 150).

Erstaunt registrieren die Besucher vom Kontinent die große Publizität aller politischen und künstlerischen Probleme unter der englischen Bevölkerung. Schon 1779 hatte Forster im »Leben Dr. Wilhelm Dodds« geäußert,

---

1 Vgl. hierzu: Schirok, Edith: Georg Forster und die Französische Revolution. Eine Untersuchung zum Verhältnis von theoretischer Beurteilung und politischer Aktivität. Freiburg 1972. S. 74 ff.
2 Moritz a. a. O. S. 271.

»daß Schornsteinfeger und Schuhputzer ihre englische Staatsverfassung eben so gut und vielleicht besser kennen, als manche deutsche Professoren, die darüber ein langes und breites raisonniren« (AA VIII, 17; vgl. aber auch AA VII, 59).

Das Interesse für Politik, Literatur, Musik und bildende Kunst geht praktisch durch alle Stände des englischen Volkes, »dessen Geisteskräfte in beständiger Spannung bleiben, damit es auf der Höhe, wohin es sich durch Thätigkeit allein geschwungen, (...) behaupten« kann (AA VII, 61). Forster spricht dem Engländer generell einen »*durch alle seine Classen* (...) geübten Verstand« (AA VII, 62) zu. Die vielen privaten Stiftungen und Ausstellungen erlauben es auch »unbemittelten Personen« (AA VII, 65), sich wissenschaftliche und künstlerische Kenntnisse zu verschaffen. Als Beispiel dafür, daß die unteren Volksschichten produktiv und rezeptiv in das Kunstgeschehen eingreifen, nennt Forster die »poetische Milchfrau Yearsley« und den »schottischen Bauer Burns«. Sie beweisen ihm

»durch den Reichthum der Begriffe in ihren Gedichten, wie weit der Geschmack am nützlichen Lesen sich in ihrem Vaterlande ausgebreitet hat. Auch sind sie keineswegs die einzigen, wenn gleich die glücklichsten Dichter aus der Classe des gemeinen Volks« (AA VII, 71).

Auf den Straßen und Plätzen der englischen Hauptstadt diskutieren die Bürger freimütig über politische Tagesereignisse, witzeln über die neuesten satirischen Zeichnungen bekannter Politiker und Künstler (AA VII, 156 f.), begegnen täglich ihren Geistesheroen, verdienten Staatsmännern, nationalen Helden und Künstlern in Denkmälern, Bildsäulen, Gedenkmünzen; Straßennamen, ja selbst Gaststätten werden mit dem Namen von Dichtern benannt, so daß Forster in seinem England-Tagebuch von 1790 anmerkt: »Der Genius eines Volkes zeigt sich auch in diesen Dingen« (AA XII, S. 322).

Besonders neidvoll wird von den deutschen Reisenden die Vereinigung der Kunstliebe mit dem Gefühl für Vaterlandsliebe, ein gewisser »Enthusiasmus für jede Größe und jedes Verdienst um das gemeine Beste« (AA VII, 139) betrachtet, das sich ebenfalls im »Public Spirit« der Engländer äußert. So widmete sich beispielsweise eine Privatgesellschaft ab 1754 nicht nur der Entwicklung von Manufakturen, des Handels, des Landbaus, sondern auch der mechanischen und der bildenden Künste. Diese recht heterogenen Bereichen geltenden Bemühungen sind Forster ein weiterer Beleg dafür, »wie herrlich jede Anlage im Lande der Freiheit gedeiht« (AA VII, 73) und daß es außer England »kein Beispiel von jenen öffentlichen Denkmählern, womit die ganze Nation, oder die ansehnlichsten Städte das Verdienst ihrer Mitbürger (...) verewigen« (AA VII, 148 f.) gibt. All dies beweist Forster, daß man in England noch an einer allseitigen Entwicklung der im Menschen vorhandenen Anlagen interessiert ist. Bezeichnet auch der englische Historiker A.L. Morton die Kapitalakkumulation als *das* Hauptmerkmal des 18. Jahrhunderts in England,[1] so kann mit Berechtigung konstatiert werden, daß in England auf der Grundlage dieser Prozesse nicht nur materiell-ökonomisch, sondern auch auf kulturellem Gebiet in erstaunlichem Maße »akkumuliert« wurde.[2]

Soziale Träger dieser Kultur sind für Forster die beiden herrschenden Klassen Englands: Königtum und Adel einerseits und das Bürgertum andererseits. So führt Forster in den Literatur- und Kunstaufsätzen u.a. »begüterte Personen vom höchsten und vom mittlern Stande«, »die ersten Männer im Staate« (AA VII, 58), »die Koryphäen der feinen Welt« (ebd.), »wohlhabende Männer, die (...) ihres Vermögens nicht schonen« (AA VII, 67),

---

1 Morton, Arthur Leslie: Volksgeschichte Englands. Berlin (DDR). 1956. S. 354.
2 Nachwort von Georg Seehase zu Fielding, Henry: Joseph Andrews Abenteuer. Berlin (DDR) 1981. S. 369.

»einzelne Patrioten« (AA VII, 115), »die Prachtliebe des Adels in der Baukunst und seine Neigung zu italienischer Musik« (AA VII, 161) und sogar den »König selbst« (AA VII, 139) an. Eine eindeutige Klassenzuordnung Adel - Bürgertum ist aus den angeführten Charakteristika nicht immer ableitbar und aufgrund der inzwischen gegebenen Machtkonstellation beider Klassen auch kaum noch möglich, war doch die englische Bourgeoisie im Verlauf des 18. Jahrhunderts so »wohlhabend und reich geworden, daß die gesellschaftlichen und kulturellen Schranken zwischen ihr und der Aristokratie immer mehr wegfielen« und beide Klassen allmählich miteinander verschmolzen.[1]

Ein entscheidender ideeller Faktor im kulturellen Leben Englands ist für Georg Forster der schon erwähnte »*Public Spirit*« der englischen Bevölkerung, der alle Schichten zu vereinen scheint. Die allgemeine Anerkennung des Verdienstes um den Staat, »dieser public spirit«, der gewöhnlich nur »Privatpersonen« (AA VII, 119) beseele, »ergreift auch zuweilen ganze öffentliche Corpora« (AA VII, 119). «Beweis der allgemeinen Kunstliebhaberey« (AA VII, 137) sind für Forster ganz besonders zwei gemeinnützige Stiftungen, die von wohlhabenden Privatleuten, dem Aldermann John Boydell und dem Kupferstecher und Verleger Thomas Macklin, ins Leben gerufen wurden. Sie verkörpern für ihn in repräsentativer Weise, wie sich in England Kunst- und Vaterlandsliebe vermählen und starke Impulse sowohl auf die Kunstproduktion als auch auf die Rezeption von Kunst ausüben.

Während Boydell - Burke nannte ihn einen »kaufmännischen Mäzen« und »englischen Handelsmann, der die Kunst besser als alle große Monarchen Frankreichs fördere«[2] - in einer der Hauptstraßen Londons ein Kunstmuseum erbauen ließ, die sogenannte Shakespeare-Gallery, in der Gemälde vor allem englischer Künstler zu Szenen aus Shakespeare ausgestellt wurden, war das »Gegenstück zu Boydells public Spirit« (AA VII, 137) der »originale Einfall eines gewissen Macklin, auch die übrigen brittischen Dichter durch Brittische Künstler erläutern zu lassen.« Forster sieht in diesen beiden Einrichtungen eine ausgezeichnete Möglichkeit, »die eigenen Geistekräfte der Englischen Künstler (...) zur Thätigkeit» (AA VII, 137) zu erwecken und »der Kunst in seinem Vaterlande aufzuhelfen« (AA VII, 127).

In den gut besuchten alljährlichen Ausstellungen der Society of Artists und der Royal Academy of Arts, zweier lange miteinander konkurrierender Künstlervereinigungen, bot sich eine weitere Gelegenheit zu Überprüfung und Vergleich des Geschaffenen - in Deutschland sollte erst Goethe ein Jahrzehnt später mit seinen »Preisaufgaben für bildende Künstler« Wege für eine ähnliche Breitenwirksamkeit der Kunst ebnen helfen. Diese Schaustellungen erwiesen sich nicht nur als »ein vortrefliches Mittel, die Fähigkeit der Künstler zu prüfen« (AA VII, 116), Forster erkennt in ihnen auch eine Voraussetzung profilierter Kunstkritik und die Gelegenheit für breite Kreise der Bevölkerung, Interesse an der Kunst zu gewinnen, einen differenzierten Kunstgeschmack auszubilden und zu einer Vertiefung der Beziehungen zwischen Künstlern und Publikum beizutragen. Wiederholt geht Forster auf die Rolle der Frauen in Kunst und Literatur ein. Die von ihnen geschaffenen Werke sind ihm »Beweise von Geistesfähigkeiten, die mit den männlichen in gleichem Schritte gehen« (AA VII, 73).

Das Wirken des »Public spirit« zeigt Forster auch am Beispiel des Rückgriffs der Künstler auf bedeutsame Ereignisse der nationalen Geschichte und im gesellschaftlichen Verwen-

---

1 Antal a. a. O. S. 187 f., S. 205 f.
2 Ebd. S. 208.

dungszusammenhang vieler geschaffener Kunstwerke. Die bildenden Künstler erhalten dazu u.a. Aufträge von gemeinnützigen Einrichtungen wie öffentlichen Bibliotheken, Hospitälern, Waisen- und Findelhäusern, Vergnügungsstätten, aber auch vom Parlament, von der Stadt London sowie vom Königshaus. Forster läßt wiederholt erkennen, wie sehr es ihn freut, die Kunst in England nicht als bloße Dienerin der Religion oder absolutistischer Potentaten zu sehen, und wie sehr er sie generell - dies mit Blick auf Deutschland - aus solcher Bevormundung zu befreien wünscht:

> »Wie glücklich ist doch der Künstler, wenn er, anstatt nur immer Madonnen, oder dreifache Kronen und Kapuzen zu mahlen, durch die Wahl des Gegenstands selbst begeistert wird, der seine Phantasie, sein Herz und seinen Verstand zugleich beschäftigt!« (AA VII, 126).

Alle Bereiche des Lebens - des öffentlichen wie auch des privaten: soziale Unternehmungen, militärische Erfolge, Schauspielaufführungen, Volksfeste, Wahlverantaltungen, Gerichtsszenen, Porträts verdienstvoller Bürger usw. - werden in England zum Kunstgegenstand, und die »Künstler (...) befleissen sich« daher, »die Bildnisse solcher Personen aufzustellen, die durch ihre Thaten Gegenstände des Volks-Enthusiasmus geworden sind« (AA VII, 141). Die Kunst hat so die Möglichkeit, tief in das Bewußtsein der englischen Bevölkerung einzudringen, zu einem echten Gemeinschaftserlebnis zu werden und das nationale Selbstverständnis der Engländer zu stärken, ein Vorgang, der nicht nur von Forster, sondern auch von Lichtenberg und Moritz mit Bewunderung erfaßt wird. Unter Adel und Bürgertum, aber auch bei den weniger privilegierten Schichten greift eine Vielzahl von Menschen die Anregung auf, selbst Anteil am Kunstleben zu nehmen, und betätigt sich auf mehr oder weniger dilettantische Weise künstlerisch.

Freilich, daran meint Forster festhalten zu müssen, lassen sich die

> »Fortschritte der Kunst im modernen Europa und (...) ihr letztes Aufblühen in England (...) nicht nach dem Maasstab ächtgriechischer Kunst beurtheilen« (AA VII, 113).

Forsters Argumentation ist, was die Bewertung des künstlerischen Ranges englischer Kunst angeht, zwiespältig. Sie ist geprägt von der Auseinandersetzung zwischen den für ihn nach wie vor gültigen klassizistischen Kriterien und einem zunehmenden Verständnis für den Realismusgehalt der englischen Kunst und Literatur. Mißt Forster die Resultate der zeitgenössischen Kunst mit dem Wertmaßstab der griechischen Antike, so sinkt für ihn alles, »jeder ungriechische Ausdruck der Köpfe, jede Gestalt, die nicht ihren Karakter, ihre Harmonie von irgend einem griechischen Gottheit entlehnt«, sogleich »in die Region der Verunstaltung« hinab (AA VII, 15). Doch fallen Forsters Urteile über die moderne Kunst im »Annalen«-Aufsatz nicht mehr so apodiktisch aus wie die eben zitierte Passage aus seinem hymnischen Lobgesang auf die griechische Kunst in dem zwei Monate davor entstandenen Essay »Die Kunst und das Zeitalter«. Hinzu kommt, daß neben dem antiken Kriterium eine zweite Eichung - der Vergleich bürgerliches England versus feudalabsolutistisches Deutschland - hinzutritt, die eine andere Akzentuierung in Forsters Beurteilung der Entstehungs- und Wirkungsmöglichkeiten moderner Kunst notwendig macht.

Indem Forster die inzwischen vollzogene historische Entwicklung berücksichtigt -

> »von dem Ilissus, und selbst von der Tiber bis an die Themse war der Abstand zu groß. Im schönen Ideal des Griechen hätte der Brite (...) die Wahrheit der Natur vermißt, oder verkannt« (AA VII, 114) -

gelangt er nun, wenn auch widerstrebend, zu einer gerechteren Beurteilung der modernen Kunst, erfaßt er wesentliche Voraussetzungen und Charakteristika der realistischen bürgerlichen englischen Kunst seiner Zeit: Lasse auch »die Stufe der jetzigen Cultur mit allen ihren unzertrennlichen Verhältnissen keine Mahler vom ersten Range« (AA VII, 132) - Forster nennt Raffael, Domenichino, da Vinci und sein persönliches Idol Guido Reni - erwarten, so setzen doch

> »ganz bekleidete Figuren, Sitten und Gewänder unserer Zeit, und wahre sittliche Empfindung des wirklichen Lebens (...) das Brittische Künstlergenie in das vortheilhafteste Licht« (AA VII, 125).

Zwar vermag Forster die klassizistischen Normen bei der Beurteilung von Kunstwerken nicht völlig aufzugeben, ringt sich aber zu folgendem Bekenntnis durch: »Laßt uns noch gestehen: die hohe Cultur des Geistes in einem freien Volke, hat ihre eigene Organisation« (AA VII, 133). Vor allem in der Porträtmalerei bieten sich nach Forsters Auffassung für die englischen Künstler Möglichkeiten, »eine besondere Gattung des Reizenden, des Einnehmenden, des *Wahren* mit einem Worte« (AA VII, 133) zu erschaffen.

Die meisten deutschen Reisenden konnten sich aufgrund der Kürze ihres Aufenthaltes in England kein tiefschürfendes Urteil bilden. Ihre Berichte gerieten häufig zu übertriebenen, sentimentalen und völlig unkritischen Lobeshymnen, die - von einem leichtgläubigen Lesepublikum aufgenommen - im Deutschland der 80er Jahre eine regelrechte Anglomanie entfachten, wofür auch Archenholtz mit seinem »England und Italien« sorgte. Mit Recht mußte dies einen Autor wie den Londoner Pastor Wendeborn erzürnen, der sich durch seinen mehr als 20jährigen Aufenthalt in England ein differenziertes Urteil gebildet hatte, worauf er sich nicht wenig zugute hielt:

> »Viele haben sich auch fähig und berechtiget gehalten, über den Zustand Englands zu schreiben, die kaum so viele Monate auf der Insel zugebracht, als ich Jahre auf derselben verlebt habe, und kaum der Landessprache mächtig gewesen«.[1]

Entschieden wandte er sich gegen die Anglomanen in Deutschland, die »England für das europäische Eldorado, und seine Bewohner für Halbgötter halten«.[2]

Mitunter malt auch Forster das Bild der damaligen gesellschaftlichen Situation Englands zu positiv und zu harmonisch. Angeregt durch spontane Phantasie und Begeisterungsfähigkeit, läßt er sich dort, wo er aktueller Information ermangelt, in seinen die Vergangenheit heraufbeschwörenden Reflexionen zu übertriebenem Lob hinreißen. Friedrich Schlegel sieht jedoch gerade in dieser »alles zum besten kehrenden, im großen und ganzen nehmenden Art zu sehen und zu würdigen« die große Stärke des »gesellschaftlichen Schriftstellers Forster« und zugleich »die beste Erklärung und Rechtfertigung der *Parisischen Umrisse*«. Denn - so Schlegel - »nichts ist unhistorischer als bloße Mikrologie ohne große Beziehungen und Resultate«.[3] Forsters makrologische Methode stellt Schlegel in seinem Forster-Essay der zu dieser Zeit in Deutschland noch vorherrschenden »mikrologischen Kritik« gegenüber, »welche sich mit einer mehr historischen Ansicht« nicht vertrage und eine Sicht auf Zusammenhang und Gestalt des Ganzen oft unmöglich mache. Ja, Schlegel meint sogar:

---

1 Wendeborn, Gebhard Friedrich August: Reise durch einige westlichen und südlichen Provinzen Englands. Hamburg 1813. Vorrede.
2 Ebd.
3 Schlegel, Friedrich: Georg Forster. Fragment einer Charakteristik der deutschen Klassiker. 1797. Neu abgedruckt in: Meisterwerke deutscher Literaturkritik. Hg. und eingeleitet von Hans Meyer. Erster Band. Berlin (DDR) 1954. S. 514.

»Solche *kritische Annalen* in großem Stil und Gesichtspunkt wären eins der dringendsten, aber schwer zu befriedigenden Bedürfnisse *der deutschen Literatur*«.

Es ist unverkennbar, daß Forster gewissermaßen die positiven Aspekte des sozialen und politischen Lebens in England wie auch der Kunstproduktion und -rezeption hypertrophiert, um ihre Modellfunktion für deutsche Leser zu verstärken. All dies steht gewiß im Zusammenhang mit der von Günther Klotz benannten Tatsache, »daß gerade unwahrhaftige Idealbilder oft die Bedürfnisse und Hoffnungen der bürgerlichen Klasse assoziativ verallgemeinernd zusammengefaßt haben« und »durch eine zur Identifikation einladende Darstellungsweise so zündend« wirkten, »daß man nicht voreilig von der Abbildrealität auf die gesellschaftliche Funktion und den historischen Wert eines Werkes schließen sollte«.[1]

Dies gilt hinsichtlich der »Annalen«-Beiträge Georg Forsters vor allem für die Aufsätze, die vor der Westeuropa-Reise des Jahres 1790 entstanden. Ihr England-Bild wird maßgeblich durch Forsters Jugendeindrücke in den 60er und 70er Jahren geprägt, auf die noch ein Strahl der Abendsonne der »heroischen Phase« des englischen Bürgertums - der Aufstiegsphase von etwa 1700 bis 1760 - gefallen ist. Über sein Vorgehen bei der Niederschrift des Kunstaufsatzes für die »Annalen«, mittels vieler Reflexionen über die Gesamtsituation Englands und unter besonderer Berücksichtigung seiner eigenen Erfahrungen aus der Zeit von 1766 bis 1778 dem Mangel an aktuellem Wissen abzuhelfen, hat Forster in dem schon zitierten Brief vom 14.11.1789 an Heyne Auskunft gegeben:

> »Es sind Reminiscenzen aus meinem Aufenthalt in England mit einigen wenigen neuen Nachrichten und mit vielen Reflexionen verwebt, das einzige Mittel sich mit Ehren aus der Sache zu ziehen, da ich eigentlich in London gewesen seyn müßte, um alles neue der dortigen Kunst zu beurtheilen« (AA XV, S. 367).

Forster merkt an - und diese Überlegungen scheinen vor allem auf der Lektüre von Wendeborn und der ihm zugänglichen englischen Journale zu beruhen -, daß die Blütezeit der Künste in England nun, Ende der 80er Jahre, von mancherlei Umständen gefährdet sei. Seine einschränkende Feststellung, daß man sich in England nur noch »zuweilen (...) über alle Bedenklichkeiten des Eigennutzes« (AA VII, 162) hinwegsetze, läßt dies erkennen. Frühkapitalistische Tendenzen werden mit ihren Auswirkungen auf das künstlerische Schaffen wie das gesamte Kulturleben sichtbar und finden Forsters scharfe Kritik. Mehr und mehr entfernen sich Malerei und auch Literatur von den sozialen Themen, die in der »heroischen Phase« im Zentrum der Kunstwerke standen. Forster erfaßt diese Tendenzen in der wachsenden Repräsentationssucht und Eitelkeit der herrschenden Klassen Englands, die die Künstler zwingen, sich fast ausschließlich an niederen Gegenständen, zum Beispiel der Ausschmückung privater Museen, zu erproben. Unter Bezugnahme auf die große Beliebtheit der Kupferstecherkunst in England führt Forster aus:

> »Allein die geschäftige Industrie bleibt freilich nicht immer in diesen Grenzen (des guten Geschmacks, H.A.) stehen; oft, vor lauter Begierde, sich nach dem Eigensinn der Mode zu bequemen und zugleich des eigenen Vortheils wahrzunehmen, verfällt sie auf Erfindungen, welche (...) vielmehr dem Kunstgefühl Vernichtung drohen« (AA VII, 154).

Eine solche »Erfindung« ist z.B. die von Joseph Booth entwickelte Vervielfältigungstechnik, mit der sich »Ölgemählde um eine wohlfeilen Preiß« reproduzieren lassen. Zwar meint

---

1 Klotz a. a. O. S. 136.

Forster, daß so manche »gekleckste Sudeleien« auch in »der Copie noch ihren Ausdruck und ihre Wirkung, wenn es anders erlaubt ist, diese Worte hier zu mißbrauchen«, beibehielten, »allein wir möchten den Corregio, den Titian, den Vandyk wohl sehen, den die Gemählde-Fabrik des Meister Booth geliefert hätte« (AA VII, 155).

In Forsters Gesichtskreis treten bereits die in den späten 80er Jahren des 18. Jahrhunderts zunehmenden Verfallserscheinungen der englischen Bürgerkultur. So spricht Forster davon, daß »unsere neuere Kunst (...) eine Pflegetochter des Luxus« sei, deren »höchstes Gesetz« das Konventionelle ist - denn der »Strom der heutigen Sitten«, »erkünstelte Bedürfnisse«, »weichliche Bequemlichkeit« reiße die Künstler »an Ketten unauflößlicher Verhältnisse« (AA VII, 113) fort. In diesen Negativ-Bildern faßt Forster die Gefahren, die die Kunst in England bedrohen, da die »Künstler, anstatt den Geschmack des Publicums zu bilden (...), sich nach den Launen reicher Käufer richten müssen« (ebd.). Die Kunst werde damit zunehmend zu einer *Waare* degradiert, denn - so Forster - »das Geld ist hier der Schiedsrichter des guten Geschmacks geworden, und für Gold verräth man die Kunst« (AA VII, 159).

Ungeachtet dieser englischen Entwicklungen, die Ende der 80er Jahre im Entstehen begriffen waren und deren Ursachen Forster noch nicht völlig zu durchschauen vermag - dies zeigt die häufige Anwendung moralisch-intellektueller Kriterien in seinen Urteilen -, liegen die Verhältnisse insgesamt in England für Kunst und Literatur immer noch weitaus günstiger als in den anderen europäischen Staaten. Als Resümee seiner Überlegungen im Kunstaufsatz gelangt Forster zu der Feststellung, daß England im Vergleich zu seinen Nachbarländern

> »allein mehr für die Aufnahme der Malerey und Bildhauerkunst, mehr für die Bildung des Künstlers selbst, und die Erweckung ihres Talents leistet, als ganz Europa zusammen« (AA VII, 148).

Der Vergleich englischer Verhältnisse mit denen Deutschlands durchzieht alle »Annalen«-Beiträge Georg Forsters. So fragt er auch nach den deutschen Künstlern, die einst nach Italien gezogen waren, um sich dort an den Schätzen der antiken Kunst zu schulen. Welche Aufgaben erwarten *sie* nach der Rückkehr in die Heimat, wo sie kein Vaterland finden wie die englischen Künstler, sondern einen *Herrn?*

> »Vergebens wandern unsere Künstler in das beneidete Italien; vergebens weiden sie ihre Blicke an den Wunderwerken eines *Raphael, Domenichino, Leonardo da Vinci, Michel Angelo* (...) Bey der Rückkehr in ihre Vaterstadt müssen sie sich überglücklich schätzen, das Bildniß ihres Landesherrn entwerfen zu dürfen, und mit den Porträten jetztregierender Potentaten (...) seinen Audienzsaal zu schmücken (...) Warum gibt uns Rom und Neapel nicht unsern *Trippel*, unsern *Hackert*, unsern *Tischbein* zurück? Weil die Vergessenheit ein härteres Loos für den Künstler ist, als die Verbannung« (AA VII, 149).

Die antifeudale, republikanische Stoßrichtung dieser Äußerungen ist unüberhörbar und richtet sich an die Adressaten seines Aufsatzes. Erst wenn es in Deutschland eine dem englischen Kriterium entsprechende bürgerliche Freiheit, wenn es eine vom Bürgertum getragene materielle und ideelle Anerkennung des Kunstschaffens gibt, wird

> »deutscher Patriotismus einst so warmen Antheil an vaterländischen Helden, Staatsmännern und Menschenfreunden nehmen (...), wie das Brittische Volk an den seinigen« (AA VII, 150).

In den Jahrzehnten zwischen 1770 und 1790 war in der deutschen Publizistik nur sehr vereinzelt Kritik an England laut geworden - vor allem an seiner Kolonialpolitik, am Soldaten- und Sklavenhandel, an den Einhegungen in den ländlichen Gebieten, grausamen Kriminalgesetzen, an Kinderarbeit und Wahlkorruption, an der ungerechten Steuerpolitik und der rücksichtslosen Ausschaltung von Konkurrenten auf dem Weltmarkt. Die kritischen Stimmen vermehrten sich besonders während des Amerikanischen Unabhängigkeitskrieges[1], doch wandten sich erst nach Beginn der Französischen Revolution die Blicke aller demokratisch gesinnten Patrioten endgültig von England ab nach Frankreich.

Auch bei Georg Forster ist in den Literaturberichten der Jahre 1790 und 1791, die nach der England-Reise des Jahres 1790 entstanden, der englische »Spiegel« nicht mehr so blank poliert wie vordem, zeigt er sich an einigen Stellen blind und weist Risse und Sprünge auf. Der kurze Aufenthalt im Mai/Juni 1790 in England war für Forster wenig glücklich verlaufen. Seine Hoffnungen auf eine Pension durch das Königshaus zerschlugen sich ebenso wie die Spekulation, in England Geldgeber für ein Titelprojekt über die Südsee zu finden. Wenn sich auch die Erwartungen hinsichtlich einer Verbesserung seiner schwierigen materiellen Situation in Mainz nicht erfüllt hatten, so kehrte Forster von der Westeuropa-Reise, die ihn zuletzt durch das revolutionäre Frankreich geführt hatte, doch mit einer Fülle von Material und Einsichten in die in Europa verlaufenden gesellschaftlichen Entwicklungen zurück. Die revolutionäre Entwicklung im benachbarten Frankreich tritt nun mehr und mehr in den Mittelpunkt seines Interesses und läßt das Bild Englands in den Hintergrund rücken. Frankreich wird für Forster zum neuen, primär politischen Maßstab zur Bestimmung seines Gesellschaftsideals. Die dortigen politischen Veränderungen lassen ihn zudem die Mängel der Verfassung Englands und seines parlamentarischen Systems deutlicher erkennen: die ungenügende Repräsentation des Volkes im Parlament durch den mittelalterlichen Wahlzensus, die Beeinträchtigung bürgerlicher und politischer Freiheit durch die berüchtigte Test-Acte - Symbol der hierarchischen Herrschaft der anglikanischen Kirche - und die zunehmend repressiver werdende Politik der herrschenden Klassen in England gegenüber den inneren und äußeren Anhängern der Französischen Revolution, die unüberhörbar radikale Reformen und eine Demokratisierung der englischen Gesellschaft fordern. So wandelt sich Forsters Literaturbericht des Jahres 1790 unter der Hand zu einem über weite Strecken politisch-philosophischen Essay, in welchem er - zumal in der berühmten Burke-Rezension - die Resultate der Französischen Revolution gegen Angriffe englischer und deutscher konservativer Kritiker (Gentz, Rehberg und Brandes) verteidigt.

Hatte er in den drei Aufsätzen vor der England-Reise die positiven Aspekte seines »Modells« England besonders herausgestellt, so gelangt er jetzt aufgrund persönlicher Erfahrungen zu einer zunehmend kritischeren Beurteilung auch der kulturellen Situation. Hinzu kommt, daß sich der nun revolutionär-demokratischen Positionen annähernde Forster nicht mehr genötigt sieht, Rücksichten auf das englische Königshaus zu nehmen.

In der im April 1791 abgeschlossenen Literaturgeschichte des Jahres 1790 behauptet Forster einen Niedergang der Romankunst, Lyrik und des dramatischen Schaffens in England, spricht er von einer »Sündfluth von schlechten Romanen, schalen Gedichten und genielosen Schauspielen« (AA VII, 165) und stellt eine deutliche Erschlaffung des Kunstgefühls unter den Engländern fest:

> »(...) allein vergebens erwartet man (...) die wesentlichen Eigenschaften der epischen Gattung, Feinheit und Eigenthümlichkeit der Erfindung, Reichthum der Phantasie, Wärme des Gefühls, durchdachte Nüancirung der Charaktere, hinreißende Handlung« (AA VII, 168).

---

1 Siehe hierzu: Wertheim, Ursula: Der amerikanische Unabhängigkeitskampf im Spiegel der deutschen zeitgenössischen Literatur. In: Weimarer Beiträge 3 (1957). S. 429-70; Stephan a. a. O. S. 54.

Auch das Mäzenatentum des englischen Königs, das Forster noch in seiner »Geschichte der Kunst« zu preisen für notwendig befunden hatte (AA VII, 115; 127), wird nun kritisch beobachtet und ironisch kommentiert (AA VII, 168).

Ein abschätziger Seitenblick gilt der »unersättliche(n) Lesebegierde, die insbesondere den ganzen weiblichen Theil des englischen Publikums in Stadt und Land« (AA VII, 170) ergriffen hat und ihn »wie bey uns« an den »allerkläglichsten Producte(n)« sein Genüge finden läßt. Resigniert ruft Forster aus: »Allein die Zeiten *Richardsons* und *Fieldings*, *Goldsmiths* und *Smollets*, sind nicht mehr.« Ein »Heer der Ritterromane« (AA VII, 171) ist an ihre Stelle getreten, dem sich die »Tugendleyerey« einer Schar weiblicher Autoren, »die im gegenwärtigen schreibseligen Jahre ihr Contingent zur Modelectüre« (ebd.) beitragen, zugesellte. Hatte Forster noch Ende 1788 im ersten Literaturbericht enthusiastisch ausgerufen: »Die Englische Dichtkunst (...) hatte vielleicht nie eine glänzendere Epoche« (AA VII, 70), so glaubt man sich nun in ein anderes Land und in eine andere Zeit versetzt. Die Nennung von Richardson, Fielding, Goldsmith und Smollet zeigt, daß Forster bei seinen 1788/89 entstandenen Arbeiten vor allem die kulturelle Blütezeit Englands der Jahrzehnte zwischen 1740 und 1780 vor Augen hatte. Auch in der Schauspieldichtung findet Forster jetzt nur »eine sehr verunglückte dramatische Ernte«, habe doch »der hohe Genius des Trauerspiels (...) die englische Bühne schon längst verlassen.« Die Engländer gehen nun - diese Stelle findet sich im England-Tagebuch -

»in die Komödie, um zu *sehen*, kaum mehr zu *hören*; und die Kotzebue, wenn sie sich eine Dosis Salz könnten eintrichtern lassen, würden auch hier ihr Glück machen« (AA XII, S. 290).

Forster beobachtet erstaunliche Veränderungen bei dem wohlhabenden englischen Bürgertum, das sich einst durch Tatkraft auszeichnete. Der früher so oft beschworene »Public spirit«, das soziale Engagement sind im Dahinschwinden begriffen. War es bislang üblich gewesen, private Kunstsammlungen der Öffentlichkeit zugänglich zu machen, so muß Forster 1790 in England selbst erfahren, daß zahlreiche Sammler ihre Schätze verschlossen halten und die Bereitschaft, Geldmittel für gemeinnützige Einrichtungen und Vorhaben zur Verfügung zu stellen, nachgelassen hat. Eine Neigung zu übertriebenem Luxus und Wohlleben ist unübersehbar, der »Citoyen« der heroischen Phase des englischen Bürgertums verwandelt sich zusehends in den »Bourgeois«, einen bloßen Pensionär und Rentenempfänger, der seiner innovatorischen Fähigkeiten verlustig geht: »Durchgehends bemerke ich«, so hält Forster in seinem Tagebuch fest,

»daß die Engländer jetzt die Nägel ungeheuer lang wachsen lassen (...) Es ist aber eine häßliche Mode und ein wahres Emblem der Faulheit, da man mit solchen Krallen unmöglich irgendein Geschäft verrichten kann, das nur einige Anstrengung erfordert. Aber auf dem Sofa zu sitzen und dem lieben Himmel den Tag zu stehlen: dazu sind sie ersonnen« (AA XII, 308).

Auch der früher den Engländern zugesprochene »allgemeine Reichtum« - das kann Forster in London und besonders bei seinem Aufenthalt in den Industrieorten des Nordens, Soho und Birmingham, feststellen - ist ebenso wie die Gleichheit der politischen Rechte der Engländer nur eine Chimäre.[1] Gerade in den industriellen Ballungsgebieten, die keine

---

1   Wie folgenreich sich das vielerorts in Europa, vor allem aber in Deutschland maßlos übertriebene, idealisierte Bild Englands auf die Rezeption englischer Verhältnisse für lange Zeit auswirken sollte, läßt Friedrich Engels ein halbes Jahrhundert später getroffene ironische Feststellung erkennen: »Ihr guten Deutschen müßt euch alle Jahre von den liberalen Zeitungsschreibern sagen lassen, was die Engländer für wunderbare und unabhängige Männer seien, und alles das durch ihre freien Institutionen, und das sieht sich aus der Entfernung

Repräsentanten ins Parlament schicken dürfen, fällt der Widersinn des anachronistischen Wahlrechts besonders ins Auge. Das Erlebnis der riesigen Fabrikanlagen von Birmingham, in denen die Arbeitsteilung bereits in starkem Umfang vollzogen ist, läßt Forster erkennen,

> »wie sehr die Arbeit gewisser mechanischer Künste die Seele stumpf läßt; wie streng auch in den freiesten Ländern die Disciplin einer großen Manufaktur ist« (AA XII, S. 325).

In den Jahren 1791/92 verfolgt Forster von Deutschland aus die Auseinandersetzungen zwischen den in der Constitutional Society und Revolution Society vereinigten, radikale Reformen fordernden Anhängern der Französischen Revolution (Paine, Priestley, Price) und den konservativen Kräften, die mit Repressalien und Verboten darauf antworten. Ende 1792 erfährt er durch seinen englischen Freund Thomas Brand, daß die »Revolution (...) auch in England ihrem Ausbruch nahe« scheine (AA XVII, S. 277 - 20.12.1792 an Huber). Forsters Interesse an der »Annalen«-Mitarbeit aber war inzwischen erlahmt. Wiederholt äußert er die Absicht, sich aus dem Kontrakt mit Archenholtz, von dem er sich nun auch in seinen politischen Anschauungen mehr und mehr unterschied, zu lösen:

> »die unangenehme Empfindung, die es mir macht, wenn man mich immer frägt, warum ich mit *Archenholtz* so etwas gemeinschaftlich betreibe, wird mir wirklich peinlich« (AA XVII, S. 282 - 3.5.1791 an Voß).

Der Hamburger Herausgeber zeigte sich zudem sehr nachlässig und kleinlich beim Zahlen des Honorars, so daß Forster angesichts seiner Arbeit äußerte: »gegen andere Arbeit gerechnet, ist sie baarer Verlust für mich« (AA XVII, S. 182 - 22.9.1792 an Archenholtz). Der vierte, nicht völlig abgeschlossene Literaturartikel für das Jahr 1791, den Forster am 11.12.1792 an Archenholtz absendet, ist sein Abschied von den »Annalen«. Er stellt sich im November 1792 nach der Besetzung von Mainz durch die französischen Revolutionstruppen unter Custine in den Dienst der Revolution. In der deutschen Presse, aber auch unter ehemaligen Freunden und Bekannten, melden sich Unverständnis, Kritik und böswillige Verleumdung gegenüber Forsters Engagement und seiner politischen Publizistik. Auch Archenholtz muß - ein Brief Forsters an seine Frau vom 31.12.1792 berichtet davon - gegenüber Forster geäußert haben[1], »Zeit und Arbeit sey dabei verloren, wenn schriftstellerische Wirkung der Zweck seyn sollte« (AA XVII, S. 292). »Das wäre nun wohl nicht der Fall«, kommentiert Forster ironisch, »wenn ich ihm Manuskript für die »Brittische Annalen« lieferte.« An die Adresse der Kritiker und Verleumder sind die Worte gerichtet, mit denen er seinen Schritt zur revolutionären Praxis begründet:

> »Vielleicht gebe ich mich noch zu guter Letzt daran, den Leuten begreiflich zu machen, daß es ja nicht immer für die unschlüssigen, mattherzigen, eklen Leser *geschrieben*, sondern auch zu rechter Zeit für das Bedürfniß der Gegenwart *gewirkt* seyn muß, und daß man darum nicht aufgehört habe Mensch und Bürger zu seyn, weil man Schriftsteller war und es wieder werden kann« (AA XVII, S. 292 - 31.12.1792).

Georg Forsters »Annalen«-Aufsätze sind - indem er sich in ihnen weit über das Niveau eines bloßen Chronisten oder Rezensenten erhebt - nicht nur wichtige Belege für seine ästhetischen Auffassungen, sondern zugleich »die ersten bedeutenden Zeugnisse seiner

---

ganz gut an. Die Debatten der Parlamentshäuser, die freie Presse, die stürmischen Volksversammlungen, die Wahlen (...) verfehlen ihren Effekt auf Michels timides Gemüt nicht, und in seiner Verwunderung nimmt er all den schönen Schein für bare Münze.« In: Engels, Friedrich: Die Lage Englands. I. Das achtzehnte Jahrhundert. In: MEW. Bd. 1. S. 550.
1 Archenholtz' Briefe an Forster sind leider nicht überliefert.

Tätigkeit als politischer Schriftsteller und Verteidiger der Revolution«.[1] Überdies dokumentieren sie, wie sich unter dem Eindruck des Epochenereignisses Französische Revolution das Bild Englands bei den demokratisch gesinnten deutschen Intellektuellen gewandelt hat.[2]

---

1 Anmerkungen des Herausgebers Claus Träger zu: Forster, Georg: Kleine Schriften. Leipzig 1964. S. 367.
2 Auf Meinungsverschiedenheiten zwischen Liberalen und Demokraten in der Revolutionszeit bei der Beurteilung englischer Verhältnisse weist auch Walter Grab im Zusammenhang mit einer Entgegnung von Schütz an Archenholtz hin. In: Grab, Walter: Ein Volk muß seine Freiheit selbst erobern. Zur Geschichte der deutschen Jakobiner. Frankfurt am Main 1984. S. 281 f.

Eda Sagarra

Die »grüne Insel« in der deutschen Reiseliteratur

Deutsche Irlandreisende von
Karl Gottlob Küttner bis Heinrich Böll

Irland als Reiseziel der Deutschen hat bis in die Gegenwart seine Anziehungskraft zu
bewahren verstanden, und das trotz Konkurrenz eines weltweiten, relativ billigen Massen-
tourismus. Bis vor wenigen Jahren - für manchen heute noch - hat Irland den Ruf und den
Reiz einer »fernen Insel« für die Mehrzahl seiner festländischen Besucher beibehalten, zum
Teil schon durch die Umständlichkeit, die die Reise in die begehrte »wildromantische«
Küstenlandschaft erforderte. Wer Irland gut kennt, wird unter mehreren Gründen für die
besondere Vorliebe der Deutschen für Irland vielleicht drei hervorheben wollen: einmal
das irische Temperament, das der Deutsche oft als Gegensatz oder als Ergänzung zum
eigenen empfindet; zum zweiten eine überaus geschickte Werbung der irischen Touristik,
die den Ruf einer gewissen Schlampigkeit im irischen Handelscharakter Lügen straft; last
but not least ist der Massenerfolg eines der schönsten Reisebücher zu nennen, die es
überhaupt gibt, nämlich »Irisches Tagebuch« von Heinrich Böll.[1]
In der Vergangenheit aber sah das sehr anders aus. Daß Irland seit dem späten 18.
Jahrhundert und bis in die mittleren Jahre des 20. nur spärlich deutsche Gäste anlocken
konnte, ersieht man aus der schmalen Liste der deutschen Reisebeschreibungen über die
»grüne Insel«.[2] Die Entdeckung der romantischen keltischen Landschaft in der späten
Aufklärung galt mit ganz wenigen Ausnahmen nicht Irland, sondern Schottland. Kein
»irischer Scott« trat im 19. Jahrhundert auf den Plan, um unter den »lesewütigen«
Deutschen für seine Heimat zu werben. Nur ganz wenige gebildete Deutsche wußten, daß
der gefeierte Autor von »Yoricks empfindsamer Reise«, neben so vielen anderen gern
gelesenen englischsprachigen Dichtern, Ire war.[3] Die Zeitgenossin Scotts, die Romanschriftstellerin Maria Edgeworth (1767-1849), genoß zwar in Deutschland einen das ganze
19. Jahrhundert überdauernden Ruf[4]; sie wurde jedoch als Autorin von moralischen
Erzählungen[5] gelesen oder für englische Sprachlehrbücher ausgewertet und nicht als die
plastische Darstellerin des zeitgenössischen irischen Lebens gekannt, die sie war. Die in
unserer Zeit auch von deutschen Anglisten erforschten Schriftsteller wie Lever, Lefanu,
Lady Morgan waren in ihrer Zeit höchstens dem Reisenden aus Gesprächen bekannt; von

---

1 Böll, Heinrich: Irisches Tagebuch. Köln und Berlin 1957. Die 33. Ausgabe im Taschenbuch: 841.000 bis
   865.000 erschien München 1986.
2 Für das 18. und 19. Jahrhundert: Karl Gottlob Küttner (1775-1805); [Christian Gottlob Goede (1774-1812)];
   Hermann von Pückler-Muskau (1785-1871); Friedrich von Raumer (1781-1873); Johann Georg Kohl
   (1808-1878); Jakob Venedey (1805-1871); [Viktor Aimé Huber (1800-1878)]; Julius Rodenberg, eig. Levy
   Groß. Anon.: Reiseskizzen aus Irland. Stuttgart und Tübingen 1838 war mir leider nicht zugänglich.
3 Küttner nennt neben »Lorenz« Stern eine Anzahl von Namen auf S. 56 seiner: Briefe an seinen Freund, den
   Herausgeber. Leipzig 1785.
4 Übersetzungen von M.E. erschienen schon 1824 bei Perthes, Hamburg, 1826 bei Engelmann, Heidelberg (von
   Amalia Schoppe) und bei Arnold, Dresden und Leipzig 1827.
5 So übernahm z.B. der volkstümliche Schriftsteller Christoph Schmid eine Erzählung von ihr: Der dankbare
   Neger, in seine Dienstbotenzeitschrift »Das Dienstbotenbuch«. Augsburg 1832 ff.

182

Wirkung kann nicht die Rede sein. Wenn Deutsche im 18. und 19. Jahrhundert nach Irland kamen, so - im Gegensatz zur wohlvorbereiteten Englandreise oder begeistert geplanten schottischen Tour - fast immer nur per Zufall, als eine Art notwendige Ergänzung für den vorgesehenen Reisebericht, der den Titel: »Britische Inseln« tragen sollte. Manchmal setzte man im Titel eines solchen Werkes das Wort »Irland« hinzu, obwohl Irland dort gar nicht behandelt wurde.[1] Und in einigen beredten Fällen stellten die Irlanderfahrungen das Wort »britisch« als eine für Irland adäquate Bezeichnung überhaupt erst in Frage.

Wie kamen die Irlandreisenden in der Vergangenheit ans Ziel? Und wie, die Malheurs des irischen Meeres einmal überstanden, kamen sie weiter? »Ich bin sieben und dreyßig Stunden auf dem Meere gewesen« schreibt der erschöpfte Küttner im Juni 1783 von seiner Überfahrt nach Dublin aus dem 89 km entfernten walisischen Holyhead. »Sie können sich nichts eckelhafteres vorstellen, als den Geruch und das Getöse und Anstrengen von alle dem Erbrechen. Manche werfen sich im Bette herum, manche liegen auf der Erde ausgestreckt und strengen sich an, und wimmern entsetzlich (...). Doch hat ein jeder sein Gefäße von feiner englischer Erde, und ein Wärter, der ausdrücklich darzu da ist, auch wenn es nöthig ist, mehrere, gehen beständig herum, tragen weg, und bedienen einen auf jeden Ruf mit vieler Sorgfalt.«[2] Das durchaus keltische Temperament des irischen Meers zeigte sich in der sehr unterschiedlichen Stundenzahl, die die jeweilige Überfahrt per Segelschiff erforderte - von neun Stunden bis zur »pleasant passage of 43 hours« des Engländers Richard Twiss im Jahr 1775. Mit Recht konnte der Rheinländer Jakob Venedey im Jahr 1843 ausrufen: »es lebe der Dampf!« Im Jahr 1816, so informiert uns Friedrich von Raumer, fuhr noch kein Dampfschiff hinüber; als er 1835 nach Irland kam, waren schon 71 zum regelmäßigen Verkehr eingesetzt worden.[3] Die irischen Straßen aber ernteten fast einstimmiges Lob. Seit 1778 konnte sich der Reisende bei George Taylor und Andrew Skinners hevorragenden »Straßenkarten« über Reiserouten und Entfernungen, Städte und Gastwirtschaften genauestens informieren, und dazu über Sehenswürdigkeiten in Form von Adelssitzen und Kirchen (wobei es besondere siglen für Kirchen- und Schloßruinen gab, die ein Merkmal der Landschaft waren).[4] »The postchaise companion« von denselben Autoren (1784), ein Werk, das immer wieder neu aufgelegt wurde, bot zuverlässige Details über Reisemöglichkeiten.

Nach der Revolution 1798, welche die Aufhebung der irischen Autonomie zur Folge hatte (Act of Union 1801), erschloß die englische Regierung neue Straßen durch wilde Gegenden, wie zum Beispiel die heutige Reiseroute über die Wicklower Berge nach Glendalough, um die Aufständischen aus ihren Schlupfwinkeln zu vertreiben. Teilweise im 18. und im ganzen 19. Jahrhundert wurden Arbeitslose und »Arbeitsscheue« zur Straßenarbeit eingesetzt; die terroristische Bewegung aus der Zeit um 1760, der sog. »Rightboys« (= rechte Kerls), ist aus Protest gegen die Fronarbeit auf den Straßen entstanden. Erst die erfolgreiche Freiheitsbewegung des 20. Jahrhunderts, meinen die stets zur zynischen Selbstkritik

---

1   Wie etwa C.A. Goede: England, Wales, Irland und Schottland. Erinnerungen an Natur und Kunst aus einer Reise in den Jahren 1802 und 1803. 5 Theile. Dresden 1804-05; Goede beschreibt lediglich seine Überfahrt und Ankunft in Dublin.

2   Küttner. S. 3; vgl. unten Pückler-Muskau: Briefe eines Verstorbenen: »Eine widerwärtigere Seefahrt kann man nicht bestehen (...) es war eine affröse Nacht«. Bd. I. S. 119.

3   Constantia Maxwell: The stranger in Ireland from the reign of Elizabeth to the Great Famine. Dublin 1954. S. 211.

4   Maps of the roads of Ireland, surveyed in 1777 and Corrected down to 1783. The second edition, originally published for the authors as the Act directs 14. November 1778 in London and Dublin (289 Karten).

aufgelegten Iren, habe die irischen Straßen in ihren Naturzustand wieder zurücksinken lassen.[1]

Die erste Postkutsche (stage coach) fuhr 1718 von Dublin zum etwa 50 km westlich gelegenen Kinnegad, auf der Hauptstraße nach Galway an der atlantischen Küste. 1737 kam der Anschluß nach Kilkenny in Mittelirland, einst im 17. Jahrhundert Sitz des irischen Parlaments; drei Jahre später, 1740, konnte man mit der Postkutsche nach Belfast im Norden fahren. 1784 erhielt Irland sein eigenes Postwesen; zu den Postkutschen kam nun die ordinäre Post (mail coach), die festgesetzte Strecken fuhr und - idealiter - zu festgesetzten Zeiten. Das von den deutschen Irlandreisenden im 20. Jahrhundert gern, und zuweilen mit wachsender Ungeduld zitierte Wort: »als Gott die Zeit erschuf, erschuf Er viel davon« ist in anderer Formulierung ja ein topos aller Reiseliteratur. Extrapost war in Irland teuer und nicht einmal bequem. Über ¥ 8, oder etwa 50 Reichstaler, kostete die Reise von Kilkenny nach Cork, eine Entfernung von rund 120 km im Jahr 1826.

Zwei weitere Erscheinungen des irischen Verkehrswesens zogen immer wieder die Aufmerksamkeit des Reisenden auf sich: Einmal die »jaunting cars«, »kleine, leichte, lustige, einspännige Gefährtchen«, wie Venedey sie nennt, mit »abgeschlagenen Bänken zu beiden Seiten, so daß die Gesellschaft sich den Rücken zukehrt«[2] - was aber angeblich der Gesprächigkeit der Reisegesellschaft keineswegs Abbruch täte. Die zweite charakteristische Erscheinung der irischen Straßen seit dem zweiten Jahrzehnt des 19. Jahrhunderts war die Postkutschengesellschaft des Herrn Bianconi. Dieser war 1801 ein aus Como/Italien eingewanderter Verkäufer von Devotionalien, der zu Fuß mit schwerem Gepäck fast die ganze Insel jahrelang durchwanderte. Nach den napoleonischen Kriegen begann er Pferde billig aufzukaufen, 1832 besaß er 300 Pferde und stellte 120 Leute in seiner Postkutschengesellschaft an; 30 Jahre später gab es 120 Bianconi-Agenten im Land.[3] Seine Kutschen fuhren zu billigen Preisen - 1 1/4 Pence pro Meile - auf Reiserouten, die quer zu den Hauptstraßen lagen, was wiederum für den Tourismus und den Handel neue Gebiete der Insel erschloß.

Irland besaß seit Anfang des 19. Jahrhunderts zwei große Kanäle, den »Grand« und den »Royal«, 1811 bzw. 1817 vollendet, die von Dublin aus in westlicher Richtung die Insel durchschnitten. Venedey fuhr 1843 zur Massenversammlung O'Connells nach Athlone in der westlichen Provinz Connaught auf dem Grand Kanal: »Zwei Pferde zogen das Schiff im Trabe, 14 Shilling für 60 Meilen, ein gutes Mittagsmahl und ein sehr vollständiges Frühstück, Speck, Hammelfleisch, Rindfleisch, Kartoffeln und Bier. Der Whiskeypunsch vertrat die Stelle des Kaffees.«[4] Die erste irische Eisenbahn (1834) war damals schon fast zehn Jahre alt: Raumer konnte 1835 mit dem Zug vom Kingstowner Hafen (heute Dunlaoghaire) direkt nach Dublin hineinfahren. Zwanzig Jahre später kam man preiswert damit nach Cork, Galway, Belfast, oder, wie die unermeßlich hohen Zahlen der »Sachsengänger« und Auswanderer auf der ersten Etappe nach Amerika nach der großen Hungersnot 1845-47, nach Dublin zur Einschiffung nach Liverpool. 1859 wurden 9.400.00 Fahrgäste per Bahn befördert.[5] Noch 1957 wußte Heinrich Böll von den uneuropäischen Eigentüm-

---

1 Man wird an das bekannte Wort von Oscar Wilde erinnert: »The Irish are a very fair race; they never say anything good of themselves.«
2 Venedey. S. 2, S. 15.
3 C. Maxwell: »Bianconi and his Irish cars«. In: Country Life. 16. April 1948. S. 776 f. Vgl. Cracken. S. 86.
4 Venedey. Bd. 2. S. 19.
5 J.L. McCracken: »The age of the stage coach«. In: Kevin B. Nowlan (Hg.): Travel and Transport in Ireland.

lichkeiten der irischen Eisenbahn zu berichten, wo man als sechsköpfige Familie von Dublin nach dem ca. 400 km entfernten Mayo auf Kredit befördert werden konnte, weil die Bahnbeamten dort Verständnis dafür hatten, daß der Ausländer mit den irischen Banken nicht zurechtzukommen wußte, noch diese mit ihm.[1]

Als Küttner, Autor der ersten nachgewiesenen deutschen Reisebeschreibung, 1783 auf die »grüne Insel« kam, war Irland seinen Landsleuten als Reiseland so gut wie unbekannt. Er weiß, als er seine in leicht lesbarer Briefform verfassten Eindrücke 1785 herausgeben läßt, einem gewissen Desinteresse oder sogar Vorurteil entgegenwirken zu müssen. »Überdies«, schreibt er am 3. August 1783, »ist Irland ein Land, das man auf dem festen Lande noch gar wenig oder höchst falsch kennt« (S. 32). Aus welchen Quellen hätten sich die Deutschen informieren können? Die »klassischen« englischsprachigen Reiseberichte, die angehende gebildete Reisende aus der Nachbarinsel zu studieren pflegten - vom walisischen Mönch Giraldus Cambrensis aus dem späten 12. oder von Fynes Morryson oder Edmund Spenser aus der ersten Hälfte des 17. Jahrhunderts - werden auch gelehrten Deutschen kaum zur Verfügung gestanden haben.[2] Andererseits lagen schon vor Küttners Reise zwei damals in Irland und England viel besprochene Reisebeschreibungen in deutscher Übersetzung vor: die eigenwillige, nicht zu sagen kritische Darstellung irischer Zustände von Richard Twiss[3], den Küttner zum Ausgangspunkt seiner Arbeit macht, und der informative und zuverlässige Reisebericht des Physiokraten Arthur Young, der von deutschen und schweizerischen gelehrten Gesellschaften ausgezeichnet, und dessen Werk mit Recht noch im 19. Jahrhundert als vierter Band in die »Bibliothek der neuesten Reisebeschreibungen« aufgenommen wurde.[4] Küttner bezieht sich im Laufe seiner Arbeit öfters auf die Vertrautheit seiner Leser mit den irischen Zeitereignissen, die er bei ihnen durch die Lektüre von Zeitungen und Journalen, insbesondere des »Courier de l'Europe«, vorauszusetzen vorgibt. Dies mag seinerseits eher eine Werbestrategie sein als einen Sachverhalt beinhalten; sicher hingegen ist, daß der gebildete und interessierte Deutsche sich relativ leicht, wenn auch vielfach falsch, in zeitgenössischen Handbüchern informieren konnte. Den Artikel über Irland in Zedlers »Universallexikon« wird er unergiebig gefunden haben, aber umso faktenreicher die mehrmals aufgelegte und sehr verbreitete »Vollständige Geographie« von Johann Hübner (1668-1731), entweder im Original, in einer französischen Übersetzung oder aber in den Editionen von Gottlob Friedrich Krebel (1727-1799) aus den Jahren 1761, 1764 oder 1773. Krebel selber brachte im vierten Band seiner »Vornehmsten europäischen Reisen« Material über England, Schottland und Irland.[5] Hingegen erschien der elfte Band

Dublin 1973. S. 47 ff.

1 Böll. S. 29 ff.

2 Giraldus de Barra Cambrensis: Topographica Hiberniae, sive de mirabilibus Hiberniae. In: G. Camden: Anglica, Normannica, Hibernia. Francof. 1603; Fynes Moryson: An itinerary written by F.M., gentleman. First in the Latin tongue, and then translated by him into English. London 1617; Edmund Spenser: View of the state of Ireland. Dublin 1633.

3 Richard Twiss: A tour in Ireland in 1775, with a map and a view of the salmon-leap at Ballyshannon. London 1776; dt. Übersetzung: Reise durch Irland im Jahr 1775. Nebst einem Anhange. Leipzig 1777. Arthur Young: A Tour in Ireland with general observations on the present state of that kingdom in the years 1776, 1777, and 1778 and brought down to the end of 1779. Dublin 1780; dt. Übersetzung: Reise durch Irland, nebst allgemeinen Betrachtungen über den gegenwärtigen Zustand dieses Reiches in dem Jahr 1776 bis Ende des Jahres 1779. Zwei Theile. Leipzig 1780-82.

4 36 Bände. Wien 1800-10. Aus einem mir unersichtlichen Grund nennt Küttner Young kaum.

5 Die »8. verbesserte Auflage« von Hübners Vollständige(r) Geographie, Theile 1 bis 3, erschien 1756 in Hamburg; eine französische Übersetzung erschien 1746 und wiederum 1757 in Basel. Theil 1 enthält einen

von Anton Friedrich Büschings »Erdbeschreibung«, der ebenfalls die britischen Inseln zum Gegenstand hatte, erst ein Jahr nach Küttners »Briefen«.[1] Ob es Küttner auch tatsächlich gelang, das Unwissen seiner Landsleute abzubauen, ist zweifelhaft. Für eine Einschätzung von der Wirkung seiner Arbeit haben wir trotz einer Anzahl zeitgenössischer Rezensionen[2] wenige Anhaltspunkte. Aus verständlichen Gründen ist er als Kenner Englands in die Geschichte eingegangen[3] und nicht, was er sicherlich verdient hätte, als Autor der ersten nachgewiesenen deutschen Reisebeschreibung der Nachbarinsel. Diese, sein Erstlingswerk, ist nie ins Englische übersetzt worden, und obwohl ein Exemplar in der irischen Nationalbibliothek vorhanden ist, blieben Küttners »Briefe« in der irischen Historiographie, im Gegensatz zu den Werken späterer Autoren, so gut wie unbekannt.

Küttner kam erstmals 28jährig nach Irland, und zwar, in seiner Eigenschaft als Hofmeister, zu den Kindern eines angloirischen Lords, der reiche Besitztümer im Südwesten der Insel unterhielt. Er verbrachte dort die drei Sommermonate der Jahre 1783 und 1784.[4] Er wurde nach eigenen Äußerungen sehr gut behandelt, nahm in der Stadt und auf dem Land nicht nur an allen Lustbarkeiten der Herrschaft teil, sondern wurde auch von den Gästen wie von seinem Herrn bei Tisch und auch sonst ausdrücklich um seine Meinung und Ansichten gebeten. Die Vertrauensstellung, die er genoß, drückt sich in dem Umstand aus, daß er später als Privatgelehrter und Schriftsteller in Leipzig vom Jahresgehalt seiner früheren Zöglinge gelebt haben soll. Er kam in einer hochinteressanten Zeit nach Irland, in einer Epoche, die die irische Geschichte unter dem Namen: »Grattans Parliament« kennt. Irische Patrioten, vornehmlich aus den Kreisen der protestantischen adligen Grundbesitzer und des Kaufmannstandes, wußten die Londoner Regierung zur Zeit der Kolonialkriege mit Amerika und Frankreich so unter Druck zu setzen, daß sie dem Dubliner Parlament seine gesetzgeberische Hoheit 1782 wieder gewährte und darin einwilligte, daß die langjährigen diskriminierenden Maßnahmen gegen den irischen Handel abgebaut werden sollten. Jene Epoche, die bis zur Union 1801 andauerte, brachte einen wirtschaftlichen Aufschwung im Lande und führte zu einer Blütezeit des Dubliner Bauwesens, als die großen Familien ihren Wohnsitz aus London wieder dorthin verlegten und die einheimischen zur »Saison« hinfuhren.[5]

Im Gegensatz zum mittellosen Offizier aus der Bretagne, Bougrenet de Latocnaye, der zu Fuß mit seinen Habseligkeiten in einem Bündel vom Schwertstock pendelnd im Jahr 1796 die ganze Insel bereiste[6], fuhr Küttner in einer herrschaftlichen Kutsche lediglich vom

---

(wenig zuverlässigen) Abschnitt über Irland. Bd. 4 von Gottlob Friedrich Krebel: die vornehmsten europäischen Reisen (...), 14. Ausgabe. Hamburg 1783-1792, enthält die Reisen durch England, Schottland, Irland, Spanien und Portugal.

1 Anton Friedrich Büsching: Grosse Erdbeschreibung. 24 Bde. Troppau. Ab Bd. 11 (Großbritannien und Irland). Brunn 1784-1787.

2 Rezensionen in: Allgemeine Literatur Zeitung. 3. Bd. S. 9; Allgemeine Deutsche Bibliothek 65/2. S. 492; L...... 1786. 3. Bd. S. 1406; Beckmanns Bibliothek XIV (1787). S. 615 f.

3 Insbesondere: Über den ökonomischen und politischen Zustand von Großbritannien, zu anfang des Jahres 1796. Von dem Verfasser der Beyträge zur nähern Kenntniß, besonders des Innern von England usw. Leipzig 1796. Küttner hat auch, zusammen mit William Nicholson, 1805-1813 in Leipzig eine englische Übersetzung von Adelungs deutschem Wörterbuch herausgegeben.

4 Der Herausgeber von Küttners Briefen, der sich M. Schenk nennt, beschriftet etwas irreführend den letzten Teil der Briefe (auf S. XXV) »Im Jahre 1785«, weil das Werk in London zu Ende geschrieben wurde. K. verließ Irland aber zum letzten Mal im Sommer 1784.

5 Als Standardwerke gelten Constantia Maxwell: Dublin under the Georges, 1714-1830. London 1946; und Maurice J. Craig: Dublin. A social and architectural history. London 1952.

6 Deutsche Übersetzungen des Bougrenet de Latocnaye sind 1797 in Leipzig und 1800 in Erfurt erschienen.

Dubliner Stadtpalais seiner Herrschaft auf deren Landsitz bzw. auf die benachbarten Landsitze. Wo Arthur Young in neun Wochen emsiger Schreibarbeit in den Dubliner Verwaltungsarchiven statistisches Material zusammentrug, das er dann durch eigene Erfahrungen und Beobachtungen überprüfte, war Küttner vielfach nur auf die Perspektive seines Kutschenfensters oder auf die Gespräche und die Zeitungen des herrschaftlichen Hauses oder die Ansichten seines Vorgängers Twiss angewiesen.[1] Aber er kennt die Gefahr einer einseitigen Sichtweise, gibt offen zu, daß seine - im Gegensatz zu Twiss' - positiven Eindrücke der irischen Küche, der Damentoiletten, der geschmackvollen Einrichtungen der Landhäuser, besonders was Porzellan, Silber und Gemälde angeht, nur die Wohnkultur einer kleinen und überaus privilegierten Oberschicht darstellen und wenig oder nichts über das Leben der großen Mehrzahl der Iren aussagen. Die Erkenntnis wird in der Erzählhaltung sichtbar. Die Berichtigung, wie er es sieht, von gängigen Meinungen über Irland als in jeder Hinsicht einer kulturellen Wüste wird in Form von verallgemeinernden Beobachtungen vermittelt; sein Wahrnehmen der tiefverwurzelten Mißstände des Landes, die er als einer der ersten Ausländer anerkennt, wird in einer affektvollen Sprache oder in Form von Anekdoten wiedergegeben.[2] Es fällt ihm auf, daß er nach einem mehrwöchigen Aufenthalt nur zwei Katholiken begegnet ist, und das in einem Land, wo diese in einem Verhältnis von mehr als 1:1 stehen, allerdings, wie er treffend zugibt:

> Eben so geht mirs auch mit den andern Dingen; je mehr ich forsche, je mehr höre ich auch verschiedene Meinungen, und die dritte und vierte widerspricht oft schnurstracks der ersten« (S. 205).

Er wird nicht der letzte Deutsche in Irland sein, der mit Verblüffung den lässigen irischen Umgang mit der Statistik wahrnimmt. Wie jeder deutsche Irlandreisende ist er bestürzt beim Anblick der elenden Behausung der armen ländlichen Bevölkerung, des - mit wenigen Ausnahmen - erbärmlichen Zustands der Bodenkultur, der offensichtlichen Trägheit des Volkes. Er spricht schon dezidiert seine Meinung über den Zusammenhang zwischen politischem System und menschlicher Verelendung aus. Weit davon entfernt, radikale Lösungen zu proponieren - ist er schockiert: über die »Impertinenz« (S. 133), mit der über König, Parlament und jegliche Autorität gesprochen wird, ist jeder Art von »Demokratie« abhold, die er besonders unter den ihm sehr verdächtigen Presbyterianern (Kalvinisten) wittert (S. 153, 192), er weiß von der Korruption des vielgelobten Dubliner Parlaments zu berichten, (S. 134 f.). Und dennoch ist er insofern einer Meinung mit den späteren Demokraten Venedey und Engels, wenn er in der Kolonialherrschaft, eher als in der konfessionellen Verfolgung der Katholiken, die Hauptursache der politischen Gärung Irlands und ihrer wirtschaftlichen Not erkennt.

Als Pionierarbeit der irischen Reiseliteratur in deutscher Sprache läßt Küttners Werk manches zu wünschen übrig. Er kennt weite Teile des Landes nicht, weiß nicht einmal von dem grundlegend verschiedenem Pachtsystem im nördlichen Teil Irlands und verliert sich oft in langatmige Berichte über Tagesereignisse und Persönlichkeiten von geringer Bedeutung. Über ein Drittel seiner Ausführungen nimmt eine exzentrische Darstellung der

---

1 Young: Preface VII (London 1780). Küttner erwähnt mehrmals, daß er nur die Reichen und Vornehmen kennenlernt (S. 54, 166 etc.), obwohl er S. 88 ff. von seinen Besuchen in den Hütten der armen Pächter auf den Landsitzen berichtet.

2 Auf S. 77 spricht er von »Gesetzen, die mir zum Theil so barbarisch scheinen, die die härteste Intoleranz athmen«, wie »die Papisten auf eine Himmelschreiende Art behandelt werden«: das sei der Grund, weswegen »in manchen Büchern den Iren Unwissenheit, Wildheit und Mangel an Aufklärung vorgeworfen wird« (S. 80).

Ursprünge der gälischen Sprache ein, mit Leseproben von Gälisch und Runenschrift, die er gleich Latochnaye von einem gewissen Vallancey übernimmt, der als Ingenieur in Cork lebt. Historisch wichtig ist sein Werk in der Geschichte der »festländischen« Besucher, weil er stets bestrebt ist, das Land in einem Eigenwert zu sehen. Weit davon entfernt, seinen relativ beschränkten Reiseerfahrungen durch Übernahme der Meinungen seiner Vorgänger etwas aufzupfropfen, zeigt er eine gesunde Skepsis gegenüber den Mythen der irischen Geschichte - ein besonders treffendes Beispiel ist seine Diskussion des noch heute mythen-bildenden »Massakers« von 1641 (S. 206). Er übt überhaupt eine maßvolle, wenn zuweilen auch subjektive Kritik an den von ihm sonst geschätzten Engländern, an ihrem Verhalten gegen Iren und ihrem Unwissen über ihre westlichen Nachbarn:

> »Selten habe ich eine Unterredung mit Engländern über Irland, daß ich nicht mit Erstaunen bemerke, wie so gar wenig sie dieses Land kennen? Sie besuchen es nicht, und haben keine guten Beschreibungen davon« (S. 207).

Die kritische Einstellung Küttners zum Irlandbild der Engländer - ihre Witze und vor-schnellen Urteile über Nationalcharakter nennt er »unbedeutend und kleinlich« - kehrt bei der Mehrzahl der deutschen Besucher wieder, so daß die Irlanderfahrung etwa bei politisch sehr andersgearteten Beobachtern wie dem preußischen Staatsbeamten Raumer und dem demokratischen Journalisten Venedey ihr Urteil über England entschieden formt. Wie fast alle seine Landsleute bis Böll, wirbt Küttner für ein positives Bild der Iren bei seinen Lesern, ohne die negativen Eindrücke zu verwischen. Indem er die Geburtsstätte von Laurence Sterne in Clonmel besucht, weiß er geschickt die Leser auf die irische Herkunft jener zahlreichen Menge von Autoren aufmerksam zu machen, die diese bisher einfach als »Engländer« kennen: neben Goldsmith, der selber ein guter Kenner Deutschlands war und gerade als Verfasser des »Landpfarrer zu Wakefield« gefeiert wurde, auch Swift, Congreve, Farquar, Richard Steele und andere. Daß Küttner das Irlandbild der Deutschen im 19. Jahrhundert geformt hat, wird man kaum annehmen können, wenn er auch in den Konver-sationslexika und Nachschlagewerken als Quelle angegeben wird, etwa von Lappenberg, Autor einer Geschichte Großbritanniens und des Artikels über Irland in der »Allgemeinen Encyklopädie der Wissenschaften und Künste« von Ersch und Gruber aus dem Jahr 1845.[1] Zitiert wird Küttner allerdings kaum. Und in den fast fünfzig Jahren nach ihm gibt es, außer Nemnichs statistischem Bericht über das Manufakturwesen aus dem Jahr 1807 und der genannten Zahl von deutschen Übersetzungen fremdsprachiger Reiseliteratur über Irland, keine Originalberichte über Irland von deutscher Hand.[2]

Und dennoch sollte das Wort des Herausgebers der »Briefe« in den dreißiger Jahren des 19. Jahrhunderts doch Wirklichkeit und das irische Volk tatsächlich für die Deutschen »wichtig und merkwürdig« werden, als nun der »niedergedrückte Geist des Volks wieder erwachte, seine Kräfte fühlte, einen Theil des Englischen Jochs abwarf, und noch bis jetzt in diesem Streben nach einer größeren Freiheit und Abhängigkeit arbeite(e)«.[3] Ein ungewöhnlich breit angelegtes und intensives Interesse am Geschick der Iren entfaltete sich plötzlich im »Zeitalter der Emanzipation« in der deutschen Öffentlichkeit. Es war von vornherein eine politische Angelegenheit, mit dem irischen »Freiheitskämpfer« (= »Libe-

---

1 II. Sektion. 24. Theil. S. 1. Der Artikel Irland auf S. 1-103.
2 Philipp Andreas Nemnich: Neueste Reise durch England, Schottland und Irland, Hauptsächlich in Bezug auf Producte, Fabriken und Handlung. Tübingen 1807.
3 Küttner. Vorrede. S. VII.

rator«) Daniel O'Connell im Brennpunkt des Interesses, vornehmlich in seiner Eigenschaft als Gründer und Leiter der Repeal Bewegung für die Abschaffung der Union mit England. Autor der Emanzipation der Katholiken in Großbritannien (und tatkräftiger Fürsprecher der jüdischen Emanzipation) wurde er zum selbstverständlichen Ziel aller Reisenden, so auch der Deutschen, die in den dreißiger und vierziger Jahren nach Irland kamen. Dennoch wird der Historiker nicht an erster Stelle O'Connell selber noch die politischen Ereignisse jener Zeit für die plötzlich ausgelöste Faszination der Deutschen mit Irland in der Zeit zwischen den Revolutionen von 1830 und 1848 verantwortlich machen, eine Faszination, die sogar die Begeisterung der Epoche für die Hellenen und die Polen weit übertraf.[1]

Dieses Verdienst gebührt vielmehr einer literarischen Modeerscheinung, den 1829 (mit Jahreszahl: 1830) anonym erschienenen ersten zwei Bänden der »Briefe eines Verstorbenen« des Fürsten Hermann von Pückler-Muskau.[2] Er kam nach Irland, als er gerade mit seinem neuartigen, quadratförmigen Monokel die Londoner Dandies in Entzückung versetzt hatte, um dorthin seine Ausschau nach einer »Surrogatfrau« auszudehnen, deren seine zerrütteten Finanzen und vor allem seine Parkanlagen in Muskau/Lausitz so sehr bedurften. Der Unergiebigkeit der Reise in dieser Hinsicht zum Trotz wußte »Diogenes zu Pferd«, wie Heine ihn nannte, dennoch seine Zeit gut anzubringen. Er suchte O'Connell in dessen entlegenem Landsitz in Derrynane/Kerry auf und ließ sich von seinem Wein und perfektem Französisch beeindrucken. Und er hat nicht wenig dazu beigetragen, das »image« Irlands als »grüner Insel« unter seinen Landsleuten zu etablieren. Er bereiste die südliche Hälfte der Insel und widmete den sozialen und wirtschaftlichen Problemen des Volkes einen breiten Raum in seiner Reisebeschreibung. Er berichtet über den Skandal des »Dezem« oder Zehnten, den Freiligrath im Gedicht »Die irische Witwe« festhielt - wie arme Katholiken, die nicht imstande waren, den pflichtschuldigen Zehnten an den protestantischen Geistlichen zu zahlen, auf die Straße gesetzt werden und man ihr Haus verkauft. »Qu'elle excellente chose qu'une religion d'état« bemerkt der Autor ironisch.[3] Pückler-Muskau war kein systematischer politischer Kommentator, aber seine ausgezeichnete Beobachtungsgabe und die Lebendigkeit seiner Darstellung erzielten eine Breitenwirkung im deutschen Lesepublikum. Sein Werk hat sicherlich eine Rolle im Entschluß des früheren Kollegen seines Schwiegervaters Kanzler Hardenberg, Friedrich von Raumer, gespielt, 1835 nach Irland zu kommen.

Der Titel von Raumers »England im Jahre 1835« ist leicht irreführend, denn es enthält einen der gediegensten und beredtesten politischen Reiseberichte über Irland überhaupt. Er bereist die östliche Hälfte der Insel und den westlichen Teil bis Killarney, »als dies vielbesprochene Land in unseren Tagen doppelt merkwürdig und ohne Anschauung kaum

---

1 Diese Aussage beruht nicht auf der geringen Zahl der Reiseberichte, sondern auf der Breitenwirkung in der Öffentlichkeit. Dies war besonders ausgeprägt in der liberalen und in der katholischen Presse; die O'Connellsche Repealbewegung hatte für die Organisation der deutschen Katholiken strukturelle Bedeutung, so für den Piusverein und sogar die Katholikentage. Die Belege für das zeitgenössische Interesse für Irland sind zahlreich. Neben Freiligrath, der mehrere Gedichte über Irland schrieb, wären u.a. Heine, Görres, Droste, Schücking und Otto Ludwig zu nennen. Goethe, der Pückler-Muskaus Briefe »ein für Deutschlands Literatur bedeutendes Werk« nannte, verhielt sich, nach Gesprächen aus seinen späten Jahren zu urteilen, ablehnend gegenüber den Emanzipationsbestrebungen der Iren. Vgl. Gedenkausgabe der Werke, Briefe und Gespräche. Hg. von Ernst Beutler. Zürich 1948. Bd. 14. S. 392 und 24. S. 336 und 345.
2 Mit Untertitel: Ein fragmentarisches Tagebuch aus England, Wales, Irland und Frankreich, geschrieben in den Jahren 1828 und 1829. München 1830.
3 Briefe eines Verstorbenen. Hg. von Therese Erler. Berlin (DDR) 1987. Bd. 1. S. 327.

zu entscheiden ist, welche von den entgegengesetzten Meinungen und Behauptungen über dasselbe die Richtige ist!«[1] Raumer war nicht der Mann, sich von O'Connell verblenden zu lassen, aber er war sichtlich beeindruckt von ihm, obwohl er überzeugt blieb, daß die Union zwischen Irland und England im besten Interesse beider Nationen war (S. 400). Mit seiner einsichtigen und überaus kritischen Analyse der irischen Zustände, insbesondere des Rechtssystems, will er der englischen Regierung klare und konstruktive Empfehlungen geben. Der in den verschiedensten Verwaltungszweigen erprobte Mann[2] verband in seiner Darstellung intellektuelle Schärfe mit rhetorischem Glanz und verhaltenem Pathos, was seinen Text noch heute zu einer bezwingenden Lektüre macht. So fragt er zum Beispiel nach einer kurzen Beschreibung der Lage der ländlichen Bevölkerung:»Warum bearbeitet denn der Irländer sein Land nicht? Weil er keins hat. - Warum beschäftigt denn der Herr die Untergebenen nicht? Weil kein Herr da ist« (S. 393). Oder:»Wie soll ich tenants at will übersetzen? Wegjagbare? (...) Leibeigene? (...) Ein ehemaliger Leibeigener ist ein Freiherr verglichen mit dem vogelfreien tenant at will« (S. 395 f.). Als er nach zweimonatigem Aufenthalt in Irland am 24. August 1835 wieder in Liverpool landet, schreibt er:»So bin ich Gottlob wieder in England, aber ich komme nicht zurück wie ich es verließ« (Th.2. S. 426). Die Erinnerung an Irland sei ihm»wie die Blutflecken der Lady Macbeth« (S. 427), und er schließt seine Reiseerinnerungen an Irland mit den Worten:

> »Kein Wunder daß geborne Irländer an den Wasserflüssen Babylons, wie der Prophet, jammern und weissagen, wenn ich, ein Fremder, diese Tage des Aufenthaltes in ihrem Vaterlande, die schmerzlichsten meines Lebens nennen muß« (S. 427).

Obwohl Raumers Buch, sowie sein »England im Jahre 1841« (das Material über Irland enthielt aber keine weitere Reise nach Irland), ein Jahr nach Erscheinen, d.i. 1837 und 1842, ins Englische übersetzt wurde, ist er von der irischen Forschung, im Gegensatz zu Pückler-Muskau, Kohl und Venedey, kaum beachtet worden. Dafür um so mehr von dem zeitgenössischen »durch und durch toryistischen« (Kohl) Organ der englischen Staatskirche, dem Quarterly Review, das 1836 der deutschen Ausgabe eine erbitterte Kritik von mehr als 50 Seiten widmete.[3] Raumer war taktlos genug gewesen (und kurzsichtig, wenn man an das kommende Kölner Ereignis denkt!), die Politik der preußischen Regierung gegen ihre katholischen Untertanen der englischen Staatsmacht als Vorbild nahezulegen. In seinem zweiten Englandbuch machte er sich zum Vergnügen, die Argumente der Rezension zu zitieren und sie ad absurdum zu führen.

Raumer folgte im Jahr 1842 ein weiterer Reisender, diesmal der spätere Bremer Stadtbibliothekar J.G. Kohl. Ein versierter Reiseschriftsteller, der das Wort »veni, vidi, scripsi« sicherlich wohl verdiente, kannte Kohl England gut, als er seine Reise nach Irland unternahm. Seine »Reisen in Irland. Zwei Theile« sind flüssig geschrieben, aber ohne die Lebhaftigkeit von Pückler-Muskaus Werk oder die Erlebnistiefe eines Raumer. 1844 folgte ein weiteres Werk, das längere Ausführungen über Irland enthielt, »Land und Leute der britischen Inseln. Beiträge zur Charakteristik Englands und der Engländer«.[4] Seine Reise umfaßte beinahe die ganze Insel, von der nordirischen Küste beim Giants Causeway, bis

---

1 Friedrich von Raumer: England im Jahre 1835. Leipzig 1836. Bd. 2. S. 391.
2 Raumer war früher Rektor der Friedrich-Wilhelms-Universitäten zu Breslau und Berlin und Autor eines grundlegenden Werkes über das britische Steuerwesen. Er ist 1831 freiwillig aus dem preußischen Zensurkollegium ausgetreten, was ihm von Heine den Beinamen »preußischer Revolutionär« eintrug.
3 Bd. 56 (1836). S. 530-583.
4 Joh. Georg Kohl. Land und Leute... 3 Bde. Dresden und Leipzig 1844. Hier Bd. 1. S. 237.

hinunter zur Shannonmündung und den Killarney Lakes. Er ging zur »obligaten O'Connellschau«, um zu lästern, und kam beeindruckt weg, obwohl er wenig vom »Repealgeschrei« hielt. Wie Jakob Venedey erlebte er den großen Redner bei den Massenversammlungen (»monster meetings«) der Repeal Association und war Zeuge der Geldeinsammlungen, die diesen folgten. Alles spendete, sympathisierende Protestanten neben ihren katholischen Mitbürgern, Reiche und Kleinbürger, Arme und Ärmste. Er lernte die Rolle der Enthaltsamkeitsaktion des ehemaligen Dubliner Arbeiters, Matt Talbot, in O'Connells erfolgreicher Politik des »non-violence« verstehen. Was Kohl aber an der Zielsetzung O'Connells auszusetzen hatte, war zweierlei:

>»Nur in inniger Union und völliger Verschmelzung mit England kann Irland mehr und mehr seine Institutionen entwickeln und mehr an den Vortheilen, die sich dem Bürger des britischen Staats in allen Weltenden darbieten, participieren.« (Bd. 1. S. 237)

Irland, so heißt es, sei wie Böhmen, das auch »nur in dem innigeren Anschlusse und völligen Übertritte zu Deutschland (...) mehr und mehr des Glückes, das ihm eine Verbrüderung mit einer der aufgeklärtesten und kräftigsten Nationen Europas verheißt, theilhaftig werden« kann (ebd.). Kohl begründet seine Argumente nicht wie Raumer politisch, sondern biologisch. Mit seinen phrenologischen Kenntnissen meint er beweisen zu können, daß »der obere Theil (des Vorderkopfes) mit den Organen der Reflexion bei den Iren auffallend schmal« sei, hingegen »das Organ des Zerstörungssinnes ist sehr viel größer« (S. 150). Die Iren sind für ihn »die Heloten Englands« (S. 196), aber in den »tüchtigen Nordiren (sei) mehr germanisches Blut« (S. 192).

>»Die physische und moralische Überlegenheit der Anglo-Germanen muß man bei allen Erscheinungen der irischen Geschichte vor Augen halten und daher berücksichtigen, daß die harte und schnöde Behandlung, welche die Irländer erfuhren, nicht allein der Tyrannei und Grausamkeit der Engländer zuzuschreiben sind, sondern daß sie ein natürliches bei dem Zusammenstoße beider kontrastierender Nationalitäten war und zur Hälfte von den Irländern selber hervorgerufen wurde« (S. 201).

Der Romanist und Sozialreformer Viktor Aimé Huber, Autor eines bekannten vierbändigen Spanienbuches: »Skizzen aus Spanien« (1828 und 1833), führt verwandte Argumente in seinem vermeintlichen Reisebericht aus Irland, »Skizzen aus Irland« (1850), an, um das Elend der Bevölkerung zu erklären.[1] Auch der Breslauer Geologe und spätere Professor in Berlin, Arnold von Lasaulx, der 1876 zu Forschungszwecken Irland bereist, kommt zu dem Schluß, indem er sich auf Huber bezieht, »daß die irische, oder vielleicht richtiger die keltische Rasse des Landes (...) durchweg eine niedrige geistige und körperliche Entwicklung« besitzt; so prophezeit Lasaulx, daß »in dem schweren Kampfe, den gerade dieser Stamm gegen die körperlich und geistig bevorzugten Angelsachsen zu führen hatte, nur mit der nicht abzuwendenen Niederlage dieses Stammes endigen kann«.[2] Kohls Ansichten haben auch historisches Interesse in der Geschichte des Nationalklischees des Iren, denn gerade in den 40er Jahren des 19. Jahrhunderts entwickelt sich in dem englischen Witzblatt: »Punch« (gegr. 1841 als: »Punch, oder London Charivari«) der Typus des Iren Paddy als eine Art Affenmensch mit schmalem Vorderkopf (»Organ der Reflexion«) und riesiger

---

1 Huber war nie in Irland. Sein Werk, das in Berlin erschien, ist eine lückenhafte Übersetzung des damals recht bekannten dreibändigen Reiseberichts von Mr. und Mrs. S.C. Hall: Ireland, its Scenery and Character. London 1841-43. Er selber nennt sein Machwerk eine »vielleicht zu freie deutsche Nachbildung« (VII). Ausführungen zum irischen Nationalcharakter auf S. 197 f. und 201.

2 Aus Irland. Reiseskizzen und Studien. Bonn 1878. S. 9.

Kinnpartie (»Organ des Zerstörungssinnes«). Diese Figur wird etwas später in irlandfeind-lichen Witzblättern in New York (wie »Puck« oder »Judge«) von »Punch« übernommen und ausgebaut; sie trägt u.a. dazu bei, das Bild des geringwertigen irischen Einwanderers bei dem gemeinen Mann sowohl in England wie auch in den Vereinigten Staaten zu prägen.[1] Die »amerikanische Dimension« kommt auch bei Lasaulx zu Wort, wenn er sich auf seiner Reise die sozialen und wirtschaftlichen Mißstände Irlands zu erklären sucht. Um die Politik der englischen Staatsmacht von Verantwortung freizusprechen, macht er auf den Zustand der Iren in Amerika aufmerksam und erinnert seine Leser daran, »daß auch drüben ein großer Theil der Irländer in Schmutz und Elend ein niedrig Dasein fristet«.[2]

Einen denkbar großen Gegensatz zum Kohlschen Ansatz bietet der rheinische Demokrat Venedey, der 1843 Irland zum dritten Mal besucht. Daß sein fast 900seitiges »dem irischen Volk« gewidmetes Werk »Irland« propagandistischen Zwecken dient, wird von vornherein klar gemacht. Der unvermeidliche Englandaufenthalt auf dem Weg zum Reiseziel wird zum Anlaß, sämtliche Erscheinungen des irischen Lebens, auch das sonst störende Bettel-wesen, gegen das »kalte«, »böse«, »stolze« England auszuspielen. Nach bewährter Metho-de der Nationalisten widmet er den ersten Teil seines Buches einer Darstellung der irischen Geschichte, die Englands Schuld an Irlands Schicksal bis ins ferne Mittelalter zurück historisch begründen soll. Der zweite Teil hat O'Connell zum Gegenstand und enthält den eigentlichen Reisebericht (Venedey ist auch der Autor des Artikels: »O'Connell« im »Staatslexikon« von Rotteck und Welcker.) Venedey kennt sich in Irland gut aus. Er mischt sich unter das Volk, unterhält sich mit Iren der verschiedensten Art und Klasse. Auch den Gegnern O'Connells (»Antirepealer«) gewährt er einen breiten, wenngleich parteiischen Raum in seinen Darstellungen. Dem neugierigen Wirt in Athlone gegenüber - bei einem seiner zahlreichen Besuche der Massenversammlungen - bekennt er sich als »schlechter Katholike« und läßt sich über die Intoleranz der katholischen Geistlichkeit aus, aber er weiß die Rolle des Klerus in der Organisation von O'Connells Bewegung und auch dessen Beitrag zum Erfolg zu schätzen.[3] Bei der ersten Begegnung mit O'Connell wird er über die Kölner Wirren ausgefragt, und als er an einem Picknick auf die Dalkey Insel in der Dubliner Bucht die O'Connellsche Familie begleitet, bildet der Zustand des Liberalismus in Deutschland den Hauptgesprächsstoff. Der optimistische Grundton in Venedeys Bericht, trotz aller Armut und Not, der er begegnet ist, läßt sich aus verschiedenen Gründen erklären. 1843 war das Jahr, in dem O'Connell auf der Spitze seines Erfolges und seines europäischen Rufes stand. Kaum eine Woche verging, manchmal kaum ein Tag, wo er nicht in der »Allgemeinen Zeitung« oder sonst einem deutschen öffentlichen Organ erwähnt wurde. Die Redaktion der »Kölner Zeitung« bot ihren Lesern Bilder des großen »Liberators« zum Kauf an.[4] Die Ergebnisse der jüngsten irischen Geschichtsforschung bestätigen ein Bild von steigendem Wohlstand in Irland am Vorabend der großen Hungersnot, wobei auch die ärmsten Klassen in diesem dichtestbevölkerten Land Europas mit ihrer Ernährung von

---

1   Vgl. L.P. Curtis: Apes and Angels. The irishman in victorian Caricature. Newton Abbot 1971. S. 31, 37 und Illustrationen auf S. 41 f. und 66.
2   Lasaulx. S. 11. Man denke auch an Gustav Freytags Wort von den »frierenden Paddykindern« in »Soll und Haben«.
3   Leipzig 1844. Ein Teil war schon als Reportage 1839-1843 in der Kölner Zeitung erschienen.
4   Die Dubliner Dissertation von Geraldine Grogan über Daniel O'Connell in der deutschen Publizistik 1830-1860 soll viel Quellenmaterial aus den deutschen Tageszeitungen bringen.

Kartoffeln und Molkereiprodukten im Vergleich zu anderen Völkern relativ gut standen.[1] Venedeys Werk ist der letzte der politischen Reiseberichte von Deutschen über Irland, wenn man von der als Brief verfaßten Reisebeschreibung von Engels aus dem Jahr 1856 absieht.[2] Die Hungersnot, die Engels als einer der wenigen Deutschen in ihrer vollen historischen Bedeutung anerkennt, erregt wohl Mitleid in der deutschen Öffentlichkeit; sie ist aber nicht imstande, das - mit O'Connells Tod und Abgang von der politschen Bühne (1847) - verschwindende Interesse an Irlands Schicksal aufzuhalten. Es ist bezeichnend, daß jene Handvoll Deutsche, die in den Jahrzehnten nach 1848 Reisememoiren über Irland niederschrieben, die Hungersnot und ihre Folgen nirgends eingehend besprechen und manchmal kaum noch erwähnen.

Schon seit Ende der 50er Jahre wird die grüne Insel - und nicht nur für die Deutschen - im treffenden Wort von Theodor Fontane zum Land des »Feuilletontouristen«. Fontane prägte das Wort in einer Rezension des dritten Irlandbuches von Julius Rodenberg: »Die Myrte von Killarney« (1867). In dieser »anmutigen Reiseskizze« des Autors, der eine Reise nach Südirland vorausging, wird Irland, so Fontane, als »das Land der Feen, der Romantik, des Aberglaubens« präsentiert.[3] Rodenbergs erste Reise fiel in das Jahr 1858, gleichzeitig mit der »seiner geheimen Reisebegleiter«, Charles Dickens und dem englischen Kardinal Wiseman, Autor des damals in Deutschland recht bekannten Romans »Fabiola«. Der Ertrag der Reise wird in zwei Büchern verwertet: »Insel der Heiligen. Eine Pilgerfahrt durch Irland«, die die eigentliche Reisebeschreibung enthält, und »Die Harfe von Erin. Märchen und Dichtung in Irland«, welches Material aus der Reise verwertet.[4] Rodenbergs erster Eindruck ist ein Schockerlebnis. Ein Gespräch mit einem Dubliner Juden namens Moses Mac Isaac entlockt dem Autor die Bemerkung, daß das Judenschicksal als Los des Fremden wohl ein zu erwartendes sei, die Iren aber »wie Fremde im eigenen Land« behandelt würden. Rodenberg wird überwältigt vom Schmutz und vom Kontrast zwischen den schönen jungen Mädchen und ihrer Umgebung. Gleich aber - seine Leser wollen ja unterhalten und belehrt werden - wendet er sich dem folkloristischen Treiben zu; er sammelt Märchen und Anekdoten, Geschichten und Bräuche; er begründet den irischen Hang zur Fantasie mit dem strengen Katholizismus des Landes und dem ebenso tiefverwurzelten (und diesem verwandten) Aberglauben. Der Autor erinnert seine Leser, »wie eng und dicht zusammen der Glaube und das Märchen unter einem Dache wohnen - dem Bild der Heiligen gegenüber (...) das Eselshufeisen auf der Schwelle; unter dem Dache die Kreuze; über dem Dach die Lauchbüschel«.[5]

Rodenberg kommt als ausgewiesener Kenner seines Themas. Crokers »Elfen- und Feenmärchen Irlands«, die das deutsche Lesepublikum in der Übersetzung der Gebrüder Grimm kennt, sind ihm wohlvertraut. In der Dubliner Universitätsbibliothek kümmert er sich um Handschriften des heiligen Patrizius. Er selber hat im Jahr 1856 eine neue Übersetzung des im hohenzollernschen Herrscherhause so geschätzten »Lalla Rookh« vom irischen Dichter Thomas Moore vorgelegt; Notenbeispiele von Moores weltweit beliebten »Irischen Melo-

---

1 Die Bevölkerung Irlands stieg von 4,2 Millionen im Jahr 1791 auf fast 8,2 Millionen in 1841. Mehr als anderthalb Millionen sind während der Hungersnot gestorben oder ausgewandert.
2 Karl Marx/Friedrich Engels: Werke. Berlin 1973. Bd. 29. S. 56.
3 Theodor Fontane: Sämtliche Werk. München 1974. Bd. XXI/2. S. 73, die Rezension erschien in der Neuen Preußischen (Kreuz-)Zeitung. Nr. 142 vom 21. Juni 1867.
4 Berlin 1860. Zwei Bände u. Leipzig 1861.
5 Insel der Heiligen. S. 9; Die Harfe von Erin. S. 7.

dien« werden im Schlußteil der »Harfe« abgedruckt. Nun können Deutschlands Töchter mit ihren britischen und irischen Schwestern die wohltönenden, sentimentalen Lieder singen. Ja, so reichhaltig ist bei Rodenburg das kulturelle Angebot, so pittoresk die Landschaftsschilderungen, daß sich die Reise nach Irland vielleicht sogar erübrigt. Wenn man sich doch entschließt, dorthin zu fahren, dann in das folkloristische Irland, die realitätsentrückte Insel, wohin man sich als zivilisationsmüder Deutscher eine Zeitlang flüchtet, oder wo man einfach, zusammen mit den mittelständischen britischen Touristen, die in dieser zweiten Jahrhunderthälfte in immer größeren Zahlen hinfahren (»die Iren verstehen schließlich Englisch«), das Pittoreske sucht. Wie die folgenden 100 Jahre zeigen, erwies sich diese leicht selbstgenießerische Utopie der Deutschen als viel zählebiger als das aus politischem Engagement erwachte Interesse für Irland im deutschen Vormärz.[1]

Versucht man nun, ein Fazit aus der deutschen Reiseliteratur über Irland zu ziehen, gemeinsame Züge in den Eindrücken ihrer Autoren herauszuarbeiten, um sich so etwas wie ein »deutsches Irlandbild« zu erstellen, so wird man sich der sehr unterschiedlichen ideologischen Ansätze erst recht bewußt. Gemeinsame Themen gibt es wohl bei allen: voran das Verhältnis der englischen Nation zur Nachbarinsel. Aber auch hier wird sehr unterschiedlich gewichtet, je nach politischem Standpunkt des Sprechers, zumindest bis zur Jahrhundertmitte. Das verringerte politische Interesse an der Politik unter den Deutschen nach 1848 ließe sich auch an ihren irischen Reiseeindrücken darstellen, aber die Anzahl der Belege ist zu gering, um repräsentativ zu sein.[2] Das romantische Gemüt der Deutschen wird von der irischen Landschaft in allen Fällen angesprochen, beginnend mit Küttner: »Das Ganze ist so romantisch, und so ganz für ein fühlendes Herz gemacht« (S. 22). Das irische Klima, trotz mancher herben Erfahrung, findet ein erstaunlich mildes Urteil. Die deutschen Gäste zeigen sich von vornherein als natürliche Whiskeykenner, ohne daß das köstliche Getränk die zentrale Rolle in ihren Zeugnissen spielt - wie in den deutschen Medien des 20. Jahrhunderts. Der galante Deutsche ist einstimmig in seinem Urteil über die irischen Frauen. Man könnte in Versuchung kommen, die oft gleichlautenden Lobworte über freundliche Begegnungen und natürliche Manieren als Plagiat anzusehen, gäbe es nicht sehr verschiedene Zeugnisse von denselben Autoren zum Thema, etwa Küttners Urteil über die Wienerinnen: »Nie habe ich auf dem nehmlichen Umfange eine gleich große Zahl herrlicher weiblicher Körper gesehen, völlere Busen, oder eine solche Masse festen, reichen Fleisches«.[3] Überhaupt ist die Leichtigkeit, mit der man als Fremder mit den Einheimischen aller sozialen Stufen ins Gespräch kommt, und zwar von Küttner bis zu Böll, eine Quelle des Staunens und der Befriedigung. Das Gespräch als Volkssport und Selbstzweck ist ihnen neuartig, und sie würden sicherlich der irischen Schriftstellerin Lady Morgan (ca. 1783-1859) in ihrer Beschreibung beigepflichtet haben:

»In England conversation is a game of chess, the result of judgement, memory and deliberation - with us it is a game of battledore (Federballspiel), and our ideas like our shuttlecocks are thrown lightly one to the other,

---

1 Der Gegensatz im Bild Irlands in den Ausgaben der Konversationslexika von Brockhaus zwischen der Zeit etwa vor 1860-70 und nachher ist auffallend. Nicht nur daß in den späteren Ausgaben das politische Interesse verschwunden ist; auch der jeweilige Artikel wird stark gekürzt, und Irland spielt im Artikel »Großbritannien« längst nicht mehr die Rolle, die es in den 40er und 50er Jahren innehatte.

2 Neben Rodenberg, Lasaulx (und Huber) wäre Ober-Appellations-Gerichtsrat Freiherr Carl von Groß zu nennen, der ein sehr anschauliches Bild der noch heute im Brennpunkt des Interesses (in Irland) stehenden Strafanstalten bringt in: Eine Wanderung durch Irlands Gefängnisse. Berlin 1868.

3 Zitiert in Richard Brinkmann: Wirklichkeiten. Essays zur Literatur. Tübingen 1982. S. 375.

bounding and rebounding, played more for amusement than for conquest, and leaving the players animated by the game, and careless of its results«.[1]

Die Enttäuschung jedoch, in Irland kaum eines der mit Recht zu erwartenden »Kunstherbarien«[2] vorzufinden, ist allgemein. Ein weiteres Thema, das viel aufregender wirkt, ist der irische Schmutz. Venedey wird »auf Schritt und Tritt (...) an einzelne Judengassen in Deutschland« erinnert und meint »die Kinder sehen aus, als ob sie nie gewaschen worden, die Alten, als ob das Wasser Geld koste!«; der Frühstückstisch in seinem Dubliner Hotel begehe »24 Sünden gegen den heiligen Geist der englischen Reinlichkeits- und Bequemlichkeitsetikette«.[3] Das Schmutzerlebnis wird durchaus ideologisiert, ob wie hier als Spitze gegen die kleinbürgerliche Selbstgefälligkeit der Engländer, oder, wie bei Kohl und Lasaulx, als Beweis einer naturgegebenen Hierarchie der Rassen und Kulturen. Bei Böll wird der irische Umgang mit Schmutz - vorrangig im »Limerick-Kapitel« seines »Irischen Tagebuchs« - zu einer Theologie der Armut, denn Böll schreibt wohl »insgeheim ein Buch über Deutschland« und »Irland wird hier zum Kontrastbild zu den deutschen Verhältnissen« (Bernd Balzer).[4] Nicht nur bei Böll findet in der Auseinandersetzung mit dem fremden Land eine Art Selbstbegegnung statt, das Erwachen eines neuen kritischen Bewußtseins im Wahrnehmen von politischen und menschlichen Werten. Wo dies sich ereignet, bei Küttner, bei Venedey, gelegentlich auch bei Pückler-Muskau, Kohl und Rodenberg, und als zentrales Erlebnis bei Raumer, wird die Lektüre der deutschen Reiseliteratur über Irland im Sinn der Aufklärung: angenehm, unterhaltend, belehrend - und manchmal auch ergreifend.

---

1   Zitiert in Maxwell: Dublin. S. 94 f.
2   Brinkmann (Anm. 51). S. 4.
3   Venedey. Bd. 2. S. 8.
4   Jochen Vogt: Heinrich Böll. München 1978. S. 58; Balzers Zitat ebendort. Siehe aber Bölls etwas revidiertes Bild von Irland in »Dreizehn Jahre später« (1967) in: Essayistische Schriften und Reden. Bd. 2 (1978). S. 255 ff.

Gerhard Kozielek

Deutsche Reiseberichte über das Polen
Stanislaus August Poniatowskis

In den Jahren 965/966 begab sich im Auftrag des Kalifen von Córdoba Al-Hakam II. eine Gesandtschaft an den Hof Ottos I. Einer der Teilnehmer, der spanische Jude Ibrahim ibn Jakob, verfaßte danach einen Bericht, in dem er zugleich das Land des ersten polnischen Herrschers Mieszko - er nennt ihn König des Nordens - beschreibt. Die Tatsache, daß dieser Reisebericht im selben Jahr geschrieben wurde, in dem die Gründung des polnischen Reiches erfolgte, zeugt davon, daß sich Polen von Anbeginn seiner Existenz in der Interessensphäre des westlichen Europas befand. In den folgenden Jahrhunderten fehlte es denn auch nicht an Kaufleuten und Kriegern, Geistlichen und Gelehrten, Diplomaten und Scholaren, die nach Polen kamen und ihre Erlebnisse und Erfahrungen im Lande der Sarmaten aufzeichneten, sei es für sich selbst, sei es für ihre Zeitgenossen. Meist waren es Italiener und Franzosen. Zu den berühmtesten deutschen Persönlichkeiten, die bis zum 18. Jahrhundert Polen bereisten, gehörten der Missionar Brun von Querfurt (um 974-1009), die Humanisten Konrad Celtis (1459-1508) und Heinrich Bebel (1472-1518), die Dichter Martin Opitz (1597-1639) und Johann Wolfgang von Goethe (1749-1832). Keiner von ihnen hinterließ eine Reisebeschreibung; ihre Briefe und Gedichte enthalten jedoch Wissenswertes und Interessantes über das östliche Nachbarland.

Abgesehen von den großen Siedlungsaktionen des Mittelalters waren die Kontakte zwischen Deutschen und Polen bis zum Ende des 17. Jahrhunderts eher sporadisch; sie wurden intensiviert zur Zeit der sächsisch-polnischen Personalunion (1697-1763) und vor allem während der Regierung des letzten polnischen Königs Stanislaus August Poniatowski, d.i. in den Jahren 1764 bis 1795. Ausdruck dessen ist ein relativ starker Anteil deutscher Geistesschaffender am wissenschaftlichen und kulturellen Leben Warschaus. Die Namen des ersten Präfekten der polnischen Nationalbibliothek und bedeutenden Bibliographen Johann Daniel Janozki, der Verleger und Buchdrucker Michael Gröll und Lorenz Mitzler de Koloff, der Professoren an der Ritterakademie Rudolf Steiner und Christoph Pfleiderer haben in Polen auch heute noch einen guten Klang. Für den Zustrom ausländischer Gelehrter, Künstler, Handelsleute und Handwerker gab es zwei Gründe: Zum einen war der König bemüht, sein Land den Ideen der Aufklärung zu öffnen, zum anderen wollte er die Wirtschaft sanieren. Beide Faktoren sollten dazu beitragen, die Rückständigkeit Polens in geistiger und materieller Hinsicht zu überwinden.

Eine adäquate Widerspiegelung dieser Bestrebungen sind u.a. Reiseberichte oder Tagebuchaufzeichnungen pragmatischer Prägung, also solche, die die vorgefundenen Realien sachlich und vom Standpunkt des Utilitarismus registrieren. Zu dieser Gruppe gehören die Werke von Johann Bernoulli und Johann Philipp von Carosi. Ein Verfasser, nämlich Johann Erich Biester, läßt sich von ideellen Prämissen leiten. Die eindeutig affirmative Tendenz seiner Schrift ergibt sich aus einer aufgeklärten Geisteshaltung, aus der ebenfalls alle von Stanislaus August initiierten Reformen resultieren. Politischen Charakter haben die Publikationen eines Johann Joseph Kausch und Joachim Christian Friedrich Schulz, wobei der erste eine propolnische, der zweite eine prorussische Haltung repräsentiert. Wertvolle Ergänzungen zu den Reiseberichten der genannten Autoren enthalten die Reisejournale[1] eines Georg Forster und Johann Gottlieb Fichte, des Grafen Ernst Ahasverus Heinrich Lehndorff und des Barons Karl Heinrich Heyking wie auch einer Elisa von der Recke. Nicht zuletzt ist Johann Gottfried Seumes Schrift über die Ereignisse des Jahres 1794 ein anschauliches Gemälde über die letzten Zuckungen des polnischen Staatskörpers vor seiner völligen Zerstückelung.[2]

Der erste deutsche Reisebericht über Polen erschien im Jahre 1780 als sechster Band der »Reisen durch Brandenburg, Pommern, Preußen, Curland, Rußland und Pohlen in den Jahren 1777 und 1778« (Leipzig 1779/1780). Verfasser war Johann Bernoulli (1744-1807), der einer Schweizer Gelehrtenfamilie entstammte und im Alter von neunzehn Jahren zum Mitglied der königlichen Akademie der Wissenschaften zu Berlin ernannt wurde. Polen besuchte er auf der Rückreise von Petersburg; der Weg führte ihn über Mitau, Grodno, Bialystock nach Warschau und weiter über Posen nach Berlin. Die Notizen, die er sich unterwegs machte, bearbeitete er sodann in Berlin, wobei er sie um Angaben aus zeitgenössischen Publikationen ergänzte. Beispielsweise schöpfte er aus Anton Friedrich Büschings »Erdbeschreibung« (Hamburg 1754-1792), aus Johann Daniel Janozkis Gelehrten- und Literaturlexika, aus Jean-Baptiste Dubois' »Essai sur l'histoire littéraire de Pologne« (Berlin 1778). Er verweist auf viele Spezialuntersuchungen und vergleicht seine Aufzeichnungen mit früheren Angaben, wie etwa mit der Beschreibung Warschaus durch Christian Heinrich Erndtel, den Leibarzt Augusts II.[3] Die wissenschaftliche Arbeitsweise Bernoullis findet ihren Niederschlag in einem sehr sachlichen Stil, einer Anhäufung faktographischen Materials und dem Verzicht auf Reflexionen. Größte Ojektivität erscheint ihm als höchstes Gebot. So sind die nüchternen Zeit- und Ortsangaben, die bloße Aufzählung der zurückgelegten Meilen und die karge Beschreibung einiger weniger Bauten in Form von Tagebuchnotizen gehalten. Dank ihrer Kürze wirken sie weder ermüdend noch langweilig. Der exakte Geist Bernoullis hat wenig Verständnis für die Schönheiten der Natur - für die Weite der hügeligen Landschaft, die majestätisch dahinziehende Memel, die hie und da verstreuten Seen, die dichten Wälder und die Wiesen in ihrem satten Grün. Der Schriftsteller Friedrich Schulz - der seine Reise allerdings im Frühjahr unternahm - zeigt da ein tieferes Empfinden, wenn er festhält, wie die Weiden und der Schlehdorn blühen, wie Birken und Anger in frischester Farbe prangen. »Dies gewährt einen erheiternden Anblick«, bemerkt

---

1   Georg Forster: Reise von Kassel nach Wilna 1784. In: Georg Forsters Werke. Sämtliche Schriften, Tagebücher, Briefe. Bd. 12: Tagebücher. Bearbeitet von Brigitte Leuschner. Berlin 1973. S. 20-189; ders.: Reise von Wilna bis Dresden 1785. In: ebd. S. 190-199. - Johann Gottlieb Fichte: Tagebuch meiner OsterAbreise aus Sachsen nach Pohlen und Preußen. Im Jahr 1791. In: J.G. Fichte: Briefwechsel. Kritische Gesamtausgabe. Gesammelt und herausgegeben von Hans Schulz. Bd. 1. Leipzig 1925. S. 166-186. - Des Reichsgrafen Ernst Ahasverus Heinrich Lehndorff Tagebücher nach seiner Kammerherrnzeit. Nach dem französischen Original bearbeitet von Karl Eduard Schmidt-Lötzen. Bd. 1. Gotha 1921. - Aus Polens und Kurlands letzten Tagen. Memoiren des Baron Karl Hinrich Heyking (1752-1796). In deutscher Bearbeitung nebst Anmerkungen und Beilagen herausgegeben von Baron Alfons Heyking sen. Berlin 1897. - Elisa von der Recke: Mein Journal. Elisas neu aufgefundene Tagebücher aus den Jahren 1791 und 1793/95. Herausgegeben und erläutert von Johannes Werner. Leipzig o.J.

2   Johann Gottfried Seume: Einige Nachrichten über die Vorfälle in Polen im Jahre 1794. In: J.G. Seume's sämmtliche Werke. Vierte rechtmäßige Gesammtausgabe in acht Bänden. Leipzig 1839. Bd. 5. S. 1-62.

3   Warsavia physice illustrata, sive de aere, aquis, locis et incolis Warsaviae, eorundemque moribus et morbis tractatus, cui annexum est viridiarum, vel catalogus plantarum circa Warsaviam nascentium. Dresdae 1730.

er, »aber einen desto gräulicheren die waldigten Gegenden des Landes«.[1] Was ihn zu dieser Aussage veranlaßt, ist weniger die beängstigende Wildheit, sondern die schlechte Waldwirtschaft, die übrigens auch Bernoulli beanstandet. Dessen praktischen Sinn empört sogar, daß über einen Bach von fünf Fuß Breite eine 148 Fuß lange Brücke führt. So registriert sein Auge auch anstelle von malerischen Alleen und herbstlichen Feldern bessere oder schlechtere Wege. Die für einen Reisenden wichtigen Straßenverhältnisse findet er im allgemeinen gut.

Seine Feststellung deckt sich mit anderen Berichten. Johann Erich Biester bezeichnet die von ihm befahrene Strecke - von Posen nach Warschau und von da nach Thorn - als »ungemein angenehm«, und die Reisebedingungen mit der Extrapost sind ihm zufolge sogar »sehr gut«, denn »man wird auf den Stazionen ganz ungemein schnell befördert; die Postiljone sind weder tückisch noch plump, sie fahren vorsichtig und doch rasch« und, wie er weiter vermerkt, »höchst sicher«.[2] Diesem Urteil pflichtet F. Schulz bei.[3] Auch er lobt die »vortreffliche[n] Fuhrleute«: »Sie sind höflich, willig und genügsam«. Und die Postmeister seien »die gefälligsten Leute von der Welt« (I, 1, S. 59 f.). Ist Schulz mit den Quartieren in den Posthäusern durchaus zufrieden, hat Bernoulli Grund zur Klage: In Grodno

> »befanden wir uns zwischen 4 frisch gemalten feuchten Mauern, wo kein Bette, kein Tisch, kein Stuhl, ja nicht ein Fenstergesims, auf welches man etwas hätte legen können, zu sehen war: - so waren alle Zimmer - auch noch kein Schloß an den Thüren, und überdies schlechte Aufsicht von den Wirthsleuten (zwar deutschen Christen), weil eben sehr viel Gesindel, um den Sonntag zu feyern, sich auf dem Tanzboden eingefunden hatte; kurz hier war gar kein Bleibens.«[4]

Ähnliche Erfahrungen machte Graf Lehndorff, der sich am 1. Mai 1781 von seinem Landsitz in Steinort in Ostpreußen auf eine kurze Reise nach Warschau begab.[5] Es ist durchaus verständlich, daß Bernoullis an großstädtische Bedürfnisse gewöhnte Natur es

1 (Schulz, Friedrich): Reise eines Liefländers von Riga nach Warschau, durch Südpreußen, über Breslau, Dresden, Karlsbad, Bayreuth, Nürnberg, Regensburg, München, Salzburch, Linz, Wien und Klagenfurt, nach Botzen in Tyrol. Berlin 1795/96. T. 1. H. 1. S. 64.
2 (Johann Erich Biester:) Einige Briefe über Polen und Preussen. Geschrieben im Sommer 1791. In: Berlinische Monatsschrift. Herausgegeben von J.E. Biester. Bd. 18. 1791. S. 162-192; Bd. 19. 1792. S. 545-603; hier: Bd. 19. S. 545 ff. die Verfasserschaft Biesters belegt Ursula Schulz in: U. Schulz: Die Berlinische Monatsschrift (1783-1796). Eine Bibliographie. Mit einer Einleitung von Günter Schulz. Hildesheim 1969. S. 65.
3 Schulz a. a. O.: »Auch lasse man sich nicht verleiten, was von der Unsicherheit der Wege gesagt wird, zu glauben. Ich selbst habe diesen Weg dreymal gemacht, viele meiner Freunde ebenfalls, und nie hat sich etwas Verdächtiges gezeigt, weder bey Tage noch bey Nacht« (T. 1. H. 1. S. 63).
4 Johann Bernoulli's Reisen durch Brandenburg, Pommern, Preußen, Curland, Rußland und Pohlen in den Jahren 1777 und 1778. Leipzig 1779/1780. Bd. 6. S. 34 f.
5 E.A.H. Lehndorff a. a. O. berichtet über seinen Aufenthalt in einem Dorf: »Hier will mich der Jude in dem einzigen sogenannten Wohnzimmer unterbringen, das aber dermaßen voll Dreck ist, daß ich es nicht über mich gewinnen kann, einzutreten. Indem ich mich umsehe, bemerke ich eine Art Stall, der beinahe einladend aussieht. Ich schlage nun der Jüdin vor, sie solle mich hier unterbringen. sie sagt darauf, daß da winterüber die Kälber gestanden hätten; sie wolle aber den Mist herausschaffen und den Raum dann für mich herrichten lassen. Das Volk ist hier gutmütig. Nachdem ich einige Groschen ausgeteilt habe, machen sich wohl mehr als zehn Menschen an die Arbeit, und ich glaube, daß nach jenem Augiasstall kein anderer so schnell gereinigt worden ist, als dieser. Im Verlauf einer Stunde, während deren ich im Freien bleibe, ist meine Wohnung ausgemistet; aber da es keine Fenster gibt, muß die Tür offen bleiben. Nun lasse ich räuchern, lasse die Luft herein und räuchere abermals. Endlich um 9 Uhr bin ich mit einer alten Bank und einem Brett, das auf eine Tonne gelegt wird und einen Tisch vorstellen soll, eingerichtet. Nun wird auch mein Bett aufgeschlagen. Nachdem ich den Tee genommen und etwas gelesen habe, fühle ich mich um 10 Uhr schon ganz heimisch in meiner Bude. Ich sehe wieder einmal, mit wie wenig der Mensch zufrieden sein kann« (Bd. 1. S. 176 f.).

nicht verkraften konnte, mit einem hölzernen Löffel zu essen, oder daß es Lehndorff, der sonst in königlichen Residenzen und bei seinesgleichen weilte, schwer fiel, mit anderen Menschen in einer Gaststube zu übernachten. Übereinstimmend heißt es bei allen Reisenden, die Kenntnis der Landessprache sei nicht unbedingt vonnöten; die Dolmetscher waren gewöhnlich Juden. In gebildeten Kreisen unterhielt man sich französisch oder deutsch. Alle sind sich darin einig, daß die Lebensmittel billig sind.

Neben diesen und anderen Feststellungen allgemeiner Art weisen die jeweiligen Reisebeschreibungen spezifische interessen- oder berufsgebundene Merkmale auf. Ein Reisender wie Bernoulli kann natürlich nicht umhin, sich an den Orten seines Aufenthalts mit dem Stand der Wissenschaften und der Entwicklung der Industrie bekannt zu machen und Naturalien- und Kunstsammlungen, Lehranstalten und Bibliotheken sowie andere öffentliche Einrichtungen zu besuchen. Wie andernorts lernte er auch in Polen Persönlichkeiten von Rang kennen; als berühmtem Gelehrten standen ihm Bürgerhäuser und Magnatenpaläste offen. So etwa besuchte er in Grodno in Begleitung des dort ansässigen Professors Jean Emmanuel Gilibert - Georg Forsters Vorgänger an der Universität Wilna - einige Manufakturen des Grafen Antoni Tyzenhaus, der eine Industrialisierung Litauens zu initiieren versuchte. Für die Mentalität des Verfassers ist es charakteristisch, daß er dem gegebenen Produktionsprofil größere Aufmerksamkeit widmete als den dort beschäftigten Arbeitern, die sich aus leibeigenen Bauern der königlichen Güter rekrutierten. Überhaupt erwähnt er diese Bevölkerungsschicht mit keinem Wort; lediglich in einer Anmerkung zitiert er einen »kürzlich aus Warschau erhaltenen Brief« über die Bauernbefreiung auf einigen Adelsgütern.

Warschau ist für Bernoulli ein Zentrum der Gelehrsamkeit. Wie kein anderer Reiseschriftsteller interessiert er sich für die wissenschaftlichen Institutionen der Stadt, den liebsten Umgang pflegt er mit Jean-Baptiste Dubois, Professor der königlichen Kadettenschule. »Diese Anstalt, zur Erziehung des jungen polnischen Adels« - deren Struktur und Lehrplan er kurz skizziert - »ist eine der nützlichsten und denkwürdigsten, welche der weise Stanislaus gestiftet hat« (S. 110). Bernoulli fällt dieses Urteil dreizehn Jahre nach deren Gründung, und die Geschichte sollte ihm recht geben: Die Männer, die sich daraus rekrutierten, waren nämlich größtenteils dieselben, dank denen die denkwürdige Mai-Konstitution zustande kam. Großen Eindruck machte auf ihn auch ihre »gute Einrichtung« und »edle Bauart«, die »mit den schönsten italienischen großen Schulgebäuden« wetteifern kann (S. 275). Er besucht ebenfalls die beiden Piaristenschulen und das Theatiner-Colleg, er weiß, daß es ein Studium theologicum generale und das Seminarium sanctae crucis gibt, »in welchem feyerliche philosophische und theologische Disputirübungen gehalten werden« (Anm. 7., S. 278). Desgleichen kennt er das Gymnasium Zaluscianum, eine Gründung der Grafen Józef Andrzej und Andrzej Stanislaw Zaluski.

Eine weit bedeutendere Stiftung dieser beiden Mäzene der Wissenschaft war die erste öffentliche polnische Bibliothek, die der aus Deutschland stammende Johann Daniel Janozki leitete. Die Fülle der angeführten Fakten und Details, die sich sowohl auf die Büchersammlung selbst als auch auf die Tätigkeit Janozkis bezieht, und die ausführliche Schilderung, die zudem mit einer großen Anzahl von Fußnoten angereichert ist, zeugt davon, mit welcher Intensität Bernoulli die Bibliothek besichtigt hat. Im Zusammenhang mit allen diesen Besuchen betont er, daß Schulen und Klöster, desgleichen Privatpersonen, vor allem solch bekannte Magnaten wie die Jablonowskis, Radziwills, Rzewuskis, Sapiehas und Wisniowieckis wertvolle Bibliotheken besitzen.

Bernoulli versäumt auch sonst keine Gelegenheit, in das geistige Leben der Stadt einzudringen. Er nimmt an einer Sitzung der Warschauer Gesellschaft der Wissenschaften teil und will den Beratungen der Gesellschaft für Lehrbücher beiwohnen, eines Organs der Kommision für nationale Erziehung, deren Mitglieder und Aufgabenbereiche er vorstellt und umreißt. Der Gelehrte weiß die große Bedeutung des ersten Erziehungsministeriums Europas gebührend zu schätzen:

>Nichts gereicht wohl der jetzigen Regierung mehr zum Ruhme, als daß unter derselben eine Anstalt zu Stande gekommen ist, dergleichen kein einziges Land - und wie viele bedürften sie nicht ebenfalls! eine ähnliche aufzuweisen hat; die in einem Lande, wo die Wissenschaften in Verfall gerathen, viel nützlicher ist, um ihnen aufzuhelfen, als alle Akademien der Wissenschaften, und die, wo irgend etwas auf der Welt, das gemein Beste zum unmittelbaren Endzweck hat, und es am sichersten befördern kann« (S. 234).

Von einer intimen Kenntnis der Reformbestrebungen in Lehre und Literatur zeugen denn auch solche Namen wie der des damals schon verstorbenen »polnischen Gottsched«, Stanislaw Konarski, des Komödiendichters Franziszek Bohomolec, des Sekretärs der Kommission für nationale Erziehung Grzegorz Piramowicz, des führenden Ideologen der polnischen Aufklärung, Hugo Kollataj und des späteren Autors der polnischen Nationalhymne Józef Wybicki. Er kennt den bedeutendsten Dichter der polnischen Aufklärung, Ignacy Krasicki, den erfolgreichen Buchdrucker Michael Gröll, den Arzt und rührigen Verleger Mitzler de Koloff, die Maler Bacciarelli und Canaletto sowie viele Persönlichkeiten, die sich um Kunst und Wissenschaft verdient gemacht haben.

Bernoulli konnte es natürlich nicht entgehen, daß der allgemeine Aufschwung in Kultur, Wissenschaft und Erziehungswesen, in Architektur und Wirtschaft, vor allem aber in der Gesetzgebung dem persönlichen Einsatz des Königs zu verdanken war, der es verstand, auch unter den Magnaten aufgeklärte Geister für seine Ideen zu gewinnen. So kann er, der in seiner Reisebeschreibung über sachliche Angaben kaum hinausgeht, nicht umhin, »dieses preiswürdigen Monarchen unbeschreibliche Herablassung und Freundlichkeit, schöne und ausdrucksvolle Gestalt, ausgebreitete Kenntnisse und mannichfaltige gute Eigenschaften zu rühmen«. Weil er sich aber scheut, als Schmeichler zu erscheinen, begnügt er sich mit dieser einen Aussage und verweist des weiteren auf »die vielen schönen Thaten und Anstalten des Stanislas August«, die er »unter den schlimmsten Hindernissen schon gesetzt hat« (S. 116 f.).

Bernoullis Beobachtungen erschöpfen sich nicht in obigen Angaben. Mit Vorliebe registriert er insbesondere mineralogische Sammlungen, wie z.B. die der Grodnoer Akademie oder des Grafen Michal Oginski, bei dem er ebenfalls eine reichhaltige Kollektion von Schnecken, Stachelaustern und Mißgeburten vorfindet. Peinlichst genau verzeichnet er die Kunstschätze im königlichen Schloß, wo ihn außerdem einige physikalische Instrumente faszinieren. Gleichfalls besichtigt er Gemäldegalerien, Paläste und Landsitze des Hochadels. Er wird in Privataudienz vom König empfangen, nimmt an der Eröffnung einer Sejmsitzung teil, besucht einen Ball beim russischen Botschafter und ist Gast in den ersten Häusern der Stadt, wie etwa - um nur die wichtigsten zu nennen - beim Neffen des Königs Fürst Stanislaus Poniatowski, bei Fürst Adam Czartoryski, beim preußischen Residenten Blanchot und beim dänischen Gesandten von Bertusch, bei den Bankiers Peter Blanc und Peter Tepper. Alle diese Empfänge und Visiten merkt er nur kurz an. Ebenso karg fällt die Stadtbeschreibung aus. Er verzichtet augenscheinlich darauf, Warschau in seiner Gesamtheit zu erfassen, die Bevölkerungsstruktur, den Handel und das Gewerbe, die Atmosphäre der Straße. Für seine Blickrichtung und seine Einstellung gegenüber Polen ist es aber überaus symptomatisch, wenn er zum Schluß seines Aufenthaltes in der polnischen Hauptstadt nochmals auf das intellektuelle Leben des Landes zu sprechen kommt:

»In die neuere Gelehrtengeschichte Polens kann ich mich jetzt auch nicht mehr einlassen, ob sie es schon sehr verdiente, ja es wäre wohl der Mühe werth, die ältere Gelehrtengeschichte dieses Landes ein wenig aufzuwärmen und bekannter zu machen; denn man scheint gar zu sehr vergessen zu haben, wie verdient sich Polen in den letztern verflossenen Jahrhunderten um die Wissenschaften gemacht habe, und zu einer Zeit, wo es in mehr als in einem Lande, das sich jetzt sehr viel dünkt, noch ganz finster aussah. Die sogenannte Barbarey, die manche ihnen so gewaltig aufmutzten, wie lange hat sie denn gewähret? in Wahrheit wenig über ein halbes Jahrhundert, nämlich das letzte Viertel des vorigen und etwas über das erste des jetzigen Jahrhunderts. Daß es in dem XVten, XVIten und XVIIten Seculo unzählige verdiente Männer, besonders in der Kirchen- Staats- und Gelehrtengeschichte und in den Schulwissenschaften, ingleichen eine Menge geistreicher Dichter in Polen gegeben hat, zeigen schon hinlänglich die ziemliche Anzahl der Bücher, in welchen man sich bemühet hat, alle diese Schriftsteller zu verzeichnen, und ihre Arbeiten anzuzeigen, wovon aber freylich manche so selten sind, daß man sie zum Behuf einer allgemeinen Uebersicht des älteren Zustandes der Gelehrsamkeit in Polen nicht einmal mehr auftreiben kann, und sich mit Bruchstücken, die uns die fleißigen Männer, Jos. Alex. Fürst Jablonowski; Andr. Stanisl. und Jos. Andr. Zaluski; J.Z. Janozki; Mizler von Kolof u.a.m. in die Hände gebracht haben, begnügen muß. Was nun die neuere polnische Gelehrtengeschichte betrifft, deren Dämmerung schon in das Jahr 1730 fällt, die schon um die Mitte dieses Jahrhunderts ziemlich glänzend war, und jetzt unter einem Stanislaus August zum hellen Mittage eilet, so braucht es nicht mehr, als wiederum Mizlers warschauer Bibliothek und Acta litteraria; des noch lebenden gelehrten Herrn Friesens »Journal littéraire de Pologne«; des Hrn. Dubois »Essai sur l'Hist. litt. etc.« und das neue daselbst p. 558. angeführte »Journal littéraire de Varsovie« und insonderheit des leider nun blind gewordenen Domherrn Janozki Schriften mit einiger Aufmerksamkeit zur Hand zu nehmen, um sich zu überzeugen, daß die eben festgesetzten Epochen wirklich gegründet sind, und zum Ruhme der polnischen Nation gereichen« (S. 282 ff.).

Unter Bernoullis Warschauer Bekannten verdient Johann Philipp von Carosi besondere Aufmerksamkeit. Er war es nämlich, der auf der Sitzung der Warschauer Gesellschaft, an der Bernoulli teilnahm, referierte. Wenige Tage vorher war er »von einer auf königl. Befehl und Kosten unternommenen mineralogischen Reise bis Krakau, in dem südwestlichen Theile von Polen, zurückgekommen, er hatte in Vergessenheit gerathene Bergwerke und viele andere merkwürdige Naturprodukte entdeckt; er hoffete noch mehrere solcher Reisen anzustellen und diese mußten nothwendig zu einer viel gründlichern Kenntniß der natürlichen Beschaffenheit des Landes, als man bisher gehabt hat, Anlaß geben« (S. 127 f.). Die Ergebnisse dieser und späterer Untersuchungen legte Carosi in den »Reisen durch verschiedene polnische Provinzen mineralogischen und andern Inhalts« (2 Teile. Leipzig 1781/1784) dar. In der Charakteristik Carosis sagte Bernoulli, er habe sich »als ein Gelehrter und in der Naturgeschichte sehr erfahrener Mann gezeigt« (S. 127), von dem in Zukunft noch viel zu hoffen sei. Bernoulli sollte recht behalten, denn 1780 wurde jener - ein in Rom gebürtiger und in Deutschland ausgebildeter naturalisierter Pole - zum Direktor für Bergbau der Republik Polen ernannt.

Die Reisen durch Mittelpolen unternahm Carosi in den Jahren 1778, 1779 und 1780, wobei die veröffentlichten Bände einen Bericht über die ersten beiden Expeditionen enthalten; der angekündigte dritte Teil erschien nicht. Die Reisebeschreibung ist in Form von Briefen gehalten, die an seinen Gönner, den Krongroßtruchseß Graf August Fryderyk Moszynski und »an verschiedene Freunde« gerichtet waren. Diese Form ermöglichte es, den Bericht als persönliche Impression darzubieten und ihm durch das Einflechten von Gesprächen und anekdotenhaften Begebenheiten eine individuelle Note zu verleihen. Zwar ist er prinzipiell in sachlich-referierendem Ton gehalten, doch eben jene Digressionen lockern die trockene Art der Darstellung und die seitenlangen Beschreibungen der aufgefundenen Gesteine etwas auf. Aller Wahrscheinlichkeit hat aber noch ein anderer Anlaß vorgelegen, die authentische Art der Berichterstattung beizubehalten und das gesammelte Material nicht zu bearbeiten, wie er es ursprünglich geplant hatte:

»Was die Einrichtung dieses Werks betrifft«,

bekennt der Verfasser in der »Vorerinnerung« zum ersten Band,

»da ich an manchem Ort mehr als einmal, jedoch zu verschiedenen Zeiten, war, so hatte ich mir erst vorgenommen, alle daselbst gesammelten Nachrichten zusammen zu fassen; allein ich hätte alles von neuem umarbeiten müssen, und dieses erforderte mehr Zeit, als mir hierzu abzumüßgen möglich war. Ich liefere also gegenwärtige Briefe, so wie ich sie demjenigen zuschrieb, der, als Freund unsers theuersten *Augusts*, großen Antheil an der Beförderung meiner Reisen hatte, und der überhaupt als Kenner eine große Stütze der Wissenschaften in unserm Lande ist.«[1]

Es sei dahingestellt, ob es lediglich Zeitmangel war, was den Verfasser davon abhielt, eine Neubearbeitung vorzunehmen. Der Abdruck der Briefe, so wie sie vorlagen, enthob ihn nämlich der Aufgabe, die darin enthaltenen Angaben wissenschaftlich zu vertiefen und seinen Standpunkt mit Hilfe von Fachliteratur zu unterbauen. Carosi war sich sehr wohl bewußt, daß es ihm an Opponenten nicht fehlen werde. Und obgleich - wie er schreibt - der erste Band mit »Gefälligkeit und Nachsicht aufgenommen wurde«, sah er sich gezwungen, in die »Vorrede« des zweiten einige polemische Äußerungen einzuflechten.

Zweck der Reisen war die Erschließung der Bodenschätze. Als nämlich die Salzgruben von Wieliczka infolge der ersten Teilung an Österreich fielen, machte sich in Polen ein starker Mangel an Kochsalz bemerkbar. Die Regierung war daher darauf bedacht, neue Salzablagerungen zu lokalisieren. Carosi faßte seine Aufgabe jedoch weiter: er beabsichtigte, die geographischen und geologischen Gegebenheiten der von ihm bereisten Landstriche global zu erfassen. Ausgangspunkt ist für ihn denn auch eine möglichst genaue Topographie. Er berichtet also, ob das Gebiet flach oder hügelig ist, in welcher Himmelsrichtung sich die Gebirgszüge erstrecken, ob die Hänge steil und die Täler tief sind, er vermerkt den Lauf der Gewässer und die Lage der Ortschaften. Die wenigen Angaben über Städte und Dörfer haben mit herkömmlichen Reisebeschreibungen nichts zu tun; sie beschränken sich auf die Anlage und die Bevölkerung. Lediglich in Krakau widmet er den sehenswerten Bauwerken einige Aufmerksamkeit, ist jedoch weit davon entfernt, sie kunsthistorisch zu beurteilen. Aus alledem ist ersichtlich, daß die Ortschaften aus seiner Sicht nur ein Reservoir von Produktionspotential sind und in die Wirtschaftsstruktur des Landes integriert werden. Ebenso verhält es sich bei der Landschaftsschilderung. Der Hinweis auf die Beschaffenheit des Weges - ob er sandig, lehmig oder sumpfig ist - soll nicht so sehr etwas über die Reisebedingungen aussagen, als vielmehr über die Möglichkeit einer rationalen Bodennutzung. Der Baumbestand interessiert den Autor nicht im Hinblick auf das Landschaftsbild, sondern lediglich vom wirtschaftlichen Aspekt der Holznutzung. Daher kann er - wie auch Schulz und Bernoulli - nicht umhin, die schlechte Forstwirthschaft zu rügen:

»So groß indes der Holzvorrath hiesiger Gegend ist, so steht doch endlich ein Holzmangel zu befürchten, wo ihm nicht in Zeiten durch gebührende Vorkehrungen vorgebeugt werden wird. Es giebt hier eine Menge Eisenwerke rings herum, wo mit den Brennmaterialien gar nicht wirtschaftlich umgegangen wird; der hierherum wohnende Landmann trägt, durch seine, fast möcht ich sagen, muthwillige und boshafte Verschwendung, nicht wenig zum Untergang der Waldung bey, indem er zu seiner häuslichen Brennstätte immer den besten frischesten Baum fällt, nur den dicksten Stamm nimmt, Stock aber, Aeste und Giebel liegen läßt; daß er etwan Windrisse, oder wenigstens schadhafte Bäume wählte, ja dafür hütet er sich, und wie viel angehauene

---

1   Johann Philipp von Carosi: Reisen durch verschiedene polnische Provinzen mineralogischen und andern Inhalts. T. 1, 2. Leipzig 1781/1784. Hier: T. 1. unpaginiert.

oder ganz gefällte Bäume verfaulen nicht noch überdieß!« (1, S. 13).

Desgleichen sind für ihn Flüsse und Bäche nur insofern beachtenswert, als sie der Schiffahrt oder der Flößerei dienen und die Wasserkraft zum Antrieb von Eisenhämmern, von Säge- und Getreidemühlen genutzt werden kann. So macht er sich gleich im ersten Brief über dieses Problem Gedanken:

»Die Schiffbarmachung so manchen Flusses unsers Lands wär eine Sache, die die Aufmerksamkeit der Regierung verdiente; die Gründe hiervon sind zu bekannte Dinge, um sie hier zu wiederholen.«

Doch sogleich gibt er sich Rechenschaft darüber, daß solche Pläne die finanziellen Möglichkeiten des Landes übersteigen:

»Allein ich kenne unsre Lage, und die daraus fließende Unmöglichkeit, solche wichtige Unternehmungen auszuführen. Mögen also diese zufälligen Gedanken mit vielen ihres Gleichen in das große Verzeichniß unsrer frommen Wünsche bis auf glücklichere Zeitläufte wandern« (1, S. 4 f.).

Carosis Hauptinteresse liegt auf der geologischen Struktur des Landes. Mit einer kaum zu überbietenden Genauigkeit zählt er überall die Gesteinsarten auf und den »oryktographischen Kram«, wie z.B. »ein Ammonshorn«, »gestreifte Kammuscheln«, »etwas kleinere mit (...) Musculiten«, »kleine glatte Pektunkuliten«, »Körner von Terebratuliten«, Breccia, Achat, Kalzedon - all dies sorgfältigst beschrieben und klassifiziert. Ein anderes Verzeichnis wiederum umfaßt Eisenstein, Torf, Holzkohle, Kalkmergel, Schiefer, Basalt, Granit, Karneol - insgesamt siebenundzwanzig Charakteristiken von Gesteinen, wobei »hier noch mehrere weniger erhebliche Stücke um der Kürze willen« übergangen wurden (1, S. 50-52, S. 122-127). Eben dieser Sammeleifer legt Zeugnis ab für Carosis Verantwortungsbewußtsein, der seinen Auftrag fast als Mission betrachtete, die er gegenüber seiner Wahlheimat zu erfüllen hatte.

Da die kostspieligen und überaus anstrengenden Untersuchungen zur Aktivierung der Wirtschaft dienen sollten, macht Carosi auch sofort sachlich begründete Vorschläge, wo Marmor gebrochen oder Gips und Schwefel abgebaut werden kann. Sein Hauptaugenmerk richtet er aber auf Kohle-, Erz- und Salzvorkommen. Mit ungemeinem Spürsinn geht er den ehemals exploitierten Gruben und Schächten nach und untersucht sie im Hinblick auf weitere Ausbeutung. Er scheut keine Mühe, und sein Eifer kennt keine Grenzen. Dies beweist u.a. folgender Bericht:

»Diese Entdeckung reizte mich, aller Gefahr und Beschwerlichkeit ungeachtet, in die sich immer mehr verengende Höhle zu dringen, in der Hoffnung mehreres zu sehen, allein nachdem ich auf allen Vieren mochte zwanzig Schritte zurück gelegt haben, wurde sie so eng durch das abgerissene Nebengestein, daß ich einige Schritte rücklings kriechen mußte, weil mich zu wenden unmöglich war; zudem verwehrte auch ein, vermuthlich aus einer Kluft hervorbrechender rauschender Bach, über den ich bisher auf den abgerissenen Felsenstücken noch so ziemlich trocken fortgekommen war, das weitere Eindringen. Ich beschrieb Ihnen nicht die Gefahr, die ich lief entweder vom Herabfallen eines über mich hängenden oder neben mir liegenden Steinklumpens zerschmettert zu werden, Sie denken sich dieses ohnedem: was thut man aber nicht, wenn man durch Neigungen belebt, auf Entdeckungen ausgeht?« (1, S. 75).

Der Zustand aller Grubeneinrichtungen ist - soweit er sie noch vorfinden konnte - in höchstem Grade primitiv und desolat. Das »Schädliche eines so elenden Bergbaus« wird aus der Beschreibung einer Grube deutlich:

»Die Gruben sind gemeiniglich zwey Ellen ins Gevierte ohne Einstriche, Bühnen und Fahrten; der Haspel entspricht dem Uebrigen, es ist nicht für einen Schilling Eisen dran, das Gerüst wankt beim mindesten anrühren, der Rundbaum ist so, wie ihn die Natur gebildet hat, nur daß man ihm die Schale und Aeste benommen hat. Lothen müssen Sie nicht in die hiesigen Schächte anders, als in der Mitte, sonst erfahren Sie nicht ihre wahre Tiefe, und wollen Sie anfahren, so müssen Sie Ihr Leben entweder einem Knöbel, oder einem alten unbeschlagenen Kübel, und oft einem ziemlich morschen, einen halben Zoll starken Seil anvertrauen. Solcher, theils gangbarer, theils verlassener, verfallener und ausgestürzter Schächte treffen sie bey jedem Bergwerk viele tausend einen neben den andern, höchstens drey bis vier Ellen voneinander, bisweilen auch kaum eine halbe Elle entfernt an« (Anm. 9, 1, S. 16 f.).

Andererseits stellt er mit Verwunderung fest, wie viele noch in Gang befindliche Hochöfen und Eisenwerke es in Polen gibt. Größtenteils entspricht aber weder ihre Ausrüstung, noch der technologische Prozeß des Schmelzverfahrens den technischen Anforderungen. In einem Fall spricht er sogar von »Unwissende(r) Verschwendung, mit der hier die Erze behandelt werden«; auf der Halde fand er nämlich Schlacken, »worinnen Bleykörner von mehr als zwey Loth waren, die kleinen ungerechnet; das ist doch unverantwortlich!« (1, S. 54).

Carosi beschränkt sich nicht allein darauf, den aktuellen Zustand des Bergbaus festzuhalten, sondern versucht überdies, dessen Niedergang auf den Grund zu kommen. Aus diesem Anlaß fahndet er nach Archivmaterialien. In der Tat fand er in Olkusz »noch etliche alte Rechnungsbücher aus dem vorigen Jahrhundert, woraus deutlich die Reichheit der ehemaligen Ausbeuten erhellet. Diese unumstößliche Zeugen werden noch durch allerley von Vater auf Sohn unter den hiesigen Bürgern fortgepflanzte Sagen unterstützt und bestätiget« (2, S. 185). Der Reichtum der Grubenbesitzer, der sogenannten Gewerkschaften, kam auch dem Staat zugute, da an den König Abgaben geleistet werden mußten. Nach den Erhebungen Carosis resultierte der derzeitige Verfall des Bergbaus aus der Verfassung, »vermöge welcher einem jeden auf seinem Grunde über und unter der Erde zu thun freysteht, was er will. Wäre das alte Bergregal der Könige durch langen Nichtgebrauch nicht unwirksam gemacht, so würden dergleichen nützliche Unternehmungen nicht so vereitelt werden, und der Bergbau, der bey uns gewiß so alt, und noch weit älter, als bey unsern Nachbarn ist, wäre gewiß eben so blühend als bey jenen« (2, S. 144). Um diesem Übel abzuhelfen, schlägt Carosi - sich auf das alte Bergrecht berufend - vor, die Besitzer stillgelegter Gruben zu enteignen, denn »indem sie durch den so viele und lange Jahre vernachlässigten Bau der ihren Vorfahren zugeschriebenen Antheile, schon längst und alles daran habenden Rechts verlustig worden sind, und eben deswegen diese Gruben und Antheile an den Gewerkschaften, oder vielmehr, da diese nicht mehr sind, dem König als Grundherrn heimgefallen sind, der, also nach dem billigsten Recht diesen alten Bergbau entweder selbst wieder aufnehmen, oder neue Gewerkschaften, nach höchstem Gutbefinden stiften und errichten, und ihnen alle von den alten Beherrschern den vorigen Gewerken gegebene Privilegien zueignen und bestätigen kann« (2, S. 192). Zur Durchsetzung dieses Projekts empfiehlt er die Gründung eines »Bergkollegiums«, »das so, wie in andern Ländern, Ansehn und Nachdruck hätte« (1, S. 44).

Ein vorrangiges Problem war für Carosi die Lokalisierung von Salzflözen. Studienhalber begab er sich nach Wieliczka, allerdings inkognito, denn das Salzbergwerk war von den österreichischen Behörden für Außenstehende gesperrt. Dank der Fürsprache eines Freundes wurde ihm aber einzufahren erlaubt. Eine genaue Beschreibung der verschiedenen Salzarten, deren Abbau, der Organisation der Arbeit unter der Erde wie auch der Schichtung der Flöze ist das Ergebnis dieser halb konspirativen Unternehmung.

Auf seinen Reisen durch Polen geht er immer wieder Spuren angeblichen Salzvorkommens nach, doch stets erweisen sich die Informationen als falsch. Sein Hauptaugenmerk richtet sich naturgemäß auf Busko, heute ein Kurort in Südpolen, wo 1776 Mineralquellen entdeckt wurden. Dessen ungeachtet erklärte er, »daß Busko in keiner Betrachtung ein vortheilhafter Ort zum Salzbergbau oder Kothen ist« (2, S. 262), worin er von dem Mineralogen Johann Jakob Ferber[1] bestätigt wurde. Dennoch - heißt es in der nachträglich hinzugefügten »Fortsetzung der bergmännisch-mineralogischen Nachricht von Busko« - wurden »an verschiedenen Orten, und unter verschiedener Aufsicht, nicht aber unter der meinigen« (2, S. 275 f.), Schächte angelegt. Die Ergebnisse sollten Carosi recht geben: die Vorkommen waren zu gering, als daß es sich lohnte, sie auszubeuten. Infolge »dieser fehlgeschlagenen Unternehmung« kann Carosi es sich nicht versagen, über das Unverständnis zu klagen, auf das der Bergbau in Polen trifft, obgleich »das großmüthige Beyspiel unsers allergnädigsten Königs billig zu kräftigsten Aufmunterung dienen sollte«. Den Grund hierfür sieht er in »vorgefaßten Meynungen, denn früher konnte man für der Felder Ueberfluß alle Bequemlichkeiten und Reichthümer von andern Völkern eintauschen« (2, S. 282 f.). Er erkannte also durchaus richtig, daß der Konservatismus des Adels einer Industrialisierung Polens im Wege stand.

Auch insgesamt machte Carosi den Adel für die schlechte Bewirtschaftung des Landes verantwortlich und prangerte die rückschrittlichen Methoden in der Landwirtschaft an. Die Hauptursache für die Armut Polens sieht er in der Leibeigenschaft. Anerkennend berichtet er von einem geistlichen Gutsbesitzer, der seine Bauern zinspflichtig machte, und mit Begeisterung registriert er in der Krakauer Gegend »reinlichere Hütten, lachendere Dörfer, und die Landleute viel munterer, bey ihrer schweren Arbeit oft singend«. Wie es sich herausstellte, war hier der »Bauer für sich frey«: »Freyheit und Eigenthum erwecken bei ihm die Lust zum Leben, diese das Verlangen zur Bequemlichkeit und Wohlstand, wodurch Fleiß und Arbeitsamkeit, die Mittel zu jenen zu gelangen, belebt werden«. Andererseits resultieren die Verwahrlosung des Bauern, seine Trunksucht und andere Übel aus seiner Unfreiheit, denn im Branntnwein versucht er »das Elend seines Standes zu vergessen« (1, S. 135 f.).

Carosi berührt alle diese sozialen Probleme nur nebenbei; nicht etwa, weil sie am Rande seines Aufgabenbereiches lagen oder weil ihn die Lebensbedingungen des Landmanns nichts angingen, sondern weil er selbst mit dem Adel Kontakt pflegte, ja von ihm abhängig war und sich weder seinen Gönner noch seine Bekannten zum Feind machen wollte.

Die Briefe Johann Philipp von Carosis enthalten noch viele andere wertvolle Beobachtungen und kritische Hinweise, die die wirtschaftliche und soziale Lage Polens betreffen. Sie zeichnen im Endergebnis ein tristes Bild der polnischen Wirklichkeit, obwohl seit zwei

---

1 Eine Darstellung von Ferbers Polenaufenthalt erschien unter dem Titel: Johann Jacob Ferbers, Königl. Preuß. Oberbergraths und ordentl. Mitglieds der Academie der Wissenschaften etc. Relation von der ihm aufgetragenen mineralogischen berg- und hüttenmännischen Reise durch einige polnische Provinzen. Hg. von Johann Carl Wilhelm Voigt. Arnstadt und Rudolstadt 1804. Der Autor berichtet darüber auch im Brief vom 4. November 1781 an Friedrich Nicolai folgendes: »Ich bin seit d. Ende d. August aus Pohlen zurück (...). Mir ist's recht gut gegangen. Ich habe die schönste und bequemste Gelegenheit gehabt, recht artige mineral. Beobachtungen anzustellen und bin von dem vortrefl. menschenfreundl. König mit ausnehmender Gnade beehrt und belohnt worden. Alles hatte ich frey: Wohnung, Kost, Bedienung, Karoße, Reisen u.s.w. Sehr oft habe ich mit dem König gespeißt und bin mit Ihm in seinem eigenen Wagen aufs Land gefahren. Meine tour (!) war sehr weitläufig in Masuren, im Sendomirischen, Crakauischen, Tentschinischen, längst den schles. Gränzen. Zuletzt erhielte ich ein überaus gnädiges Handschreiben von S.M., Geld zur Rückreise, die Medaille: Merentibus, einen sehr prächtigen brillantenen Ring und 500 Dukaten zum Geschenk«. In: J.J. Ferber: Briefe an Nicolai aus Mitau und St. Petersburg. Hg. von Heinz Ischreyt. Eingeleitet von Albrecht Timm. Herford und Berlin 1974. S. 112.

Jahrzehnten große Anstrengungen unternommen wurden, die Wirtschaft des Landes zu beleben. Pessimistisch ist sein Resümee am Ende des ersten Bandes:»Doch alle möglichen Vorkehrungen scheinen künftigen glücklichern Zeiten vorbehalten zu seyn« (1, S. 264). Im zweiten Band deutet nichts darauf hin, daß der Verfasser seine Meinung geändert hätte.

Mit der pessimistischen Schau Carosis kontrastiert die in optimistischem Ton gehaltene Reisebeschreibung Johann Erich Biesters; sie erschien in der von ihm herausgegebenen aufklärerischen»Berlinischen Monatsschrift«. Die Darlegungen waren das Resultat einer Reise nach Warschau, die vom 7. Mai bis Ende Juni 1791 dauerte. Über deren Anlaß sagt der Verfasser nichts Näheres. Ganz allgemein heißt es nur, Polen gewinne »in unsern Tagen täglich mehr an Wichtigkeit und Interesse«.[1] Für den Kenner der zeitgenössischen polnischen Geschichte war dies gleichbedeutend mit den Reformbestrebungen Stanislaus Augusts, die 1791 mit der Verabschiedung der Konstitution vom 3. Mai ihren Höhepunkt fanden. Die innenpolitische Lage hatte sich nämlich seit Carosis Briefen zugunsten des patriotischen Flügels geändert, was gleichbedeutend war mit einer Schwächung der nur auf Erhaltung ihrer Privilegien bedachten Adelspartei. Dieses denkwürdige Ereignis schätzte Biester ganz vom Standpunkt des Aufklärers ein. Da es in den Tagen seines Warschauer Aufenthalts in der öffentlichen Meinung dominierte, verdeckte es ihm das Bild eines immer noch schwachen Polens: Die wirtschaftliche Situation unterlag dadurch keinerlei Verbesserung, die Antagonismen zwischen Adels- und Reformpartei spitzten sich zu, die Nachbarstaaten nahmen die Neuerungen argwöhnisch zur Kenntnis und trachteten danach, sie zunichte zu machen. All diese innen- und außenpolitischen Gegebenheiten entzogen sich Biesters Kenntnis; in der allgemeinen Euphorie und aus seinem doch recht engen Blickwinkel konnte er die direkten Konsequenzen der Mai-Konstitution verständlicherweise nicht sofort erkennen. Darüber hinaus ist Biesters Urteil dadurch bestimmt, daß sein Aufenthalt in Polen zeitlich begrenzt war, er somit als Außenstehender nicht eine so genaue Kenntnis der Realien haben konnte wie Carosi. Beurteilt man nun Biesters Reisebeschreibung unter diesen Prämissen, so ist ihr nur ein beschränkter Erkenntniswert zuzusprechen. Andererseits stellt sie als authentisches Zeugnis eines Zeitgenossen, der die Wochen des Umbruchs aus der Distanz eines gebildeten Weltbürgers erlebte, ein nicht zu unterschätzendes Dokument der polnischen Geschichte zu Ende des 18. Jahrhunderts dar.

Die Beitragsfolge entspricht dem klassischen Reisebericht. Der Autor gibt in chronologischer Folge die Reiseroute mitsamt den zurückgelegten Entfernungen an, beschreibt die Landschaft und die wichtigeren Orte, macht einige statistische Angaben, stellt die Menschen dar, deren Lebensbedingungen und Gewohnheiten, und versucht sogar, den Nationalcharakter zu bestimmen:

> »Zu einem schönen Körper, empfing dies Volk einen leichten, muntern Geist, welcher Witz und Anmuth vereinigt. Es besitzt guten, vorzüglich praktischen, Verstand; viel Fähigkeit zur Erlernung von Wissenschaften und Künsten; Scharfsinn; und vorzüglich zwei Eigenschaften in hohem Grade: eine Gewandtheit, Geschmeidigkeit des Geistes; und eine große Gabe der Beredsamkeit« (19, S. 602 f.).

Biester weiß sehr wohl, daß sich darin das Wesen des polnischen Menschen noch nicht erschöpft; doch seine Einstellung gegenüber Polen ist allzu wohlwollend, als daß er etwas Negatives aussagen könnte. Da er aber die gängige Meinung nicht verschweigen will, formuliert er das, was nach Vorwurf klingen könnte, indirekt: »Man wirft ihm vor, daß es leichtsinnig sei, und nicht nach festen richtigen Grundsätzen handele«. Die sachliche, im

---

1 J.E. Biester a. a. O. Bd. 18. S. 163.

Indikativ gehaltene Aussage wechselt plötzlich in den Konjunktiv, wobei das unbestimmte Personalpronomen »man« überdies den eigenen Standpunkt verdeckt. Als überzeugter Aufklärer glaubt Biester jedoch an eine Vervollkommnung der Menschen, sobald sich nur die Verfassung - als konstruktive Basis allen künftigen Seins - im täglichen Leben auswirken wird:

> »Viele Fehler werden gewiß mit seiner fehlerhaften Konstituzion verschwinden. Wenn alles im Lande ruhig ist, weder das Treiben der Parteien, noch die Ränke und die Gewinnsucht bei den Wahlen, die Gemüther mehr bewegt; so werden bessere Grundsätze, nicht nur in Absicht der Politik, sondern auch des ganzen moralischen Betragens, sich fest setzen können, und gewiß bekleiben. Wenn die harte Leibeigenschaft, durch Gesetze und durch Vernunft, nach und nach abnimmt; so wird ein edlerer Sinn für Menschen- und Bürgerrechte allgemeiner werden.«

Das gleiche betrifft die Wirtschaft:

> »Wenn endlich die Industrie im Lande mehr zunimmt, so wird eine gemäßigte Wohlhabenheit, mit allen ihren gesegneten Folgen, sich bald genug ausbreiten« (19, S. 602 f.).

Das optimistische Weltbild Biesters steht hier ganz eindeutig gegen die wirklichkeitsgebundene Pragmatik Carosis. Ein Vergleich beider Aussagen beweist, wie sehr auch ein Werk mit höchstem Objektivitätsanspruch vom ideellen Standpunkt des Verfassers bestimmt wird.

Einen großen Teil seines Reiseberichts widmet Biester »der Polnischen Reform«, »welche (wie gesagt) schon viel Gutes begründet« (18, S. 169). Ausführlich erläutert er das Gesetz über die Freiheit der Städte. Er weiß »ganz den Werth dieser neuen Einrichtung zu erkennen, womit der edle menschenfreundliche König einen Theil Seines Landes beglückt hat«, und sieht darin den »erste(n) (...) Schritt zur wahren Aufklärung, das heißt zum wahren Wohlstande des Reichs« (18, S. 168). Gleichzeitig aber kann er nicht umhin, gewisse Halbheiten zu beanstanden - so etwa, daß es sich nur auf die königlichen - und nicht auch auf die dem Adel zugehörenden - Städte bezieht, daß es Bauern und Juden nicht berücksichtigt, daß die Städte im Reichstag weiterhin nicht repräsentiert sind und daß die neuen Rechte zwar dem Bürger, nicht aber dem ganzen Staat zugute kommen. Nach den ersten Erfahrungen in der Französischen Revolution mußte gerade dieses Gesetz auch einem noch so sehr geneigten Beobachter als unzureichend erscheinen.

Desto höher schätzt Biester die neue Verfassung ein. »Man nennt sie hier ein nun ganz vollbrachtes Werk, und hält sie für unumstößlich«, heißt es bei ihm. »Der Enthusiasmus dafür ist groß, und hat in der That etwas Liebenswürdiges«. Ehrliche Anerkennung klingt auch aus seinen Worten, wenn er meint, sie möge »wohl eine der besten neueren sein, welche sich Völker, die ihre Konstituzion umschaffen wollten, gebildet haben«. Freilich kann er sich als überzeugter Anhänger der Aufklärung nicht mit allen ihren Artikeln einverstanden erklären, wie etwa damit, daß es eine »herrschende Nationalreligion« gibt. Übrigens stehen alle protestantischen Reisenden aus Deutschland auf demselben Standpunkt. Die religiösen Praktiken sehen sie lediglich als Aberglaube oder Spektakel an, und die katholischen Geistlichen sind in ihren Augen nichts mehr als Scharlatane, die das Volk verdummen wollen. Weiter beanstandet Biester, »daß dem Landesadel so gar große Vorzüge zugestanden; und die Adelichen Bauern nicht kräftiger, als es geschehen ist, in Schutz genommen werden«. Demgegenüber erwähnt er lobend die Dreiteilung der Gewalt in gesetzgebende, ausübende und richterliche sowie Aufhebung der Königswahl und Einführung der erblichen Thronfolge (19, S. 581 ff.).

Johann Erich Biesters Urteil stimmt mit dem aller deutschen Zeitschriften überein. Höchstes Lob zollt der anonyme Verfasser des »Politischen Journals« der preußischen Verfassung:

»Der dritte Mai ist in der Geschichte des Jahrhunderts durch die Klugheit, Entschloßenheit und den Muth von Stanislaus Augustus verewigt worden. Eine neue Constitution von Polen, eine wahrhaft weise, der französischen Anarchie-Constitution ganz entgegengesetzte, ein Meisterstück der Staatsklugheit - war eher fertig, angenommen, beschworen, begründet, ehe auswärts nur ein Gedanke der Möglichkeit davon gewesen war. Polen bekam durch seine Constitution neue Kräfte, und eine ganz neue Existenz.«[1]

Es verdient darauf hingewiesen zu werden, daß die deutschen Berichterstatter demonstrativ den evolutionären Aspekt der Mai-Konstitution exponierten. Hierin schlossen sie sich dem englischen Publizisten und Politiker Edmund Burke an, der sie »als ein Werk der Klassensolidarität der Französischen Revolution gegenüberstellte«. Sie könne den Franzosen als Vorbild dienen, weil sie »ohne einen Tropfen Blut, ohne Piken, Beile und Laternen« zustandekam.[2]

Ein direkter Widerhall von E. Burkes konservativen Anschauungen findet sich in Schubarts »Chronik«:

»Die Pohlen wollen es nicht leiden, daß man zwischen ihrer und der Französischen Staatsumbildung eine Parallele zieht. Sie sagen: Wir lieben unsern König, das Gesez; - die Franken nicht. Sprechen wohl, wie schlimme Pfaffen, fromme Worte, thun aber selbst dagegen, sind Mükenseiger, Kameelverschluker. Unser Staat ruht auf drei Säulen: Edelmann, Bürger, Bauer; sie aber haben allen Unterschied der Stände aufgehoben, und die Karte so toll gemischt, daß der Bub den König sticht. In Warschau hat man keinen Laternenpfahl zum Galgen gemacht, sah keinen Schädel eines ansehnlichen Mannes starraugig und bluttröpfelnd auf Stangen herumtragen; da gibts keine Rotten, die gleich den Teufeln in Miltons Pandämonien über diejenigen Verderben rathschlagen, die nicht ihres Gelichters sind. In Warschau ist man vor Rasenden sicher, in Paris nicht. Aus Frankreich wandern Myriaden Bürger, und schleppen Schätze in die Fremde. Der Pohlnische Magnat und Bürger bleibt zu Hause, und freut sich seiner glüklichen Verfassung. Aus diesen und mehreren Gründen verbittet sich der Pohle zwischen ihm und den Franken eine Vergleichung. Wahr ists, daß die Pohlnische und Französiche Staatsumwälzung derzeit noch himmelweit von einander unterschieden sind.«[3]

Zweifelsohne stimmt es, daß sich die polnische Königspartei gegen einen Vergleich mit den Vorgängen in Frankreich verwahrte, um den mühsam errungenen Sieg nicht selbst zu gefährden. Die Opposition ließ nämlich nichts unversucht, die neue Verfassung als Auswirkung der »französischen Seuche« hinzustellen. Dabei konnte sie Einflüsse aus Rousseaus »Gesellschaftsvertrag« nachweisen, wie auch die Wurzeln der Reformbewegung aus der »Deklaration der Menschen- und Bürgerrechte« herleiten. Kein anderer als der führende Vertreter jener Bewegung, Ignacy Potocki, schrieb nämlich im Dezember 1789 in seinen »Grundlagen zur Verbesserung der Regierungsgeschäfte« (Zasady do poprawy formy rzadu) unter anderem: »Allen Bürgern der Republik wird Gleichheit, Freiheit und Eigentum zugesichert.«[4]

Nicht nur die Verfassung, sondern alle Neuerungen überhaupt wurden als persönliches Verdienst des Königs angesehen. Seiner aufgeschlossenen Geisteshaltung, seiner Bildung und seinem Kunstsinn waren alle Initiativen willkommen, die dazu beitragen konnten,

---

1 (Anonym): Historisch-politische Uebersicht des Jahrs 1791. In: Politisches Journal nebst Anzeige von gelehrten und andern Sachen. Hg. von einer Gesellschaft von Gelehrten. Jg. 1792. Bd. I. St. 1. S. 10.
2 Zit. nach: Historia Polski. Bd. II: 1764-1864. T. I: 1764-1795. Redaktion: Stefan Kieniewicz und Witold Kuba. Warszawa 1958. S. 278 (Übersetzungen aus dem Polnischen von G. Kozielek).
3 Chronik. Von Christian Friedrich Daniel Schubart. 1791. Nr. 60. S. 500 f.
4 Zit. nach: Historia Polski a. a. O. S. 270.

Polen aus der Rückständigkeit hinauszuführen. Nicht selten war er der spiritus movens, besonders bei der architektonischen Umgestaltung Warschaus und der Vermehrung der Kunstsammlungen und Gemäldegalerien. Als Liebhaber des Schauspiels und Balletts sowie als Mäzen von Dichtern und Gelehrten trug er in entscheidendem Maße zur Blüte von Theater, Literatur und Wissenschaft bei. So war es auch kein Zufall, daß der Kurator der Königlichen Akademie der Wissenschaften, Graf von Herzberg, »diesen König, welcher durch große Einsichten und mannigfache Kenntnisse Sich vor vielen Privatpersonen jedes Standes, und durch Liebe und Unterstützung der Wissenschaften, durch feine und gütige Behandlung der Gelehrten, fast vor allen Fürsten Seiner Zeit auszeichnet«, zum auswärtigen Mitglied der Akademie vorschlug.[1] Gewiß dachte Biester an diese Auszeichnung und an die königlichen Reforminitiativen, als er Stanislaus August als Weisen und »Menschenfreund auf dem Thron« apostrophierte, als »Fürst von sehr großem Verstande, von ausgebreiteten Kenntnissen, von der uneigennützigsten Liebe für Sein Land, von dem edelsten Eifer für alles Gute«. Es ist nicht allein der Aufklärer, der hier einem Aufklärer Lob zollte, sondern der Mann, der voller Anerkennung für Taten ist, die unter den widrigsten Verhältnissen vollbracht wurden. Unter Anspielung auf die Magnatenopposition fährt er fort:

> »Nicht leicht hat ein König in neueren Zeiten merkwürdigere Schicksale erfahren; nicht leicht ist auch für die Polnische Nazion die Lebens- und Regierungszeit eines ihrer Regenten wichtiger gewesen. Allein, nicht bloß die Geschichte und die Nachwelt werden sein Andenken ehren, da der Schwindel des traurigsten Fanatismus endlich ganz gewichen ist, so zollen ihm alle Herzen Seines Volkes - von welcher Partei sie auch sein mögen, und wie sie über die Staatsangelegenheiten des Landes sonst auch denken - die wahreste Bewunderung und Hochachtung. Alle Gesichter erheitern sich, theilnehmend strömen alle Lippen über, wenn man hier von dem Könige spricht« (19, S. 584 f.).

Die kühle Distanz und der sachliche Stil Biesters sind hier einer Emphase gewichen, wie sie nur ein außerordentlich starkes persönliches Engagement mit sich bringen konnte. Dies mag darauf zurückzuführen sein, daß sich kurz vor dem Druck seines Berichtes die politische Lage Polens - und damit auch die Stellung des Königs - grundlegend geändert hatte. Biesters »Briefe über Polen« tragen zwar den erklärenden Zusatz »Geschrieben im Sommer 1791«, doch könnte gerade die Huldigung für den König und die Formulierung vom »Schwindel des traurigsten Fanatismus«, unter dem die Hoffnung auf Einbeziehung Polens in die aufgeklärten Staaten Europas begraben wurde, später hinzugefügt worden sein.

In seinem Reisebericht ließ sich Johann Erich Biester nicht nur von ideellen, sondern auch von politischen Prämissen leiten. Mit der eingehenden Darstellung der Reformen wollte er - wie auch die Redakteure anderer Journale - in Anlehnung an Burkes Ausführungen ein Gegenstück zu den politischen Änderungen in Frankreich geben. Der Hinweis auf die unblutige Revolution in Polen mußte also umso größeren Anklang finden, als sich das erschreckte deutsche Bürgertum nach anfänglichen Sympathiebezeigungen von seinem westlichen Nachbarn abwandte und einen Demokratisierungsprozeß auf friedlichem Wege zu vollziehen suchte. Hilfreich konnte hierbei das Beispiel Polens erscheinen - aber nur dann, wenn sich die in der neuen Verfassung verankerten Grundsätze auch praktisch auswirkten und vor allem, wenn sie von Dauer waren. Anstatt aber eine Ära des Friedens einzuleiten, bewirkte sie zwischen Reformern und Rückschrittlern verstärkte Auseinander-

---

1 (Anonym): Des Königs von Polen Antwortschreiben an die Akademie der Wissenschaften zu Berlin. In: Berlinische Monatsschrift 19. 1792. S. 76-84, hier: S. 77.

setzungen, die letzten Endes zur Auflösung des polnischen Staates führten. Am 27. April 1792 - also noch nicht ein Jahr nach Proklamierung der Konstitution - verbanden sich einige polnische Magnaten in St. Petersburg zu einer Konföderation, die am 14. Mai in dem Grenzstädtchen Targowica ein reaktionäres Manifest verkündete, das gegen den Reichstag gerichtet war, der - wie es darin hieß - »die Grundrechte vernichtete, alle Adelsfreiheiten zunichte machte und, nachdem er sich am 3. Mai in eine revolutionäre Verschwörung verwandelt hatte, mit Hilfe der Bürger, Soldaten und Ulanen eine neue Regierungsform errichtete«.[1] Dieser unter den Auspizien Katharinas II. entstandene Akt der Rechtlosigkeit bedrohte faktisch die Errungenschaften des Königs und des Bürgertums. Als am 18. Mai 1792 russische Truppen die polnische Grenze überschritten und der König unter dem Zwang der Lage der Konföderation beitrat, war Polens Schicksal besiegelt. Es kam zum Krieg und zur zweiten Teilung Polens, deren Anerkennung auf dem sogenannten »stummen« Reichstag 1793 erzwungen wurde. Diese unerhörte Vergewaltigung des Völkerrechts, in der Tagespresse breit beschrieben[2], bringt August von Platen noch nach fast vierzig Jahren in Erinnerung:

>»Sendend ihre Mordgesellen,
>Die geschlachtet Alt und Jung,
>Ließ sie mit Geschütz umstellen,
>Unsre Reichsversammelung.
>Schweigend saßen unsre Väter
>In dem ringsbedrohten Haus:
>Sei es früher, sei es später
>Rache sann sich jeder aus!«[3]

Unter dem Eindruck dieser Vorgänge entschloß sich Johann Joseph Kausch, ein schlesischer Arzt und Lokalschriftsteller, seine »Nachrichten über Polen« herauszugeben. Es darf angenommen werden, daß sie nicht nur dazu bestimmt waren, die Sympathie der aufgeklärten Kreise Deutschlands für Polen aufrechtzuerhalten, sondern daß er mit seiner Publikation die preußische Regierung womöglich gar zu einer Intervention gegen Rußland veranlassen wollte. Anfang 1790 hatten nämlich Preußen und Polen ein Bündnis geschlossen, das »dem Vordringen Rußlands nach Westen und Südwesten Einhalt gebieten« sollte; und im Juli 1791 wurde von Preußen und Österreich vereinbart, »die neue Verfassung Polens und die Unverletzlichkeit seines Staatsgebietes anzuerkennen«.[4] Dessen ungeachtet begannen preußische Politiker aufs neue mit Rußland zu paktieren, um am zweiten geplanten Völkerraub zu partizipieren. Um nicht in den Verdacht zu geraten, die Regierung zu kritisieren, gab Kausch vor, das Manuskript schon am 25. Mai 1792 abgeschlossen zu haben, d.h. bevor die Verhandlungen zwischen den beiden Teilungsmächten publik wurden. In Wirklichkeit kann er es aber - wie anderen Indizien zu entnehmen ist - frühestens Ende 1792, wenn nicht gar erst im Jahre 1793 beendet haben. Diese Mystifikation erhärtet die Vermutung, der Verfasser habe mit den »Nachrichten« einen politischen Zweck verfolgt. Noch ein anderer Umstand verdient Aufmerksamkeit: die Tatsache, daß Kausch sein Werk als Reisebeschreibung apostrophiert, obgleich es gar keine ist. In der »Vorrede« bittet er,

---

1 Historia Polski a. a. O. S. 298.
2 Vgl. u.a.: (Anonym): Historische Uebersicht des verflossenen Jahres. In: Politische Annalen. Hg. von Christoph Girtanner. Bd. V. 1794. S. 25-33, S. 101-110.
3 Aus: Gesang der Polen bei dem Vernichtungsmanifest des Selbstherrschers. In: Gedichte des Grafen August von Platen. Gesamtausgabe. Halle a.d.S. o.J. S. 170.
4 Peter Rassow (Hg.): Deutsche Geschichte im Überblick. Ein Handbuch. Stuttgart 1962. S. 359 f.

seine »Ideen über Topographien, Reisebeschreibungen und über das, was merkwürdig in diesen Hinsichten (besonders in näherer Beziehung auf diese Arbeit [sic!]) ist«, darlegen zu dürfen[1], was er dann auch auf den fünfzehn folgenden Seiten tut. Wirft man nun einen Blick auf das Inhaltsverzeichnis, so stellt man mit Verwunderung fest, daß die beiden knapp 400 Seiten zählenden Teile lediglich drei Abschnitte von insgesamt 79 Seiten enthalten, die solch einer Gattungsbezeichnung gerecht werden. Es ist dies die »Beschreibung einer Reise aus Schlesien nach Krakau in Kleinpolen« sowie eine oberflächliche Charakteristik von Posen, Kalisch, Gnesen, Wilna und Grodno, wobei noch hinzuzufügen ist, daß der Verfasser - nach eigener Aussage - in den drei letztgenannten Städten gar nicht gewesen ist. Dasselbe betrifft Warschau. In diesem Fall machte er sich nicht einmal die Mühe, aufgrund der vorliegenden Literatur eine Skizze der polnischen Hauptstadt zu entwerfen. Nicht also »das Reisen als Emotions- und Erkenntnisprozeß, der sich in dem Zusammen- treffen eines menschlichen Subjekts mit einer neuen objektiven Wirklichkeit in räumlicher und zeitlicher Bewegung vollzieht«[2], kennzeichnet Kauschs Reiseberichte. Das signifikan- te Merkmal seiner Mitteilungen ist eine leidenschaftslose Aneinanderreihung von Fakto- graphischem, von mehr oder minder Wissenswertem und Charakteristischem, bar jener intellektuellen Aktivität, die das Reisen zu einem unverwechselbaren Erlebnis macht. Eigenartigerweise beachtet er auf seiner Fahrt durch Kleinpolen nur in einem geringen Maße die kulturellen und zivilisatorischen Eigenheiten des Landes. Es ist allerdings möglich, daß er sich nicht wiederholen wollte, denn polnische Lebensart schildert er ausführlich im »Nationalgemälde Polens«. Obgleich der Verfasser glaubt, die polnischen Zustände auf die einfache Formel des Kontrasts bringen zu können, gibt er hier im allgemeinen ein recht anschauliches und differenziertes Bild des mittleren Adels, bei dem das Eigenständige des Volkstums noch am besten erhalten war. In seinem Versuch, den Nationalcharakter zu umreißen, überwiegen aber allzu helle Farben - das Resultat einer unverhohlen polonophilen Haltung: »Ich verehre diese Nation von Herzen«, bekennt er freimütig, »und daher ist mein Wunsch desto wärmer, daß sie eben so eilfertige als bedeutende Fortschritte auf der Bahn zur innern und äußern Wohlfahrt zurücke legen möge« (Anm. 21, 1, S. 92). Kauschs ehrliches Verlangen, Polen als aufgeklärten Staat zu sehen, verschleierte ihm manches Mal den Blick für die wirklichen Zustände. Übertrieben ist sein Urteil, im polnischen Adel äußere sich »ein republikanischer Charakterzug« (Anm. 21, 1, S. 134) oder er sei »beständig in einer rastlosen Beschäftigung« (Anm. 21, 1, S. 140) begriffen. Im Bestreben, möglichst viel Vorteilhaftes anzuführen, versteigt sich Kausch sogar zu der törichten Behauptung: »Fast alle Polen schreiben eine schöne Hand« (Anm. 21, 1, S. 130). Formulierungen dieserart - auch wenn sie noch so irrelevant sein mögen - enthalten aber gleichzeitig etwas Programmatisches; es ist umso offenkundiger, als es mit einer sonst sachlichen Aussage in deutlichem Kontrast steht. Ebenso verhält es sich mit den übrigen Aufsätzen, zwei Beiträge statistischen Inhalts ausgenommen. Der erste, die »Uebersicht der politischen Schicksale Polens«, läßt unter dem neutral gehaltenen Titel eine historische Schau vermuten. Aber bei der Lektüre springt die Diskrepanz zwischen der Darstellung historischen und aktuellen Geschehens in die Augen, da die gesamte Geschichte bis zum Regierungsantritt Stanislaus Augusts nur knapp

---

1 (Johann Joseph Kausch): Nachrichten über Polen. T. 1, 2. Salzburg 1793. Hier: T.1. S. IX.
2 Zlatko Klátik: Über die Poetik der Reisebeschreibung. In: Zagadnienia Rodzajów Literackich 11. 1969. H.2. S. 126.

ein Drittel ausmacht. Nach einem mehr als mäßigen historischen Überblick wendet sich Kausch den zeitgenössischen Ereignissen zu, wobei er sich wiederum auf die neue Verfassung konzentriert. »Die Revolution vom 3. May des J. 1791 war« nach seinen Worten »eine nicht genug anzustaunende Begebenheit«, »einer der größten Regentencoups, die je in der Geschichte vorgekommen sind«. Dank dessen hat Polen »eine so treffliche Constitution erhalten«, die »der französischen an innerer Güte überlegen« ist. Konstitution und König sind für Kausch eins: Die Verfassung ist es nämlich, welche ihm »dem großen Stanislaus«, »in den Jahrbüchern Sarmatiens unausbleiblich das Loos Sarmatiens zusichert« (Anm. 21, 1, S. 21, 22, 23, 22, 20). Eine Erläuterung ihrer wichtigsten Artikel bezweckt, den Verfasser als Kenner auszuweisen; zugleich soll sie dem Leser veranschaulichen, welcher Verlust es wäre, wenn all diese Errungenschaften zunichte gemacht würden. Es muß verwundern, daß Kausch in seine Ausführungen nicht hier, sondern an anderer Stelle eine - wie er es nennt - »episodische Apostrophe« einflicht, die in ihrem emphatischen Engagement an die Kosciuszko-Gedichte eines Zacharias Werner[1] heranreicht; vielleicht wollte er damit den Schein der Distanz zu der von ihm abgehandelten Materie wahren. Anlaß zu einem Plädoyer für Polen gaben ihm bereits vorher die Taten des Türkenbezwingers Jan Sobieski. Eingedenk des Entsatzes von Wien erinnert der Verfasser seine Landsleute an den glorreichen Sieg:

> »Polnisches Blut hat euch aufrecht erhalten, ein polnischer Held, ein König selbst war es, der Kopf und Herz genug hatte, dem siegreichen Kara Mustapha die entscheidenden Lorbeern aus den Händen zu reißen, eure Väter vom Sturze in den endlosesten Abgrund zu retten« (1, S. 14 f.).

Er ereifert sich in seiner Anklage, Deutschland hätte Polen nie beigestanden:

> »Halfet ihr Polen jemahls auf, oder nahmet ihr nicht vielmehr freundnachbarlich Theil daran, wenn die scheußlichste aller Hydern, Politik genannt, unter dem Schutze der Megäre Anarchia in den Eingeweiden Sarmatiens wüthete! Ein Reich von vielen Millionen Menschen in jener unseligen Abhängigkeit erhalten zu haben, daß keine Gerechtigkeit Statt finden konnte, keine Nahrungsquelle einherströmen, keine gute Ordnung sich emporschwingen, überhaupt keine merkliche Staatsverbesserung eingeführt werden durfte - ey, welcher unter den Menschen kann einen solchen Vorwurf ertragen!«.

Er endet mit dem leidenschaftlichen Ausruf:

> »Deutsche Brüder - wenn solche Sünde gegen uns oder gegen unsre Väter um Rache schreyen sollte - laßt uns Menschen seyn, und an einem Volke, welches unser Retter gewesen ist, die Sache wieder gut machen; laßt es uns *in diesem entscheidenden Augenblicke* thun!« (1, S. 14 f. Hervorhebung von mir, G.K.).

Expressis verbis fordert hier Kausch »die Herrscher Germaniens zusammt ihren Rathgebern« zu einer Intervention zugunsten Polens auf. Deutlicher konnte er sich nicht ausdrücken.

Angesichts einer solch leidenschaftlichen Parteinahme erübrigt es sich, auf Aussagen ähnlicher Art hinzuweisen. Der Kampf um die nationalen Belange des Nachbarvolks war zwar das wichtigste, doch nicht das einzige Anliegen von Johann Joseph Kausch. Ebenso überzeugend trat er für die sozialen Rechte der leibeigenen Bauern ein. Armut und Sklaverei führten nämlich zu physischer und geistiger Verkrüppelung, und zwar überall dort, »wo die Tiranney ihren eisernen Scepter aufrecht erhält«. Kausch will damit sagen, daß Faulheit und Verkommenheit keine Besonderheiten der polnischen Landbevölkerung sind. Sie treten nur dann auf, wenn »zur Schande der Menschheit und des Jahrhunderts allen

---

1 Vgl. Gerhard Kozielek: Zacharias Werner und Polen. In: Zeitschrift für Slawistik 16. 1971. S. 431-449.

Gesetzen zum Trotz« der Bauer »in unbedingter Unwissenheit« gehalten wird, wobei er in erster Linie an die »deutschen Satrappen« (1, S. 165, 134) denkt. Mit dieser Replik gegen das einseitige Urteil Georg Forsters in dessen »Ansichten vom Niederrhein« vertritt er die Meinung von der intellektuellen Gleichheit aller Menschen. Ihre Entwicklung macht er von den Lebensbedingungen abhängig und erklärt sie in Übereinstimmung mit den Grundsätzen des philosophischen Materialismus, wie er von den Enzyklopädisten vertreten wurde. Der vulgär-mechanistische Charakter dieser Strömung ist in folgender Feststellung deutlich erkennbar:

> »Mangel an Uebung der Denkkraft, schlechte rohe Nahrungsmittel, Unterdrückung jeder Kraftäußerung von Außen, Eingeschränktheit des Ideenkreises, Muthlosigkeit - dieß sind die Ursachen dieser herrschenden Stumpfheit auf Seiten des gemeinen Mannes. An natürlichen Anlagen fehlt es ihm, so lang seine Denkkraft nicht verkrüppelt ist, eben so wenig als einem aristokratischen Gutsbesitzer« (1, S. 167 f.).

Als ein Grundübel jeglicher Zivilisation verurteilt Kausch die religiösen Praktiken; in Polen übertreffen sie alles, »was man in dieser Art in Deutschland Scandalöses sehen kann« (1, S. 148). Schuld daran sind die niedere Geistlichkeit und die Mönche, die in einer unvorstellbaren »barbarischen Finsterniß« liegen. Andererseits ist er voll des Lobes gegenüber dem hohen Klerus: »Polen hat das seltene Glück, daß seine Bischöfe zugleich seine aufgeklärtesten gelehrtesten Männer sind!« (1, S. 146, 145). Kausch behauptet dies mit Recht, denn zur Tafelrunde Friedrichs des Großen gehörte nicht nur Voltaire, sondern auch der bedeutendste Dichter der polnischen Aufklärung, Ignacy Krasicki; hoch gebildet war der Satiriker und Historiograph Adam Naruszewicz, kompromißlos bei der Entlarvung kirchlicher Mißstände Józef Kossakowski.[1] Alle drei waren katholische Bischöfe. Nicht genannt, doch Kausch zweifelsohne bekannt, waren die Priester Hugo Kollataj, Stanislaw Staszic und Franciszek Salezy Jezierski, die sich während des Vierjährigen Sejms als fortschrittliche Publizisten und radikale Vertreter sozial-politischer Reformen hervorgetan hatten. Doch allein die Kenntnis der drei Bischöfe beweist, wie bewandert Kausch in der Kultur Polens war, behauptet doch noch um vieles später August Wilhelm Schlegel, in polnischer Sprache seien »keine Schätze Polnischer Literatur aufbewahrt (...), denn es giebt nichts was in entfernter Weise dem ähnlich sehe«.[2] Kauschs literarisches Wissen war natürlich noch umfangreicher, denn einer der Beiträge in seinen »Nachrichten« gab eine »Geschichte und Uebersicht der polnischen Literatur alter und neuer Zeiten in Briefen«.

Neben den Aufsätzen von Kausch verdienen zwei Beiträge besondere Aufmerksamkeit. Es sind dies die »Letzte Warnung an Polen« und die »Freymüthige Darstellung der bisherigen Staatsverfassung und Gesetzgebung in Polen, und ihrer Mängel« (geschrieben 1791). Der erste stammt aus der Feder des oben erwähnten Stanislaw Staszic, der schon 1785 die »Erwägungen über das Leben Jan Zamoyskis« (Uwagi nad zyciem Jana Zamoyskiego) verfaßt hatte. Er verwies darin auf die Gefahren, die für einen Staat aus der Willkür einer privilegierten Minderheit erwachsen. Dasselbe Ziel schwebte ihm in seiner Schrift von 1790 vor, deren Titel Kausch wohl um der Expressivität willen von »Warnungen ...« in »Letzte Warnung ...« abgeändert hat. Mit dem Pathos eines Volkstribuns hält Staszic seinen

1 Józef Kazimierz Korwin Kossakowski: Xiadz Pleban (Der Herr Pfaffe). Bd. I. Warszawa 1785. Dieses bei Gröll gedruckte Werk erlebte bereits 1788 eine zweite Auflage. Es ist auch - zumindest in Auszügen - in deutscher Übersetzung erschienen: Georg Christoph Lichtenberg veröffentlicht ein mit Glossen versehenes Fragment im »Göttinger Taschenkalender« (1795. S. 109-114).
2 Vgl. Josef Körner: Die Slaven im Urteil der deutschen Frühromantik. In: Historische Vierteljahresschrift 30. S. 568 f. Die Aussage ist in Schlegels Bonner »Vorlesungen über Enzyklopädie der Wissenschaften« enthalten.

Landsleuten die Schwächen Polens vor Augen, um das ganze Volk für die beabsichtigten Reformen zu gewinnen. Seine Thesen veranschaulicht er an Beispielen der polnischen Geschichte. Aber auch zeitgenössische Vorgänge im Westen Europas inspirieren ihn:

>Nachdem Frankreich so viele lange Jahrhunderte unter dem Joche des Despotismus zugebracht hatte, glückte es ihm, in sich selbst Kraft und Stärke zu finden, und die Freyheit der Bürger zu gewinnen« (2, S. 84).

Für sein eigenes Vaterland sieht er den Weg hierzu in Reformen: »Macht, was ihr wollt«, ruft er dem Adel zu, »beruft euch auf eure Freyheitsbriefe, denket über die Vorrechte eurer Lebensherrlichkeit nach; ich sage es euch dreiste vorher, daß ein Land, in welchem mehr als sieben Millionen Sklaven sind, und welches ringsum mit Despoten umgeben ist, nimmermehr frey werden kann« (2, S. 91). Denn: »Die Freyheit des Volkes ist nichts anders, als das Recht der Menschheit« (2, S. 94). Im Jahre 1790 mußte solche Forderungen jeder fortschrittlich gesinnte Mensch akzeptieren; 1793 gehörte großer Mut dazu, sie unter Berufung auf Frankreich offen zu verkünden. Mit der Streitschrift von Stanislaw Staszic wollte Kausch darauf aufmerksam machen, daß man in Polen die Notwendigkeit von Reformen rechtzeitig erkannt habe, er wollte auch alle diejenigen Lügen strafen, die das Land in Marasmus und Stagnation versinken sahen.

Denselben kritischen Sinn wies in seiner »Freymüthigen Darstellung« Karl von Glave auf, ein naturalisierter Pole, der in den Jahren 1791 bis 1793 Redakteur der »Gazette de Varsovie« war und den Titel eines königlichen Chambellans führte. Als polnischer Patriot und Politiker erkannte er nur zu gut, daß Polens Nachbarn die »Unordnung, und die daraus entstehende Schwäche freylich nützlicher war, als eine vernünftigere und consistente Regierungsform« (2, S. 13). Mit dieser Feststellung straft er alle diejenigen Behauptungen Lügen, die die zweite Teilung damit begründen, Polen sei nicht imstande gewesen, sich selbst zu regieren.

Die kurze Charakteristik von Kauschs »Nachrichten über Polen«verdeutlicht, daß die Aufsatzsammlung nicht als Reisebeschreibung, sondern als politische Kampfschrift par excellence gedacht war - als Verteidigung der sterbenden Adelsrepublik. Wenn man sie als solche versteht, wird auch die oben erwähnte Mystifikation verständlich. Ein Täuschungsmanöver war die umständliche Einleitung; sie sollte vom eigentlichen Inhalt ablenken. Vorsicht ließ der Verfasser ebenfalls walten, wenn er sowohl das Buch selbst, als die darin abgedruckten Beiträge anonym und weitab von Preußen, in Salzburg, erscheinen ließ; all diese Vorsichtsmaßregeln bewahrten ihn 1795 allerdings nicht vor der Landesverweisung, und zwar unter dem Verdacht, einer geheimen Verbindung anzugehören.[1] Kausch weist die Anklage der preußischen Regierung als irrig zurück, gibt aber wohlweislich keine anderen Gründe an. Höchstwahrscheinlich hat man ihn jakobinischer Umtriebe bezichtigt. Solch ein Vorwurf wäre zweifelsohne übertrieben gewesen, denn Kauschs politische Anschauungen waren von denen eines Robespierre weit entfernt; doch in den »Nachrichten über Polen« finden sich genügend Beispiel dafür, daß seine frankophilen Sympathien den polonophilen in nichts nachstanden.

Der bedeutendste deutsche Reisebericht über Polen kommt aus der Feder von Friedrich Schulz. Heute vergessen, war er in den achtziger Jahren des 18. Jahrhunderts ein beliebter Unterhaltungsschriftsteller. Nach Polen kam er erstmals im September 1791, um als

---

1 Vgl. hierzu: Kausch' Schicksale. Nebst mannichfaltigen Abschweifungen und einer Beilage. Leipzig 1797; sowie: Kauschs Briefe an den Einsiedler Gerund auf dem Riesengebürge, über seine Landesverweisung und gethanen Reisen nach Leipzig, Jena, Weimar, Erfurt, Gotha, Göttingen, Halle, Potsdam und Berlin. Berlin 1798.

Deputierter der Kurländischen Bürger am sogenannten Großen Reichstag teilzunehmen; sein Aufenthalt in Warschau dauerte insgesamt neun Monate. Erneut kam er in die polnische Hauptstadt auf dem Wege nach Italien - allerdings nur für zehn Tage. Das war im Mai 1793. Seine Impressionen über Polen erschienen 1795 im Rahmen der »Reise eines Liefländers von Riga nach Warschau, durch Südpreußen, über Breslau, Dresden, Karlsbad, Bayreuth, Nürnberg, Regensburg, München, Salzburg, Linz, Wien und Klagenfurt, nach Botzen in Tyrol«. Auf rund sechshundert Seiten (von insgesamt eintausendvierhundert) gibt er da ein plastisches Bild insbesondere von Warschau.

Neben der urbanen Struktur der Stadt interessiert ihn die soziale. Er beschreibt Paläste und Hütten, Hotels und Hospitäler, Kirchen und Klöster, Straßen, Plätze, Parks und Gärten. Er beobachtet das Leben von Adel und Bürger, von Dame und Dirne. Er schildert Bälle, Empfänge, Vergnügen und Feste, Schauspiele und Schlittenfahrten. Er besucht Bibliotheken, Buchhandlungen und Druckereien; er kennt den Zustand von Lehre, Wissenschaft und Kunst. Er charakterisiert die führenden Politiker, die großen Geschlechter und natürlich den König selbst. Neben Rechts- und Religionsfragen richtet er sein Augenmerk auf die Verfassung, die Ständeordnung, die Staatsämter und auch auf die Geschichte.

Die »Reise eines Liefländers« ist somit ein Zeitdokument, das eine Fülle von kulturhistorischen, politischen, soziologischen und volkskundlichen Beobachtungen enthält. Was Wunder, daß das Buch als Quelle genutzt und zitiert wurde, daß man sich damit auseinandersetzte, es lobte und kritisierte. Ein so vorzüglicher Kenner der Zeit und des Genres wie Waclaw Zawadzki behauptet, Schulzens »Beschreibung vom Polen des 18. Jahrhunderts stelle die höchste Errungenschaft der Memoirenliteratur der Stanislaischen Epoche dar, die an dieserart Schrifttum beileibe nicht arm ist«.[1]

Doch all das, was das Buch zu einer unterhaltsamen Lektüre macht, stellt sich bei näherer Betrachtung als additive Aneinanderreihung von faktographischem Material und persönlichen Eindrücken heraus, die zu keiner Synthese führt. Es ist nicht abzustreiten, daß darunter viel Wissenswertes und Amüsantes ist, daß die Charakteristik des Königs und des hohen Adels zu den umfangreichsten gehören, die in jener Zeit gegeben wurden. Gleichzeitig fällt aber auf, daß es den Ausführungen allzu oft an Objektivität gebricht, an jener Eindeutigkeit, die das Wesen von Bernoullis und Carosis Reisebeschreibungen ausmacht. Und auch wenn ein Biester oder Kausch in polonophiler Aufwallung Tatsachen kommentieren, läßt sich aus ihren Worten immer noch die reine Wahrheit herausfiltern. Nicht so bei Schulz. Eine einseitige Auswahl historischer und aktueller Begebenheiten, eine Verallgemeinerung von Einzelfällen, eine Veränderung der Proportionen, ein schiefer Blickwinkel lassen manche Skizze als Zerrbild erscheinen. Das ist insofern bedauernswert, als gerade Schulzens »Reise« ob ihrer Komplexität über Jahrzehnte hindurch das Polenbild im Ausland bestimmt hat. Eben weil man darin ein getreues Abbild der polnischen Adelsrepublik zu sehen glaubte, und weil es der Autor verstand, mit Indiskretionen und Pikanterien Interesse zu erwecken, wurde sein Werk schon bald in zweiter Auflage (1802) herausgegeben sowie ins Schwedische (1797) und Französische (1807) übersetzt. Nicht zufällig wurde während des zweiten Weltkriegs in Deutschland eine präparierte Neuausgabe[2] zu propagandistischen Zwecken genutzt. Noch mehr als obige Mängel spricht gegen Schulz

---

1 Waclaw Zawadzki: Einleitung zu: Polska Stanislawowska w oczach cudzoziemców (Das Stanislaische Polen in den Augen der Fremden). Warschau 1963. Bd. I. S. 38.

2 Reise eines Livländers von Riga nach Warschau. Ein deutscher Bericht von der polnischen Adelsanarchie aus den Jahren 1791-1793. In Auswahl und neuer Gestalt herausgegeben von Theodor Schieder. Breslau 1941.

die fehlende Ehrlichkeit, die jeder Autor eines dokumentarischen Werkes sich selbst und seinen Lesern schuldig ist. Hätte er seinen Standpunkt klar bestimmt, wäre ihm weder eine eindeutig negative, noch eine gezielt tendenziöse Haltung übelzunehmen. Schulz jedoch gibt vor, Land und Leute wohlwollend zu betrachten, ja in manchen Passagen erweckt er sogar den Anschein eines Polenfreundes. Dennoch verleiht eine prorussische Position der »Reise eines Liefländers« die entscheidende Prägung.

Die Beschreibung seiner Fahrt von Riga nach Warschau beginnt Schulz auf stereotype Weise, nämlich mit sachlichen Angaben über die zurückgelegten Etappen und die jeweiligen Ortschaften. Bald aber weitet sich sein Blickfeld und es scheint, als wolle er Vorurteile abbauen, wenn er - wie schon eingangs bemerkt - von guten Reisebedingungen spricht, davon, daß das Land - wie man gewöhnlich glaubte - beileibe keine Wildnis und »die Landschaft übrigens nicht unangenehm, daß sie in einigen Gegenden wirklich reitzend und im Ganzen sehr fruchtbar ist« sowie davon, daß der Ackerbau »mit großer Sorgfalt betrieben« wird. So dünkt es auch dann, wenn er die »Schnelligkeit, Sattelfestigkeit und Geschmeidigkeit« der polnischen Reiterei lobt, wenn er mit Wohlgefallen Waffen und Uniform beschreibt, ja wenn er dieses »herrliche Korps« sogar als typisch ansieht, besteht es doch aus »wohlgewachsenen Männern, deren man unter diesem, im Ganzen, schönen Volke, so häufig findet« (I,1, S. 57, 62, 63, 53, 54).

Das Natürliche, das von der Natur Gegebene kontrastiert Schulz mit dem von Menschenhand Geschaffenen. So ist für ihn »jedes Dorf ein Bild der Unordnung und Zerstöhrung« und die Städte weisen eine Bauart auf, »die allen Polnischen beträchtlichen Städten gemein ist«: » Bey Einem guten Hause stehen drey, den Einsturz drohende, hölzerne Hütten, dann ein Pallast, dann eine Kirche, auf einem Pflaster, das man kaum so nennen kann, weil es, bey dem geringsten Regen, mit einem Strome von Koth überzogen ist« (I,1, S. 68, 40). Doch schon auf seiner nächsten Station, in Bialystock, macht Schulz eine andere Feststellung, ohne jedoch die vorherige Verallgemeinerung zurückzunehmen: Es

»ist das neueste und artigste Städtchen, das ich bisher angetroffen habe. (...) Die Straßen sind gerade und in der Mitte sehr gut gepflastert; die Häuser fast alle regelmäßig, von Backsteinen aufgeführt; in gewissen Entfernungen von einander abstehend, und fast alle nach einerley Geschmack erbauet, nämlich den Giebel nach der Straße und einen Stock hoch. Der Marktplatz ist geräumig und wird durch eine Halle, die ein Thurm ziert, recht artig aufgeputzt« (I, 1, S. 46).

Daß diese Beobachtung - genauso wie die in Grodno - von Augenblickseindrücken beeinflußt wurde, beweist folgende Feststellung:

»Es war sehr lebhaft. Fast in allen Häusern war Musik und aus allen Fenstern sahen, und vor jeder Thür standen, Menschen mit fröhlichen, freylich ziemlich hochroth gefärbten Sonntagsgesichtern und aufgetriebenen Zügen, welche die Art ihres Genusses deuteten« (I, 1, S. 46 f.).

Es bleibt unklar, was Schulz zu solch einer konzilianten Aussage veranlaßte, denn Bialystock unterschied sich am Ende des 18. Jahrhunderts in keiner Weise von anderen polnischen Städten gleicher Größenordnung. Schulzens Meinung über Polen war - wie aus einem Brief an seinen Freund Johann Friedrich Recke eindeutig hervorgeht - vorgefaßt:

»Warschau giebt einen weit lachendern Anblick, als ich vermuthet habe, und wenn man nicht durch Zufall in die entlegenen Gassen verschlagen wird, so ist man in Versuchung, zu glauben, daß man in einer der schönsten Städte von Europa ist«.[1]

---

1 Otto Clemen: Briefe von Friedrich Schulz aus Warschau, Wien und Weimar 1791-1795. In: Archiv für Kulturgeschichte 15. 1923. S. 116-129, hier: S. 119.

Im Reisebericht ist so ein Satz nicht zu finden. Gerade der letzte Zusatz verdeutlicht, wie wenig sich Warschau von anderen europäischen Hauptstädten unterschied - ein Zug, der ebenfalls von Bernoulli hervorgehoben wird. Dies bedeutet natürlich nicht, daß es keine Armut gab und daß neben prächtigen Palästen keine vom Einsturz bedrohten Häuser standen; doch solch ein Anblick bot sich einem Reisenden nicht nur in Warschau und nicht nur zu jener Zeit. Auch die Beobachtungen, die Schulz auf den Dörfern machte, mögen durchaus der Wahrheit entsprechen, obgleich zu berücksichtigen ist, daß er nur einen Bruchteil des Landes kannte. Die Lage der leibeigenen Bauern widerspiegelte sich in ihrem Aussehen und in ihrer Lebensweise, und die lag erwiesenermaßen unter dem deutschen Niveau. Das durfte ihnen aber nicht zum Vorwurf gemacht werden, denn sie waren völlig von ihrem Herrn abhängig, der sie nicht besser als ein Haustier traktierte. In anderem Zusammenhang stellt Schulz dies auch fest. Doch die Schlüsse, die er daraus zieht, entsprechen nicht der Wahrheit. Aus solch einer Behandlung des Volks, meint er, resultiere »nicht bloß seine Faulheit (...), sondern auch seine verderbte Gemüthsart, die sich, wie alle Sklavencharaktere, in Heimtücke, Schadenfreude, List und Betrug zeigt« (I, 1, S., 67). Schulz ist der einzige Polenreisende, der Roheit der Sitten mit solchen Charaktereigenschaften gleichsetzt. Kenner bescheinigen dem polnischen Bauern zwar Unterwürfigkeit, aber auch Ehrlichkeit und vor allem Sanftmut.

Die Ausführungen von Friedrich Schulz sind vor allem - wie noch nachzuweisen sein wird - gegen die fortschrittliche Adelspartei gerichtet. Doch schon in jener Charakteristik - sie betrifft letzten Endes die zahlreichste Klasse - wird die Stoßrichtung seines Vorhabens deutlich: nämlich aufzuzeigen, daß der Staat eines solchen Volkes zum Untergang bestimmt war. Theodor Schieder, dem Herausgeber der Ausgabe von 1941, ist daher eine gewisse Logik nicht abzusprechen, wenn er im Vorwort eben diesen Gedanken besonders exponiert und aktualisiert. Deutsche Siedler waren die »Träger einer neuen Kulturgesinnung im Osten«; sie waren es, die einem verwahrlosten Lande Elemente einer »neuen Ordnung, künstlerischer Gestaltung oder wissenschaftlicher Erfahrung« zuführten.[1] Die »Belege« fand er bei Schulz.

Vergeblich sucht man in der »Reise eines Liefländers« einen Hinweis auf die polnische Literatur; lediglich im Zusammenhang mit dem Theater erwähnt Schulz zwei Dramentitel. Zwar habe sich der König um die Förderung der Künste verdient gemacht, aber »man kann nicht sagen, daß es *polnische* schöne Künste sind, die in Warschau blühen; denn die Bearbeiter derselben waren und sind jetzt noch Ausländer: Italiener, Franzosen, Deutsche«. Außer Bacciarelli befinde »sich jetzt kein anderer Maler von Bedeutung in Warschau«; in der Bildhauerkunst »ist in Warschau wenig gethan«; die »*Baukunst* hat in Warschau ausgezeichnete Fortschritte gethan«, aber »auch in diesem Fach thaten Ausländer, Italiener und besonders Deutsche, alles, und gebohrne Polen nichts« (II, 4, S. 56, 57, 59, 60 f.).

Noch geringer schätzt Schulz die Wissenschaften ein. »Ein *Gelehrtenstand,* in der Art, wie er sich in Deutschland befindet, ist in Polen eigentlich nicht vorhanden«. Lesekabinetts und Bibliotheken - so auch die Zaluskische und die königliche - werden wenig besucht. Ursache sei »Unordnung« wie auch »Unthätigkeit und Unwissenheit der Aufseher« in der ersten, »Schüchternheit oder Bescheidenheit von Seiten der Gelehrten, oder abschreckende Antwort von Seiten des Bibliothekars« in der zweiten. Kurz erwähnt werden die Ritterakademie, die Kommission für nationale Erziehung und die beiden Universitäten Wilna und

---

1   Reise eines Livländers. Hg. v. T. Schieder. S. 5.

Krakau. Aus der Zeit des Großen Sejms erinnert er sich an den Aufschwung des Zeitschriftenwesens, der Errichtung von Druckereien und Buchhandlungen sowie der öffentlichen Diskussion über aktuelle politische Fragen (II, 4, S. 18, 42f.).

Vergleicht man diese dürftigen Angaben mit denen bei Bernoulli, so sieht man sofort, welches tendenziöse Ziel Schulz vorschwebte: er wollte einen Nachweis erbringen, daß Polen unfähig sei, eine eigene Kultur und eine eigene Wissenschaft zu entwickeln. Was für solch eine These spricht, ist die Tatsache, daß sich in den achtziger Jahren das Leben auf beiden Gebieten weiter intensivierte und daß Schulz um vieles länger in Warschau weilte als Bernoulli, mithin einen noch gründlicheren Einblick erhalten konnte. Das triste Bild, das man also in der »Reise eines Liefländers« findet, ist keinesfalls auf Unkenntnis des Verfassers - selbst Schriftsteller und Geschichtsprofessor - zurückzuführen.

Kunst und Wissenschaft sind in der »Reise« nur periphere Probleme; schon der geringe Umfang legt davon Zeugnis ab. Im Zentrum des Interesses von Friedrich Schulz stehen die Reformbestrebungen und die Hauptakteure der innenpolitischen Szene Polens. Das Warschau des Großen Sejms bildet somit das Objekt seiner Darstellung. Im Zusammenhang damit fällt auf, daß er über die Beratungen selbst, an denen er doch auch teilgenommen hat, nicht ein Wort verliert. Eine abfällige Bemerkung im Brief an J.F. Recke ist der einzige Hinweis auf das historische Ereignis, das - cum grano salis - mit der Einberufung der Generalstände in Frankreich verglichen werden kann. Es lohnt, den Bericht über die Eröffnung einer Sejmsitzung bei Bernoulli nachzulesen, der von der Würde der Teilnehmer und der Feierlichkeit der Zeremonie beeindruckt ist, um Schulzens diametral unterschiedliche Betrachtung gehörig einschätzen zu können: In seiner Darstellung kommt eine Reichstagsversammlung einem Spektakel gleich.[1] Gewiß hat es Abgeordnete gegeben, die nicht den gehörigen Anstand gewahrt haben, aber typisch war ein solches Verhalten keinesfalls. Die Ignorierung der wichtigsten innen- und außenpolitischen Ereignisse (wie z.B. des polnisch-russischen Kriegs von 1792 und des Kosciuszko-Aufstandes) ist umso auffallender, als der Verfasser dem gesellschaftlichen Umfeld eine Aufmerksamkeit zuwendet, die es nicht verdient. Volle drei Kapitel widmet er allein der »Schilderung eines großen polnischen Hauses«. Sie enthalten viele gute Beobachtungen über die Lebensart des hohen Adels, über dessen Leichtsinnigkeit in persönlichen Dingen und Gleichgültigkeit in Staatsangelegenheiten, über Bestechlichkeit und politische Hörigkeit, über Bildung und Reisen, über die Dame des Hauses und die Dienerschaft. Das Porträt des selbstherrlichen, verschwenderischen Sarmaten, der den Staat - und oft auch sich selbst - zugrunde richtete, entspricht zweifelsohne individuellen Typen, die im In- und Ausland von sich reden machten. Ungeachtet es ihrer nur wenige gab, war der Einfluß auf die Meinungsbildung bedeutend. Sie zogen nämlich die große Schar des Kleinadels nach sich, der von ihnen abhängig war. Daher ist dieses Porträt, das eher als Summe negativer Nationaleigenschaften anzusehen ist, dennoch berechtigt.

---

1 »Der Reichstag, l(ieber) R(ecke), giebt nichts weniger als einen imponierenden Anblick. Der Saal ist nach Verhältnis klein, schmutzig, schmal und enge, und die darin Versammelten, die wechselweise schreyen, quieken, kreischen und Birnen essen, machen auch nicht den Effekt, den man aus der Ferne von einer erlauchten Versammlung mächtiger Reichsstände zu finden vermuthet. Bis jetzt ist mir noch kein Redner vorgekommen, der durch Stimme, Anstand, Sache, Gründe und Deklamation Aufmerksamkeit und Freude weckte; es sind aber einige Reichsbothen da, die diese Tugenden in sich vereinigen sollen; nur habe ich sie, zum Unglück, noch nicht gehört und gesehen«. In: Clemen: Briefe von F. Schulz. S. 119 f.

218

Schulz schildert auch die andere Gruppe der Adligen, die Patrioten. Im Unterschied zur anonymen und globalen Charakteristik der Magnaten und ihrer Mitläufer werden sie namentlich genannt. Der Autor beschreibt sie somit als Individuen und nicht als geschlossene Partei, die gemeinsame Ziele anstrebt und deren Mitglieder gemeinsame Ideale repräsentieren. Einige von ihnen werden überhaupt als reine Privatpersonen eingeführt, so als hätten sie am Leben des Staates keinen Anteil. Der Neffe des Königs und Oberkommandierende von 1792, Fürst Józef Poniatowski, wird als guter Tänzer, Reiter und Wagenlenker vorgestellt, Tadeusz Kosciuszko nur als dessen Begleiter bei Vergnügungsfahrten und in Salons. Die drei wichtigsten Männer aus der engsten Umgebung des Königs erhalten recht sonderbare Charakteristiken. Ignacy Potocki, der Theoretiker der Reformpartei, »ward der Führer eines großen Theils seiner Nation, aber in einer Art und mit Grundsätzen, die den ihrigen ganz entgegen standen. Jene wirkten und stritten für die Erhaltung der altpolnischen Adelsfreyheit, dieser wollte, nach den neuesten Lehren, Bauer, Bürger und König, auf Kosten jener ausschließenden Freyheit, erheben und gerade durch deren Beschränkung sein Vaterland, wie er meynte, verbessern und vom Untergange retten« (II, 8, S. 167 f.). Abbé Scipione Piattoli, Mitbegründer der Mai-Konstitution, hatte »über den Zustand Polens (...) sehr oberflächlich (...) nachgedacht«.

»Es ist gewiß«,

fährt Schulz fort,

> »daß auch ihn der Ehrgeiz und eine gewisse dichterische Wärme blendete, und daß er wechselweise seine Schüler erhitzte und von ihnen wiederum erhitzt wurde. Dazu kam, daß er nie in politischen Geschäften praktisch gearbeitet, mithin nie unterscheiden gelernt hatte zwischen dem, was sich auf dem Papiere schön schreiben, in einer feurigen Rede schön sagen, und zwischen dem, was sich bey dem eisernen Drucke der Verhältnisse, ausführen läßt« (II, 8, S. 169).

Am schlechtesten schneidet Hugo Kollataj ab, Inhaber hoher Ämter und Anführer eines linksgerichteten Klubs von Publizisten, der sogenannten »Kollataj-Schmiede«. Schulz erkennt seine gründliche Bildung an, sagt ihm aber List, Wankelmut und Bestechlichkeit nach, was auch nach den damaligen Erkenntnissen pure Verleumdung war. Was Schulz gegen ihn so aufbrachte, war seine unversöhnliche Haltung gegenüber Rußland. Die anderen Vertreter des patriotischen Flügels - hier seien nur die Sejmmarschälle Stanislaw Malachowski und Fürst Kazimierz Sapieha, Fürst Adam Czartoryski und der Bischof Kajetan Soltyk genannt - werden als »sogenannte Schreyer, oder, wenn ihnen die Gabe der Rede fehlte, als stille Verbreiter des patriotischen Systems« (II, 8, S. 180) abgestempelt.

Eine gewisse Scheu vor gekrönten Häuptern sowie Stanislaus Augusts - erzwungener - Beitritt zur rußländischen Partei hinderten Schulz daran, den König selbst auf ähnliche Weise zu verunglimpfen. So erwächst denn auch vor den Augen des Lesers die Gestalt eines sympathischen, gütigen Herrschers, eines Liebhabers und Mäzens der Künste, nicht aber des Staatsmannes und politischen Denkers. Er, der Initiator der meisten Reformen war, ist es nach Schulz »nur auf eine bedingte Weise«. Er wurde durch »die Unterstützung Rußlands und durch die Mitwirkung Preußens auf den Thron gehoben«; daher strebten auch beide Mächte »eine Vormundschaft« an. Zwischen »der Habsucht und der Anmaßungen seiner Großen und der Eifersucht seiner mächtigern Nachbarn« (II, 8, S. 121, 131f., 138) hatte er keinen politischen Spielraum. Diese richtige Feststellung enthält - gewollt oder ungewollt - einen Kernsatz der damaligen Politik von Polens Nachbarstaaten: Land und Volk zu unterjochen. Das war allgemein bekannt. Was aber Schulzens Ausführungen über dieses Kapitel der europäischen

Geschichte so verabscheuungswürdig macht, ist die zum Ausdruck gebrachte vollste Akzeptanz solchen Vorgehens. Und nicht nur das allein. Als Sprachrohr der russischen Eroberungspolitik spricht er Polen jegliche Berechtigung einer Eigenstaatlichkeit ab und damit auch die Berechtigung, innenpolitische Probleme selbst zu lösen. Höhnisch wirft er den - wie er sie nennt - »Veränderern« vor, infolge des bestehenden Kräfteverhältnisses eine unreale Politik geführt zu haben:

> »Anstatt sich zu erhalten, wie sie waren, wollten sie wachsen; anstatt der Politik des Schwächern, die es mit keinem Theile verdirbt, treu zu bleiben, nahmen sie die Politik eines unabhängigen Staats an, und verbanden sich bestimmt mit einem Andern gegen einen Dritten, der offenbar der mächtigere blieb, wenn auch seine Macht für den Augenblick zerstreuet war; und, in ihrer unbegreiflichen Verblendung, vergaßen sie den politischen Gemeinplatz: daß der Schwächere, der an Uneinigkeiten zwischen Mächtigern Theil nimmt, bey der ersten freundschaftlichen Annäherung dieser, von ihnen zertreten wird« (II, 8, S. 119).

Mit unverhohlenem Zynismus bekennt sich Schulz zu einer brutalen Machtpolitik, wenn er schreibt:

> »Da die angränzenden Mächte durch diese Schwäche stark werden, so verlangt es ihr Vortheil, sie zu verewigen; und da jeder Schritt zur Ordnung ein Schritt zur Stärke seyn würde, so will ihre Sicherheit, daß sie ihn verhüten. Nach diesen Grundsätzen hat man Polen seit einem Jahrhundert behandelt, und sie sind es, die jede Veränderung unmöglich und jeden Anlaß dazu gefährlich gemacht haben« (II, 8, S. 115 f.).

Es dürfte kein Zufall sein, wenn auch Johann Gottfried Seume in der Abhandlung »Einige Nachrichten über die Vorfälle in Polen im Jahre 1794« (1796) angibt, »daß Rußland sehr viel von Polen zu fürchten hatte«.[1] Solch eine Behauptung will zweifelsohne das Vorgehen der Teilungsmächte beschönigen und scheint einer damals gängigen Doktrin entsprungen zu sein, ebenso wie der sowohl von Schulz als auch von Seume verbreitete Sophismus, daß zwischen den Regeln der Schulmoral und denen der Politik zu unterscheiden sei.

Ursache der Schwäche war, wie Schulz weiter ausführt, Polens Verfassung, aber - wohlgemerkt! - die vom 3. Mai 1791. Eben sie trug angeblich die Schuld am »verderbten Charakter der Nation« (II, 8, S. 120). Er ist damit gegen die Aufhebung des liberum veto, das Verbot von Konföderationen, das Recht der Bürger auf Nobilitierung - mit einem Wort: gegen die Einschränkung der Magnatenherrschaft. Er stellt sich auf die Seite derjenigen, die die alte Ordnung aufrecht erhalten wollten, wohl weniger, weil er am Schicksal Polens Anteil nahm, sondern weil eben diese Kräfte Katharinas Truppen ins Land gerufen hatten. Schulz nennt dieses Vorgehen euphemistisch »Freunde von außen zur Hülfe« rufen. Polen sei also völlig rechtmäßig »mit Haabe und Willen unter ihre Vormundschaft gerathen, und wird nie für mündig erklärt werden, weil ihm Schuld gegeben werden kann, zu Zeiten irre zu reden und zu handeln« (II, 8, S. 114). Solch eine Unmündigkeitserklärung beschönigte nicht nur die zweite Teilung, sondern entschuldigte gleichzeitig die gewaltsame Auflösung des gesamten Staates. In dem Monat, in dem Schulz das Vorwort zur »Reise eines Liefländers« schrieb, wurde der Plan publik. Als das Buch herauskam, war er vollendete Tatsache.

Mit Fug und Recht darf die Frage gestellt werden, was den weitgereisten und aufgeklärten Friedrich Schulz dazu bewogen hat, ein Buch zu schreiben, in dem er mit der schwärzesten Reaktion sympathisiert. Die Frage ist umso berechtigter, als er noch fünf Jahre früher den

---

1 Seume: Einige Nachrichten. S. 10.

Ausbruch der Französischen Revolution begeistert begrüßt hatte. In der »Geschichte der großen Revolution in Frankreich« gibt er sich als Anhänger der neuen Ordnung zu erkennen.[1] Ebenda beruft er sich auf das »nie zu verwüstende moralische Gefühl«, plädiert er für das »Wohl der Nation« und die »Rettung des Staates«.[2] Die Genese von Schulzens Wandlung ist in seiner Deputiertentätigkeit auf dem Warschauer Reichstag zu suchen, auf dem er gegen die Anmaßungen des kurländischen Adels für die Rechte des Bürgertums eintrat. Sein kämpferischer Geist von damals kommt in dem »Schreiben eines curländischen Bürgers an seinen Landsmann in Warschau« am besten zum Ausdruck. Damit machte er sich aber die Adelsdelegation, an deren Spitze der Baron Karl Heinrich von Heyking stand, zum Feinde. Während Schulz in Italien weilte, ergriff dieser die Gelegenheit, ihm den Garaus zu machen. Elisa von der Recke, die Schwester der regierenden Herzogin von Kurland, berichtet darüber in ihrem Tagebuch:

> »Professor Schulz ist auf die bloße Angabe des Herrn von Heyking, der ihn als Propagandisten darstellt, in Gefahr, seines Amtes entsetzt und des Landes verwiesen zu werden.«[3]

Seine Lage war umso prekärer, als Kurland aufgrund der dritten Teilung Polens im Januar 1795 unter russische Herrschaft geriet und die Behörden jegliche Anzeichen demokratischer Gesinnung strengstens ahndeten. In dieser neuen politischen Konstellation schrieb er seine »Reise«, in der die Unterwürfigkeit so weit geht, daß er von »unserer Kaiserin«, von »unserm Botschafter«, von »unseren Offizieren« spricht, wenn er Rußland im Sinne hatte. Ja, er trug sich sogar mit dem Gedanken, eine »Regierungsgeschichte Katharinens der Zweyten« zu verfassen, deren »Menschlichkeit« und »Staatsweisheit« er schätzte. So heißt es denn auch im Brief vom 29. April 1795 aus Weimar ohne Umschweife: »Die Nachrichten von unserer Unterwerfung an die große Monarchie haben mir innige Freude gemacht«.[4] Die »Reise eines Liefländers« ist deren beredter Ausdruck.

Die Bedeutung und die Rolle der besprochenen Reisebeschreibungen ist unterschiedlich: Für die Wissenschaftsgeschichte sind die von Bernoulli und Carosi von nicht zu unterschätzender Wichtigkeit; den Geist der Zeit widerspiegeln am besten die von Biester und von Kausch; für die Entstehung von Images sind die Ausführungen von Schulz ein klassisches Beispiel. Mit vollem Recht behauptet Werner Rieck, daß

> »das Bild von Völkern und Menschen einzelner Völker im Öffentlichkeitsbewußtsein und in der Literatur als eines seiner Artikulationsmedien weit weniger durch völkerkundliche Studien, durch geographisches, historiographisches oder ethnographisches Schrifttum geprägt wird, sondern weitaus wirksamer durch Literatur und deren Resonanz bis in Bereiche des Bildungswesens und der öffentlichen Meinung in wiederum sozial differenzierten Gruppen und Schichten eines Volkes.«[5]

Diese Feststellung ist umso stichhaltiger, als sich in der zweiten Hälfte des 18. Jahrhunderts die »Reisebeschreibung als vornehmlich unterhaltende Gattung ausgebildet hat und als

---

1 F(riedrich) Schulz: Geschichte der großen Revolution in Frankreich. 1789 (neu hg. von G. Kozielek als »insel taschenbuch«. Frankfurt a.M. 1989); - ders.: Fortgesetzte Geschichte der französischen Staatsumwälzung. In: Historisch-genealogisches Taschenbuch für das zweite Jahr der Freiheit, enthaltend die fortgesetzte Geschichte der französischen Staatsumwälzung... Braunschweig 1791. S. 3-219, hier S. 6 f.
2 Schulz: Geschichte. S. 7 f.
3 v.d. Recke: Mein Journal. S. 145.
4 O. Clemen: Briefe von F. Schulz. S. 127-129.
5 Werner Rieck: Poetische Bilder von Völkern als literaturwissenschaftliches Problem. Zu Wert und Grenzen komparatistischer Imagologie. In: Weimarer Beiträge 32. 1986. S. 48-68, hier: S. 56.

solche auch rezipiert wurde«.[1] Ungeachtet ihrer Verschiedenheit in Anlage und Inhalt wie auch in Sprache und Stil bilden alle deutschen Reisebeschreibungen über das Polen Stanislaus August Poniatowskis Dokumente von größter Relevanz für die Erkenntnis der Epoche. Dem deutschen Leser entdeckten sie zudem größtenteils Neuland, umso interessanteres, als Polen durch die Teilungen auch in das Bewußtsein des Durchschnittsbürgers gerückt war.

---

1   William E. Stewart: Die Reisebeschreibung und ihre Theorie im Deutschland des 18. Jahrhunderts. Bonn 1978.
    S. 204.

Gert Robel

Bemerkungen zu deutschen Reisebeschreibungen über das Rußland der Epoche Katharinas II.

Beschreibungen von Reisen nach oder in Rußland sind, gemessen an der zeitgenössischen Produktion von Reiseliteratur, in der ersten Hälfte des 18. Jahrhunderts selten. Rußland war den gesellschaftlichen Eliten der Zeit eine terra non peregrinanda, und es bedurfte schon besonderer Umstände, um eine Reise in dieses ferne Land mit seinen fremden Lebensformen und Verhaltensweisen zu wagen. Private Reisen gar, sei es als Bildungs- oder Vergnügungsreisen - sofern sich hier die Motivationen trennen lassen - fehlen völlig. Neben Autoren, die aus eigenem Antrieb nach Rußland reisten, um hier ihre Fortune und ein besseres Fortkommen als in ihren Heimatländern zu suchen, und die dort zarische Dienste genommen hatten, wie Adam Brand[1] und der Brite John Perry[2], sind es vor allem Teilnehmer an Gesandtschaften, z.B. Johann Georg Korb[3], die in der Nachfolge eines Herberstein und Olearius ihre Beobachtungen und Erkenntnisse veröffentlichen. Auch die diplomatischen Vertreter, etwa den hannöverschen Residenten in Petersburg, Friedrich Christian Weber[4], wird man zu dieser Gruppe der Dienstreisenden zählen dürfen. Schließlich ist hier jene Gruppe unfreiwilliger Rußlandreisender zu erwähnen, die während des Nordischen Krieges auf schwedischer Seite Dienst tat und in russische Kriegsgefangenschaft geraten war. Ihre Berichte haben insbesondere die Kenntnisse über das bis dahin nur recht vage beschriebene Sibirien erweitert, vor allem durch die Publikationen Strahlenbergs[5],

1   Der gebürtige Lübecker lebte einige Jahre in Rußland und nahm an der China-Gesandtschaft unter Leitung Everard Ysbrand Ides 1692-1695 teil. Sein Buch erschien 1698: Adam Brand: Beschreibung der Chinesischen Reise Welche vermittelst Einer Zaaris. Gesandtschaft durch Dero Ambassadeur Herrn Isbrand Ao. 1693, 94 und 1695, von Moscau über Grosz-Ustiga Siberien Daurien und durch die Mongolische Taratarey verrichtet worden: Und was sich dabey begeben aus selbst erfahrenen Nachrichten mitgetheilet. Hamburg Bey Benjamin Schillern Buchhändlern am Dom 1698. - Eine Ausgabe Frankfurt 1697 hat Brand später nicht in sein Werkverzeichnis aufgenommen. - Über Brand und diese Reise siehe M.I. Kazanins Einleitung zu der von ihm besorgten und kommentierten Einleitung zu: Izbrant Ides i Adam Brand: Zapiski o russkom posol'stve v Kitaj [Aufzeichnungen über die russische Gesandtschaft nach China] (1692-1695). Moskva 1967. S. 5 ff. Ebenda (S. 365 ff.) auch über die Editionen des Reiseberichtes.

2   John Perry: The State of Russia under the Present Czar ... London, Printed for Benjamin Tooke, at the Middle-Temple-Gate in Fleetstreet 1716. - Die deutsche Übersetzung: Der ietzige Staat von Rußland oder Moscau ... Leipzig 1717.

3   Johann Georg Korb: Diarium itineris in Moschoviam ... Ignatii Christophori ... de Guarient, & Rall ... ab ... Imperatore Leopoldo I. ad ... Tzarum, & Magnum Moschoviae Ducem Petrum Alexiowicium Anno MDCXCVII. Descriptum a Joanne Georgio Korb ... Viennae [o.J.]. - Vgl. dazu die Einleitung in: Johann Georg Korb: Tagebuch der Reise nach Rußland. Hg. und eingel. v. Gerhard Korb. Übers. und mit Anm. versehen v. Edmund Leingärtner. Graz 1968. S. 7 ff.; vgl. Friedrich Dukmeyer: Korbs »Diarium itineris in Moschoviam« und Quellen, die es ergänzen. Berlin 1910.

4   Friedrich Christian Weber: Das veränderte Rußland ... Frankfurth, Hannover 1721. - Die beiden Fortsetzungen erschienen als zweiter und dritter Teil Hannover 1739-1740. - Zu Weber siehe Eckhard Matthes: Das veränderte Rußland. Studien zum deutschen Rußlandverständnis im 18. Jahrhundert zwischen 1725 und 1762. Frankfurt a.M. 1981. S. 127 ff.

5   Johann Philipp Strahlenberg: Das Nord- und Ostliche Theil von Europa und Asia, In so weit solches Das gantze Rußische Reich mit Sibirien und der großen Tatarey in sich begreiffet ... Stockholm, in Verlegung des

Wreechs[1] und (des zu wenig beachteten) Müller.[2] Aber auch über Mittelasien sind durch Renat[3], auch Lados[4] neue Erkenntnisse verbreitet worden - letztere haben der jungen Wissenschaft der Orientalistik wichtige Impulse gegeben.[5] Dagegen sind Kaufleute nicht unter den Autoren vertreten, obwohl insbesondere die deutschen Ostseehäfen sich am Rußlandhandel beteiligten. Trotz Marpergers Aufforderung, merkantilistisch durch öffentlichen Informationsaustausch zu einer Exportoptimierung beizutragen, zogen sie es offensichtlich vor, ihre oftmals teuer erworbenen Kenntnisse für sich zu behalten, anstatt sie der Konkurrenz derart wohlfeil zu überlassen.[6]

Mit den Autorengruppen sind auch die Bereiche des öffentlichen Interesses genannt, das ihre Werke zu befriedigen unternahmen: das »statistische«, d.h. staatenkundliche, das Informationen über das petrinische Rußland suchte, jene Macht, die so überraschend wie nachdrücklich in das Geschehen des Ostseeraumes und seiner Anrainerstaaten eingriff, und das wissenschaftliche, das sich um die Schließung der Lücken und die Eröffnung neuer Bereiche der Erkenntnis mühte. Es ist auch das Problem angesprochen, das sich für die gelehrte wie gebildete Leserschaft der Zeit ergibt: eine Beschränkung auf die muttersprachliche Lektüre ist für diesen Zeitraum selten, Kenntnis des Französischen - neben dem althergebrachten Latein - ist bei diesem Publikum fast allgemein. So sind deutschsprachige Werke nicht die einzigen Informationsvermittler gewesen, und zudem sorgten Übersetzungen interessanter Bücher dafür, daß auch sprachlich schwieriger zugängliche Werke rezipiert werden konnten.

In diesen Berichten der ersten Jahrhunderthälfte tritt der Autor als Person kaum in Erscheinung, verschwindet ganz hinter dem Gegenstand seines Berichts. »Objektivität« ist gefragt, »Wissenschaftlichkeit« - private Erfahrungen und Begegnungen fehlen dementsprechend fast völlig. Eine Ausnahme mag allenfalls das Buch Curt Friedrich von Weechs bilden, der als kriegsgefangener schwedischer Offizier 12 Jahre lang in Tobol'sk zu leben hatte. Er war schon zuvor mit pietistischem Denken in Berührung gekommen, und hier erfuhr er nun die Kraft, die ihm und seinen Freunden - darunter auch Strahlenberg - aus

Auctoris, 1730. - Zu Strahlenberg siehe M.G. Novlanskaja: Filip Iogan Stralenberg. Ego raboty po issledovaniju Sibiri [Johann Philipp Strahlenberg. Seine Arbeiten zur Erforschung Sibiriens]. Moskva, Leningrad 1966. - Grundlegend für die Literatur des 17. und der ersten Hälfte des 18. Jahrhunderts über Sibirien: A.I. Andreev: Ocerki po istocnikovedeniju Sibiri. Vyp. 1-2. Moskva, Leningrad 1960-1965, mit kritischer Zuordnung.

1 Curt Friedrich von Wreech: Wahrhaffte und umständliche Historie von denen Schwedischen Gefangenen in Rußland und Siberien ... Sorau 1725. - Zu Wreech siehe Eduard Winter: Halle als Ausgangspunkt der deutschen Rußlandkunde im 18. Jahrhundert. Berlin 1953. S. 308 ff. (gibt »Karl Wreech«).

2 Johann Bernhard Müller: Leben und Gewohnheiten der Ostiaken. Mit etlichen curieusen Anmerckungen vom Königreich Siberien. Berlin 1720.

3 Zu Johan Gustav Renat: siehe John F. Baddeley. Russia, Mongolia and China. Vol. 1. London 1919. S. CCXVI-CCXVI.

4 A. Lados veröffentlichte Auszüge aus Abulgasis Chronik (Paris 1722, vgl. Winter: op. cit., S. 317), er gab (anonym) auch die französische Gesamtausgabe heraus: L'Histoire Généalogique des Tartars. Traduit du Manuscrit Tartare d'Aboulgasi Bagadur Chan. à Leyde 1726. - Siehe Gert Robel: Die Sibirienkarte Johann Philipp von Strahlenbergs. In: Nordostarchiv (1979) H. 54-55. S. 3 f. - Johan Christian Schnitzschers Bericht (Berättelse om Ajuckinska Calmukiet eller om detta Folkets Ursprung ...) erschien erst 1744 zu Stockholm.

5 Siehe dazu Eduard Winter a. a. O. S. 290-330.

6 Paul Marperger: Moscowitischer Kaufmann. Das ist: Ausführliche Beschreibung der Commercien, Welche in Moscau und andern Seiner Czaarischen Majestät Bothmäßigkeit unterworffenen Reichen und Provincien sowohl von dessen Unterthanen unter sich selbst als mit Ausländischen Nationen getrieben werden ... Lübeck 1705. Vgl. dazu Ulf Lehmann: in: Jahrbuch für Wirtschaftsgeschichte (1971). H.4. S. 125 ff.

dieser neuen Frömmigkeit eines individuell verinnerlichten Glaubens zuwuchs. Freilich ist sein Buch als Exempel gedacht, wie er denn auch schon im Titel ankündigt, daß er und seine Freunde »in ihrer Gefangenschaft zum Theil von GOTT kräftig zur Busse erwecket worden«, und intentional eher der pietistischen Erweckungs- und Missionierungsliteratur als den Reiseberichten zuzurechnen, wie auch das von August Hermann Franckes Agenten in Rußland, dem pietistischen Prediger Christoph Eberhard, unter dem Pseudonym Alethophilus publizierte Bändchen »Der innere und äußere Zustand der schwedischen Kriegsgefangenen in Rußland durch ihre eigenen Briefe« (Leipzig 1718).

Erst in der zweiten Jahrhunderthälfte treten zu dieser vorwiegend auf Erweiterung der Erkenntnisse zielenden Absicht auch andere Autorenintentionen hinzu. Mit dem Eingreifen in den Siebenjährigen Krieg hatte sich die russische Macht nach einer längeren Abstinenz wieder nachdrücklich in Erinnerung gebracht, die Thronbesteigung der ehemaligen Prinzessin von Anhalt-Zerbst als Katharina II. weckte das öffentliche Interesse, das die »aufgeklärte Monarchin« durch eine geschickte Informationspolitik wachzuhalten wußte. So nahm nach einem starken Rückgang in der nachpetrinischen Periode, in der Rußland keine sonderliche Publizität zugekommen war, die Zahl der Reiseberichte über Rußland wie der Russica-Publikationen allgemein auch in Deutschland - wie in Frankreich und England - erheblich zu. Hieran hatte die im Zuge der Wiederaufnahme der petrinischen Modernisierungspolitik erfolgte Öffnung des Landes nach dem Westen entscheidenden Anteil. Der Aufschwung der Wissenschaften, den bereits Elisabeth mit der Wiederbelebung der Petersburger Akademie der Wissenschaften und der Gründung der Moskauer Universität 1755 eingeleitet hatte, förderte die Kommunikation und den Informationsfluß beträchtlich.

Den Unterschied in der Informationspolitik veranschaulicht die Berichterstattung über die beiden großen Unternehmungen der Petersburger Akademie zur Erforschung Sibiriens und Nordostasiens exemplarisch[1] : Erschienen die ersten Bände der Reiseberichte Pallas' und Samuel Gottlieb Gmelins bereits 1771 bzw. 1770, also während ihre Verfasser noch ihre Arbeit in Sibirien fortsetzten, so wurde über die noch von Peter initiierte »Große Nordische Expedition« der Jahre 1733-1743 außer einigen wenigen Zeitungsmeldungen nichts publik, obwohl doch mit Johann Georg Gmelin und Gerhard Friedrich Müller zwei deutsche Akademiker daran teilnahmen. Erst nach Gmelins Rückkehr nach Tübingen informierte dieser das gelehrte Europa über seine Erlebnisse und Beobachtungen. Neben seiner »Flora sibirica« legte er eine ausführliche Beschreibung seiner Reise vor, die 1751-1753 zu Göttingen in vier Bänden erschien.[2]

Dieses Werk bildet eine Zäsur in der Berichterstattung über Rußland.[3] Es vereint in schier

1 Dazu Gert Robel: Die Sibirienexpeditionen und das deutsche Rußlandbild im 18. Jahrhundert. Bemerkungen zur Rezeption von Forschungsergebnissen, in: Wissenschaftspolitik in Mittel- und Osteuropa. (= Studien zur Geschichte der Kulturbeziehungen in Mittel- und Osteuropa 3.) Berlin 1976. S. 271 ff; Lothar A. Maier: Wissenschaft und Staatsinteresse zur Zeit Peters des Großen. Die Erschließung Sibiriens durch wissenschaftliche Expeditionen. In: Österreichische Osthefte 20 (1978). S. 435 ff.

2 Johann Georg Gmelin: Reise durch Sibirien in den Jahren 1733-1743. Theil 1-4. Göttingen 1751-1752; ders.: Flora sibirica sive historia plantarum Sibiriae. Tomus 1-4. Petropoli 1747-1769. 4 ; Atlas. 2 . - Gmelins Rußlandaufenthalt und seine Rückkehr siehe Lothar A. Maier: Die Krise der St. Petersburger Akademie der Wissenschaften nach der Thronbesteigung Elisabeth Petrovnas und die »Affäre Gmelin«. In: Jahrbücher für Geschichte Osteuropas NF. 27 (1979). S. 353 ff. Dort auch (S. 371 ff.) über die Veröffentlichung seiner Werke.

3 Ungeachtet der in seinem Diensteid begründeten Zurückhaltung Gmelins in seinen Informationen über Details der geographischen Entdeckungen brachte sein Werk für die europäische gelehrte wie gebildete Welt eine

vorbildlicher Weise (allgemeinere) wissenschaftliche Beobachtungen mit persönlichen Eindrücken und Erlebnissen, besticht zudem durch die Anschaulichkeit der Erzählung und die Unmittelbarkeit des Berichts, der in Tagebuchform geschrieben ist. Der Verfasser urteilt ebenso souverän wie freimütig, seine Kritik, die die sibirischen Behörden hart, aber berechtigt trifft, schließt die eigene Person wie auch seine Kollegen nicht aus. Verallgemeinerungen und tradierte Stereotypen sucht er zu meiden, so nimmt er nachdrücklich gegen das Klischee des »wilden«, »barbarischen« Tataren Stellung und rühmt den Fleiß und die Zuverlässigkeit der tatarischen Helfer der Expedition nachdrücklich. Um so mehr wiegt dann sein negatives Urteil. Es ist insbesondere die Trunksucht, die ihm immer wieder begegnete, die den nüchternen, auf gemeines Wohl und Nutzen bedachten Wissenschaftler abstieß und die er brandmarkt.

Gmelin war der erste Vertreter der neuen, empirisch-kritischen Wissenschaft, der eine Beschreibung seiner Reisen in Rußland veröffentlichte. Wie neu, wie revolutionierend sie war, zeigt der Vergleich mit dem nur zwanzig Jahre zuvor erschienenen Werke Strahlenbergs, der ebenfalls Sibirien behandelt. Der schwedische Kapitän, der als Autodidakt ein beachtenswertes, auch vielbeachtetes Buch vorlegte, steht noch ganz in der Tradition der barocken Wissenschaft, sucht mythische und legendäre Überlieferungen rational zu begründen und zu erklären und gelangt dabei zu teilweise abenteuerlichen ethymologischen Konstruktionen.[1] Davon ist Gmelin weit entfernt. Er gibt einen präzisen Erlebnisbericht. Da er auf seiner Reise nach Jakutsk kam, in ein Gebiet, das alle westlichen Autoren vor ihm allenfalls vom Hörensagen kannten, auch über Stellers Kamcatka-Forschungen aus erster Hand informiert war[2] (der Adjunkt Steller war dem Akademiker Gmelin unterstellt), erhielt das gelehrte Europa ein recht umfassendes, fast ganz auf eigenen Beobachtungen beruhendes Bild Sibiriens aus der Feder eines geschulten Wissenschaftlers. Sein Buch galt als zuverlässiges Standardwerk, bis die Berichte über die Akademie-Expeditionen Anfang der siebziger Jahre das »veränderte Sibirien« vorstellten. Noch Krebel stützte sich 1768 im Anhang »Sibirien« zu seinem »Staat von Rußland, oder das Russische Kayserthum«[3] ganz auf Gmelin.

große Zahl neuer Kenntnisse. Zu Gmelins Motiv siehe Maier: Wissenschaft und Staatsinteresse. S. 371 f.

1 Gmelin a. a. O. Zweyter Theil. Göttingen 1752. Vorrede. S. 6-23. Bringt eine ausführliche Kritik.
2 Gmelin war wahrscheinlich Verfasser des Nachrufes: Geschichte des Herrn G.W. Stöller. In: Beyträge zur Geschichte der Gelahrtheit, worinnen die Geschichte der Gelehrten unserer Zeit beschrieben werden. Theil 1. Hamburg 1748. S. 111-124. Stöllers Bruder Johann August hatte allerdings schon in vorausgegangenen Jahr die »Zuverlässige Nachricht von dem merckwürdigen Leben und Reisen Herrn Georg Wilhelm Stöllers« (in: Ergetzungen der vernünftigen Seele aus der Sittenlehre und Gelehrsamkeit überhaupt, Theil 5. Leipzig 1747. S. 362-384) veröffentlicht. - Stöllers Reiseberichte erschienen erst nach der Thronbesteigung Katharinas und der neuen Informationspolitik des russischen Hofes: Beschreibung von dem Lande Kamtschatka. Dessen Einwohner, deren Sitten, Nahmen, Lebensart und verschiedene Gewohnheiten. Hg. von J[ohann] B[enedikt] S[cherer]. Frankfurt, Leipzig 1774; Reise von Kamtschatka nach Amerika mit dem Commandeur Capitain Bering. Ein Pendant zu dessen Beschreibung von Kamtschatka. Hg. von Peter Simon Pallas. St. Petersburg 1893. Stöllers Mitteilungen war die russische Ausgabe (in zwei Bänden) von Nikolaj A. Krasenninikovs Werk (S. Petersburg 1755) vorausgegangen, das den europäischen Lesern in der englischen Übersetzung von James Grieve (The History of Kamtschatka and the Kurilsky Islands, with the Countries adjacent ... London 1763) und dessen deutscher Übersetzung von Johann Tobias Köhler (Beschreibung des Landes Kamtschatka ... Lemgo 1766) zugänglich wurde.
3 Neue europäische Staats- und Reisegeographie worinnen der Staat von Rußland oder das Russische Kayserthum sammt den weitläuftigen Besitzungen dieser Krone in Asien, ausführlich beschrieben werden. Fünfzehnter Band. Mit einem Vorbericht und darinn enthaltenen Zusätzen, ingleichen nöthigen Registern, Geschlechtstafeln, Landkarten und Gedächtnismünzen. Dresden und Leipzig Im Verlag des Dresdnischen privileg. Adreßcomtoirs, 1768. S. 558-640.

Angesichts der großen Zahl Deutscher, die im 18. Jahrhundert zumindest zeitweilig ihr Auskommen in Rußland suchten, ist die geringe Zahl veröffentlichter Berichte über derartige Reisen auffallend, und dies um so mehr, als sich eine beträchtliche Zahl von Gelehrten darunter befand, die in Rußland oder nach ihrer Rückkehr in die Heimat als Autoren hervortraten. Selbst Männer wie Büsching, Schlözer und Schmidt-Phiseldeck, die sich in ihren Arbeiten intensiv mit Rußland befaßten, haben über ihren Rußlandaufenthalt allenfalls in ihren Biographien berichtet. Dies ist umso bemerkenswerter, als in den fünfziger und sechziger Jahren eine große Zahl von Russica in Deutschland erschien. Diese Abstinenz dürfte darauf zurückzuführen sein, daß der Reisebericht seine Funktion als statistisches Werk verloren hatte, denn die Publikationen insbesondere der Petersburger Akademie[1], aber auch des Verlegers Hartknoch, boten genügend Informationen für »historisch-statistische« Untersuchungen, mehr und wohl auch zuverlässigere, als sie ein einzelner Reisender zu sammeln vermochte. Zudem gehörte ein Aufenthalt in Rußland, und sei es nur in Petersburg, nicht zum Kanon einer Bildungsreise, zur »grand tour«[2]: nach Rußland reiste man gemeinhin in Geschäften. So sind auch englische und französische Berichte über Rußlandreisen bis in die siebziger Jahre relativ selten. Dies änderte sich erst, als die Kriege gegen Frankreich - ganz besonders gegen das revolutionäre - britischen Untertanen den Besuch dieses Landes verwehrten: Die in Mode kommende »northern tour« in die skandinavischen Länder schloß zumeist auch Rußland mit ein, das durch den Glanz der katharinäischen Epoche und seiner Metropole besondere Attraktivität, gar als Verbündeter gegen die Revolution große Bedeutung erhielt.

Beständig aber blieb das Interesse der gelehrten Welt an neuen Forschungen und Erkenntnissen. Ihm wurde mit den Berichten über die Forschungsreisen, die die Petersburger Akademie in den Jahren 1769-1774 durchführen ließ, umfangreiches Material geliefert, das auch neben der die öffentliche Diskussion der Zeit beherrschenden Entdeckung der pazifischen Welt bestehen konnte.[3]

Die Gründe für dieses aufwendige und aufsehenerregende Unternehmen sind vorrangig im Nutzen für den Staat zu suchen, die Instruktionen der Wissenschaftler belegen dies. Voraussetzung für rechte Ökonomie zur Mehrung des Schatzes - und damit zur Förderung des »gemeinen Wohls« - war, dem von Katharaina favorisierten kameralistischen Denken zufolge, verläßliche Kenntnis der »drey Naturreiche«. Darum aber stand es, die zentralrussischen und baltischen Provinzen ausgenommen, im Reiche schlecht. Die »Große Nordische Expedition« hatte dies nicht leisten können, zudem waren seitdem Wissenschaft und »Industrie« rapid vorangeschritten. Dem erwarteten ökonomischen Nutzen des wissenschaftlichen Projekts verband sich glücklich das Prestigedenken der Kaiserin[4] und ihrer Vertrauten, und schließlich förderte es den Ehrgeiz der Akademiemitglieder. So geriet, was anfangs nur als Aussendung dreier bescheidener Astronomengruppen zur Beobachtung des

1 C. Grau, P. Hoffmann: Zur Verbreitung der Petersburger Akadamie-Publikationen in Deutschland im 18. Jahrhundert. In: Studien zur Geschichte der russischen Literatur im 18. Jahrhundert. Band 2. Berlin 1968. S. 122-134.

2 Vgl. Christopher Hibbert: Gentleman's Europareise [The Grand Tour, dt.]. Frankfurt a.M. 1969; Jeremy Black: The British and the Grand Tour. London (u.a.) 1985. Beide Werke geben gute Überblicke, weisen jedoch viele Lücken auf.

3 Dazu jüngst Urs Bitterli: Die »Wilden« und die »Zivilisierten«. Grundzüge einer Geistes- und Kulturgeschichte der europäisch-überseeischen Begegnung. München 1976. S. 185 ff., 361 ff., 381 ff., 415 ff. und passim.

4 Vgl. Robel: Die Sibirienexpeditionen. S. 273 f.

Venusdurchgangs durch die Sonne im Jahre 1769 gedacht war - Teil eines weltumspannenden Unternehmens -, zu einer Bestandsaufnahme großen Stils.[1]

Die erste Veröffentlichung stammt von Samuel Gottlieb Gmelin[2], dem die Instruktion der Akademie das Gebiet der unteren Wolga und die Kaukasus-Region als Arbeitsfeld zugewiesen hatte. In der Vorrede zu dem 1770 erschienen ersten Teil seines Werkes wird die Problematik des Publikationsdruckes deutlich, unter dem die Wissenschaftler standen:

»die Kayserliche Akademie der Wissenschaften«,

schreibt er in seiner Vorrede,

»hat allen ihren reisenden Naturforschern aufgetragen, derselben ihre jährlichen Bemerkungen unter der Gestalt eines Tagesregisters zum Druk einzuschiken. So sehr ich auf der einen Seite gewünscht hätte, alle meine Beobachtungen in eines zu sammeln, zu vergleichen und auszureinigen, so war es mir doch eine angenehme Pflicht, dem Academischen Befehl gebührend nachzukommen.«

Dementsprechend ist der Bericht über die Route bis Cerkassk ausgefallen. Beschreibungen der Flora und Fauna überwiegen, dazu schildert er Krankheiten und Viehseuchen. Über die Bevölkerung berichtet er wenig, eine kurze Schilderung - er folgt dabei der amtlichen Sprachregelung und spricht von »Maloroßianern« statt Ukrainern - führt ihn rasch zur Lues-Verbreitung und zur Pockeninokulation in der Ukraine. Etwas ausführlicher wird er, als er auf die Altgläubigen bei Voronez zu sprechen kommt, doch findet sich hier das ganze gängige Arsenal von Klischees und Vorurteilen der Zeit: die präventive Perhorreszierung dieser Gruppe, die von der orthodoxen Staatskirche betrieben wurde, um ihre Gläubigen von jeder Kommunikation mit diesen Dissidenten abzuhalten, wird unreflektiert übernommen. Hier zeigt sich die Problematik der Veröffentlichung eilig niedergeschriebener Tagebuchnotizen, zu deren Überarbeitung und Abstimmung dem Verfasser die Muße fehlte. So schreibt er etwa:

»Es ist übrigens schwer, von ihren Sitten, Lehren und Ceremonien etwas gewisses zu sagen, dann sie beobachten das größte Stillschweigen. Wann man mit ihnen von Religions-Sachen spricht, so antworten sie nicht; würdigt man sie gründlicher Einwendungen, so stellen sie sich als wenn sie dieselben nicht verstünden. Verlacht man still die ihrige, so zeigen sie sich stolz, und beschuldigen den andern der Unwissenheit, und Kezerey. Ein rohes, abergläubiges, halsstarriges Volk, das von der Eigenliebe also regiert wird, daß sie sich allein für weise halten. Ob sie die Schrift verstehen, ist schwer zu glauben ...«[3]

Diesen zugeschriebenen sozial negativen Gruppenmerkmalen steht dann unvermittelt zur Seite:

»Sie ernähren sich hauptsächlich von der Handlung, und man findet unter ihnen viele reiche; arme hingegen

---

1 Die Instruktionen wurden erstmals veröffentlicht von N.G. Fradkin: Instrukcija dlja Akademiceskich ekspedicij 1768-1774 gg. [Die Instruktion für die Akademie-Expeditionen der Jahre 1768-1774]. In: Voprosy geografii 17(1950). S. 213-218. Vgl. auch V.I. Grekov: Iz istorii organizacii akademiceskich ekspedicij 1768-1774 gg. [Aus der Geschichte der Organisation der Akademie-Expeditionen der Jahre 1768-1774]. In: Izvestija Akademii nauk SSSR. Ser. geograficeskaja (1971). H. 4. S. 135 ff.; F.A. Gnuceva: Materialy dlja istorii ekspedicij Akademii nauk v 18 i 19 vv. [Materialien zur Geschichte der Akademie-Expeditionen im 18. und 19. Jahrhundert]. Moskva 1940.

2 Samuel Gottlieb Gmelin: Reise durch Rußland zur Erforschung der drey Naturreiche. Theil 1-4. St. Petersburg 1770-1784. - Theil 2 und 3 erschienen 1774, der vierte Teil, den Pallas edierte, enthält eine Biographie Gmelins vom Herausgeber. Dem Band ist ferner eine Übersetzung von Hablitz' »Bemerkungen auf einer Reise durch die persische Landschaft Ghilan« als Anhang angefügt. Band 1 gibt statt »Gottlob« »Georg« Gmelin.

3 Gmelin. Theil 1. S. 57.

sind selten, dann wann ja einer in diese Umstände geräth, so wird er von den bemittelten Glaubensgenossen unterstützt.«[1]

Die weiteren Teile des Gmelinschen Werkes, die nicht in solcher Hast publiziert wurden, sind sorgfältiger gearbeitet, doch werden sie als Bericht über eine Forschungsexpedition in jeder Hinsicht von dem Reisebericht des Peter Simon Pallas[2] übertroffen.

Vom Reisebericht dieses großen Gelehrten, dem eine außerordentliche wissenschaftliche Karriere beschieden war, erschien der erste Band 1771, die anderen folgten 1774 und 1776. Van Wonzel hat Pallas' Stil heftig kritisiert[3], er ist von geradezu exzessiver Nüchternheit. Der Naturwissenschaftler Pallas ist um extreme Objektivierung bemüht, er erscheint nur in seiner Funktion als registrierender gelehrter Beobachter, persönliche Empfindungen oder gar Gefühle fehlen fast völlig, zumeist erscheint die Ich-Form der Erzählung nur in Verben der Bewegung und Wahrnehmung. Die schwierigen Lebensbedingungen und die Beschwerlichkeiten der Reise werden kaum erwähnt, und wenn er doch einmal außerge- wöhnliche Vorfälle anführt, so ohne jegliche Emotion und, wie es scheint, nur deshalb, weil sie ihm Gelegenheit zu besonderen Beobachtungen boten, wie etwa die Flucht in eine zerfallene Winterunterkunft am 4./5. Mai 1772, zu der extremer Schneefall zwang:

> »Bei unserem Elend, dessen Endschaft wir noch nicht sahen, weil der Schneefall noch fortwährte, gab mir das kleine Waldgeflügel, welches von Hunger getrieben sich um unsere Wohnung versammelte, ein nicht geringes Vergnügen. Wir warfen Schutt aus der Simowje auf den Schnee hinaus, wodurch dasselbe noch mehr angelockt wurde, so daß wir aus den Fensterlöchern eine Menge seltner Vögel zu schiessen Gelegenheit hatten. Überhaupt erhielt ich hier, ausser schon bekannten Vögeln, sieben neue Arten, deren einige ich nachher nicht wieder zu sehen bekam, weil sie im dicksten Wald leben und sehr scheu sind«.[4]

Pallas' Forschungsaufgaben für die Jahre 1768-1770 lagen im Gebiet der mittleren Wolga und des Urals. Im folgenden Jahr führte seine Route nach Sibirien bis in das wichtige Montanrevier von Kolyan. Von dort wandte er sich ostwärts, gegen seine Instruktion, doch billigte später die Akademie diese Eigenmächtigkeit. Über Krasnojarsk gelangte er bis Irkutsk und in das Bajkalgebiet. 1773 reiste er über Tobol'sk zurück und traf im Jahr darauf in Petersburg ein. Auf dem Rückweg besuchte er auch die deutschen Kolonien an der Wolga - diese Schilderung zählt auch zu den wenigen Nachrichten darüber aus ihrer Anfangszeit, bevor der Pugacev-Aufstand sie verheerte.[5] Sein Reisebericht wurde zu dem Standardwerk über Sibirien. Dem älteren Gmelin (Johann Georg) ähnlich, galt das Hauptinteresse von Pallas als Naturwissenschaftler der Tier- und Pflanzenwelt des Landes, doch hat er mit außerordentlicher Akribie ebenso alle anderen volkswirtschaftlichen Daten gesammelt,

---

1 Gmelin. S. 58.
2 Peter Simon Pallas: Reise durch verschiedene Provinzen des Russischen Reiches. Band 1-3. St. Petersburg 1771-1776. Band 2 erschien 1774. Vgl. V.A. Golobuckij: Die »Reise« von Pallas als Quelle für das Studium der sozialökonomischen Verhältnisse in Rußland. In: Lomonosov - Schlözer - Pallas. (= Quellen und Studien zur Geschichte Osteuropas. Band 12). Berlin 1962. S. 258-262; Roger Portal: Pallas im Ural (Mai bis August 1770). In: ebd. S. 276-286; I.G. Rozner: Die »Reise« von Pallas und die »Beschreibung« von Georgi als Quellen für das Studium der Geschichte des Kosakentums am Jaik (Ural) am Vorabend des Bauernkrieges unter der Führung E. Pugacevs. In: ebd. S. 285.
3 Pieter van Wonzel: Etat present de la Russie. Leipzig 1783. S. 86. - Wonzel (auch Woensel) veröffentlichte sein Werk anonym, das niederländische Original erschien Haarlem 1781. Die französische Übersetzung ist, wie S. 203 vermerkt, nach einer deutschen Übersetzung vorgenommen. Wonzel wurde als Autor identifiziert durch J. van Doorninck (Vermomde en naamloze schrijvers opgespoord op het gebied der Nederlandsche en Vlaamsche letteren. Deel 2. Leiden 1885. No. 3184).
4 Pallas. Band 3. S. 186.
5 Pallas. Band. 3. S. 560 ff., 608 ff.

auch über das Wunderheilmittel der Zeit, den Rhabarber. Er verzeichnet gewissenhaft die Zahl der Arbeiter in Berg- und Hüttenwerken, ihre Lebensbedingungen und, nicht zuletzt, die jährliche Produktion. Sein Werk ist heute eine unersetzliche Quelle zur Wirtschafts- und Sozialgeschichte Sibiriens, und seine Aufzeichnungen über die Sitten und Gebräuche der indigenen Bevölkerung bilden eine Fundgrube für Ethnologen. Dabei vermeidet er jedoch geflissentlich alle Angaben über die Eroberung des Landes oder seine Geschichte, auch über die soziale und rechtliche Lage der Indigenen - wie übrigens alle Naturwissenschaftler des 18. Jahrhunderts mit Ausnahme Stöllers, der den Genocid der kosakischen Eroberer in Kamcatka mit schonungsloser Offenheit anprangerte.[1]

Eingefügt hat Pallas seinem Werk auch die Berichte seiner Studenten, die kleine Sonderaufgaben zu besorgen hatten, darunter auch jenen des später zum Akademiemitglied avancierten Vasilij Fedorovic Zuev[2], der den unteren Ob bereiste und wertvolle Beobachtungen über die Ostjaken notierte, und Nikita Petrovic Sokolovs[3], der Transbajkalien und Daurien erforschte und erstmals verläßliche Informationen über den Bergbau bei Nercinsk und die dortigen Silbergruben der Öffentlichkeit vorlegte.

Mit Pallas' Route deckte sich teilweise die Johan Peter Falcks. Auch er arbeitete zunächst an der Wolga, ging dann 1770 mit dem ihm als Adjunkt zugeteilten Johann Georgi nach Astrachan und Orenburg und im Jahr darauf durch die Kalmückensteppe nach Omsk und Kolyvan. Sein Gesundheitszustand zwang ihn jedoch zur Rückkehr ins europäische Rußland, wo er im Gebiet der mittleren Wolga weiterarbeitete, bis sich seine Krankheit so sehr verschlimmerte, daß er seinem Leiden selbst ein Ende setzte. Seine Notizen, die sehr umfangreich, aber ungeordnet waren, bearbeitete und edierte später Georgi.[4] Dieser selbst war Pallas unterstellt worden und bereiste 1772 das Bajkalgebiet. Seine Reisebeschreibung[5] ist ebenso systematisch und faktenreich wie trocken, eine dem Nichtspezialisten mühselige Lektüre, und dürfte schon damals nur den Fachmann angesprochen haben.

Sehr viel farbiger und interessanter ist der Bericht, den Pallas aus dem Nachlaß des 1781 in Petersburg verstorbenen Johann Anton Güldenstädt[6] veröffentlichte. Güldenstädt war zwar auch Naturwissenschaftler wie die anderen leitenden Expeditionsmitglieder, doch besaß er sehr viel mehr Interesse für die soziale und wirtschaftliche Lage der Bevölkerung seines Forschungsgebietes. Seine Reise führte ihn zuerst in die Nordkaukasusregion, dann ging er in die Kabardei, nach Georgien, Kachetien, Imeretien und Mingrelien - Namen, die später durch Klaproth verbreitet wurden. 1773 reiste er nach Neurußland, forschte in der Krim und Südukraine. Er hat die Lebensverhältnisse der südrussischen Grenzgebiete und

---

1 Stöller a. a. O. S. 227.
2 Nordische Reise des Studenten Sujef. In: Pallas. Band 3. S. 14-93.
3 Reise längs der mongolischen Gränze. In: Pallas. Band 3. S. 415-545.
4 Johann Peter Falck: Beyträge zur Topographischen Kenntnis des russischen Reiches. Herausgegeben von Johann Gottlieb Georgi. Band 1-3. St. Petersburg 1785-1786. Band 2 erschien 1786.
5 Johann Gottlieb Georgi: Bemerkungen auf einer Reise im Russischen Reiche von 1772-1774. Band 1-2. St. Petersburg 1775. - Auch hiervon erschien eine Parallelausgabe Leipzig 1775.
6 Anton Johann von Güldenstädt: Reisen durch Rußland und ins Kaukasische Gebürge. Auf Befehl der Kaiserlichen Akademie der Wissenschaften herausgegeben von Peter Simon Pallas. Theil 1-2. St. Petersburg 1787-1791. 4. - Eine Ausgabe Leipzig erschien parallel zu der Petersburger. Die beiden von Klaproth besorgten Neueditionen (Reisen nach Georgien und Imeretien. Aus seine Papieren gänzlich umgearbeitet und verbessert, herausgegeben und mit erläuternden Anmerkungen begleitet von J. von Klaproth. Berlin 1815; Beschreibung der kaukasischen Ländern. Aus seinen Papieren ... J. von Klaproth. Berlin 1834) tragen stark den eigenwilligen Ansichten Klaproths Rechnung, der sich z.T. unzulässigerweise auf Güldenstädt beruft.

der russischen Militärgrenze gegen das Krimchanat und die Türkei mit gutem Blick für die Specifica der Militärkolonien festgehalten und damit eine der seltenen Quellen für die Sozial- und Wirtschaftsgeschichte dieses Raumes und dieser Institution seit der Jahrhundertmitte bis 1774 geschaffen. Sie ist um so wertvoller, als er der letzte Beobachter dieser Phänomene war.[1]

Zwei Jahre nach der Rückkehr der Expeditionsteilnehmer waren ihre Berichte, ausgenommen die Güldenstädts und Falcks, bereits veröffentlicht, dazu der gelehrten Welt Europas auch die Berichte der beiden russischen Teilnehmer, Ivan Ivanovic Lepechin (zum Teil)[2] und Nikolaj Petrovic Ryckov[3], in deutscher Übersetzung zugänglich gemacht. Die Berichte der Astronomen waren schon 1769 publiziert worden, 1770 wurde das Resultat ihrer Beobachtungen vorgelegt. Die Akademie nutzte damit nicht nur das rege Interesse, das die gelehrte wie die gebildete Welt an der Erforschung dieser kaum bekannten Weltgegend nahm, sie entsprach der zielstrebigen Öffentlichkeitsarbeit der Regierung Katharinas II. im westlichen Europa.[4]

Die Kaiserin hatte noch einen besonderen Grund, die Publikationen der Wissenschaftler zu begrüßen. Der 1768 in Paris erschienene Reisebericht des französischen Astronomen Chappe d'Autroche[5], in den Augen der Kaiserin ein »mauvais livre«[6], hatte manches Abträgliche über Rußland zu berichten. Da traf es sich gut, wenn ihn »unparteyische« Gelehrte widerlegten. So hat Pallas in der Vorrede seines dritten Buches Gelegenheit genommen, Chappe Fehler nachzuweisen. Maliziös spricht er von dem »flüchtigen Beobachtungsgeist« des Franzosen[7], dem er vorwirft, mit unwissenschaftlichen Methoden zu arbeiten, und sucht ihn so als Wissenschaftler und Autor zu diskreditieren.

Diese Reiseberichte der Akademie-Mitglieder haben Europa nicht nur ein bis dahin wenig bekanntes Gebiet eingehend beschrieben, sie haben auch einen Überblick über die wirt-

---

1   Vgl. etwa Anton Johann von Güldenstädt: Betrachtungen über die natürlichen Produkte Rußlands zur Erhaltung eines beständigen Übergewichts im auswärtigen Handel. Frankfurt, Leipzig 1778. - Die französische Fassung dieses Akademie-Vortrages (vom 29.12.1776) erschien S.-Péterbourg 1777.

2   Herrn Iwan Lepechin, der Arzneykunst Doktor und der Akademie der Wissenschaften zu Petersburg Adjunktus Tagebuch der Reise durch verschiedene Provinzen des Russischen Reiches in den Jahren 1768-1771. Aus dem Russischen übersetzt von M. Christian Heinrich Haase, Pastor zu Stadt-Sulza. Theil 1-3. Altenburg 1774-1783. - Die russische Originalausgabe erschien zuerst in drei Teilen, die die Jahre 1768-1771 umfaßten, der vierte Teil mit der Reise des Jahres 1772 erschien als Teil der Neuauflage Petersburg 1805.

3   Herrn Nikolaus Rytschkow kaiserl. rußischen Capitains Tagebuch über seine Reise durch verschiedene Provinzen des rußischen Reichs in den Jahre 1769. 1770. und 1771. Aus dem Rußischen übersetzt von M. Christian Heinrich Hase, der weimarisch-roßlaischen Superintendentur und der jenaisch. philos. Facultet Adjunkt, Pastor zu Stadt-Sulza. Riga, Bey Johann Friedrich Hartknoch. 1774.

4   Siehe Robel a. a. O. S. 276.

5   Jean Chappe d'Auteroche: Voyage en Sibérie, fait par l'ordre du Roi en 1761, contenant les moeurs, les usages et l'etat actuel de cette puissance. Tome 1-2. Paris 1768. 4°.

6   1770 erschien in Petersburg anonym: Antidote, ou examen du mauvais livre, superbement intitulé: »Voyage en Sibérie«. Aleksandr Pypin (Socinenija Imperatricy Ekateriny II. Band 7. S.-Petersburg 1907) hat überzeugende Argumente für die Mitautorschaft Katharinas am »Antidote« vorgelegt. - 1771 erschien in Amsterdam eine weitere französische Ausgabe, 1772 in London eine englische Übersetzung. Dennoch wurde der »Antidote« kaum beachtet.

7   Pallas. Band 3. Vorrede. S. [7]. - Auch gegen Chappes astronomische Beobachtungen waren Zweifel geäußert worden. Die Polemik gegen diesen mißliebigen Autor geht weit über das Ziel hinaus. Chappe gab selbst an, daß er eine Reihe von Informationen aus zweiter Hand aufgenommen habe, die er nicht überprüfen konnte. Die Empörung der Kaiserin und der russischen Führung dürfte vor allem Chappes scharfe Kritik am System der Leibeigenschaft hervorgerufen haben.

schaftlichen Ressourcen der neuen europäischen Großmacht gegeben: Wer sie aufmerksam studierte, mußte von einem Potential beeindruckt sein, das, setzte man es in Relation zu den demographischen Daten, eine militärische Herausforderung ersten Ranges für die europäischen Staaten bildete. In den bald darauf veröffentlichten, die Reiseberichte auswertenden historisch-statistischen Werken wurde dies noch deutlicher.[1]

Voraufgegangen war diesen Berichten die von Schlözer herausgegebene Publikation der Briefe Erik Laxmans. Dieser amtierte als Pfarrer der evangelischen Gemeinde in der Stadt Barnaul im Bergwerksdistrikt von Kolyvan. Seine Berichte über seine Reisen im südlichen Sibirien bis in das Altaj-Gebiet sind ganz von den vielseitigen Interessen dieses Mannes geprägt, den wohl sein Beruf größeres Interesse an den Menschen nehmen ließ; er bringt auch historische Nachrichten und Mitteilungen über die Einwohner Sibiriens, der indigenen sowohl als der zugewanderten. Nach einer Tätigkeit als Professor für Chemie an der Petersburger Akademie ging er schließlich als Bergrat nach Nercinsk. Seine Briefe aus den Jahren 1786-1790, die Pallas in den »Neuen Nordischen Beyträgen« veröffentlichte[2], gehören neben Sokolovs Bericht zu den wenigen Nachrichten über Transbajkalien und Daurien, die im 18. Jahrhundert in Europa bekannt wurden. Hier ist auch die Veröffentlichung von G.W. Stellers »Reise nach Kamtschatka«, die 1774 von Johann Benedikt Scherer herausgegeben wurde[3], zu nennen. Sie gehört zu dem Informationsprogramm der Akademie über die Leistungen ihrer Wissenschaftler.

Es hat den Anschein, als habe diese Fülle von Veröffentlichungen deutsche Rußlandreisende davon abgehalten, zur Feder zu greifen. Nach Nikolaus Ernst Kleemanns Buch, das 1771 erschien[4], ist bis zum Ende der siebziger Jahre kein Rußlandreisebericht eines deutschen Autors publiziert worden. Kleemanns Reise galt auch nicht Rußland, sein Ziel war die Krim, die er im Auftrag des Grafen Rüdiger von Starhemberg aufsuchte. Er durchquerte aber die südliche Ukraine und die Steppengebiete des Krimchanats, und obwohl er in kaufmännischen Interessen reiste, entwarf er doch eine interessante Schilderung dieses selten bereisten Landes. Es ist der Verbreitung seines Buches förderlich gewesen, daß im ersten russisch-osmanischen Krieg Katharinas II. (1768-1774) das Krimchanat zum Kriegsschauplatz wurde. Dies und die aktuellen Nachrichten über das osmanische Reich, eine der kriegführenden Parteien, verlieh dem Buche Aktualität. So konnte der Wiener Ausgabe, die die k.k. Zensur arg gekürzt hatte, schon ein Jahr später eine erheblich umfangreichere zu Leipzig folgen.

Der deutsche Markt war aber, was Reiseberichte über Rußland betrifft, durchaus nicht

---

1 Z.B. Johann Gottlieb Georgi: Geographisch-physikalische und naturhistorische Beschreibung des Russischen Reichs zur Übersicht bisheriger Kenntnisse von demselben. Theil 1-3, Nachtrag. St. Petersburg 1776-1780. (eine Parallelausgabe Königsberg 1776-1780); Heinrich Storch: Historisch-statistisches Gemälde des Russischen Reiches am Ende des achtzehnten Jahrhunderts. Theil 1-2. Riga 1797. Theil 3-8. Leipzig 1799-1803 (alle Teile im Verlag Johann Friedrich Hartknoch).

2 M. Erich Laxman: Sibirische Briefe. Herausgegeben von August Ludwig Schlözer. Göttingen, Gotha 1769 (enthält Briefe aus den Jahren 1763-1767). Die Briefe 1786-1790 in : Neue Nordische Beyträge Band 3. S. 159 ff.; Band 5. S. 302 ff.; Band 6. S. 252 ff.

3 Gmelin a. a. O.

4 Nikolaus Ernst Kleemann: Reise von Wien über Belgrad bis Kilianowa, durch die Butschiak-Tartarey über Kavschan, Bender durch die Nogew-Tartarey in die Crimm, dann von Kaffa nach Konstantinopel, nach Smirna und durch den Archipelagum nach Triest und Wien, in den Jahren 1768. 1769. und 1770. In Briefen an einen Freund. Wien 1771. - Zweyte und vermehrte Aufl. Leipzig 1772. - Eine dritte Aufl. erschien mit verändertem Titel Prag 1783.

232

gesättigt. Wie die Übersetzungen englischer Reiseberichte zeigen: Der fingierte Bericht John Hills, der ihn unter dem Pseudonym Joseph Marshall publizierte[1], erschien auch in Deutsch im vollen Umfang von vier Bänden. Nathanael William Wraxhalls »Bemerkungen auf einer Reise durch das nördliche Europa, besonders Copenhagen, Stockholm und Petersburg« folgten 1775[2] und im Jahr darauf Thesby de Belcourts »Tagebuch eines französischen Offiziers, welcher von den Russen gefangen und nach Sibirien verwiesen worden«.[3] Auch die Memoiren Christoph Heinrichs von Manstein, die zu London in einer Übersetzung des französischen Originals erschienen, wurden übersetzt, sie erschienen 1771 in einer Leipziger Ausgabe und bei Johann Hinrich Cramer in Hamburg und Bremen.[4] Sie hatten zu diesem Zeitpunkt nur noch historischen Wert, doch ihre Informationen über das russische Militärwesen waren für jene, die die Siege der russischen Truppen über das friderizianische Heer miterlebt oder -erlitten hatten, ebenso von Interesse wie für die Zeitgenossen des russisch-osmanischen Krieges von 1768-1774. Zudem boten die Nachrichten über die Vorgänge vom Petersburger Hof eine delektierliche Lektüre.

Erst gegen Ende des Jahrzehnts erschien wieder ein aktueller Rußland-Reisebericht eines Deutschen: »Johann Bernoulli's, der königl. Akademie der Wissenschaften zu Berlin, und anderer gelehrter Gesellschaften, Mitgliedes Reisen durch Brandenburg, Pommern, Preußen, Curland, Rußland und Pohlen, in den Jahren 1777 und 1778«.[5] Diese Gelehrtenreise war kürzer, als ihr Titel vorgibt, 1777 reiste ihr Verfasser nur nach Danzig, erst im folgenden Jahr brach er erneut von Berlin aus nach Petersburg auf. Die Reise von Danzig über Königsberg nach Petersburg beschreibt er im dritten Band seines Werkes, widmet dabei seinen Besuchen in Curland und Livland reichlich Raum, und es zeigt sich schon hier, daß der Verfasser seinen respektablen Gelehrtenrang nicht allein im Hinblick auf seine Legitimation gegenüber dem Leser in den Titel aufgenommen hat: wohlgefällig vermerkt er, welche Achtung ihm seine Gastgeber bezeugten. Seinen Aufenthalt in Petersburg schildert er in beiden Folgebänden, der fünfte bringt auch den Bericht über seinen Aufenthalt in Moskau, der Schlußband enthält die Heimreise. Bernoulli war vor allem auf Kontakte zur gelehrten Welt bedacht[6]; er suchte selbstverständlich Jacob von Stählin und Baron Asch auf, auch die deutschen Mitglieder der Petersburger Akademie der Wissenschaften und der Moskauer Universität. Daneben finden sich eingehende Schilderungen von Kunstsammlungen und Kabinetten aller Art, auch naturwissenschaftlicher; von der Sammlung der Kaiserin in der Eremitage führt er über 2000 Stücke jeweils mit Titel und Namen des

---

1 Dazu Helmut Anton: Englische Rußlandreise im 18. Jahrhundert. In: Jahrbücher für Geschichte Osteuropas 1 (1936). S. 176. Anm. 36.

2 Nathanael William Wraxhall: Cursory remarks in a tour through some of the northern parts of Europe. London 1775. - Deutsch: Leipzig 1775.

3 François Auguste Thesby de Belcourt: Relation ou Journal d'un officier français au service de la Confédération de Pologne, pris par les Russes et relégé en Sibérie. Amsterdam 1776. - Deutsch: Amsterdam 1776.

4 Ulrich Grabosch: Studien zur deutschen Rußlandkunde im 18. Jahrhundert. Halle/Saale 1985. S. 290, gibt als Verfasser wohl irrtümlich den Namen des Verlegers der Hamburg/Bremer Übersetzung.

5 Band 1-6. Leipzig, bey Caspar Fritsch 1779-1780 (Band 3-6 1780). Band 6 enthält im Anhang (unpag.) ein hilfreiches Register. Dazu U. Ramspott: Johann Bernoullis »Reisen durch Brandenburg, Pommern, Preußen, Curland , Rußland und Pohlen, in den Jahren 1777 und 1778«. Ein Beitrag zur Erforschung der deutsch-russischen kulturellen Beziehungen im 18. Jahrhundert. In: Studien zur Geschichte der russischen Literatur des 18. Jahrhunderts. Band 4. Berlin 1970. S. 439-453.

6 Band 5 bringt u.a. »Historische Nachrichten, die russische Gelehrtengeschichte betreffend« (S. 120-132), »Beyträge zum gelehrten Deutschland« (S. 143-160), ein Verzeichnis der Professoren der Universität Moskau (S. 221-225) und der deutschen Gelehrten in Moskau (S. 228 ff.).

Künstlers an. So nimmt diese inventarisierende Schilderung seines Rußlandaufenthaltes apodemische Züge an, mit Hinweisen, wen der gelehrte oder gebildete Reisende tunlichst aufsuchen solle und was zu seiner Bildung beitrage. Die Angaben über Lebensmittelpreise und Dienstbotenlöhne in Moskau[1], die in den »gebildeten« Kontext nicht zu gehören scheinen, fügen sich in einen Reiseführer jedoch trefflich ein.

Auch in den achtziger Jahren bleiben deutsche Rußland-Reiseberichte eine Seltenheit. Das Buch des Mineralogen und späteren Akademiemitgliedes Benedikt Franz Johann von Hermann »Versuch einer mineralogischen Beschreibung des uralischen Erzgebürges«[2] fußte vor allem - neben den Angaben in den Berichten der Akademie-Expeditionen - auf eigenen Beobachtungen während einer Reise 1783/84, war aber fast ganz mineralogischen und montantechnischen Fragen gewidmet. Und das 1788 anonym in Erfurt veröffentlichte Buch Johann Joachim Bellermanns, der von 1778 bis 1781 als Hofmeister in Estland wirkte und sich danach in Petersbrug aufhielt[3], brachte keine Reiseschilderung, sondern einen Führer durch Petersburg und Umgebung, der in der modischen Briefform die Merk- und Sehenswürdigkeiten schilderte, auch vom Hof und der Kaiserin handelte, und schließlich noch einige Notizen »Von dem russischen Frauenzimmer, russischem Tanz und Musik« anhängte. Es ist eine gediegene und fleißige Arbeit, der Autor übertrifft seinen Vorgänger Bernoulli an Sorgfalt und Systematik erheblich. Er hat, wohl als eine Art Nachlese, in Straßburg 1792 ein weiteres kleines Bändchen unter seinem Namen entstehen lassen, das einige Addenda bringt.[4]

Erst das Buch des Schweizers Johann Baptist Cataneo, das 1787 in Chur erschien, brachte wieder den Bericht eines Reisenden, den sein Weg aus der Mitte Europas in das Innere Rußlands führte.[5] Es war umso interessanter, als das Ziel die deutschen Kolonien an der Wolga waren: 1784 hatte die Gemeinde Norka um einen reformierten Prediger gebeten, und Cataneo, Prediger in einem kleinen Schweizer Bergdorf, hatte diesen Ruf angenom-

---

1   Band 5. S. 14-143.

2   Band 1-2. Berlin, Stettin, bey Friedrich Nicolai 1789. - Der Steirer Hermann hatte in schwarzenbergischen Diensten gestanden und vor seinem Eintritt in das russische Bergwesen - er avancierte darin zum Oberbergrat und Mitglied des Bergkollegiums - bereits eine Reisebeschreibung veröffentlicht: Reisen durch Österreich, Steiermark, Kärnthen ... Band 1-3. Wien 1780-1783.

3   Bemerkungen über Rußland in Rücksicht auf Wissenschaft, Kunst, Religion und andere merkwürdige Verhältnisse. In Briefen, Tagebuchauszügen und einem kurzen Abriß der russischen Geschichte, Glaubenslehren und Kirchengebräuchen. Erster Theil, Erfurt 1788. - Theil 2, der nach Hamberger/Meusel (Georg Christoph Hamberger, Johann Georg Meusel: Das gelehrte Teutschland oder Lexicon der jetzt lebenden teutschen Schriftsteller. Band 1-23. 5. Aufl. Lemgo 1795-1834, hier Band 1. S. 222 f.; Band 9. S. 79 f.; Band 11. S. 60; Band 13. S. 87 f.; Band 17. S. 128 f.; Band 22,1. S. 189-191) ebenfalls Erfurt 1788 erschien, konnte bisher noch nicht eingesehen werden. Er ist nach der gleichen Quelle auch unter dem Titel »Abriß der Russischen Kirche nach ihrer Geschichte, Glaubenslehre und Kirchengebräuchen« herausgekommen. - Zu Bellermann (1754-1842) siehe Hamburger/Meusel: Die Musik in Geschichte und Gegenwart. Band 1. Kassel, Basel 1949-1951, Sp. 1606-1607 (»1778 ging er für drei Jahre als Hauslehrer nach Estland und wandte sich im Anschluß daran nach St. Petersburg, um den Stand des wirtschaftlichen, religiösen und künstlerischen Lebens kennenzulernen. 1782 zurückgekehrt«).

4   J.J. Bellermann: Skizzen über Rußland. I. Rußische Vergnügen. II. Rußische Kunst. III. Esthnische Ruthe. IV. Rußisches Fuhrwerk. V. Bauart in Petersburg. VI. Naturalienkabinett daselbst. Straßburg 1792. In der Akademischen Buchhandlung.

5   Eine Reise durch Deutschland und Rußland zu seinen Freunden, beschrieben von Johann Baptist Cataneo aus Bünden, gegenwärtig Pfarrer einer reformierten Gemeinde zu Norka in der Saratoffschen Statthalterei an der Wolga in der russischen Tartarei in Asien. Chur 1787. - Reise durch Deutschland und Rußland von Johann Baptist Cataneo aus Bünden. Ulm, in comm. der Stettinischen Buchhandlung 1788.

men. Die Vertrautheit mit den Sorgen und Nöten des gemeinen Mannes, besonders des Bauern, prägt Cataneos Bericht. Er ist ein aufmerksamer Beobachter gerade der alltäglichen Dinge; der bäuerlichen Wirtschaft, dem Stande von Getreide und Vieh, aber auch den Haushaltsangelegenheiten gilt seine Aufmerksamkeit. Als Seelsorger ist ihm die Bedeutung dieser Seite des menschlichen Lebens wohl bewußt, und so ist auch sein Bericht mehr auf den Menschen hin gerichtet als andere. Er wird von dem später erschienen Erlebnisbericht Christian Gottlob Züges an Anschaulichkeit und Lebendigkeit übertroffen, doch die Not, die er in den vom Pugacev-Aufstand verwüsteten Kolonien vorfand, prägt sein Buch, macht es zu einer Art Hilferuf. Dabei wird freilich strikt alles vermieden, was den russischen Behörden, vor allem der Tutel-Kanzlei in Saratov, Anlaß zu einem Einschreiten geben könnte.

Von derartigen Rücksichtnahmen frei war ein Bericht, der, wie sein Autor schrieb, durch ein widriges Geschick - das erste Manuskript ging bei einem Brande 1780 verloren - erst 1802 erschien, der aber als Seitenstück zu Cataneo hier angeführt sei, zumal sich sein Autor seit 1764 in Rußland aufhielt. Es waren die Memoiren Christian Gottlob Züges[1], eines Geraer Handwerkersohnes, der sich in Norddeutschland von russischen Agenten als Kolonist hatte anwerben lassen und vom Sammelplatz Lübeck über das Lager Oranienbaum an die mittlere Wolga gelangte, wo ihm eine Siedlerstelle zugedacht war. Hier hielt es ihn nicht: der Schock über das den Kolonisten Zugedachte ließ ihn zur Erkenntnis kommen, daß die Landwirtschaft nicht sein Metier sei. So suchte er sein Fortkommen im erlernten Beruf des Webers zu Saratov, bei einem miteingewanderten deutschen Unternehmer. Allein diesem war kein Aufkommen beschieden, Züge mußte seinen Lebensunterhalt anderweitig suchen. Seine Schilderung nimmt nun pikarischen Charakter an. Mit souveräner Offenheit und Selbstironie schildert er, wie er sich mit zwei anderen Deutschen als Musikant durchzuschlagen suchte. Das Theaterunternehmen, zu dem ihn dessen italienischer »Direktor« als Akteur gewann, mußte um der Gunst seines gemischten russisch-deutsch-kosakisch-tatarischen Publikums willen die gezeigte Tragödie während der Aufführung in eine Komödie umwandeln, der bereits Getötete wieder zum Leben erwachen, damit das verlangte Happyend möglich wurde. Allein auch diese Künstlertum fand ein unerwartetes und schmerzliches Ende: die einzige Actrice, eine Haushälterin, mußte wegen der Eifersucht ihres Herrn ihre Laufbahn beenden, und die wichtigste Person der Truppe, der Harlekin, wurde von einem reichen russischen Adligen abgeworben.

Es bleibt manche zeitliche Lücke in diesem Bericht, die auszufüllen in das Belieben des Lesers gestellt ist. Schließlich, als die Frist zur Rückzahlung des empfangenen Kredits von 150 Rubeln drohend näherrückte - das Geld war längst dahin - erhielt er den Reisepaß eines verstorbenen deutschen Husaren. Dieser war allerdings, im Gegensatz zu dem schwarzhaarigen Züge, rothaarig. Doch dieser vermochte sich dank guter Russischkenntnisse mit Umsicht, Schläue und gelegentlich dreistem Leugnen durchzuschlagen, bis er als Bediensteter Unterschlupf bei reisenden Herrschaften fand und so via Kazan und Moskau nach Polen gelangte:

»Es war gewiß für mich ein großes Glück, daß ich als solcher reisen konnte, denn in diesen etwas kultivierteren

---

1 Der russische Colonist, oder Christian Gottlob Züge's Leben in Rußland. Nebst einer Schilderung der Sitten und Gebräuche der Russen, vornehmlich in den asiatischen Provinzen. Band 1-2. Zeits, Naumburg 1802; als Buch neu hg., erläutert und mit einem Nachwort versehen von Gert Robel. (Edition Temmen. Sammlung denkwürdiger Reisen). Bremen 1988.

Gegenden Rußlands möchte ich mit meinem Paße schwerlich so gut durchgekommen sein, wie in den asiatischen Provinzen«,

kommentiert er. Über Danzig kam er, zuletzt seinen Unterhalt erbettelnd (»fechtend«), nach seiner Heimatstadt zurück, wo er schließlich als Kaufmann ein gutes Auskommen fand.

Dem zweiten (publizierten) Manuskript ist sicher der Abstand des Autors von seinen Erlebnissen zugute gekommen, die Souveränität, mit der der nunmehr geachtete Bürger seine Jugendtorheiten und -streiche erzählt, verrät die Distanz. Sie befähigt Züge aber auch zu einer sehr nüchternen, kritischen Einschätzung dieses Unternehmens - von der Anwerbung der Kolonisten bis zu ihrer Ansiedlung und Betreuung. Seinem Urteil entspricht weitgehend auch der heutige Erkenntnisstand. Der besondere Wert seines Werkes aber liegt in der Schilderung der sozialen Unterschichten, in denen er sich bewegte und mit denen er lebte: Kleinbürger und Bauern, Kosaken und Tataren und allerlei einer hohen Obrigkeit eher suspekte Individuen, Gruppen also, denen der gebildete Reisende kaum Beachtung und noch weniger Erwähnung schenkte. Es spricht für Züge, daß er sie mit Anteilnahme und Wärme schildert, ohne doch für ihre Fehler und Schattenseiten blind zu sein.

Von den Sonnenseiten des Lebens ist auch in dem 1789 in Berlin erschienenen Bericht Johann Ludwig Wagners über eine unfreiwillige Reise nach Sibirien[1] wenig die Rede. Der königlich preußische Postmeister zu Pillau war während des Siebenjährigen Krieges als angeblicher Spion verhaftet und nach Sibirien deportiert worden. Von Tobolsk aus wurde er nach Mangazeja gesandt, einem kleinen Ort am nördlichen Eismeer, einst Zentrum des sibirischen Pelzhandels, nun herabgesunken zu einem unscheinbaren Provinznest. Ein ganzes Jahr verbrachte Wagner auf dem Transport, der freilich seinem Stande angemessen verlief: Die Leiden der »kriminellen« Sträflinge blieben ihm als »Staatsdelinquent« erspart, man ging doch sorgsamer (wenn auch nicht sanft) mit ihm um als mit den gebrandmarkten Kettensträflingen. Wagner war der erste Westeuropäer, der in diese entlegene Gegend gelangte. Er ist von der Weite des Landes tief beeindruckt, von den großen Entfernungen zwischen den einzelnen Dörfern[2], und er weiß seine Beobachtungen und Erfahrungen dem Leser anschaulich zu vermitteln. Da er sich von Selbstmitleid freizuhalten wußte, war er für die Begegnung mit dem Fremden offen, er kann manches über die indigene Bevölkerung, aber auch über die Sibirjaken erzählen, auch über die Amtsführung russischer Beamter in Sibirien. Seine Schilderung der winterlichen Eisfischerei im Ob[3] unterscheidet sich von ähnlichen Berichten der Akademie-Expeditionen, etwa bei Pallas, signifikant: Wagners Bericht läßt den Leser die Härte dieses winterlichen Broterwerbs empfinden. Die verschiedenen Techniken der Eisfischerei hingegen beschreiben die Naturwissenschaftler, und dies sehr exakt.

Mit Cataneo, Züge und Wagner tritt eine neue Art der Rußlandreiseberichte hervor, in der das persönliche Erleben des Autors Gegenstand der Erzählung ist, nicht mehr das Fremde ist ihr Objekt, sondern die Begegnung des Autors mit ihm. Damit werden Empfindungen

---

1 Johann Ludwig Wagners, Gegenwärtig königl. preuß. Postdirektors zu Graudenz, Schicksale während seiner unter den Russen erlittenen Staatsgefangenschaft in den Jahren 1759 bis 1763, von ihm selbst beschrieben, und mit unterhaltenden Nachrichten und Beobachtungen über Sibirien und das Königreich Casan durchwebt. Im Anhange einige Auszüge aus den besten Reisebeschreibungen über diese Länder, nebst eignen Bemerkungen vom Herausgeber. Berlin, F. Maurer 1789. - Der Anhang des Herausgebers Heinrich Würzer macht einen beträchtlichen Teil des Buches aus, er reicht von S. 209-352.

2 Wagner. S. 149.

3 Wagner. S. 114 f.

und Gefühle einbezogen, das erlebende Ich bringt sich selbst ein. Die Reisebeschreibung befreit sich von der Staaten- und Länderkunde, sie wird literarische Gattung, nicht mehr Vermittler von Kenntnissen über ein Land und dessen Bewohner, sondern literarische Erzählung privater Erlebnisse und Erfahrungen. Das Belehrende wird nicht mehr belehrend, sondern unterhaltsam und interessant, ja vergnüglich an den Leser gebracht. Auch die Briefform findet ihren Eingang. Und: die Zahl der Rußlandreisebeschreibungen steigt erheblich.[1]

1792 erschienen die »Bemerkungen über Esthland, Liefland, Rußland. Nebst einigen Beiträgen zur Empörungs-Geschichte Pugatschews während eines achtjährigen Aufenthaltes gesamlet von einem Augenzeugen«.[2] Es ist eine der wenigen zeitgenössischen Publikationen von Hauslehrern über ihren Rußlandaufenthalt. Der Verfasser ist 1769 offenkundig mit höheren Erwartungen nach Petersburg gekommen, über Liv- und Estland findet sich im Buch wenig, wie er sich anderthalb Jahre durchgeschlagen, läßt er nicht erkennen. Die Hauslehrerstelle, die er schließlich annimmt, führt ihn in das Gouvernement Kazan. Und hier erlebt er die Schrecken des Pugacev-Aufstandes mit, wobei die Familie seines Dienstherren - wie er selbst - nur knapp den Aufständischen entgeht. Seine »Beiträge zur Empörungs-Geschichte Pugatschews« sind die erste eingehende Darstellung des Aufstandes in Deutschland, in der die Leibeigenschaft der Bauern als der eigentliche Grund des Aufstandes bezeichnet wird.

Kritik an der Leibeigenschaft übte auch Joachim Graf Sternberg in seinem kurz darauf veröffentlichten Bericht. Er legte ihn in zwei - auch stilistisch unterschiedlichen - Bändchen vor, deren einer in Berlin[3], der andere im folgenden Jahr zu Dresden erschien.[4] Das erste Büchlein schildert in drei Briefen die Heimreise von Moskau über Sofia, das zweite, das in fünf Briefe gegliedert ist, den Weg nach und den Aufenthalt in Petersburg. Sternberg war Naturwissenschaftler mit Forschungsschwerpunkt Meteorologie, aber auch in der Agrarwissenschaft besaß er gute Kenntnisse. Daher hat er der Landwirtschaft Rußlands besondere Aufmerksamkeit geschenkt und ihr Übel erkannt. Ihm, dem Prager, fiel das Fehlen eines entwickelten Bürgerstandes auf, er rügte auch die mangelhafte Verfassung der Kaufmannschaft, die ihm volkswirtschaftlich abträglich erschien. Daß er die Sozialstruktur des Landes für reformbedürftig hält, läßt er erkennen, hält sich aber mit seiner Kritik an der übermächtigen Stellung des Adels und an der Politik der Kaiserin zurück.

Mit Sternberg gemeinsam reiste bis zur Ostsee Josef Dobrovsky, der im Auftrag der k. Böhmischen Gesellschaften der Wissenschaften die im Dreißigjährigen Krieg nach Stockholm verbrachten Handschriften und Urkunden einsehen sollte. Zwei Monate später folgte er Sternberg nach Rußland nach, wo er in Petersburg und Moskau kirchenslawische und

---

1 Beim derzeitigen Forschungsstand muß offenbleiben, ob hier eine Reiseziel-Verlagerung als Auswirkung der Französischen Revolution und der Kriege gegen das revolutionäre Frankreich beteiligt war.

2 Das Exemplar der Universitätsbibliothek Bremen gibt in einem Eintrag Johann Joachim Bellermann als Autor. (Vgl. Wolfgang Griep: Bibliographie deutschsprachiger Reiseberichte. Rußland, No. 2048-49). Meusel nennt einen stark abweichenden Titel. Insbesondere das Fehlen der von Meusel für den zweiten Teil angeführten Angaben über die russisch-orthodoxe Kirche - die dem Theologen und nachmaligen Rat des brandenburgischen Consistoriums und Professors der Theologie an der Berliner Universität entsprächen - lassen diese Zuschreibung fraglich erscheinen. Vgl. unten auch Sternberg.

3 Joachim Graf Sternberg: Reise nach Moskau über Sofia nach Königsberg mit einer kurzen Beschreibung von Moskau. Nebst meteorologischen und mineralogischen Beobachtungen. Berlin 1793.

4 Joachim Graf Sternberg: Bemerkungen über Rußland auf einer Reise gemacht im Jahre 1792 und 1793, mit statistischen und meteorologischen Tabellen. Regensburg [Dresden] 1794.

altrussische Handschriften studierte und mit Kennern des Kirchenslawischen Kontakt aufnahm. Sein Bericht[1] ist recht kurz, und er verrät wenig davon, daß Dobrovsky, der »Vater der Slawisitik«, hier Anregungen für seine wissenschaftliche Arbeit erhielt.

Das umfängliche Werk des Freiburgers Abraham Bethmann Bernhardi »Züge zu einem Gemälde des Russischen Reiches unter der Regierung Catharina II.«[2] brachte keinen Bericht über den Aufenthalt seines Verfassers in Rußland, es ist weitgehend aus den historisch-statistischen Werken der Zeit kompiliert. Snell, Storch, Merkel, Herrmann, Hupel, Georgi u.a. haben dabei Pate gestanden. Von den Erlebnissen des Verfassers und seinen Begegnungen, die er während seines neunjährigen Aufenthaltes (1786-1795) in Rußland als Erzieher im Hause der Generalswitwe Naumhof hatte, findet sich darin fast nichts.

Der Süden Rußlands, die Ukraine, die schon im ersten Krieg Katharinas gegen das Osmanische Reich die Aufmerksamkeit auf sich gezogen hatte, war durch die Annexion der Krim aktuell geworden und besonders durch die Umstände der spektakulären Krimreise der Kaiserin im Jahre 1787, ihr kühles Treffen mit dem Favoriten ihrer Großfürstin-Zeit Stanislaw Graf Poniatowski, nunmehr polnischer König, zu Kanev und ihre Begegnung mit Joseph II., dessen kurioser Versuch, sein Incognito als Graf Falkenstein zu wahren, nur zur Belustigung der europäischen Höfe und interessierten Öffentlichkeit diente. Melchior Adam Weikardt, der als Hofarzt an der Reise teilnahm, hat - anonym und als Übersetzung aus dem Englischen deklariert - eine lesenswerte Beschreibung der »Taurischen Reise« vorgelegt.[3] Sie enthält scharfe Kritik, wenn auch im Tone nicht verletzend, an der Kaiserin (»andere Liebhaber, hieß es da, anderer Geschmack«), an Potemkin und an den Begleiterscheinungen der Reise. Weikard geht hier oft zu weit, sieht die politische Funktion nicht, die der Reise zukam, wie ihm überhaupt jedes Verständnis für Katharinas Öffentlichkeitsarbeit abgeht. Selbstdarstellung gehörte ja zur Herrschaftstechnik der Kaiserin, und die beherrschte sie vorzüglich.

So schreibt er zu einem an den Generalgouverneur von Moskau gerichteten Brief, der Potemkin aufs Höchste lobte:

> »Sie wußte, daß dieser Brief dem rechten Manne gewidmet war, um ihn durch das ganze Reich circuliren zu machen. Wirklich kamen hierauf künftige Reisende an keine Poststation, wo man ihnen nicht eine Abschrift dieses Briefes vorlas.«

Für ein derart subtiles Spiel fehlte dem braven, von bürgerlichen Moralvorstellungen geprägten Doktor jedes Verständnis. Dabei zeigte er oft verblüffende politische Einsicht,

---

1 Josef Dobrowsky: Litterarische Nachrichten von einer auf Veranlassung der k. Böhmischen Gesellschaft der Wissenschaften im Jahre 1792 unternommenen Reise nach Schweden und Rußland. Nebst einer Vergleichung der russischen und böhmischen Sprache nach dem Petersburger Vergleichenden Wörterbuch aller Sprachen. Prag 1796. - Antonin Mestian (Dobrovskys Reise nach Rußland und die Anfänge der wissenschaftlichen Slawistik. In: Reisen und Reisebeschreibungen im 18. und 19. Jahrhundert als Quellen der Kulturbeziehungsforschung. Berlin 1980. S. 168) weist darauf hin, daß die erste Fassung, die 1795 publiziert wurde, nur die Reise nach Schweden im Titel nennt.

2 Abraham Bethmann Bernhardi: Züge zu einem Gemälde des Russischen Reichs unter der Regierung Catharina II., gesammelt bei einem mehrjährigen Aufenthalte in demselben. In vertrauten Briefen. 2 Sammlungen. Mit einer vollständigen Biographie des Verfassers von Sam. Gottlob Frisch. Theil 1-3. Freiberg, Graz und Gerlach. 1798-1807.

3 Taurische Reise der Kaiserin Katharina II. aus dem Englischen übersetzt. Koblenz, Frankfurt/M., Andrä 1799. - Autorennachweis B. von Bilbassoff: Katharina II. Kaiserin von Rußland im Urtheile der Weltliteratur. Band 2. Berlin 1897. No. 824. S. 65-67.

so etwa, wenn er die Folgen der staatlichen Registrierung für die bäuerlichen Schichten der Ukraine als Verlust der alten Freiheit durch Einführung der Leibeigenschaft konstatiert. Der Bericht ist in Form eines Tagebuches verfaßt, er ist anschaulich und lebendig geschrieben, gelegentliche Sottisen und Sarkasmen des Autors haben sicher auch zu seiner Zeit schon den Leser erheitert. In seiner abschätzigen, ja diffamierenden Beurteilung Potemkins trifft er sich mit anderen Autoren, der Neid seiner Gegner hat das Bild dieses bedeutenden Staatsmannes entstellt. Weikards Einseitigkeit und Verzerrungen, sein Unvermögen, Katharina und Potemkin gerecht zu werden, hatte auch ein persönliches Motiv. Der Sturz seines Gönners, des Grafen Suvalov, traf auch ihn, den Leibarzt des Grafen. Für den ehrgeizigen Mediziner bedeutete dies einen empfindlichen Rückschlag in seiner aussichtsreichen Karriere, und Weikard verließ dann auch 1789 Rußland.

Das Interesse an Rußlands Süden wurde durch den zweiten Krieg der Kaiserin gegen das Osmanische Reich (1788-1792) wachgehalten, Meldungen wie jene über die blutige Erstürmung Ocakovs durch Suvorov erregten selbst in diesen bewegten Zeitläuften ihr Aufsehen. So durfte ein Buch wie die »Reise durch den südlichen Theil von Rußland«[1] auf Käufer rechnen, zumal der (anonyme) Verfasser neben den »Nachrichten von den neuen Anlagen in der Krimm«, die über die Veränderungen in diesem 1783 annektierten Gebiet unterrichten, auch viele Informationen über die südrussischen Gouvernements gesammelt hatte und auch das 1792 erworbene Territorium zwischen Bug und Dnestr schildert. Seine besondere Aufmerksamkeit galt der Entwicklung der Städte und der Schwarzmeerhäfen - Bereiche, in denen es durch die Südexpansion beträchtliche Veränderungen gegeben hatte.[2]

Ein Standardwerk über Südrußland legte schließlich Peter Simon Pallas mit seinen »Bemerkungen auf einer Reise durch die südlichen Statthalterschaften des Russischen Reiches in den Jahren 1793 und 1794«[3] vor, das Ergebnis einer im Auftrag der Akadamie unternommenen Forschungsreise, einem Parallelunternehmen zur sibirischen Reise der Jahre 1768-1773. Das Werk ist von der gleichen exzessiven Nüchternheit und faktographischen Obsession wie Pallas' erster Reisebericht, es hat allerdings dessen Ruf und wissenschaftsgeschichtliche Bedeutung nicht erlangt: Der rasche Wandel der demographischen und wirtschaftlichen Verhältnisse Südrußlands in den ersten Jahrzehnten des 19. Jahrhunderts[4] überholten es bald.

Auch Carl Feyerabends »Cosmopolitische Wanderungen«[5] schildern die Reise durch ein Randgebiet des zarischen Reiches. Sein Weg führte ihn von Ostpreußen aus nach dem 1795

---

1 Reise durch den südlichen Theil von Rußland, worin von den neuen Anlagen und von der Kriegsmacht in der Krimm und den angränzenden Provinzen Nachricht gegeben wird. Duisburg [Essen, Bädecker] 1798.

2 Der Vergleich mit dem erst in jüngster Zeit publizierten Reisebericht Johann Philipp Balthasar Webers (Die Russen oder Versuch einer Reisebeschreibung nach Rußland und durch das Russische Reich in Europa. Hg. von Hans Halm [= Innsbrucker Beiträge zur Kulturwissenschaft Sonderheft 9]. Innsbruck 1960) zeigt die Veränderungen, die sich aufgrund der Gebietsgewinne von 1792 ergaben, sehr deutlich.

3 Band 1-2. Leipzig 1799-1801. 4 . - Bereits 1796 war Pallas' Teilbericht »Physikalisch-topographisches Gemählde von Taurien« in Petersburg erschienen (frz. ausgabe: Tableau physique et topographique de la Tauride, tiré d'un voyage fait en 1794. S.-Péterbourg 1795 4 .). - Zu Pallas' Krimreise s. Elena Iosafovna Druzinina: Pallas auf der Krim. In: Lomonosov - Schlözer - Pallas a. a. O. S. 287-294.

4 Zur Siedlungs- und Wirtschaftsgeschichte Südrußlands liegen die Arbeiten von Hans Auerbach (Die Besiedlung der Südukraine in den Jahren 1774-1787 [= Veröffentlichungen des Osteuropa-Instituts München Band 25]. (Wiesbaden 1965) und Elena Iosafovna Druzinina (Severnoe Pricernomorev 1775-1800 gg. Moskva 1959; Juznaja Ukraina v 1800-1825. Moskva 1970) vor, die den Quellenwert dieser Werke belegen.

5 Cosmopolitische Wanderungen durch Preußen, Kurland, Lithauen, Vollhynien, Podolien, Gallizien und Schlesien. In den Jahren 1795 bis 1797. In Briefen an einen Freund. Band 1-4. Germanien [Danzig] 1798-1802.

an Rußland gefallenen Kurland, durch Litauen nach Wolhynien und Podolien, die Rußland bei der zweiten (1793) und dritten (1795) Polnischen Teilung gewonnen hatte, in das österreichische Galizien und schließlich ins preußische Schlesien. Seine Beobachtungen über die Verhältnisse in den Teilungsgebieten teilte er, ein anderer Kratter[1], freimütig mit und hält bei seiner umfassenden Bestandsaufnahme als ein engagierter, aufgeklärter Autor mit ungeschminkter Kritik nicht zurück, die auch vor den Maßnahmen und dem Verhalten der neuen Herren nicht verstummte (was ihn mit Rücksicht auf die Zensur bewog, einen fiktiven Druckort zu wählen, um Weiterungen möglichst vorzubeugen). Er ist in seinem Urteil ebenso bedacht wie eigenständig, seine Feststellung etwa, die Juden seien für das Wirtschaftsleben Galiziens, ja des ganzen ehemaligen polnischen Gebietes unentbehrlich[2], war keineswegs nach dem Geschmack der meisten mit dem Vollzug der Inkorporation befaßten Beamten - und zwar aller drei Teilungsmächte.

Den Abschluß der Entwicklung der Gattung Reisebeschreibungen vollzieht für die Rußlandberichte ein Werk, dessen Erscheinen schon in eine neue Periode fällt, wenngleich die Ereignisse, die geschildert werden, zum größten Teil noch in den Bereich der hier als Epoche Katharinas II. bezeichneten Spätaufklärung fällt, die von dem Ausgang der Herrschaft Elisabeths (etwa ab 1755/60) bis zum Ende Pauls (1801) gesetzt ist. Es war August von Kotzebues berühmter Bericht »Das merkwürdigste Jahr meines Lebens«, der 1801 in Berlin erschien.[3] Die Schilderung seiner Reise nach Rußland, die ihn als Verbannter bis nach Kurgan führte, und seine Rückkehr an den Petersburger Hof ist, wie bei einem derart erfahrenen Autor nicht anders zu erwarten, nach allen Regeln der Kunst komponiert, mit sorgfältigen Spannungssteigerungen, retardierenden Momenten - kurz allem, was die Beherrschung des literarischen Handwerks ausmacht und den Leser fesselt. An Faktengehalt ist das Werk eher arm, das persönliche Erleben des Verfassers, seine Empfindungen dominieren. Er gibt eine Art Confessio, bekennt seine Erlebnisse und seine jeweilige »Seelenlage« - er erlebt nicht Rußland, sondern erlebt sich selbst in Rußland. Die sentimentale Schilderung eines höchst wirkungsvollen Sujets - unschuldiges Opfer verborgener Intrigen und hoher Politik, das ein hilfloses Weib mit den bedauernswerten Kindern einem ungewissen Schicksal überlassen muß, und schließliche Errettung und gebührende Belohnung - sicherte dem Buch seinen Erfolg beim Publikum. Es ist der erste Rußland-Reisebericht in deutscher Sprache, der intentional nicht Beschreibung eines wenig bekannten Landes und seiner Bewohner (»gesehen durch ein Temperament«) sein will, sondern ein literarisches Kunstwerk, gleichsam ein »wahrer« Roman. Mit ihm ist die Entwicklung des Reiseberichts vom faktographisch-inventarisierenden Informationsträger, Quelle für die historisch-statistische Staatenkunde, zum literarischen Werk als Schilderung privater Begegnungen und Befindlichkeiten, der Prozeß der Entobjektivierung und der Individualisierung der Erfahrung abgeschlossen. Wenn, die Informationsbedürfnisse eines interessierten Publikums in einer sich rasch wandelnden Welt zu stillen, auch weiterhin Berichte über

---

1 Zu Franz Kratter, dem Autor der »Briefe über den itzigen Zustand von Galizien. Ein Beitrag zur Statistik und Menschenkenntnis« (Theil 1-2. Leipzig 1786) siehe Werner M. Bauer: Journalistische Briefform und politisches Engagement in der österreichischen Aufklärung. Zu Franz Kratters »Briefen über den itzigen Zustand von Galizien« (1786). In: Reisen und Reisebeschreibungen im 18. und 19. Jahrhundert als Quellen der Kulturbeziehungsforschung [= Studien zur Geschichte der Kulturbeziehungen in Mittel- und Osteuropa 6]. (Berlin 1980). S. 255-279.

2 Kratter. Band 2. S. 428.

3 Benutzt wurde die Ausgabe München 1965. Hg. von Wolfgang Promies.

Rußland veröffentlicht wurden, so bewegten sie sich zwischen diesen beiden Polen. Auch sie haben, wenngleich unter veränderter Fragestellung, wie ihre Vorgänger Wesentliches zur allgemeinen Verbreitung der Kenntnis Rußlands und seiner Bevölkerung in der sich wandelnden Welt beigetragen, haben das Image dieses Landes entscheidend mitgeformt.

Heinrich Loth

Sitten und Bräuche exotischer Völker. Legende und Wahrheit
Eine Wertung von Reiseberichten über
Afrika aus der Sicht des Historikers

I. Zum Erscheinungsbild der Reiseberichte über Afrika

Marco Polo, der berühmte venezianische Kaufmann, der 1271 mit Vater und Onkel über Vorder- und Innerasien nach China reiste und dort zwischen 1275 und 1292 Land und Leute studierte, hinterließ einen Reisebericht, der als wertvollste europäische mittelalterliche Quelle über Ostasien gilt. Er beschrieb darin Inseln im Indischen Ozean, die angeblich nur von Männern oder nur von Frauen bewohnt waren, sogenannte Männer- und Weiberinseln.

>»Die Männer besuchen die Inseln der Weiber und bleiben mit ihnen drei Monate lang zusammen, nämlich im März, April und Mai, ein jeder Mann in einer besonderen Wohnung mit seiner Frau. Dann kehren sie zur Männerinsel zurück, wo sie den übrigen Teil des Jahres bleiben, ohne Gesellschaft von Frauen ... Und das ist so eingeführt wegen der eigentümlichen Beschaffenheit des Klimas, welches den Männern nicht erlaubt, das ganze Jahr hindurch bei ihren Frauen zu bleiben, weil sie sonst sterben würden«.

In einer der ungezählten Ausgaben des weltweit verbreiteten Reisewerkes wies der Bearbeiter darauf hin, daß in der Richtung und Entfernung, die Marco Polo angab, überhaupt keine Inseln im Indischen Ozean existieren. Und er fügte die Anmerkung hinzu:

>»Die ganze Erzählung von der Männer- und Weiberinsel scheint nichts weiter als eine Legende zu sein, die unter den arabischen Seefahrern verbreitet war.«[1]

In alten Reiseberichten wimmelt es von Legenden über exotische Länder und Völker. Besonders zahlreich finden sie sich für einen Kontinent, der seit den ersten Entdeckungsreisen im 15. Jahrhundert den europäischen Leser faszinierte: *Afrika*. Es gab nur einmal in der jahrhundertelangen Geschichte der europäisch-afrikanischen Beziehungen eine relativ kurze Zeitspanne, in der die Legenden der Wahrheit weichen mußten, und dies war Ende des 18., Anfang des 19. Jahrhunderts. Zu dieser Zeit bildete sich die politische Reisebeschreibung als Beschreibungstyp heraus. Sitten und Bräuche in Afrika wurden in ihrem historischen Zusammenhang dargestellt und erhielten meist eine positive Bewertung. Das Motiv der spätaufklärerischen Reisebeschreibungen war es, die Zusammenhänge in ihrer Komplexität zu erfassen und zu beschreiben. Die Durchbrechung der sozialen Schranken, der Kontakt mit den »niederen« Schichten des Volkes oder mit fremden Völkern wurde für die Autoren von politischen Reisen bedeutsam, weil sie damit zugleich Kritik an den feudal-absolutistischen Zuständen in Europa verbanden. In den damals zahlreichen Reiseberichten über Afrika schilderten sie den hohen Stand der Kultur, wie er sich für sie in erster Linie in den guten Familienverhältnissen, im Verhältnis zwischen Männern und Frauen sowie der Kindererziehung ausdrückte. Die Kenntnis der Reiseliteratur in der damaligen Zeit, der dort geschilderten Sitten und Bräuche, öffnet den Blick bis in die Gegenwart. Ende des 18. Jahrhunderts gab es authentische und fiktive Reiseberichte, und letztere

---

1 Lemke, H. (Hg.): Die Reisen des Venezianers Marco Polo im 13. Jahrhundert. Hamburg 1907. S. 484 und Anmerkung S. 485/486.

betonten ganz im Sinne der Aufklärung nicht nur das Prinzip, von anderen Völkern zu lernen, sondern auch die Lernfähigkeit der Herrscher fremder Völker. So gab Christian Conrad Dassel in seinem fiktiven Reisebericht[1], der sich im Kolorit usw. auf zeitgenössische französische authentische Reiseberichte stützt, ein interessantes Anschauungsmodell für Afrika als Lehr- und Lernpfad. Die künstlerische Phantasie von Dassel nahm ein Ereignis vorweg, wie es sich tatsächlich zutrug, allerdings nicht durch »Aufklärung« von außen, sondern durch historische Wandlungen: die Ablösung der Menschenopfer durch andere Opfergaben. Im Hinblick auf Blutriten in Afrika bestanden in den europäischen Ländern zur Zeit der Aufklärung (wie bis heute) besondere Vorurteile.

Im Mittelpunkt der Schilderung steht Emilie, die Tochter der Familie Gutmann, die sich auf eine Weltreise begibt. In Dahome, in Westafrika, lernte Emilie den dortigen jungen Herrscher kennen. Im Kunstgriff einer Liebesgeschichte zwischen einem europäischen Mädchen, das dem bürgerlichen Erziehungsideal entsprach, und einem afrikanischen Königssohn manifestiert sich der große Schwung der Aufklärung für die Änderung gesellschaftlicher Normen, für die Freundschaft und Solidarität der Menschen in allen Weltteilen, das Eintreten für Gleichheit, Brüderlichkeit und friedliche Beziehungen. Am Beispiel der Tochter Emilie wird der ganze bürgerliche Normen-, Werte- und Tugendkatalog vorgestellt. Im Familienkreis ergreift sie nur das Wort, wenn sich

»das Gespräch zu Gegenständen des Herzens, zu Tugenden und Fehlern des Menschen, zu Sitten und Gebräuchen, zu dem, was unanständig und anständig, heilsam und schädlich, schön und häßlich ist, hinneigte«.[2]

Gleichzeitig wird der junge Prinz aller »Exotik« entkleidet. Dem Leser tritt ein achtundzwanzigjähriger Mann entgegen, von mittelmäßiger Größe, gut und angenehm gewachsen, mit schwarzen, krausen Haaren, dunklen Augen und einem feinen schwarzen Teint. Seine Zähne sind weiß wie Elfenbein, sein Blick freundlich und sanft, die Stirn glatt und ein Wohnsitz der Ruhe und Heiterkeit.

»Einmal, als sie gerade über das Benehmen eines guten Fürsten gegen seine Feinde sprachen, nahm Emilie Gelegenheit, ein paar Worte über die schreckliche Hinrichtung der Gefangenen und über Menschenopfer mit einfließen zu lassen. Der Prinz fühlte dies und ward bis zu Tränen gerührt, versicherte aber, daß dies ein altes Herkommen seines Landes sei«.[3]

Als es zu einer prunkvollen Hochzeit kommt, verspricht der Königssohn auf Bitte seiner jungen Frau Emilie, »die Götter durch Opfer der besten Tiere seines Landes und durch kostbare Geschenke zu befriedigen. Dies Gelübde fand allgemeinen Beifall«.[4] In einem Zustand von Entzücken hatte der König ausgerufen:

»Nie, nie soll künftig ein Fest mit Blutvergießen wieder gefeiert werden, nie mit meiner Bewilligung zum Tode jemand verdammt werden, der nicht ein Verbrechen, das den Tod verdient, begangen hat«.[5]

---

1 Dassel, C.C.: Merkwürdige Reisen der Gutmannschen Familie. Ein Weihnachtsgeschenk für die Jugend. 4 Teile. Hannover 1795, 1796, 1797 und 1805. - Das Jahrhundert der Aufklärung, in dem die meisten Utopien in Form des satirisch-utopischen Reiseromans erschienen, ist zugleich das Jahrhundert der Anthropologie und Ethnologie. »Der klassische utopische Roman ist in der Hauptsache Reisebericht ...« Winter, M.: Utopische Anthropologie und exotischer Code. Zur Sprache und Erzählstruktur des utopischen Reiseromans im 18. Jahrhundert. In: Haubrichs, W. u.a. (Hg.): Erzählforschung 3. Theorien, Modelle und Methoden der Narrativik. Göttingen 1978. S. 164.
2 Dassel a. a. O. Bd. 2. S. 106 ff.
3 Dassel ebd. Bd. 2. S. 106 ff.
4 Dassel ebd. Bd. 2. S. 106 ff.
5 Dassel ebd. Bd. 2 . S. 106 ff.

In dem fiktiven Reisebericht von Christian Conrad Jakob Dassel wurde die enge Verwandtschaft zwischen bürgerlichem sittlich-moralischem Verhalten und den Sitten und der Moral, den Bräuchen und Gewohnheiten in Afrika, den dortigen elementaren Regeln des menschlichen Umgangs und des Zusammenlebens herausgestellt, die als vorbildlich empfunden wurden. Selbst die Menschenopfer, deren Sinn und Bedeutung vom europäischen Betrachter nur schwer erschlossen werden konnten, bildeten für den »Aufklärungs- und Erziehungsprozeß« im Sinne von Völkerfreundschaft kein unüberwindbares Hindernis. Dassel war, wie die meisten Aufklärer und Philanthropen seiner Zeit, der Meinung, daß die Sitten und Bräuche anderer Völker einen eigenen Kulturwert besitzen, daß sie sich aber als Teil eines historischen Prozesses in Entwicklung befinden. Dassel erkannte die vorhandene Wechselseitigkeit kultureller Einflüsse zwischen unterschiedlichen Weltreligionen an.

Der Reisebericht in seiner gesellschaftskritischen Funktion war Ende des 18., Anfang des 19. Jahrhunderts eine weitverbreitete Erscheinung. Nachahmenswerte allgemein menschliche Werte und Verhaltensweisen, wie sie in Afrika anzutreffen waren, wurden dem europäischen Leser vorgestellt. Die Tendenz, die gesellschaftlichen Verhältnisse in Afrika zu romantisieren, blieb gering. Vor allem in der Restaurationsperiode (ab 1815) erwies sich der »exotische« Reisebericht als ein wirkungsvolles Mittel zur versteckten Kritik an den europäischen Verhältnissen, so in Frankreich an der Wiedereinsetzung der Bourbonen unter Ludwig XVIII. (1814-1824) - wirkungsvoll deshalb, weil die Zensur umgangen werden konnte. Ein damals aufsehenerregendes Beispiel hing mit den Umständen des tragischen Geschehens beim Untergang der »Medusa« zusammen, die in einem authentischen Reisebericht geschildert wurden, der 1818 auch in deutscher Übersetzung mit dem Verlagsort Leipzig erschien und den Titel trug: »Schiffbruch der Fregatte Medusa auf ihrer Fahrt nach dem Senegal im Jahre 1816«.[1] Die Autoren, die den »vollständigen Bericht von den merkwürdigen Ereignissen« an der westafrikanischen Küste gaben, waren die überlebenden Schiffbrüchigen J.B. Heinrich Savigny, ein Wundarzt, und Alexander Corréard, ein Geograph.

Am 17. Juni 1816 lichteten bei der Insel Aix, gegenüber von Rochefort, die »Medusa«, die »Echo«, die »Argus« und die »Loire« die Anker in Richtung Saint-Luis-du-Sénégal. An Bord der »Medusa« befand sich der neue Gouverneur dieses afrikanischen Landes. Er sollte im Namen Ludwigs XVIII. die ehemalige französische Kolonie wieder in Besitz nehmen, über die sich die Engländer während der Zeit der Revolution und des Kaiserreiches zu Herren gemacht hatten. Das Ereignis führt in das Vorfeld der Wiedererrichtung des französischen Kolonialreiches, das als zweites Kolonialreich in der Geschichte ab 1830 datiert wird. Mit dem neuen Gouverneur reisten etwa vierhundert Personen, davon zwei Kompanien Soldaten, Beamte, Frauen und Kinder. Kapitän des Schiffes war ein Offizier des Ancien Régime, dessen Fähigkeit weniger in der Kunst der Navigation als in seiner Treue zu den Bourbonen lag. Während der Revolution war er nach England emigriert. Das Resultat seiner Fahrlässigkeit bestand darin, daß die »Medusa« strandete. Nach dem Rang geordnet, wurden Gouverneur, Standespersonen und die übrigen Passagiere auf fünf Boote und eine Schaluppe verteilt. Ein Rest - dazu gehörten alle Soldaten - insgesamt 147 Personen, bestieg ein Floß, das eine Länge von vierzehn Metern und eine Breite von siebeneinhalb Metern hatte. Die Menschen standen bis zur Hälfte im Wasser. Ohne Ruder

---

1 Savigny, J.B.H./Corréard, A.: Schiffbruch der Fregatte Medusa auf ihrer Fahrt nach dem Senegal im Jahre 1816. Vollständiger Bericht von den merkwürdigen Ereignissen an der westafrikanischen Küste. Leipzig 1818.

und fast ohne Lebensmittel überließ man sie ihrem Schicksal.

Die beiden schon genannten Reisebuchautoren geben bis ins Detail ein grauenvolles Bild von den Ereignissen auf dem Floß. Treulosigkeit, fehlende Hilfsbereitschaft, offener Verrat unter den Offizieren, sogar Kannibalismus sowie Feigheit und Verzweiflungstaten bestimmten die Szene. Bilder des Schreckens verdrängten alles, was die phantasievollsten Reisebeschreibungen sich je über das Leben afrikanischer »Barbaren« ausgedacht hatten. Eine Untat reiht sich an die andere. Die Schiffbrüchigen gingen bewaffnet aufeinander los, beim Streit um Plätze und Lebensmittel ging es um Leben und Tod. Die Offiziere metzelten die entwaffneten Schiffbrüchigen nieder. In einem der nächtlichen Tumulte fanden sechzig bis fünfundsechzig den Tod, darunter »kein einziger Offizier«. Akte von Menschenfresserei, zunächst noch zaghaft, wurden immer häufiger.

> »Wir warfen die Leichname ins Meer und behielten nur einen, welcher nun denen zur Nahrung dienen sollte, die noch den Tag zuvor seine zitternden Hände gedrückt und ihm ewige Freundschaft geschworen hatten«.[1]

Kranke, deren Tod den anderen »auf sechs Tage Wein, und zwar täglich für jeden eine halbe Flasche gerechnet«[2], verschaffen sollte, warf man über Bord. Als am 17. Juli die »Argus« die fünfzehn Überlebenden auflas, gewahrte man Streifen Menschenfleisches, das auf dem Floß trocknete.

Unter den Überlebenden befand sich weder eine Frau noch ein Kind, nur ein einziger Afrikaner, der in der Aufzählung der geretteten Schiffbrüchigen mit »Negersoldat Jean-Charles« bezeichnet wurde.

Das Geschehen an der westafrikanischen Küste löste eine ungewöhnlich scharfe Kritik aus und beherrschte als aktuell-politisches Thema die Gemüter der Zeitgenossen. Der französische Maler und Graphiker Théodore Géricault (1791-1824) machte 1819 mit seinem Gemälde »Das Floß der Medusa« diesen Schiffbruch unsterblich. Im Kontrast zu dem sittlich-moralischen Verhalten der Offiziere und zur feudalen Restauration in Europa überhaupt, errichtete er ein Denkmal für den Afrikaner, der in der Komposition des Bildes herausragt und Symbol des Rettungs- und Überlebenswillens ist.

Das Reisebuch »Schiffbruch der Fregatte Medusa auf ihrer Fahrt nach dem Senegal im Jahre 1816« war nicht nur eine verdeckte Kritik an der feudalen Restaurationsperiode - es ging darüber hinaus, weil es dem Leser gleichsam nebenbei das hohe Ansehen zu verdeutlichen wußte, das den Revolutionsereignissen sogar im fernen Afrika gezollt wurde. Bewunderung und Anerkennung für die Ereignisse in Frankreich legten die Autoren einem afrikanischen Würdenträger in den Mund.

> »Noch denselben Tag befahl der König Herrn Kummer, ihm die Geschichte unserer letzten Revolution zu erzählen: die der ersten war ihm schon bekannt. Herr Kummer verstand nicht so recht, was der König von ihm wollte; darauf ließ der König von seinem Minister auf dem Sande die Karte von Europa, vom Mittelländischen Meere und der afrikanischen Küste zeichnen, gab selbst die Stelle der Insel Elba an und verlangte nun einen umständlichen Bericht von allen Vorfällen, die seit dem Augenblick, wo Bonaparte jene Insel verließ, bei uns stattgefunden hatten (...) Da er (Kummer, H.L.) den ehemaligen Kaiser bald Bonaparte, bald Napoleon nannte, so fragte ihn ein Marabou, ob das der General wäre, dessen Armeen er bei seiner Wallfahrt nach Mekka in Ober-Ägypten gesehen hätte, und als Herr Kummer bejahte, so brachen der König und sein Gefolge in laute Verwunderung aus; sie konnten nicht begreifen, wie ein Heerführer sich bis zu der Kaiserwürde emporgeschwungen hätte, wahrscheinlich hatten sie bis dahin Napoleon und Bonaparte für zwei verschiedene Personen gehalten«.[3]

---

1 Savigny/Corréard ebd.
2 Savigny/Corréard ebd.
3 Savigny/Corréard ebd. S. 103.

Handelt es sich bei dieser Passage des Reiseberichts um Wirklichkeit oder Legende? Um eine zeitgenössisches Dokument gewiß.

Die Kunde von fremden Religionen und Kulturen und die wachsende Kenntnis afrikanischer Sitten und Bräuche bestärkten im Aufklärungszeitalter den Gedanken der Universalität und das Toleranzmotiv der Aufklärung. Ein Rückschlag setzte mit der territorialen Aufteilung Afrikas ein. Aber auch im Kolonialzeitalter blieb Afrika mit seiner hohen Kultur, mit seinen Sitten und Bräuchen eine »Teilbewegung« der Menschheitsentwicklung und leistete seinen Beitrag zur Weltkultur.

II. Möglichkeiten und Grenzen der authentischen Reiseberichte des 18. und frühen 19. Jahrhunderts als historische Quelle

In den authentischen Reiseberichten des 18. und frühen 19. Jahrhunderts, deren Autoren aufklärerisches Denken vertreten, liegt ein aufschlußreiches, zu Unrecht fast in Vergessenheit geratenes Material über Sitten und Bräuche im alten Afrika vor, das für zahlreiche Wissenschaftszweige von Interesse ist. Das Studium exotischer Sitten und Bräuche und des sittlich-moralischen Verhaltens führt zur Erkenntnis, daß sich die Völker Afrikas durch schöpferische Kreativität auszeichneten und daß sie ähnliche Wege wie andere Völker gegangen sind. Je entwickelter eine Gesellschaft, desto stärker sind allgemein menschliche, beständige Elemente der Moral ausgeprägt. Afrika schneidet in Vergleichen hierbei gut ab. Zu dieser Erkenntnis kam bereits die aufklärerisch-humanistische Reiseliteratur im 18. Jahrhundert, und die Rückbesinnung auf diese Traditionslinie verdeutlicht, daß schon in der Aufklärung die Beschränkung der klassischen Humanitätsutopie auf die antike Welt als korrekturbedürftig angesehen wurde.

In den Reiseberichten des 18. und frühen 19. Jahrhunderts wurde ein Werk von bleibendem kulturhistorischen Interesse hervorgebracht, welches mit der Schilderung des Reichtums der afrikanischen Sitten und Bräuche das Bild der Welt erweiterte, den Vergleich der eigenen Lebensumstände in Europa mit denen anderer Völker ermöglichte und auf den Zusammenhang zwischen einer »vernünftigen« Religion mit der sittlich-moralischen Regelung der zwischenmenschlichen Beziehungen verwies. In der Afrika-Reiseliteratur dominierte seit Ende des 18. Jahrhunderts die ethnographische Beschreibung und die aufklärerisch-moralische Bildung. Die Aufklärung hatte eine Bewegung ausgelöst, in der die Berichte über Afrika eine wichtige Funktion erhielten, denn sie waren Teil einer breiten Strömung exotischer Reiseliteratur, authentischer und fiktiver, deren Autoren zum Ausdruck brachten, was sie bei fremden Völkern als vorbildlich empfanden und wie sie sich die »Verbesserung der Welt« vorstellten. Es ging ihnen um ein Leben nach natürlichen und vernünftigen Grundsätzen, um den Glauben an den Fortschritt, um Objektivität und Wahrheit, gegen Vorurteile und Dogmatismus, und um die Veredlung des moralischen Charakters des Menschen, um religiöse und rassische Toleranz. Kritik am Sklavenhandel und am Kolonialismus verband sich mit der Kritik an heimatlichen Zuständen.

Die Tendenz der Aufklärung, religiöse Themen in das Allgemeinmenschliche zu erweitern, ließ die Behandlung von Sitten und Bräuchen in der damaligen Reiseliteratur zu einem Schwerpunkt werden. Während bis dahin das Gute und Böse nur in theologischer Hinsicht und mit dem Blick auf die Folgen nach dem Tode abgehandelt wurde, argumentieren die Aufklärer und Philanthropen mit sittlichen und moralischen Grundsätzen, die nicht an das Christentum gebunden waren. Dies hat für die positive Einschätzung der Reiseberichte als historische Quelle besondere Bedeutung. Bei der Beantwortung der Frage nach den Grenzen und dem Wert der authentischen Reiseberichte ist zu beachten: Unter welchen kulturell-historischen Bedingungen sind die Reiseberichte entstanden? Welche Rückschlüsse lassen sich hieraus auf die Vielfalt und Zuverlässigkeit der Informationen ziehen? Welchen Einfluß hatten die Reiseberichte für die Darstellung des afrikanischen Menschen? Was war der Anlaß, der Beweggrund für die jeweilige Reise, gab es einen Auftraggeber, handelte es sich um eine Einzelreise oder um eine wissenschaftliche Expedition?

Als die europäischen Nationen mit ihren Erkundungsreisen und der kolonialen Ausbeutung Afrikas begannen, fanden sie hochentwickelte Reiche, aber auch reine Urgesellschaft mit Ackerbau und Viehhaltung oder Stämme vor, deren Existenzgrundlage Jagd, Fischfang und Sammeltätigkeit bildeten. Die Mehrheit der Afrikaner lebte in kleinen, abgeschlossenen bäuerlichen Gemeinschaften. Die damaligen Reisenden registrierten vor allem am Beispiel gentiler Gemeinschaften liebenswerte Gewohnheiten, Sitten und Bräuche wie Arbeitsamkeit, gegenseitige Hilfe und Zusammenarbeit, Bescheidenheit und Mäßigkeit. Faulheit, Trägheit und Unehrlichkeit wurden verachtet.

Die erste Schwierigkeit, die dem heutigen Leser der Reiseberichte des 18. Jahrhunderts begegnet, ist die »Exotik«, welche diesen Berichten eigen ist. Exotisch waren für die damaligen Reisenden übrigens nicht nur die afrikanischen Völker, sondern auch die europäischen, ja, selbst die deutschen Territorien wurden in ihrer »Fremdheit« präsentiert. Diese Eigenart erschließt sich dem Historiker erst ganz, wenn er sich auf die Forschungsergebnisse über Reisen im frühen 18. und Anfang des 19. Jahrhunderts in Europa stützt. »Exotische« Sitten und Bräuche begegneten dem damaligen Reisenden überall, sogar in einem kleinen Nachbarterritorium. So ermahnte der anonyme Autor in der Vorrede zu den »Reisen eines Vaters mit seinen beiden Söhnen durch ganz Deutschland« den Leser:

> »Dabei werden wir auch nicht unterlassen, da, wo wir durch sichere Nachrichten in den Stand gesetzt sind, auf die Lebensart, Sitte, Gebräuche u. dgl. der Einwohner Rücksicht zu nehmen, und unsere Leser daraus auf deren Charakter und Denkart schließen zu lehren«.[1]

Ähnlich verhielt es sich auch mit Afrikareisen, aber hier fiel es dem Reisenden schwerer, seine Beobachtungen von der »Exotik« zu entzaubern und sie auf ihren Kern zurückzuführen.

Die humanistische Strömung in der Reiseliteratur, die den Menschen in seinem Zusammenwirken mit der Natur, der Fauna und Flora, darstellte, begründete erstmals die Einbindung des Afrikaners in die Weltgeschichte und belegte mit zahlreichen Fakten dessen Zugehörigkeit zur Weltkultur. Zugleich bietet sie Beispiele für die komplizierten Wechselbeziehungen zwischen regionaler und kontinentaler Komponente. Die »Informationsströme« haben sich nicht einseitig von Nord nach Süd bewegt. Ausgehend von der beobachteten Übereinstimmung zahlreicher Sitten und Bräuche in den verschiedenen Gegenden Afrikas, belegt das Vorwort in dem Buch »Geschichte von Dahomey, einem inländischen Königreich in Afrika« die tatsächlich vorhandene Wechselseitigkeit der kulturellen Einflüsse auch noch für das 18. Jahrhundert, nach einer langen Periode des Sklavenhandels.

> »Ja, es finden sich so viele Beispiele dieser Art, zwischen den Gebräuchen und Feierlichkeiten verschiedener und entfernter Gegenden von Afrika, daß wir oft zu dem Schluß veranlaßt werden, es müsse in einem früheren Zeitraum ein Verkehr zwischen ihnen stattgefunden haben (...) Wenn wir ferner bedenken, daß die besten

---

1 Panzer, B.: Die Reisebeschreibung als Gattung der philanthropischen Jugendliteratur in der zweiten Hälfte des 18. Jahrhunderts. Frankfurt a.M./Bern/New York 1983. S. 94 (Zitat).

Geschichtsschreiber die Nigritier[1] für die ersten Bewohner von Afrika ausgeben, so können wir eben so vernünftig annehmen, daß jene Gebräuche unter den Einwohnern (...) entstanden waren, und ihren Weg eher gegen Norden, als von daher genommen haben (...) Doch wollte ich hier nicht so verstanden sein, als ob ich glaubte, daß alle ähnlichen Gebräuche in Guinea und unter den östlichen und nördlichen Nationen von Afrika ihren Ursprung im Süden genommen hätten«.[2]

Die Aufnahme und Bewertung fremder Lebensformen, der Sitten, Bräuche und Gewohnheiten, der kulturellen und religiösen Traditionen in Afrika verlief im Rahmen der zeitbedingten Erkenntnis- und Interpretationsfähigkeit. Die authentischen Reiseberichte widerspiegeln oft in einer allgemein menschlichen Ausprägung die positiven Eindrücke, die Sitten und Bräuche in der Stammesorganisation auf die Beobachter machten: Familiensinn, Achtung des älteren Menschen, Liebe zu den Kindern, Dialogbereitschaft, hohe Bewertung der friedlichen Arbeit. Vor dem Hintergrund der stürmischen, konfliktreichen geschichtlichen Entwicklung der Neuzeit in Europa, wo Unruhe mehr als Harmonie, Reibung mehr als Bestätigung verlangt wurde, erschienen gentile Verhältnisse und Dorfgemeinden als erstrebenswert und ließen Afrika als Kontinent des »Ausgleichs« erscheinen. Schilderungen exotischer Ausschreitungen im Sexualleben finden sich in der humanistischen Strömung der authentischen Afrika-Reiseliteratur nicht oder nur selten, was sich sowohl aus den Wirkungsabsichten als auch aus den tatsächlichen Gegebenheiten im alten Afrika erklärt.

Die Konzeption Rousseaus vom »Edlen Wilden« als utopischer Idealfigur und vom Naturzustand fremder Völker, wie sie z.B. in den idealisierenden Reiseberichten über den Südseeinsulaner oder im utopischen Reiseroman als positives Gegenbild zur negativen Realität des feudalabsolutistischen und aufklärerischen Europas entgegengestellt wurde, hatte in der authentischen Reiseliteratur über Afrika keinen spürbaren Widerhall gefunden. Die Interpretation der Sitten und Bräuche in humanistischen Mustern war mit einer realistischen Sicht weitgehend deckungsgleich. Selbst idyllisierende Aussagen standen der historischen Wahrheit näher als die Hauptströmung, in der das alte Afrika als geschichtslos mit primitiven Sitten und Bräuchen dargestellt wurde, und welche von den ersten Entdeckungsreisen bis in die moderne Zeit, ja, bis in die Gegenwart führt. Da die geschilderten allgemein menschlichen Elemente der Moral besonders deutlich auf der Grundlage gentiler Gemeinschaften auszumachen sind, war eine Überbewertung positiver Sitten und Bräuche bei richtiger Einordnung in die gesellschaftliche Umwelt kaum gegeben. Es gab Fehlurteile in der aufklärerisch-humanistischen Richtung über Afrika, aber sie machen es nicht notwendig, sich mit einer Überhöhung des Afrikabildes kritisch auseinanderzusetzen. Anders war es im fiktiven utopischen Reiseroman, in dem auch Afrikaner südlich der Sahara neben den Ureinwohnern Amerikas und des Südseeraumes zu »Idealfiguren« stilisiert wurden.[3]

Das »typisch Afrikanische«, die bewunderte Einfachheit der Sitten und Bräuche, wie sie von den Reisenden im 18. Jahrhundert, aber auch in neueren Darstellungen afrikanischer Autoren beschrieben werden, erhielten später einen überzeitlichen Anstrich, was zu dem Mißverständnis einer Überhöhung der positiven Seiten des afrikanischen Alltags, der Sitten

---

1 Nigritien ist die Bezeichnung für afrikanische Gebiete südlich der Sahara; im eigentlichen Sinne der Sudan, das »Land der Schwarzen«.
2 Dalzel, A.: Geschichte von Dahomey, einem inländischen Königreich in Afrika, aus glaubwürdigen Nachrichten gesammelt. Leipzig 1799. Vorwort.
3 Winter a. a. O. S. 150.

und Bräuche führen kann. Die »spezifisch menschliche Tendenz«, die angeblich der afrikanischen Kultur sozusagen ewig eigen sei, war historisch bedingt, entsprach der Tatsache, daß in Afrika südlich der Sahara die bäuerliche Bevölkerung dominiert, verbunden mit einer spezifisch sozialpsychologischen Einstellung und Denkweise der Menschen, ihrem besonderen Verhältnis zur Natur, ihrem Patriarchalismus und Traditionalismus im sozialen Leben wie in der Gesamtheit des Verhaltens und Denkens.

Wenn vieles in der aufklärerisch-humanistischen Richtung in Afrika Anerkennung und Wertschätzung fand, so gab es doch auch Sitten und Bräuche, z.B. die Opferriten, denen man verständnislos gegenüberstand. Die Aufklärer und Philanthropen, die eine Vorstellung von einem neuen Verhältnis zwischen Europa und Afrika entworfen hatten, suchten nach Wegen, die Ideen der Aufklärung nach Afrika zu verpflanzen. Dies ist nicht selten Gegenstand der fiktiven Reiseliteratur. Der Europazentrismus war Teil der zeitbedingten Erkenntnisschranken und des noch niedrigen Standes des methodologischen Instrumentariums der Afrika-Reisenden. So reichten die damaligen religionswissenschaftlichen Kenntnisse nicht aus, um das Phänomen der traditionellen Religionen in Afrika aufzuhellen. Die Kultur Europas blieb letzten Endes der Maßstab für die Wertung der Sitten und Bräuche der Afrikaner.

Wie der Vergleich mit Europa Anlaß zu dem Versuch gab, afrikanische Menschen für die Ideale der Aufklärung zu gewinnen, so waren die einfachen Sitten und Bräuche in Afrika auch Anlaß für Kritik an Europa. Besonders deutlich kam dies auch in der Restaurationsperiode zum Ausdruck. Dies verlief jedoch in den authentischen Reiseberichten nicht in den Bahnen einer »Zivilisationskritik«, sondern auf der Grundlage ganz konkreter gesellschaftlicher Erscheinungen, so z.B. der Auswirkungen des Sklavenhandels.

Der unterhaltende Aspekt der afrikanischen Reisebeschreibungen, wie er sich im 18. Jahrhundert herausgebildet hatte, ließ den Leserkreis anwachsen. Abenteuerliteratur und Reiseroman, völkerkundliche Beschreibung und wissenschaftliche Abhandlung erwuchsen im 19. Jahrhundert als neue Literaturgattung aus dem Reisebericht, ohne daß dies die Reiseliteratur in ihrer Bedeutung einschränkte. Reiseberichte und Reiseliteratur nahmen neben der Belletristik den größten Raum in der Buchproduktion ein.[1]

In Verbindung mit anderen Quellen vermögen die authentischen Reiseberichte des 18. und frühen 19. Jahrhunderts ein realistisches Bild von den Sitten und Bräuchen im alten Afrika zu vermitteln. Sie heben sich positiv von dem vorurteilsreichen Bild eines rückständigen, geschichtslosen Kontinents mit barbarischen Sitten und Bräuchen ab. Die humanistische Strömung in der Reiseliteratur des 18. und frühen 19. Jahrhunderts hat das Verdienst, auf das hohe Niveau der zwischenmenschlichen Beziehungen im alten Afrika aufmerksam gemacht zu haben, und leistete damit einen Beitrag zur Erweiterung der Kenntnis Afrikas zu einem frühen Zeitpunkt. Die spezifische Rolle der afrikanischen Tradition, ihre Ideologiefunktion, genauer gesagt, das Nebeneinander von Traditionen verschiedener gesellschaftlicher Entwicklungsstufen ist Grundlage des afrikanischen Selbstverständnisses. »Harmonie« im Alltagsleben war durch eine mit Bodenbau und Viehzucht eng verbundene Bevölkerung bedingt, bei der das Matriarchat noch stark verwurzelt war. Manche Tradition,

---

1 »Der gesamte Bestand an geographischen Büchern setzte sich durchschnittlich zu 80% aus Reisebeschreibungen zusammen, ja in einigen Gesellschaften ... wurde die Geographie sonst überhaupt nicht mehr berücksichtigt. Dagegen gab es kaum eine Gesellschaft, in der keine Reisebeschreibungen vorhanden gewesen wären.« Prüsener, M.: Lesegesellschaften im 18. Jahrhundert. Ein Beitrag zur Lesergeschichte. In: Archiv für Geschichte des Buchwesens. Bd. XIII. Frankfurt a.M. 1973. S. 441.

so manche Sitte und mancher Brauch haben ihren historischen Platz in einer vergangenen Zeit und sind zu Anachronismen geworden, andere gehören zu einem wertvollen Kulturerbe, das es zu erhalten und auszubauen gilt.

Das Erbe der klassischen Reisebuchliteratur über Afrika spielt in der gegenwärtigen Neubewertung afrikanischer Geschichte und Kultur eine positive Rolle. Eine idealisierende Interpretation der alten Sitten und Bräuche, verbunden mit einem überhöhten Afrikabild, wie es in den authentischen Reiseberichten des 18. und frühen 19. Jahrhunderts nicht oder nur schwach ausgeprägt war, entsprang vornehmlich anderen Quellen und Konstellationen, auch dem fiktiven Reisebericht und dem utopischen Reiseroman, und hatte ungeachtet der Realitätsferne auch seine positive Wirkung. Sie stärkte die Befürworter einer Neubewertung der Geschichte und Kultur Afrikas. Die Begeisterung für das alte Afrika und seine Idyllisierung beeinflußte an der Wende zum 20. Jahrhundert die Geschichtsschreibung über Afrika, so bei Leo Frobenius, einem der bedeutendsten und einflußreichsten Afrikaforscher zu Beginn des 20. Jahrhunderts, und auch noch heute entgehen afrikanische Autoren nicht immer der Gefahr, die Vergangenheit zu romantisieren.

Marita Gilli

Georg Forster: Das Ergebnis einer Reise um die Welt

I. Die Reise um die Welt

Das 18. Jahrhundert ist die Zeit der Reisen und der großen Entdeckungen. Zwar fangen die großen Reisen schon im 16. Jahrhundert an; die ersten Reisenden aber waren oft Abenteurer, die sich manchmal für die Entdeckung selbst interessierten, öfter jedoch für den Gewinn. Sie suchten unbekannte, manchmal auch fabelhafte Länder, um reich zu werden. Im 18. Jahrhundert erwartete man, daß die Reisen neue Interessen wecken können. Der Philosoph hoffte große Entdeckungen zu machen, der Wissenschaftler sah ein Mittel, die Wissenschaft zu entwickeln. So nahmen einige Wissenschaftler an den großen Expeditionen teil.

Cook nimmt bei seiner ersten Reise um die Welt zwei Wissenschaftler mit an Bord: Banks und Solander, Schüler von Linné. Cooks zweite Reise hat das wissenschaftliche Ziel, die Existenz eines Kontinents am Südpol zu beweisen. Er wendet sich darum an Johann Reinhold Forster, der unter der Bedingung zusagt, daß sein Sohn mit ihm fahren dürfe; für beide ist es eine sehr günstige Gelegenheit. Die Reise wird uns in ihren kleinsten Einzelheiten in Georg Forsters Beschreibung überliefert.

Dieser Bericht markiert ein wichtiges Datum in der Geschichte der Reiseerzählungen.[1] Da Georg Forster auf vielen Gebieten bewandert war, konnte er einen Beitrag zur Lösung der Hauptprobleme des 18. Jahrhunderts leisten, etwa zum Konflikt zwischen Natur und Zivilisation und der Mannigfaltigkeit der menschlichen Gattung.

Georg Forster schrieb sein Werk unter größten materiellen Schwierigkeiten. Ursprünglich sollte der Vater den Bericht verfassen und dafür von der Admiralität entlohnt werden. Verschiedene Streitigkeiten verhinderten die Verwirklichung des Projekts, und Georg beschrieb schließlich die Reise, ohne aber dafür bezahlt zu werden. Die Familie Forster hatte zu dieser Zeit keine Einkünfte mehr. Trotz aller dieser Schwierigkeiten erschien das Werk 1777 in Englisch und zwischen 1778-80 in Deutsch, von Georg selbst übersetzt.

I.1. Zweck und Methode

Die Vorrede ist ein interessantes Dokument, das uns eine Ahnung gibt von der Stimmung, in der die beiden Forsters die Reise unternommen hatten. Georg Forster erklärt, zu welchem Zweck man seinem Vater die Teilnahme vorgeschlagen hatte,

> »nicht etwa blos dazu, dass er Unkraut trocknen und Schmetterlinge fangen; sondern, dass er *alle* seine Talente in diesem Fache anwenden und *keinen* erheblichen Gegenstand unbemerkt lassen sollte. Mit einem Wort, man erwartete von ihm *eine philosophische Geschichte* der Reise, von Vorurteil und gemeinen Trugschlüssen frei, worinn er seine Entdeckungen in der Geschichte des Menschen und in der Naturkunde überhaupt, ohne Rücksicht auf willkürliche Systeme, blos nach allgemeinen menschenfreundlichen Grundsätzen darstellen sollte; das heisst, eine Reisebeschreibung, dergleichen der gelehrten Welt bisher noch keine vorgelegt worden.«[2]

---

1 Vor Georg Forster hatten nur Jacques Le Maire (1615), Jacques Roggewin (1721), Louis Antoine Bougainville (1766) und James Cook (1768) Berichte verfaßt, die mehr waren als einfache Anekdoten und eine gute Analyse lieferten. Sie waren aber in Deutschland wenig bekannt (Bougainville ausgenommen).

2 G. Forster, Reise um die Welt. In G. Forsters sämtliche Schriften. Leipzig 1843. Bd. I. S. 4.

Diese Forderungen erklären die Mannigfaltigkeit der Interessen: nichts wurde außer Acht gelassen. Was den Bericht charakterisiert, ist auch die Suche nach Wahrheit:

> »Jede Widerlegung eines Vorurteils ist Gewinn für die Wissenschaft; und jeder Beweis, daß eine herrschende Meinung des gemeinen Mannes irrig sei, ist ein Schritt zur Wahrheit, die allein verdient zum Besten der Menschen aufgezeichnet und aufbehalten zu werden.«[1]

Diese intellektuelle Einstellung äußert sich bei jeder Gelegenheit. Es sei aber eine schwere Aufgabe, einen solchen Bericht zu schreiben, argumentiert Forster weiter, denn die Wahrheit darf nicht geopfert werden, und der Autor soll auch dazu fähig sein, allgemeine Schlüsse zu ziehen, »um dadurch sich und seinen Lesern den Weg zu neuen Entdeckungen und künftigen Untersuchungen zu bahnen«.[2] Forster versucht dies und interessiert sich für den Menschen, den er in allen Gegenden und unter allen Himmeln achtet. »Alle Völker der Erde haben gleiche Ansprüche auf meinen guten Willen«[3], erklärt er. Auch die Form des Berichts interessiert ihn. Ein solches Werk solle eine kritische Beschreibung der wahren Wirklichkeit sein, solle aber auch so verfaßt werden, daß es auf den Leser wirken könne. Also weder Trockenheit, noch Aufopferung der Wahrheit; zwischen diesen beiden Polen sucht Forster seinen stilistischen Weg.

Wie gesagt, fangen die wissenschaftlichen Reisen erst im 18. Jahrhundert an. Sie ziehen Vorteil aus der Arbeitsmethode Descartes' und aus Rousseaus Entdeckung der Natur. Man beginnt, das Naturreich genauer zu beobachten und nach dem Warum der Dinge zu fragen. Allmählich werden die Beschreibungen weniger literarisch und mehr wissenschaftlich. Pallas und Cook sind die ersten Reisenden, die ein wissenschaftliches Interesse an den Tag legen. Cook ist ein methodischer Geist, aber seine Beschreibung bleibt trocken. Der Reiz einer Reisebeschreibung kommt eben daher, daß sich subjektive und objektive Elemente mischen. Insofern ist Georg Forster der erste, der eine neue Art der Reisebeschreibung entwickelt, auf halbem Weg zwischen der empfindsamen Schwärmerei eines Rousseau und der rein wissenschaftlichen Wahrheitstreue. So schreibt er zum Beispiel zwei Seiten über die Insel Tanna in einem empfindsamen Stil »à la Rousseau«, der die sichtbaren Schönheiten der Natur mit der Güte des göttlichen Schöpfers und des Menschen verbindet. Forster weiß die Schönheiten der Landschaften den Sinnen und Gefühlen wahrnehmbar zu machen. Das ist umso bedeutungsvoller, als die ersten Reisebeschreibungen keine Naturschilderung enthielten. Forster dagegen hat Augen für die Schönheit und Erhabenheit der Naturerscheinungen. Die ihm eigene Mischung von lyrischen Gefühlen und Objektivität ist stilbildend: sie wird später Alexander von Humboldt, Bernardin de Saint Pierre und sogar Chateaubriand beeinflussen.

Was die Darstellung anbetrifft, so unterscheidet sich Forsters Bericht wenig von den anderen Reisebeschreibungen. Die Gattung fordert die chronologische Zeitfolge. Die Kapitel folgen den verschiedenen Etappen einer ziemlich verwickelten Reise: die Entdecker fahren von Plymouth nach Madeira, zum Vorgebirge der Guten Hoffnung, dem antarktischen Zirkel und dann nach Neuseeland, Tahiti, den Societätsinseln, den Freundschafts-Inseln, dann wieder nach Neuseeland. Sie unternehmen eine zweite Fahrt in die südlichen Breiten, steuern zu einem zweiten Aufenthalt Tahiti, die Societätsinseln und die Freundschafts-Inseln an, landen auf Malicolo, Tanna, den Neuen Hebridischen Inseln,

---

1 Ebd. S. 61.
2 Ebd.. S. 9.
3 Ebd. S. 10. Eine gute Formel, die ihn als Feind des Rassismus bezeichnet.

entdecken Neu-Caledonien, kehren zu einem dritten Aufenthalt nach Neuseeland zurück und fahren schließlich über Tierra del Fuego und das Kap nach England zurück.

Die Themen, die in den Kapiteln behandelt werden, sind stets gleich: Forster berichtet zuerst von der Reise selbst und dem Leben auf dem Schiff und dann von dem Aufenthalt an Land. Er teilt Einzelheiten über die Insel, die Bodenschätze, die den Eingeborenen und den Reisenden nützlich sein können, die Pflanzen- und Tierwelt mit; beschreibt dann die Einwohner, ihr Aussehen und wie man mit ihnen umgehen kann. Wenn der Aufenthalt lang genug ist, berichtet Forster über die politische, ökonomische und religiöse Organisation. Eine solche Beschreibung »exotischer« Zivilisationen wurde vor ihm noch nie so vollständig entwickelt. Sie verlangt eine große Objektivität und vor allem eine gute Kenntnis der Sprache der Einwohner. Das war nur möglich, wenn das Schiff lange genug an einem Ort verweilte. Forsters Leistung war dennoch immens: schlafen konnte er sehr oft nicht, denn er mußte die Pflanzen trocknen lassen und sie zeichnen. Seine Beschreibung ist dadurch gekennzeichnet, daß sie zugleich die Natur und die Menschen darstellt mit allen ihren Problemen. Zudem ist sie auch spannend, obwohl sie sich an das Objektive und Konkrete hält. Der Leser meint fast einen Roman zu lesen, der ihm jedoch von realen Tatsachen erzählt.

I.2. Der edle Wilde

Der Mythos vom edlen Wilden ist nicht im 18. Jahrhundert entstanden. Er hat seine Wurzeln im Altertum (Tacitus: De moribus Germanorum), wird von Lahontan und Montaigne wieder aufgenommen, blüht aber besonders im 18. Jahrhundert, vor allem dank Rousseau und Diderot. Eigentlich spricht Rousseau nicht vom edlen Wilden; er malt eine ursprünglich goldene Welt, die eine bloße Abstraktion ist. Immerhin fußt der Mythos auf seinem Werk, ein Mythos, den die Literatur des 18. Jahrhunderts schafft. Obwohl Rousseau und Diderot die Wirklichkeit durch Reiseberichte kannten - oder wenigsten kennen konnten -, bleiben sie weit von ihr entfernt. Was sie unter dem Begriff »Wilder« oder »Naturzustand« verstehen, sagen sie nirgends genau. Dagegen bieten schon die Reiseberichte, die man in Berengers Sammlung findet[1], interessante Analysen über die Völker der Inseln. Forsters Bericht zeichnet sich aber dadurch aus, daß die darin enthaltenen Analysen vollständig sind. Politische, ökonomische oder soziale Auseinandersetzungen findet man sonst nirgends, weder bei Lahontan noch selbst bei Bougainville. Auch Cook weist nur kurz darauf hin. Forster versucht dagegen alles darzustellen.

Bei ihm ist - wie bei seinen Vorgängern - das Problem des Wilden mit der Idee der Natur eng verbunden. Er denkt, daß die Wilden dem Naturzustand noch sehr nah geblieben sind. »Sie folgten in allen Stücken geradezu der Stimme der Natur, die sich gegen jede Art von Unterdrückung empört«[2], schreibt er in Neuseeland. Die Wilden zeigen ihre Freude und ihren Kummer ohne Hemmung; bei ihnen ist alles natürlich: ihre Anmut, ihre Auffassung der Liebe, ihr Betragen, ihre Tracht (auch wenn man auf manchen Inseln nackt lebt). Dieses natürliche Leben macht sie glücklich und gut:

---

1 Jean Pierre Berenger, Collection de tous les voyages faits autour du monde par les différentes nations de l'Europe. Paris MDCCLXXXVIII. Zwei mehr literarische Reiseberichte waren besonders berühmt: Voyages et Dialogues des Freiherrn von Lahontan (1703) und Voyage en Océanie von Bougainville. Sie sind aber nicht so objektiv wie Forsters »Reise um die Welt«.

2 Forster A. a. O. S. 145.

»Für ein empfindsames Gemüt ist aber das wahrlich ein tröstlicher Gedanke, daß Menschenliebe dem Menschen natürlich sei und daß die wilden Begriffe von Mißtrauen, Bosheit und Rachsucht nur Folgen einer allmäligen Verderbnis der Sitten sind.«[1]

Für ihn ist wie für Rousseau die Verderbnis der menschlichen Natur Folge des Reichtums. Die größten Laster sieht er auf Tahiti, der reichsten Insel. Forster glaubt an die ursprüngliche Güte der menschlichen Natur und sieht zugleich seine These bestätigt, daß Reichtum Müßiggang, Verschwendung und Ungleichheit erzeugt.

Dieser philosophische Standpunkt erklärt Forsters Begeisterung für die Wilden. Er zählt ihre guten Eigenschaften auf: Vertrauen, Gastfreundschaft, Freigebigkeit, Dienstfertigkeit, natürliche Güte. Er registriert auch Tugenden wie einen scharfen Gerechtigkeitssinn (die Verbrecher werden bestraft), Mut und Voraussicht. Zuweilen bemerkt er eine gewisse Klugheit und sogar Humor:

> »Die Art, mit welcher er dies Märchen vorbrachte, bewies offenbar, daß es eine Ironie auf diejenigen Stellen unserer Erzählung sein sollte, die er entweder für erdichtet halten mochte, oder wovon er sich keinen Begriff machen konnte, und die schalkhaft witzige Einkleidung welche er seiner Spötterei zu geben wußte, war in der Tat bewundernswert.«[2]

Endlich haben die Wilden einen Sinn für die Kunst, vor allem für die Musik: alle Völker besitzen Musikinstrumente und singen.

Forsters Aufzählung dieser Eigenschaften könnte aus seinem Bericht einen neuen Beitrag zur Entwicklung des Mythos vom edlen Wilden machen. Er bemerkt aber mit derselben Genauigkeit eine Menge von Fehlern, die das Bild der Wilden nuancieren. Manchmal stellt er bei ihnen eine Feindschaft fest, die sogar Bosheit und Grausamkeit werden kann und Beziehungen mit den Europäern unmöglich macht. Einmal kann die Mannschaft nicht landen, weil die Wilden sich widersetzen. Manchmal werden Matrosen und Entdecker sogar ermordet (zum Beispiel Dufresne Marion mit 28 Matrosen). Viele Völker sind kriegslustig und verlangen von Cook, daß er ihnen helfe, die Nachbarn anzugreifen.

> »Ein neuer trauriger Beweis, daß selbst unter den besten Gesellschaften von Menschen große Unvollkommenheiten und Schwachheiten stattfinden!«[3]

Forster bedauert die Lügen der Wilden und gibt viele Beispiele dafür. Manchmal werden auch Kontakte wegen der Falschheit oder Feigheit der Wilden erschwert. Das Benehmen der Untertanen vor dem König ist für ihn nichts als »eine Maskerade von Heuchelei und Verstellung, wie wir zu Tahiti kaum erwartet hätten«.[4] Es kommt auch vor, daß die Wilden dumm handeln: zum Beispiel erschlagen sie die Tiere, die Cook, damit sie sich vermehren, auf den Inseln hinterläßt. Übrigens ist Forster klar, daß der Stärkste immer Recht hat; vor allem bemerkt er, daß die Frauen mißhandelt werden, weil sie eben schwächer sind. Es »pflegen fast alle wilde Völker, insofern sie bloß das Recht des Stärkeren unter sich gelten lassen, ihre Weiber durchgehends als Sklavinnen anzusehen«[5], notiert er. Diese Verallgemeinerung zeigt uns, daß Forster von der Güte der männlichen Natur vielleicht nicht so sehr überzeugt war. Er erzählt auch von der grausamen Sitte der Erioys auf Tahiti, die ihre Kinder bei der Geburt töten.

---

1   Forster A. a. O. S. 265.
2   Forster A. a. O. Bd. II. S. 107.
3   Forster A. a. O. S. 317.
4   Forster A. a. O. S. 254.
5   Forster A. a. O. S. 402.

Es gibt also viele Schatten in Forsters Bild der Wilden. Immer wieder versucht er aber auch, Fehler zu erklären. Als ein Teil der Mannschaft der Adventure erschlagen und sogar gefressen wird, ist Forster überzeugt, daß die Mannschaft die größte Schuld trug. Die Matrosen hätten angefangen, auf die Wilden zu schießen und hatten dann kein Pulver mehr. Er entschuldigt auch die Ungastlichkeit einiger Völker:

> »So ist doch Selbsterhaltung das erste Gesetz der Natur und der Anschein berechtigte die Einwohner allerdings unsere Leute für ungebetene Gäste und für den angreifenden Teil zu halten, ja was mehr als das alles ist, sie hatten Ursache für ihre Freiheit besorgt zu sein.«[1]

Forster findet Entschuldigungsgründe für die vielen Diebstähle und die Betrügereien, über die sich alle Reisenden beklagen. Er erklärt wie Bougainville, daß die Wilden nie gestohlen hätten, wenn man sie nicht verlockt hätte. Gleich Kindern könnten sie nicht widerstehen. Aber bestehlen sich die Wilden nicht auch selber? Auf dem Ostereiland sieht Forster Leute, die Kartoffeln von einem Acker stehlen, um sie zu verkaufen. Cook erzählt von einer Art Theaterstück, das einen Diebstahl darstellt und davon zeugt, daß diese Völker das Verbrechen tadeln: die Räuber werden geprügelt. Forster spricht in seinem Bericht nicht davon.[2] Er gesteht aber: »In Tahiti muß jeder Eigentümer schon seine kleine Habe ans Dach hängen und die Leiter des Nachts statt eines Kissens unter den Kopf legen, um vor Dieben sicher zu sein«.[3] Er sieht also wohl ein, daß die Wilden schon stahlen, bevor sie von den Europäern verdorben wurden, und das stört ihn. Zwar will er objektiv sein und zeigt die Fehler der Wilden neben ihren guten Eigenschaften; aber er ist sehr nachsichtig, sucht die Laster zu entschuldigen und ist verlegen, wenn die Schuld der Wilden unwiderleglich bewiesen werden kann. So ist Forsters Gemütszustand, wenn er die Hauptprobleme behandelt, mit denen man sich damals in Bezug auf den edlen Wilden auseinandersetzte: den Kannibalismus, die Ungleichheit, die Religion und die freie Liebe.

Die Reisenden dachten fast alle, daß die Liebe bei den Wilden frei war. Forster bemerkt auch, daß einige Frauen sich unzüchtig und schamlos benehmen, sogar manchmal zehnjährige Mädchen. Er stellt aber auch fest, daß viele Frauen treu und sittsam sind. Daraus schließt er, daß die Frauen, die sich den Matrosen hingeben, eine besondere Klasse bilden:

> »Dies beweist meines Erachtens offenbar, daß die H... hier zulande ebenfalls eine besondere Klasse ausmachen. Sie ist jedoch bei weitem so zahlreich und das Sittenverderben lange so allgemein nicht als unsere Vorgänger solches vielleicht zu verstehen geben.«[4]

Forster unterscheidet zwischen dem Benehmen der Frauen den Matrosen gegenüber und ihrem Betragen im Familienkreis. Er ist nicht so wie Bougainville überzeugt, daß die Liebe frei ist, sogar auf Tahiti.

Was die Religion betrifft, weiß Forster zu gut, wie schwer es ist, davon etwas zu verstehen, wenn man die Sprache nicht beherrscht, besonders weil die Religion gern geheimnisvoll bleibt. Es ist ihm aber klar, daß alle Völker eine Religion haben. Sie glauben an ein höheres Wesen und an ein künftiges Leben. Manchmal ist die Religion schon strukturiert, und mehrere Gottheiten werden unterschieden; jede Insel hat ihre eigene Theogonie. Fast

---

1 Forster A. a. O. S. 265.
2 Es ist sehr selten, daß Forster etwas verschweigt, das sich in Cooks Bericht befindet. Es ist sicher nicht zufällig, daß er eben diese Szene nicht erzählt.
3 Forster A. a. O. Bd. II. S. 235. Bougainville hatte auch diese Sitte bemerkt, verstand aber ihren Sinn nicht. (Op. cit., S. 28).
4 Forster A. a. O. Bd. II. S. 40.

überall pflegt man Opfer zu bringen, manchmal sogar Menschenopfer. Forster erklärt es mit einem ursprünglichen Kannibalismus:

>Denn es ist bekannt, daß diese Art von Barbarei bei allen Nationen in den Gebrauch übergegangen sei, Menschen zu opfern, und daß sich diese gottesdienstliche Ceremonie, selbst bei zunehmender Kultur und Besserung der Sitten, noch lange erhalten hat. So opferten die Griechen, Carthaginenser und Römer ihren Göttern noch immer Menschen, als ihre Kultur schon den höchsten Gipfel erreicht hatte.<[1]

Forster bemerkt auch, daß die Priester auf den Inseln ebenso wie in Europa privilegiert sind und ihre Stellung zu nutzen wissen. Sie wählen die Opfer, was ihnen eine ungeheure Macht verleiht. Meistens führen diese Priester ein lasterhaftes Leben. Trotzdem werden sie verehrt und vom Volk ernährt. Ihre Haut ist heller, weil sie nicht unter der Sonne arbeiten.

Der Kannibalismus wird zum ersten Mal im zwölften Kapitel von Forsters »Reise« erwähnt. Auf Neuseeland wünschen die Wilden, den Kopf eines erschlagenen Feindes zu essen. Und sie tun es tatsächlich; einige aber finden das grauenhaft. Im Gegenteil zu anderen Reisenden erklärt Forster diese Sitte nicht durch den Hunger, denn eine solche Gewohnheit wäre mit der Erhaltung einer menschlichen Gesellschaft unvereinbar. Als ihren Ursprung sieht er den Wunsch nach Rache. Wie Montaigne ist er nicht besonders empört und findet, daß der Krieg weit barbarischer sei als der Kannibalismus.[2] Im übrigen meint er, daß diese Sitte bald aussterben wird, da sie schon auf mehreren Inseln nicht mehr besteht.

Die Frage der Gleichheit scheint ihm viel wichtiger zu sein. Die Reisenden behaupteten damals oft, daß es bei den Wilden kein Privateigentum gäbe. Forster nimmt an, daß eine gewisse natürliche Gleichheit vorhanden ist, liefert aber, wie Bougainville, viele Beweise der Ungleichheit. Fast in allen Gesellschaften findet man Führer, die man schon durch ihr Äußeres erkennen kann, auf Tahiti existiert bereits eine ausgebildete Hierarchie mit einem König und zwölf Kanzlern. Die Ordnung der Gesellschaft gleicht der feudalen europäischen Gesellschaft mit drei Klassen: Erihs, Manahaunas und Tautaus. Nur die ersten besitzen Schweine, Geflügel und Kleider. Die Klassenunterschiede sind aber nicht sehr groß, weil das Leben sehr einfach ist. (Forster hat beispielsweise den König selbst rudern sehen). Er bemerkt aber in dieser Ordnung den Anfang einer Regierung, die noch mehr auf Ungleichheit beruhen wird. Die Klasse der Privilegierten wird sich vergrößern, mehr Arbeit von den Tautaus verlangen. Diese werden dunkler werden und nach und nach schwächer und entarteter. Auch der Reichtum wird ungleich verteilt. Auf Tahiti essen nur die Privilegierten Fleisch, und Forster bemerkt enttäuscht:

»Wir hatten uns bis dahin mit der angenehmen Hoffnung geschmeichelt, daß wir doch endlich einen kleinen Winkel der Erde ausfindig gemacht, wo eine ganze Nation einen Grad von Civilisation zu erreichen und dabei doch eine gewisse frugale Gleichheit unter sich zu erhalten gewußt habe, dergestalt, daß alle Stände mehr oder minder gleiche Kost, gleiche Vergnügungen, gleiche Arbeit und Ruhe miteinander gemein hätten. Aber wie verschwand diese schöne Einbildung beim Anblick des trägen Wollüstlings, der sein Leben in der üppigsten Untätigkeit ohne allen Nutzen für die menschliche Gesellschaft ebenso schlecht hinbrachte, wie jene privilegierten Schrotzen in gesitteten Ländern, die sich mit dem Fett und

---

1 Forster A. a. O. Bd. II. S. 120.
2 Montaigne unterstreicht auch, daß die Wilden nur die toten Feinde fressen und schreibt: »Il y a plus de barbarie à manger un homme vivant qu'à le manger mort, à déchirer par tourments et géhennes un corps encore plein de sentiment, le faire rôtir par le menu (...) (comme nous l'avons non seulement lu, mais vu de fraîche mémoire, non entre des ennemis anciens, mais entre des voisins et concitoyens et, qui pis est, sous prétexte de piété et de religion), que de le rôtir et manger après qu'il est trépassé«. Montaigne: Essais. Imprimerie Nationale. 1962. T. II. P. 30.

Überfluß des Landes mästen, indeß der fleißigere Bürger desselben im Schweiß seines Angesichts darben muß.«[1]

Immerhin bleibt noch eine Hoffnung:

> »Endlich wird das gemeine Volk diesen Druck empfinden und die Ursachen desselben gewahr werden, alsdann aber wird auch das Gefühl der gekränkten Rechte der Menschheit in ihnen erwachen und eine Revolution veranlassen. Dies ist der gewöhnliche Zirkel aller Staaten.«[2]

Diese Analyse der Sitten der Völker auf verschiedenen Inseln erweckt den Eindruck einer gewissen Relativität. Von einer Insel zur anderen sieht Forster große Unterschiede, manchmal sogar auf derselben Insel. Er vergleicht die Bewohner der Freundschafts-Inseln mit denen Tahitis und sieht trotz der Nähe, daß die ersten viel tätiger sind. Solche Verschiedenheit erklärt sich nicht nur durch das Klima, wie die damalige herrschende ethnologische Theorie behauptet.

> »Der verschiedene Charakter der Nationen muß folglich wohl von einer Menge verschiedener Ursachen abhängen, die geraume Zeit über unablässig auf ein Volk fortgewirkt haben.«[3]

Das Problem besteht eben darin, daß der Mensch im Naturzustand nirgends mehr anzutreffen ist. Die Menschen leben unter verschiedenen Graden von Kultur, wie zum Beispiel diese beiden so sehr entgegengesetzten Völker: auf Tierra del Fuego leben sie wie Tiere, sie können nicht denken und sich wehren, und auf Tahiti leben sie in einer Gesellschaft, die sehr strukturiert ist. Forster ist sich aber auch dessen bewußt, daß mit der Zivilisation die Laster zahlreicher werden.

Sollen wir daraus schließen, daß Forster mit Rousseau die Ansicht teilt, die Zivilisation habe den Menschen verdorben? Sicher nicht. Der zivilisierte Mensch hat dem Wilden gegenüber gewisse Vorteile gewonnen, die Forster gern unterstreicht: er kann die Natur zu seinen Gunsten umformen und besitzt eine überlegene Moral. Die letzte Seite des Werkes preist die Vorteile der Zivilisation, die uns lehrt, unseren Sinnen und Trieben nicht blind zu gehorchen. Forster ist so sehr davon überzeugt, daß er meint, der Aufenthalt der Europäer auf den pazifischen Inseln könne für die Wilden nützlich sein.

Forster ist also kein Feind der Zivilisation. Er bemerkt nur, daß sie manchmal unheilvolle Folgen haben kann, vor allem, weil einige Menschen, von denen man behauptet, daß sie zivilisiert sind, es eben in Wirklichkeit nicht sind. Wie es »gute« und »schlechte« Wilde gibt, findet man auch »gute« und »schlechte« Europäer. Jeder Zivilisationszustand ist vergänglich, Jahrhunderte von Zivilisation können in einem Augenblick verschwinden. Forster unterstreicht oft, wie schlecht sich die sogenannten Zivilisierten benehmen. Oft werden die Reisenden von den Zivilisierten schlechter empfangen als von den Wilden, vor allem in den holländischen Häfen, wo man ihnen Nahrungsmittel verweigert.

Das schlechte Benehmen der Zivilisierten den Wilden gegenüber veranlaßt Forster, zum Problem der Kolonisation Stellung zu nehmen. Er ist der Überzeugung, daß man ein Land ohne Blutvergießen kolonisieren kann. Auf der Insel Tanna bemerkt er mit Freude, wie nutzvoll der Aufenthalt der Mannschaft für die Wilden ist, sieht aber zugleich auch die Übel dieses Kontaktes: Die Europäer führen die Wilden in Versuchung, indem sie unbekannte Gegenstände mitbringen, die die Wilden mit allen Mitteln (Diebstahl oder gar Prostitution)

---

1 Forster A. a. O. Bd. I. S. 246.
2 Forster A. a. O. Bd. I. S. 299.
3 Forster A. a. O. Bd. II. S. 327.

zu erlangen suchen. Generell bedauert er, daß das Leben der Wilden durch die Europäer gestört wurde, und wünscht,

> »daß der Umgang der Europäer mit den Einwohnern der Südseeinseln in Zeiten abgebrochen werden möge, ehe die verderbten Sitten der civilisierten Völker diese unschuldigen Leute anstecken können, die hier in ihrer Unwissenheit und Einfalt so glücklich leben. Aber es ist eine traurige Wahrheit, daß Menschenliebe und die politischen Systeme von Europa nicht miteinander harmonieren!«[1]

Wie Montaigne bemerkt er, daß man diese Völker absichtlich in ihrer Unwissenheit verharren läßt, um sie besser zu beherrschen. Solche Übel sind aber nicht die Folgen der Zivilisation selbst, sondern der Tatsache zuzuschreiben, daß viele Europäer eben nicht zivilisiert sind. Sehr selten wird die Zivilisation selbst in Frage gestellt. Die Wilden auf Tahiti sind ihm Beleg für die Theorie, daß die Ungleichheit durch die Zivilisation entsteht.

> »Zufrieden mit dieser einfachen Art zu leben, wissen diese Bewohner eines so glücklichen Klima nichts von Kummer und Sorgen und sind bei aller ihrer übrigen Unwissenheit glücklich zu preisen.«[2]

Aber am Ende seines Werkes betont er doch wieder die Vorteile der Zivilisation. Er spricht von den Pesserähs, die wie Tiere leben, sich gegen die Kälte nicht zu wehren wissen und nicht denken können.

> »So lange man nicht beweisen kann, daß ein Mensch, der von der Strenge der Witterung beständig unangenehme Empfindung hat, dennoch glücklich sei, so lange werde ich keinem noch so beredten Philosophen beipflichten, der das Gegenteil behauptet, weil er entweder die menschliche Natur nicht unter allen ihren Gestalten beobachtet, oder wenigstens das, was er gesehen, nicht auch gefühlt hat. Möchte das Bewußtsein des großen Vorzugs, den uns der Himmel vor so manchen unserer Mitmenschen verliehen, nur immer zur Verbesserung der Sitten und zur strengeren Ausübung unserer moralischen Pflichten angewandt werden; aber leider ist das der Fall nicht, unsere civilisirten Nationen sind vielmehr mit Lastern befleckt, deren sich selbst der Elende, der unmittelbar an das unvernünftige Tier grenzt, nicht schuldig macht. Welche Schande, daß der höhere Grad von Kenntnissen und Beurteilungskraft bei uns nicht bessere Folgen hervorgebracht hat!«[3]

Der Zivilisationszustand ist für Forster also besser als der Naturzustand; der Fehler liegt nur darin, daß die Menschen die Zivilisation mißbraucht haben. So ist Forsters Haltung eigenartig: er glaubt an die ursprüngliche Güte des Menschen, aber zugleich auch an die Überlegenheit der Zivilisation. Diese Haltung versucht alles, was er gesehen hat, zu berücksichtigen. Nachdem er die Pesserähs auf Tierra del Fuego beobachtet hatte, konnte er die Zivilisation nicht verdammen. Und er konnte sich nicht wie Diderot oder Bougainville für Tahiti, die zivilisierteste Insel, begeistern, wo die Menschen ihre ursprüngliche Tugend verloren haben. Zwischen den beiden entgegengesetzten Haltungen ist seine die nüchternste: er ist sich der Verhältnismäßigkeit der Dinge immer bewußt. Die Philosophen sprachen von einem Naturzustand, den sie gar nicht kannten; Forsters Auffassungen haben den Vorteil, auf Augenschein zu beruhen. Sein Werk ist kein Beitrag zu einer philosophischen Polemik, es ist eine vielseitige und vertiefte Analyse der Wirklichkeit.

Mit seiner »Reise um die Welt« liefert Forster einen wichtigen Beitrag zum Mythos vom edlen Wilden. Die Deutschen hatten sich in der Tat für solche Fragen noch wenig interessiert. In »Etwas über die erste Menschengesellschaft nach dem Leitfaden der mosaischen Urkunde« spricht Schiller wie Rousseau nur von einem Naturzustand. Goethes »Reise der Söhne Megaprazons« bietet ein utopisches Bild der Urmenschen. Zwei Gedich-

---

1 Forster A. a. O. Bd. I. S. 252.
2 Forster A. a. O. Bd. II. S. 84.
3 Forster A. a. O. Bd. II. S. 385.

te von Matthias Claudius, »Urians Reise um die Welt« und »Der Schwarze in der Zuckerplantage«, behandeln kurz die Ausbeutung des Schwarzen als soziales Problem und zeigen, daß die Wilden genauso sind wie wir; Zachariaes Werk »Tayti oder die glückliche Insel« schildert einige Episoden von Bougainvilles Aufenthalt auf Tahiti. Der August von Kotzebue behandelt das Problem des Wilden in zwei Theaterstücken: »Die Indianer in England« und »La Peyrose«. Im allgemeinen wird das Problem sehr oberflächlich bearbeitet. Die deutschen Schriftsteller des 18. Jahrhunderts haben in den Reiseberichten nicht die Fakten gesucht, die ihren Vergleich zwischen Zivilisationszustand und Naturzustand hätten stützen können. Für die meisten Schriftsteller bedeutet der Naturzustand eine Flucht aus der Wirklichkeit. Der Wilde wird zu einem mythischen Wesen. Forster dagegen schildert weder eine soziale Utopie noch eine Robinsonade noch eine Flucht nach einer fabelhaften Insel, sondern die schlichte Wirklichkeit.

I.3. Wissenschaftliche Forschung

Forster beschäftigt sich mit einer praktischen Anthropologie, indem er die Wilden genau beobachtet. Zwei Fragen beschäftigen ihn vor allem: Der Ursprung des Menschen und die Verschiedenheit der Rassen. Die Rassenfrage diskutiert er etwa in Bezug auf die Bewohner der Insel San Jago, die schwarz sind, aber von portugiesischen Ansiedlern herstammen sollen, die seit dreihundert Jahren dort wohnen. Forster meint, daß ein solcher Einfluß des Klimas nicht möglich ist, und bietet eine Erklärung, die ihm wahrscheinlicher scheint: die Kreuzung mit afrikanischen Negern. Hier teilt er Buffons Meinung nicht, der behauptet, daß die Farbe des Menschen hauptsächlich vom Klima abhänge. Zwar erklärt Forster den Hang zur Faulheit durch die Hitze, bemerkt aber andererseits, daß die Einwohner Mallicolos den Einwohnern der anderen Südseeinseln nicht ähnlich sind, obwohl das Klima das gleiche ist. Er schließt daraus, daß der Einfluß des Klimas nicht entscheidend sein kann. Die äußerlichen Unterschiede der Völker, vor allem die Verschiedenheit der Farben[1], erklärt er stattdessen mit einem grundlegenden Rassenunterschied.

Obwohl er meint, daß es verschiedene Rassen gibt, glaubt Forster doch an eine gemeinsame Herkunft der Menschen. Als Beweis führt er an, daß die weiße Farbe und die grünen Zweige in allen Ländern Sinnbild des Friedens sind:

> »Eine so durchgängie Übereinstimmung muß gleichsam noch vor der allgemeinen Zerstreuung des menschlichen Geschlechts getroffen worden sein, wenigstens sieht es einer Verabredung sehr ähnlich, denn an und für sich haben weder die weiße Farbe, noch grüne Zweige, eine selbständige, unmittelbare Beziehung auf den Begriff von Freundschaft.«[2]

Er glaubt an die gemeinsame Herkunft, wie er noch an Gott glaubt. Und er unterscheidet sich auch von denen, die den Menschen vom Affen herleiten; für ihn kann man den Menschen mit keinem Tier vergleichen. Dies sind die ersten Gedanken, die Forster über diese Fragen äußert; er wird sie später vertiefen, hauptsächlich in seinem Versuch über die Menschenrassen.

Die Hauptaufgabe der beiden Forsters war die wissenschaftliche Forschung. Oft klagen sie über zu wenig Zeit und zu geringe Mittel. Oft hält das Schiff nicht, obwohl man interessante

---

1 Über dieses Problem schreibt Forster seine »Dissertatio contra Buffonem«, die im Museum für Naturgeschichte in Paris liegt. Dieses Werk, das anscheinend 1779 geschrieben wurde, ist eine Auseinandersetzung mit dem Grafen von Buffon.

2 Forster A. a. O. Bd. I. S. 151.

Entdeckungen machen könnte. Dennoch war das Ergebnis fruchtbar. In seinem Reisebericht gibt Forster vor allem Hinweise auf den Reichtum der Pflanzen- und Tierwelt und
bezeichnet die Pflanzen, die dem Reisenden nützlich sein können; eine Gesamtdarstellung
seiner wissenschaftlichen Forschungen gibt er hier nicht.

In seiner wissenschaftlichen Arbeit zeigt er sich als Schüler Linnés und benutzt dessen
Ordnungssystem.[1] Forster bewundert Linné; wird später sein Freund und schickt ihm die
interessantesten Stücke seiner Sammlung. Durch seine wissenschaftliche Methode geht er
den zahlreichen Wissenschaftlern seiner Zeit voran, die oft die Hypothese den Beweisen
vorziehen. Goethe selbst bemerkt es in seinem Werk »Zur Zoologie, Vorträge über die
vergleichende Anatomie«:

> »So haben uns beide Forster die Kennzeichen der Vögel, Fische und Insekten vorgezeichnet und dadurch die
> Möglichkeit genauer und übereinstimmender Beschreibungen erleichtert.«[2]

Forsters Klassifizierung der äußerlichen Charaktere erlaubte schnelle Fortschritte in der
vergleichenden Anatomie. Da diese Wissenschaft zu jener Zeit noch im Entstehen ist, setzt
Forster Maßstäbe, die er nie verleugnen wird. Dieselbe Strenge wird er später Kant
gegenüber beweisen. Deshalb bilden sich auch seine Gedanken sehr langsam. Erst der reife
Forster wird zu den wissenschaftlichen Problemen Stellung nehmen.

I.4. Politische und soziale Gedanken

Für Forster bedeutet die Reise um die Welt Anlaß zur Bildung seiner politischen Einstellung. Aus der Wahrnehmung der konkreten Welt beurteilt er die verschiedenen politischen
Organisationsformen. Schon auf dem Schiff bemerkt er die soziale Ungerechtigkeit. Die
ungehorsamen Matrosen werden schwer bestraft, die Offiziere dagegen tun, was sie wollen.
Auf der Insel Tanna ist Cook dabei, einen Matrosen zu bestrafen, der einen Wilden
erschossen hat, als ein Offizier ihm sagt, daß er den Befehl gegeben habe:

> »Auf dieses Geständnis konnte man dem Soldaten nichts weiter anhaben; ob aber der Offizier über das Leben
> der Einwohner zu gebieten habe, das ward weiter nicht untersucht.«[3]

Im allgemeinen aber hütet sich Forster vor einer allzu deutlichen Kritik der englischen
Regierung, die ihm diese Reise ermöglicht hat. Gegen die Spanier ist er weniger nachsichtig
und bemerkt auf Fayal, wie sehr die Zensur der despotischen Regierung dient und wie der
Unterricht völlig vernachlässigt wird, damit sich das Wissen nicht allzu sehr verbreiten
könne. Diese Kritik am Despotismus bleibt noch unsystematisch; was aber die Kolonisation anbetrifft, sind seine Äußerungen schon geordneter. Die beste Lösung wäre, daß die
Europäer so schnell wie möglich verschwinden. Auf San Jago bemerkt Forster:

> »Durch den Despotismus der Gouverneurs, durch die Leitung der abergläubischen und blinden Pfaffen, und
> durch die Nachlässigkeit der portugiesischen Regierung, ist dies Volk wirklich in noch elenderen Umständen,
> als selbst die schwarzen Völkerschaften in Afrika sind.«[4]

Forster nimmt Stellung gegen den Sklavenhandel am Vorgebirge der guten Hoffnung und
vergißt nie, gegen jede Art von Knechtschaft zu sprechen.Er notiert auch, wie die Ausbeu-

---

1 Von Jugend auf hatte ihn der Vater mit Carl von Linné vertraut gemacht, und ab 1772 steht er mit ihm in
   Briefwechsel.
2 Goethe: Zur Zoologie. Jubiläumsausgabe. Bd. 39. S. 161.
3 Forster A. a. O. Bd. II. S. 272.
4 Forster A. a. O. Bd. I. S. 53.

tung der Menschen sich ausbreitet; erkennt, daß die Regierungen auf gewissen Inseln gar nicht demokratisch sind, sondern despotisch:

»Denn wo ist wohl ein Reich, das nicht dem brausenden Ozeane gliche und in welchem die Großen, in allem Pomp und Pracht ihrer Größe, nicht immer die Unterdrückung der Kleineren und Wehrlosen suchen sollten?«[1]

So bilden sich schon auf dieser Reise seine politischen Gedanken. Er beobachtet alle Regierungen und erklärt sich immer zugunsten der Unterdrückten, gegen die Ungleichheit, die Ungerechtigkeit und den Despotismus. Diese Anschauungen werden sich nach seiner Rückkehr in England weiterentwickeln. Zu Anfang hatte er die englische Regierung gepriesen, in der die feudale Ordnung seit der Revolution vom Jahre 1689 verschwunden zu sein schien. Bald aber bemerkt er die schlimmen Folgen dieser Entwicklung: Die Ausbeutung der Kolonien bereichert das Bürgertum, das sich auf Kosten des Proletariats entfaltet. Letzteres wird immer ärmer, da wegen der industriellen Revolution die Löhne immer niedriger werden. Auf dem Gebiet der Außenpolitik befindet sich England im Kampf gegen seine amerikanischen Kolonien. Dieser Krieg raubt Forster endgültig den Glauben an die englische Demokratie. Er ist jetzt davon überzeugt, daß die Kolonien sich emanzipieren können. Während des Unabhängigkeitskrieges entwickeln sich seine Auffassungen sehr rasch. Er ist bald, wie eine englische Minderheit, auf der Seite der Amerikaner, wagt es aber nicht, laut darüber zu sprechen, denn mit der »englischen Freiheit« ist es inzwischen so weit, daß er als Verräter verfolgt werden könnte. Eben weil die englische Regierung ihm nicht mehr demokratisch zu sein scheint, ergreift er so unzweideutig Partei für Amerika.[2] Wir dürfen uns also nicht darüber wundern, daß Forster sehr früh den Menschenhandel verwirft und besonders gegen den Soldatenverkauf deutscher Fürsten an England Stellung bezieht. Er ist einer der ersten, der gegen diese Schande gesprochen hat; später erscheinen zwei Gedichte, die diesen Stoff behandeln: das »Lied eines Negersklaven« im »Musenalmanach« (1771) und das »Kriegslied eines Provinzialen« im »Göttinger Musenalmanach« (1780); dann Johann Pezzls Roman »Faustin« (1783) und endlich, aber erst 1784, Schillers »Kabale und Liebe«. Auch wenn Forster jetzt noch kein Politiker ist, findet man in seinem ersten Werk die Grundlagen der politischen Gedanken, die später aus ihm einen Revolutionär machen werden.

I.5. Schlußbemerkungen

Die »Reise um die Welt« ist ein Werk, das nicht nur in Deutschland, sondern in ganz Europa Aufsehen erregte; Forster wird durch diese Reise berühmt. Meistens sind die Rezensionen sehr lobend.[3] Zwar kritisieren sie einige Einzelheiten, bewundern aber im allgemeinen die Allseitigkeit, die Objektivität, die Methode und vor allem die Beschreibung der Wilden, die »so lebhaft ist, daß man sie sehen möchte«.[4] Sogar die Schriftsteller begeistern sich für das Werk: Jacobi, Goethe, Herder erwähnen es lobend in ihrem Briefwechsel. In dieser

---

1 Forster A. a. O. Bd. I. S. 49.
2 Diese Äußerungen über England und den amerikanischen Unabhängigkeitskrieg findet man in dem Briefwechsel mit Vollpracht, der von Gerhard Steiner inden Weimarer Beiträgen, 1959, IV, veröffentlicht wurde.
3 Die berühmtesten Zeitschriften, die das Werk rezensieren, sind folgende: Allgemeine deutsche Bibliothek; Erfurtische gelehrte Zeitung; Brittisches Museum für die Deutschen; Nürnbergische gelehrte Zeitung; Physikalisch- und ökonomische Bibliothek; Stockholms Lärda Tidningar und The monthly review.
4 vgl. Erfurtische gelehrte Zeitung auf das Jahr 1780. St. vom 18. Dez. S. 457-59.

Hinsicht ist Wielands Rezension besonders interessant.[1] Er reflektiert darüber, »ob wir Recht haben, dieses Buch als Reise eines Philosophen, der zugleich ein Mann von Gefühl ist, für einzig in seiner Art zu halten« - eine rhetorische Frage. Zum ersten Mal weist er auf eine Besonderheit Forsters als Schriftsteller hin, die später bei der Beurteilung der »Ansichten vom Niederrhein« in den Vordergrund trat. Er sieht hier ein Paradigma für die Beziehungen zwischen der Intensität des Erlebens und der inneren Bewegtheit der Darstellung.

Forsters Absicht ist, eine neue Art der Reisebeschreibung zu schaffen. Viele seiner Vorgänger, muß er feststellen, hatten nicht genug Kenntnisse, um nützliche Bemerkungen zu liefern. Oft war der Hauptzweck einer Reise die Bereicherung des Landes; die Fürsten, die die Reise finanzierten, folgten machtpolitischen Absichten und zwangen die Reisebeschreiber, in ihrem Sinne die Wahrheit zu verfälschen. Forster ist nicht in diese Falle geraten. Sein Bericht wird deshalb großen Einfluß auf die folgenden Reisebeschreibungen ausüben, wie etwa auf »Essai sur l'île d'Otahiti située dans la mer du Sud et sur l'esprit et les moeurs de ses habitants« (der Autor gesteht, daß er Forsters Reisebeschreibung sehr benutzt hat) und vor allem auf La Pérouses »Voyage autour du monde«.

Was aber vor allem Forsters Originalität ausmacht, ist, daß er die Menschen zum Gegenstand des Studiums erhebt. Da er zugleich die moralische und die physische Welt betrachtet, kann er die menschliche Gattung in einer vergleichenden Methode studieren. Für die Völkerkunde liefert er so zuverlässiges vergleichendes Material und beschleunigt damit die Entwicklung dieser Disziplin zu einer exakten Wissenschaft. Isaak Iselin etwa wird dadurch sehr beeinflußt werden.[2] In der Vorrede zu dem mit seinem Vater gemeinsam verfaßten Werk »Bemerkungen über Gegenstände der physischen Erdbeschreibung, Naturgeschichte und sittlichen Philosophie auf seiner Reise um die Welt gesammelt« schreibt Georg Forster, daß die Anthropologie eine Wissenschaft der Allgemeinheit sei. Deshalb beschreibt er mit der größten Genauigkeit die Nationalcharaktere der wilden und zivilisierten Völker. Diese Methode wird dann von Herder in den »Ideen zur Philosophie der Geschichte der Menschheit« übernommen, um die Gesamtheit der menschlichen Gattung zu studieren. Herder interessiert sich nicht nur für den Europäer, sondern auch für den Neger und den Asiaten und kommt zu dem Schluß, daß alle Menschen Brüder sind, da sie von demselben Vater herstammen. Genauso verfährt auch Wilhelm von Humboldt in seinem »Plan einer vergleichenden Anthropologie«: um den Menschen zu studieren, vergleicht er alle menschlichen Gattungen.

Da das Konkrete für Forster das Wichtigste ist, übernimmt er keine Ideen von vornherein. Wie Goethe meint Forster, daß die Natur weder schlecht noch gut, weder häßlich noch schön ist. Ebenso sind auch die Menschen weder schlecht noch gut, sondern ... Menschen. Forster ist zugleich Primitivist und Perfektibilist, da der Fortschritt für ihn nicht unbedingt Reaktion gegen das primitive Leben ist. Man kann sagen, daß er mit seiner Überzeugung von der ursprünglichen Güte der Natur und der Überlegenheit der Zivilisation auch der deutschen Klassik den Weg bahnt. Später wird Humboldt in der Theorie der Bildung des Menschen die progressive Entwicklung beschreiben und zeigen, wie der Mensch die Welt im Sinne eines ununterbrochenen Fortschrittes umformt.

Neben diesem literarischen und anthropologischen Beitrag hat das Werk auch einen

---

1 Teutscher Merkur. 1788. III. S. 59-75; S. 144-64 und IV. S. 137-55.
2 Isaak Iselin: Geschichte der Menschheit. Zürich. 2 Bde. 1764-70.

wissenschaftlichen Wert. Zwar finden sich die Details in anderen Werken Forsters, aber immerhin weist er schon hier eine Perspektive, die Alexander von Humboldt als die beste preist: Das Neue sieht er in einer Richtung, in der

> »das Darstellungsvermögen des Beobachters, die Belebung des naturbeschreibenden Elements und die Vervielfältigung der Ansichten auf dem unermessenen Schauplatz schaffender und zerstörender Kräfte als Anregungs- und Erweiterungsmittel des wissenschaftlichen Naturstudiums auftreten können.«[1]

In allen diesen Belangen ist die »Reise um die Welt« ein bedeutendes Werk des 18. Jahrhunderts. Die beiden Forsters haben das Glück gehabt, zu reisen. Andere Geographen, Ethnologen und Naturwissenschaftler mußten oft kompilieren; die Forsters hatten den Vorzug, neue Beobachtungen zu liefern. Zwar hat Georg Forster dieses Erlebnis teuer bezahlt: er wurde vom Scharbock angegriffen und nie wieder völlig gesund. Immerhin wird er durch die Reise im Alter von 23 Jahren berühmt. Das macht ihm das Leben in Deutschland in mancherlei Hinsicht leichter. Wenn sein Werk noch manchmal unklar und ungeschickt erscheint, so enthält es doch im Keim seine späteren Gedanken. Das Bewußtsein von der Ausbeutung der Völker wird in seiner politischen Tätigkeit am Ende seines Lebens Ausdruck finden, der Hang zum wissenschaftlichen Forschen wird ihn dazu veranlassen, eine Menge von wissenschaftlichen und anthropologischen Werken zu schreiben, in denen er die aufgeworfenen Fragen zu lösen versucht. Man bemerkt schon das Talent, das den großen Schriftsteller der »Ansichten vom Niederrhein« ankündigt.

II. Naturwissenschaftliche und anthropologische Schriften

Nach der Reise um die Welt verfaßt Forster viele kleine Schriften, die eigentliche seine ganze Gedankenwelt umfassen und die direkte Widerspiegelung seiner Interessen während der großen Reise sind. In der Vorrede der »Kleinen Schriften« bemerkt er:

> »Die Naturwissenschaft im weitesten Verstande, und insbesondere die Anthropologie war bisher meine Beschäftigung. Was ich seit meiner Weltumschiffung geschrieben habe, steht damit großenteils in enger Beziehung. Mit den lebendigen Eindrücken, welche nur die unmittelbare Anschauung des Objekts, und sonst nichts, geben kann, ging ich an die Quellen der Länder- und Völkerkunde, schöpfte dort und prüfte zugleich.«[2]

Einige dieser Schriften sind Reiseberichte, andere naturwissenschaftliche Schriften. Das Werk über die Menschenrassen kann als Synthese seiner Gedanken über Anthropologie und Naturwissenschaft gelten.

II.1. Die Reiseberichte

Diese Berichte unterscheiden sich von der »Reise um die Welt« dadurch, daß Forster nicht mehr zugleich als Reisender und Erzähler schreibt. Seine Zusätze aber und seine Urteile sind oft Folge der Eindrücke seiner eigenen Welterfahrung.

Das Werk »O Taheiti« ist eine Übersetzung aus dem Spanischen; Forster fügt aber einen sehr interessanten Kommentar hinzu, in dem er die abfälligen Urteile des spanischen Autors widerlegt. Er entschuldigt alle Fehler der Tahitier und zeigt sich noch viel nachsichtiger als während seiner Reise. So erklärt er zum Beispiel kategorisch, daß die Tahitier die Europäer bestehlen, weil die Versuchung zu groß sei. Die Frage, ob sie sich auch untereinander

---

1 Alexander von Humboldt: Kosmos II. Stuttgart und Tübingen. 1847. S. 65.
2 G. Forster: Kleine Schriften. Ein Beitrag zur Völker- und Länderkunde, Naturgeschichte und Philosophie des Lebens. Leipzig, Berlin 1789-97. 6 Bde. Bd. I. S. 4.

bestehlen, stellt er sich nicht mehr. Mit der Zeit idealisiert sich sein Bild, wenn auch seine Methode immer noch eine wissenschaftliche bleibt.

»Neuholland und die britische Colonie in Botany-Bai« enthält die Beschreibung einer Insel, die während Cooks erster Reise um die Welt entdeckt wurde. In der Vorrede äußert sich Forster allgemeiner über die Zivilisation. Seiner Meinung nach unterscheidet sich der Mensch von den Tieren dadurch, daß er denken kann und sich nicht mit der Befriedigung seiner Instinkte und Wünsche begnügt. Er konstruiert eine relative Hierarchie zwischen den lebenden Wesen nach ihrem Empfindungsvermögen. Der Wilde genießt das Leben wie der Zivilisierte. Der Unterschied zwischen beiden entsteht dadurch, daß der Zweite Eigenschaften hat, die beim Ersten nur potentiell sind; es gibt aber keinen Grundunterschied zwischen ihnen. Die Fähigkeit zu denken gehört der menschlichen Natur an, auch wenn der Mensch sich ihrer weniger bedient. Der Fortschritt der Zivilisation ist ein Vorteil für die Menschheit, und Forster wünscht jetzt, daß die ganze Erde von zivilisierten Völkern bevölkert werde. Er vertieft also seinen Standpunkt, daß die Zivilisation besser ist als der Naturzustand. Forster spricht hier nicht einmal mehr von den Lastern der Zivilisierten und von den Verbrechen der Kolonisation. Er zeigt hier einen gründlichen Optimismus in Bezug auf die Güte der menschlichen Natur.

Diese Vereinfachung gestattet uns, die allgemeine Orientierung, die Forster eigentlich von Anfang an hat, klarzumachen. Er sieht keinen Unterschied mehr zwischen der Natur des Menschen und seiner Vervollkommnungsfähigkeit. Natur und Zivilisation widersprechen sich nicht; die Fähigkeiten des Menschen entwickeln sich nach und nach. Der Begriff des »glücklichen Wilden« nach Rousseau ist nur eine Illusion. Das Glück findet der Mensch erst, wenn er sich vervollkommnen kann.

Diese Überlegungen werden in dem wichtigsten Werk der Gruppe, »Cook der Entdecker«, wieder aufgenommen, gedacht als Vorrede zu Cooks dritter Reise um die Welt. Forster schreibt an Meyer:

> »Es war mir, wie du leicht denken kannst, um keinen Panegyrikus auf Cook zu tun, der doch in der Tat alles und vielleicht mehr, als ich von ihm sage, verdient, sondern was mir die Arbeit einzig angenehm machte, war die Gelegenheit, meine Philosophie auszukramen.«[1]

Nach Cooks dritter Reise, schreibt Forster einleitend, gäbe es kaum noch einen Teil der Erde, der unbekannt wäre; Cook habe die dem Menschen nützlichen Kenntnisse erweitert. Dieses besondere Lob führt Forster dazu, die Probleme der Zivilisation und des Fortschritts der Menschheit wieder anzufassen. Der Zivilisation gegenüber ist sein Standpunkt derselbe wie in seinem Werk über Neuholland. Wieder greift er Rousseau an, ohne ihn zu nennen: »Wie aber, wenn der beredte Mann Recht hätte, welcher von einer blos physischen Bestimmung des Menschen, als der einzig wahren, sprach, und Wissenschaft die Quelle alles menschlichen Elends nannte?«[2] Diese Philosophie sei schlecht, weil sie die Vervollkommnungsfähigkeit des Menschen der Natur entgegensetze. Er nähert sich hier Kant, der in seinen »Ideen zu einer allgemein Geschichte in weltbürgerlicher Absicht« behauptet, die natürlichen Anlagen zum Gebrauch der Vernunft seien nie im Individuum vollständig, sondern nur im Geschlecht. Forster meint, daß die Vervollkommnungsfähigkeit den Menschen von den Tieren unterscheide und daß die Fähigkeit zur Abstraktion die Vervollkomm-

---

1 G. Forster an Friedrich Ludwig Wilhelm Meyer, 2. April 1787. In: G. Forsters Werke in 4 Bänden. Hg. von G. Steiner. 4. Bd. S. 453. Insel. Frankfurt/Main 1970.
2 G. Forster: Cook der Entdecker A. a. O. Bd. II. S. 106.

nung ermögliche. Überall, wo Cook gereist sei, habe er bemerken können, daß das Glück des Menschen von der Tätigkeit seines Körpers und seines Geistes abhänge. Forster nimmt seine Beispiele aus der Wirklichkeit und widersetzt sich der bloßen philosophischen Spekulation. Natur *oder* Zivilisation Dies ist ein falsches Problem, da die beiden sich nicht ausschließen. Wichtig ist nur das Glück des Menschen.

Doch es ist nicht so leicht, den Menschen glücklich zu machen. Forster zeigt zuerst, wie relativ der Begriff des Glücks ist, der von den Neigungen, den Bedürfnissen und den individuellen Fähigkeiten abhängt. Bei allen Menschen aber entsteht Glück, wenn entgegengesetzte Kräfte vorhanden sind:

> »es ist augenscheinlich, daß die Dinge, auf welche wir einen Wert setzen, und in deren Genuß wir glücklich sind, jenen Wert nur durch die praktische Erkenntnis ihres Gegensatzes erhalten und uns nicht anders befriedigen können, als indem wir den Zustand, worin wir sie entbehrten, mit dem, worin wir sie erlangten, vergleichen. Zwischen den Augenblicken des Begehrens und der Befriedigung liegt der Augenblick des Bestrebens, um den es vielleicht der Natur am meisten zu tun ist.«[1]

Überall herrschen Prinzipien, die uns im Gegensatz zu sein scheinen, weil wir Absichten da sehen, wo nur Beziehungen existieren. Jedes Wachstum setzt eine Zerstörung voraus, und dieser Konflikt ist die Bedingung des Lebens. Wie Herder meint Forster, daß die Natur Gesetzen folgt, und daß diese Pendelbewegung zwischen den Extremen dem Leben notwendig ist:

> »Das Mittel zwischen den Extremen, welches manche Philosophen so eifrig suchten, und oft zu finden wähnten, das vollkommene Gleichgewicht der Kräfte, ist Ruhe, aber Ruhe des Todes.«[2]

Die Freiheit entstehe aus dem Despotismus, schreibt er, nachdem die Vernunft des Menschen sich seiner Sklaverei bewußt wird. In diesem Konflikt der entgegengesetzten Kräfte lernt der Mensch zu handeln:»wo weder Feind noch Gefahr vorhanden ist, da gibt es weder Kampf noch Sieg.«[3] Diese Auffassung des Antagonismus der Kräfte führt Forster zu einer dialektischen Sicht der Menschheitsentwicklung: die Menschheit vervollkommnet sich nach und nach, die Vernunft wird den Sieg davontragen, die Künste werden ihre Vollkommenheit erreichen. Was aber das Glück verursachen kann, ist nicht so sehr der Besitz der Vollkommenheit als das Streben nach ihr. Glücklich zu sein bedeutet, daß man ewig sucht, und jeder Teilerfolg soll neue Bestrebungen hervorrufen. So geht die Aufklärung von einem Ergebnis zum anderen bis zum Unendlichen. Vielleicht werden die Menschen den Frieden des goldenen Zeitalters wiederfinden? Man kann es glauben, und diese Hoffnung gestattet, in der Gegenwart zu handeln und nach einer erreichbaren Vollkommenheit zu streben. Die Wahrheit ist der einzige Wert, der nicht relativ ist.

Forster stellt also zwischen den Extremen eine dialektische Beziehung fest, die für ihn den Wert des Lebens ausmacht. Diese Auffassung erklärt, daß er nun nichts mehr gegen die Kolonisation einzuwenden hat. Die europäische Philosophie wird den Wilden gestatten, eine Revolution in ihren Gedanken durchzuführen. Sie werden nach und nach auf ihre Indolenz, ihre Sklaverei verzichten und ihre Irrtümer sowie die Wahrheit erkennen lernen. Forster spricht hier nicht mehr von der Ausbeutung der Kolonien wie in der »Reise um die Welt«. Er ist jetzt davon überzeugt, daß die Kolonien sich befreien werden, sobald es möglich ist, und daß die kolonisierten Völker auf diese Weise nach und nach glücklicher

---

1 Forster A. a. O. S. 207.
2 Forster A. a. O. S. 108.
3 Forster A. a. O. S. 110.

werden. Diese Auffassungen führen ihn zum emphatischen Lob des Weltumseglers: indem Cook neue Länder entdeckt hat, hat er zum Glück vieler Menschen beigetragen. Die Bedürfnisse, die durch das Wachstum der Kenntnisse entstehen werden, werden den menschlichen Kräften einen neuen Schwung verleihen.

Die späteren Schriften Forsters werfen keine neuen Probleme auf. In der »Geschichte der Reisen, die seit Cook an der N.W. und N.O. Küste von Amerika unternommen worden sind«[1], hebt er die Wichtigkeit der Entdeckungsreisen hervor, und in seinem letzten Bericht »Über die Insel Madagaskar« schreibt Forster vor allem über die Wahrheit, ohne daß wir eine Weiterentwicklung seiner Gedanken feststellen können.

Anhand der Reiseberichte sahen wir, wie die Schattierungen der »Reise um die Welt« allmählich verschwinden. Dennoch bleibt Forster seiner Methode treu und geht immer von der Wirklichkeit aus. In der Vorrede des ersten Bandes der »Kleinen Schriften« erklärt er selber diese Methode. Er nähert sich hier Ferguson, der in seinen »Grundsätzen der Moralphilosophie« behauptet, daß die allgemeinen Gesetze das Ergebnis der Beobachtungen sein sollen. Forsters künftiger Streit mit Kant wird durch diese Methode verursacht. Daß er sich dabei auch gegen Rousseau wendet, sagt er explizit nur in einem Brief an Jacobi:

> »Rousseau hat die Wahrheit sicherlich nie erkannt, - nur bisweilen geahndet; so wie einer, der die versteckte Stecknadel sucht und in dem Augenblick, wo man ihm sagt, daß er ganz nah dabei ist, wieder meilenweit davonläuft. Welch ein wankender Mensch, wie ungetreu seinen Grundsätzen, wie ganz der Knecht seiner Leidenschaften! Was heute wahr ist, war es gestern, wird es morgen, wird es ewig sein!«[2]

Er fügt hinzu, daß er das in seinem Werk über Cook so direkt nicht zu schreiben gewagt habe.

So löst Forster das Problem der Zivilisation. Er vergißt die Pesserähs der Reise um die Welt und spricht nur von Völkern, die schon zivilisiert sind. Im Gegensatz zu Rousseau, der die Hypothese einer goldenen Zeit beschwört, beschreibt Forster existierende Wilde. Als Sohn der Aufklärung glaubt er an den Fortschritt der Menschheit; die Geschichte betrachtet er als die Bewegung zwischen entgegengesetzten Kräften, diese Bewegung aber sieht er als allmählichen Fortschritt.

II. 2. Die naturwissenschaftlichen Schriften

> »Die praktische Erforschung der Natur erfordert Muße, Hülfsmittel und Gelegenheiten, die nur durch einen besonderen Glückswurf uns zuteil werden können. Meine Jugendjahre waren diesem beglückenden Geschäfte geweiht; der größte Schauplatz, den ein Mensch betreten kann, um die Wunder des objektiven Daseins zu beschauen, tat sich mir auf: ich umschiffte die Erde. Ich verdanke dieser Schiffahrt die Entwicklung einer Anlage, welche von Kindheit an meine Richtung bestimmte, nämlich eines Bemühens, meine Begriffe zu einer gewissen Allgemeinheit zurückzuführen; sie zur Einheit zusammenzubinden und dadurch der Werdung des Ganzen mehr Leben und konsequente Wirklichkeit zu verschaffen. Diesen Gang meines Geistes wird man auch in meinen Vorlesungen nicht verkennen; dann sie waren das Resultat jener Einsammlungen praktischer Kenntnisse und des Nachdenkens über Erfahrung, zu deren Fortsetzung mein Schicksal mich forthin nicht mehr zulassen wollte.«[3]

Wir werden Forsters Naturgeschichte nicht im Detail betrachten, sondern nur die Hauptgedanken erwähnen, die besonders deswegen interessant sind, weil sich zu dieser Zeit zwei

---

1 Von diesem Werk bleibt nur eine Einleitung in zwei Teilen: Die Nordwestküste von Amerika und der dortige Pelzhandel und Schilderung des Nordens von Amerika.
2 G. Forster an Friedrich Heinrich Jacobi, 8. August 1781. In: G. Forsters Werke (hg. v. G. Steiner). Bd. 4. S. 139.
3 G. Forster: Histoire naturelle. 4. Teil, Zoologie. Museum d'histoire naturelle Paris. ms. 188.

Methoden bekämpfen: Linnés und Buffons Werke sind nämlich antithetisch. In der »Reise um die Welt« ist Forster ein treuer Schüler Linnés; erst 1778 fängt er an, mit Buffons Werk vertraut zu werden und kritisiert einige Klassifizierungen, die ihm nicht exakt zu sein scheinen. Ab 1779 übersetzt er sogar dessen Werke. Er teilt aber nicht immer seinen Standpunkt, und seine Kritik ist manchmal sehr scharf. An seinen Vater schreibt er zum Beispiel:

> »Es freut mich, daß Sie Büffons Epochen gelesen haben. Allein mir deucht, es schmeckt nicht nach dem kühlen Mann, sondern nach dem französischen Hypothesenkrämer (...). Gewiß muß man die Geschichte der Natur einen Roman nennen. Der gute Teil daran sind die eingestreuten Tatsachen, und es ist daneben auch nützlich, zu sehen, wie andere eine Tatsache ansehen und wozu sie nützt. Aber seine brennende Welt ist nur zum Lachen.«[1]

Georg teilt den Enthusiasmus seines Vaters nicht, der Buffon als ein Genie lobt, das die mikroskopische Sicht des Naturwissenschaftlers durch die teleskopische Sicht ersetzt hat. Sein einziges Werk über Buffon ist eine scharfe Kritik, die »Dissertatio contra Buffonem«.[2] Er konzediert darin zwar, daß Buffon einen angenehmen Stil hat, findet aber seine Beweisführung mangelhaft: »Nur in der Folge oder bei vorkommenden untrüglichen Bemerkungen wird man erst gewahr, daß sich alles nicht so verhalte, wie es die Voraussetzung heischt und fängt man an zu zweifeln.« Er wirft ihm vor, daß er a priori annimmt, was er beweisen müßte, und die Beweise dann schuldig bleibt. So scheint ihm Buffon mehr Visionär als Beobachter der Natur zu sein. Man weiß, daß Buffon selbst erkannt hatte, daß das Gewicht der Experimente in seinen »Epochen der Natur« zu gering war, aber es störte ihn nicht sehr, da er den Experimenten wenig Wert beimaß.

Andererseits ist Forster aber auch von Linnés System nicht vollständig befriedigt. 1786 schreibt er noch: »Übrigens halte ich mich, wenngleich nicht sklavisch an das System von Linné, dennoch an seine vortreffliche Art, es zu behandeln, und in der Botanik folge ich ihm ganz.«[3] Wenig später bemerkt er in seiner »Beschreibung des roten Baumläufers von der Insel O-Waihi«, daß er Mühe hat, den Vogel zu klassifizieren und schließt:

> »Dies sind kleine Schwierigkeiten, welche sich gegen alle Systeme empören, und uns freilich unwidersprechlich dartun, daß die Natur nicht immer nach menschlichen Begriffen von Ordnung, Harmonie und Einförmigkeit zu arbeiten scheint; mithin, daß unsere Methoden nur allenfalls Leitfaden in ihrem unermeßlichen Labyrinthe sind.«[4]

Er wird diesem Gedanken treu bleiben und schreibt noch 1787 an Camper:

> »Voilà les difficultés que j'entrevois; elles tiennent à notre manière d'envisager les choses; dans la nature, tous ces systèmes, toutes ces subdivisions, toutes ces gradations n'existent point, de la manière dont nous sommes obligés de nous le figurer ou plutôt de le retrouver pour subvenir à la faiblesse de notre mémoire (...). L'harmonie de la nature consiste dans le rapport qu'ont toutes ses différentes productions entre elles, pour que la plus grande variété puisse exister sans s'entre-détruire; mais non pas dans la gradation prétendue qu'on a voulu y trouver.«[5]

---

1 G. Forster an Johann Reinhold Forster, 24. Oktober 1779. In: G. Forsters Werke (hg. v. G. Steiner). Bd. 4. S. 134.
2 Das Manuskript befindet sich im Museum d'histoire naturelle, Paris, ms. 187.
3 G. Forster an Christian Gottlob Heyne, 9. März 1786. In. G. Forsters Werke (hg. v. G. Steiner) Bd. 4. S. 397.
4 G. Forster: Beschreibung des roten Baumläufers von der Insel O-Waihi. In: Sämtliche Schriften. Hg. v. G.G. Gervinus. Bd. IV. S. 374.
5 G. Forster an Petrus Camper, 7. Mai 1787. Ebd. Bd. VII. S. 382. Auf Französisch.

Forster greift hier den Wert selbst des Systems an; trotzdem wird er nie auf Linnés Klassifizierung verzichten.

Ein Werk von 1784, »Der Brotbaum«, ist die Widerspiegelung dieser Probleme, die Forster auf eigene Weise löst: er bedient sich der Methode Linnés und entlehnt Buffon seinen Gesamtblick. Der erste Teil, die Geschichte des Brotbaums, ist sozusagen Buffon gewidmet und der zweite Teil, die Beschreibung des Brotbaums, Linné. Im ersten Teil versucht Forster, den Brotbaum in seinem natürlichen Bedingungsgefüge zu zeigen. Er beschreibt die Gegenden, in denen er wächst, das Klima, das ihm gut ist, und zeigt schließlich, wie nützlich er ist: seine Frucht kann eine Nahrungsbasis sein, mit seinem Holz kann man Schiffe, Geräte und sogar Trompeten herstellen; endlich dienen seine Blätter dazu, die Speisen einzuwickeln und zu kochen. Dieser Baum gestattet dem Wilden, der Ausbeutung des Europäers zu entgehen.

In dem kurzen Schluß rechtfertigt Forster seine Methode:

> »Die Geschichte der Erzeugnisse des Erdbodens ist tief und innig in die Schicksale der Menschen und in den ganzen Umfang ihrer Empfindungen, Gedanken und Handlungen verwebt. Das Reich der Natur grenzt mit dem Bezirk einer jeden Wissenschaft, und es ist unmöglich, jenes zu übersehen, ohne zugleich in diese hinüberzublicken.«[1]

Diese Kritik an der Zerstückelung beim Studium der Naturwissenschaft führt Forster dazu, Buffon zu loben. Der zweite Teil beginnt dann aber mit der Kritik an den Grenzen der Methode: »Die Kenntnis der Verbindung, worin wir mit den Gegenständen der Körperwelt stehen, beruht auf einer genauen Kenntnis dieser Gegenstände selbst«. Die zweite Methode ist diejenige eines Wissenschaftlers von Profession: »Die Welt hat neben Büffons Verdiensten auch die des großen nordischen Naturforschers anerkannt«. Forster entwickelt später diesen Standpunkt in der Rede, die er in Wilna als Einleitung zu seinen Vorlesungen hält, »Limites historiae naturalis«. Er zeigt darin die Notwendigkeit einer Klassifizierung, unterstreicht aber die Gefahr einer exzessiven Zerstückelung der Naturwissenschaften, deren Studium sich zu sehr spezialisiert hat. Er empfiehlt, das Ganze nie außer Sicht zu lassen und gibt als Beispiel die Synthese, die er selber in seiner Schrift »Der Brotbaum« realisiert hat.

Forster verbindet so eine praktische konkrete Kenntnis der Dinge mit der notwendigen Verallgemeinerung, ohne die diese Kenntnis wenig Wert hätte. Ein Prinzip ist ihm besonders wichtig: daß die menschlichen Kenntnisse nützlich sein sollen - Nützlichkeit der Reisen, die den Austausch begünstigen und Nützlichkeit der Naturwissenschaft, die zum Glück der Menschen beitragen soll. Die bloße Klassifizierung ohne Gesamtblick kann nicht nützlich werden. In seinem Werk »Limites historiae naturalis« zeigt er deutlich, daß die Kenntnis unfruchtbar bleibt, wenn sie nicht angewandt wird: die Anwendung der Kenntnisse ist genau so wichtig wie ihr Erwerb.

In seinem Werk »Etwas über die Menschenracen« wird er diese Gedanken zu systematisieren und theoretisch zu fundieren suchen.

II.3. Die Menschenrassen

Die Diskussion um die Menschenrassen entsteht nicht erst im 18. Jahrhundert. Schon 1520 sagt Paracelsus, daß die »Indianer« und die Europäer zu verschieden seien, um denselben

---

1   G. Forster: Der Brotbaum. Ebd. Bd. IV. S. 347; folgende Zitate ebd. S. 348.

Ursprung zu haben. Obwohl es damals schwer war, sich über diese Probleme zu äußern[1], beginnen um diese Zeit die Debatten zwischen den Anhängern der Einheit des Ursprungs und denjenigen, die an die Polygenese glauben.[2] Parallel zu dieser Suche nach dem Ursprung entstehen Klassifizierungssysteme; Linné und Buffon tragen dann dazu bei, die Diskussionen zu beschleunigen. Im Jahre 1775 schreibt Kant »Von den verschiedenen Racen der Menschen« und beweist die Einheit des Ursprungs damit, daß alle Menschen sich untereinander begatten und vermehren können. Neger und Weiße sind also nicht »verschiedene Arten von Menschen«, sondern »zwei verschiedene Racen«. Kant unterscheidet vier Rassen: die Rasse der Weißen, die Negerrasse, die hunnische (mongolische oder kalmückische), die hinduische oder hindostanische Rasse. Diese vier Rassen sind aus demselben Stamm entstanden. Für Kant ist der Einfluß des »Milieus« entscheidend: zwischen dem 31. und 52. Grad der alten Welt gibt es die beste Mischung von kalten und warmen Strömungen sowie den größten Reichtum an Naturprodukten. Der Mensch ist also in dieser Gegend von seiner Urform nicht sehr verschieden. Obwohl Kant das Wort »Überlegenheit« nie ausspricht, stellt er damit natürlich die Überlegenheit der weißen Rasse fest. In seiner Theorie des Fortschritts weist er Europa auch die Hauptrolle in der Entwicklung der Menschheit zu.

Im gleichen Jahr erscheint Blumenbachs »De generis humani varietate nativa«, ein Werk, das Kants Gedanken widerspricht. Blumenbach hält jede Klassifizierung der Menschen für willkürlich und erklärt, daß die Unterschiede zwischen den Menschen durch fast unsichtbare Modifizierungen entstehen. 1786 veröffentlicht S. Th. Sömmerring seine Untersuchung »Über die Verschiedenheit des Negers vom Europäer«.

Auf diese Weise wird in der wissenschaftlichen Diskussion nach und nach die Evolutionstheorie vorbereitet, eine Debatte, die sich zugleich gegen den Glauben an die Einheit eines Weltstrukturplanes richtet. Leibniz hatte noch die Kontinuität von der Pflanze bis zum Menschen postuliert. Buffon erklärte die Teilungen als willkürlich und versuchte, die stufenweise Evolution der Wesen zu erfassen sowie ihre Veränderungen und den Einfluß der Umgebung. Diese Hypothese nimmt in Deutschland Herder wieder auf. Er verdankt Buffon seinen Begriff der Kontinuität, den er benutzt, um die Einheit der Komposition zu beweisen. Er mißversteht aber Buffons Gedanken, denn Buffon spricht von einem allgemeinen Prototyp für jede Gattung und nicht einem für alle lebenden Wesen. Herder zeigt dementsprechend in den beiden ersten Teilen der »Ideen zur Philosophie der Geschichte der Menschheit« (1784-85), daß die Natur Variationen über einen Fundamentaltypus geschaffen hat:

> »Nun ist unläugbar, daß bei aller Verschiedenheit der lebendigen Erdwesen überall eine gewisse Einförmigkeit des Baues und gleichsam Eine Hauptform zu herrschen scheine, die in der reichsten Verschiedenheit wechselt.«[3]

Und er stellt den Begriff der Rasse in Frage:

---

1 Die Schriften von Isaac le Peyrere, der 1655 behauptete, daß andere Völker vor Adam und Eva existierten, wurden verbrannt, und Lucilio Vanini, der 1616 schrieb, daß die ersten Menschen auf allen Vieren krochen, wurde selber lebendig verbrannt.

2 Zur Zeit kommt man zum Monogenismus zurück. Mickhail Nestourkh beweist in seinem Werk: Der Ursprung des Menschen (Moskau 1960), daß alle menschlichen Rassen einen gemeinsamen Ursprung haben und nur Varietäten einer einzigen Gattung sind.

3 Johann Gottfried Herder: Ideen zur Philosophie der Geschichte der Menschheit. Suphan-Ausgabe. Bd. XIII. S. 65.

»So haben einige, z.B. vier oder fünf Abteilungen desselben (Menschengeschlechts - M.G.), die ursprünglich nach Gegenden oder gar Farben gemacht waren, Racen zu nennen gewagt; ich sehe keine Ursache dieser Benennung (...). Kurz weder vier noch fünf Racen, noch ausschließende Varietäten gibt es auf dieser Erde. Die Farben verlieren sich ineinander: die Bildungen dienen dem genetischen Charakter; und im Ganzen wird zuletzt alles nur Schattierung eines und desselben großen Gemäldes, das sich durch alle Räume und Zeiten der Erde verbreitet.«[1]

Dieser Glaube ist auch das Hauptprinzip in Goethes Gedanken. Seine Entdeckung des Zwischenkieferknochens im Jahre 1784 - die er am 27. März Herder in einem berühmten Brief mitteilt - bedeutet für ihn einen Beweis der Struktureinheit der Lebewesen; die verschiedenen Formen sind nur Modifizierungen eines Urtypus. Dieser Glaube führt ihn dazu, nach der »Urpflanze« zu suchen. Erst viel später wird Goethe in der »Geschichte meines botanischen Studiums« eine Anpassung an die Verschiedenheiten des Klimas annehmen.

Im 18. Jahrhundert entstehen also viele Theorien über die Entwicklung des Menschen, die meisten bleiben noch streitig. Keiner dieser Naturwissenschaftler hat den Transformismus beweisen können, auch wenn einige, wie Blumenbach, diesen Weg vorgezeichnet haben. Ein großer Schritt bleibt noch zwischen der Theorie der Fixität der Gattungen und der Evolutionstheorie. In der Diskussion ist aber immerhin der Begriff der Zeit wesentlich geworden. Leibnizens rein logische und atemporale Theorie wird durch den Gedanken an aufeinanderfolgende Schöpfungen ersetzt. Die Idee des Werdens entsteht - erst Lamarck wird ihr allerdings eine Deutung im Sinne des Transformismus geben.

Aus diesem Kontext ist die Polemik zwischen Kant und Forster über die Menschenrassen zu verstehen. Am Beginn dieser Auseinandersetzung steht Kants Rezension der Ideen in der Jenaischen »Allgemeinen Literaturzeitung« vom Januar 1785. Kant wirft Herder vor, daß er keinen Begriff definiere, zu unordentlich verfahre und vor allem nichts beweise. Forster kannte diese Rezensionen. Von Wilna aus schreibt er am 21. Januar 1787 an Herder, daß er den zweiten Teil der »Ideen« gelesen habe, nicht immer einverstanden sei, daß aber Herder recht habe, alles unter einem neuen Gesichtspunkt zu betrachten. Und er fügt hinzu:

»Ich habe wohl gemerkt, daß der Archisophist und Archischolastiker unserer Zeit, wie sie Ihn treffend nennen, in der Allgemeinen Literaturzeitung Ihre Ideen schief und mit seinen gewöhnlichen Wortsubtilitäten rezensiert hat ... «[2]

Forster stellt sich also eindeutig auf die Seite Herders und hat, als er diesen Brief schreibt, auch schon eine öffentliche Stellungnahme erwogen.

Noch 1785 hatte Kant in der »Berlinischen Monatsschrift« in zwei Artikeln die Fehde mit Herder fortgesetzt. In dem ersten, »Bestimmung des Begriffs einer Menschenrace« (November 1785) versucht er, den Begriff der Rasse zu definieren: nur was in einer Tiergattung anerbt, kann zu einer Klassenunterscheidung desselben rechtfertigen. Es sei zwar sehr schwer, die Farbe der Schwarzen zu kennen, denn man müßte sie bei der Geburt sehen und zudem in Europa, denn sonst würden sie sofort von der Luft und der Sonne gebräunt. Er unterscheidet aber doch vier verschiedene Klassen von Menschen nach ihrer Farbe, die geographisch isoliert sind. In diesen Klassen kann die Farbe nur auf absolute Weise vererbt werden. In der Mischung dieser Klassen wird der spezifische Charakter einer jeden von ihnen weitervererbt. Nur was in dem Klassenunterschied der Menschengattung unausbleib-

---

1 Herder. Suphan-Ausgabe. Bd. XIII. S. 257-58.
2 G. Forster an Johann Gottfried Herder, 21. Januar 1787. Inselausgabe. Bd. IV. S. 448.

lich anerbt, kann zu der Benennung einer besonderen Menschrasse berechtigen. Kant definiert: »Der Begriff einer Race ist: der Klassenunterschied der Tiere eines und desselben Stammes, sofern er unausbleiblich erblich ist.«[1]

Der zweite Artikel, »Mutmaßlicher Anfang der Menschengeschichte«, der im Januar 1786 erscheint, illustriert die Theorie der Einheit der Herkunft. Anfangs gab es nur ein Paar, sonst hätten sich die Menschen durch Krieg zerstört. Sie mußten sprechen und denken lernen, diese Eigenschaften sind also nicht erblich. Kant erklärt dann, wie im Menschen, der am Anfang nur durch den Instinkt getrieben wurde, die Vernunft erwacht. Er erkennt, daß er seinen Lebenslauf frei wählen kann. Anfangs ist seine Freiheit gefährlich, denn er weiß sie nicht richtig zu nutzen. Dann aber wird er zum moralischen Wesen. Dank seiner Vernunft gedenkt er der Zukunft und lebt nicht mehr einzig in der Gegenwart. Das irdische Paradies verlassen, bedeutet also vom Instinkt zur Vernunft, von der Natur zur Freiheit überzugehen. Zugleich entstehen aber Übel und Laster; der erste Schritt des Menschen war ein Fall und die Übel, die darauf folgten, eine Strafe. Der Gang der Menschheit führt vom Schlechten zum Besseren.

Forster kündigt seine Absicht, Herder gegen Kant zu verteidigen, schon in einem Brief an Sömmering vom 8. Juni 1786 an. Am 23. Juli schreibt er in einem zweiten Brief:

> »Ich habe mich gänzlich darauf eingeschränkt, Herrn Kants Definition auf alle mögliche Art zu widerlegen, ohne selbst eine andere Eintheilung von Menschenracen geben zu wollen, welches ich mir vorbehalten habe (...). Da Kant durchaus in seiner Definition von einer Menschenrace sagt, es sei der erbliche Unterschied bei Menschen eines Stammes, so behaupte ich geradesweges, daß seine Definition nichts tauge, weil man niemals beweisen kann, daß Menschen, die erbliche und zwar unveränderliche Unterschiede haben, von einerlei Stamm sein sollten (...). Ich gestehe, daß ich neugierig bin, was man im Publikum sagen wird; denn in dem Ton hat man mich noch nicht sprechen gehört, wiewohl ich Herrn Kant gewiß mit der größten Bescheidenheit und Glimpf widerlege.«[2]

In einem Brief an Camper bestimmt er noch klarer seine Absicht:

> »Cet écrit était dirigé contre un Métaphysicien, qui ayant cru que sa métaphysique était bonne à toute choses, avait voulu nous prescrire des règles pour déterminer les variétés de l'espèce humaine, règles, que la nature ne reconnaît point.«[3]

Sein Werk »Etwas über die Menschracen« erscheint in der Tat im Jahre 1786 im »Deutschen Merkur«. Zuerst kritisiert er darin Kants Methode: dessen Kenntnisse seien zu gering, um eine allgemeingültige Theorie darauf aufbauen zu können, denn alles ändere sich, wenn das Beobachtungsfeld sich erweitere - und dies sei in den letzten fünfzig Jahren geschehen:

> »Solange unsere Kenntnis mangelhaft bleibt, scheinen wir von einer Infallibilität der Principien noch weit entfernt zu sein. Bestimmungen, die sich auf eingeschränkte Erkenntnis gründen, können zwar innerhalb dieser Schranken brauchbar sein; aber sobald sich der Gesichtspunkt erweitert, der Sehepunkt verrückt - werden sie da nicht einseitig und halbwahr erscheinen?«[4]

Andererseits formuliert Kant explizit seine Theorie, bevor er in der Erfahrung deren Richtigkeit prüft: »Man findet in der Erfahrung nur alsdann, was man bedarf, wenn man vorher weiß, wonach man suchen soll«. Forster findet diese Methode sehr gefährlich, denn

---

1 Immanuel Kant: Bestimmung des Begriffs einer Menschenrasse. In: Berlinische Monatsschrift. Nov. 1785. S. 407.
2 G. Forster an Samuel Thomas Sömmering, 23. Juli 1786. Forsterausgabe. Hg. v. der deutschen Akademie der Wissenschaften. Bd. XIV. S. 515.
3 G. Forster an Petrus Camper, 7. Mai 1787. Ebd. S. 681. Auf Französisch.
4 G. Forster: Etwas über die Menschenracen. Gervinusausgabe. Bd. IV. S. 282.

man glaube oft auch da etwas zu finden, wo in Wirklichkeit nichts sei. Das Geschäft des Philosophen sei, aus einzelnen wahren Angaben die allgemeinen Begriffe zu berichtigen, und bei diesem Geschäft sei Irren so möglich wie im Augenblicke des Beobachtens. Sodann beschäftigt sich Forster mit der Frage des Farbenunterschiedes. Kant habe nur ein Werk herangezogen - Carterets Reiseerzählung - und dies auch noch falsch interpretiert; von dieser Basis aus könne er nicht die Farbe zu einem wesentlichen Unterscheidungs-merkmal der Gattungen erklären. Forster beruft sich für seine Beweisführung auf Linné und Sömmering und deren These, alles in der Schöpfung hänge durch Nuancen zusammen:

»Der affenähnlichste Neger ist dem weißen Menschen so nah verwandt, daß bei der Vermischung beider Stämme, die auszeichnenden Eigenschaften eines jeden sich im Blendling ineinanderverweben und ver-schmelzen.«

Forster schließt sich also der Theorie des Strukturschemas an:

»Und vortrefflich hat Herder einen ähnlichen Gedanken aufgefaßt und ausgeführt, indem er sagt: es sei unläugbar, daß bei aller Verschiedenheit der lebendigen Erdwesen, überall eine gewisse Einförmigkeit des Baues und gleichsam eine Hauptform zu herrschen scheine, die in der reichsten Verschiedenheit wechsele.«

Der Dissens zeigte sich auch in der Frage der Nomenklatur. Sind die Neger und die Weißen Gattungen (species) oder nur Varietäten? Forster hat Zweifel an Kants festen Definitionen. Für ihn sind Begriffe Erfindungen, die nur einen praktischen Zweck haben: »Die Ordnung der Natur folgt unseren Einteilungen nicht, und sobald man ihr dieselbigen aufdringen will, verfällt man in Ungereimtheiten«. Forster teilt hier Diderots Meinung, der die Natur nach dem Vorhandenen bestimmen wollte und nicht annahm, daß einige Wesen naturwidrig seien. In einem Brief an Sömmerring äußert er sich noch klarer:

»Da Kant durchaus in seiner Definition von einer Menschenrace sagt, es sei der erbliche Unterschied bei Menschen eines Stammes, so behaupte ich geradesweges, daß seine Definition nichts tauge, weil man niemals beweisen kann, daß Menschen, die erbliche und zwar unveränderliche Unterschiede haben, von einerlei Stamm sein sollten.«[1]

Forster kann auch Kants Auffassung nicht folgen, daß die Menschen einen gemeinsamen Ursprung haben. Er selber glaubt eher an die Pluralität des Ursprungs, obwohl er vorsichtig bleibt:

»Ich erlaube mir demnach keineswegs die Frage: ob es mehrere ursprüngliche Menschenstämme gibt, entscheidend zu bejahen (...). Allein kann ich es wenigstens nicht für unwahrscheinlich oder unbegreiflich halten, daß zwei verschiedene Stämme und vielleicht von jedem eine hinlängliche Anzahl von Individuen, als Autochthonen, in verschiedenen Weltgegenden hervorgegangen sind.«[2]

Eine solche Hypothese ist nicht lächerlicher als die von einem einzigen Paar. Forster vermutet, daß Kant nur aus religiösen Gründen daran glaubt:

»Ich bin ebensosehr erstaunt, daß er (Kant) sich in der Berliner Monatsschrift auf die seltsamen Bibelerklä-rungen einließ, womit er offenbar einen Gesichtspunkt für die Mosaischen Schriften wieder hervorsucht, den jeder weise und redliche Gottesgelehrte in Vergessenheit zu begraben wünscht. Es gibt keine vernünftige Auslegung dieser alten Schriften, oder die Ihrige ist diejenige, die am meisten in ihren Geist dringt. Den Moses kantische Metaphysik sprechen zu lassen, ist doch das Ärgste, was man sich über ihn einfallen lassen kann; aber eigentlich sollte dadurch dargetan werden, daß jene Metaphysik und göttliche Weisheit einstimmig sind.«[3]

---

1 G. Forster an Samuel Thomas Sömmerring, 23. Juli 1786. Akademieausgabe. Bd. XIV. S. 515.
2 Ebd. S. 303.
3 G. Forster an Johann Gottfried Herder, 21. Januar 1787. (Ausg. v. G. Steiner) Bd. IV. S. 448.

Fassen wir diese Kontroverse kurz zusammen: als Anhänger des Strukturplanes akzeptiert Herder weder den Begriff der Rasse noch Klassifizierungen. Kant dagegen will die Rasse definieren und entwirft eine Klassifizierung. In seiner Schrift gegen Kant sucht Forster nicht nach einer eigenen Theorie, sondern setzt sich methodisch mit Kant auseinander. Dabei bleibt er in seinen Festlegungen sehr vorsichtig und manchmal sogar widersprüchlich. Viel später wird er noch schreiben:

> »Que tous les hommes appartiennent à un seul genre est certain, si l'on définit la nation de genre de telle façon que cela soit possible; mais qu'ils soient tous issus d'une même souche n'en découle pas automatiquement. Au contraire, autant que je puisse en juger maintenant, cela reste article de foi; on peut tout au plus formuler des hypothèses à ce sujet et préférer une explication à l'autre.«[1]

In einem Brief an Heyne erklärt er:

> »Ich wollte nur zeigen, daß sich die Sache auch aus einem anderen Gesichtspunkt ansehen ließe und daß man nicht mit apodiktischer Gewißheit darüber sprechen könne (...). Die eigentliche Veranlassung, weshalb ich mich mit der Sache befaßte, war die, daß er (Kant) besonders über die Südseeinsulaner viel Unrichtiges gesagt hatte.«[2]

Forster ist sich der Lücken in den naturwissenschaftlichen Erkenntnissen sehr bewußt; er kritisiert vor allem Kants Formalismus und seine transzendentale Philosophie: bedauerlich sei, daß »der verzweifelte Paroxismus, der den Philosophen von Profession eigen ist, auch über ihn (komme), die Natur nach ihren logischen Distinktionen modeln zu wollen«.[3] Forster sieht nur in dem Studium der Natur und der Gesellschaft ein Mittel, die Wissenschaft zu fördern. Als spekulativer Denker ziehe Kant die Deduktion vor, die seinem Idealismus paßt; als Sensualist benutzt Forster die Induktion und folgt den französischen und englischen Materialisten. Es ist schade, daß er seine im Prinzip richtige Kritik nicht ausführlicher dargestellt hat. So war es für Kant leicht, das letzte Wort zu haben.

1788 schreibt dieser im »Deutschen Merkur« »über den Gebrauch teleologischer Prinzipien in der Philosophie« und behauptet nach wie vor, daß die teleologische Methode die beste sei. Die Vernunft habe ein a priori zu bestimmen, bevor man in der Erfahrung suche. Er unterscheidet immer noch zwischen Rasse und Varietät und meint endlich, daß man betreffs des Ursprungs des Menschen keine Beweise habe. Die Polemik endet mit diesem Artikel, den Forster nicht mehr beantwortet.

Der Konflikt wurzelt in der Problematik des 18. Jahrhunderts. Die Entdeckungsreisen führen dazu, den Begriff des Universalen zu relativieren zugunsten des Besonderen und Individuellen. Die Reisen machen mit dem Begriff der Relativität vertraut: die transzendentalen Begriffe, die von der Vernunft geschaffen wurden, hängen von der Mannigfaltigkeit der Orte ab. Die Erfahrung stellt sich der reinen Vernunft entgegen. Die Nachkommenschaft wird Forster Recht geben, der schon die Theorie der Evolution vorahnte. Forster selber wird diese Gedanken in einem späteren Werk wiederaufnehmen, im »Leitfaden zu einer künftigen Geschichte der Menschheit« (1789). Auch hier entwickelt er jedoch seine Gedanken nicht gründlicher, und die Wissenschaftler des 19. Jahrhunderts werden sowieso auf ganz anderen Grundlagen fortschreiten, besonders um das Problem der Rasse zu lösen.

---

1   G. Forster: Notes diverses. Manuscrit 186. Museum d'histoire naturelle. Paris. Auf Französisch.
2   G. Forster an Christian Gottlob Heyne, 20. November 1786. (Ausg. v. G. Steiner) Bd. IV. S. 439.
3   G. Forster an Samuel Thomas Sömmerring, 8. Juni 1786. (Ausg. v. G. Steiner) Bd. IV. S. 413.

III. Schluß

Georg Forster wird sich sein Leben lang für die Entdeckungen, die Naturwissenschaft und die Anthropologie interessieren. Seine Werke über Amerika schreibt er noch im Jahre 1791, an einer Geschichte der Naturwissenschaft arbeitet er bis zu seiner Abreise von Mainz. Die Furcht, seine Manuskripte bei der Kapitulation der Stadt verloren zu haben, betrübt ihn in Paris. Er ist und bleibt vor allem ein Naturwissenschaftler. Neben den Werken, die er selber geschrieben hat, den Vorlesungen, die er über Naturwissenschaft hält und der Arbeit an seiner »Histoire naturelle« hat Forster viele Reiseberichte übersetzt. Die beiden berühmtesten unter diesen Übersetzungen sind die von Cooks dritter »Reise um die Welt« und Keates »Account of the Pelew islands, situated in western part of the pacific Ocean«, die Goethe besonders lobt. Daneben gibt er mit Sprengel »Neue Beiträge zur Völker- und Länderkunde« heraus. Die Zahl seiner eigenen Rezensionen über Reiseberichte und naturwissenschaftliche Werke geht über hundert. Er korrespondierte mit den berühmtesten Wissenschaftlern der Zeit: mit Linné, Peter Wargentin, Hoffmann, Pennant, Camper, Banks. Die »Reise um die Welt« bedeutete also für ihn eine fundamentale Erfahrung, die seine wesentliche Tätigkeit bis zum Ende seines Lebens bestimmte. In allen seinen Schriften, aber auch in den Rezensionen und Vorreden, sehen wir, wie seine Gedanken nach und nach klarer werden und sich um zwei Leitgedanken ordnen.

Zuerst bemerken wir seinen Optimismus, der ihn dazu führt, zu vereinfachen und einige Schattierungen zu vergessen. Sein Fortschrittsgedanke läßt ihm die negativen Seiten der Kolonisation nebensächlich erscheinen: das Schlechte gehört zum Leben; er integriert es in eine Dialektik, die letztlich zum Fortschritt führt. Aus dem Schlechten entsteht das Gute, aus dem Laster die Tugend. Die Vervollkommnung hat für ihn mehr Wert als die Vollkommenheit.

Der zweite Gedanke ist die Anerkennung des absoluten Charakters der wissenschaftlichen Tatsache. Das heißt nicht, daß er nur das Konkrete schätzt; im Gegenteil, er zieht Schlüsse, verallgemeinert, behält das Ganze im Auge, geht aber von der Erfahrung aus und gibt eine Hypothese auf, wenn er sie nicht beweisen kann. Gegen Rousseau, gegen Buffon und gegen Kant richtet sich Forsters Kritik an der spekulativen Philosophie. Ihr stellt er die Wirklichkeit, die wissenschaftliche Tatsache entgegen. Aus diesem Grund entfernt er sich auch von Linné: die Klassifizierungen entsprechen der Wirklichkeit nicht, sie sind das Werk unseres Geistes, der sie der Natur aufzwingen will.

Diese beiden Leitgedanken bilden die Einheit seines Denkens. Einerseits Achtung vor der Wirklichkeit, die ihm gestattet, die Welt ohne Idealisierung anzunehmen, und andererseits ein Optimismus, der ihn dazu führt, in der Wirklichkeit den Weg zum Fortschritt zu sehen. Sein Denken wurzelt in der Wirklichkeit, schwingt sich empor und beherrscht sie.

Thomas Grosser

Der mediengeschichtliche Funktionswandel der Reiseliteratur in den Berichten deutscher Reisender aus dem Frankreich des 18. Jahrhunderts

Der mediengeschichtliche Funktionswandel der Reiseliteratur, also der sich verändernde Stellenwert dieser im Zeitalter der Aufklärung so überaus erfolgreichen Literaturgattung im Informationsgefüge und im Medienhaushalt dieses Zeitraums, wurde bislang kaum näher untersucht. Doch werfen gerade die sich nicht unwesentlich wandelnden Beziehungen dieses Genres zu anderen Literaturgattungen und Medien - wie etwa zur geographischen Fachliteratur, zum Roman oder zum periodischen Zeitschriften-Wesen - nicht nur ein bezeichnendes Licht auf dessen Karriere. Sie sind darüber hinaus auch von weitreichendem Einfluß auf die gattungsgeschichtliche Entwicklung der Reisebeschreibung geblieben. Ihrem *inter*-medialen Funktionswandel entsprach damit auch ein *intra*-medialer Strukturwandel.

Besonders deutlich wird dies im 18. Jahrhundert am Beispiel eines bestimmten Teilbereichs der Reiseliteratur: den deutschen Reisebeschreibungen über Frankreich. Denn diese widmeten sich einer Zielkultur, die in diesem Zeitraum selbst einem bedeutenden Wandel unterlag und im Rahmen einer sich nicht zuletzt durch ihren Einfluß herausbildenden Öffentlichkeit ein ebenso breites wie heterogenes Interesse auf sich zog. Gerade die zielkulturelle Spezifik dieses Paradigmas läßt den allgemeinen, in anderen Teilbereichen der Reiseliteratur allerdings oftmals anders akzentuierten und später eintretenden mediengeschichtlichen Funktionswandel dieses Genres besonders deutlich und früh sichtbar werden.

Die deutschen Frankreich-Reisebeschreibungen und die geographische Fachliteratur

Bibliotheken und Lesegesellschaften pflegten die inhaltlich äußerst heterogene Gattung der Reiseliteratur, deren Hauptmerkmal die dokumentarisch-literarische Vermittlung konkreter, itinerarisch initiierter Fremderfahrung bildete, auf Grund ihrer dominanten landeskundlichen Informationsvermittlungsfunktion der Rubrik 'Geographie' zuzuordnen. Nun betrug der Anteil von Reisebeschreibungen an der geographischen Fachliteratur im ausgehenden 18. Jahrhundert rund ein Fünftel, während sich die diesbezüglichen Bestände der Lesegesellschaften durchschnittlich zu vier Fünfteln aus Reiseberichten zusammensetzten.[1] Da gerade die Lesegesellschaften in ihrer Anschaffungspolitik die Informationsbedürfnisse ihres Publikums recht getreu widerspiegeln, kann daraus geschlossen werden, daß die Reiseliteratur zu diesem Zeitpunkt zum wichtigsten Informationsmedium über fremde Länder geworden war. Sie vermittelte aber nicht nur landeskundliche Informationen, sondern auch apodemische Hinweise wie reisepraktische Ratschläge und besaß als Lektüregegenstand längst auch einen gesellschaftlich relevanten Unterhaltungswert.

---

1 Vgl. dazu: Jentzsch, Rudolf: Der deutsch-lateinische Büchermarkt nach den Leipziger Ostermeß-Katalogen von 1740, 1770 und 1800 in seiner Gliederung und Wandlung. Leipzig 1912. S. 206; Prüsener, Marlies: Lesegesellschaften im 18. Jahrhundert, in: Archiv für Geschichte des Buchwesens 13/1973. Sp. 369-594, hier: Sp. 441.

Ihre Attraktivität war so groß geworden, daß selbst geographische Kompendien seit der Mitte des 18. Jahrhunderts aus Gründen der Werbewirksamkeit in ihrer Titelgebung als Reisebeschreibungen firmierten.[1] Damit hatte sich aber das Verhältnis beider Genres zueinander nachhaltig gewandelt. Denn ursprünglich hatten sich die Reisebeschreibungen - gerade wenn sie den westeuropäischen Raum betrafen und mit einem Fundus etablierter kosmo- oder geographischer Kompendien konkurrieren mußten - in umgekehrter Weise an der geographischen Fachliteratur und ihrer Autorität orientiert.

So wurde etwa Martin Zeillers 1634 erstmals erschienene »Reyßbeschreibung durch Frankreich«, die auf dessen hofmeisterlichen Reiseerfahrungen der 1620er Jahre basierte, 1674 von dem Straßburger Verleger Simon Paul mit dem expliziten und programmatischen Hinweis neu herausgegeben, der Autor dieses Werkes habe ausführlichst die »besten Geographis und Historicis« aller Zeiten zu Rate gezogen, um dieses umfassende Handbuch zu erstellen.[2] Sein Informationsgehalt erschien damit durch fachwissenschaftliche Tradition und Autorität im Sinne einer entzeitlichten Aktualität hinreichend abgesichert - dessen ungeachtet, daß zwischen Zeillers Reise und dieser Ausgabe mittlerweile über 50 Jahre verflossen waren. Analog dazu waren die itinerarischen Schilderungen Zeillers in einen ausführlichen systematisch-topographischen Rahmen eingebettet, der seine Darstellung eindeutig dominierte. Denn sein Opus sollte weniger als alleiniger Erfahrungsbericht einer konkreten Reise, sondern vielmehr auch als umfassendes Nachschlagewerk »sehr nützlich und nöthig« sein.[4] Und noch konsequenter hatte Johann Heinrich Schöndorffer 1673 seine Reisebeschreibung »Ein Hofmeister nach Frankreich. Oder Merckwürdige Nachricht / Was Die Deutschen in Franckreich sehen und lernen können« etwa nicht nur - wie Zeiller - zusätzlich durch umfangreiche Register systematischem Zugriff zugänglich gemacht, sondern - die übliche itinerarische Struktur gänzlich aufgebend - vollständig als Lexikon konzipiert.[3]

Die Legitimität derartiger durchaus gängiger und nicht zuletzt aus verlagstaktischen Gründen eingesetzter Prinzipien wurde allerdings bald in Zweifel gezogen. So grenzte etwa Johann Limberg seine 1690 erschienene »Denckwürdige Reisebeschreibung« scharf von den kosmo- oder geographischen Traditionsbeständen wie von den zeitgenössischen Reisehandbüchern ab, deren Autoren, wie er kritisch anmerkte, »nur anderer Bücher durchblättert« hätten, wohingegen er seinerseits betonte, er habe alles, was er berichte, »daselbst observieret / gesehen und gehöret«.[4] Die konsequente darstellungstechnische

---

1   Manche geographische Kompendien adaptierten in ihren Titeln bewußt die zeitgenössischen und äußerst erfolgreichen Reiseromane und Robinsonaden, um ein größeres Publikum zu erreichen: Vgl. dazu etwa: Anonym: Des aufmerksamen Thüringers neueste Reisen durch die Welt, worinnen der itzige Zustand der Höfe, die Verfassung und Merkwürdigkeiten ihrer Staaten, Lebensgeschichte, Anecdoten hoher und berühmter Personen, nebst andern Denkwürdigkeiten beschrieben und aus den Geschichten, dem Naturreiche, der Oeconomie, Litteratur, Alterthümern, Müntzen und Künsten erkläret werden. Zur Erläuterung der neuesten Weltbegebenheiten. Das sechste und letzte Stück: Der aufmerksame Thüringer in Frankreich, Erfurt: Johann Jacob Straube 1768.

2   Zeiller, Martin: Itinerarium Galliae. Das ist: Reyßbeschreibung durch Franckreich und Angränzende Länder. Mit Fleiß colligirt und verfertiget durch Martinum Zeillerum. Straßburg und Frankfort: Simon Paul 1674. S. 7.

3   Schöndorffer, Johann Heinrich: Ein Hofmeister nach Franckreich. Oder Merckwürdige Nachricht / Was die Deutschen in Franckreich sehen und lernen können. Zu finden in Nürnberg bey Johann Hofmann / Kunsthändlern. Gedruckt im Jahr 1673.

4   Limberg, Johann: Denckwürdige Reisebeschreibung / Durch Teutschland / Italien / Spanien / Portugall / Engeland / Franckreich und Schweitz ..., Leipzig / Verlegts Johann Christian Wohlsack / Im Jahr 1690. S. 2.

Umsetzung dieser Maxime, die die Autonomie des historischen Erfahrungssubjektes gegen dessen heteronome Fremdbestimmung durch traditionale Wissensbestände behauptete, stieß faktisch jedoch dort an ihre Grenzen, wo die lexikalisch vorgeprägten Informationsbedürfnisse des Publikums zu berücksichtigen waren. Und so mußte selbst Limberg immer wieder knappe historisch-topographische Übersichtskapitel über die von ihm bereisten westeuropäischen Länder einfügen, um seine eigentlichen persönlichen Reisebemerkungen dann in diesen vorgegebenen allgemeinen Orientierungsrahmen zu integrieren.[1] Die vollständige Emanzipation der individuellen Wahrnehmung war somit im medialen Kontext gerade auf den Gebieten, auf denen eine weit zurückreichende und etablierte Tradition topographischer Fachliteratur bestand, eine mühsame Angelegenheit. Dennoch führte das bekannte Prinzip der Autopsie,[2] der persönlichen, in ihrer Authentizität beglaubigten Inaugenscheinnahme, allmählich zu einer regelrechten Umkehrung des Verhältnisses zwischen der Reisebeschreibung und den geographischen Kompendien - auch für den Bereich der scheinbar hinlänglich bekannten westeuropäischen Länder. Aus dem Bann der legitimatorischen Absicherung durch die geographische Fachliteratur emanzipierte sich die Reisebeschreibung als autonomes, weil dem kompilierten Handbuchwissen überlegenes authentisches Informationsmedium. Daher sah der Leipziger Diakon Christoph Sancke 1739 im Rahmen seiner Vorrede zu den »Curieuse(n) Reisen durch Europa« Georg von Fürsts in der Veröffentlichung derartiger Reisebeschreibungen ein eigenständiges Mittel wissenschaftlichen Erkenntnisfortschrittes, selbst wenn es sich dabei nur um die Beschreibung einer durchaus konventionellen Kavalierstour handelte, die jener schlesische Reisende in den 1730er Jahren in Frankreich und Italien absolviert hatte. Und so forderte er, daß möglichst viele Reisende ihre vor Ort gesammelten und gegenüber dem kanonisierten Handbuchwissen weitaus präzisieren Informationen publizieren sollten:

> »Wenn dieses nun von vielen geschicht, so finden die Historien=Schreiber Gelegenheit, ihre Geschichten desto gründlicher abzufassen, die Land=Charten=Macher treffen manche schöne Nachricht an, ihre Charten mit Fleiß zu verbessern, und die Geographi sehen neue Materie vor sich, die Länder mit großer Acuratesse zu beschreiben.«[3]

Damit aber - und natürlich durch das sich nicht zuletzt mit der steigenden Reisepraxis verdichtende Netz gelehrter Korrespondenzen - erhielten »Erdbeschreibung« und »Statistik« einen gewaltigen Schub an neuen Informationen, den sie wiederum in breit angelegten Kompendien verarbeiteten, von denen etwa Anton Friedrich Büschings »Neue Erdbeschreibung« seit der Jahrhundertmitte mehrere Auflagen erlebte, zumal sie sich zum Zwecke der Vorinformation ebenso an potentielle Reisende richtete, wie andere spezielle reisegeographische Werke.[4] Mit der zunehmenden Diffusion jener breitgefächerten topo-

---

1   Vgl. dazu für Frankreich: Ebd. S. 674-685.
2   Vgl. dazu vor allem: Stewart, William E.: Die Reisebeschreibung und ihre Theorie im Deutschland des 18. Jahrhunderts. Bonn 1978. insbes. S. 31-40.
3   Fürst, Georg von: Herrn Georgen von Fürst, eines berühmten Cavaliers aus Schlesien, Curieuse Reisen durch Europa, in welcher allerhand Merckwürdigkeiten zu finden. Nebst einer Vorrede vom rechten Gebrauche dieser Reisen begleitet von M. Christoph Sancken. Sorau: Gottlieb Hebold 1739. S. 1.
4   Büsching, Anton Friedrich: Neue Erdbeschreibung. Erster Theil, Hamburg: Johann Carl Bohn, [3]1758. S. 26: »Und was vor grossen Nutzen kann nicht ein Reisender von einer guten Erdbeschreibung haben? Sie lehret ihn die Merkwürdigkeiten eines jeden Landes und Orts, und zeigt ihm so an, was er zu besehen und zu besuchen habe«. Zu speziellen Reisegeographien Vgl. etwa: Anonym (= Dietmann, Karl Gottlob): Neue Europäische Staats= und Reisegeographie, worinnen Kürzlich alles was zur geographischen, physikalischen, politischen, historischen und topographischen Kenntniß eines Landes gehöret, nach und nach vorgestellet ... werden soll.

graphisch-landeskundlichen Basis-Informationen drohte nun allerdings ein auf die Reise(berichterstattungs)praxis selbst zurückschlagender Stillstand einzutreten. Ganz in diesem Sinne klagte daher Friedrich Justinian von Günderode 1781 in seinen »Gedanken über Reisen«:

> »Viele thätige Reisende (...) schlagen dadurch einen unächten Weg ein, daß sie lediglich leblose Sachen zum Hauptgegenstand ihrer Beobachtungen machen - Gebäude, Thürme, Kirchen, Gärten und Schlösser besehen und sich daran sättigen. Manche befolgen nur das Verzeichniß, das sie sich vorher aus Büschings und andern Erdbeschreibungen gemacht haben, und glauben ihren Zweck erreicht zu haben, wenn sie das alles selbst in Augenschein genommen haben. Aber ohne dergleichen Vorkenntnisse, die man noch umständlicher aus den Lokalbeschreibungen, die man an den meisten grossen Orten findet, erweitern kann, und die der Miethlaquay meistens an den Fingern herzuzählen weis, zu verachten, wo bleibt das Wesentliche?«[1]

Die Bestätigung oder Detailkorrektur des topographisch-geographischen Wissens konnte zu diesem Zeitpunkt - zumindest was die bereits recht gut erschlossenen westeuropäischen Länder anging - nicht mehr *Haupt*zweck der von der Aufklärungsbewegung eingeforderten erkenntnisexpansiven Funktion des Reisens wie der Reisebeschreibung sein. Mit dem sich intensivierenden Interesse der modernen, vor allem durch die Göttinger Schule vorangetriebenen 'Erdbeschreibung' und 'Statistik' an der 'bürgerlichen Beschaffenheit des bewohnten Erdbodens'[2] stand nun die Vermittlung neuer Informationen, die zudem auch jenseits des traditionellen historisch-topographischen Bereichs lagen, im Vordergrund. Dies bezog sich insbesondere auf das durchschnittlich-alltägliche Leben fremder, aber auch scheinbar bekannter weil zivilisatorisch verwandter Völker.[3] Damit wuchs der Reisebeschreibung angesichts der topographischen Informationssättigung im Bereich der geographischen Fachliteratur wie durch deren sich verändernde Erkenntnisinteressen einerseits eine aktuell-zeitgeschichtliche und darüber hinaus eine alltagskulturelle Informationsvermittlungsfunktion zu.

Es war daher nicht allein eine Folge des im letzten Drittel des 18. Jahrhunderts rasch expandierenden Buchmarktes, daß sich die Zeiträume zwischen Reise- und Publikationsdatum nun ständig verkürzten. Zugleich rückten auch die Nachbarländer des Heiligen Römischen Reichs Deutscher Nation unter neuen Gesichtspunkten ins Blickfeld der Reisenden. Vor diesem Hintergrund versprach etwa Johann Friedrich Karl Grimm 1775 in seinen »Bemerkungen eines Reisenden durch Deutschland, Frankreich, England und Holland« nicht nur, »Nachrichten von dem neuesten Zustande der Länder und Völker, die ich erst vor wenig Monathen gesehen«, zu liefern; er begründete vielmehr die Relevanz seiner unspektakulären Beobachtungen, die er als ein durchschnittlicher Reisender gesammelt hatte, zugleich mit jenem neuen Erkenntnisinteresse:

---

16 Bde. Leipzig und Görlitz: Richter und Compagnie 1750/62.

1 Anonym (= Günderode, Friedrich Justinian von): Gedanken über Reisen nebst allgemeiner Anweisung, wie man solche nützlich anstellen könne, Frankfurt am Mayn: mit Eichenbergischen Schriften 1781. S. 47.

2 Büsching a.a.O. S. 27.

3 Vgl. zu diesem veränderten Erkenntnisinteresse: Garber, Jörn: Von der Menschheitsgeschichte zur Kulturgeschichte. Zum geschichtstheoretischen Kulturbegriff der deutschen Spätaufklärung, in: Kultur zwischen Bürgertum und Volk. Hg. von Jutta Held (= Das Argument. Argument-Sonderband 103), Berlin 1983. S. 76-97; Bödeker, Hans Erich: Reisebeschreibungen im historischen Diskurs der Aufklärung, in: Aufklärung und Geschichte. Studien zur deutschen Geschichtswissenschaft im 18. Jahrhundert. Hg. von Hans Erich Bödeker, Georg G. Iggers, Jonathan B. Knudsen und Peter H. Reill, Göttingen 1986 (= Veröffentlichungen des Max-Planck-Instituts für Geschichte, 81). S. 276-298.

»Durch Umschweife und ohne Noth sucht man das Sonderbare in Utahiti und Nova Zembla, welches sich alle Tage vor unsern Augen, oder höchstens schon bey unsern Nachbarn zuträgt.«[1]

Zwar sollten sich die Reisenden verstärkt der Erkundung jener Bereiche widmen, die - angesichts der absolutistischen Arkanpolitik - nicht allgemein zugänglich und im Wissensbestand der Zeit daher unterrepräsentiert waren, so daß etwa Franz Graf von Hartig Mitte der 1770er Jahre im Rahmen eines nahezu inspektionstourenhaften Reiseverhaltens die nationalökonomischen Auswirkungen des französischen Steuersystems untersuchte und detailliert beschrieb, um »die Stärke und Schwäche der Regierungsverfassung (...) an seine(r) Quelle auf(zu)suchen« - ein keineswegs unproblematisches Unterfangen, das von der österreichischen Zensur in seiner Brisanz denn auch erheblich entschärft wurde.[2] Doch da sie in der Regel nur allgemein zugängliche Bereiche erkunden konnten, beschäftigten sich die meisten Reisebeschreiber vornehmlich mit dem Studium der Alltagskultur. So widmete sich etwa der bekannte Berliner Philosoph Johann Georg Sulzer in seinem »Tagebuch einer von Berlin nach den mittäglichen Ländern von Europa in den Jahren 1775 und 1776 gethanen Reise und Rückreise« in der von ihm auf ärztlichen Rat aufgesuchten Provence einer möglichst umfassenden und - mittels Wegemesser und Klimatabellen - methodisch disziplinierten Inventarisierung jener unspektakulären Gebiete, die er jedoch nicht mehr nur auf bestehende statistische Informationslücken ausrichtete, sondern auf die Behebung grundlegender zeitgenössischer wirtschaftsgeographischer und volksökonomischer Theoriedefizite:

»Man giebt sich zwar seit einigen Jahren fast in allen großen Staaten sehr viel Mühe, die wahren Quellen des Nationalwohlstandes zu erforschen, und aus diesen Untersuchungen Grundsätze und Maximen einer guten Staatsverwaltung herzuleiten. Dennoch hat man es meines Erachtens eben noch nicht sehr weit dahin gebracht. Die vornehmsten Schriftsteller in diesem wichtigen Fach widersprechen einander nicht selten, sogar über die ersten Grundsätze der Staatswirthschaft: ein offenbarer Beweis, daß diese Wissenschaft in ihren ersten Gründen noch sehr ungewiß ist.«[3]

Aus seinen vergleichenden Beobachtungen der von ihm genau erkundeten durchschnittlichen Lebensverhältnisse der südfranzösischen Land- wie Stadtbevölkerung zog er daher explizite wirtschaftspolitische Schlußfolgerungen, deren Übertragbarkeit auf deutsche Verhältnisse er auf Grund ihrer Generalisierbarkeit nahelegte:

»Es giebt Politiker, die behaupten, daß starke, kaum zu erschwingende Auflagen ein Mittel seyn, das gemeine Volk zur Arbeit zu bringen. Allerdings arbeiten durch Auflagen gedrückte Menschen aus Noth mehr (...). Insofern ist jene Behauptung wahr. Aber das wahre Mittel, immer und dauerhaften Trieb zur Arbeitsamkeit zu erwecken, ist die Erweckung des Gefühls für Wohlstand und Annehmlichkeit des Überflusses (...). Die so entstandene Arbeitsamkeit ist jener, die durch Noth erzwungen worden, unendlich weit vorzuziehen.«[4]

Die Reisenden zentrierten damit ihre Wahrnehmungen mehr und mehr auf die zentralen

---

1 Anonym (= Grimm, Johann Friedrich Karl): Bemerkungen eines Reisenden durch Deutschland, Frankreich, England und Holland in Briefen an seine Freunde, 3 Theile. Altenburg: in der Richterischen Buchhandlung 1775. Erster Theil. Vorrede. S. V

2 Anonym (=Hartig, Franz Graf von): Interessante Briefe über Frankreich, Engeland und Italien vom Grafen F. v. H*. Aus dem Französischen, Eisenach: Johann Georg Ernst Wittekindt 1786. S. 58, sowie insbes. S. 61-78; zur Intention dieser Reise wie zu ihrer aus politischer Rücksichtnahme entschärften Publikation Vgl.: Anonym: Art.: Franz Graf von Hartig (1758-1797), in: Nekrolog auf das Jahr 1797. Gesammelt von Friedrich Schlichtegroll. Gotha 8/1801. Bd. 2. S. 75-113, insbes. S. 83 f.

3 Sulzer; Johann Georg: Tagebuch einer von Berlin nach den mittäglichen Ländern von Europa in den Jahren 1775 und 1776 gethanen Reise und Rückreise. Leipzig: Weidmanns Erben und Reich 1780. S. 7.

4 Ebd. S. 148.

Problemfelder, die der geographischen Fachwissenschaft wie der aufklärerischen Theorie-bildung als vordringliche Desiderate erschienen. Friedrich Justinian von Günderode zählte 1781 in seiner Reiseanleitung dazu vor allem die »Menschenkenntniß«, jedoch keineswegs mehr im Sinne eines instrumentalisierbaren sozialtechnologischen Herrschaftswissens, wie es die höfische Kavalierstour vermitteln sollte, oder im Sinne des frühaufklärerischen Postulats einer allgemeinen Erweiterung der Soziabilität des Reisenden, wie es längst in jeder Apodemik stand, sondern in einer weitaus umfassenderen Intention als anthropogeo-graphische Bestimmung des »Nationalcharakters« fremder Völker in Hinblick auf die Beschreibung wie vor allem auf die Erklärung lokal, regional und national unter-schiedlicher Mentalitäten und Verhaltensweisen:

> »In Ergründung der Ursachen (...), welche diesen mannigfaltigen Unterschied zwischen Menschen und Menschen bestimmen, sind wir bis jetzt noch nicht weit gekommen. Zwar können wol einige Ursachen angeführet werden, worunter das Klima, die Regierungsform, Wohlstand und Armuth die hauptsächlichsten sind, woraus einige Folgerungen abgezogen werden können; aber dieser große Abstand verschafft uns nur wenige und ganz allgemeine Regeln, die dann auch öfters durch viele Ausnahmen wieder ungewisser werden.«[1]

Dieses Postulat einer verstärkten Hinwendung zur Beschreibung und Analyse des sozialen Alltagsverhaltens wie typischer Mentalitätsstrukturen implizierte zum Einen eine grund-legende Heterogenisierung des Beobachtungsfeldes, die die eingeschliffenen stan-desspezifisch-selektiven Reise- und Wahrnehmungstraditionen sprengte, so daß Günero-de darauf drang, daß der Reisende sich »unumgänglich in allerley Klassen und Gattungen von Menschen einmischen« sollte, um in der Lage zu sein, die »charakteristischen Züge einer Nation« einzufangen und erklären zu können.[2] Vor allem mußte er aber zum Anderen die enzyklopädische Inventarisierung des oberflächlich Beschreibbaren hinter sich lassen und verstärkt paradigmatische analytische Hintergrundstudien betreiben, um neue reali-tätserschließende wie -verarbeitende Kategorien zu entwickeln, auf die die bislang gesam-melten additiven Einzeldaten sinnvoll im Sinne eines modernen Orientierungswissens bezogen werden konnten und die damit als Erklärungsansatz für die beschriebenen Phäno-mene verwendbar waren. Angesichts des mittlerweile erreichten, in den Kompendien abgelagerten Wissensbestandes und den nun formulierten Erkenntnisdesideraten wurde die Informationsvermittlungsfunktion der Reisebeschreibung nicht nur verzeitlicht und auf aktuelle, neue »Nachrichten« ausgerichtet; neben der Arrondierung des Faktenwissens wurde ihr vielmehr nun auch die Aufgabe zugewiesen, aus der genauen, induktiven Beobachtung allgemeiner alltagskultureller Phänomene und gesellschaftlich repräsentati-ver Verhaltensweisen unterschiedlichster sozialer Schichten innovative Kategorien für deren Erklärung zu entwickeln. Aus der Reisebeschreibung als Zulieferinstanz präziserer und neuer Informationen wurde dadurch zunehmend ein eigenständiges, neue kategoriale Deutungsmuster entwickelndes Reflexionsmedium (spät)aufklärerischer Gesellschafts-analyse, das über ebenso detaillierte wie breit gestreute Beobachtung Kategorien mittlerer Reichweite entwickeln, erproben und bereitstellen sollte, um die großrahmigen Desiderate einer sich gesellschafts- und kulturwissenschaftlichen Fragestellungen zuwendenden geo-graphischen Fachwissenschaft zu füllen.

So klammerte etwa Heinrich Storch in seinen 1787 erschienenen »Skizzen, Szenen und

---

1 Günderode: Gedanken einer Reise. S. 51.
2 Ebd. S. 24.

Bemerkungen, auf einer Reise durch Frankreich gesammelt« beispielsweise die »Beschreibung der merkwürdigen Gebäude« als in den Bereich der hinlänglich mit einschlägigen Informationen versorgten Topographie gehörend völlig aus und widmete sich dafür alleine exemplarischen thematischen Schwerpunkten: der Pariser Stadtplanungspolitik beispielsweise, oder der Polizei der französischen Metropole, die er in ihrer Funktion für die absolutistische Ordnungspolitik analysierte; den »wohltätigen Instituten«, deren sozialpolitische Wirkung als Kasernen für die traurigen Folgen einer verfehlten Wirtschaftspolitik er anprangerte; oder den »Pariser Vergnügungen«, die er im Kontext der städtischen Alltagskultur betrachtete.[1] Dabei entwickelte er implizit zentrale Kategorien für die Bestimmung der realen Verfassung des französischen Königreichs wie seiner Nationalkultur: zum Einen die der »Urbanität« des französischen Nationalcharakters, die sich in Abstufungen in allen Schichten zeigte, die er von der höfisch-aristokratischen »Galanterie« abgrenzte und auf die prägende Kraft des bürgerlich-städtischen Sozialraumes wie auf die hier relevanten Verhaltensweisen weltoffener, interaktionsfreudiger und universaler Bildung bezog; und zum Anderen entfaltete er in differenzierter Weise die Kategorie der »Publizität«, die er in dem von ihm beobachteten Lese- und Informationsverhalten breiter Schichten mental verankert und im Journalwesen wie in den zahlreichen öffentlichkeitskonstituierenden Gesellschaften und Vereinigungen der französischen Kapitale institutionell abgesichert sah.[2] Zusammen mit der Zentralität der Pariser Metropole, die die Meinungsbildung wichtiger gesellschaftlicher Gruppen beschleunigte, und in Verbindung mit der Öffentlichkeit der breites Interesse findenden Gerichtsverhandlungen erblickte Storch in jenen mit den Mitteln einer rein statistischen Bestandsaufnahme kaum adäquat einzufangenden Phänomenen ein Netz informeller Kontrollinstanzen, die die verfassungsmäßig unumschränkte Gewalt des absoluten Monarchen zumindest in Grenzen hielten.[3] Damit bezog Storch seine Alltagsbeobachtungen auf die Schilderung der Voraussetzungen einer politischen Kultur, deren Strukturen in Deutschland weit weniger ausgeprägt waren. Und seine Hintergrundanalysen erhielten so zugleich unterschwellig eine gesellschaftskritische Ausrichtung, die über das Bereitstellen neuer statistischer Daten und das dadurch eventuell bewerkstelligte Unterlaufen des obrigkeitlichen Informationsmonopols weit hinausreichte.

Um aber zu jenen Kategorien, die seine Beobachtungen leiteten, zu gelangen und um deren Tragweite zu verifizieren, mußte der Reisende die unterschiedlichsten Erfahrungen aufeinander beziehen und dies explizit kennzeichnen. Dadurch aber verschob sich zugleich die Funktion des Autors einer Reisebeschreibung im gattungspoetologischen Kontext. Aus dem bislang hinter seine »Nachrichten« weitgehend zurücktretenden Berichterstatter mußte notwendigerweise ein Erzähler werden, der seine Beobachtungen bewertete, kommentierte, als symptomatisch auswies und in größere Zusammenhänge einordnete. Gegen Ende seiner Reisebeschreibung reflektierte Storch diesen Funktionswandel und rechtfertigte damit die Emanzipation des mittlerweile längst etablierten Darstellungsprinzips der Autotelie,[4] das das erzählende Ich und seine subjektiven Begleitumstände nicht mehr nur dann

---

1 Storch, Heinrich: Skizzen, Szenen und Bemerkungen, auf einer Reise durch Frankreich gesammelt. Heidelberg: Friedrich Ludwig Pfähler 1787. Vgl. S. 41-46, 51-67, 85-104, 105-210.
2 Vgl. dazu: Ebd. S. 15 f., 67 f., 75-85, 211-227, 292, 428
3 Vgl. dazu vor allem: Ebd. S. 428-431.
4 zum Prinzip der Autotelie Vgl.: Stewart a.a.O. S. 112-144, der diesen Aspekt der Emanzipation des Ich-Erzählers allerdings nicht berücksichtigt.

ins Spiel kommen lassen wollte, wenn es um die pragmatische Beglaubigung der Angemessen- und Wahrhaftigkeit des von ihm Berichteten ging, auf eine grundlegend neue Weise:

> »Wenn die Pflicht des Reisebeschreibers ihn auffordert, das Detail seiner Bemerkungen so darzustellen, daß sie wahr, treu und der Natur der Sache angemessen bleiben, so ist er nicht minder berechtigt, aus der ganzen Summe seiner Beobachtungen Resultate zu ziehen (...). Jenes wird um so eher erreicht, je mehr der Reisebeschreiber seine Erzählung simplifizirt (...). Dies kann nur da stattfinden, wo die Gegenstände seiner Bemerkungen zu groß, zu mannigfaltig und diese unter sich allzu heterogen sind, als daß sich das jedesmalige Resultat dem Auge des schwächern Beobachters darbieten dürfte.«[1]

Damit indizierte Storch zwei wesentliche Faktoren: zum einen die steigende Heterogenität des Beobachtungsfeldes, die die Entwicklung und probeweise Anwendung neuer Ordnungskategorien notwendig machte, um die umfassende Bestandsaufnahme der gesellschaftlichen Realität sich nicht in der unproduktiven Unendlichkeit des Additiven verlieren zu lassen; und zum Anderen die Notwendigkeit, breiteren Leserschichten explizite interpretatorische Hilfestellungen liefern zu müssen. Denn längst war das Interesse an der Lektüre von Reisebeschreibungen in Folge der Extensivierung des Lesepublikums allgemein und damit auch äußerst unterschiedlich geworden, so daß Christian Garve 1779 bereits auf divergente Rezeptionsmotivationen hinwies, die an diese Literaturgattung herangetragen wurden[2] und gleichermaßen von deren Autoren, die sich zunehmend an »jede Gattung von Lesern« wandten,[3] berücksichtigt und zusammengebunden werden mußten. Vor allem aber noch verdeckte und nur aus einer Vielzahl von heterogenen Einzelsymptomen induktiv herauszufilternde Determinanten und Entwicklungstendenzen der gesellschaftlichen Entwicklung, die die Reisebeschreibung der Spätaufklärung kenntlich machen sollte, um - vor dem Hintergrund einer allmählichen Funktionsverschiebung

---

1 Storch a.a.O. S. 401.

2 Garve, Christian: Einige Gedanken über das Interessirende, in: Neue Bibliothek der schönen Wissenschaften und der freyen Künste. Leipzig. Bd. 12. 1771. 1. Stück. S. 1-42; Bd. 13. 1772. 1. Stück. S. 5-50. ND in: Ders.: Sammlung einiger Abhandlungen Aus der Neuen Bibliothek der schönen Wissenschaften und der freyen Künste. Leipzig: im Verlage der Dykischen Buchhandlung 1779. S. 253-378, hier: S. 261: »In Beschreibung einer Reise, die nach dem Nordpole unternommen worden, die Gestalt der Erde zu untersuchen, wird durch die Figuren und Rechnungen nur die Wißbegierde des Mathematikers gereizt; dieß ist das Interesse einer besondern Wissenschaft. Aber das Resultat dieser Figuren und Rechnungen, ob die Erde oval oder eingedrückt sey, dieß erregt die Neubegierde aller; dieß ist das Interesse der Wissenschaft überhaupt. Die Schilderung der Sitten und der Lebensart der Einwohner des Nordens, die in dieser Reisebeschreibung vorkommen könnte, würde von noch mehrern mit Theilnehmung und Begierde gelesen werden; nicht bloß, weil sie dadurch neue Einsichten bekämen, sondern noch mehr, weil sie dabey viele Vergleichungen mit ihren eigenen Umständen anstellen könnten, durch die schon vorher gefaßte Begriffe und schon daseyende Neigungen wieder erweckt und beschäftigt würden. Dieß ist das Interesse, welches aus allgemeinen Beziehungen der Dinge auf uns entsteht. Vielleicht liest diese Reise ein Mann, der von dem Nordlichte eine Theorie gemacht und ein Buch darüber geschrieben hat, und dem würde nichts wichtiger seyn, als was von besondern Beobachtungen dieses Phänomens, oder von neuen Erklärungen desselben gesagt würde, weil dieß durch die Begierde, seine Meynung bestätigt zu sehen, oder die Furcht, sich widerlegt zu finden, von wichtigen Folgen für ihn wäre. Dieß ist das Interesse, das aus besondern Beziehungen der Dinge entsteht. Endlich der Theil, der die Gefahren beschriebe, welche die Reisenden ausgestanden, die Mühseligkeiten, welche sie erduldet haben, würde ohne Zweifel die meisten und die aufmerksamsten, begierigsten Leser finden. Dieß ist das Interesse der Empfindung.«

3 Sander, Nicolaus Christian: Vorbericht des Herausgebers, in: Sander, Heinrich: Beschreibung seiner Reisen durch Frankreich, die Niederlande, Holland, Deutschland und Italien; in Beziehung auf Menschenkenntnis, Industrie, Litteratur und Naturkunde insonderheit, 2 Bde. Leipzig: Friedrich Gotthold Jacobäer und Sohn 1783/84. Bd. 1 (unpaginiert).

in ihrem Verhältnis zur geographischen Fachliteratur - nicht zuletzt der geographiewis-senschaftlichen Theoriebildung neue Impulse zu liefern, bedurften eines inter-pretatorischen Zusammenhangs, den nur ein damit zugleich hervortretendes Erzähler-Ich stiften konnte.

Dessen Emanzipation wurde vor allem dadurch erleichtert, daß sich die Reise-beschreibung und der Roman der Spätaufklärung aufeinander zuzubewegen begannen.[1] Dies war allerdings erst möglich geworden, als die traditionellen Vorbehalte gegenüber Fiktionsbildungen erfolgreich herabgesetzt worden waren. Und von Seiten der Reisebeschreibungspraxis wurde die Anlehnung an und die Adaption von Formen romanhafter Gestaltungsweisen in dem Augenblick immer notwendiger, in dem sie sich auf Grund der Ausweitung der Leserschichten nicht mehr nur an eine gelehrte Öffent-lichkeit richten konnte, die zu ihrer autonomen Urteilsbildung alleine nackte Daten geliefert haben wollte, sondern sich nun auch an die »schwächeren Beobachter« wenden mußte und damit zugleich auf ein belletristisch vorgeprägtes Lesepublikum traf, dem entsprechende Interpretationsansätze ebenso mitgeliefert werden mußten, wie dessen Rezeptionsgewohnheiten einzugestalten waren.

Literarisierungsansätze in den deutschen Frankreich-Reisebeschreibungen des 18. Jahr-hunderts und der zeitgenössische Roman

1802 stellte Eberhard August Wilhelm Zimmermann in seinem »Taschenbuch der Reisen« rückblickend fest: »Der Roman und die Reisebeschreibung ringen jetzt auf dem großen Schauplatze der lesenden Welt um den Preis. Jeder hat ein kaum zählbares Publikum auf seiner Seite.«[2] Zu ergänzen wäre: beide Genres rangen um die Gunst des gleichen Publikums. In der Tat wurden die Zuwachsraten der Reiseliteratur auf dem expandierenden Buchmarkt nur von denen des Romans übertroffen.[3] Und in dem Maße, in dem die Reiseliteratur ein breites und heterogenes Publikum eroberte, stieß sie auch zunehmend auf Lese- und Rezeptionsgewohnheiten, die durch die epische Belletristik geprägt waren. Nicht zuletzt vor dem Hintergrund dieser Entwicklung vollzog sich auch in diesem intermedialen Kontext ein nicht unwesentlicher Wandel im Verhältnis dieser beiden Litera-turgattungen zueinander.

Bis in die erste Hälfte des 18. Jahrhunderts hatten die Zeichen dafür allerdings vor allem auf Abgrenzung gestanden. So warnte die frühaufklärerische Publizistik das Lesepublikum eindringlich davor, seine an Abenteuerromanen und Robinsonaden ausgebildeten Erwar-tungshaltungen auf die Lektüre von faktologischen Reisebeschreibungen zu übertragen. Der »Patriot«, die bedeutendste moralische Wochenschrift der 1720er Jahre, hatte etwa

---

1 Vgl. dazu aus der Perspektive des Reiseromans: Zimmermann, Harro: Streifzüge durch das Zeitalter der Revolution. Zu den politischen Reiseromanen Johann Friedrich Ernst Albrechts, in: Reisen im 18. Jahrhundert. Neue Untersuchungen. Hg. von Wolfgang Griep und Hans-Wolf Jäger, Heidelberg 1986 (= Neue Bremer Beiträge, 3). S. 200-223, insbes. S. 203-206.

2 Zimmermann, Eberhard August Wilhelm: Einleitung. Ueber den Vorzug der neuern Reise-Methoden vor denen der Alten, in: ders.: Taschenbuch der Reisen, oder unterhaltende Darstellung der Entdeckungen des 18. Jahrhunderts in Rücksicht der Länder-, Menschen- und Produktenkunde. Erstes Bändchen. Leipzig 1802. S. 1-28, hier: S. 1.

3 Vgl. dazu: Griep, Wolfgang: Reiseliteratur im späten 18. Jahrhundert, in: Deutsche Aufklärung bis zur Französischen Revolution 1680-1789. Hg. von Rolf Grimminger (= Hansers Sozialgeschichte der deutschen Literatur. 3.2). München/Wien 1980. S. 739-764, hier: S. 739.

seine Leser nachdrücklich aufgefordert:»Wollen uns demnach einige aberwitzige Bücher und Reisebeschreibungen etwas abentheuerliches von Menschen aus fernen Ländern erzehlen; so haben wir solches für verdächtig zu halten.«[1]

Daher umgaben sich die in der ersten Jahrhunderthälfte überaus erfolgreichen und massenhaft produzierten »Robinsonaden« oftmals mit dem Anschein faktischer Beschreibung und gestalteten zur Erhöhung ihrer Glaubwürdigkeit auch Verweise auf die einschlägigen zeitgenössischen Reisehandbücher ein,[2] wenngleich sie im Rahmen einer dominanten, ebenso trivialen wie stereotypen Abenteuerdramaturgie, unter deren Vorzeichen sie ihre »Helden« auch das westeuropäische Ausland durchstreifen ließen, diese oftmals geradewegs vom französischen Hof direkt in die Bastille führten, um sie von dort natürlich auf wundersame Weise wieder entkommen zu lassen.[3] In umgekehrter Weise orientierten sich aber auch schon relativ früh auf Erfolg bedachte Autoren von Reisebeschreibungen an den Lesegewohnheiten ihres Publikums. So durchsetzte beispielsweise der preussische Baron Karl Ludwig von Pöllnitz seine »Nachrichten« über die von ihm absolvierten Reisen zu den vornehmsten Höfen Europas, die als »Bädeker« für die unumgängliche aristokratische Kavalierstour viel gelesen wurden, mit memoirenhaften und am zeitgenössischen galanten Roman ausgerichteten Partien, um mit der Schilderung seiner diversen amoureusen Abenteuer im Paris der 1730er Jahre zugleich auch die voyeuristischen Unterhaltungsbedürfnisse seiner adeligen Leser zufrieden zu stellen - ein genau kalkuliertes Vorgehen des hochverschuldeten Abenteurers, der unter dem Druck seiner Gläubiger zum Zwecke der Schuldentilgung zur Feder greifen mußte.[4]

---

1 Der Patriot. Hamburg: Johann Christoph Kißner. 1/1724-3/1727. ND hg. von Wolfgang Martens. 4 Bde. Berlin: de Gruyter & Co., 1969/84, hier: 2/1725. No. 94. S. 337 f.; Vgl. in diesem Zusammenhang auch: Martens, Wolfgang: Zur Einschätzung des Reisens von Bürgersöhnen in der frühen Aufklärung am Beispiel des Hamburger »Patrioten«, in: Griep/Jäger: Reisen im 18. Jahrhundert. S. 34-49.

2 So verwies etwa der Autor des 1723 erschienenen »Schlesischen Robinson« bei der Charakterisierung des Frankreich-Aufenthaltes seines Protagonisten seine Leser auf den gerade erschienenen »Séjour de Paris« von Joachim Christoph Nemeitz als relevante Hintergrundlektüre, die die Authentizität der Eindrücke seines Romanhelden in der französischen Kapitale bekräftigen könne: Anonym (= Stieff, Christian): Der Schlesische Robinson Oder Frantz Anton Wentzels v. C**, eines schlesischen Edelmanns Denckwürdiges Leben, seltsame Unglücks=Fälle und ausgestandene Abentheuer, Aus übersendeten glaubwürdigen Nachrichten, so wol zur Belustigung des Lesers, als Unterrichtung Adelicher Jugend in Druck gegeben, 2 Theile. Breslau und Leipzig: Ernst Christian Brachvogel 1723/24. insbes. Theil 2. S. 214.

3 Vgl. dazu etwa: Anonym: Heinrich Loewenthals wahrhaffte und wunderbare Begebenheiten, Welche sich auf seinen Reisen in Deutschland, Pohlen, Franckreich, Holl= und Engelland, ingleichen in Afrika ereignet haben. Von ihm selbsten beschrieben. o.O. 1754. insbes. S. 425-428.

4 Vgl. dazu: Pöllnitz, Karl Ludwig von: Mémoires de Charles Louis Baron de Pöllnitz, contenant les observations qu'il a faites dans ses voyages et le caractère des personnes, qui composent les principales cours de l'europe, 3 tms. Liège: Joseph Demen 1734; 4 tms., ebd., 1735 u.ö; Francfort: aux dépens de la compagnie [5]1738; in deutscher Übersetzung: Nachrichten Des Baron Carl Ludwig von Pöllnitz, Enthaltend, Was derselbe auf seinen Reisen Besonderes angemercket, Nicht weniger Die Eigenschafften dererjenigen Personen, Woraus die Vornehmsten Höfe in Europa bestehen. Aus der Frantzösischen neu=verbessert= und um ein ansehnliches vermehrten zweyten Edition ins Teutsche übersetzt, 3 Theile. Franckfurth am Mayn 1735; als Fortsetzung erschien: Ders.: Nouveaux Mémoires du Baron de Pöllnitz, contenant l'histoire de sa vie et la relation de ses premières voyages. 2 tms. Amsterdam: Franz Changuion 1737; dt.: Des Freyherrn von Pöllnitz Neue Nachrichten Welche seine Lebens=Geschichte Und eine Ausführliche Beschreibung Von Seinen ersten Reisen In sich enthalten / Wie sie nach der neuesten Auflage aus dem Frantzösischen in das Hoch=Deutsche übersetzet worden. 2 Theile. Franckfurt am Mayn: Gedruckt auf Unkosten der Gesellschafft 1739; zu Pöllnitz und seinen Reisebüchern vgl.: Droysen, Karl Gustav: Baron von Pöllnitz, in: Ders.: Geschichte der Preußischen Politik. Vierter Theil. Vierte Abtheilung: Zur Geschichte Friedrichs I. und Friedrich Wilhelm I. von Preußen. Leipzig

Vor diesem Hintergrund suchte die sich weniger auf das »delectare« als auf das »prodesse« kaprizierende Frühaufklärung gerade unter lesepädagogischen Vorzeichen den Unterhaltungswert der Lektüre auf deren nützlichkeitsorientierten Informationsgehalt und moralischen Belehrungscharakter zu beziehen und so vom gefährlichen Konsum 'lügenhafter' Fiktion abzugrenzen. Schon Samuel von Pufendorff empfahl zur »Information eines Knaben von Condition«:

> »Schließlich ist auch dieses zu erinnern / wenn etwan mit der Zeit ein junger Edelmann einige Bücher wolle zur Lust lesen / daß er sich hierzu nicht bediene amoureuser Verse oder Gedichte und Romanen (...). Sondern ist meines Erachtens das anmuthigste / nützlichste und keuscheste Divertissement / Voyagen zu lesen / und solche Bücher / die Fremde Völcker / Landschafften / Natur und Beschaffenheit beschreiben.«[1]

Daher distanzierten sich die der Aufklärungsbewegung verpflichteten Autoren in expliziter Weise von fiktional vorgeprägten Erwartungshaltungen ihrer Leser. Johann Peter Willebrandt, Autor eines weitverbreiteten Reisewerks über das westeuropäische Ausland, erklärte 1758 programmatisch: »Erwartet von mir keine Abentheuervolle Reisebeschreibung, keine Romanen, Erdichtungen oder Großsprechereyen.«[2] Analog dazu wurden die fiktionalen Gestaltungselemente, die auch jeder noch so faktologisch ausgerichtete Reisebericht schon alleine durch das Moment seiner nachträglichen Redaktion enthielt, möglichst vollständig in den Hintergrund gedrängt und in rein pragmatischer Intention als Legitimationsstrategie nur auf die Beglaubigung der Wahrhaftigkeit des Berichteten ausgerichtet. Die Eingestaltung subjektiver Begleitumstände diente damit primär dem Nachweis der Objektivität der Darstellung.[3] Und die für die Gattung gängige und charakteristische Darstellung in Form von additiv aneinandergereihten Reisebriefen, deren Adressaten höchstens in topischer Weise rudimentär angedeutet wurden - wie etwa in Keyßlers »Neuesten Reisen«, jener weitverbreiteten, in den 1740er Jahren erstmals publizierten Reisebeschreibung[4] - , bezog sich in erster Linie auf die ebenfalls Authentizität suggerierende Nachstellung der pragmatisch üblichen, alltagskulturell verankerten Form, in der die Reisenden Kontakt zur Heimat hielten und - das persönliche Gespräch ersetzend - ihre primären sozialen Bezugsgruppen über ihren Auslandsaufenthalt in Kenntnis setzten.

In dem Maße aber, in dem die Abenteuerromane in der Gunst des Publikums an Boden verloren , die »wirklichen Reisebeschreibungen« - wie 1784 in der »Berlinischen Monatsschrift« vermerkt wurde - gegenüber den vormals so beliebten »erdichteten« »überhand«

1870. S. 97-126, insbes. S. 104 f.; zu Pöllnitz' romanhaft ausgestalteten Pariser Abenteuern vgl. etwa: Neue Nachrichten ..., a.a.O. Erster Theil. S. 306 ff., 327 ff., 472 ff. u.ö.

1 Pufendorff, Samuel von: Samuels Freyherrn von Pufendorff Unvorgreiffliches Bedencken Wegen Information eines Knaben von Condition. Hg. von Johann David Müller. o.O. 1721. S. 12.

2 Willebrandt, Johann Peter: Historische Berichte und Practische Anmerckungen auf Reisen in Deutschland, in die Niederlande, in Frankreich, England, Dänemark, Böhmen und Ungarn. Mit einer Vorrede herausgegeben von Gottfried Schütze. Hamburg: in der Bohnischen Buchhandlung 1758.

3 Vgl. dazu: Stewart a.a.O. S. 34 f.

4 Vgl. dazu: Keyßler, Johann Georg: Neueste Reisen durch Teutschland, Böhmen, Ungarn, die Schweitz, Italien und Lothringen, worinnen der Zustand und das Merckwürdigste dieser Länder beschrieben, und vermittelst der Natürlichen, Gelehrten und Politischen Geschichte, der Mechanik, Maler= Bau= und Bildhauerkunst, Münzen und Alterthümer wie auch mit verschiedenen Kupfern erläutert wird, 2 Bde. Hannover: im Verlage sel. Nicolai Försters und Sohns Erben Hofbuchhandlung 1740/41; sowie: Siebers, Winfried: Johann Georg Keißlers »Neueste Reisen durch Teutschland, Böhmen, Ungarn, die Schweitz, Italien und Lothringen« (1740/41). Adelige Tradition und bürgerlicher Wandel in der Reisebeschreibung der frühen Aufklärung. Masch. Magisterarbeit. Osnabrück 1984, insbes. S. 79-83.

nahmen[1] und die Gattungsunterschiede auch im Rezeptionshorizont des Lesepublikums Konsistenz gewonnen hatten, gestaltete sich die Beziehung zwischen Reisebeschreibung und epischer Belletristik weniger problematisch.

Zudem waren mittlerweile die traditionellen Vorbehalte gegenüber dem tugendgefährdenden und wirklichkeitsflüchtigen Gehalt romanhafter Fiktion mehr und mehr in den Hintergrund getreten, insofern sich die Romanproduktion der realistischeren Erfassung der gesellschaftlichen Wirklichkeit anzunähern begann. So hatte Johann Jacob Bodmer schon 1741 prognostiziert, daß sich »der Roman nach und nach bis zur Würde der Historie« erheben könne, »welche in dem höchsten und äussersten Grade der Wahrscheinlichkeit bestehe«.[2] Daher wurde diesem Genre auf Grund seiner realitätserschließenden und -vermittelnden Funktion zunehmend auch zugetraut, den Leser »klug, verständig und tugendhaft (zu) machen.«[3]

Denn es habe, wie Christian Garve 1771 konstatierte, letztlich die »Beobachtung der wirklichen Welt, und der gegenwärtigen Menschen« zum Gegenstand.[4] Und da es - so Johann Carl Wezel 1780 - als »eine Dichtungsart, die am meisten verachtet und am meisten gelesen« werde, sich zur »wahre(n) bürgerlichen Epopee« entwickele, sei die Gattung damit zugleich im Stande, in fiktionaler und imaginativer Weise gerade durch das »Wunderbare der Handlungen« Einsichten in das »gewöhnliche Menschenleben, aus welchem sie ihre Materialien nimmt«, zu vermitteln.[5] In diesem Kontext konnte denn auch 1794 in der überarbeiteten Neu-Auflage der »Allgemeine(n) Theorie der Schönen Künste« Johann Georg Sulzers »das Abentheuerliche, Verstiegene in Handlung, in Begebenheiten und in den Empfindungen« einer überwundenen Vergangenheit dieses Genres zugeordnet werden, da »sich in unsern Zeiten der Charakter der Romane selbst dem natürlichen Charakter der wahren Geschichte immer mehr nähert«.[6]

Der zunehmenden Aufwertung des Romans wurde jedoch auch ein nicht unerheblicher Funktionswandel dieser Literaturgattung unterlegt. Angesichts einer grundlegenden Heterogenität der Gegenwart, die - im Gegensatz zur Homogenität der Antike - als immer komplexer werdende, kaum noch insgesamt übersehbare Wirklichkeit empfunden wurde, hatte es Christian Garve 1771 als allgemeine Aufgabe der verschiedenen Literaturgattungen bestimmt, »uns das Vergnügen, unter Menschen und unter Menschen aller Art zu seyn, das wir in der Wirklichkeit verloren haben, in der Erdichtung wieder (zu) verschaffen; und (...) zugleich den Theil unserer Kenntnisse (zu) ergänzen, den wir durch Erfahrung nicht mehr einsammeln können«.[7] Im Rahmen dieser symptomatischen Gegenwartsdiagnose wurde im Bereich der fiktionalen Literatur der Roman als diejenige Gattung eingeschätzt,

---

1 Anonym: Über die vielen Reisebeschreibungen in unseren Tagen. Ein Schreiben eines auswärtigen Gelehrten an Oberkonsistorialrat Gedike, in: Berlinische Monatsschrift 4/1784. S. 319-332, hier: S. 320 f.
2 Bodmer, Johann Jacob: Critische Betrachtungen über die Poetischen Gemählde Der Dichter ... Zürich und Leipzig: Orell und Gleditsch 1741. S. 54.
3 Der Zeitvertreiber eine moralische Wochenschrift. Leipzig: Jacobi 1745. 41. Stück. S. 326.
4 Garve: Einige Gedanken. S. 289.
5 Wezel, Johann Carl: Herrmann und Ulrike. Erster Band. Leipzig: in der Dykischen Buchhandlung 1780. Vorrede. S. I, III.
6 Anonym: Art.: Romanhaft, in: Sulzer, Johann Georg: Allgemeine Theorie der Schönen Künste ... Neue vermehrte zweyte Auflage. Leipzig: in der Weidmannschen Buchhandlung 1794. Vierter Theil. S. 110.
7 Garve , Christian: Betrachtungen einiger Verschiedenheiten in den Werken der ältesten und neuern Schriftsteller, insbesondere der Dichter, in: Neue Bibliothek der schönen Wissenschaften und der freyen Künste. Leipzig, 10/1770. ND in: Garve: Einige Gedanken. S. 116-197, hier: S. 130.

die die ästhetische Resynthesierung der 'Zerfällungen der Gegenwart' am ehesten zu leisten vermochte, da sie sich auf die zeitgenössische Heterogenität am besten einlassen konnte, wie Johann Gottfried Herder 1796 feststellte:

>Keine Gattung der Poesie ist von weiterem Umfange, als der Roman; unter allen ist er auch der verschiedensten Bearbeitung fähig (...). Die größtesten Disparaten läßt diese Dichtungsart zu.«[1]

Und bei Friedrich Schlegel wurde der Roman 1797 als Ort der »Mischung aller Dichtarten«, als Mittel der »Vermischung und Verflechtung sehr heterogener Bestandtheile« sowie als »Vereinigung (...) der absoluten Individualität, und d(er) absoluten Universalität« zur letztmöglichen paradigmatischen Form der »Darstellung des Zeitalters« erhoben.[2] Aber Schlegel zählte in dieser Hinsicht zu den »Werke(n) (,) die mit (dem) Rom(an) verwandt sind«, gerade auch die »indiv.(iduellen) Reisebeschreibung(en)«.[3]

Damit bezog sich der bedeutendste Theoretiker der Frühromantik aber offensichtlich nicht mehr auf die traditionelle enzyklopädische Ausrichtung der Reiseliteratur, die in der ersten Jahrhunderthälfte einen gattungsgeschichtlich dominanten Faktor dargestellt hatte und im Zeichen des aufklärerischen Kampfes gegen ständisch-selektive Wahrnehmungsbeschränkungen durch die Propagierung einer allumfassenden Inventarisierungsintention im Zeichen einer allgemeinen Vernunft die Entsubjektivierung des Genres zu Gunsten einer nüchternen Protokollierungshaltung festgeschrieben hatte, so daß noch Johann Friedrich Karl Grimm 1771 programmatisch feststellte:

>Wer reist, um anzumerken, muß sich ja auf seinen Bleistift mehr, als auf seinen Kopf verlassen, und seine durch gute Sinne erhaltene Begriffe nicht ins Gehirne, sondern aufs Papier mahlen, und sie (...) abdrucken lassen.«[4]

Denn die Intention einer von standesspezifischen Beschränkungen wie von subjektiver Willkür gelösten und damit ebenso umfassenden wie 'vorurteilsfreien' Erfassung der gesellschaftlichen Realität stieß mit ihrem impliziten Universalitäts- und Totalitätsanspruch in der Praxis angesichts der steigenden Komplexität der Erfahrungsräume, mit denen sich die Reisenden konfrontiert sahen, rasch an pragmatische Grenzen. So mußte Grimm seine Leser mit Blick auf die unüberschaubare urbane Metropole der Weltstadt Paris bald mit der Mitteilung bescheiden:

>Es ist meine Absicht nicht, Ihnen von dieser Welt im Kleinen eine vollständige Beschreibung zu geben. Hierzu kann ich mich nicht lange genug aufhalten, es erfordert das Leben mehr als eines Menschen, und einen Ueberfluß von Hülfsmitteln, der wiederum einzelnen Personen meistens fehlt.«[5]

Die Reisenden kamen als Passagiere wie als Berichterstatter daher nicht umhin, individuelle Schwerpunkte zu setzen. Dies aber war mittlerweile um so leichter möglich und zu rechtfertigen, als im Kontext der Individualisierungstendenz des bürgerlichen Bildungsideals die zeitgenössische Apodemik die reflexive Selbsterfahrungskomponente der Reisepraxis stärker akzentuierte. Der Passagier sollte in der Fremde sich nicht mehr nur

---

1 Herder, Johann Gottfried: Briefe zu Beförderung der Humanität. Achte Sammlung. Riga: Hartknoch 1796/99. S. 98 f.
2 Schlegel, Friedrich: Fragmente zur Poesie und Literatur. Erster Teil. Mit Einleitung und Kommentar hg. von Hans Eichner, Paderborn/München/Wien: Ferdinand Schöningh 1981 (= Kritische Friedrich Schlegel-Ausgabe, 16). Heft V. Fr. 55. S. 90; Heft X. Fr. 99. S. 354; Heft V. Fr. 436. S. 121; Heft V. Fr. 493. S. 125.
3 Ebd. Heft V. 1797. Fr. 585. S. 134.
4 Grimm a.a.O. Bd. 1. Vorrede. S. IV.
5 Ebd. Bd. 1. S. 278.

vornehmlich der objektorientierten Erschließung und additiven Beschreibung neuer Erfahrungsräume widmen und allein »die Gegenstände, die er absichtlich gesehen«, deskriptiv protokollieren, sondern vor allem auch »die Empfindungen und Gedanken, die sie in seiner Seele veranlaßt« hatten und »die Betrachtungen, die er darüber gemacht« hatte, erfassen.[1] Die durch die Fremderfahrung ausgelöste Reflexion hatte ihn insbesondere zu »lehren, was das heißt, Mensch zu seyn«: er sollte »sich selbst kennen lernen«[2] und gleichermaßen »zur Bildung seines Herzens, seines Verstandes und seines Geschmacks reisen«[3]. Damit aber verschob sich der Schwerpunkt der apodemischen Bestimmungen zu Gunsten der Emanzipation der subjektiven und individuellen Empfindungsstrukturen des Reisenden. Nicht mehr nur die Authentizität seiner 'vorurteilsfreien' sinnlichen Wahrnehmung, sondern auch die seiner - kognitiven, moralischen und ästhetischen - Empfindungen und Beurteilungen wurde nun zum zentralen Wahrnehmungs- und damit auch zu einem unverzichtbaren Darstellungskriterium erhoben. In diesem Sinne forderte daher Friedrich Justinian von Günderode in seiner für das gewandelte Problembewußtsein der 1780er Jahre beispielhaften Apodemik denn auch:

> »Ein jeder hat seine eigne Art zu sehen, und diese ist für ihn am angemessensten; ein weniger richtiges Urtheil selbst gefällt, ist mir lieber, als ein weit schärferes durch anderer Augen gesehen, nach anderen Empfindungen geleitet. Das Urtheil ist ein Ding wie Liebe, es muß von eignen Empfindungen herrühren, oder es taugt nichts.«[4]

Aber auch der Standardisierungsgrad des Reiseverhaltens und der mit ihm verbundenen Besichtigungsprogramme, die auch im Zeichen der Aufklärung bald wieder ebenso invariant wurden, wie sie es zur Zeit der Kavalierstouren gewesen waren, legte es - gerade angesichts einer sich seit den 1770er Jahren stetig verdichtenden Folge von Reisebeschreibungen über das westeuropäische Ausland - nahe, die publizierten Reiseberichte individueller auszugestalten. Daher übertrug Günderode die neuen Akzentsetzungen seiner Apodemik auf die Rechtfertigung der 1783 erfolgten Veröffentlichung seiner »Reise aus Teutschland durch einen Theil von Frankreich, England und Holland«:»Freilich ist es nicht die erste Reisebeschreibung von diesen Ländern; da (...) aber (...) überhaupt auch jeder seine eigne Art zu sehen und zu urtheilen hat, so ist selbst schon diese Verschiedenheit (...) wichtig und unterhaltend.«[5]

Das Erkenntnisinteresse der Leser wurde damit von der gegenstandsorientierten Information auf die subjektzentrierte Aneignungs- und Verarbeitungsform der Realität, die diese konstituierte, gelenkt. Das Reisen wurde als Mittel reflexiver Selbsterfahrung gefaßt, der Reisebericht zunehmend zu einem Medium moralischer Reflexion ausgestaltet und damit auch als Dokument wahrnehmender Subjektivität legitimiert. Der - in Schlegel'schen

1 Anonym (= Posselt, Franz): Apodemik oder die Kunst zu reisen. Ein systematischer Versuch zum Gebrauch junger Reisenden aus den gebildeten Ständen und angehender Gelehrten und Künstler insbesondere, 2 Bde., Leipzig: Breitkopf 1795. Bd. 2. S. 387.

2 Anonym (= Dahlberg, Carl Theodor Anton Maria, Reichsfreiherr von): Schreiben des Freiherrn von D... an den Grafen von S... über die beste Art mit Nutzen zu reisen, in: Johann Bernoullis Sammlung kurzer Reisebeschreibungen und anderer zur Erweiterung der Länder- und Menschenkenntnis dienender Nachrichten. Bd. 9, Berlin 1783. S. 385-414, hier: S. 404.

3 Posselt: Apodemik. Bd. 1. S. 270.

4 Günderode: Gedanken über Reisen. S. 13.

5 Anonym (= Ders.): Beschreibung einer Reise aus Teutschland durch einen Theil von Frankreich, England und Holland. 2 Theile. Breslau: Johann Ernst Meyer 1783. Theil 1. Vorrede. S. XII.

Termini: - 'absoluten Universalität' begann sich die 'absolute Individualität' komplementär dazuzugesellen, ja, beide Elemente wurden zunehmend in ihrem wechselseitigen Bedingungsverhältnis begriffen.

Vor dem Hintergrund dieser allgemeinen Entwicklung gewannen die Autoren von Reisebeschreibungen einen größeren Spielraum, fiktionale Elemente in expliziter Weise in ihre Berichte einzugestalten. Die enzyklopädische Tradition der Gattung wurde dabei keineswegs vollständig außer Kraft gesetzt. Aber sie wurde zuerst ergänzt und darüber hinaus bald neu perspektiviert und fundiert durch die Propagierung, Anwendung und exemplarische Vorführung fiktionalisierter Wahrnehmungs- und Darstellungsmuster.[1] So widmete sich etwa Friedrich Rudolf Salzmann 1780 in seiner »Schrifttasche auf einer neuen Reise durch Teutschland, Frankreich, Helvetien und Italien gesammelt«, zwar weithin der traditionellen statistischen Deskription der von ihm bereisten Gegenden.[2] Doch stellte er den entsprechenden deskriptiven Partien zahlreiche kleine Anekdoten, moralische Erzählungen, Reflexionen und plastische Schilderungen symptomatisch stilisierter Figuren an die Seite, die pointiert, witzig und schlaglichtartig jene Momente der Alltagsrealität freilegen sollten, die mit den Mitteln statistischer Inventarisierung kaum adäquat einzufangen waren.[3] Dieses Verfahren, »Prose und Poesie in meine(r) Schrifttasche zusammengetragen (zu) haben«,[4] rechtfertigte Salzmann ebenso mit wahrnehmungspsychologischen und produktionsästhetischen wie mit rezeptionsästhetischen Argumenten. Zum Einen wies er auf die notwendige Transzendierung der Schranken einer nivellierenden statistischen Deskription hin, da die zwar unabdingbare aber durch sie zum Fetisch erhobene »Treue in Untersuchungen oft den Geist ermattet, die Lebhaftigkeit tödtet, (...) den Funken des Genies auslöscht, und eine Menge witziger Einfälle und unerwarteter Bemerkungen zernichtet«,[5] mithin die imaginative Fähigkeit behindere, Neues zu entdecken, statt nur Altes zu komplettieren. Daher konstatierte der Reisende ironisch, er »entsage« dem traditionsgebundenen »Vorhaben, eine förmliche Reisebeschreibung bekannt zu machen«, um vielmehr »alle die einzelnen Bemerkungen, Anekdoten, Gedanken, Beobachtungen, Beschreibungen und Nachrichten, so wie ich sie bei Gelegenheit auf Stücke Papier niedergeschrieben und in meine Schrifttasche gelegt habe«, in Form einer »buntschäckigte(n) Mischung, die ich für die natürlichste und treueste Schilderung des Lebens eines Reisenden halte«, zu

---

1 Vgl. dazu auch: Segeberg, Harro: Die literarisierte Reise im späten 18. Jahrhundert. Ein Beitrag zur Gattungstypologie, in: Reise und soziale Realität am Ende des 18. Jahrhunderts. Hg. von Wolfgang Griep und Hans-Wolf Jäger. Heidelberg 1983 (= Neue Bremer Beiträge, 1). S. 14-31.

2 Anonym (= Salzmann, Friedrich Rudolf): Schrifttasche auf einer neuen Reise durch Teutschland, Frankreich, Helvetien und Italien gesammelt. Enthält besondere Anekdoten, Bemerkungen und Erzählungen. Erstes Bändchen (mehr nicht erschienen), Frankfurt und Leipzig: Johann Georg Fleischer 1780. Vgl. dazu etwa den Abschnitt über Lyon, ebd. S. 224-316 mit den Rubriken: »Lyon. Klima in Lyon. Kriegsverfassung. Regierungsform. Einkünfte der Stadt Lyon. Bevölkerung. Merkwürdige Gebäude und Plätze. Alterthümer in Lyon. Straßen; Begräbniß. Aufschriften. Bürgerrecht in Lyon. Toleranz. Sitten und Charakter der Lyoner. Tans und Musik der Franzosen. Von dem schönen Geschlechte in Lyon. Theater. Handel in Lyon. Fabriken. Von der Seide, in Rücksicht auf Lyon. Handelsgerichtsbarkeit. Börse in Lyon. Lyon, Erzbistum. Geistlichkeit. Schulanstalten. Weltliche Gerichtsbarkeit. Hospitäler in Lyon. Zustand der Wissenschaften in Lyon. Zustand der Künste in Lyon. Die Gegend um Lyon.«

3 Vgl. dazu im genannten Abschnitt etwa die entsprechenden Rubriken: »Beredsamkeit eines Charlatan. Die weißen Handschuhe. Beyspiele von Uneigennützigkeit. Ein Diebsstreich besonderer Art. Für viele eine Kleinigkeit. Eine literarische Anekdote.«

4 Ebd. S. 8.

5 Ebd. S. 4.

publizieren.[1] Zum Anderen aber legitimierte er sein Vorgehen auch rezeptionsästhetisch mit der alten aufklärerischen »Erfahrung, (...) daß der Witz bisweilen die unangenehmsten Wahrheiten (...) umwickelt« und diese oft nur so »den verzärtelten Patienten beygebracht« werden könnten.[2] Doch letztlich lag seiner Wahrnehmungsstrategie und Darstellungsweise auch die Rücksicht auf die segmentierten Erwartungshaltungen des breiten Lesepublikums zu Grunde, das nicht nur informiert, sondern auch unterhalten werden wollte:

> »Mir deucht, der Leser müsse bey dieser Einrichtung gewinnen. So wie mich kein Plan gezwungen hat, zu sagen, was ich nicht wollte; so dürfen andere auch nur lesen, was sie wollen, und unter den verschiedenen Rubriken diejenigen herauswählen, die sie unterhalten können, auch das Buch jeden Augenblick weglegen, und der Langenweile entgehn, weil die Artikel kurz sind, und überall eine große Mannigfaltigkeit herrscht.«[3]

Imaginative, literarisch vermittelte und in den Lesegewohnheiten des Publikums wie in seinen Unterhaltungsbedürfnissen sedimentierte Erfahrungs- und Vorstellungsräume produktiv auf die Realitätserschließung und -aneignung zu übertragen, bemühte sich auch Heinrich Storch, wenn er sich und seine Leser schon zu Beginn seiner Frankreich-Reisebeschreibung bei der Schilderung seiner Ankunft in Straßburg dazu aufforderte, sich vorzustellen, statt in der ehemaligen deutschen Reichsstadt »in einem chinesischen Hafen« oder wie »der Otaheiter Omai an den Ufern der Themse«, also in einem gänzlich anderen Kulturkreis, gelandet zu sein.[4] Denn da der Reisende - wie auch mancher Leser - angesichts des allgegenwärtigen französischen Kultureinflusses in Deutschland »bekannt (...) mit den Sitten des Volks zu seyn glaubte, welches ich jetzt besuchte«, tendierte er leicht dazu, sich mit einem achselzuckenden Wiedererkennen des vermeintlich Vertrauten zu begnügen.[5] Daher aktivierte Storch bewußt einen abenteuerromanhaft vorgeprägten Exotismus im Sinne eines Verfremdungseffektes als Wahrnehmungsmuster, um das »Auffallende in Sitten, Gebräuchen und Sprache« des Volks, dessen Perzeption »dem Reisen seinen anziehendsten Reiz, den Reiz der Neuheit und Mannigfaltigkeit, schenkt«,[6] überhaupt erfahrbar zu machen und eine wirkliche *Fremd*erfahrung ebenso zu ermöglichen, wie eine kritische Außenperspektive.

Die Eingestaltung literarisch vorgeprägter Wahrnehmungs- und Bewertungsmuster wurde jedoch insofern auch immer notwendiger, als das Image fremder Länder nicht zuletzt belletristisch bestimmt wurde. Dies galt angesichts der Diffusion französischer Modelektüre in Deutschland gerade für Frankreich als Zielkultur. So reflektierte beispielsweise Sophie von LaRoche in ihrem »Journal einer Reise durch Frankreich« aus dem Jahr 1787, daß sie »mit einem zu günstigen Vorurtheil nach Frankreich gekommen« war.[7] Denn sie mußte sich auf Grund des durch die zeitgenössische Verbreitung der französische Belletristik »in unserm ganzen Teutschland herrschende(n) Gedanken(s), als ob Frankreich alles Angenehme in sich schließe«, bemühen, durch eigene Anschauungen selbst »richtige Begriffe von (...) alle (...) dem, was uns von diesem Land erzählt und geschrieben wird«,

---

1 Ebd. S. 6 f.
2 Ebd. S. 4.
3 Ebd. S. 8 f.
4 Storch: Skizzen. S. 4
5 Ebd. S. 3. Vgl. auch: S. 288: » Jeder, der nach Frankreich kommt, glaubt alte Bekannte vor sich zu finden; er sieht seine Sitten, seine Gebräuche: er irrt; es sind französische Sitten, französische Gebräuche, die aber im Norden so gut, als im Süden, gangbar sind«.
6 Ebd. S. 4.
7 Anonym (= La Roche, Sophie von): Journal einer Reise durch Frankreich, von der Verfasserin von Rosaliens Briefen. Altenburg: in der Richterschen Buchhandlung 1787. S. 156.

zu erlangen.[1] Ihre ernüchternden Erfahrungen in dem »Zauberort« Paris, der sich bald als Stätte eines weitverbreiteten Elends erwies, standen dabei in einem von ihr bewußt thematisierten Kontrast zum literarisch vermittelten Frankreich-Bild:

> »auch übersteigt die Armuth des Volks und der hohe Grad Unreinlichkeit (...) alle Vorstellungen, und wir betrügen uns sehr, wenn wir jede Pariserin nach ihrer Art für eine nett geputzte Puppe halten, wie Herr Retif la Bretonne sie in den Erzählungen seiner Zeitgenossen beschreibt und in Kupfer darstellt.«[2]

Stattdessen griff die empfindsame Aufklärerin auf ein ebenfalls literarisch vorgeprägtes Erkundungsmuster zurück, das wesentlich dazu beitrug, ihre Wahrnehmung für die Perzeption derartiger Kontraste zu sensibilisieren: auf den Spuren des Sterne'schen Romanhelden des »Sentimental Journey through France and Italy« reisend, wünschte sie sich, »wie Yorick die Gabe« zu haben, »aus dem vorübereilenden beweglichen Gemälde« ihrer Umgebung »einige Stücke auszuheben« und »sie mit guten Bemerkungen zu umfassen«, wobei die Beobachterin vor allem das »immer dauernde reine Gefühl meiner Seele« zum moralisch ausgerichteten, alleine maßgeblichen Wahrnehmungskriterium erhob und sich so bemühte, »jede Erscheinung der Natur aufzufassen und jedes schöne Verdienst der Menschenwelt zu bemerken«, was allerdings ihrer Neigung zur allzu vorschnellen Harmonisierung der von ihr durchaus wahrgenommenen gesellschaftlichen Widersprüche durchaus Vorschub leistete.[3]

Aber nicht nur hinsichtlich der inhaltlichen Mobilisierung literarisch vorgeprägter Wahrnehmungsstrategien, auch formal hatte mit dem rapiden Durchbruch der Reiseliteratur auf dem Buchmarkt seit den 1770er Jahren eine Annäherung der Reisebeschreibung an den vielgelesenen zeitgenössischen Roman stattgefunden. Und diese bestand vor allem in der Übernahme figuralisierter Darstellungsweisen. Wie der Roman durch eine Konstellation von Figuren dem Leser gesellschaftlich repräsentative soziale Verhaltensweisen vorführte, ihm ihn involvierende Identifikationsangebote offerierte, im Bezugsgeflecht der Figuren untereinander ein multiperspektivisches Aussagensystem ausbreitete und ein Spektrum konkurrierender, oftmals vom Erzähler gesteuerter Deutungsmöglichkeiten anbot, so nutzten auch die Autoren von Reisebeschreibungen zunehmend die Eingestaltung von Figuren, um ihre Berichte zu umrahmen, am Lesergeschmack orientierte Apellstrukturen auszubilden, zusätzlich implizite Reflexionsebenen auszugestalten und den Beobachtungsraum um weitere Perspektiven aufzufächern. Dies geschah vornehmlich auf zwei Ebenen: auf der Ebene der Ausgestaltung einer Konstellation von Adressatenfiguren, auf die die aus der Fremde gerichteten Reise-Briefe als fiktive Dialogpartner bezogen wurden, und auf der Ebene der Beschreibung von Begleiterfiguren, deren ergänzende oder abweichende Urteilsperspektive der reisende Berichterstatter einbezog oder in einer dialogisch verlebendigten diskursiven Auseinandersetzung stellenweise selbst zum Gestaltungselement seiner Darstellung erhob.

Die in der Reiseliteratur der ersten Hälfte des 18. Jahrhunderts nur rudimentär als rein pragmatisches Authentizitätssignal angedeuteten (Reise-) Briefpartner gewannen damit im

---

1 Ebd. S. 1, 560.
2 Ebd. S. 65 f. Vgl. auch ebd. S. 46 f.
3 Ebd. S. 367, 34; zur reharmonisierenden Bewertung ihrer Erfahrungen vgl. etwa: Ebd. S. 30 f., 131 oder S. 145, wo sie anläßlich eines Gipfelblicks auf Paris das für ihre Frankreich-Reise symptomatische Resumée zog: »Mögten die Reichen wohlthätig und die Leidenden geduldig seyn! und so sezte ich mich, nach einem letzten Blick wieder in die Kutsche.«

Sinne einer am zeitgenössischen Briefroman orientierten 'Dialogisierung der Aufklärung'[1] als fiktive Stellvertreter des Lesers plastischere Konturen und neue Funktionen. So konnten beispielsweise konkrete Erwartungshaltungen und Vorurteile des Publikums indirekt angesprochen und gezielt korrigiert werden. Johann Friedrich Karl Grimm konfrontierte etwa einen seiner Briefpartner, der »gern etwas recht artiges von Paris hören« wollte, bewußt mit der detaillierten Beschreibung der menschenunwürdigen und abstoßenden Zustände in der Irrenanstalt Bicêtre, »an der er sich wird laben können«, wie der Autor mit Blick auf den Leser ironisch bemerkte.[2]

Komplementär dazu wurden auch die Selbstrollenzuschreibungen der Autoren zu quasi-figuralen Identifikationsangeboten ausgestaltet, die über die pragmatisch-aufklärerische Forderung hinausgingen, daß der Autor einer Reisebeschreibung seinen eigenen Standort und seine Urteilsperspektive explizit anzugeben habe, um deren kritische Beurteilung zu ermöglichen. Indem sich Franz von Hartig »als Freund, nicht als Geograph oder Geschichtsschreiber« an seinen Dialogpartner und damit an das Publikum wandte, Heinrich Storch den »Freund Leser« immer wieder direkt ansprach oder Sophie von La Roche ihr - stellvertretend für eine überwiegend weibliche Leserschaft - ausdrücklich an die eigenen Töchter adressiertes Reisetagebuch publizierte,[3] wurde durch derartige wechselseitige figural-personale Bezüge ein fiktiver Rahmen freundschaftlich-intimer Kommunikation hergestellt, der sich - wie Johann Friedrich Reichardt in seiner Frankreich-Reisebeschreibung 1792/93 - gerade »Vertraute(r) Briefe« bediente, um den Berichterstatter freizusetzen vom Druck des öffentlichen, auf statistische Informationsvollständigkeit ausgerichteten abstrakten Diskurses und dem Leser eine konkret-lebensunmittelbare, identifikatorische Verstehensrolle zuzuschreiben.[4] Darüber hinaus fand die freie Entfaltung individueller Realitätsaneignung und -perspektivierung, wie sie sich paradigmatisch zuerst im zeitgenössischen Roman manifestiert hatte, darin auch einen formalen und auf die Lesegewohnheiten des Publikums rekurrierenden Ausdruck.

Die durch die figurale Umrahmung hergestellte Verknüpfung divergenter Kommunikationssituationen, die die private Mitteilung dem öffentlichen Diskurs implementierte, eröffnete aber zugleich auch eine selbstreferentielle Reflexionsebene, die die Voraussetzungen der vermittelten Wahrnehmungsperspektiven wie ihrer Mitteilung thematisierbar machte. In seinen 1791/92 erschienenen »Bemerkungen auf einer Reise durch einige teutsche, schweizer- und französische Provinzen in Briefen an einen Freund« nutzte Wilhelm Ludwig Steinbrenner die Form der an seinen Briefpartner gerichteten Schreiben nicht nur dazu, dessen Fragen, Einwürfe und Vorbehalte einzugestalten und seine eigene Schreib- als Erinnerungssituation zu kennzeichnen, indem er etwa darauf hinwies, »daß ich dieses 1790 schreibe und 1786 gesehen habe«; sondern er rechtfertigte mit direkten Leserappellen auch über den eigentlichen Wahrnehmungsanlaß hinausgehende »kleine Digressionen« und machte die erzählerisch hergestellte Möglichkeit, sich »im Geist wieder« in die Fremde zu »versezzen« - ganz so, »als wären wir noch da«, - als eine

---

1 Vgl. dazu: Vosskamp, Wilhelm: Dialogische Vergegenwärtigung beim Schreiben und Lesen. Zur Poetik des Briefromans im 18. Jahrhundert, in: DVjS 45/1971. S. 80-116.
2 Grimm: Bemerkungen eines Reisenden. Bd. 2. S. 5.
3 Hartig a.a.O. S. 5. Storch a.a.O. S. 36. La Roche a.a.O. S. 1 f.
4 Vgl. dazu etwa: Anonym (= Reichardt, Johann Friedrich): Vertraute Briefe über Frankreich. Auf einer Reise im Jahr 1792 geschrieben. 2 Theile. Berlin: Johann Friedrich Unger 1792/93. Erster Theil. Vorbericht des Herausgebers. S. III f., VI f., VIII.

künstliche, fiktive Unmittelbarkeit kenntlich.[1] Die seit den 1780er Jahren deutlich zunehmende Tendenz, Autor wie Leser zu Figuren eines fiktiven direkten Dialogs zu stilisieren,
diente somit nicht nur der identifikationsfördernden Illusionsherstellung,[2] sondern auch
einer Illusionsbenennung und -brechung, die thematisierte, was die scheinbar
voraussetzungslose Autopsie eines enzyklopädischen Universalismus ausklammerte, und
Realität unter neuen Prämissen freizulegen suchte, indem die alten einer impliziten
kritischen Reflexion unterzogen wurden.

Dies galt unter anderem auch für die Darstellung und Korrektur der kulturellen, sozialen,
historischen und politischen Standortgebundenheit der Verstehensperspektiven, deren
Bedeutung im ausgehenden 18. Jahrhundert immer mehr ins Bewußtsein trat. So versteckte
sich beispielsweise Ernst Moritz Arndt 1799 in Frankreich bewußt hinter einer »Schwe-
denmaske«, um den deutsch-französischen ideologischen Konfliktmechanismen zu entgehen und gleichzeitig eine kritische Außenperspektive auf die fremde wie die eigene Kultur
zu gewinnen, womit er dem Leser exemplarisch einen künstlichen Wechsel von Sozial-
und Verstehensrollen wie deren erkenntniskonstitutive Bedeutung vorführte.[3] Gleichzeitig
übertrug er aber seine Rollendistanz auch auf sein kritisches Verhältnis als Berufsautor zu
den Erwartungshaltungen seines Lesepublikums, indem er seine Erzählerrolle ironisch
ausgestaltete, um dessen Unterhaltungsbedürfnisse zu dekuvrieren.[4]

Derartige, im Roman vorgeprägte Darstellungsmuster wurden keineswegs als Selbstzweck
eingesetzt. Sie dienten vielmehr dazu, den realen (Verstehens-) Rollenhaushalt des Bericht-
erstatters wie des Lesers zu erweitern, um ihnen die Übernahme neuer Fremdperspektiven
zu erleichtern wie deren Inhalte und sozial-, kultur- und mentalitätsgeschichtliche Voraussetzungen angemessen zu vermitteln. Angesichts des durch die weitverbreitete Romanlektüre gerade figural vorgeprägten Vorstellungsraums des Lesers ließen sich durch
die ausführliche, geradezu romanhafte Beschreibung paradigmatischer individueller
Einzelschicksale, wie sie etwa ein anonym gebliebener Reisender 1791 im revolutionären
Südfrankreich sammelte,[5] nicht nur historische Entwicklungen und gesellschaftliche Zustände personalisierend veranschaulichen. Durch die plastische erzählerische oder auch in
direkter Rede vorgeführte (Selbst-) Charakterisierung von Personen und Schicksalen, die
sich nicht mehr am höfischen Kolportagemuster der Anekdote, sondern an den Inhalten
wie Darstellungsweisen moralischer Erzählungen und Romane orientierte, wurden zu-

---

1   Steinbrenner, Wilhelm Ludwig: Bemerkungen auf einer Reise durch einige teutsche, schweizer- und
    französische Provinzen in Briefen an einen Freund. 3 Theile. Göttingen: Vandenhoek und Ruprecht 1791/92.
    Bd. 1. S. 96; Bd. 2. S. 188; Bd. 1. S. 94 f; Bd. 2. S. 101; Vgl. dazu darüber hinaus: Ebd.Bd. 1. S. 42; Bd. 2. S.
    159, 161, 188, 303; Bd. 3. S. 11, 67, 81, 280, 323.
2   so Segeberg a.a.O S. 27 f.; zur entsprechenden Vorprägung dieser Strategie im Roman vgl.: Kleinschmidt,
    Erich: Fiktion und Identifikation. Zur Ästhetik der Leserrolle in deutschen Romanen zwischen 1750 und 1780,
    in: DVjS 53/1979. S. 49-73.
3   Arndt, Ernst Moritz: Bruchstücke einer Reise durch Frankreich im Frühling und Sommer 1799. 3 Theile.
    Leipzig: Heinrich Gräff 1802/03. Bd. 1. S. 123; Vgl. dazu auch: Ebd. Bd. 2. S. 131 f.: »Man weiß die Meinung,
    welche die meisten Franzosen noch immer von uns Deutschen haben (...). Ich behielt immer meine Maske als
    ein gebohrner Schwede vor, denn die Schweden schätzen sie (...). So habe ich den doppelten Vortheil, daß ich
    mit ihnen streiten kann über die Teutschen, und ihr Urtheil, und oft mein eigenes berichtigen.«
4   Vgl. dazu etwa: Ebd. Bd. 2. S. 109, 245, 445 f.
5   Vgl. dazu: Anonym: Reisen durch den größten und wichtigsten Theil Frankreichs im dritten und vierten Jahr
    der Revolution in Briefen an einen Freund in Deutschland geschrieben. Erster Theil (mehr nicht erschienen).
    Helmstedt: C.G. Fleckeisen 1796, insbes. S. 55 f. 238-246.

gleich induktiv deren Inhalte im belletristisch mitbestimmten Rezeptionsprozeß der Leser nachhaltiger verankert als durch abstrakte, deduktive Deskriptionen, wurde doch gerade durch die damit verbundene plastische Beschreibung alltäglicher Situationen ein Freiraum für die Emanzipation subjektiver Realitätsaneignung geschaffen, der die vor allem auch emotional-affektiv bestimmten Erfahrungsbedürfnisse des belletristisch vorgeprägten Lesers ansprach, wie Karl Friedrich Cramer in seinem »Tagebuch aus Paris« mit Nachdruck feststellte:

> »Mein Dafürhalten ist: Gerade Das, was *dem* Dichter, den man mit einem gemisbrauchten Worte: *Romanschreiber* nennt, jene haeufigen Leser verschafft, deren oft keiner an den ernsten Geschichtsschreiber, oder den gründlichen aber trockenen Litterator (...) rührt, ist: *Haeufung und Darstellung von Individualitaet*; sind die *kleinen Umstaende*, in noch so verrufener Umstaendlichkeit der Unbedeutendheit; ist, nicht aengstlich waehlende, tableaumaessige Zeichnung der Dinge um uns her, sondern *Zeichnung der Dinge um uns her*, jeder Gattung und unbestimmbaren Umfanges, *aus uns heraus*. Diess, - je nachdem das Subject beschaffen ist, welches sie uns giebt! (...) Dies verschafft dem Unbedeutenden selbst jenes in uns *Eingreifende*, und den uns *festhaltenden Reiz*. Haette die menschliche Neugier diess Eigenthümliche nicht: warum zoegen uns denn *Briefe, Biographien, Selbstbekenntnisse, Reisebeschreibungen*, oft so viel maechtiger, als bestaeubte Folianten und Quartanten *allgemeiner Beschreibungen und Welthistorien* an? Gerade die Anecdoten, die Umstaendlichkeit, die Alltaeglichkeiten, deren Ausmahlung niemand dem Romanschreiber verwehrt, haelt uns fest. In den *Portraiten* sehen wir unser eigen *Fleisch*, in den grossen Gemaehlden nur das *Skelett* idealischen *Gebeins*.«[1]

Und so diente auch die lebendige Beschreibung figural stilisierter Gesprächspartner und die direkte Dialogführung in geradezu interviewhaften Sequenzen mit ihnen, wie sie - in der Tradition volksaufklärerischer Didaktik - etwa Friedrich Christian Laukhard oder Samuel Christoph Wagener in ihren Reiseberichten aus dem ersten Koalitionskrieg gegen Frankreich oftmals eingestalteten,[2] der lebensunmittelbaren, durch keine berichtetende Distanz relativierten Vorführung neuer Urteilsperspektiven, die auch von exemplarisch vorgestellten Begleiterfiguren eingenommen werden konnten.[3]

Die durch eine figurale Dialogisierung in die Reisebeschreibung so hereingenommene diskursive Auseinandersetzung mit der zeitgenössischen Realität verstärkte sich in den

---

1 Cramer, Karl Friedrich: Cramers Tagebuch aus Paris. Brocken und Brosamen daraus; Bruchstücke seiner Correspondenz; Analecten herausgegeben, mit Anmerkungen, Scholien und Beylagen, von Ismael Abdallah. Bd. 1. Paris: Gedruckt in des Verfassers Buchdruckerey o.J. (= 1800). S. 23 f.

2 Vgl. dazu: Anonym (= Laukhard, Friedrich Christian): Briefe eines preußischen Augenzeugen über den Feldzug des Herzogs von Braunschweig gegen die Neufranken im Jahre 1792 und 1793). Pack 1-3. Germanien (= Hamburg/Altona: Herold) 1793/94. Pack 4. Upsala: Gustav Erichson (= ebd.) 1795, insbes. Bd.1. S.129-132, 146-155, Bd. 2 S. 23-34; Ders.: Begebenheiten, Erfahrungen und Bemerkungen während des Feldzugs gegen Frankreich. 2 Theile (in 3 Bden.). Leipzig: G. Fleischer der Jüngere in Commission 1796/97; zugleich unter dem Titel: Friedrich Christian Laukhards Leben und Schicksale von ihm selbst beschrieben. Dritter Theil, welcher dessen Begebenheiten, Erfahrungen und Bemerkungen während des Feldzugs gegen Frankreich vom Anfang bis zur Blockade von Landau enthält. Vierten Theils erste (und zweite) Abtheilung, welche die Fortsetzung (...) enthält, ebd.; ND (in 3 Bden.): Mit einem Nachwort von Hans-Werner Engels und Andreas Harms. Frankfurt a.M.: Zweitausendeins 1987. 4. Theil. 1. Abtheilung. S. 26-35, 44-47, 136 f., 149 f., 169 f., 190-194, 325-330, 428 f., 501-503, 506 f.; Anonym (= Wagener, Samuel Christoph): Ueber den Feldzug der Preußen gegen die Nordarmee der Neufranken im Jahr 1793. Von einem Beobachter, welcher die jetzigen Feldzüge der verbündeten deutschen Heere mitmacht. Stendal: Franzen und Grosse 1795, insbes. S. 318-323.

3 Zu diesbezüglichen Ansätzen in Reichardts »Vertrauten Briefen« Vgl.: Stephan, Inge: »Ich bin ja auch nicht begierig, an meinem eigenen Körper Wirkungen der Revolution zu erleben«. Kritische Anmerkungen zum Revolutionstourismus, am Beispiel der »Vertrauten Briefe über Frankreich« (1792/93) von Johann Friedrich Reichardt, in: Griep/Jäger: Reisen im 18. Jahrhundert. S. 224-240, insbes. S. 228.

1790er Jahren gerade in den Frankreich-Reiseberichten in nachhaltiger Weise, da sich diese im Zeitalter der Revolution mit einer Zielkultur auseinandersetzten, für deren Verständnis neben den Bericht von Fakten mehr denn je deren deutende Einschätzung treten mußte. Und angesichts der durch den epochalen gesellschaftspolitischen Umbruch im westlichen Nachbarland des Heiligen Römischen Reiches hier nachhaltig ideologisierten und polarisierten Kontroverse um die Bedeutung der damit verbundenen Ereignisse mußte deren notwendigerweise nur in der Auseinandersetzung mit konkurrierenden Positionen zu ermittelnde Bewertung als Prozeß einer in ihren Voraussetzungen zu reflektierenden Urteilsbildung in die Reisebeschreibung selbst verlagert und in ihr beispielhaft vorgeführt werden, um die fixierten Vorurteilsmuster des Publikums einzubeziehen und erfolgreich aufbrechen zu können. Vor diesem Hintergrund verband Karl Woyda in seinen 1798 anonym erschienenen »Vertrauliche(n) Briefe(n) über Frankreich und Paris im Jahr 1797« die bis zu diesem Zeitpunkt ausgebildeten Darstellungsformen in geradezu exemplarischer Weise. Er richtete seine Reisebriefe alternierend an zwei verschiedene Adressaten, die in ihren unterschiedlichen Erkenntnisinteressen und Informationsbedürfnissen repräsentativ waren für das heterogene Publikum einer deutschen Reisebeschreibung über das direktoriale Frankreich: an eine empfindsame Freundin, der er über das gesellschaftliche und kulturelle Leben der französischen Metropole berichtete, wie an einen aufgeklärten »Grafen von D.«, den er ausschließlich über den aktuellen Gang der politischen Ereignisse auf dem laufenden hielt.[1] Über diese Adressatenfiguren, auf deren ihm brieflich zugehende Informationswünsche, gegenteilige Einschätzungen und Kommentare er in seinen Schreiben reagierte, trat er in einen expliziten, wenngleich indirekten Dialog mit seinen Lesern, deren segmentierte Erwartungshaltungen er so in seine Berichte integrierte, sie miteinander kombinierte, ihnen ent- aber auch widersprach.[2] Und die vertrauliche Anrede an seine vorgeblichen Briefpartner benutzte er als Identifikationsmoment, um sein Publikum zu involvieren, es aufzufordern, sich an Ort und Stelle zu versetzen und eine lebensunmittelbare Rezeptionshaltung einzunehmen. Zugleich aber gestaltete er in seinen Reisebriefen auch eine Begleiterfigur aus: eine französische Aristokratin namens Amalie, der er zufällig in Paris begegnete und mit der er des öfteren einschlägige Sehenswürdigkeiten und Veranstaltungen besuchte. Indem er deren Biographie dem Leser in durchaus romanhafter Weise in Fortsetzungen schilderte, band er den Übergang des französischen Ancien Régime in das Zeitalter der Revolution in mehreren Rückblenden immer wieder ein, um den geschichtlichen Verlauf anhand eines konkreten Schicksals zu veranschaulichen.[3] Darüber hinaus erörterte er mit seiner Begleiterin des öfteren diskursiv die von beiden gemeinsam beobachteten Vorkommnisse und Gegenstände.[4] Diese wurden so im keineswegs konfliktfreien Dialog zwischen dem jungen pro-direktorial eingestellten bürgerlichen Deutschen und der vom Ancien Régime geprägten französischen Aristokratin in verschiedener Hinsicht unterschiedlich perspektiviert. In sozial, politisch und nationalkulturell divergenter Sicht erschienen die Ereignisse und Entwicklungen dem Reisenden wie dem Leser auf diese Weise in einem multiperspektivisch gebrochenen Licht. Schließlich nahm der Autor als Erzähler seine Adressatenfiguren nicht nur buchstäblich an die Hand, um sie durch die

1   Anonym (= Woyda, Karl Friedrich): Vertrauliche Briefe über Frankreich und Paris im Jahr 1797. 2 Bde. Zürich: Heinrich Gessner 1798. Bd. 1. Vorrede (unpaginiert).
2   Vgl. dazu etwa: Ebd. Bd. 1. S. 125-127, 151 f., 288 f. u.ö.
3   Vgl. dazu: Ebd. Bd. 1. S. 355-358; Bd. 2. S. 3-8, 37-44, 103-107.
4   Ebd. Bd. 2. S. 8-16, 101-103, 163-179, 223 f., 229 f.

französische Metropole zu führen und mit seiner Begleiterin bekannt zu machen. Vielmehr entwickelte er sich selbst gerade durch seine Begegnung und Auseinandersetzung mit der französischen Adeligen von einem »unpartheiischen« Beobachter, der sich bewußt in einer »relativen Entfernung von den Menschen« gehalten hatte, zu einem auch emotional engagierten, teilnehmenden und in den Gang der Ereignisse involvierten Betrachter.[1] Mit seinen durch diesen Wandel ausgelösten Reflexionen vermittelte er den Lesern nicht nur Einblick in die Prozessualität seiner Urteilsbildung, sondern er bot sich ihnen darüber hinaus als ein keineswegs starres Identifikationsmodell an, dessen Entwicklung - gleich der eines Romanhelden - auch eine leseprozessual vermittelte Veränderung ihrer Einstellungen bewirken sollte.

Derartige am zeitgenössischen Roman orientierte Literarisierungsansätze dienten zwar nur der formalen Umrahmung der Reisebeschreibungen und sprengten keineswegs den in ihnen vorherrschenden Primat des Berichts. Doch waren es gerade jene belletristischen Momente, die es - vor dem Hintergrund einer latenten Konkurrenzsituation der Gattungen - einem breiten Lesepublikum ermöglichen sollten, seine Leseerfahrungen in eine produktive Auseinandersetzung mit der Fremde einzubringen.

Die deutschen Frankreich-Reisebeschreibungen und das Journalwesen im ausgehenden 18. Jahrhundert

Seit Beginn des Pressewesens stellten Reisende als Informationslieferanten eine wichtige Nachrichtenquelle für periodisch erscheinende Publikationsorgane dar,[2] deren Marktanteile im letzten Drittel des 18. Jahrhunderts rapide zunahmen.[3] Damit entstand im Zeitalter der Spätaufklärung ein immer bedeutsamer werdendes Forum für die Veröffentlichung oder auch nur für die auszugsweise Vorab-Publikation von Reiseberichten, zumal schon die hochaufklärerische Publizistik sich in ihrem Bemühen um eine literarisch vermittelte Extensivierung des normalerweise eng begrenzten Erfahrungsraumes ihrer aufzuklärenden Adressaten der Figur des Reisenden bedient und ganze Moralische Wochenschriften als Abfolge von Reisebriefen ausgestaltet hatte.[4] Und gerade die expandierende Zeitungs- und Journal-Lektüre beförderte die steigende Relevanz der Reisebeschreibung als eines wichtigen Informationsmediums für immer breitere Leserschichten. Schon 1739 charakterisierte Christoph Sancke das

---

1 Ebd. Bd. 2. S. 1-3.
2 Vgl. dazu: Blühm, Elger: Von der Zeitungen Notwendig- und Nutzbarkeit auf der Reise, in: Griep/Jäger: Reisen im 18. Jahrhundert. S. 1-9.
3 Kirchner, Joachim: Das deutsche Zeitschriftenwesen. Seine Geschichte und seine Probleme. 2 Bde. Wiesbaden 1958/62, insbes. Bd. 1. S. 188. Bd. 2. S. 323; Raabe, Paul: Die Zeitschrift als Medium der Aufklärung, in: Wolfenbütteler Studien zur Aufklärung. Im Auftrage der Lessing-Akademie hg. von Günter Schulz. Bd. 1, Wolfenbüttel 1974. S. 99-136; Unger-Sternberg, Wolfgang von: Schriftsteller und literarischer Markt, in: Deutsche Aufklärung bis zur Französischen Revolution 1680-1789. Hansers Sozialgeschichte der Literatur, hg. von Rolf Grimminger. Bd. 3.1. S. 133-185, insbes. S. 135; Welke, Martin: Zeitung und Öffentlichkeit im 18. Jahrhundert. Betrachtungen zur Reichweite und Funktion der periodischen deutschen Tagespublizistik, in: Presse und Geschichte. Beiträge zur historischen Kommunikationsforschung. München 1977 (= Studien zur Publizistik. Bremer Reihe. Deutsche Presseforschung. Hg. von Elger Blühm, 23). S. 71-99.
4 Vgl. dazu etwa: Der Reisende Deutsche im Jahr 1744 (1745, 1746). Welcher Länder und Städte beschreibet, auch die alten und neuesten Staats=Begebenheiten bekant macht, nichtweniger solche, durch allerhand nöthige, Politische, Genealogische, besonders aber Geographische Anmerckungen erläutert. Mit einer Vorrede Herrn Martin Schmeitzels ..., Halle: Johann Gottfried Kittler 1/1745-3/1747; Der Fremde. Hg. von Johann Elias Schlegel, Kopenhagen: Gabriel Christian Rothe 1/1745-2/1746.

Lesen von Reiseberichten in Hinblick auf den Erwerb eines breit gefächerten Orientierungswissens als notwendige Hintergrundlektüre für den Typus des Zeitungslesers:

>»Jedermann lieset heutiges Tages Zeitungen, damit er erfahre, was in der Welt vorgehet. Aber wie schlecht
wird man den Articul von Haag verstehen, wo man sich nicht bekannt machet, was die Herren General=Staaten
vor Creaturen seyn, und wie sie ihre Zusammenkünfte halten. Die Nachricht von dem Parlement aus London
wird uns eben so vorkommen, als wenn wir Böhmische Dörfer sehen, wo wir nicht wissen, was diese
Zusammenkunfft bedeute, und was darinnen abgehandelt werde. So ist es noch mit viel andern Dingen
beschaffen, welche in denen öffentlichen Novellen vorkommen. Von sehr vielen findet man hierinnen (i.e.: in
der vorliegenden Reisebeschreibung - T.G.) Unterricht, so daß man sich davon einen deutlichen Begriff
machen kann.«[1]

Darüber hinaus bildete jedoch die Reisebeschreibung auf Grund ihrer zunehmenden
aktuellen Informationsvermittlungsfunktion durchaus eine Vorform intermittierender
Auslandsberichterstattung, die die Berichte deutscher Zeitungen und Journale sinnvoll
ergänzen konnten. Denn diese druckten in der Regel nur Meldungen ausländischer Presseorgane, die ursprünglich ja nicht für ein fremdes Publikum bestimmt waren, in deutscher
Übersetzung und ohne jegliche Kommentierung und Hintergrundinformation nach,[2] während die deutschen Reisenden, die sich in der Fremde aufhielten, die Selektion ihrer
Nachrichten schon aus der Perspektive ihres heimatlichen Nachfragehorizontes betrieben,
sie mit entsprechenden Anmerkungen wie erläuternden Reflexionen versahen und damit
zielgruppenspezifischer ausgestalteten.[3] Da sich die Auslandsberichterstattung im 18.
Jahrhundert zwar rapide verdichtete,[4] aber kein deutsches Presseorgan oder gar eine
Zeitschrift - wie später im 19. Jahrhundert - in der Lage war, ständig eigene hauptberuflich
tätige Korrespondenten zu beschäftigen, wurden Reiseberichte oder auch private Reise-
briefe - soweit sie auf Grund bestehender Kontakte zugänglich waren - von den Herausgebern gerne aufgegriffen und in die Berichterstattung integriert.

Dies galt auch für die Berichte deutscher Reisender aus Frankreich, die vor diesem
Hintergrund in literarische Zeitschriften, politische Journale, ja sogar in Fachperiodika und
Almanache vordrangen. So wurden etwa Helfrich Peter Sturz' »Briefe, im Jahre 1768 auf
einer Reise im Gefolge des Königs von Dänemark geschrieben«, 1776/77 im »Deutschen
Museum« Christian Boies vorab veröffentlicht,[5] die Notizen Jeremias Jacob Oberlins über
seine »Antiquarische Reise in das südliche Frankreich« fanden Eingang in Schlözers
»Briefwechsel meist historischen und politischen Inhalts«,[6] die Berichte Johann Georg

---

1 Fürst: Curieuse Reisen durch Europa. Vorrede (unpaginiert).
2 Vgl. dazu: Welke: Zeitung und Öffentlichkeit. S. 82, 85.
3 Vgl. dazu: Frey, Barbara: Der Reisebericht in der deutschen Tageszeitung. Untersuchungen über Funktion und
   journalistische Umformung eines zeitungsfremden Stoffes von den Anfängen bis zum Beginn des 20.
   Jahrhunderts. Masch. Diss. Heidelberg 1945, insbes. S. 34.
4 Vgl. dazu: Wilke, Jürgen: Auslandsberichterstattung und internationaler Nachrichtenfluß im Wandel, in:
   Publizistik 31/1986. S. 53-90; Ders.: Zeitungen und ihre Berichterstattung im langfristigen internationalen
   Vergleich, in: Presse und Geschichte II. Neue Beiträge zur historischen Kommunikationsforschung,
   München/London/New York/Oxford/Paris 1987 (= Deutsche Presseforschung. Hg. von Elger Blühm und
   Hartwig Gebhard, 26). S. 287-306.
5 Sturz, Helfrich Peter: Briefe, im Jahre 1768 auf einer Reise im Gefolge des Königs von Dänemark geschrieben,
   in: Schriften von Peter Helfrich Sturz. Erste Sammlung. Leipzig: Weidmanns Erben und Reich 1779. S. 1-119;
   Vgl. zu ihrer Vorab-Publikation: Halm, Jaikyung: Helfrich Peter Sturz (1736-1779). Der Essayist, der Künstler,
   der Weltmann. Leben und Werk mit einer Edition des vollständigen Briefwechsels. Stuttgart 1976.
6 Oberlin, Jeremias Jacob: Antiquarische Reise in das südliche Frankreich, im Monat Mai 1776, in: Briefwechsel
   meist historischen und politischen Inhalts. Hg. von August Ludwigs Schlözer. 10 Theile (= 60 Hefte).
   Göttingen: Vandenhoek 1776-1782. 4. Theil, Heft XIX. S. 47-58. 5. Theil, Heft XXX. S. 362-366.

Fischs über seine »Reise durch die südlichen Provinzen von Frankreich« erschienen zuerst 1788/89 auszugsweise in Füßlis »Schweizer Museum«,[1] Jacob Christian Gottlieb Schaeffers »Briefe auf einer Reise durch Frankreich, England, Holland und Italien in den Jahren 1787 und 1788 geschrieben« wurden zum Teil im »Archiv für die Geschichte der Arzneykunde in ihrem ganzen Umfange« publiziert, bevor sie in Buchform auf den Markt kamen,[2] das »Taschenbuch zum geselligen Vergnügen« bot seinen Lesern 1794 die Beschreibung einer »Reise nach Paris«, die ein Anonymus noch zu den 'goldenen Zeiten' des Ancien Regime absolviert hatte,[3] und die Briefe Friederike Bruns von ihrer Süd-Frankreich-Reise im Jahre 1791, die sie in ihre »Prosaischen Schriften« aufnahm, waren zuerst in diversen deutschen Journalen in den Druck gegangen.[4]

Aus diesem sich ständig vergrößernden Reservoir kleinerer Reise-Berichte, die in den Zeitschriften erschienen, entstanden aus verlegerischem Kalkül aber auch eigenständige Buchserien, die eine Mischform zwischen Periodikum und Buchpublikation darstellten und die Diffusion dieser Artikel noch weiter vergrößerten. So versprach etwa der Herausgeber der in Leipzig erscheinenden »Auswahl kleinerer Reisebeschreibungen« seinen Lesern schon 1784, »nach und nach alle hin und wieder zerstreute, in periodischen Schriften und fliegenden Blättern vertheilte kleine Reisebeschreibungen (...) zu sammeln, und dem Liebhaber dergleichen Nachrichten um einen sehr billigen Preiß vorzulegen«, so daß dieser es sich ersparen konnte, »alle Journale (deren Anzal Legion heißt) um dieser Lieblingsartikel willen zu kaufen«.[5] Darüber hinaus sollten in dieser Form aber auch »ganz neue und noch ungedruckte Nachrichten mitgetheilet werden«, wozu »jeder, der dazu beitragen will«, gebeten wurde, »solche Beiträge an die Verlagsbuchhandlung einzusenden«.[6] In derartigen Reisebeschreibungssammlungen erschienen seit der Mitte der 1780er Jahre daher nicht nur zuvor in den zeitgenössischen Journalen publizierte Frankreich-Reiseberichte, sondern auch einige Originale »Aus der Handschrift«.[7]

1   Fisch, Johann Georg: Reise durch die südlichen Provinzen von Frankreich, kurz vor dem Ausbruche der Revolution. In Briefen. 2 Bde. Zürich: Orell, Geßner, Füßli und Comp. 1790, [2]1795; zur Vorveröffentlichung vgl.Ebd. Bd. 1. Vorbericht. S. IV.

2   Schaeffer, Jacob Christian Gottlieb: Briefe an den Herausgeber des Archivs, geschrieben in den Jahren 1787 und 1788, auf einer Reise durch Frankreich, England, Holland und Italien, in: Archiv für die Geschichte der Arzneykunde in ihrem ganzen Umfang: Hg. von Philipp Ludwig Wittwer, Nürnberg: Grattenhauer 1/1790, Erstes Stück. S. 120-218; Vgl. dazu: Ders.: Briefe auf einer Reise durch Frankreich, England, Holland und Italien in den Jahren 1787 und 1788 geschrieben. 2 Bde. Regensburg: Montag und Weiss 1794. Bd. 1. S. 1-173.

3   Anonym: Die Reise nach Paris, in: Taschenbuch zum geselligen Vergnügen für 1794. Hg. von W. G. Becker. Leipzig: Voss & Leo 2/1794. S. 1-80.

4   Brun, Friederike: Reise von Toulon nach Montpellier. Über Nimes nach Marseille. Reise von Marseille über Avignon nach Lyon. Vaucluse, in: Dies.: Prosaische Schriften. Bd. 1. Zürich: Orell, Füssli und Comp. 1799. S. 4-142; Vgl. dazu auch: Dies.: Reise von Lyon nach Genf im März 1791, in: Deutsches Magazin. Hg. von Christian Ulrich Detlev von Eggers, Altona 4/1794, 8. Stück. S. 176-192.

5   Anonym: Vorbericht, in: Auswahl kleiner Reisebeschreibungen und anderer statistischen und geographischen Nachrichten. Erster Theil. Leipzig: Carl Friedrich Schneider 1784 (unpaginiert).

6   Ebd.

7   Vgl. dazu etwa: Anonym: Briefe eines durch Elsas Reisenden, in: Auswahl kleiner Reisebeschreibungen. Bd. 2. 1785. S. 261-306; Anonym: Bemerkungen auf verschiedenen Reisen durch Elsas, Wasgau, Lothringen und den obern Rhein entlang, in: Ebd. Bd. 5. 1787. S. 64-106; Anonym: Fragment einer Reise durch Elsas, Lothringen und den Rhein entlang, in: Ebd. Bd. 11. 1790. S. 201-250; Anonym: Briefe auf einer Reise durch das südliche Frankreich, in: Ebd. Bd. 14. 1791. S. 32-70; Anonym: Reise nach Avignon. Fragment aus dem Tagebuch des Herrn L.M., in: Ebd. S. 71-90; Mayer, H. von: Reise nach Ermenonville: ein Schreiben an den Grafen Cassini, Direktor der Königl. Sternwarte zu Paris, in: Kleine Reisen. Lektüre für Reise-Dilettanten.

In dem Maße, in dem nun ein breiterer Markt für derartige Berichte entstanden war, wurden die Ansätze einer inter-medialen Mehrfach-Verwertung auch im Bereich des Zeitschriftenwesens institutionalisiert. Die Voraussetzung dafür lieferten intra-mediale Akzentverschiebungen in der Berichterstattungsstruktur der deutschen Journale. Auf dem Gebiet des französisch-deutschen Informations-Transfers zeichnete sich die Spezialisierung auf eine kontinuierliche Auslandsberichterstattung auf Grund der Vorbildfunktion des französischen Absolutismus wie seiner Adelskultur zuerst im höfischen Bereich mit der in kleiner Auflage noch handschriftlich verbreiteten und daher ebenso exklusiven wie teuren »Correspondance Littéraire« ab, die Friedrich Melchior Grimm seit den 1750er Jahren von Paris aus regelmäßig für einige wenige europäische Höfe redigierte, um deren diplomatische Informationskanäle in Hinblick auf den Kulturbereich zu komplettieren.[1] Da jedoch in der bürgerlichen Öffentlichkeit bald auch eine entsprechende Nachfrage bestand, richteten beispielsweise Martin Christoph Wielands »Teutscher Merkur«, das »Journal des Luxus und der Moden« oder die gleichfalls von Friedrich Justin Bertuch herausgegebene Zeitschrift »London und Paris« analoge ständige Rubriken ein, in denen sie ebenfalls fast ausschließlich über das Neueste aus dem französischen Literaturbetrieb, Gesellschaftsleben und aus dem Bereich der Mode berichteten.[2] Und diese Entwicklung wirkte nun wiederum auf die Reisebeschreibungspraxis zurück. So begab sich beispielsweise der Magdeburger Berufsschriftsteller Friedrich Schulz im Frühjahr 1789 in die französische Kapitale, um dort publizistisch verwertbare Materialien zu recherchieren, die er in verschiedenen deutschen Journalen veröffentlichte und nachträglich in nahezu unveränderter Form als Buch auf den Markt brachte.[3]

(Hg. von Heinrich August Ottokar Reichard). Bd. 1. Berlin: Johann Friedrich Unger 1785. S. 150-167; Anonym (= Reichard, Heinrich August Ottokar): Briefe an einen Freund auf einer Reise von Baden in die Schweiz, in die savoyischen Eisthäler, und nach Lyon, im Jahr 1786, vom dem Herausgeber, in: Ebd. Bd. 4. 1787. S. 274-316; Anonym (= Ders.): Aus dem Tagebuche der Rückreise des Herausgebers von Paris nach Deutschland im Sommer 1786, in: Ebd. Bd. 5. S. 246-306; Anonym: Kurzes Tagebuch einer drey wöchentlichen Reise von Aachen nach Paris und zurück über Spaa. Im Sommer 1769 (aus der Handschrift, in: Johann Bernouillis Sammlung kurzer Reisebeschreibungen und anderer zur Erweiterung der Länder- und Menschenkenntniß dienender Nachrichten. Bd. 12. Berlin 1785. S. 337-364; Anonym: Des Herrn von S. Reise von Wien nach Versailles 1777. (Aus der Handschrift), in: Ebd. Bd. 15. 1785. S. 179-214.

1 Vgl. dazu: Rubensohn, Georg: Die Correspondance littéraire unter Friedrich Melchior Grimm und Heinrich Meister (1753-1793). Berlin 1917; La Correspondance Littéraire de Grimm et de Meister (1754-1813). Hg. von Bernard Bray, Jochen Schlobach und Jean Varloot. Paris 1976; zu den bislang kaum systematisch aufgearbeiteten deutsch-französischen Presse-Beziehungen vgl.: Stanzel, Isolde: Deutsch-französische Pressebeziehungen. Ein Überblick von den Anfängen bis zur Gegenwart. Masch. Diss. München 1956.

2 Zu den diesbezüglichen Frankreich-Kontakten Karl August Böttigers, der »London und Paris« initiierte und redigierte, sowie zu seinem nebenberuflichen Paris-Korrespondenten Th.F.Winckler vgl.: Sondermann, Ernst Friedrich: Karl August Böttiger. Literarischer Journalist der Goethezeit in Weimar. Bonn 1983, insbes. S. 94 f.

3 Schulz, Friedrich: Ueber Lage, Wachsthum, Umfang, Volksmenge und Ansicht von Paris, in: Der Neue Teutsche Merkur. Hg. von Christoph Martin Wieland. Weimar: im Verlag der Gesellschaft 1/1790. Bd. 1. S. 274-288. S. 422-439; Anonym (= Ders.): Ueber Consumption, Zufuhre, Hallen und Märkte in Paris, in: Journal des Luxus und der Moden. Hg. von Friedrich Justin Bertuch und Georg Melchior Kraus, Weimar: Industrie-Comptoire 5/1790. Heft 5. S. 241-262; Anonym (= Ders.): Ueber innern Zusammenhang und Bequemlichkeiten von Paris, in: Ebd. S. 277-299; Ders.: Ueber die Boulevards zu Paris, in: Deutsche Monatsschrift. Hg. von Friedrich Gentz und Gottlob Nathanael Fischer. Berlin: Friedrich Vieweg 1/1790. S. 97-104; Ders.: Das Palais Royal, in: Der Neue Teutsche Merkur. 1/1790. Bd. 2. S. 69-91, 117-144, 217-258, 349-366; diese Aufsätze gingen unverändert in den ersten Band seines vielgelesenen Werkes »Ueber Paris und die Pariser« ein: Vgl. dazu: Ders.: Ueber Paris und die Pariser. Bd. 1 (mehr nicht erschienen). Berlin. (=

Mit dem Ausbruch der Französischen Revolution, von der Schulz in Paris überrascht wurde und die er sogleich in einem ersten Augenzeugenbericht seinem deutschen Lesepublikum schilderte,[1] wurde die sich abzeichnende mediale Verzahnung zwischen Reisebeschreibung und journalistischer, in zeitgenössischen Periodika verwertbarer Berichterstattung nun in eindeutiger Weise zu einem dominanten Faktor für die deutschen Frankreich-Reisebeschreibungen. Denn der gesellschaftspolitische Umbruch im westlichen Nachbarland des Heiligen Römischen Reiches Deutscher Nation stellte auch eine gewichtige Zäsur in der Geschichte der sich entwickelnden deutschen Medien-Öffentlichkeit dar, insofern er den Impuls zur Gründung zahlreicher politischer Journale lieferte.[2] Und diese boten vielen Reisenden angesichts der geradezu eskalierenden Nachfrage des Publikums nach neuen Nachrichten und fundierten Hintergrundanalysen über die Situation in Frankreich die Möglichkeit, ihre Erfahrungen in jenen Periodika zu veröffentlichen. Von Seiten der Autoren war dies nicht nur unter Umständen finanziell attraktiv, sondern vor allem auch aus anderen Gründen geboten: die Aktualität der durch die sich rapide beschleunigende politische Entwicklung rasch veraltenden Informationen erforderte deren zügige Publikation. Dadurch wurde der (Teil- und Vor-) Abdruck von Frankreich-Reisebeschreibungen in politischen oder literarischen Journalen in den 1790er Jahren fast die Regel.

Beispielhaft dafür waren bereits Joachim Heinrich Campes »Briefe aus Paris«, die dieser vor ihrem durchschlagenden Erfolg auf dem Buchmarkt noch von der französischen Hauptstadt aus 1789 als Artikelserie in das von ihm mitherausgegebene »Braunschweigische Journal« einrückte.[3] Auch Gerhard Anton von Halem ließ 1790 eine Kernpassage seiner wenig später veröffentlichten »Blicke auf einen Theil Deutschlands, der Schweiz und Frankreichs« in Wielands »Neuen Teutschen Merkur« vorab erscheinen,[4] und Heinrich Zschokke publizierte 1796 zentrale Eindrücke seiner »Wallfahrt nach Paris« im »Berlinischen Archiv der Zeit und ihres Geschmacks« wie ebenfalls in Wielands weitverbreiteter Zeitschrift,[5] in der auch der Schnepfentaler Reformpädagoge Christian Ludwig Lenz 1799

Friedrich Vieweg) 1791. S. 7-43, 49-82, 83-118, 264-276, 397-544; in den zweiten, nicht mehr erschienenen Band wären wahrscheinlich weitere Berichte aufgenommen worden, die Schulz in deutschen Journalen lanciert hatte: Vgl. etwa: Ders.: Einige Daten zur Uebersicht des Aufwandes des königlichen Hauses von Frankreich, in: Journal des Luxus und der Moden 5/1790. Heft 4. S. 181-205; Ders.: Zwey Briefe über eine öffentliche Sitzung der Academie Française, in: Neues Deutsches Museum. Hg. von Christian Boie. Leipzig: Georg Joachim Göschen 2/1790. Bd. 1. S. 86-121; Ders.: Auszüge aus dem Tagebuche eines Reisenden, hauptsächlich die Theater zu Paris betreffend, in: Der Neue Teutsche Merkur 1/1790. Bd. 1. S. 79-99, 165-190.

1   Schulz, Friedrich: Geschichte der Großen Französischen Revolution. Berlin: Friedrich Vieweg 1790.
2   Vgl. dazu: Hocks, Paul; Schmidt, Peter: Literarische und politische Zeitschriften 1789-1805. Stuttgart 1975, insbes. S. 35-77.
3   Campe, Joachim Heinrich: Briefe aus Paris, während der Revolution geschrieben, in: Braunschweigisches Journal philosophischen und pädagogischen Inhalts. Hg. von Ernst Christian Trapp, Johann Stuve, Conrad Heusinger und Joachim Heinrich Campe. Braunschweig: Im Verlage der Schulbuchhandlung 2/1789. 10. Stück. S. 227-254; 11. Stück. S. 257-319; 12. Stück. S. 385-561; 502-504; in Buchform: Ders.: Briefe aus Paris zur Zeit der Revolution geschrieben. Aus dem Braunschweigischen Journal abgedruckt. Braunschweig: Im Verlage der Schulbuchhandlung, 1790. 3. Aufl. 1790. ND: Mit Erläuterungen, Dokumenten und einem Nachwort von Hans-Wolf Jäger. Hildesheim: Gerstenberg, 1977.
4   Anonym (= Halem, Gerhard Anton von): Schreiben aus Paris an den Herausgeber des Teutschen Merkurs, in: Der Neue Teutsche Merkur 1/1790. Heft 12. S. 381-410; Vgl. dazu: Ders.: Blicke auf einen Theil Deutschlands, der Schweiz und Frankreichs bey einer Reise vom Jahre 1790. 2 Bde. Hamburg: Carl Ernst Bohn 1791; zum Vergleich beider Texte Vgl.: Witte, Karsten: Reise in die Revolution. Gerhard Anton von Halem und Frankreich im Jahre 1790. Stuttgart 1971. S. 33 f.
5   Zschokke, Heinrich: Kleine Bemerkungen, auf einer Reise durch Bourgogne und Champagne nach Paris

die Ergebnisse seiner (Studien-) »Reise in der französischen Republik« bekannt machte.[1] Vermittelt wurden derartige Berichte, an denen die Zeitschriftenherausgeber auf Grund ihrer Authentizität und Unmittelbarkeit recht interessiert waren, zumeist über persönliche Kontakte, wie etwa im Falle des aus Württemberg stammenden Karl Friedrich Reinhard, der sich bei Ausbruch der Revolution als Hofmeister in Bordeaux aufhielt und nicht nur für Schillers »Thalia« die Hintergründe der politischen Entwicklung analysierte, sondern seine persönlichen Beobachtungen im Stuttgarter »Schwäbischen Archiv« ebenso in einer Brieffolge publizierte, wie der Darmstädter Johann Heinrich Merck seine Impressionen aus dem Paris des Jahres 1790 Wieland für den »Neuen Teutschen Merkur« übersandte.[2] Dergleichen Briefe unterschieden sich, wie etwa die Augenzeugenberichte Justus Erich Bollmanns über den Sturm auf die Tuilerien in den »Friedens=Präliminarien« zeigen, kaum von entsprechenden privaten Korrespondenzen, die nun aber vor dem Hintergrund ihrer allgemeinen Relevanz im Sinne einer Veröffentlichung des privaten Informationsflusses Eingang in die zeitgenössischen Periodika fanden, ohne daß sie mit größerem Aufwand zu umfangreicheren monographischen Darstellungen ausgearbeitet werden mußten.[3]

Allerdings stießen gerade die in Periodika publizierten Beiträge deutscher Frankreich-Reisender in den 1790er Jahren angesichts der grundlegenden Ideologisierung der zeitgenössischen Auseinandersetzungen um die Ursachen, die Bedeutung und die Legitimität der Französischen Revolution auf weitreichende politische Barrieren. So hatte Gerhard Anton von Halem, der 1790 in Paris von Konrad Engelbert Oelsner in den dortigen Jakobiner-Klub eingeführt worden war, den politisch engagierten schlesischen Studenten, der auf seiner Bildungsreise im Zentrum der Revolution geblieben war, angesichts der Nachfrage nach aktuellen und unmittelbar erhobenen Informationen über den Gang der Revolution nicht alleine dazu veranlaßt, »die täglichen Nachrichten aufzuzeichnen, und sie etwa unter

gesammelt, in: Berlinisches Archiv der Zeit und ihres Geschmacks. Hg. von Friedrich Ludwig Wilhelm Meyer und Friedrich Eberhard Rambach. Berlin: Friedrich Mauter 2/1796. S. 461-491; Anonym (= Ders.): Auszüge aus den Briefen eines Norddeutschen an einen Freund in Z. geschrieben aus Paris im April 1796, in: Der Neue Teutsche Merkur 7/1797. 6. Stück. S. 147-173; die Buchpublikation der Zschokke'schen Reisebeschreibung blieb allerdings Fragment und schilderte nur den ersten, durch die Schweiz führenden Teil dieser Reise; vgl. dazu: Zschokke, Heinrich: Meine Wallfahrt nach Paris. 2 Bde. Zürich: Orell, Füßli und Comp. 1796/97 sowie Holger Böning: Heinrich Zschokke und sein 'Aufrichtiger und wohlerfahrener Schweizerbote'. Die Volksaufklärung in der Schweiz. Frankfurt a.M. und Bern 1983; vgl. auch im vorliegenden Band den Beitrag von Holger Böning.

1 Lenz, Christian Ludwig: Reise in der französischen Republik, während der letzten vier Monate des Jahres 1798, in: Der Neue Teutsche Merkur 10/1799. Bd. 3, 10. Stück. S. 141-170; auch in: Ders.: Bemerkungen auf Reisen in Dänemark, Schweden und Frankreich gemacht. 2 Bde. Gotha: Karl Wilhelm Ettinger 1800/01. Bd. 2. S. 513-620.

2 Anonym (= Reinhard, Karl Friedrich): Briefe über die Revolution in Frankreich. Geschrieben vom 23ten July bis zum 2ten October 1789, in: Schwäbisches Archiv. Hg. von Philipp Wilhelm Gottlieb Hausleutner. Stuttgart: Buchdruckerey der Hohen Carls=Schule 1/1790, 4. Stück. S. 459-518; Anonym (= Ders.): Übersicht einiger vorbereitender Ursachen der französischen Staatsveränderung. Von einem sich in Bordeaux aufhaltenden Deutschen, in: Thalia. hg. von Friedrich Schiller. Leipzig: Georg Joachim Göschen. Bd. 1. Heft 12. 1791. S. 30-77; Anonym (= Merck, Johann Heinrich): Auszug aus dem Schreiben eines Reisenden an den Herausgeber dieses Journals, in: Der Neue Teutsche Merkur 2/1791. Bd. 1. S. 417-422.

3 Vgl. dazu: Anonym (= Bollmann, Justus Erich): Fragmente aus Briefen, in: Friedens-Präliminarien.Hg. vom Verfasser des heimlichen Gerichts (= Ludwig Ferdinand Huber). Berlin: Christian Friedrich Voß 1/1793. Bd. 1, Stück 1. S. 32-48; diese Briefe bestanden aus nur unwesentlich überarbeiteten Auszügen aus Bollmanns Privat-Korrespondenz, wie der in Hubers Journal zum Abdruck gelangte Brief an seinen Vater verdeutlicht; vgl. dazu: Ders.: Brief an seinen Vater, Paris, den 12. August 1792, in: Justus Erich Bollmann. Ein Lebensbild aus zwei Weltheilen. Hg. von Friedrich Kapp. Berlin: Julius Springer 1880. S. 72-78.

dem Titel: Pariser Tagebuch, in öffentlichen Blättern uns Deutschen zum Besten zu geben«.[1] Vielmehr vermittelte er darüber hinaus Kontakte zu Wieland, der denn auch einige »Proben des angekündigten Paris-Tagebuchs« im »Neuen Teutschen Merkur« veröffentlichte.[2] Da Oelsner nach der Auffassung des schnell von der Revolution abrückenden Zeitschriften-Herausgebers es sich jedoch in seinem Beitrag »gar zu sehr (hatte) anmerken (...) lassen, daß er den Grundsätzen , die im Club des Jacobins herrschen, besonders affectionirt« war,[3] brach Wieland dieses Experiment aber sogleich wieder ab, was Oelsner indes nicht daran hinderte, in der Metropole der Revolution weiterhin Material zu sammeln, das er dann - wiederum anonym, jedoch ohne politische Rücksichtnahmen - 1794 in Buchform publizierte.[4]

Vor diesem Hintergrund erfolgte die Veröffentlichung derartiger Revolutionsberichte deutscher Frankreich-Reisender zu einem Großteil in politischen Journalen, die sich schwerpunktmäßig auf die Berichterstattung über Frankreich spezialisiert hatten und der revolutionären Entwicklung nicht von vornherein ablehnend gegenüberstanden. So brachte etwa Georg Forster, der sich auf seiner diplomatischen Mission nach Paris 1793 dort unversehens in der Situation eines Exilanten befand, seine »Parisischen Umrisse« über Ludwig Ferdinand Hubers »Friedens-Präliminarien« dem deutschen Publikum in einer Zeitschrift nahe, die vornehmlich von der Übersetzung französischer Flug- und Zeitschriftenbeiträge lebte.[5] Georg Kerner veröffentlichte 1795 seine »Briefe aus Paris« vor deren Erscheinen in Buchform in der »Klio«, der von Peter Paul Usteri herausgegebenen »Monatsschrift für die französische Zeitgeschichte«, die sich hauptsächlich der Sammlung und Publikation von Dokumenten und Aktenstücken zur neueren Revolutionsgeschichte widmete und auch Friedrich Butenschöns Bericht über dessen »Erfahrungen in den fürchterlichsten Tagen der französischen Revolution« bekannt machte.[6]

Bezeichnenderweise wurden einige dieser Zeitschriften - darunter mit den Journalen »Minerva« und »Frankreich« die beiden wichtigsten und längstlebigen - von Paris-Reisenden gegründet, die damit in unterschiedlicher aber gleichermaßen erfolgreicher Weise Reisebeschreibung und journalistische Berichterstattung aufeinander bezogen. Bereits im Spätsommer 1791 hatte sich der ehemalige preußische Hauptmann und geschäftige Publizist Johann Wilhelm von Archenholtz in die Metropole an der Seine begeben, um »die politischen Wunder in der Nähe anzustaunen und vielleicht daraus Vorteil zu ziehen, insoweit ein spekulativer Schriftsteller (...) davon profitieren kann«,[7] und mit der geschickt

1 Halem: Schreiben aus Paris. S. 394.
2 Anonym (= Oelsner, Konrad Engelbert): Proben des angekündigten Paris-Tagebuchs, in: Der Neue Teutsche Merkur. 1/1790. Heft 12. S. 396-410.
3 Wieland, Martin Christoph: Anmerkung des Herausgebers, in: Ebd. S. 395.
4 Anonym (= Oelsner, Konrad Engelbert): Bruchstücke aus den Papieren eines Augenzeugen und unpartheyischen Beobachters der Französischen Revolution. o.O. (= Leipzig: Peter Philipp Wolf) 1794.
5 Forster, Georg: Parisische Umrisse, in: Friedens-Präliminarien. 1/1793. Bd. 1, Stück 4. S. 317-365. 2/1794. Bd. 2, Stück 5. S. 54-68, Stück 6. S. 152-169.
6 Anonym (= Kerner, Georg): Briefe aus Paris, in: Klio. Eine Monatsschrift für die französische Zeitgeschichte. Hg. von Peter Paul Usteri, Leipzig: Peter Philipp Wolf 1/1795. Bd. 1, Heft 2. S. 245-261, Heft 3. S. 310-379, Heft 4. S. 424-506; Bd. 2, Heft 5. S. 90-126; in erweiterter Buchform: Anonym (= Ders.): Briefe über Frankreich, die Niederlande und Deutschland, geschrieben in den Jahren 1795, 1796 und 1798. 3 Bde. Altona: in der Verlagsgesellschaft 1797/98; Butenschön, Friedrich: Meine Erfahrungen in den fürchterlichsten Tagen der französischen Revolution, in: Klio. a.a.O. 2/1796, Bd. 1, Heft 1. S. 10-35, Heft 3. S. 334-349.
7 Archenholtz, Johann Wilhelm von: Brief an Joachim Heinrich Campe, Dresden, den 11.8.1791, in: Leyser, Joachim: Joachim Heinrich Campe. Ein Lebensbild aus dem Zeitalter der Aufklärung. 2 Bde. Braunschweig

in die allgemeine Marktlage eingepaßten »Minerva« ein zweiwöchentlich erschei-
nendes »Journal historischen und politischen Inhalts« von der französischen Kapitale aus herauszugeben, das er mit einer Beschreibung der »Reise des Herausgebers
nach Frankreich« programmatisch einleitete und fortlaufend mit seinen vielbeach-
teten aktuell-zeitgeschichtlichen »Historische(n) Nachrichten vom neuern Frankreich« füllte.[1] Mit dem Ausbruch des ersten Koalitionskrieges begab sich Archenholtz zwar vorsorglich zurück nach Hamburg, doch hatte er sich zuvor der
Mitarbeit Konrad Engelbert Oelsners versichert, der die Berichterstattung aus der
gährenden Hauptstadt der Revolution bis zum politisch bedingten Bruch mit dem
preußischen Publizisten fortsetzte, danach in andere Journale verlagerte und seine
Beiträge auch gesondert in Buchform auf den Markt brachte.[2]

1792 hatte sich auch der Berliner Hofkapellmeister Johann Friedrich Reichardt zu einer
Paris-Reise beurlauben lassen, um sich als ein »Deutscher freier Mann (...) mit der wahren
Lage der sehr wichtigen Französischen Sache bekannt zu machen«, wobei er allerdings in
der Beschreibung seiner Reise feststellen mußte, daß es angesichts der rapiden Beschleu-
nigung der politischen Entwicklung und ihrer steigenden Komplexität kaum möglich war,
diese adäquat wiederzugeben, wurde es doch »immer mehr unmöglich, ganz vollständig
zu erzählen«:

»je schneller der Strom uns mit sich fortreißt, desto schwerer, desto unmöglicher ist das treue umständliche

---

    1977. Bd. 2. S. 168 f.; zu Archenholtz und seinem Paris-Aufenthalt Vgl.: Ruof, Friedrich: Johann Wilhelm
    von Archenholtz. Ein deutscher Schriftsteller zur Zeit der Französischen Revolution und Napoleons. Berlin
    1915. ND: Vaduz 1965, insbes. S. 31-50.

1   Archenholtz, Johann Wilhelm von: Reise des Herausgebers nach Frankreich, in: Minerva. Ein Journal
    historischen und politischen Inhalts, hg. von Johann Wilhelm von Archenholtz. Berlin: Johann Friedrich
    1/1792. Bd. 1, Januar, Heft 1. S. 3-7; Ders.: Bemerkungen über den Zustand Frankreichs am Ende des Jahrs
    1791; (fortgesetzt unter dem Titel:) Historische Nachrichten vom neuern Frankreich, in: Ebd. 1/1792, Januar,
    Heft 2. S. 123-169; Februar, Heft 1. S. 237-268; Februar, Heft 2. S. 325-371; März, Heft 1. S. 421-456; März,
    Heft 2. S. 503-544; Bd. 2, April, Heft 1. S. 1-46; April, Heft 2. S. 97-140; Mai, Heft 1. S. 193-228; Mai, Heft
    2. S. 273-308; Juni, Heft 1. S. 367-404; Bd. 3, Juli. S. 111-178; Vgl. auch: Ders.: Reise des Herausgebers von
    Paris nach Deutschland, in: Ebd. Bd. 3, Juli. S. 108-110; sowie: Ders.: Politisches Glaubensbekenntnis des
    Herausgebers, in Rücksicht auf die französischen Angelegenheiten, in: Ebd. Bd. 3. S. 179-182; zur »Minerva«
    Vgl. auch: Springorum, Carde-Louise: Die Minerva des Johann Wilhelm von Archenholtz. Untersuchungen
    über die kulturpolitische Leistung und Wirkung einer Zeitschrift der Wende des 18. Jahrhunderts. Masch. Diss.
    Heidelberg 1943.

2   Anonym (= Oelsner, Konrad Engelbert): Briefe aus Paris über die neuesten Begebenheiten in Frankreich;
    (fortgesetzt unter dem Titel:) Historische Briefe über die neuesten Begebenheiten Frankreichs, in: Minerva.
    1/1792, Bd. 3. S. 326-388, 551-575; Bd. 4. S. 1-64, 103-114, 175-189; 2/1793, Bd. 5. S. 127-184, 284-368,
    493-564; Anonym (= Ders.): Briefe aus Paris, vom Februar und März dieses Jahres, in: Friedens=
    Präliminarien. 1/1793, Bd. 1. S. 201-214, 235-250; Anonym (= Ders.): Beiträge zur Revolutionsgeschichte,
    in: Ebd. 3/1795, Bd. 7. S. 1-7, 361-377; Anonym (= Ders.): Reflexionen, Bemerkungen und Fragmente, von
    einem Beobachter in Paris, in: Ebd. 4/1796, Bd. 10. S. 308-324; Anonym (= Ders.): Erinnerungen aus Paris
    an Herrn Dr. (Peter Paul) U.(steri), in: Klio. 1/1795, Bd. 3, Heft 10. S. 175-228; Anonym (= Ders.): Aus dem
    Taschenbuch eines Feldjägers, in: Ebd. S. 229-232; Anonym (= Ders.): Bemerkungen über die Ereignisse der
    Zeit, in: Ebd. 2/1796, Bd. 1. S. 35-40; Anonym (= Ders.): Fragmente aus Briefen von Paris, in: Humaniora,
    hg. von Ludwig Ferdinand Huber, Leipzig: Peter Philipp Wolf 1/ 1796, Bd. 1. S. 151-157, 357-365; ND in:
    Anonym (= Ders.): Luzifer oder gereinigte Beiträge zur Geschichte der französischen Revolution. 2 Bde.,
    o.O. (= Leipzig: Peter Philipp Wolf) 1797/99. Bd. 2. S. 3-427 (»Minerva«-Briefe). S. 428-470
    (»Friedens=Präliminarien«-Briefe); zu Oelsner Vgl.: Richter, Edgar: Konrad Engelbert Oelsner und die
    Französische Revolution. Leipzig 1911; Deinet, Klaus: Konrad Engelbert Oelsner und die Französische
    Revolution: Geschichtserfahrung und Geschichtsdeutung eines deutschen Girondisten. München/Wien 1981.

Berichten (...). Wenn Auswärtige einigermaßen genau und gründlich von der Lage der hiesigen Angelegenheiten unterrichtet werden sollten, so müßten mehrere Menschen (...) nach einem verabredeten Plane und zu gleichem Zweck alle ihre Zeit und Aufmerksamkeit dazu anwenden.«[1]

Dies war im Rahmen einer einzelnen Reisebeschreibung - wie schon Archenholtz instinktsicher bemerkt hatte - selbstverständlich kaum zu leisten. Und so verwertete auch der mittlerweile auf Grund seiner prorevolutionären Sympathien aus preußischen Diensten entlassene Reichardt seine in Paris gemachten Erfahrungen wie die dort angeknüpften Kontakte und gründete 1795 das in Altona erscheinende und von Peter Poel redigierte Journal »Frankreich«, das bis 1805 bestand, sich vornehmlich »Aus den Briefen Deutscher Männer in Paris« zusammensetzen sollte und nicht wenigen deutschen Reisenden oder aus politischen Gründen Emigrierten die Gelegenheit zur Publikation ihrer Berichte bot.[2] Gerade die in Paris fast ausnahmslos in desolaten finanziellen Verhältnissen lebenden deutschen Exilanten waren auf die damit zu erzielenden spärlichen Honorare angewiesen.[3] Darüber hinaus aber konnten sie hoffen, mit ihren Veröffentlichungen ein gutes Stück der demokratischen Vorstellungen nach Deutschland zu re-importieren, wegen derer sie ihre Heimat hatten verlassen müssen. Nicht nur der lange Zeit für Reichardts »Frankreich« berichtende ehemalige Kieler Graezist Karl Friedrich Cramer gründete später in Paris eine eigene Zeitschrift.[4] Auch Georg Friedrich Rebmann, der sich 1796 veranlaßt sah, in die

1 Reichardt: Vertraute Briefe über Frankreich. Hg. und eingeleitet von Rolf Weber. Berlin/DDR: Verlag der Nation. S. 169, 193 f.; zu Reichardt, seiner Paris-Reise und seiner späteren Journal-Gründung vgl.: Salmen, Walter: Johann Friedrich Reichardt. Komponist, Schriftsteller, Kapellmeister und Verwaltungsbeamter der Goethezeit. Freiburg i. Br. 1963, insbes. S. 72-75, 83-85, 177-180.

2 Vgl. dazu etwa: Anonym (= Kerner; Georg): Briefe, geschrieben auf einer Reise von Paris nach den Niederlanden, in: Frankreich im Jahre 1795 (-1796). Aus den Briefen Deutscher Männer in Paris. Mit Belegen. Hg. von Johann Friedrich Reichardt und Peter Poel. Altona 1/1795. Bd. 2. 9. Stück. S. 3-28, 10. Stück. S. 99-109, 11. Stück. S. 243-253; 2/1796, Bd. 1. 1. Stück. S. 141-148, 3. Stück. S. 195-208, 4. Stück. S. 291-310; in Buchform: Anonym (= Ders.): Briefe, geschrieben auf einer Reise von Paris nach den Niederlanden. 2 Bde. Altona: Gottfried Leberecht Vollmer 1797/98; Cramer, Karl Friedrich: Auszug aus dem Tagebuche eines Deutschen in Paris, in: Frankreich im Jahre 1795 (-1800), 1/1795, Bd. 3. S. 80-91, 131-155; 2/1796, Bd. 1. S. 70-87, 149-157, 213-231, 361-367, Bd. 2. S. 72-78, 263-272, 309-325; 3/1797, Bd. 1. S. 128-136, 214-225, 299-316; 4/1798, Bd. 1. S. 220-230, 316-327; 5/1799, Bd. 2. S. 241-250; 6/1800, Bd. 1. S. 81-86, 121-133; vgl. dazu dessen Fortsetzung in Buchform in: Cramer a.a.O.; Anonym (= Hensler, Wilhelm): Auszüge aus den freundschaftlichen Briefen eines Nordländers bey der französischen westlichen Pyrenäen-Armee, in: Frankreich im Jahre 1795 (-1797). 1/1795, Bd. 1. S. 76-79, 171-175, 305-310; Bd. 2. S. 63-70, 171-175, 276-280; Bd. 3. S. 73-79, 127-130, 337-350; 2/1796, Bd. 1. S. 38-42, 99-111, 232-241; Bd. 2. S. 138-151, 356-359; Bd. 3. S. 29-36, 122-128, 219-224; 3/1797, Bd. 1. S. 58-63, 168-170; Anonym: Reminiszenzen nach einer Reise durch einen Theil von Frankreich, am Ende des 6ten Jahres der Republik, in: Frankreich im Jahr 1799. 5/1799, Bd. 1, 1. Stück. S. 82-94, 2. Stück. S. 99-117, 3. Stück. S. 239-270, Bd. 2, 5. Stück. S. 58-67, 7. Stück. S. 251-258.

3 Vgl. dazu neben Oelsner, Kerner oder auch Forster etwa den aus politischen Gründen 1792 aus Preußen ausgewiesenen Publizisten Franz Michael Leuchsenring, der sich 1796 von seinem Pariser Exil aus vergeblich bemühte, bei den Herausgebern der Jenaer »Allgemeine Literaturzeitung« ein politisches Journal unterzubringen; vgl. dazu: Briefe von und an F.M. Leuchsenring 17461827. Hg. und kommentiert von Urs Viktor Kamber. Stuttgart: J.B. Metzler 1976, insbes. S. 133 f.

4 Individualitäten aus und über Paris. Von Carl Friedrich Cramer und seinen Freunden. (In freyen Heften). Amsterdam: Rohloff und Compagnie Heft 1-2. 1806; Amsterdam: Kunst= und Industrie=Comptoir. Heft 3-4, 1806/07; Vgl. zu dieser Zeitschrift: Brockhaus, Heinrich Eduard: Friedrich Arnold Brockhaus. Sein Leben und Wirken nach Briefen und andern Aufzeichnungen geschildert. Bd. 1. Leipzig 1872. S. 69-77; zu Cramer Vgl.: Ruiz, Alain: »Cramer, der Franke«: ein norddeutscher Herold der Französischen Revolution gegen die »aristokratischen Skribenten« seiner Zeit, in: Jakobiner in Mitteleuropa. Hg. von Helmut Reinalter. Innsbruck 1977. S. 195-230.

Seine-Metropole ins Exil zu gehen, gab von dort mit der »Schildwache«, der »Neuen Schildwache« und vor allem mit der »Geißel« gleich mehrere Periodika heraus, in denen Teile seiner auch in Buchform erschienenen Reise-Briefe über »Holland und Frankreich« wie seiner »Zeichnungen zu einem Gemälde des jetzigen Zustandes von Paris« das Licht der Öffentlichkeit erblickten.[1] In diesen Journalen - wie auch in seinem »Neuen grauen Ungeheuer« - setzte der prorevolutionäre Berufsschriftsteller seine Reiseberichte quasi an Ort und Stelle fort.[2]

Dies war um so leichter möglich, als gerade im Kontext der sich ohnehin auf Paris als Fixpunkt konzentrierenden deutschen Frankreich-Reisepraxis wie -Reiseliteratur das itinerare Prinzip längst einem diaristischen gewichen war, war doch aus dem Weg in den unbekannten Raum seit dem Sturm auf die Bastille vor allem eine Reise in eine neue Zeit geworden. Nicht mehr die Ortsveränderung allein konstituierte einen neuen Erfahrungshorizont. Dieser wurde vielmehr in der Fremde selbst einer gravierenden Veränderung unterzogen. Durch die Revolution und mit der durch sie bewirkten rapiden Akzelleration der politischen Entwicklung wurden aus den Reisenden freiwillig oder - als Exilanten - gezwungenermaßen am Ort des Geschehens gebannt stillstehende Beobachter, die ihre Beobachtungen, Eindrücke und Erfahrungen nun einem Medium anvertrauten, das auf Grund seiner Periodizität dieser Dynamisierung ebenso Rechnung trug wie der daraus resultierenden Partialität und Vorläufigkeit der berichtbaren Nachrichten.[3]

Aber auch die in Buchform erscheinenden Frankreich-Reisebeschreibungen mußten dieser

---

1 Rebmann, Georg Friedrich: Holland und Frankreich in Briefen geschrieben auf einer Reise von der Niederelbe nach Paris im Jahr 1796 und dem fünften der französischen Republik. 2 Bde. Paris und Kölln. (= Hamburg: Peter Villaume) o. J. (= 1797/98); Ders.: Zeichnungen zu einem Gemälde des jetzigen Zustandes von Paris. 2 Bde. Altona: bey der Verlagsgesellschaft 1798; zu den diesbezüglichen Vorabdrucken vgl.: Ders.: Gemählde aus dem Haag. Der National=Convent. Französisches Militär, in: Die Schildwache. Hg. von Georg Friedrich Rebmann. Paris. (= Altona: Verlagsgesellschaft) 1/1796. 2. Stück. S. 22-36 (= Ders.: Holland und Frankreich, a.a.O., Bd. 1. S. 137-155); Ders.: Bruchstücke aus einer Reise durch Frankreich, in: Die Geißel. Hg. von einem Freunde der Menschheit (= Georg Friedrich Rebmann). Upsala: bey Gustav Erichson (= Altona: Verlagsgesellschaft) 1/1797, Heft 1. S. 37-50, 61-72 (= Ders.: Holland und Frankreich, a.a.O., Bd. 2. S. 3-33); Heft 3 der »Geißel« war vollkommen identisch mit dem ersten Band der Rebmann'schen »Zeichnungen«; Vgl. darüber hinaus: Ders.: Briefe auf einer Reise durch Holland und Frankreich, in: Der Totenrichter. Ein periodisches Werk. Vom Verfasser der dreierlei Wirkungen (= Johann Friedrich Ernst Albrecht). Altona 1796. Heft 7. S. 196-218; zu Rebmann und seinem Pariser Exil Vgl.: Kawa, Rainer: Georg Friedrich Rebmann (1768-1824). Studien zu Leben und Werk eines deutschen Jakobiners. Bonn 1980, insbes. S. 314-412.
2 Vgl. dazu etwa: Rebmann, Georg Friedrich: Schreiben aus Paris, vom 18. Prairial, in: Die Geißel. 1/1797. Heft 9. S. 256-281; Ders.: Auszüge aus Briefen aus Paris. Ein politisches und literarisches Potpourri, in: Ebd. 1/1797, Heft 10. S. 3-79; Ders.: Miszellaneen aus Paris, in: Ebd. 2/1798, Heft 1. S. 93-104, Heft 2. S. 163-173; Ders.: Briefe aus Paris, in: Ebd. 2/1798, Heft 2. S. 182-200; Ders.: Ein Abend in Paris, in: Das neue graue Ungeheuer. Hg. von einem Freunde der Menschheit (= Georg Friedrich Rebmann). Upsala: bey Gustav Erichson (= Altona: Verlagsgesellschaft) 3/1797. Heft 10. S. 55-98; Ders.: Zwey Briefe, auf einer Reise durch einen Theil der Normandie, in: Die neue Schildwache. Hg. von Georg Friedrich Rebmann. Paris. (= Altona: Verlagsgesellschaft) 1/1798. Bd. 1. S. 38-75; Ders.: Gemählde aus Paris, in: Ebd. 1/1798. Bd. 1. S. 144-160.

3 Zu den sich gerade im Erfahrungsraum des revolutionären Paris konstituierenden neuen Zeiterfahrungsformen, die nach innovativen literarischen wie medialen Verarbeitungsstrategien verlangten, Vgl. insbes.: Oesterle, Ingrid: Der 'Führungswechsel der Zeithorizonte' in der deutschen Literatur. Korrespondenzen aus Paris, der Hauptstadt der Menschheitsgeschichte, und die Ausbildung der geschichtlichen Zeit 'Gegenwart', in: Studien zur Ästhetik und Literaturgeschichte der Kunstperiode. Hg. von Dirk Grathoff. Frankfurt a.M./Bern/New York 1985 (= Gießener Arbeiten zur Neueren Deutschen Literatur und Literaturwissenschaft, 1). S. 11-75.

Entwicklung Tribut zollen. Angesichts der Fraktionierung des ehemals geschlossen geglaubten Erfahrungshorizontes, der zwar schon durch die Großstadt-Erfahrung in der Metropole des französischen Ancien Régime in seiner vermeintlichen Homogenität erschüttert worden war,[1] nun aber angesichts des deutlich hervortretenden deutsch-französischen Entwicklungsgefälles wie der rapiden, kaum zu bewältigenden Dynamisierung der politischen Zustände in Frankreich endgültig auseinanderbrach, vermochte schon Campe seine »Briefe nicht für eine Geschichte der französischen Staatsumwälzung (...) sondern bloß für die Geschichte der Empfindungen eines einzelnen menschlichen Zuschauers an(zu)sehen«,[2] um in der darin zum Ausdruck kommenden Betroffenheit zumindest eine emotional-wirkungspsychologische Retotalisierung der Ereignisse in der Psyche des Beobachters wie des Lesers herzustellen; Halem versprach seinem Publikum nur seine individuellen »Blicke« auf das im Umbruch befindliche Nachbarland zu beschreiben, ohne damit zugleich die »Quellen des Nils zu suchen«;[3] Karl Gottlob Küttner wollte in seiner 1792 erschienenen Reisebeschreibung allein »Beyträge zur Kenntnis (...) des gegenwärtigen Zustandes von Frankreich« liefern;[4] Friedrich Johann Lorenz Meyer übergab der Öffentlichkeit 1797 zwar umfangreiche Aufzeichnungen über seine Paris-Reise im Jahr 1796, titulierte diese jedoch bezeichnenderweise als »Fragmente«;[5] Georg Friedrich Rebmann schilderte in seinen Reise-Briefen »nicht mehr, als eine sehr unzusammenhängende Reihe von allgemeinen Beobachtungen«;[6] Georg Heinrich Behn sah sich 1799 in seinen »Erinnerungen aus Paris« lediglich in der Lage, »Bruchstücke (...) (zu) liefern, nicht ein zusammenhängendes Ganzes«;[7] und Ernst Moritz Arndt publizierte im Rahmen eines monumentalen, aber subjektivierten Enzyklopädismus seine »Bruchstücke« als einen »fein unordentlich« in Form von »einzelnen Splitter(n)« mosaikartig präsentierten »Guckkasten«, dessen fragmentarisches Verweisungsgeflecht eine letztmögliche, allerdings allein im Vorstellungshorizont des Lesers spielerisch konstituierbare ästhetische Synthese ermöglichen sollte.[8]

---

1   siehe dazu Grimm: Bemerkungen eines Reisenden... oder den programmatischen Titel der Storch'schen Reisebeschreibung, die nur noch fragmentarische »Szenen und Skizzen« als »Bruchstücke« liefern und »kein Ganzes« ausmachen sollte (Storch: Skizzen, Szenen und Bemerkungen. S. 39).

2   Campe a.a.O. S. VII.

3   Halem a.a.O. Bd. 1. S. 2.

4   Anonym (= Küttner, Carl Gottlob): Beyträge zur Kenntnis vorzüglich des gegenwärtigen Zustandes von Frankreich und Holland mit vermischten Vergleichungen verschiedener Orte und Gegenstände unter einander. Aus den Briefen eines in England wohnenden Deutschen auf seinen Reisen durch Frankreich und Holland in den Jahren 1787, 1790 und 1791. Leipzig: im Verlage der Dyckischen Buchhandlung 1792.

5   Meyer, Friedrich Johann Lorenz: Fragmente aus Paris im IVten Jahr der französischen Republik. 2 Bde. Hamburg: Carl Ernst Bohn 1797, 1798.

6   Rebmann: Holland und Frankreich. Vorrede (unpaginiert).

7   Behn, Georg Heinrich: Erinnerungen aus Paris, zunächst für Ärzte geschrieben. Erstes Heft (mehr nicht erschienen). Berlin und Stettin: Friedrich Nicolai, 1799. Vorrede. S. VIII f.; daher wählte er »den Titel dieser Schrift nicht ohne Absicht«: »Die Erinnerung ist die Tochter der Phantasie; sie schweift regellos umher, wie die Mutter, die sie gebahr.«

8   Arndt: Bruchstücke einer Reise. Bd. 1. S. 172-174; Vgl. insbes. S. 173 f.: »Es giebt Spiegel, die weil sie alles zugleich zeigen, das Beste nicht bemerken lassen. Man sehe meine einzelnen Splitter wie zerbrochene Stücke eines solchen an, die jeder noch mehr wird verkleinern, oder durch Zusammenfügen (wird) vergrößern können«, da »wir mit Allem, wie die Kinder, spielen müssen, um sein Ernsthaftestes und Größtes zu ergreifen«, was implizit aber deutlich auf Schillers ästhetische Spieltheorie der »Briefe über die ästhetische Erziehung des Menschen« verwies, die ebenfalls kompensatorisch auf die Re-Totalisierung des in der Moderne fragmentierten Menschen wie seiner vereinseitigten Erfahrungsmöglichkeiten ausgerichtet war; zu Arndts

Der zeitgeschichtlich bedingte Fragmentierungs- und offene Verweisungscharakter dieser Frankreich-Reisebeschreibungen der 1790er Jahre konnte jedoch nicht nur auf den wirkungsästhetischen Rahmen einer auf diese Weise zu aktivierenden Imagination des Lesers bezogen werden, sondern mußte - gerade auf Grund der nun manifesten Konkurrenzsituation zwischen Reisebeschreibung und Presseberichterstattung - vor allem auch das konkrete Medien-Nutzungsverhalten der Rezipienten berücksichtigen, eingestalten und transformieren, um die Vereinseitigung der Wahrnehmungs- und Urteilsformen zum Zweck einer umfassenden Realitätsaneignung aufzubrechen. Und so wurde als Kompensationsstrategie eines im Zeichen historischer Dynamisierung, politischer Polarisierung und partialisierter Verstehensweisen konkret diagnostizierbaren Erfahrungsverlustes nicht nur ersatzweise dessen wirkungsästhetischer Ausgleich durch die Mobilisierung literarisch vorgeprägter Rezeptionshaltungen angestrebt. Vielmehr mußte auch auf einer ganz pragmatischen Ebene die Korrektur und Komplettierung der selektiven interkulturellen Informationsvermittlung, die durch die zumeist obrigkeitlich kontrollierte und durch verschärfte Zensurmaßnahmen reglementierte Presse dominiert wurde, zu einem wesentlichen Faktor der deutschen Frankreich-Reisebeschreibungen dieses Zeitraums werden. Denn diese trafen nun auf ein Publikum, das durch die im Zeitalter der Revolution intensivierte Zeitungsberichterstattung über die spektakulären Vorgänge in Frankreich in einem erheblichen Ausmaß über diese vorinformiert war oder dies zu sein glaubte.

Bereits Campe registrierte jedoch von Paris aus den fundamentalen Unterschied zwischen der politischen Wirklichkeit und der Medien-Realität und wies seine Leser darauf hin, daß »verschiedene ausländische Journalisten und Zeitungsschreiber bei der Beurtheilung der großen, für die gesammte Menschheit so überaus wohlthätigen französischen Revolution schon jetzt unbarmherzig und ungerecht zu Werke« gingen, um die Schilderung seiner eigenen Erfahrungen kontrastiv auf die von ihm kritisierte einseitige Berichterstattung zu beziehen.[1] Gerhard Anton von Halem vermerkte darüber hinaus, daß sich selbst Pariser Presseorgane als »einseitige Zeitungsblätter« erwiesen, mußte er doch an Ort und Stelle feststellen, daß etwa der »Mercure de France« des öfteren »wichtige Dekrete der N.(ational) V.(ersammlung) verstümmelt«, was der Reisende diesem angesehenen Blatt »um so mehr übel« nahm, »da der Merkur im Auslande viel gelesen wird«.[2] Daher forderte Reichardt das Publikum seiner »Vertraute(n) Briefe« mit Nachdruck dazu auf, »gegenwärtige Privatnachrichten mit den Nachrichten der öffentlichen Blätter von derselben Zeit (zu) vergleichen«, damit dieses über die Feststellung von Abweichungen eine intermediale Kritik-Kompetenz entwickeln sollte.[3] Und Küttner sah sich 1792 veranlaßt, seine Leser auf die politischen Ursachen und Hintergründe der in sich widersprüchlichen Nachrichtenlage aufmerksam zu machen:

> »Was aber das Mißvergnügen, die Widerspenstigkeit, den gänzlichen Ungehorsam, die Empörung und die völlige Anarchie betrifft, wovon (...) die deutschen Zeitungen voll sind, so habe *i c h* seit meinem fast drey monatlichen Aufenthalt in Frankreich nichts davon gesehen (...). Daß Sie aber in deutschen Zeitungen ohne Unterlaß davon lesen, wundert mich keineswegs, da ich weiß, daß die Emigranten die mehrsten französischen

---

subjektivem Enzyklopädismus Vgl.: Weber, Johannes: Aus der Jugendreise eines Franzosenfressers. Ernst Moritz Arndt in Paris (1799), in: Griep/Jäger: Reisen im 18. Jahrhundert. S. 241-270, insbes. S. 246, 248 f.

1 Campe: Briefe aus Paris. S. 202 f. Vgl. auch: Ebd. S. 203-208.
2 Halem: Blicke auf einen Theil Deutschlands. Bd. 2. S. 255 f.
3 Reichardt: Vertraute Briefe über Frankreich. Bd. 1. S. XII f.

Artikel in die deutschen Zeitungen liefern, und daß das, was sie nicht liefern, an vielen Orten absichtlich und muthwillig entstellt wird, um den Fürsten zu gefallen.«[1]

Damit aber gewannen die Erkundungsmuster der Reisenden wie die Publikationen ihrer Erfahrungen einen genuin medienkritischen Charakter. Angesichts der ideologisch motivierten Instrumentalisierung und Manipulation der Nachrichten über die Revolution, die - im Spannungsfeld französischer adeliger Emigrantenkreise, deutscher privilegienbewußter Höfe und einer sich zunehmend polarisierenden bürgerlichen Öffentlichkeit - die zeitgenössischen Urteilsformen beherrschte, wurden gerade die Frankreich-Reisebeschreibungen der 1790er Jahre zum zentralen Medium einer sich jenseits der obrigkeitsgesteuerten Presse- und Nachrichtenpolitik formierenden Gegenöffentlichkeit. Und im Zuge der medialen Konkurrenzsituation zum zeitgenössischen Pressewesen mußte sich die traditionelle Vorurteilskorrekturfunktion dieser Reiseberichte auf die Ebene einer impliziten oder expliziten Kritik der medien- und informationspolitischen Voraussetzungen jener manipulierten Nachrichten verschieben, die in den deutschen absolutistischen Territorien zunehmend zum zentralen Bezugspunkt der innenpolitischen Diskussion geworden waren. Gerade vor diesem Hintergrund ist die vehemente Klage des konservativen Hannoveraner Geheimen Kanzlei-Sekretär Ernst Brandes zu verstehen, der bereits 1792 den Reiseschriftstellern als wirksamen Multiplikatoren attestierte, »beträchtlich zur Anfachung demokratischer Gesinnungen« beizutragen:»Die schriftlichen und mündlichen Nachrichten von Reisenden vermehren vollends das Wohlwollen gegen die Revolutionen.«[2]

Dies bezog sich nicht nur auf die Funktion der Frankreich-Reisebeschreibungen, faktische Gegen-Informationen zu vermitteln, was Friedrich Christian Laukhard bewog, seine »Briefe« über den aufsehenerregenden Interventionsfeldzug der deutschen Alliierten nach Frankreich in konsequenter und exemplarischer Weise darauf auszurichten, die Berichte »manches gedungenen oder Beförderungsdürftigen Journal= und Zeitungs=Schreibers in unserm lieben Deutschland« zu konterkarieren[3] und vor allem über diejenigen Ereignisse, Sachverhalte, Entwicklungen und Hintergründe zu berichten, »worüber unsere meisten deutschen Zeitungsschreiber (...) bisher ein tiefes Stillschweigen zu beobachten für gut fanden«.[4] Vielmehr gingen die meisten Reisenden über die Korrektur der in weiten Teilen systematisch verzerrten Presseberichterstattung hinaus. Zwar gestalteten sie nun immer häufiger den Abdruck von Auszügen aus zeitgenössischen französischen Dokumenten - wie Parlamentsreden, Deklarationen, Dekreten, Gesetzestexten, Zeitungsberichten, Flugschriften, Broschüren etc. - in ihre Reiseberichte ein,[5] so daß sich diese partienweise der

---

1 Küttner: Beyträge. S. 187. Vgl. auch: Ebd. S. 249; auch Meyer stellte vor diesem Hintergrund fest, er sei »oft (...) Zeuge solcher unbedeutender Vorfälle gewesen und fand sie nachher in französischen und deutschen Zeitungen, in gefährliche Zusammenrottirungen und Mordszenen (...) verwandelt« (Meyer a.a.O.). Bd. 1. S. 17), ein Phänomen, das Reichardt nicht nur auf die politisch-ideologisch motivierte Manipulation von Nachrichten zurückführte, sondern ironisch auch auf die unbewältigte Großstadterfahrung provinzieller Journalisten bezog, da »mancher junge deutsche Korrespondent unserer deutschen Zeitungen« schon den gewöhnlichen Verkehr in der französischen Metropole »wohl für immerwährende Revolutionsszenen halten mag« (Reichardt: Vertraute Briefe, hg. von Weber. S. 214).

2 Brandes, Ernst: Ueber einige bisherige Folgen der Französischen Revolution in Rücksicht auf Deutschland. Hannover und Osnabrück: Christian Ritscher 1792, 1793. S. 52, 101.

3 Laukhard: Briefe eines preussischen Augenzeugen. Pack 1. S. 8; Vgl. dazu: Ebd. S. 50; Pack 3. S. 7 f., 9-15, 162 u.ö.

4 Ders.: Begebenheiten. Theil 4.1. S. 79, vgl. S. 415.

5 Vgl. dazu etwa: Campe: Briefe aus Paris. S. 66 f., 88 f., 91, 112 f., 160 f., 166 f., 215-222, 237-241, 352-375; Halem a.a.O. Bd. 2. S. 48-52, 113-117, 159-161; Reichard a.a.O. Bd. 1. S. 246-256; Ders. a.a.O. S. 89 f.,

Berichterstattungsstruktur und dem Berichterstattungsspektrum der zeitgenössischen politischen Journale annäherten, wobei ein Berufsschriftsteller wie Rebmann, der in seinen »Zeichnungen« diverse »kleine Exzerpta aus Schriften einmisch(t)e, welche in Deutschland gar nicht, oder doch wahrscheinlich erst spät bekannt werden möchten«,[1] sich damit vor allem auch bemühte, aus Erwerbsgründen Druckbögen zu füllen. Doch versahen die Reiseschriftsteller ihre Leser auch mit weiterreichenden medienpolitischen Hintergrundinformationen, damit diese im Zuge eigener Zeitungslektüre sich ein kritisches Urteil bilden und ihre Informationsquellen besser einschätzen konnten. Johann Lorenz Meyer etwa widmete sich in seinen »Fragmenten« einer äußerst detaillierten, geradezu publizistikwissenschaftlichen Analyse der Pariser Zeitungen und Journale, deren Erscheinungsweise, Reichweite, Berichterstattungspraxis und politische Standorte er für seine deutschen Leser eingehend charakterisierte.[2]

Der gewandelte intermediale Kontext, in dem sich gerade die Frankreich-Reisebeschreibungen des ausgehenden 18. Jahrhunderts befanden, führte jedoch nicht nur zu diesen inhaltlichen Funktionsverschiebungen. Vielmehr begünstigte der Umstand, daß die Reiseberichte verstärkt in die zeitgenössischen Journale vordrangen, auch weitreichende Veränderungen in den formalen Darstellungsweisen. Zwar machte es das additive Reihungsprinzip einzelner Reise-Briefe oder Tagebuchblätter, das die Reisebeschreibungen traditionellerweise strukturierte, leicht möglich, diese aus dem Zusammenhang herauszulösen und einzeln oder in Fortsetzungen in den Periodika zu publizieren. Doch blieb die Magazin-Struktur der Journale nicht ohne Einfluß auf die in diesem Umfeld publizierten Beiträge. Sie verstärkte verschiedene stilistische Darstellungsformen, wie etwa die schon bei Helfrich Peter Sturz durchgängig angewandte essayistische Ausformung des einzelnen Reisebriefs, der auch isoliert ein in sich geschlossenes und doch über sich hinausweisendes Ganzes bilden sollte. Dessen inhaltliche Zentrierung auf ein Generalthema, die episodenhafte Verdichtung des Berichts, die symptomatisierende Paradigmatisierung weniger statt der Deskription vieler gleichrangiger Details, die Funktionalisierung einzelner Beobachtungen als Ausgangspunkte für weit ausholende Reflexionen und die Entfaltung facettenartig aufgefächerter, doch zugleich durch einen formalen Rahmen begrenzter Tableaus, wie sie sich etwa bei Friedrich Schulz, Joachim Heinrich Campe, Friederike Brun oder auch bei Heinrich Zschokke finden, resultierten zu einem guten Teil aus den durch dieses neue mediale Umfeld vorgegebenen Produktions- und Rezeptionsbedingungen. Nicht zuletzt vor diesem Hintergrund setzte damit ein stilistischer Wandel ein, der auf die Reiseliteratur der nachfolgenden Jahrzehnte vorauswies und gerade in der Berichterstattung Börnes und Heines aus der »Hauptstadt des 19. Jahrhunderts« in kunstvoller Weise kulminierte.

143-145; Anonym: Reise von Mainz nach Kölln im Frühjahr 1794, in Briefen. Nebst Beilagen, die Franzosen in Deutschland, den D. Bahrdt in Marschlins und Pater Simplicianus Haan in Kölln betreffend. Kölln: Peter Hammer (= Rostock: Stiller 1795. S. 22-56; Meyer a.a.O. Bd. 1. S. 195-210, Bd. 2. S. 4-31, 82-87, 323-341; Laukhard a.a.O. Theil 4.1. S. 80-85, 240, 253-255, 262 f.; Rebmann: Holland und Frankreich. Bd. 1. S. 274-276, Bd. 2. S. 11-14, 196-204, 209-214; Ders.: Zeichnungen. Bd. 2. S. 51 f., 55-58, 83-85, 92 f., 112-120, 141-148, 151-190; Heinzmann, Johann Georg: Meine Frühstunden in Paris. Beobachtungen, Anmerkungen und Wünsche Frankreich und die Revolution betreffend. 2 Bde. Basel: auf Kosten des Verfassers 1800. Bd. 1. S. 187 f., Bd. 2. S. 16 f.

1 Rebmann: Zeichnungen. Bd. 2. S. 140 f.
2 Meyer a.a.O. Bd. 1. S. 105-145; Vgl. auch: Rebmann: Holland und Frankreich. Bd. 2. S. 105-115; Ders.: Zeichnungen a.a.O. Bd. 2. S. 97-99; Woyda a.a.O. Bd. 1. S. 207 f., 253 f.; Heinzmann a.a.O. Bd. 1. S. 140 f. 220 f.; Arndt a.a.O. Bd. 2. S. 32-49.

In dem Maße, in dem aber die modernen Massenmedien mit einem nahezu flächen-deckenden Netz professioneller Korrespondenten, einer technologisch hergestellten ver-meintlichen Gleichzeitigkeit der Ereignisse und einer zunehmend eindimensional kli-schierten (Bild-) Sprache die räumliche und zeitliche Fremde inflationär nivellierten, wurde der Reisebericht zwar in die Randbezirke des Feuilletons abgedrängt. Doch sollte er sich gerade von dort aus - angesichts einer zumindest oberflächlich hinreichend abgedeckten Informationsvermittlung - zum Medium der damit zugleich weitgehend ausgefallenen Reflexion der historisch-hermeneutischen Voraussetzungen interkulturellen Verstehens entwickeln.[1]

---

1 Vgl. dazu: Michel, Willy: Modelle der Fremdwahrnehmung und Projektion im literarischen Reisebericht und im Roman bei Koeppen, E. Jünger, Nizon, Muschg, Handke und Grass, in: Jahrbuch Deutsch als Fremdsprache 11/1985. S. 157-178.

Hans-Werner Engels

Republikaner ohne Republik
Georg Kerners »Reisen« 1796-1801

I

Von den deutschen Augenzeugen der Französischen Revolution hätte Georg Kerner in der Forschung mehr Beachtung finden können.[1] So intensiv man sich neuerdings mit Literaten, Publizisten, Intellektuellen und »Abenteurern« jenes entscheidenden Jahrzehnts beschäftigt, so sehr man vor allem die Reisebeschreibungen wiederentdeckt, die Frankreich in den ersten Jahren der Revolution vorstellen - Georg Kerner wird in diesen Arbeiten nicht oder nur als Außenseiter erwähnt.[2] Dabei zählt der Benjamin der deutschen Revolutionsenthusiasten zu den wenigen Zeitgenossen, die wie etwa seine Freunde Gustav von Schlabrendorf[3], Konrad Engelbert Oelsner[4] und Karl Friedrich Reinhard fast den ganzen Verlauf der Revolution von 1789 bis 1801 miterlebten.

1770 in Ludwigsburg geboren, besuchte Kerner die Karlsakademie in Stuttgart und beendete 1791 seine Ausbildung mit einer medizinischen Promotion. Um seine medizinischen Studien zu ergänzen, wandte er sich nach Straßburg und wurde dort Mitglied der »Gesellschaft der Freunde der Konstitution«. Durch seine politische Tätigkeit verlor er sein Stipendium und wanderte mittellos nach Paris, wo er vom Ende des Jahres 1791 bis fast zum Sturz der Jakobinerdiktatur lebte. Seit 1795 ist seine Lebensbahn mit der Karl Friedrich Reinhards (1761-1837)[5] verbunden, dessen Privatsekretär er bis 1801 blieb. Sein

---

1 Den Nachfahren Georg Kerners, Ulrike Müller-Link und Walther Kerner, gilt der besondere Dank des Verfassers. Walther Kerner erlaubte die Einsicht in die Papiere der Witwe des Revolutionärs, die sich heute in Familienbesitz befinden, und ermöglichte es dadurch, unbekannte Schriften seines Vorfahren wiederzuentdecken. Zudem hätte der Aufsatz ohne jene Materialien, die W. Kerner seit mehr als einem Jahrzehnt über Georg sammelt, nicht geschrieben werden können. Ulrike Müller-Link hat mit bewundernswerter Akribie hunderte von handschriftlichen Dokumenten transkribiert. Ihr über Jahre hinaus förderndes Interesse und ein reger Gedankenaustausch haben diese Arbeit mitgeprägt. Diese Studie versteht sich als ein erster Schritt einer Kerner-Biographie, die der Verfasser zusammen mit den Genannten zu erstellen gedenkt.

2 Vgl. etwa Tiemann, Hermann: Hanseaten im revolutionären Paris (1789-1803). Skizzen zu einem Kapitel deutsch-französischer Beziehungen. In: Zeitschrift des Vereins für Hamburgische Geschichte 49/50. 1964. S. 109-146; Witte, Karsten: Reise in die Revolution. Gerhard Anton von Halem und Frankreich im Jahre 1790. Stuttgart 1971; Ruiz, Alain: Reisebeschreibungen über Frankreich im Zeitalter der Französischen Revolution (1789-1799). In: Reiseberichte als Quellen europäischer Kulturgeschichte. Hg. von Antoni Maczak und Hans Jürgen Teuteberg. Wolfenbüttel 1982. S. 229-251; Hammer, Karl: Deutsche Revolutionsreisende in Paris. In: Deutschland und die Französische Revolution. Hg. von Jürgen Voss. München 1983. S. 26-42; Günther, Horst (Hg.): Die Französische Revolution. Berichte und Deutungen deutscher Schriftsteller und Historiker. Frankfurt a.M. 1985.

3 Vgl. Penzoldt, Ernst und Foerst, Ilse: Der Diogenes von Paris. Graf Gustav von Schlabrendorf. München 1948; wie Penzoldt bearbeitete das Thema in belletristischer Form Martin Gregor-Dellin: Schlabrendorf oder Die Republik. München 1982. - Eine wissenschaftliche Beschäftigung wird erschwert, weil der Nachlaß des Grafen (Breslau) als verschollen gilt.

4 Vgl. Deinet, Klaus: Konrad Engelbert Oelsner und die Französische Revolution. Geschichtserfahrung und Geschichtsdeutung eines deutschen Girondisten. Mit einem Vorwort von Jacques Droz. München 1981 (Ancien Régime, Aufklärung und Revolution. Bd. 3).

5 Vgl. Lang, Wilhelm: Graf Reinhard. Ein deutsch-französisches Lebensbild 1761-1837. Bamberg 1896; Gross,

schwäbischer Landsmann, seit 1792 französischer Beamter, war von 1795 -1797 Gesandter in Hamburg, übernahm 1798/99 diese Funktion am Florentiner Hof des Großherzogs Ferdinand III von Toskana und schließlich von 1800-1801 bei der Helvetischen Republik in Bern. Im Gegensatz zu der ruhigeren, mit Salon und Schreibtisch verbundenen Diplomatentätigkeit seines Auftraggebers, der 1796 die Hamburgerin Christine Reimarus[1] geheiratet hatte, gestaltete sich Kerners Existenz in jenen sechs Jahren zu der bewegtesten Epoche seines unruhigen Lebens: einer revolutionären Odyssee. Seine Reisen, Exkursionen und Kurzbesuche, die er im Auftrage Reinhards und aus eigenem Antrieb von den jeweiligen diplomatischen Standorten aus unternahm, wie auch seine wiederholten Reisen nach Paris sind selbst für eine Zeit ungewöhnlich, in der für bestimmte Personenkreise eine aufgezwungene Mobilität keine Ausnahme bildet.

1801 trennte sich Kerner, von der napoleonischen Machtpolitik enttäuscht, von Frankreich und von Reinhard, dessen Verhalten später Oelsner zu der Bemerkung veranlaßte, er habe seine Gesinnungen wie die Postkutschen gewechselt.[2] Kerner entschloß sich 1802, in Hamburg als Arzt zu wirken, begab sich aber nach einem Konflikt mit Reinhard, der damals als Gesandter des Niedersächsischen Kreises in die Hansestadt beordert wurde, nach Kopenhagen. Dort vervollständigte er sein medizinisches Wissen, und nach einer Reise durch Südschweden, über die er in dem Buch »Reise über den Sund« berichtete, eröffnete er Ende 1803 eine Privatpraxis in Hamburg. 1804 heiratete er Johanna Friederike Duncker (1784-1862), die ihrem Mann drei Kinder gebar. So engagiert sich Kerner dem ärztlichen Beruf, speziell der Geburtshilfe, widmete - er wurde 1807 zum Armenarzt ernannt und plante eine Reform des Entbindungswesens -, so entsagte er doch nie politischen Aktivitäten. Als Publizist und als Agent der Städte Bremen und Lübeck versuchte er während der Franzosenzeit allzu harte Maßnahmen der französischen Behörden zu mildern. 1812 brach in Hamburg eine Fleckfieberepidemie aus. Der unermüdlich helfende Arzt infizierte sich und starb am 7. April 1812 - zwei Tage vor seinem 42. Geburtstag.

Als Schriftsteller ist er zu Lebzeiten kaum bekannt geworden; nur wenig, zumeist in Zeitschriften verstreut, hat er publiziert. Jene, die ihn gekannt hatten, erinnerten sich vor allem an seine ungewöhnliche Persönlichkeit.[3] Einen ersten biographischen Versuch unternahm seine Gattin.[4] Schon vorher hatte Karl August Varnhagen von Ense, das Außergewöhnliche von Kerners Erfahrungshorizont und seines Charakters erkennend, geschrieben:

»Das Leben Georg's aber, in die französische Revolution verflochten, ist durch Frische und Reinheit des Eifers,

---

Else R.: Karl Friedrich Reinhard 1761-1837. Ein Leben für Frankreich und Deutschland. Stuttgart 1961; Deliniere, Jean: Un intellectuel allemand fait l'expérience de la révolution française: l'exemple de K.F. Reinhard. In: Annales historiques de la révolution française. Nr. 255/256. 1984. S. 43-62.

1 Vgl. Schreiber, Arndt (Hg.): Wilhelm von Humboldt. Briefe an Christine Reinhard-Reimarus. Heidelberg 1956.
2 Deinet a. a. O. S. 301.
3 Vgl. Poel, G. (Hg.): Johann Georg Rists Lebenserinnerungen. 3. Teile. Gotha 1885-1888.
4 Die handschriftliche Biographie von Johanna Friederike Kerner (geb. Duncker) (1784-1862) befindet sich heute in Familienbesitz. Eine von Ulrike Müller-Link transkribierte Abschrift verdanke ich Walther Kerner.

wie durch Mut und Selbständigkeit des Willens ein so achtungswertes als abenteuerliches Charakterstück; eine deutsche Ehrlichkeitsrolle in französischen Verhältnissen und Hoffnungen, die wie billig mit dem Ausscheiden des Helden endigt. Geniale Züge bezeichnen diese Bahn von Anfang bis zu Ende; einige derselben habe ich mir besonders aufgezeichnet. Es wäre der Mühe wert, daß dieser Mann sein eigenes Leben schriebe, wozu doch seine praktische Rastlosigkeit ihn schwerlich gelangen läßt«.[1]

Als sein Bruder, der Dichter Justinus Kerner, sich daran machte, seine Jugenderinnerungen niederzuschreiben, die 1849 als »Bilderbuch aus meiner Knabenzeit« erschienen, skizzierte er auch die Lebensbahn Georgs. Politische Rücksichten, Familienehre, Nostalgie und Nachlässigkeit[2] ließen ihn ein Porträt malen, das zwar zeigt, wie sehr er ihn verehrte, aber Realität kaum noch widerspiegelt.

Daß Justinus »der Aufgabe eines Biographen nur in sehr unzureichender Weise gerecht geworden ist«[3], bewies 1886 der Historiker Adolf Wohlwill nach langjährigen Vorstudien.[4] Obgleich Wohlwill den vollständigen Privatnachlaß Kerners benutzen konnte, zudem versteckteste staatliche Archivalien aufspürte und in Auszügen mitteilte, blieb seine Analyse eher lakonisch. So wird Kerners Publizistik nur selten berücksichtigt, kaum in den historischen Kontext gestellt und seine politische Position wenig erkundet. Durch die ungewöhnliche Fülle von Verweisungen und Quellenangaben, wie durch die Wiedergabe von heute verlorenen Dokumenten, bleibt Wohlwills Monographie dennoch eine unverzichtbare Hilfe für jeden, der sich mit Georg Kerner beschäftigt.

Wie zurückhaltend Wohlwill sein Material auswertete, verdeutlicht ein Vergleich mit der fast gleichzeitig entstandenen Studie Wilhelm Langs. Der spätere Biograph Reinhards hatte jene Briefe entdeckt, die Kerner zunächst an seine Jugendfreundin Auguste Breyer und später an ihre Schwester Louise Scholl schrieb, und hatte diesen Fund genutzt, um ausführlich über dessen Haltung zur Französischen Revolution zu reflektieren.[5] Kerners persönliche Eigenwilligkeiten, seine ungewöhnlichen Charaktereigenschaften, von denen sein Bruder Carl feststellte, sie hätten »ihn zum Original, und in Vergleichung mit so vielen andern Alltagsmenschen zu einem seltenen Menschen«[6] werden lassen, blieben allerdings relativ unbeachtet.

Mit den genannten Arbeiten hatte sich für Jahrzehnte das Interesse an den bedeutenden Augenzeugen der Revolution erschöpft. Erst nach dem Zweiten Weltkrieg begann die Rehabilitierung jener deutschen »Jakobiner«, die an der Staatsumwälzung nicht nur gedanklich, sondern weit mehr noch durch ihre politischen Aktivitäten teilhatten. In der

---

1 Varnhagen von Ense, K.A.: Denkwürdigkeiten des eignen Lebens. Hg. und eingel. von Joachim Kühn. Erster Teil. Berlin 1922. S. 294.
2 Vgl. Kerner, Friederike: Bruchstücke aus dem Leben Johann Georg Kerners (geb. Duncker). Dort berichtet Friederike über das Schicksal der ʼKernerpapiereʼ. Es heißt dort:»Mehrere Jahre später drang dein Onkel Justinus in mich, ich solle sie ihm zur Durchsicht anvertrauen; nur ungern entschloß ich mich dazu und meine Furcht zeigte sich beim Wiederempfang als eine nur zu begründete. Ein von den Mäusen zerfressener Brei ward mir übergeben, aus dem kein Hexenmeister wieder ein Ganzes hätte zusammen lesen können«.
3 Wohlwill, Adolf: Georg Kerner. Ein deutsches Lebensbild aus dem Zeitalter der Französischen Revolution. Hamburg und Leipzig 1886. S. III.
4 Vgl. ders.: Weltbürgertum und Vaterlandsliebe der Schwaben, insbesondere von 1789 bis 1815. Hamburg 1875.
5 Vgl. Lang, Wilhelm: Aus Georg Kerners Sturm- und Wanderjahren. In: ders.: Von und aus Schwaben. 1. Heft. Stuttgart 1885. S. 55-99.
6 Pörnbacher, Karl (Hg.): Das Leben des Justinus Kerner. Erzählt von ihm und seiner Tochter Marie. München 1967. S. 236.

313

Jakobinismusforschung fand auch Georg Kerner wieder Erwähnung.[1] Walter Grab verwies 1966 nachdrücklich auf jene zwei Jahre, die der Revolutionär erstmals in Hamburg verbrachte und stellte die von ihm 1797 gegründete »Philanthropische Gesellschaft« als eine bedeutende Gruppierung innerhalb der demokratischen Bewegung in dieser Stadt vor.[2] Grab betonte, daß sich Kerner vehement von der Jakobinerdiktatur distanziert hatte und etwa den Germinalaufstand der Pariser Sansculotten, dessen Augenzeuge er war, »geheimen royalistischen Machenschaften«[3] zuschrieb.

Es verdeutlichte die Divergenzen in den nationalen Forschungsrichtungen, wenn die Wissenschaftlerin Hedwig Voegt in ihrer 1978 erschienen Dokumentation über Georg Kerner[4] Grabs Feststellungen nicht zur Kenntnis nahm. So verdienstvoll die sorgfältig betreute Edition ist, die neben bekannten Quellen u.a. auch Lebenszeugnisse aus dem Literaturarchiv in Marbach erstmals veröffentlichte, so bleibt doch die Etikettierung Kerners als Jakobiner - erklärte er sich doch selbst, wie sie bemerkt, »öffentlich für die Girondisten«[5] - zumindest eine unglückliche Benennung. Verglichen mit den vielen Quellen, die Voegt einsah, gerät ihre Auswahl zudem zu einem recht einseitigen »Versuch (...), einen Schriftsteller und Publizisten vorzustellen, der bislang nahezu unbeachtet geblieben ist«.[6]

II

Zu den wichtigsten Forschungsergebnissen über die Reiseliteratur der Spätaufklärung zählt die Differenzierung zwischen den topographisch-statistischen Werken und jenen subjektiven Reiseschilderungen, in denen »die dingliche Welt als Gegenstand der Beschreibung zugunsten der gedanklichen und affektiven Inhalte des Erzählerbewußtseins mehr oder weniger zurücktritt«.[7] Die individuellere Gattungsvariante - soweit sie politisch orientiert auftritt - ist für das Zeitalter der Französischen Revolution besonders an Werken Georg Forsters[8] und Joachim Heinrich Campes intensiv analysiert worden. Vieles, was Campes

---

1 Vgl. etwa die Zusammenfassungen Stephan, Inge: Literarischer Jakobinismus in Deutschland (1789-1806). Stuttgart 1976; Reinalter, Helmut: Der Jakobinismus in Mitteleuropa. Eine Einführung. Stuttgart 1981.

2 Grab, Walter: Demokratische Strömungen in Hamburg und Schleswig-Holstein zur Zeit der ersten Französischen Republik (Veröfflichungen des Vereins für Hamburgische Geschichte 21). Hamburg 1966. S. 204-210 und passim.

3 Grab a. a. O. S. 205.

4 Voegt, Hedwig (Hg.): Georg Kerner. Jakobiner und Armenarzt. Reisebriefe, Berichte, Lebenszeugnisse. Berlin/DDR 1978.

5 Voegt a. a. O. S. 21.

6 Voegt a. a. O. S. 571. - Vgl. Engels, Hans-Werner: Georg Kerner. Ein deutscher Republikaner im Zeitalter der Französischen Revolution. In: Jahrbuch des Instituts für Deutsche Geschichte an der Universität Tel Aviv 9 (1980). S. 475-483; ein wichtiger Brief an Louise Breyer vom 4. August 1794 wurde von Voegt nicht zum Abdruck gebracht. Es heißt darin (Wohlwill a. a. O. S. 18): »Soeben erhalte ich Briefe aus Paris, Robespierre ist tot, das Ungeheuer mit neun seiner Anhänger guillotiniert. Die Freiheit triumphiert und die Tyrannen werden zernichtet, welche Gestalt sie auch annehmen mögen. Gott, ich lebe aufs neue wieder - die Freiheit von Europa ist gerettet - solche eine Scene weisen die Geschichtsbücher der Welt nicht auf. -«.

7 Stewart, William E.: Gesellschaftspolitische Tendenzen in der Reisebeschreibung des ausgehenden 18. Jahrhunderts. In: Reise und soziale Realität am Ende des 18. Jahrhunderts. Hg. von Wolfgang Griep und Hans-Wolf Jäger. Heidelberg 1983 (Neue Bremer Beiträge. Bd. 1), S. 32-47, hier S. 34.

8 Vgl. Forster, Georg: Ansichten vom Niederrhein, von Brabant, Flandern, Holland, England und Frankreich im April, Mai und Junius 1790. Bearbeitet von Gerhard Steiner. Berlin/DDR 1958. (Georg Forsters Werke. Sämtliche Schriften, Tagebücher, Briefe. Neunter Band); Peitsch, Helmut: Georg Forsters 'Ansichten vom Niederrhein'. Zum Problem des Übergangs vom bürgerlichen Humanismus zum revolutionären Demokratismus. Frankfurt a.M. 1978.

»Briefe aus Paris« kennzeichnet, läßt sich auf Kerners 1795 erschienene titelgleiche Berichterstattung übertragen. Auch er wählt die Briefform, wird zum Reporter und teilt - wenngleich gedämpfter - jene Emphase, die in der Revolution den Beginn eines neuen Zeitalters sieht.[1] Trotz solcher gattungsspezifischen Parallelen, die sich ebenfalls bei anderen Augenzeugenberichten beobachten lassen, unterscheiden sich aber Paris- und Frankreichreisen generell durch die Individualität der Autoren.

Charakter, Alter, Beruf, Bildung und »Weltanschauung« der Reisenden führten dazu, daß gleiche Reiserouten, selbst zeitgleiche Erfahrungen und Erlebnisse recht verschieden gedeutet wurden. Gilt dies schon für Reisen in Deutschland, so kommt bei den Reportagen über das revolutionäre Frankreich hinzu, daß sogar 'unpolitische' Impressionen als provokatives Politikum empfunden werden mußten. Dies verdeutlichen etwa die Eindrücke August von Kotzebues, die er 1790 während eines Winteraufenthaltes in Paris gewann. Nur mit Opern- und Theaterbesuchen beschäftigt, weigert er sich, auf Unruhen und Stimmungen in der Bevölkerung einzugehen, und zählt zwölf Unbequemlichkeiten auf, die ihn veranlaßten, Paris den Rücken zu kehren. Schließlich fällt ihm ein: »Aber Paris verlassen, ohne in der Nationalversammlung gewesen zu sein? Nein, das geht nicht«.[2] Er schildert dann, schon damals ein bewußter antirevolutionärer Schriftsteller, das dortige Geschehen und die Räumlichkeiten, als würde er einer schlechten Theateraufführung in einer billigen Vorstadtbühne beiwohnen, und fühlt sich um den Eintrittspreis betrogen:

»Wir wurden auf eine Gallerie geführt, die bereits drei Mann hoch mit Menschen dicht besetzt war, also nicht einmal bequeme Plätze für unsere 6 Livres«.[3]

Selbst die politischen Reisebeschreibungen von Schriftstellern, die den Idealen der Revolution treu blieben, ähneln sich wenig. Zu sehr betonten die Reisenden ihre subjektiven Eindrücke, zu differenziert beurteilten sie auch die politische Entwicklung im Nachbarland. Ein Vergleich etwa der Berichte Kerners in der von K.F. Reichardt gegründeten Zeitschrift »Frankreich« mit denen des ehemaligen Professors Carl Friedrich Cramer, der seit 1795 in Paris lebt und jenen von Wilhelm Hensler, der in die französische Armee eintrat, wäre in dieser Hinsicht aufschlußreich.[4]

Gegenüber der relativen Geschlossenheit der meisten Augenzeugenberichte zeichnen sich Georg Kerners Verlautbarungen über die Revolution durch eine verwirrende Vielfalt aus. Zwei Buchveröffentlichungen, die »Briefe über Frankreich, die Niederlande und Deutschland«[5] und die »Reise über den Sund« werden von zahlreichen Zeitschriftenbeiträgen und einer umfangreichen offiziellen und privaten Korrespondenz ergänzt. Eine gewisse stilistische Einheit und einen gleichbleibenden Erzählton erhalten viele seiner gedruckten Beobachtungen dadurch, daß sie in Form von »Briefen« an seinen Jugendfreund Johann Gotthard Reinhold (1771-11838) gerichtet sind. Reinhold, mit dem Kerner als Zehnjähriger an der Hohen Karlsschule einen ewigen Freundschaftsbund geschlossen hatte, traf 1796

1   Vgl. Campe, Joachim Heinrich: Briefe aus Paris zur Zeit der Revolution geschrieben. Braunschweig 1790. Mit Erläuterungen, Dokumenten und einem Nachwort hg. von Hans-Wolf Jäger. Hildesheim 1977.

2   Kotzebue, August von: Meine Flucht nach Paris im Winter 1790. Für bekannte und unbekannte Freunde geschrieben. Mit einer betrachtenden Einleitung (Paris im Jahre 1782). Berlin 1883. S. 173.

3   Kotzebue a. a. O. S. 174.

4   Vgl. Hocks, Paul und Schmidt, Peter: Literarische und politische Zeitschriften 1789-1805. Von der politischen Revolution zur Literaturrevolution. Stuttgart 1975. S. 72-73.

5   Anonym (= Kerner, Georg): Briefe über Frankreich, die Niederlande und Teutschland. Geschrieben in den Jahren 1795, 1796 und 1797. Altona 1797. Vgl. dazu Voegt a. a. O. S. 571; und Engels a. a. O. S. 478.

wieder mit ihm in Hamburg zusammen. In den nächsten Jahren veröffentlichte der junge Diplomat der Batavischen Republik in mehreren Zeitschriften Reiseeindrücke, die so als Dokumente »einer aufrichtigen Freundschaft«[1] verstanden werden können.

So uneinheitlich sich Kerners Reiseerfahrungen über ein Jahrzehnt präsentieren und so diffizil eine endgültige, spätere Analyse sein mag, so fallen doch einige Eigenarten dieses Reisenden auf.

Merkmale der traditionellen Bildungsreise, die Erwähnung von Sehenswürdigkeiten und auffallenden Gebäuden erscheinen bei ihm rudimentär, soweit sie nicht ganz ausgespart werden. Wenn er einmal Reinhold lakonisch mitteilt, dieser kenne das Rathaus von Brüssel »aus anderen Reisebeschreibungen«[2], so ist das ebenso typisch wie seine Beschreibung des Schlosses von Versailles: eine Zukunftsvision, die auf historische und architektonische Einzelheiten verzichtet.[3] Zurückhaltung bei der Schilderung topographischer Details dominiert auch in seiner Parisberichterstattung.

In dem Werk des Revolutionärs finden sich wenige Naturschilderungen. Sie sind so selten und so sehr anderen Zwecken untergeordnet, daß sie keine eigenständige Dimension gewinnen. Dies sei darum besonders betont, weil Justinus Kerner durch seine willkürliche Auswahl den Eindruck entstehen läßt, als habe sein Bruder Landschaftsbilder bewußt und bevorzugt gestaltet. Nicht nur durch den Wiederabdruck des unrepräsentativen Aufsatzes »An den Ufern des Anio«, sondern weit mehr noch durch die Kompilation der Naturbilder aus Schweden führt er den Leser zu der irrigen Vermutung, Georg habe seine Reisen nur dazu genutzt, um die Schönheit der Landschaften zu beschreiben.[4] Daß die Naturschilderungen kein Selbstzweck sind, zeigt etwa der Bildkreis des Stromes, den Georg Kerner am Beispiel des Alpenflusses, des Eisack, ausmalt. Die revolutionäre Metaphorik wird durch einen Vergleich mit den Eindrücken von Christine Reinhard-Reimarus evident.[5] Beschränkt sich Frau Reinhard auf eine eher »romantische« Schilderung des Naturschauspiels, so nutzt es ihr Reisebegleiter, um ein Bild revolutionärer Kraft zu beschwören:

»Da wo der Felsensturz in die furchtbarsten Ruinen sich auflöste - wo die Spuren wilder Waldströme hoch vom Gebirge herunter bis an den Strom hinab sich zeichnen, da wo Grauen den Wanderer ergreift - beginnt plötzlich das Wehen italischer Luft und der Nachtigall sanfter Gesang. Ihn übertönt nicht das wilde Getöß der Eisach: - so siegt öfters die Stimme des zarten Gefühls im männlichen Busen - den schäumend das Blut beym Gedanken Despot und Despotism durchströmt. (...) Hieher, hieher mit euch Alten - daß im Anblick solcher Scenen die Jugendkraft mit erneuerter Stärke in euch zurückkehre - hier am Busen der Natur saugt hohes Gefühl für Freyheit und Größe - hier mit mir an diesem Strom, der unaufhaltsam seinem Ziel - edler Ruhe

---

1 Wohlwill a. a. O. S. 144.
2 Voegt a. a. O. S. 218.
3 Vgl. Voegt a. a. O. S. 174 ff.
4 Vgl. Wohlwill a. a. O. S. 97 f. und 99 f.; Grimm, Gunter (Hg.): Justinus Kerner. Ausgewählte Werke. Stuttgart 1981. S. 511 und S. 525; der Aufsatz »An den Ufern des Anio. Im Jahre 1799« erschien zuerst in: Morgenblatt für gebildete Stände. Montag, 31. Oktober 1825. S. 1037-1038.
5 Vgl. anonym (= Reinhard, Christine): auszug aus Briefen, auf einer Reise geschrieben. In: Der Genius der Zeit. Ein Journal herausgegeben von August Hennings. Altona Oktober 1798. S. 177-189, hier S. 183: »Und was dem Herzen und dem Auge so wohl that, war die Farbe der Hoffnung, die diese schauerlich grossen Natur-Scenen einhüllte. Frühlings-Othem und inniges Leben gieng aus der todten Natur, aus den schwarzen Felsen-Massen hervor. Epheu hatte sich an ihm hinan geschlungen. An der andern Seite war die Hand des Fleisses, wo sie konnte, in den Fels hinein gedrungen, hatte Korn und Wein gepflanzt. Blütenbäume dufteten - wir liessen halten, stiegen aus, und siehe, auf einmal hören wir mitten unter dem Rauschen des Stromes die Nachtigal laut und kühn schlagen. - Seit Neumühlen hatte ich ihren Ton nicht gehört - es war die erste! Mir ward so wehmüthig. -«.

nach hohem Kampf entgegenrinnt - unbekümmert über den gewaltigen Widerstand, schäumend an ihm vorüber, und endlich allgewaltiger Sieger, über ihn hinwegstürzt«.[1]

Eine Vorliebe dagegen zeigt der Reisende für die Technik und Qualität der damaligen Verkehrsmittel. Er, der einmal kränkelnd bemerkte, er fühle sich »sogleich wiederum besser, wenn es wieder zu Pferd geht«[2], und seiner Gattin gestand, »die veredelte Gestalt eines Mannes nach der Auferstehung würde die eines Centaurs sein«[3], berichtet gerne über die Widrigkeiten des Fortkommens, über Reitpferde, Kutschfahrten und die Unterschiede des Postwesens.

Eigenartig erscheinen Kerners Reiseeindrücke aber durch seine Neugier, Aufgeschlossenheit und Anteilnahme an menschlichen Schicksalen. Politische, emotionale und 'soziologische' Faktoren führten ihn dazu, Mentalitäten von Gruppen, Massen und ganzen Völkern zu charakterisieren. Ergänzt werden diese kollektiven Urteile und Vorurteile durch die Schilderung von flüchtigen Begegnungen mit Einzelnen und hunderten von biographischen Skizzen. Aus Schweden schrieb er die für seine ganze zehnjährige Odyssee typischen Zeilen:

> »Wir haben seit 3 Wochen unser Quartier zu Ramlösa aufgeschlagen und streifen nach allen Seiten, bald im Wagen, bald zu Fus, bald zu Pferd, leben mit Vornehmen und Nicht-Vornehmen, mit Reichen und Armen, und erhalten in dieser Abwechslung immer neue Belehrung mit immer neuem Genuß«.[4]

Anders als etwa die undifferenzierte Schilderung des Pariser Volks bei Campe[5] lassen sich Kerners Genrebilder als eine 'soziologische' Fallstudie lesen, die Parteigänger verschiedener politischer Strömungen vorstellt. Als »Republikaner« verabscheut er ebenso die Sansculotten wie die »Aristokraten«, »Pfaffen« und »Royalisten«. Sein Haß sei durch zwei Beispiele belegt. Kerner versäumte es in den nächsten Jahren nicht, weiterhin die Untugenden zu geißeln, die dem republikanischen Ideal nicht entsprachen. Je mehr sich die Politik des Direktoriums und die gesellschaftliche Entwicklung in Frankreich von seinen Vorstellungen entfernten, desto aggressiver verdammte er vor allem den Egoismus einzelner Personen.

---

1 Anonym (= Kerner, Georg): Tagebuch eines Republikaners während seiner Reise durch Deutschland und Italien, in den Jahren 6 und 7 (1798). In: Die Geißel. Dezember 1798. S. 312-336; Januar 1799. S. 3-25; Juni 1799. S. 255-285. Hier Januar 1799. S. 12.
2 Voegt a. a. O. S. 497
3 Kerners Werke. Auswahl in 6 Teilen. Hg. mit Einl. und Anm. vers. von Raimund Pissin. 2 Bde. Berlin 1914. Nachdruck Hildesheim/New York 1974. Hier 1. Bd. S. 208 f.
4 Anonym (= Kerner, Georg): Reise über den Sund. Tübingen 1803. S. 38.
5 Vgl. Jäger: Campe. Nachwort S. 78 f.

III

Der kleine Schwabe Kerner sprüht
Freiheit wie ein Vulkan (...)
Georg Forster

Das ist ein Republikaner nach meinem
Herzen; er glüht bis in die innerste Seele
für die französische Republik (...)
Wilhelm Hensler

Die politische Position des schwäbischen Wahlfranzosen ist diffizil zu bestimmen. Einerseits lassen sich Prinzipien erkennen, denen er sich verpflichtet fühlte und denen er trotz vieler, oft verzerrter Kommentare zur Tagespolitik treu blieb. Diese Grundsätze bestimmten zugleich sein privates Verhalten und Handeln.

Komplizierter dagegen wird es sein, die konkreten Stellungnahmen des »Republikaners« zur Innen- und Außenpolitik Frankreichs und sein Schwanken zwischen kosmopolitischer Weltsicht und Vaterlandsliebe zu erkunden.

Eine Grundlage seines Denkens war der unerschütterliche Glaube an die Verbesserung des Menschengeschlechts. Vom Optimismus der Aufklärung bestimmt, war er davon überzeugt, daß man, würde man nur den Postulaten der Epoche folgen, eine Gesellschaft schaffen könne, die allen Menschen Glück brächte. Schon der Doktorand der Medizin forderte 1790 in einer Rede über die Zukunft von Krankenanstalten:

> »Existenz der möglichst-größten Anzahl von Geschöpfen und möglichst-größte Glückseligkeit dieser existierenden Wesen, dies ist das große Gesetz, welches mit unverkennbaren Zügen in der ganzen Natur geschrieben steht.«[1]

So kompromißlos Kerner diese Überzeugung später auch vertrat, ein geschlossenes System und theoretisch eigenständige Abhandlungen zur Gesellschaftslehre hat er nicht formuliert. Wie bei anderen Zeitgenossen, die sich auf das moderne Naturrecht beriefen, sind auch seine Gedankengänge den großen politischen Denkern der Zeit entlehnt und finden sich verstreut in seiner Publizistik und in seinen Briefen.

Die Selbstverständlichkeit, mit der er jene »Ideen, die eine Wiedergeburt der Menschheit zu begründen schienen«[2], - wie sein Freund Reinhold später bemerkte - zu verwirklichen hoffte, zeigt sich an seinen Überlegungen zu den Ursachen der Revolution:

> »Die französische Revolution, welche zuerst die große Umgestaltung bewirkte, war eine Frucht der Aufklärung: die Begriffe und Grundsätze, worauf sie sich gründet, schon längst das Eigenthum aller denkenden Menschen, sollten nicht länger bloß die todte Zierde einiger Schriften, oder der fruchtleere Gegenstand der Unterhaltung seyn: die Zeit war gekommen, da sie aus den Büchern in das Leben hinüberspringen mußten, da sie die Grundlage der Gesetze und des ganzen Staatsgebäudes werden sollten. So entstand die Revolution; wäre sie nicht so entstanden, so wäre sie nicht eine Revolution, sondern nur ein vorübergehender Aufstand, eine Rebellion gewesen;«.[3]

---

1 Kerner, Johann Georg: Rede über den wichtigen Einfluss gut eingerichteter Kranken-Anstalten und Armen-Häuser auf das Wohl eines Staates. Gehalten an dem Höchsten Namens-Fest Seiner herzoglichen Durchlaucht. 4. November 1790. (Deutsches Literaturarchiv/Schiller-Nationalmuseum Marbach. Kerner-Nachlaß).

2 Lang a. a. O. S. 57.

3 Anonym (= Kerner, Georg): Ueber den Zustand Italiens im Sommer 1798. Rede gehalten in der philanthropischen Gesellschaft zu Hamburg, den 26. Jul. 1798. In: die Geißel. Februar 1799. S. 186-218, hier

Weil die Postulate der Aufklärung nicht »aus den Büchern in das Leben« hinübersprangen, begann Kerner die Hindernisse aufzudecken, welche seiner »Utopie« entgegenstanden. Wenn sich die »Tugend« des Menschen nicht verwirklichen kann, die »Glückseligkeit« sich nicht einstellt, so ist dies die Folge der traditionellen Herrschaftsverhältnisse, die es nicht zulassen, daß sich die guten Eigenschaften der Menschen entfalten.

Der Wahlfranzose entwickelte sich daher zu einem konsequenten Republikaner und verwarf jede Form der Monarchie. Ihn prägte ein »Haß gegen die Könige und das Königtum, das in seinen Folgen sich noch gräßlicher als während seiner Existenz zeigt«.[1] Der Revolutionär spielt damit auf die Jakobinerdiktatur und jene reaktionären Tendenzen nach dem 9. Thermidor an, die er als langfristige Folgen des französischen Absolutismus begriff. Konsequent stellte er sich darum auch gegen die Privilegien des Adels. Er, der am 14. Juli 1790 an der Karlsschule bei einer Feier zum Sturm auf die Bastille den Adelsbrief seiner Familie verbrannte, verabscheute die Vorrechte dieses Standes und den Stolz und die Arroganz, die er bei den französischen Emigranten beobachten konnte.

Schließlich dominiert bei Kerner - wie noch eingehender zu zeigen sein wird - ein extremer Haß auf den Katholizismus. Seine Überzeugung, daß Thron und Altar eine Einheit bilden und daß der Klerus ein wichtiges Instrument der Royalisten sei, um die gestürzte Ordnung in Frankreich wiederherzustellen, machte ihn zu einem unversöhnlichen Feind kirchlicher Institutionen. Die Intensität seines antikleralen Unmuts ist dadurch bestimmt, daß er im christlich-orthodoxen Ideengut das wichtigste Hemmnis zur Verwirklichung der Ideale der Aufklärung, einen Grundpfeiler des Despotismus sieht. Kerner, der 27jährig an »das Daseyn eines höchsten Wesens« und an ein »künftiges Leben«[2] glaubt, bekämpft, ohne sich auf theologische Untersuchungen einzulassen, das Christentum als Aberglauben. Wie langfristig er seine Anschauungen vertrat, verdeutlicht seine Parteinahme bei einer publizistischen Fehde vom Jahre 1805, die durch die Berufung des ehemaligen preußischen »Ketzerrichters«, des pietistischen Geistlichen Hermann Daniel Hermes, an die Universität Kiel, entstand.[3] Indem Kerner gegen konservative Ausführungen Fritz Reventlows[4] in dieser Frage polemisiert, engagiert er sich noch einmal für einen Grundsatz seines politischen Denkens:

> »Dieser finstere Geist zielt auf nichts weniger, als auf ein höchstens in etwas verändertes Pabstthum, auf die Herrschaft einer bleyschweren Hierarchie, die zu allen Zeiten, die Monarchie am Gängelband des Aberglaubens und der Frömmeley nach Gutdünken zu leiten, und die Bildung des Volks in einen stehenden Sumpf zu verwandeln suchte«.[5]

Welche Gesellschaftsordnung schwebte Georg Kerner vor? Wie wollte er es erreichen, daß die Privilegien Einzelner beseitigt und eine ungehinderte Entfaltung menschlicher Fähigkeiten und Anlagen ermöglicht würde? Kerners konkrete politische Zielvorstellungen, die noch einer Untersuchung bedürften, können hier nicht analysiert werden. Wichtiger ist, daß

S. 187 f.; die Verfasserschaft ist u.a. durch Friederike Kerner belegt.

1 Kerner: Briefe über Frankreich ... a. a. O. S. 8.

2 Anonym (Kerner, Georg): Moralisches Glaubensbekenntniß der Philanthropen. In: Auszüge aus den Verhandlungen der Philanthropischen Gesellschaft zu Hamburg. Eine Zeitschrift. Hamburg 1798. S. 26-36, hier S. 35. Im Staatsarchiv Hamburg hat sich ein Exemplar dieser Zeitschrift erhalten. Vgl. auch Grab a. a. O. S. 206.

3 Vgl. Brandt, Otto: Geistesleben und Politik in Schleswig-Holstein um die Wende des 18. Jahrhunderts. Berlin und Leipzig 1925. S. 231-244.

4 Scanderholm, Gustav: (= Kerner, Georg): Ueber Sendschreiben und Antwort. Deutschland 1805.

5 Scanderhom (= Kerner) a. a. O. S. 22.

er im Gegensatz zu vielen anderen Zeitgenossen, die den politischen Fortschritt durch eine allmähliche Verbesserung des Menschen erhofften und einen längeren Erziehungsprozeß wünschten, davon überzeugt war, erst der Umsturz oder die Veränderung der tradierten Institutionen hätte eine Besserung der Menschen zur Folge. Trotz vieler Enttäuschungen hat er dieses Konzept, auch als Postulat einer fernen Zukunft, nie aufgegeben. Noch 1803, als er Frankreich schon deprimiert den Rücken gekehrt hat, bekennt er:

> »Der Mensch ist ursprünglich gut, ist sein Standpunkt in dem gesellschaftlichen Leben richtig bestimmt, so hängt eine immer steigende Veredlung blos noch von der allgemeinen Impulsion der Geseze und der Institute ab. Hier aber beginnt das Werk der Regierungen, hier öfnet sich für sie das große Feld, nicht nur über die Gegenwart zu schalten, sondern eine glükliche Zukunft vorzubereiten, nicht nur um zu geniessen, sondern um zu schöpfen, nicht nur um andern zu befehlen, sondern um selbst zu gehorchen den ewig wahren Grundsätzen des *Rechts* und der *Billigkeit*, damit *die Gewalt überflüssig und die Würde unvergänglich werde!*«.[1]

Die Verwirklichung der »Grundsätze einer reinen Vernunft«, von der er hoffte, sie sei »die Mutter einer besseren politischen Organisation«[2], stellte er sich so vor: Eine Elite aufgeklärter, gebildeter und uneigennütziger »Republikaner« stelle sich an die Spitze des Staates und setze die unumstößlich anerkannten Forderungen, die richtige Theorie, gegen alle Widerstände des alten Systems in die Praxis um.

Derartige Ideen sind nicht originell, ungewöhnlich aber ist Kerners - wie Hewig Voegt es einmal in anderem Zusammenhang feststellte - »eigene revolutionäre Konsequenz, der große pathetische Ernst, mit dem er die Menschheitsideale verficht«.[3]

Selten wird diese Haltung deutlicher, als wenn er über die »Tugend« des vorbildlichen »Republikaners« reflektiert. Bürgertugend, Republikanismus entdeckte er in der Geschichte. Als er in Italien weilte, gestand er:

> »Glühendes Gefühl und Bewunderung für Römergrösse hat uns Alle aus den Jahren der Kindheit in das jugendliche und männliche Alter hinübergeleitet: was die Welt, die uns umgab, uns nicht gewähren konnte, und unsere erwachende sittliche Empfindung doch so sehnlich begehrte, Glauben an Tugend, an Erhabenheit des Charakters, dieß fanden wir vorzüglich in der Betrachtung der römischen Geschichte«.[4]

Der Begriff der Tugend, die er hier beschwört - ein Grundpfeiler der Philosophie Jean-Jacques Rousseaus, dessen Denken ihn stark beeinflußte - ist ein Leitmotiv seiner Publizistik und seines Handelns: »Ich werde in keinem Lande, ich werde nirgends aufhören, Tugend zu suchen, und ich bin zum voraus gewiß, daß ich sie niemals vergebens unter dem Strohdache suchen werde«.[5] Dies ist keine rhetorische Floskel, sondern ein Programm, das, ergänzt durch das Bloßstellen von Untugenden, seine Reiseeindrücke kennzeichnet.

Indem er, wie Rousseau, Tugend nur beim Kleinbürgertum zu finden glaubt[6], grenzt er sich sowohl von den städtischen Unterschichten, als auch von den unpatriotischen Reichen und dem Adel ab. Sein zur Askese neigender Rigorismus kann daher nur in den Bauern und Handwerkern ehrenvolle Bürgerklassen erblicken. Die Enttäuschung bei der Suche nach tugendhaften Republikanern führte ihn dann mehr und mehr dahin zu glauben, erst »nach

---

1 Kerner: Reise über den Sund a. a. O. S. 93 f.
2 Voegt a. a. O. S. 116.
3 Voegt a. a. O. S. 39.
4 Kerner: Ueber den Zustand Italiens a. a. O. S. 192.
5 Voegt a. a. O. S. 73.
6 Vgl. Weissel, Bernhard: Von wem die Gewalt in den Staaten herrührt. Beiträge zu den Auswirkungen der Staats- und Gesellschaftsauffassungen Rousseaus auf Deutschland im letzten Viertel des 18. Jahrhunderts. Berlin/DDR 1963.

einem Jahrhundert«[1] könnten seine Ziele verwirklicht werden. Die wenigen Republikaner werden für ihn somit Vorkämpfer »für den endlichen Sieg«[2] in einer fernen Zukunft:

»Das Ideal von *Muth* und *Ehre* erreicht der Mann, der den Stürmen der Zeit zum Trutz den Acker baut, dessen Früchte erst auf seinem Grab für die Nachkommenschaft blühen; wahrer Muth und wahres Ehrgefühl glühen in dem Busen des Manns, dessen Kraft nicht an dem Schneckengang der Völker erlähmt, der taub gegen das Gekrinz der beyden Canaillen der bürgerlichen Gesellschaft, jener Endpunkte der Roheit und Abgeschliffenheit, seine Bundesbrüder, und Gehülfen in der besseren Mittelsclasse sucht, um mit ihnen endlich eine Bürgermasse zu bilden, in deren geläutertem Willen das letzte Gericht der Vorurtheile, das Todesurtheil der willkührlichen Gewalt, der Triumph der Aufklärung d.h. des wohlverstandnen Interesses, das blühende Glück der bürgerlichen Gesellschaft und die hohe Bestimmung der Menschheit ruht (...)«.[3]

Im Gegensatz zu dieser resignativen Haltung, die durch seine Erfahrungen in Italien hervorgerufen wurde, neigte der Weltveränderer vor allem zwischen 1795 und 1798 stärker dazu, die Verwirklichung seiner Ideale durch die strenge Gesetzgebung bewußter französischer Republikaner zu erhoffen. Er glaubte, daß man die Tugend erzwingen könnte.

Der wichtigste Einschnitt in der Entwicklung seiner »tugendhaften« Zielvorstellungen bildet - wie bereits angedeutet - jener Komplex der Prairial-Geschehnisse, jenes letzte Aufbäumen der hungernden Massen von Paris, das er zusammen mit dem dänischen Schriftsteller Jens Baggesen in der Hauptstadt der Revolution erlebte.[4]

Hatte er bis zu diesem Zeitpunkt primär die »Roheit« - die Sansculotten - mit der Waffe in der Hand niedergehalten, so begann er seitdem, die »Coalition von Aristokraten, Pfaffen, Neugeadelten, Schurken, Verräthern und Dummköpfen«[5] mit der Feder zu belästigen. Er wurde somit zwar Fürsprecher »strengster revolutionärer Disziplin«[6], kaum aber Jakobiner in jenem Sinne, daß er glaubte, zusammen mit den »Volksmassen«, die er stets politischen Handelns für unfähig hielt, Veränderungen zu erwirken.

Auf den Punkt brachte er sein ideologisches Konzept zu jener Zeit, als er in Hamburg die »Philanthropische Gesellschaft« (April 1797 - April 1798) gründete und leitete. Es muß hier darauf verzichtet werden, ihre in der Forschung unterschiedlich beurteilte Praxis genauer zu analysieren.[7] Daß sie nicht so harmlos war, wie der Historiker Wohlwill suggerierte, zeigt ein wiederentdecktes Dokument, in dem Kerner auf das Vorbild der Volksgesellschaften vor 1792 hinweist. Er hofft, diese nun wieder aufleben lassen zu können, und traut ihnen zu, »daß sie all das Gute bewirken werden, für das wir bereits Hinweise hatten, ohne in die verhängnisvollen Fehler zurückzufallen, zu deren Werkzeugen sie sich gemacht haben«.[8]

Programmatisch für seine Neugründung ist ein »Moralisches Glaubensbekenntniß der Philanthropen«[9], das in einer sofort konfiszierten Zeitschrift der Gesellschaft erschien. Die philosophische Grundsatzerklärung - sie trägt eindeutig Kerners Handschrift - beschwört

1 Kerner: Tagebuch ... a. a. O. Juni 1799. S. 259.
2 Kerner: Tagebuch ... a. a. O. S. 258.
3 Kerner: Tagebuch ... a. a. O. S. 259.
4 Über ihr Zusammentreffen in Paris vgl. Lang, Reinhard a. a. O. S. 24 f. Ein Teil der »Briefe über Frankreich ...« a. a. O. wurde von Baggesen geschrieben.
5 Riouffe, Honoré: Rede über die Gefahren, die das Innere der fränkischen Republik und das republikanische System bedrohen. Gehalten im constitutionellen Cirkel zu Paris. Uebersetzt und mit Anmerkungen herausgegeben von George (sic) Kerner. 26. Meßidor. 5. (14. July 1797). Hamburg o.J. (1797). S. 37.
6 Voegt a. a. O. S. 175.
7 Über die »Philanthropische Gesellschaft« bereitet der Verfasser eine Studie vor.
8 Voegt a. a. O. S. 323.
9 Kerner: Moralisches Glaubensbekenntniß a. a. O. Die folgenden Zitate dort S. 27, 28, 29, 31, 32, 33.

zu Beginn seine Überzeugung, »daß die allmähliche Vervollkommnung des menschlichen Geschlechts keine Chimäre sey«.

Erneut bekennt er, die Verbesserung des Menschengeschlechts sei zuerst durch eine Veränderung gesellschaftlicher Strukturen zu erreichen. Sie sei »eines der vorzüglichsten Mittel (...), welche zur Vervollkommnung der Menschheit überhaupt führen«. Seine Einsicht aber, »daß die Menschen , um glüklicher zu sein, besser werden müssen«, ist für ihn als Postulat neu und leitete schon bald resignative Überlegungen ein, die ihn schließlich veranlaßten, sich weitgehend aktiven politischen Handelns zu enthalten. Der Veränderer, der stets die Tugend gesucht hatte und sie auch manchmal gefunden zu haben schien, trachtete nun danach, sie durch einen Zusammenschluß tugendhafter Männer zu vermitteln und zu schaffen.

Sein Tugendkatalog ist streng, glaubt er doch, daß ein Mitglied seiner Vereinigung »nur alsdann die Freiheit würdig liebt, wenn er auf die Vervollkommnung seiner Sittlichkeit bedacht« sei. Dem Philanthropen sei »Herrschsucht fremd«, er schätze Wahrheit, Gerechtigkeit, Mäßigkeit, also »glükliche Mittelmäßigkeit« und Fleiß, da er »thätig und arbeitsam« sei.

Der bemerkenswerteste Gedanke des »Glaubensbekenntnisses« zielt aber auf eine »Untugend«. Da Kerner überzeugt ist, die Wahrheit zu besitzen, kann er abweichendes Denken nicht billigen und hält dessen Bekämpfung für seine Pflicht:

> »Die vorgebliche Tugend endlich, welche der erfinderische Despotism mit dem Namen *Toleranz* belegt hat, erkennt er nicht; denn er hält dafür, daß sie einen schreienden Mißbrauch der Menschenrechte, und eine offenbare Verletzung der Vernunft und Gerechtigkeit in sich faßt«.

IV

Schon erwähnt wurde die verwirrende Vielfalt, die das zweite Jahrfünft (1796 - 1801) von Kerners Engagement für das revolutionäre Frankreich auszeichnete. Es auch nur annähernd auszuloten, ist hier unmöglich. So müssen seine Reiseerlebnisse nach Italien und seine Aktivitäten in diesem Land (1798/1799) ebenso ausgespart bleiben wie seine darauf folgenden Eindrücke von der Schweiz und von Württemberg - ein Zeitabschnitt seines Lebens, der bisher so gut wie unbekannt blieb. Nur zwei Reisen nach Paris, die er 1796 und 1797 von Hamburg aus unternahm, und sein letzter Parisaufenthalt von 1801 können erwähnt werden.

Kerners erste Reisen sind mit seinem Aufenthalt in Hamburg verbunden. Am 28. September 1795 war er dort als Privatsekretär seines älteren Freundes, des französischen Gesandten Karl Friedrich Reinhard, eingetroffen; diplomatische Missionen führten ihn unter anderem nach Bremen, Hildesheim und Berlin. Zu Beginn des Jahres 1796 war er wieder mit seinem Jugendfreund Johann Gotthard Reinhold (1771-1838) verbunden. Das unzertrennliche Gespann bildete 1797 den Kern der »Philanthropischen Gesellschaft«. In den benachbarten Städten knüpfte der Revolutionär zudem eine Vielzahl von Verbindungen und neuen Freundschaften. Mittelpunkt der »ächt republikanischen Zirkel«[1] war der Kreis um den

---

1 Im Tagebuch von Ferdinand Beneke (Staatsarchiv Hamburg) heißt es am 20. Februar 1796: »Um 6 Uhr gingen wir zu Chaufepié, wo wir in einem artigen ächt republikanischen Zirkel bis Nachts um 12 Uhr blieben. Ausser C. Eimbke, Rambach und Eimbkes Bruder waren da: a.) Pezold, Doktor der Rechte, eine ehrliche Haut, b.) Hasche, Doktor der Rechte, ein artiger, interessanter Mann. Er war kürzlich in Paris. c.) Schaffshausen, Gries der jüngere ist noch auf Reisen. d.) Kerner Gesandtschafts Sekretär der französischen Republik, ein höchst interessanter Mann für mich. Freund meines Reichard. Reichard ist in Paris und noch nicht emploirt. e.) Reinhard, Bruder des hiesigen französischen Ministers, ehemals Professor in Marburg. f.) Reinhold,

Kaufmann Georg Heinrich Sieveking, der eine Tochter des Arztes Johann Albert Henrich Reimarus geheiratet hatte. Das Landhaus des Kaufmanns in Neumühlen bei Altona wurde geselliges Zentrum des Reimarus-Sievekingschen Kreises und vorübergehend auch Domizil der französischen Gesandtschaft.[1]

Anlaß von Kerners erster Reise nach Paris, die er im März 1796 antrat, war jener Konflikt, der aus der Nichtanerkennung Reinhards als französischer Gesandter entstanden war. Hamburg, das sich in dieser Frage dem Drucke Österreichs gebeugt hatte, drohten französiche Sanktionen. In dieser Situation wurde Georg Heinrich Sieveking von der Kommerzdeputation ausersehen, durch Verhandlungen in Paris mögliche Konsequenzen für Handel und Schiffahrt zu verhindern.[2]

Das entscheidende innenpolitische Ereignis seit Kerners letzter Abreise aus Paris war der 13. Vendémiaire gewesen, der Tag, an dem Bonaparte einen royalistischen Aufstand niedergeschlagen hatte. Für Kerner ist dieser 5. Oktober 1795 ein Datum, das die Republik rettete. Trotzdem entspricht der Zustand Hollands und Frankreichs nicht seinen Idealen. Hatte er schon vorher mehr Strenge und nachdrücklichere Strafen gegen die Feinde der Republik und eine revolutionäre Diktatur gefordert, »sobald das öffentliche Wohl, sobald die Gefahren des Vaterlands die Diktatur gebieten«[3], so verstärkt sich in den »Neue(n) Briefe(n), geschrieben auf einer Reise durch Deutschland, Holland und Frankreich«[4] sein Rigorismus. Schildert der Reisende zuerst in bekannter Weise Impressionen und Bekanntschaften, so werden ihm Beobachtungen über einen Gottesdienst Anlaß zu einem leidenschaftlichen Exkurs, in dem er die Schädlichkeit kirchlicher Gebräuche geißelt. Zwar will er nicht mit »Gewalt die Tempel zerstören«[5] und neigt auch nicht dazu, die alten »Schrekkenscenen« gutzuheißen, denen er die Schuld daran gibt, daß jetzt die Nachsicht übertrieben werde. Vielmehr will er durch Erziehung und Agitation den Krieg gegen das Pfaffentum führen:

> »Auf dem heiligen Altar der Publicität schwöre jeder Freund der Freyheit, durch die Erziehung, durch den Einfluß der Beredsamkeit, durch jedes ähnliche Mittel, das in das bloße Gebiet der Vernunft gehört, das Pfaffenthum, wenn gleich langsam, allein desto gewisser zu untergraben, bis endlich der große Tag anbricht, wo die Morallehre, der einzig wahre Gottesdienst, von allen scheuslichen Hüllen befreyt seyn wird, womit die Herrschsucht der Menschen sie verunstaltet hat«.

Für Kerner ist gewiß, daß die Religion auch ein Unterdrückungsinstrument ist, das dazu dient, eigensüchtige Besitzprivilegien zu rechtfertigen. Indem er eine Lebensmittelspekulantin kritisiert, - »ein unerträgliches Geschöpf voll Prätension und bürgerlichen Ahnenstolz«[6] -, will er eine ganze Schicht treffen. Diesem »Gesindel« gehe es darum, sich der

---

Holländischer Gesandschafts Sekretär. - Kurz, ein herrlicher Abend«. — Die Tagebücher Benekes werden von U. Müller-Link transkribiert und zur Veröffentlichung vorbereitet.

1 Vgl. Sieveking, Heinrich: Georg Heinrich Sieveking. Lebensbild eines Hamburgischen Kaufmanns aus dem Zeitalter der französischen Revolution. Berlin 1913.

2 Sieveking a. a. O. S. 171-269.

3 Voegt a. a. O. S. 183.

4 Anonym (= Kerner, Georg): Neue Briefe, geschrieben auf einer Reise durch Deutschland, Holland und Frankreich. In: Die Geißel 1797. 1. Heft. S. 92-112; 1797. 2. Heft. S. 115-121; 1797. 4. Stück. S. 65-77. Die Verfasserschaft wurde schon vermutet von Kawa, Rainer: Georg Friedrich Rebmann (1768-1824). Studien zu Leben und Werk eines deutschen Jakobiners. (Abhandlungen zur Kunst-, Musik- und Literaturwissenschaft. Bd. 290). Bonn 1980. S. 663.

5 Kerner: Neue Briefe ... a. a. O. 1. Heft. S. 110; die folgenden Zitate ebd. S. 97, 111.

6 Kerner: Neue Briefe a. a. O. 2. Heft. S. 117; die folgenden Zitate ebd. S. 117 f.

Religion anzuschließen, »um mit Hülfe der christlichen Kirche, dem armen bethörten Volk ungestraft die Früchte seines Schweißes entreißen, und ihm ungestraft den Genuß jener unveräuserlichen Rechte vorenthalten zu können«.

Sein pathetischer Angriff gipfelt in einer Anklage, die in ihrem rhetorischem Schwung und ihrer inhaltlichen Radikalität den Vergleich mit anderen »jakobinischen« Zeugnissen der Epoche nicht zu scheuen braucht.[1] So kann dieser Exkurs als ein Höhepunkt seiner Publizistik gelten. Die Schärfe resultiert aber auch aus politischer Resignation und einer persönlichen Krise, die ihn an einer kurzfristigen Verwirklichung seiner Ideen verzweifeln ließ. Die Anklage richtet sich gegen den Klerus:

> »Priester! wie könntet ihr frech genug seyn, den armen Unglüklichen auf den leidenden Heiland zu verweisen, den ihr da in der erbärmlichsten Sündergestalt - ihn den energischen Widersacher des Pfaffen und Königs-Despotism - ihn den Athleten Jerusalems - in Form eines gekreuzigten, ausgemergelten Missethäters den Augen des Volks ausseztet? ohne Zweifel damit es, weil einmal ein so genannter Gott so erbärmlich aussah, vor seiner eigenen abgemergelten Gestalt desto weniger erschreken soll! - Priester! wie konntet ihr dieses unglükliche Volk auf die Weinsuppen eines künftigen Lebens verweisen, - da eure eigene Tafel auf's beste besezt, euer Keller gefüllt, euere Beutel gespikt sind, da ihr wohl wißt, daß das Elend nicht Bestimmung des Menschen ist, sondern Wohlstand, Vergnügen und Freude sein irrdisches Loos seyn soll; - da ihr die Ursachen seines Elends, da ihr diejenigen kennt, deren Ueppigkeit und Schwelgerey, deren Gefräßigkeit und Laune zu gefallen, die grosse Volksmasse so manchen physischen Genuß entsagen muß, der nicht selten eine Stufe zur moralischen Veredlung ist. -
> Aber nein ihr lenktet und lenkt das Aug des unglüklichen Unterdrükten auf ein anderes Leben, damit er in seinem fanatischen Taumel sein gegenwärtiges Elend vergesse, damit es ihm nicht endlich einfalle auch gut und vergnügt leben zu wollen, nicht blosses Thier zu seyn, sondern denkendes Wesen zu werden, nicht blosses passives Stük Fleisch zu seyn, sondern selbstthätiger Geist zu werden, nicht bloß durch euch sondern durch sich selbst zu denken, zu sprechen und zu handeln, und endlich über das feige Hundegesindel hinwegzuschreiten, das sich zwischen ihn und das grosse Urbuch der Menschenrechte, zwischen ihn und die Gottheit, als unberufener Zwischenträger wirft. - Allein euer aller Reich geht zu Ende - über euere Kronen und Hüte, und Müzzen und Hostien, und Kelche und Diplome, und Pergamente und Ordensbänder und Sterne, über euere Sclaven und Henker hinweg ruf ich im Angesicht des Himmels und der Erde - *Euer Reich geht zu Ende!* - und tausend Echos und hunderttausend Stimmen hallen - *zu Ende!!!*«.[2]

Aber ein Jahr verging, bevor Kerner Paris wiedersah. Dieser Aufenthalt dort fiel in die Monate August bis November des Jahres 1797.[3] Veranlaßt wurde die Reise diesmal nicht von Reinhard, sondern Kerner selbst wünschte, den Posten als Privatsekretär aufzugeben und eine gesichertere Staatsstellung von der Republik zu erhalten. Er flüchtete zudem aus Gründen - so schrieb Christine Reinhard - , die »mit der Verbesserung des Menschengeschlechts nichts zu thun hatten«.[4] Diese Andeutung bezieht sich vermutlich auf eine Schwärmerei für Emmy Pauli, die dem Neumühlener Kreis zugehörte, aber einem anderen Mann zugesprochen war[5], und eine zusätzliche Ursache abgab, daß er wieder einmal eine verzweifelte Gemütsstimmung durch rastlose Geschäftigkeit betäuben wollte.

Hoffnung auf eine Verbesserung seiner Position schöpfte er nicht zuletzt aus seinen

---

1   Vgl. neuerdings Gauch, Sigfried: Friedrich Joseph Emerich - Ein deutscher Jakobiner. Studien zu Leben und Werk. Frankfurt am Main, Bern, New York 1986 (Europäische Hochschulschriften: Reihe 1, Deutsche Sprache und Literatur. Bd. 934).

2   Kerner. Neue Briefe. a. a. O. 2. Heft. S. 119-121.

3   Vgl. Wohlwill a. a. O. S. 42; Engels, Hans-Werner: Ein Frauenschicksal in bewegter Zeit. Christine Reinhard-Reimarus 1771-1815. In: Altonaer Zeitung. Juni-Oktober 1985. Hier Juni. S. 7.

4   Brief Christine Reinhards an Georg Kerner vom 15. September 1797. (Staats- und Universitätsbibliothek Hamburg Carl von Ossietzky. Campe-Nachlaß). Siehe Anhang.

5   Vgl. Tecke, Anneliese (Hg.): Caspar Voght und sein Hamburger Freundeskreis. Briefe aus einem tätigen Leben. (Veröffentlichungen des Vereins für Hamburgische Geschichte. Bd. XV,II.) Hamburg 1964. S. 7 und passim.

Bekanntschaften in Paris, etwa mit dem Diplomaten Talleyrand-Périgord und vor allem mit dem von ihm hoch geschätzten und verehrten Emmanuel-Joseph Sieyès, mit dem er seit Oktober 1795 Briefe wechselte. Als am 10. April 1797 ein Attentat auf Sieyès scheiterte, wandte sich die »Philanthropische Gesellschaft« an ihn, um mit eindringlichen Worten ihre Genugtuung über seine Rettung auszudrücken:

> »Empfangen Sie demnach den Tribut, den wir Ihnen entrichten. Zählen sie uns zu denjenigen, welche die schreckliche Begebenheit, die Ihr Leben bedroht hat, am tiefsten erschüttere, zu denen, welche die lebhafteste Freude empfunden haben, als sie vernahmen, daß Sie der Welt nicht würden entrissen werden«.[1]

Auf das ausführliche Schreiben hatte Sieyès am 14. Juni 1797 wohlwollend geantwortet, und als Kerner dann im August nach Paris aufbrach, versah ihn seine Vereinigung auch mit einem Schreiben, das seine Verdienste um die Gesellschaft bescheinigte und ihn ermächtigte, es allen Philanthropen der Erdoberfläche zu zeigen.

Trotz dieser Voraussetzungen scheiterte sein Anliegen, und Kerner kehrte schließlich wieder zu Reinhard zurück. Sein Mißerfolg ist mit dadurch zu erklären, daß er es bei einer Geselligkeit, die der Minister des Auswärtigen, Talleyrand, gab, an Zurückhaltung fehlen ließ und anwesende Diplomaten durch seinen Enthusiasmus und seine Äußerungen schockierte. Eine Beschwerde gelangte an Reinhard, der gebeten wurde, das maßlose Wesen seines Gehilfen zu zügeln. An Gustav von Schlabrendorf schrieb er darum am 20. Oktober aus Hamburg:

> »Der junge Mensch hat Ehrgeiz und noch mehr Eitelkeit. Er hört sich selbst gerne und will gerne gehört sein. Selbst eine gleichgültige Meinung mit jenem Feuer in einer solchen Gesellschaft von einer Person vorgetragen, deren Gesicht, Sprache und Ideen viel jünger sind, wie Ihre Jahre, beleidigt die Konvenienz. Mit jedem Anspruch auf Aufmerksamkeit, die er in einer so subalternen Lage, wie die seinige, geltend machen will, verliert er einen Anspruch auf die Beförderung, die er wünscht. Dies sagt' ich ihm; allein er hat mich nicht ganz verstanden oder nicht ganz verstehen wollen. Ich sprach nicht blos von Heftigkeit, sondern von Vorlautheit überhaupt, und nach dem dringenden Tone zu urtheilen, in welchem jene Warnung geschrieben war, hat er sich gewiß in dieser Rücksicht große Sünden zu Schulden kommen lassen; und wer weiß, in welchem Zusammenhang sie mit den Schwierigkeiten stehen, die sich seinen Wünschen entgegenstellen? Auch das ist sehr jugendlich, daß er nun Schicksal und Menschen anklagt. Die Gesetze, wenigstens dem Buchstaben nach, sind gegen ihn; und je unabhängiger er der Sache gedient hat, um so weniger darf er seine Belohnung von den Menschen erwarten (...)«.[2]

Der jugendliche Schwung, von dem diese Zeilen berichten, war durch den 18. Fructidor des Jahres V mitbedingt. Der Staatsstreich vom 4. September hatte sich gegen die royalistische, reaktionäre Mehrheit gerichtet, die nach den Wahlen im Frühjahr die Politik des gesetzgebenden Körpers bestimmte. Er war durch die Direktoriumsmitglieder Barras, Reubell und la Revellière geplant worden, die sich der Hilfe der Truppen der Generale Hoche und Bonaparte versichert hatten. Die massive Truppendominanz verhinderte, daß es zu Kämpfen kam.[3] Ein großer Teil der Abgeordneten und der Direktor Barthélemy wurden verhaftet.

Es scheint, daß Kerner selbst in die Ereignisse des Tages verwickelt war. Seine Frau berichtete, er wäre fast »Opfer eines wüthenden Volkshaufens geworden, der nach Blut lechzte«.[4] Nur weil ein Offizier ihn verhaftet habe, sei er dem Volkszorn entgangen. Seine

---

1 Auszüge aus den Verhandlungen a. a. O. S. 45.
2 Lang a. a. O. S. 168.
3 Vgl. dazu Rebmann, Georg Friedrich: Geschichte der Revolution vom 18ten Fruktidor. In: Die neue Schildwache. 2. Bändchen. Paris 1798. S. 1-87.
4 Kerner, Friederike a. a. O. S. 139.

begeisterte Freude über den Staatsstreich hatte er schon am 19. Fructidor in einem Brief nach Bremen geäußert: »Der gestrige Tag gehört zu den größten der Revolution, er hat die Republik gerettet«.[1] Eine zusammenfassende, bisher nicht entdeckte Beurteilung schrieb er aber erst auf der Rückreise nach Hamburg. Die »Briefe, geschrieben auf einer Reise von Paris nach Deutschland«[2] beginnen mit einem Vergleich der französischen Verhältnisse vor und nach dem 18. Fructidor, Gemälden »der Finsterniß und des Lichts«.[3] Vom 29. Oktober datiert, ist der Beginn seines Reiseberichts keineswegs eine spontane Briefäußerung, sondern eine ausgefeilte Gegenüberstellung, eine letzte uneingeschränkte Anerkennung der französischen Republik. Über die Zustände nach dem Staatsstreich schrieb er u.a.:

> »Die Volksgesellschaften wieder eröfnet; sichtbares Aufleben des Gemeingeistes; die republikanische Constitution; Sicherheitsakt für die Republik, Lebensquelle der Republikaner; der Royalismus und die Aristokraten unter dem Schwerdt der Gerechtigkeit; die öffentlichen Aemter dem Patriotismus zurückgegeben; die Nationalgüterkäufer gesichert; Ehre und Belohnung den Vaterlandsvertheidigern; Frankreich weinend an dem Grabhügel Hochens und vom Dankgefühl gegen Buonaparte beseelt; Einigkeit im Directorium durch Merlins und Neuschateaus Eintritt in die Regierung; die Nationalrepräsentation von republikanischer Würde und republikanischem Sinne erleuchtet und umstrahlt. Die aristokratische Departementsverwaltung cassirt; die Emigranten und ungeschwornen Priester vertrieben; Frankreich wiederum leuchtendes Gestirn am republikanischen Himmels-Gewölbe; das Reich der Republikaner - Triumph der Freyheit und Gleichheit. (...) *So ist Frankreich, da ich es verlasse*«.[4]

Seine Euphorie sollte nicht lange anhalten. Die Eindrücke, die er in Valenciennes, Brüssel, Löwen, Tirlemont, Lüttich, Maastrich, Aachen und Köln gewann, veranlaßten ihn erneut zu heftiger Kritik. Die Zurückhaltung, mit der einige Städte die Friedensbotschaft von Campo Formio aufnahmen, verärgerte ihn. Besonders das Verhalten der Einwohner von Brüssel, das er schon im September 1795 als unrepublikanisch angeprangert hatte[5], ließ ihn jetzt wieder wünschen, daß das Direktorium durch »republikanische Strenge in der ganzen Fülle des Worts«[6] die Machenschaften der Aristokraten und Priester verhindern möchte:

> »Unter solchen Umständen, reisse man das Gebäude von Grund aus nieder, und auf seinen Trümmern errichte man republikanische Institute, begleitet von den Wohlthaten aber auch bewafnet mit den Donnern der Republik«.[7]

Seine Rigorosität verschärfte sich noch, als er im März 1798 wieder über diese Stadt berichtete. Sein Unmut konzentrierte sich diesmal auf die Rückgabe der Kirche St. Jacques an die Katholiken, während er sie für republikanische Feste genutzt wissen wollte.[8]
Wie sonst vergaß Kerner trotzdem nicht, republikanische Tugenden einzelner Persönlichkeiten zu erwähnen. Ungewöhnlich aber ist, daß er diesmal eine ganze Stadt fand, die seinen Idealen nahe kam: Lüttich. Die auffallenden Mentalitätsunterschiede zwischen den Ein-

---

1 Wohlwill a. a. O. S. 43.
2 Anonym (= Kerner, Georg): Briefe geschrieben auf einer Reise von Paris nach Deutschland. In: Frankreich im Jahre 1798. 1. Stück. S. 69-77; 2. Stück. S. 159-171. Die Verfasserschaft ergibt sich u.a. durch einen Vergleich mit einem Brief an Charles-Maurice de Talleyrand-Périgord vom November 1797. Vgl. Voegt a. a. O. S. 474 ff.
3 Kerner: Briefe a. a. O. 1. Stück. S. 71.
4 Kerner: Briefe a. a. O. 1. Stück. S. 70 f.
5 Vgl. Voegt a. a. O. S. 216 ff.
6 Kerner: Briefe a. a. O. S. 75.
7 Kerner: Briefe a. a. O. S. 76.
8 Anonym (= Kerner, Georg): Briefe geschrieben auf eine (sic) Reise von Paris nach Deutschland. In: Frankreich im Jahre 1798. 5. Stück. S. 17-21.

wohnern dieser Stadt und den Brabantern waren schon im Jahre 1790 Georg Forster in die Augen gesprungen.[1] Sinngemäß konstatierte Kerner sieben Jahre später:

>>Es ist einer der sonderbarsten Contraste die man erlebt, wenn man von Brüssel nach Lüttich reist, und von dem mürrischen mit der neuen Ordnung der Dinge unzufriedenen Brabanter plötzlich zu den von Republikanismus beseelten Lüttichern kommt<<.[2]

Was ihn an Lüttich faszinierte, war der >>Erwerbsfleiß<< und die >>Thätigkeit<<[3] der Einwohner, die u.a. in Kohlebergwerken und Waffenschmieden ihren Verdienst fanden. Hinzu kam die Religionsfeindlichkeit der Lüttticher. Forster hatte festgestellt:

>>Mit dem Fürstenhasse verbindet sich zugleich ein allgemeines Mißfallen an dem ganzen Priesterstande, das beinahe in Verachtung und Indignation gegen diese Klasse, und, weil der rohe Haufe weder unterscheidet noch prüft, bei vielen auch gegen die Religion selbst übergeht<<.[4]

Kerner berichtete über dasselbe Phänomen, das inzwischen Folgen gezeitigt hatte, konnte sich aber mit dem >>rohen Haufen<< identifizieren:

>>Auch kocht in dem Busen des größten Theils der Einwohner ein furchtbarer Haß gegen den ehemaligen Fürstbischof. Sie begnügten sich nicht wie man anderwärts gethan, mit Umwerfen von Bildsäulen, sondern die Cathedralkirche ward der ersten Entrüstung zum Opfer gebracht. Schon ist ein grosser Teil dieser Steinmasse abgetragen und der grosse Götzentempel jetzt mehr eine alte Ruine, wird in kurzer Zeit der Erde gleich gemacht, nicht länger mehr das Auge des Republikaners beleidigen, der in diesen Steingebirgen nichts als den unbegränzten Stolz der Tyrannen und Pfaffen erblickt<<.[5]

In den nächsten vier Jahren hatte der revolutionäre Idealist nur selten Gelegenheit, mit ähnlicher Genugtuung von republikanischen Erfolgen zu schwärmen.

V

>>Anderthalb Jahre brachte ich derart in der Schweiz zu und kehrte mit dem Gesandten gegen Ende des Jahres 1801 erneut nach Paris zurück. Es war Frieden geschlossen worden. Die Lage war damals für Frankreich wenig erfreulich, lediglich den Schein von Freiheit legte die Französische Republik an den Tag, und alles vollzog sich nicht nach Gesetzen, sondern nach dem ungebändigten Willen des höchsten Magistrats, und das, was Bonaparte betrieb, zielte weniger auf das Wohl der Bürger als auf den eigenen Ruhm und die weitere Festigung seiner Herrschaft. Daher lehnte ich angetragene Ämter ab, verließ Frankreich und ging wieder nach Hamburg ...<<.[6]

So berichtet Georg Kerner in einem Lebenslauf für die Universität in Kopenhagen. Was war genau geschehen?
Reinhard, dessen diplomatische Bemühungen in der Schweiz gescheitert waren, hatte am 21. August 1801 sein Abberufungsschreiben erhalten. Da über die Bestimmung Kerners darin nichts enthalten war, blieb dieser vorerst in der Schweiz.[7] Am 12. September schrieb Christine Reinhard ihm einen Abschiedsbrief.[8] Reinhard selbst überbrachte dem Sekretär Bonapartes, Bourienne, ein Schreiben, in dem Kerner zu bedenken gab, ob seine Dienste, getrennt von seinem vertrauten Vorgesetzten, >>noch von irgendeinem Wert sein können<<.[9]

---

1 Forster a. a. O. S. 111.
2 Kerner a. a. O. 2. Stück. S. 163.
3 Kerner a. a. O. 2. Stück. S. 164.
4 Forster a. a. O. S. 111.
5 Kerner a. a. O. 2. Stück. S. 167.
6 Voegt a. a. O. S. 513.
7 Vgl. Wimpffen: Une femme de diplomate. Lettres de Madame Reinhard à sa mère 1798-1815. Traduites de l'allemand et p.p. la Baronne du Wimpffen, née Reinhard sa petite-fille. Paris 1900. S. 94 f.
8 Der Brief wurde von Engels: Ein Frauenschicksal a. a. O. erstmals veröffentlicht.
9 Voegt a. a. O. S. 507.

Während das Ehepaar schon im Oktober in Paris weilte, traf Kerner erst im November in der französischen Hauptstadt ein. Nach dem Zeugnis seines Bruder Justinus habe er dort Talleyrand gegenüber Kritik an Bonaparte geäußert,»wobei er es nicht an Vorwürfen, die allen Helfershelfern zur Unterdrückung der Freiheit galten, fehlen ließ, so daß er genöthigt war, Paris schleunigst zu verlassen«.[1] Es wird zu zeigen sein, daß der Dichter diesmal so ganz unrecht nicht hatte.

Anfang Februar war Georg Kerner wieder in Hamburg. Es scheint, daß er hier neben anderen Bekanntschaften auch die zu Piter Poel wiederaufnahm, in dessen Journal »Frankreich« er vom Februar bis April anonym die Artikelserie »Auszüge aus den Briefen eines Deutschen in Paris«[2] veröffentlichte. Die umfangreichen Ausführungen sind in vielerlei Hinsicht aufschlußreich. Neben der aktuellen Berichterstattung über die Festlichkeiten zur Feier des 18. Brumaire (9. November) bilden die »Auszüge« fast ein Resümee seiner Erfahrungen seit 1790 und sind zudem ein Abgesang auf sein erwähltes »Vaterland« Frankreich. Es sind in der Tat Briefe »eines Deutschen«. Unzufrieden mit den Resultaten des Friedens von Lunéville, sich grämend über die Niederlagen der Österreicher in Italien, war er von der Überlegenheit des französischen Militärs überzeugt und beschwor den Geist Friedrichs II. von Preußen:

> »Ach! warum mußte Friedrich der Einzige in dem Augenblick sterben, wo er besser geboren worden wäre!
> ... An seinen Thron stützte sich in jugendlichem Aufwuchs eine deutsche öffentliche Meinung, geboren unter den Donnern des siebenjährigen Kriegs; sie versprach deutschen Enthusiasmus und eine deutsche National-kraft«.[3]

Ein verzweifelter deutscher Patriotismus, verbunden mit einer resignativen und pessimistischen Grundhaltung prägen seine Beobachtungen und Bemerkungen in weiten Teilen. Wenn er auf die Veränderungen nach dem Staatsstreich vom 18. Brumaire eingeht und versucht, sie »objektiv« zu beschreiben, so wirkt durch diese »Distanz« seine Kritik desto bitterer. Trotzdem verdeutlicht sich die Tendenz des Artikels schon im ersten Satz:

> »Ich hatte mich zu lange in den Gebirgen der Schweitz, zu lange in diesem Lande aufgehalten, wo die Natur so unendlich schön, so mannichfaltig und erhaben ist, als daß es mir in Paris gefallen konnte, wo man so majestätisch thut und es so wenig ist«.

Auch in seiner letzten Reportage aus Frankreich waren es Menschen, die ihn beschäftigten. Bei der Vorstellung eines Teils der brumairianischen Elite galten dem Außenminister Talleyrand die gehässigsten Bemerkungen. Über ihn heißt es, er habe »einen Grad von Gewandtheit, die unter einer scheinbaren Indolenz alle Hindernisse umgeht und die vorgesetzten Zwecke erreicht. Er gehört nunmehr zu den reichsten Proprietairs von Frankreich, und zu der Kunst sich zu bereichern gesellt er noch die schwerere, sich viele Freunde zu machen. Was auch seine Widersacher an ihm tadeln, so müssen sie doch zugeben, daß seine gefälligen Manieren, seine angenehme Unterhaltung wenigstens momentan jeden widrigen Eindruck tilgen, den die nähere Kenntniß seiner Natur als Mensch und Staatsmann vielleicht erzeugen mag«. Die Außenpolitik des »Bischofs« war ihm zuwider, da sie nur darauf ausgerichtet sei, die Größe Frankreichs zu sichern, und einem militärisch-politischen Imperialismus diene. Neben Talleyrand waren es besonders Joseph

---

1 Grimm a. a. O. S. 349.
2 Anonym (= Kerner, Georg): Auszüge aus den Briefen eines Deutschen in Paris. In: Frankreich im Jahre 1802. Erster Band. S. 161-178, S. 243-262, S. 291-308.
3 Ebd. S. 307; folgende Zitate ebd. S. 161, 163, 256 f., 295, 168 f.

Fouché, Louis Antoine Bourienne und Lucien Bonaparte, die er angriff.

Dem ehemals angebeteten Sieyès war er in Paris begegnet. Der »Veteran der Revolution« war jetzt politisch ohne Einfluß, und mit Wehmut würdigte Georg dessen revolutionäre Laufbahn, um dann zu gestehen:

> »Er ist nicht mehr der Philosoph der in bescheidener Wohnung lebt und bey irgend einem Pariser Restaurateur vom zweyten und dritten Rang nach der Karte sich sein mässiges Mahl zusammensetzt. Sie finden ihn jetzt in einem grossen Hotel von Laquaien bedient und umringt mit allen Annehmlichkeiten und der ganzen Glorie des Reichthums. Sein Character soll sich indeß nicht geändert haben, auch seine Zufriedenheit nicht grösser seyn. Ob ihm öconomische Unabhängigkeit Verluste anderer Art ersetzt, kann ich Ihnen nicht sagen; allein ich müßte mich sehr irren, oder die Minute da ihn der Mörder Poule verwundete, war nicht die unglücklichste seines Lebens«.

Im Mittelpunkt seiner Ausführungen aber stand Bonaparte. Kein Politiker, kein Zeitgenosse hatte ihn so fasziniert und gleichzeitig so abgestoßen wie der um ein Jahr jüngere Korse. Seine Einstellung und seine Beziehung zu Napoleon grenzte ans Pathologische.

Als 1804 in Hamburg das Gerücht über ein erfolgreiches Attentat des fanatischen Royalisten George Cadoudal an dem Kaiser verbreitet wurde, verließ Kerner abrupt eine Geselligkeit und bemerkte seiner Frau gegenüber: »Es ist sonderbar, ich haßte den Tyrannen und könnte jetzt weinen, daß er unter der Hand eines Mörders fiel. Er ist doch der größte Mann seiner Zeit!«.[1] Als dem Ehepaar 1805 ein Töchterchen geboren wurde, nannte Georg es Bonafine ...

Während des Staatsstreichs vom 18. Brumaire hatte Kerner in Paris geweilt. Mit der ihm eigenen Glut[2] hatte er Christine Reinhard von den Ereignissen erzählt. Was er als Folge dieses Tages erwartete, war eine Wiederholung des 18. Fructidor. Als Bonaparte aber diese Hoffnungen enttäuschte, distanzierte er sich mehr und mehr von ihm. Die Italienpolitik des Konsuls verabscheute er, und als er Napoleon im Sommer 1800 in Mailand traf, schrieb er in sein Tagebuch: »Großer, von Europa und der Nachwelt besungener Held! Auch du bist worden nichts und wirst werden nichts, als ein Mensch, der nicht gethan hat, was er hätte thun können, und nicht geworden ist, was er der ganzen Welt hätte werden können«.[3]

Fast ähnlich hieß es in den »Briefen«:

> »Nach dem Ausserordentlichen strebt er vielleicht mehr als nach dem wirklich Grossen, und doch hat wol das Glück wenigen Menschen so sehr wie ihm den Weg zu wahrer Grösse gebahnt; wenigen Menschen waren so grosse Mittel verliehen, die Menschheit zu heben; aber um diese schöne Bestimmung zu erfüllen, müßte er an die Möglichkeit der Erfüllung glauben; müßte er nicht, wie seine Gegner, es mit einigem Anscheine der Wahrscheinlichkeit behaupten, (...) die Menschen verachten«.

Das Wesen der neuen Herrschaftsform hat Kerner deutlich gesehen. Dabei ging es ihm gar nicht so sehr um die Diktatur - er war nie Demokrat im Sinne der pluralistischen Demokratie und hätte wohl einen »republikanischen« Diktator hingenommen - , sondern darum, daß Bonaparte nicht seine Macht so nutzte, wie der Revolutionär es wünschte:

> »Bonaparte betrachtet sich als Dictator, seine Consulargewalt als Dictatur. Der Ursprung derselben rechtfertigt sich durch die verzweifelte Lage, in der er Frankreich nach seiner Zurückkunft aus Egypten fand; ihre Dauer durch den wankelmüthigen Character der Nation, die durchaus einer strengen Vormundschaft bedarf«.[4]

Die Gesichtspunkte, die er zur Beurteilung Napoleons heranzog, waren recht vielseitig und

---

1 Kerner, Friederike a. a. O.
2 Vgl. Wimpffen a. a. O. S. 94.
3 Wohlwill a. a. O. S. 62.
4 Kerner a. a. O. S. 168 ff.

differenziert und bezogen sich u.a. auf dessen Religions-, Personal- und Italienpolitik.[1] Er warf ihm Prachtliebe vor, glaubte aber nicht, daß der Konsul die Absicht hätte, sich zum König krönen zu lassen: »Es kann unmöglich in den Plänen von Bonaparte liegen, die Republik zu einem Schattenbild herabzuwürdigen; der Mann der nach grossen Thaten geizt, darf nicht wie ein gemeiner Tyrann enden, wie die Geschichte sie uns zu hunderten aufweist«.[2]

Öfter erinnerte sich Kerner in seinen »Briefen« der vorangegangenen Ereignisse und verklärte besonders die ersten Jahre der Revolution. Die Schilderung der Feierlichkeiten zum 18. Brumaire war sein letzter Augenzeugenbericht aus Frankreich. Es war zugleich der Beginn einer Reihe von weiteren politischen Enttäuschungen, die die letzten zehn Jahre seines Lebens trüben sollte.

> »Nach 12 Uhr brach die Sonne im Augenblick hervor, wo Bonaparte an das Fenster der Tuilerien trat. Der Zufall war nicht gering; Tausende haben ihn gesehen, Tausende können davon zeugen. Quelle rencontre heureuse, hörte ich hier, le grand soleil vient voir le petit egyptien! hörte ich dort rufen ... Besonders großen Enthusiasmus fand ich nirgends, wohl aber die bey dem Volk immer rege Neugierde, die allem nachstürzt, was ihr einigen Genuß verspricht! Panem et circenses! Auf allen den Tuilerien zunächst liegenden Punkten wurde der erste Consul mit einem lebhaften vive Bonaparte! begrüßt. Wenige mochten daran gedacht haben, daß bey dem ersten grossen Bundesfest vom 14ten Juli auf dem Marsfeld nach anhaltendem Regenguß die Sonne ebenfalls plötzlich aus den Wolken trat und den Altar beleuchtete, an dem die Franzosen im Angesicht der Welt für Freiheit zu leben, für Freyheit zu sterben, schwuren. Damals leuchtete das erhabene Gestirn einem ganzen Volk (...) gestern einem Menschen. - (...) Welcher Sonnenstrahl ist grösser und herzerhebender, der gestrige oder der damalige? ihn vermöchten die Götter selbst nicht zum zweytenmal hervorzurufen!«.[3]

Anhang

Brief von Christine Reinhard an Georg Kerner

Hamburg, den 15. Sept. 1797

Seit meinem letzten Briefe, lieber Kerner sind so große Dinge geschehen, daß mich dünkt ich muß Ihnen *heute* schreiben sonst ist mein Brief 10 Jahre zurück. Jetzt geschieht ja in Minuten worüber man sonst Jahre brütete. Sie *kennen uns* lieber Kerner, und Sie können sich gewiß den Eindruck lebhaft denken den die große Nachricht auf uns machte, und doch muß ich Ihnen von unserem Jubel von unserer Freude erzählen. Sieveking brachte, durch Poels die erste Nachricht, dann kam Klopstock mit dem ausführlichen Bericht, dann Reinhold mit noch interesanten privat Nachrichten. Etwa Ausserordentliches bringt gleich alle Menschen die zu einer Fahne geschworen haben zusammen. Erstaunen Freude und gespannte Erwartung wechselten in unseren Seelen und wechseln noch! Freilich mischt sich jetzt da der erste schöne Rausch der Freude vorüber ist noch eine andre Empfindung unter sie, nicht Furcht, aber doch sorge ob die Folgezeit unsern nun wieder neuen schönen Hoffnungen entsprechen werde! es sind uns schon manche Hoffnungen verwelkt! — Doch still davon. — ist nicht der entscheidende Schlag so klug eingeleitet, so herrlich ausgeführt worden! die Schuldigen hat er getroffen und um sie herum ist nichts versengt, kein Tropfen

---

1 Einige Details von Kerners Kritik übernahm: (Schlabrendorf, Gustav v.): Napoleon Bonaparte und das französische Volk unter seinem Consulate. Germanien 1804.
2 Kerner a. a. O. S. 299.
3 Kerner a. a. O. S. 293.

Blut vergoßen! Man wagt dies zu hoffen! - von den Menschen die das so ausführen konnten - muß man auch mehr hoffen. Nicht wahr lieber Kerner nun fühlen Sie sich nicht mehr allein, nun sind Sie wieder unter Menschen, unter Freunden, unter Brüdern! Ihr sinkender Muth ist belebt, Sie fühlen sich wieder in Ihrem Elemente und sind aus Ihrer Apathie gewekt, sie müßen gestehn, lieber Freund, daß Sie ein bischen in Apathie versunken waren, daran waren gewiß *hauptsächlich* die Gründe Schuld die ich Ihnen in meinem vorigen Briefe nannte, aber nebenher auch noch mal sanfte wehmüthige Gefühle die Ihnen ganz individuell waren, und mit der Verbesserung des Menschengeschlechts nichts zu thun hatten. Werden Sie nicht böse guter Kerner, daß ich Ihnen Ihr Herz aufdecke, es ist ja keine Sünde ein bischen verliebt zu sein, und jetzt weiß ich sind Sie doch ganz Republikaner, die *großen* Leidenschaften haben die sanften überflügelt.

Daß das schwarze Complot der Royalisten so weit umfassend, wir dem Abgrunde so nahe waren, haben weder Sie noch wir geglaubt, es schwindelt mir noch wenn ich darüber nachdenke — und Pichegrü! — solche Entdeckungen thuen weh für die Menscheit! Ich freue mich Sieyes wieder in voller Thätigkeit zu sehn, das beweist mir daß er gewiß auch thätig war wie wir es nicht wußten und stärkt meine neuen Hoffnungen. Unter denen die sich von ganzem Herzen über den Sieg der guten Sache freuten war V. und doch fürchte ich daß für ihn jetzt weniger zu hoffen ist. Die Bremer zittern und verzagen, halten Republik und alles für verlohren; und haben O(...) der jetzt da ist zum Organ gewählt um ihre Jeremiaden in Worte zu bringen; indeß so bald Karl ihnen die Sache bedeutet, werden sie sie sich auch bedeuten lassen. Aber wie Ihre liebe Freundin wol für Sie gezittert hat, den die B. Nachrichten lassen wenig Menschen in Paris das Leben. Aber ohne Spaß, es freut mich sehr daß ich die Explosion nicht so nahe geglaubt habe, ich würde mich Ihrendwegen sehr geängstigt haben. In Sorgen war ich immer gottlob daß sie vorüber sind. Mit der grösten Begierde harren wir auf Ihren Brief. Daß Sie jetzt *da sind* ist wirklich glücklich für Sie und für Karl, wie viel interessantes kann er durch Sie erfahren. Karl lebt und webt ganz in den neuen Aussichten, neuen Hoffnungen! Es thut mir so leid, daß Sieyes nicht Direktor werden kann, ich mochte es so gern! Ich glaube lieber Kerner daß auch Ihre Aussichten jetzt glücken werden. Die Art wie T Sie aufnimmt, beweist deutlich daß er Ihnen und Karl wohl will. Das Fußreise Project kann ich nicht billigen, die vielen *tausend* Schritte die Sie da machen, bringen sie nicht *einen* Schritt weiter! Ich hoffe Sie sollen das ruhige Stübchen in unserem Hause noch vor Winter beziehen, daraus Sie mit einem Teleskop Neumühlen sehn und an den Frühling denken können. Jetzt wird in Neumühlen Ihrer noch oft gedacht aber mit dem Gesundheit trinken ist mal nicht Wort gehalten worden - Doch trösten Sie sich - denn Pauline war nicht da. Aber zu Poel Geburtstag wird Sie da sein den 23, und da will ich Ihre Gesundheit ausbringen. Rebmanns kleine Schrift, dem Türken im Mund gelegt, finde ich mit unter witzig aber gar nicht besonders. Daß alle Ihre aristocratischen Blätter zu ende sind freut mich sehr! erst ärgerte man sich darüber, dann muste Karl sie doch lesen, es nahm ihn Zeit weg, in der nun hoffe *mir* etwas vorlesen wird. und das ist viel besser! leben Sie wohl. C.R.

Holger Böning

Wallfahrt nach Paris: Die Wandlung eines deutschen Aufklärers zum Revolutionär

»Wir leben in einem Zeitalter, wo Licht und Finsterniß, Vernunft und Unvernunft ihren großen entscheidenden Kampf so gewaltsam, als zur Zeit der Reformation begonnen haben. Wir leben in einem Zeitalter, wo die Barbarei der Sitten und Meinungen noch immer über die wirkliche Cultur ein gewisses Faustrecht ausübt, wo Machiavellismus und Tugend im blutigen Duell liegen.«

Heinrich Zschokke: Wallfahrt nach Paris[1]

Gerade vierundzwanzig Jahre ist Heinrich Zschokke[2] alt, als er im Mai 1795 eine Reise antritt, die für ihn weit mehr werden wird als eine Besichtigung der Revolution. Das »gärende Frankreich« will er sehen »mit dem politischen Vulkan Paris«, auch aber die Schweiz, das »Land meiner kindlichen Vorliebe«, wie der gebürtige Magdeburger noch im Alter die Eidgenossenschaft nennt.[3] Seine Tätigkeit als Privatdozent, die Zschokke seit 1792 an der kleinen Universität Frankfurt an der Oder ausübte, gab er leichten Herzens auf. Nachdem Zschokke dem preußischen Staatsminister Wöllner bei dessen Besuch in Frankfurt nicht die übliche Huldigung erwiesen hatte, war eine Professur in weite Ferne gerückt. Der Verfasser des berüchtigten Religionsediktes, so wurde Zschokke von Freunden hintertragen, habe sich ungünstig über seine Person geäußert und hinzugesetzt, man habe am wohlbekannten Dr. Bahrdt »eine warnende Erfahrung gemacht, daß man keinem so jungen Menschen schon eine Professur anvertrauen solle.«[4]

Trotz seiner Jugend jedoch kann Zschokke bereits auf ein bewegtes Leben zurückblicken. Auch über einen beträchtlichen Bekanntheitsgrad verfügt er, der ihm während seiner langen Reise immer wieder zustatten kommt. Seine Karriere als vielgespielter und beliebter Schauspieldichter hat er bei einer wandernden Theatertruppe begonnen. Stücke wie »Graf Monaldeschi oder Weiberwuth und Männerbund« treffen den Zeitgeschmack, das Räuberstück »Aballino der große Bandit« wird in fast alle europäischen Sprachen übersetzt.[5] Nicht eben begeistert vermerkt Goethe, dieses Schauspiel werde vom Weimarer Theaterpublikum

---

1   [Heinrich Zschokke]: Meine [Bd. 2: Die] Wallfahrt nach Paris. Bd. 1-2, Zürich [Bd. 2: O.O.]: o.V. 1796-97, hier Bd. 2, S. 285f. Ich habe das Exemplar der Kantonsbibliothek Aargau in Aarau mit der Signatur e 2547 benutzt; es entstammt Zschokkes Privatbibliothek.
2   Zu Zschokke und zur wichtigsten Forschungsliteratur vgl. Holger Böning: Heinrich Zschokke und sein »Aufrichtiger und wohlerfahrener Schweizerbote«. Die Volksaufklärung in der Schweiz. Bern, Frankfurt am Main, New York 1983.
3   Heinrich Zschokke: Eine Selbstschau. In: Ders.: Werke in zwölf Teilen. Auswahl aus den Erzählungen. Herausgegeben und mit Einleitung und Anmerkungen versehen von Hans Bodmer. Berlin, Leipzig, Wien, Stuttgart: Bong & Co. 1910 (=Goldene Klassiker Bibliothek Hempels Klassiker-Ausgaben in neuer Bearbeitung), Teil 1, S. 52f.
4   Ebenda, S. 51 erinnert sich Zschokke, er habe besonders dem Wöllnerschen Religionsedikt seinen Krieg gemacht, »jenem rohen Kolbenschlage blinden Kirchentums gegen die menschliche Vernunft, der noch seit 1788 in den preußischen Staaten galt«. Zu den nicht ganz durchsichtigen Gründen für die Nichterteilung einer Professur an Zschokke vgl. Holger Böning: Heinrich Zschokke a. a. O. S. 33f.
5   Zum Jugendwerk vgl. Carl Günther: Heinrich Zschokkes Jugend- und Bildungsjahre (bis 1798). Ein Beitrag zu seiner Lebensgeschichte. Aarau 1918.

den Stücken Schillers »ziemlich gleichgestellt«.[1] Charakteristisch für den jungen Zschokke ist die Anlehnung an den Geschmack eines breiten bürgerlichen Publikums. Verserzählungen erinnern an Wieland als Vorbild, eine »Urgeschichte der Menschheit« an Herder, die Schauspiele sind durch Schiller angeregt, ein utopischer Roman kann den Einfluß des Freiherrn Knigge nicht verleugnen. Man merkt dem Frühwerk Zschokkes an, daß der Autor als besoldungsloser Privatdozent auf die Einnahmen aus literarischen Arbeiten angewiesen war. Bemerkenswert ist allenfalls der 1791 bis 1795 in drei Bänden erscheinende Roman »Die schwarzen Brüder«[2], in dem Zschokke sein aufklärerisches politisches Programm vorstellt, und das kleine Schauspiel »Der Freiheitsbaum«[3]. Hier tritt Zschokke geschickt der antifranzösischen und antirevolutionären Propaganda in Deutschland entgegen. Als Beispiel »jakobinischer« Dramatik ist das vergnügliche Stück bisher fälschlich dem Straßburger Nikolaus Müller zugeschrieben worden[4].

Als Heinrich Zschokke 1795 seine Reise antrat, kann er mit seinen weltanschaulichen und politischen Überzeugungen als ein typischer Vertreter der deutschen Aufklärung gelten. Als Dreizehnjähriger bereits hilft er seinem Lehrer Elias Caspar Reichardt bei dessen »Vermischten Beyträgen zur Beförderung einer nähern Einsicht in das gesamte Geisterreich. Zur Verminderung und Tilgung des Unglaubens und Aberglaubens«[5]. Als Siebzehnjähriger unternimmt er, was kaum einer der uns heute noch namentlich bekannten Aufklärer versäumte: Er gründet eine Zeitschrift. Seit 1788 erscheint die »Monatsschrift von und für Mecklenburg«.[6] Mit »Wahrheit und Patriotismus«, so heißt es im von Zschokke formulierten Programm, solle über Geschichte und Gegenwart Mecklenburgs berichtet, gute und schlechte Taten vorgestellt sowie herrschende Mißbräuche und Vorurteile bloßgestellt werden.[7] Die Zeitschrift entwickelt sich schnell zu einem der bedeutenderen Periodika der gemeinnützig-ökonomischen Aufklärung.[8] Insbesondere finden sich in ihr Beiträge zur

---

1 Johann Wolfgang Goethe: Tages- und Jahreshefte. In: Berliner Ausgabe, Bd. XVI, S. 39.
2 [Heinrich Zschokke]: Die schwarzen Brüder. Eine abentheuerliche Geschichte von M.J.R. [Bd. 1] Berlin und Frankfurt: Johann Andreas Kunze o.J. [1791]; Bd. 2 o.O.: o.V. 1793; Bd. 3 Leipzig und Frankfurt an der Oder: Christian Ludw. Friedr. Apitz 1795. Die Autorschaft ist zweifelsfrei nachgewiesen durch die Widmung an den Vetter Friedrich Behrendsen in Bd. 1. Vgl. zum Jugendwerk und zu bibliographischen Nachweisen, auf die ich hier aus Platzgründen weitgehend verzichte, Carl Günther: Heinrich Zschokkes Jugend- und Bildungsjahre a. a. O.
3 [Heinrich Zschokke]: Der Freiheitsbaum. Ein Lustspiel in einem Aufzuge. Leipzig und Frankfurt an der Oder: Christian Ludwig Friedrich Apitz o.J. [1795].
4 Der Nachweis der Autorschaft Zschokkes wird geführt bei Holger Böning: Profranzösische Dramatik gegen den Strich der öffentlichen Meinung am Ende des 18. Jahrhunderts: »Der Freiheitsbaum«. In: Jahrbuch des Instituts für Deutsche Geschichte, XIII, 1984, Universität Tel-Aviv, S. 347-349. Als Beispiel jakobinischer Dramatik - auf die Problematik dieses Begriffes, die gerade bei Zschokke sehr deutlich wird, gehe ich hier nicht ein - wird Zschokes Stück vorgestellt von Gerhard Steiner: Jakobinerschauspiel und Jakobinertheater. Stuttgart 1973, S. 74-76. Abdruck des Stückes, wobei als Autor Nikolaus Müller genannt ist, ebenda, S. 197-221.
5 Elias Caspar Reichardt: Vermischte Beyträge zur Beförderung einer nähern Einsicht in das gesamte Geisterreich. Zur Verminderung und Tilgung des Unglaubens und Aberglaubens. St. 1-2, Helmstedt 1780 und 1788.
6 [Heinrich Zschokke, Adolph Christian Siemssen (Hsg.)]: Monatsschrift von und für Mecklenburg. Jg. 1-4. Schwerin: Wilhelm Bärensprung 1788-91. Benutzt habe ich das Exemplar der UB Rostock mit der Signatur Kl 250.
7 Zu Beginn des 1. Jahrgangs wird das Programm der Zeitschrift vorgestellt, das von Zschokke formuliert wurde und aus dem hier zitiert ist.
8 Vgl. zur gemeinnützig-ökonomischen Aufklärung und zur Volksaufklärung Holger Böning und Reinhart Siegert: Volksaufklärung. Biobibliographisches Handbuch zur Popularisierung aufklärerischen Denkens im

mecklenburgischen Geschichte, zum zeitgenössischen Theaterleben, obrigkeitliche Anordnungen und Rezensionen. Neben den zahlreichen Abhandlungen, Informationen und Ratschlägen zur Haus- und Landwirtschaft behandelt die Zeitschrift immer wieder die Lebensumstände und das Denken der bäuerlichen Bevölkerung. Diskutiert werden auch Probleme der Volksaufklärung. So findet sich gleich im 1. Stück ein fiktiver »Brief eines mecklenburgischen Bauersmannes an den Verfaßer der mecklenburgischen Kalender, besonders des sogenannten Schillingskalenders«, in dem kritisch die aufklärerische Umgestaltung eines Kalenders problematisiert wird. Ebenfalls im 1. St. gibt der Herausgeber das »Beyspiel eines gegen seine leibeigenen Unterthanen wohldenkenden Mecklenburgischen Gutsherrn«, mit dem das Bild eines aufgeklärten und wohldenkenden Gutsbesitzers gemalt wird. Nach dem Plan der Monatsschrift sollen auch »Beyspiele guter und edler, schlechter und unedler Menschen aus unserem Lande« dargestellt werden. Einen zentralen Platz will man der Erziehung, insbesondere der Volkserziehung, geben, »jener Mittelpunkt, von welchem alle Verbesserung, alle Cultur, alle Aufklärung ausgehen muß«.[1] Einen frühen Hang zu Aufklärung und Belehrung verrät die von Zschokke ins Leben gerufene Zeitschrift; die Lust an belehrenden Traktaten äußert sich auch in mehreren Aufsätzen des jungen Autors über Probleme des zeitgenössischen Theaterlebens sowie in einer »Moral für Schauspieler«.[2]

Während seiner Frankfurter Privatdozententätigkeit entdeckt Zschokke endgültig die Publizistik als Mittel, auf seine Umwelt zu wirken. In den seit Anfang 1793 von ihm wöchentlich herausgegebenen »Frankfurter Ephemeriden für deutsche Weltbürger«[3] und in dem 1794 als Nachfolgeblatt monatlich erscheinenden »Litterarischen Pantheon«[4] finden sich die Anschauungen, mit denen sich Zschokke 1795 auf seine Reise in die französische Hauptstadt macht. In der Rubrik »Revolutionsbibliothek« werden wichtige Schriften über die Ereignisse in Frankreich vorgestellt und beurteilt, ein Aufsatz mit dem Titel »Über Adelsrang und Bürgerhoheit« kritisiert die Privilegien der Geburt. Scharf wendet sich Zschokke gegen die »wütende Partei« der »Obscuranten«, und in einer Abhandlung mit dem programmatischen Titel »Der Geist des Zeitalters beugt sich weder vor Gesetzen noch Armeen« formuliert er eine bemerkenswerte Kritik an der preußischen Regierungspolitik. »Legt dem Volk keine Ketten an«, kann man hierzu lesen, »so hat es keine zu zerbrechen«.[5] Beim Zwanzigjährigen äußert sich ein Engagement für die bürgerlichen Freiheitsrechte, das noch den achtundsiebzigjährigen Zschokke des Jahres 1848 auszeichnen wird: Mehr als alles andere gelten ihm die Herrschaft des Gesetzes und eine Rechtssicherheit, die den einzelnen nicht auf Eingaben und Bitten an seinen Fürsten

---

deutschen Sprachraum von den Anfängen bis 1850. Bd. 1-4. Stuttgart/Bad Cannstatt 1990 ff.

1 Ebenda. In Bd. 1, 2 und 3 finden sich »Briefe über Aufklärung«, die mit »z« unterzeichnet sind [d.i. Heinrich Zschokke], in denen der Autor sich mit Anwürfen gegen die Aufklärung auseinandersetzt.

2 Vgl. dazu Carl Günther: Heinrich Zschokkes Jugend- und Bildungsjahre a. a. O.

3 Die Zeitschrift war schon 1918 nicht mehr auffindbar und scheint weiterhin verloren zu sein. Vgl. Carl Günther: Heinrich Zschokkes Jugend- und Bildungsjahre a. a. O. S. 240, Anm. 294.

4 Auch diese Zeitschrift, sie erschien 1794 bei dem Frankfurter Verleger Apitz in vier Bänden zu je drei Stücken, ist nicht mehr beschaffbar. Der Abdruck des Inhaltsverzeichnisses und längere Zitate bei Carl Günther: Heinrich Zschokkes Jugend- und Bildungsjahre a. a. O. S. 115ff., S. 119ff., S. 122, S. 128, S. 140 und S. 240f. ermöglichen jedoch ein Urteil.

5 Heinrich Zschokke: Der Geist des Zeitalters beugt sich weder vor Gesetzen noch Armeen. Eine patriotische Phantasie. In: Litterarisches Pantheon, Bd. I, S. 219-249, Bd. II, S. 10-30. Zit. nach Carl Günther: Heinrich Zschokkes Jugend- und Bildungsjahre a. a. O. S. 120.

verweist, sondern ihm kodifiziert sagt, was sein Recht ist und worauf er sich verlassen kann. Schließlich ist es die Freiheit der Meinung und damit der ungehinderten öffentlichen Rede, die ihm am Herzen liegt:

> »Denn jede Zensur«, so formuliert er, »die mildeste wie die ärgste, macht aus den Beamten des Volkes Vormünder und Vögte des Volks; aus besoldeten Dienern des Landes besoldete Landesväter und Landesherren. Die Zensur ist nur ein Sündenmantel der Gewalthaber und ihrer Günstlinge.«[1]

Ein »Jakobiner« jedoch ist Zschokke trotz radikaler Kritik an den deutschen Verhältnissen nicht. Wie die ganz große Mehrheit der Aufklärer in Deutschland auch, glaubt er an die Möglichkeit von Reformen, sieht in seinem Heimatland bessere Verhältnisse als die, welche auch nach seiner Überzeugung die Revolution im Nachbarland rechtfertigten und unumgänglich machten. Der Roman »Die schwarzen Brüder« zeigt Zschokkes Überzeugung, daß eine Revolution dort ihren Platz hat, wo Vernunft und reformerischer Betätigung die Existenz bestritten wird. Eine solche Situation aber vermag er in Deutschland nicht zu erkennen.[2]

Wie nun bewähren sich die hier kurz dargestellten Anschauungen eines deutschen Aufklärers in der Konfrontation mit den Verhältnissen Frankreichs der Jahre 1795/96? Von Zschokkes Reise wissen wir aus verschiedenen Quellen. Am unmittelbarsten spiegeln sich seine Eindrücke in den Briefen an Freunde[3], geschrieben von den verschiedenen Stationen seiner ein ganzes Jahr dauernden Wanderung in die Hauptstadt der Revolution. Auch die eigentliche Reisebeschreibung, in den Jahren 1796 und 1797 zweibändig unter dem Titel »Meine Wallfahrt nach Paris« erschienen, vermittelt dem Leser noch frisch das Erleben, doch ist der Blick auf das erwartete Lesepublikum schon unübersehbar.[4] Gleiches gilt für einen Bericht, den Zschokke 1796 im »Neuen Teutschen Merkur« von seinem Aufenthalt in Paris gibt.[5] Wichtig sind die »Metapolitischen Ideen«, die Zschokke 1796 in Paris niederschreibt und in denen er, die französischen Verhältnisse vor Augen, sein Staatsideal formuliert.[6] Ein letztes Zeugnis der Reise ist schließlich die Autobiographie, die erst Jahrzehnte später unter dem Titel »Eine Selbstschau« erschien und die durch das Bemühen charakterisiert ist, Lesern und Nachkommen ein schlüssiges Lebensbild zu geben.[7]

Düpiert muß sich der zeitgenössische Leser durch die »Wallfahrt nach Paris« gefühlt haben. »Begleitet mich mit liebendem Geiste«, so war er im Vorbericht aufgefordert worden, »auf meiner Wallfahrt nach der Stadt, welche durch die Revolution die eigentliche hohe Schule des Menschenforschers, des praktischen Philosophen und Menschenfreundes geworden

1 Heinrich Zschokke: Der Aufrichtige und wohlerfahrene Schweizerbote. Aarau 1836, S. 101.

2 Vgl. zu einer ähnlichen Haltung der deutschen Aufklärer insgesamt Holger Böning: Der »gemeine Mann« und die Französische Revolution. In: Buchhandelsgeschichte, 1989/2, S. B 41-64. Vgl. weiter Helmut Berding: Soziale Unruhen in Deutschland während der Französischen Revolution. Göttingen 1988 (=Geschichte und Gesellschaft: Sonderheft; 12).

3 Wichtig sind vor allem die Briefe an den Vetter Friedrich Behrendsen. Sie sind gedruckt bei Hedwig Behrendsen: Ein Beitrag zur Erinnerung an Heinrich Zschokke. In: Alpen. Monatsschrift für schweizerische und allgemeine Kultur. 3. Heft, November 1912, S. 125-131; 5. Heft, Januar 1913, S. 283-289; 7./8. Heft, März/April 1913, S. 435-445; 9. Heft, Mai 1913, S. 531-537; 11. Heft, Juli 1913, S. 662-676. Einen Teil weiterer Briefe Zschokkes bewahrt das Aargauische Kantonsarchiv Aarau auf.

4 [Heinrich Zschokke]: Wallfahrt nach Paris a. a. O.

5 Neuer Teutscher Merkur, 6. St. 1796, S. 142-173.

6 Heinrich Zschokke: Metapolitische Ideen. Ein Bruchstück. In: Humaniora 1796, 1. Stück, S. 1-37; 3. Stück, S. 369-385.

7 Heinrich Zschokke: Eine Selbstschau a. a. O.; vgl. das Kapitel »In Paris«.

ist, wie sie es ehemals für Mode, Galanterie und - Narrheit war«.[1] Angelockt vielleicht auch durch den werbeträchtigen Titel fand der Käufer vieles in dem Reisebericht, nur nichts über Frankreich oder Paris. Die Reise endet in der Schweiz, dem künftigen Heimatland Zschokkes. »Ein Deutscher in Frankreich während des fortdauernden Revolutionssturmes«, so schreibt der geschäftstüchtige Autor in der Vorrede zum ersten Band, »ist mit seinen Plaudereien, sobald sie nur nicht durchaus auf Geschmak, Wahrheit und Neuheit Verzicht thun, immer hie und da einem traulichen deutschen Cirkel ein willkommner Mann«.[2] Doch selbst Reflektionen über Frankreich und die dort vollzogenen Veränderungen sind rar. Für die »Wallfahrt nach Paris« gilt, was alle Reiseberichte Zschokkes charakterisiert: sie sollen dem Leser nicht in erster Linie ein getreues Bild der durchreisten Landschaften malen, sondern ihn einbeziehen in eine Diskussion über die gesellschaftspolitischen Anschauungen des Autors. Vor allem aber bieten die Reisebeschreibungen eine interessante Auseinandersetzung mit den politischen und gesellschaftlichen Verhältnissen in Deutschland und besonders in der Schweiz. Detailliert geben sie Aufschluß über die Wirkungen der Französischen Revolution in diesen Ländern.[3] Nicht die innerfranzösischen Entwicklungen interessieren Zschokke, von den Kämpfen der Parteien ist praktisch nicht die Rede, sondern er denkt nach über die Bedeutung der allgemeinsten Prinzipien der bürgerlichen Umwälzung und deren Bedeutung für die Nachbarländer. Man erfährt jedoch, welchen Einfluß die französischen Ereignisse noch immer auf die öffentliche Diskussion und Meinung haben, wie unbeeindruckt offenbar die unteren Volksklassen von der antirevolutionären Propaganda blieben. »Die französische Revolution«, so wird etwa aus Württemberg berichtet, »hat, wie im gesammten Deutschlande, auch in diesem schönen Herzogthume seinen (!) Einfluß auf die Stimmung der Meinungen; das Volk denkt über die Rechte der Menschheit, die Regierung eifert wider den Democratismus.«[4] Es finden sich in der »Wallfahrt nach Paris« nicht die absprechenden Urteile über die französische Entwicklung, wie sie für die zeitgenössische Publizistik charakteristisch sind, sondern der Optimismus, es sei die Pforte aufgestoßen für eine »goldnere Zeit, als jemahls im polizirten Europa regiert habe«.[5] Zschokke gilt die Umwälzung im Nachbarland weiterhin als »Wiedergeburt«[6]; er hat 1797 die Hoffnung nicht aufgegeben, »daß Frankreichs (...) Revolution im Occident und Orient den schlummernden Genius der Völker endlich erwecke, daß der Schluß der französischen Staatsreform so wenig der Schluß der Revolu-

---

1 [Heinrich Zschokke]: Wallfahrt nach Paris a. a. O. Bd. 1, S. VI.
2 Ebenda, S. V.
3 Sehr interessant ist ebenda, S. 4ff., Zschokkes Auseinandersetzung mit dem preußischen Nationalstolz, den er bei großen Teilen der Bevölkerung als im Streit liegend mit den allgemeinen Sympathien für die Französische Revolution beschreibt. »Sein Volk sah es ungern«, so schreibt Zschokke S. 5f., »als sein Monarch durch die Pillnitzer Convention gegen Frankreich gezogen ward; man schätzte im allgemeinen den bekriegten Staat zu sehr, selbst mitten unter den Greueln der Revolution, als daß man ihn unglücklich zu sehn wünschte in der Fehde mit den Fürsten; man sprach mit Enthusiasmus von der Revolution; sah in Fayette, Dümourier und Pichegrü die Herren der republikanischen Vorwelt wieder erscheinen, in den Mirabeaus, Brissots, Sieyes die Solonen und Demosthenesse des Alterthums erwachen. In einer ganz andern Stimmung aber befand sich die Nation, wenn sie auf verschiedene ihrer Alliirten hinblikte - auf Oesterreich, und besonders das anschwellende Rußland. Hier regte sich der alte Nationalstolz, und regt sich noch; ein ganz neues und lebhafteres Interesse würde bei einem Kriege mit einem dieser Reiche aufsteigen; jedes Kind würde hier im Nothfalle Soldat werden, jeder Greis sich verjüngen.«
4 Ebenda, S. 392.
5 Ebenda, Bd. 2, S. 160f.
6 Ebenda, Bd. 1, S. 93.

336

tion in den politischen Sitten, Meinungen, und Systemen unseres Welttheils sey, als der Tod der ersten Reformatoren das Ende der Religionsreformation war.«[1]

Zschokkes »Wahlfahrt nach Paris« führt den Leser von Frankfurt an der Oder über Berlin, Leipzig, Voigtland, Hof, Bayreuth, Erlangen, Nürnberg, Stuttgart, Hohenheim und Tübingen in die Schweiz, der der ganze zweite Band gewidmet ist. Frankreich, geschweige denn Paris, liegt, wie gesagt, auch noch in weiter Ferne, nachdem der Leser dem Autor über immerhin 1000 Seiten der Reisebeschreibung gefolgt ist. Der Bericht wird in fiktiven Briefen an einen Freund gegeben. Nach dem Muster zahlreicher Reisebeschreibungen[2] ist der Autor um eine Topographie der deutschen und schweizerischen Aufklärung bemüht, wobei Zschokke, wie er selbst schreibt, nicht verbergen will, wie sehr ihm der Blick auf die deutschen Verhältnisse die Laune verdirbt.[3] »Wir leben in einem Zeitalter«, so fügt Zschokke düsteren Schilderungen hinzu, »wo Licht und Finsterniß, Vernunft und Unvernunft ihren großen entscheidenden Kampf so gewaltsam, als zur Zeit der Reformation begonnen haben. Wir leben in einem Zeitalter, wo die Barbarei der Sitten und Meinungen noch immer über die wirkliche Cultur ein gewisses Faustrecht ausübt, wo Machiavellismus und Tugend im blutigen Duell liegen.«[4] Sich und seine Leser tröstet der Autor mit der Hoffnung, daß einst »eine vernünftigere Nachwelt in Deutschland (...) über die Albernheit ihrer Vorwelt im achtzehnten Jahrhundert mitleidig die Achsel (...) zukken« werde.[5]

Die Urteile Zschokke entsprechen weitgehend denen, die auch in den Schilderungen anderer aufgeklärter Reisender gegeben werden. Was die »Wallfahrt nach Paris« heraushebt aus dem Meer der Reiseberichte, sind genaue Beobachtungen und scharfsinnige Beschreibungen von Eigenheiten, die uns noch heute nicht fremd sind. Von den »eisernen Schranken preußischer Ordnung« läßt Zschokke beispielsweise einen »der würdigsten Bewohner« Bayreuths sprechen und fragt, wie sich die neuen Provinzen unter der preußischen Regierung gefielen. Zustimmend referiert Zschokke seinen Lesern die Antwort:

> »Was mich betrifft, so ists mir wohler in einem Lande, wo ich nicht auf jeden meiner Schritte ängstlich hinsehn darf, sondern ein gewisses Gefühl der Ungebundenheit behalten kann, - als in einem Lande, wo mir überall an den Straßen- und Landstraßenekken eine Verordnung entgegen blinkt, und ich zwar *gehn* kann, aber, wie der Soldat nach dem Schlag der Trommel, gehn *muß*.«[6]

Bedeutsam für Zschokkes weitere Entwicklung ist die Reise durch die Schweiz, die im zweiten Band der »Wallfahrt nach Paris« beschrieben ist. Hier glaubte er seine republikanischen Ideale verwirklicht; als »Felsenburg der Freiheit« sah er die Eidgenossenschaft, deren Zustände in zahlreichen Reiseberichten so rosig beschrieben wurden, daß man während der zweiten Hälfte des achtzehnten Jahrhunderts von einer regelrechten Schweizerbegeisterung unter den deutschen Aufklärern sprechen kann.[7] Und tatsächlich fand Zschokke hier manches, was ihm gut gefiel. Bereitwillig nahm man den jungen Deutschen auf. Begegnungen mit Paul Usteri, Hans Georg Nägeli, Hans Caspar Hirzel oder Jakob

---

1   Ebenda, Bd. 2, S. 161.
2   Vgl. zur deutschsprachigen Reiseliteratur mit dem Reiseziel Frankreich Thomas Grosser: Reiseziel Frankreich. Deutsche Reiseliteratur vom Barock bis zur Französischen Revolution. Opladen 1989. Zu Zschokkes Reise siehe S. 250-252.
3   [Heinrich Zschokke]: Wallfahrt nach Paris a. a. O. Bd. 1, S. 284.
4   Ebenda, S. 285f.
5   Ebenda, S. 284.
6   Ebenda, S. 162f.
7   Siehe dazu Eduard Ziehen: Die deutsche Schweizerbegeisterung in den Jahren 1750-1815. Frankfurt am Main 1922.

Hottinger waren Anlaß zu anregenden Diskussionen; Heinrich Pestalozzi lernte er kennen und Konrad Engelbert Oelsner; die späteren Politiker der Helvetischen Republik Albrecht Rengger und Albrecht Stapfer gewann er zu Freunden. Ein anderes Gebaren und Denken der Wissenschaftler und Schriftsteller nimmt Zschokke wahr. Die bürgerliche Intelligenz, in Deutschland noch immer weitgehend von politischer Verantwortung und gesellschaftlicher Praxis ausgeschlossen, hatte in der Schweiz größere Möglichkeiten der Einflußnahme und Mitwirkung.[1] Aber auch in den unteren Ständen findet er »gesunden Menschenverstand« und »richtige Urtheilskraft«.[2]

> »In Deutschland«, so schreibt Zschokke, »wo der Bauer meistens noch Sklav ist, wo er so wenig Gelegenheit hat, sein besseres Selbst anzubauen, wird man, ohne die unerträglichste Langeweile, sich nicht lange mit einem oder dem andern aus dem Landvolk unterhalten können; in Glarus, und fast den meisten Gegenden der Schweiz kann man ohne Ermüdung unter diesen gesunden, natürlichen Leuten leben.«[3]

Es scheinen solche Urteile nicht einfach Wiederholungen von Topoi zu sein, die uns aus der Reiseliteratur bekannt sind.[4] Zschokke blickt durchaus hinter die Fassaden, welche die Schweiz den Zeitgenossen als Heimstatt des Republikanismus erscheinen ließen. Er muß erkennen, daß im Genuß staatsbürgerlicher Rechtsgleichheit überall nur wenige Bevorrechtete sind, daß insbesondere die Landbevölkerungen diejenigen Rechte entbehren mußten, um derenwillen man die Eidgenossenschaft so pries. Auf fast hundert Seiten beschreibt Zschokke den berühmten Stäfner Handel der Jahre 1794/95; ausführlich und mit deutlicher Sympathie werden die Anliegen der Landbewohner vorgestellt.

Die »Wallfahrt nach Paris« gehört zu den bedeutenden Reisebeschreibungen der neunziger Jahre, auch wenn sie nicht an das Ziel führt, das uns der Titel verspricht. Sie zeigt einen jungen deutschen Aufklärer, der sich in den Jahren 1796/97 weiterhin den wichtigsten Idealen der Französischen Revolution verpflichtet weiß und diese bei seinen Beschreibungen Deutschlands und der Schweiz als Folie benutzt. Im März 1796 macht sich Zschokke gemeinsam mit Konrad Engelbert Oelsner von Bern aus auf den Weg nach Paris; vielleicht hat er ein drittes Bändchen der »Wallfahrt nach Paris« geplant. Für seinen Aufenthalt in Paris sind wir auf andere, bereits genannte Quellen angewiesen. Der im »Neuen Teutschen Merkur« gegebene Bericht verrät bei aller Kritik an einzelnen abstoßenden Erscheinungen ebenso weiterhin ungebrochene republikanische Ideale wie die »Metapolitischen Ideen«. Von diesen Idealen läßt die Kritik sich leiten, indem sie einer unvollkommenen Wirklichkeit gegenübergestellt werden. Die scharfen Urteile in der vier Jahrzehnte später verfaßten Autobiographie sind noch nicht vorhanden; es überwiegen die positiven Eindrücke. In den »Metapolitischen Ideen« denkt Zschokke, angeregt durch seine Erlebnisse in der Schweiz und in Paris, darüber nach, wodurch ein Land dem Menschen zum Vaterland werde. Das Gefühl der Freiheit und die Obhut guter Gesetze sind ihm die wichtigsten Kriterien einer erstrebenswerten Gesellschaft. Für sich und das Heil der Gesellschaft zu arbeiten, gilt ihm als wünschenswert, nicht aber für das »Heil und Gelüst einer regierenden Klasse«. Es werden kaum die in der Autobiographie stärker gewichteten negativen Eindrücke in Paris

---

1 Vgl. zu diesem Thema Johannes Weber: Goethe und die Jungen. Über die Grenzen der Poesie und vom Vorrang des wirklichen Lebens. Tübingen 1989.
2 [Heinrich Zschokke]: Wallfahrt nach Paris a. a. O. Bd. 2, S. 411.
3 Ebenda, S. 411f.
4 Vgl. dazu, bezogen auf Frankreich, Hans-Wolf Jäger: Zum Frankreichbild deutscher Reisender im 18. Jahrhundert. In: Aufklärungen. Frankreich und Deutschland im 18. Jahrhundert. Bd. 1. Herausgegeben von Gerhard Sauder und Jochen Schlobach. Heidelberg 1985, S. 203-219.

gewesen sein[1], die Zschokke den Satz anschließen ließen: »Unser Geburtsland ist nicht immer unser Heimatland«.[2]

Diesem Satz sei ein abschließender Blick auf Zschokkes weitere Entwicklung angeschlossen. Die »Wallfahrt nach Paris« ist ebenso wie die anderen vorgestellten Berichte Zeugnis eines Weges, den nur sehr wenige deutsche Aufklärer gingen. Nach der Rückkehr aus Paris findet Zschokke in der Schweiz eine neue Heimat. In der Helvetischen Revolution, der erfolgreichen bürgerlichen Umwälzung der Jahre 1797/98 in der Eidgenossenschaft, wandelt der junge Deutsche sich vom reformorientierten Aufklärer zum bürgerlichen Revolutionär.[3] In höchsten Regierungsstellen nimmt er an der Staatsumwälzung teil und bemüht sich in seiner publizistischen Tätigkeit darum, die bäuerliche Bevölkerung von den Vorteilen der neuen bürgerlichen Ordnung zu überzeugen. Es ist gut möglich, daß die Lesewelt auf einen dritten Band der »Wallfahrt nach Paris« verzichten mußte, weil ihr Autor vom Schreiben zum Handeln übergegangen war.

---

1   Vgl. zum Aufenthalt in Paris detaillierter Holger Böning: Heinrich Zschokke a. a. O. Besonderen Eindruck machte auf Zschokke in Paris Gustav Graf von Schlabrendorf. Über ihn und Zschokkes Eindrücke von Paris heißt es in der Selbstschau, S. 67f.: »Der edle Graf gewann unvermerkt über meine Sinnesweise eine Gewalt, die ihm kaum ahndete. Ich besuchte zuletzt fast ihn allein nur und die Galerie des Louvre, wo mich die Wunderwerke des Meißels und Pinsels tagelang festzauberten. [...] Schlabrendorf und Paris vernichteten meine Träumereien vom republikanischen Leben. Ich hätte fortan ebensogern mit Palette und Pinsel in der Hand unter dem Eisenzepter eines Tyrannen leben können. In den alten Schweizeraristokratien hatt' ich nur morsches Formenwerk gesehn, worin sich Eigennutz von Ratsherrn und Bauern, Geistlichen und Laien nebeneinander eingenistet hielten, in Frankreich nun ein bloßes Zerrbild des Freistaats mit Despotismus von oben und Anarchie von unten. Die Überschriften der öffentlichen Gebäude verspotteten ironisch mit ellenlangen Buchstaben den Zustand der Weltstadt. 'Liberté, Egalité', las man allerorten, doch grinseten drohend daneben die ausgestrichnen Wort: 'ou la mort' durch darübergepinselten Kienruß. Selbst 'Freiheit und Gleichheit' wurden Ehren- und Schutzwachen zu Pferd und zu Fuß und Kanonieren mit brennenden Lunten bei ihren Feuerschlünden vor den Pforten des Direktorialpalastes zur schreienden Lüge. Ich sehnte mich bald von Herzen hinweg aus der Stadt voll glänzenden Elends und elenden Glanzes.«

2   Heinrich Zschokke: Metapolitische Ideen, a.a.O. S. 33. Vgl. zu den politischen Vorstellungen Zschokkes und zu seinem Verhältnis zur Französischen Revolution auch Karl Gustav Jochmann: Graf Gustav von Schlabrendorf in Paris über die Ereignisse und Personen seiner Zeit. In: Heinrich Zschokke: Prometheus, Bd. I, S. 184-204. Zschokke weist in der Autobiographie mehrfach darauf hin, daß die Auffassungen Schlabrendorfs den seinen entsprochen hätten.

3   Vgl. zur revolutionären Umgestaltung der Eidgenossenschaft in eine bürgerliche Republik Holger Böning: Revolution in der Schweiz. Das Ende der Alten Eidgenossenschaft. Die Helvetische Republik 1798-1803. Bern, Frankfurt am Main, New York 1985.

Johannes Weber

Wallfahrten ins gelobte Land der Freiheit
Deutsche Revolutionsbegeisterung in satirischen Reiseromanen

I

Aus der einflußreichsten gegenrevolutionären Zeitschrift Deutschlands, dem »Revolutions-Almanach« Heinrich Ottokar Reichards, konnte man im Jahre 1794 erfahren, daß die französische Umwälzung vor allem eine Sache der ungebändigten Jugend sei:

> »Man nennt die Revolution in Frankreich die *Revolution der Hosenlosen*, der Nichtshaber, die freylich allein dabey gewinnen; man könnte sie auch die *Revolution der Bartlosen* nennen; denn ein großer Haufen junger Herrlein und junger Weiblein, voll Neuerungs-Abgötterey, machen einen großen Theil des Chors ihrer Lobredner und Anhänger aus. Die Jugend enthusiasmirt sich gern für Alles, was neu und in die Augen schimmernd ist, und dazu kommt die in diesem Alter natürliche Sehnsucht, frey von den Fesseln und der Leitung des älterlichen Zwanges, und der Obern im Amte, und des Einflusses des reifern Alters zu werden«.[1]

In Sonderheit seien es, so behauptete der Revolutionsalmanach, besitzlose und unbestallte Gelehrte, die sich als »eifrigste Partisanen« der Revolution gebärdeten, und darunter wiederum »ein großer Theil der Belletristen und *hommes de lettres*, der sogenannten Genies, der Journalisten, der Hofmeister, der jungen Theologen«.[2]

In Wirklichkeit begrüßten keineswegs nur die aufbegehrende Jugend und das »akademische Proletariat« den Umsturz in Frankreich. Männer wie Klopstock, Wieland, Kant, Campe oder Schlözer waren keine wirren Jünglinge mehr, sondern gesetzte Herren in exponierten, zum Teil verantwortungsreichen Positionen und Lebensverhältnissen - gleichwohl zollten auch sie der Revolution in ihrem Anfangslaufe überschwenglichen Beifall.[3]

Wenn aber selbst so besonnene und würdige Männer von jener Erscheinung verzaubert waren, so verwundert es nicht - und darin behält der »Revolutions-Almanach« recht -, daß die Nachrichten aus Frankreich ein ungleich gewaltigeres psychisches Erdbeben in der akademischen Jugend Deutschlands auslösten. Das Signal der »Freiheit« traf die Jünglinge im Alter um die Zwanzig zu einem biographisch wichtigen Zeitpunkt. Teils standen sie an der Schwelle des Übergangs von Schule und Hochschule zum Beruf und drängten aus der Enge des hierarchischen Reglements zu einer selbstbestimmten Existenz, teils hatten sie erste, meist unbefriedigende Erfahrungen als Informatoren, Candidaten, Assessoren, Amtssubstituten, und was dergleichen mehr ist, hinter sich und sahen die Zukunft grau in grau. Im Zusammenhang mit ihrer zumeist theologischen Vorbildung mußte ihnen da die Revolution als heilsgeschichtliches Ereignis erscheinen, nicht nur mit dem Zielpunkt allgemeiner gesellschaftlicher Versöhnung, sondern ebensogut als Garant persönlicher

---

1 Beitrag »Über deutschen Democratengeist, und Deutsche Jacobiner. Fragmente und Erfahrungen eines Reisenden.« In: Revolutions-Almanach von 1794. Göttingen o.J. S. 224. - Zur zeitgenössischen Bedeutung des »Revolutions-Almanach« und zur Person Reichards vgl. Klaus Epstein: Die Ursprünge des Konservativismus in Deutschland. Der Ausgangspunkt: Die Herausforderung durch die Französische Revolution 1770-1806. Aus dem Englischen von Johann Zischler. Frankfurt/Berlin/Wien 1973. S. 574 f.

2 Revolutions-Almanach (1794) a. a. O. S. 226.

3 Die Stimmen der genannten Schriftsteller und Gelehrten zur Revolution sind für einen ersten Überblick leicht zugänglich in der Anthologie: Die französische Revolution im Spiegel der Deutschen Literatur. Hg. von Claus Träger. Leipzig 1975 (bundesdeutsche Lizenzausgabe Frankfurt/Main 1979).

Befreiung von patriarchalischem Druck und ständischer Subalternität.[1] Alles schien durch die Revolution mit einem Schlage möglich und offen. Noch gut vierzig Jahre später erinnert sich Johann Georg Rist der Gemütsbewegung seiner Altersgenossen, als die »gewaltigen Erscheinungen im Westen sichtbar wurden« und ihre »Funken« in die »Unbefangenheit ihrer Jugend« warfen:

> »(...) diese Funken fielen in einen frischen, zündbaren, noch unverkohlten Stoff; helle glänzende Flammen giengen auf; edle Herzen glühten in reiner Wahrheit und Hingebung: wer das nicht gekannt hat, der vergleiche es nicht mit den düstern Kohlengluten bitterer Verzweifelung, die von der Lüge angefacht werden. Wann wird man so edle, reine Begeisterung wiedersehen, wie damals in den Herzen der unverderbten Jünglinge, die aus Träumen zu erwachen und Lichterscheinungen vor sich zu sehen glaubten, deren Glanz sie mit dem eigenen besten Blute zu nähren sich sehnten! Um ihre Ruhe war es geschehen; die kehrte ihnen nicht wieder; sie zogen den herrlichen Lichtern nach, und in ihrer Verfolgung ging ihnen nur zu oft Genügsamkeit und Unbefangenheit verloren«.[2]

Selbst den alten Hegel verläßt der trockene Philosphensinn, wenn er im Jahre 1831 auf seine Jugenzeit zurückblickt und das Ereignis der Revolution als einen »herrlichen Sonnenaufgang« rühmt:

> »Alle denkenden Wesen haben diese Epoche mitgefeiert. Eine erhabene Rührung hat in jener Zeit geherrscht, ein Enthusiasmus des Geistes hat die Welt durchschauert, als sey es zur wirklichen Versöhnung des Göttlichen mit der Welt nun erst gekommen«.[3]

Wie aber äußerte sich seinerzeit, was im Gedächtnis über Jahrzehnte so emphatisch bewahrt wurde? In welchen Formen, durch welche Taten drückte sich die jugendliche Revolutionsbegeisterung damals aus?

Der alterierten Stimmungslage und der Persönlichkeitsprägung vieler deutscher Jünglinge entsprach es, daß sie die Revolution in hohem Ton, nämlich dem der Poesie, feierten. Ein Beispiel sind die frühen Hymnen Hölderlins und einiger seiner Stiftsgenossen. Aber auch politisch ernster konturierte Veranstaltungen wurden ins Werk gesetzt; akademische Freundschaftsbünde, etwa in Tübingen, an der Hohen Carlsschule oder in Jena, verwandelten sich in politische Diskussionszirkel, reorganisierten sich gar als »Clubs« und machten ihrer Gesinnung durch demonstrative Gesten Luft.[4] Die Jenenser Studentenunruhen zwischen 1790 und 1795 eskalierten, jedenfalls indirekt, im Widerschein des neuen »Zeitgeists«, wenngleich Goethes Befürchtung, Jena schicke sich an, ein »Klein-Paris« zu werden, gewiß nicht ernst zu nehmen war.[5]

---

1 Vgl. hierzu etwa Panajotis Kondylis: Die Entstehung der Dialektik. Eine Analyse der geistigen Entwicklung von Hölderlin, Schelling und Hegel bis 1802. Stuttgart 1979. Bes. Exkurs I: Die Rezeption der französischen Revolution im Stift. S. 186-217. - Die Revolutionserwartung der Tübinger Stiftler dürfte für die entsprechende Generation der deutschen Akademiker im wesentlichen repräsentativ sein.

2 Johann Georg Rist: Andeutungen und Erinnerungen zu J.E. v. Bergers Leben. In: Johann Georg Rists Lebenserinnerungen. Hg. von G. Poel. Teil 3. Gotha 1888. S. 253.

3 Georg Wilhelm Friedrich Hegel: Sämtliche Werke. Jubiläumsausgabe in 20 Bänden. Hg. von H. Glockner. Bd. 11. Stuttgart 1961. S. 557 f.

4 Zu den Umtrieben im Tübinger Stift vgl. etwa Martin Brecht: Hölderlin und das Tübinger Stift 1788-1793. In: Hölderlin-Jahrbuch. Bd. 1973/1974. Tübingen 1974. S. 20-46. - Über Demonstrationen und die »Bildung einer Art von politische(m) Club« an der Carls-Hochschule im Jahre 1790 berichtet Christoph Heinrich Pfaff: Lebenserinnerungen. Kiel 1854. S. 45 ff. - Über die »Gesellschaft der freien Männer« in Jena vgl. Paul Raabe: Das Protokollbuch der Gesellschaft der freien Männer in Jena 1794-1799. In: Festgabe für Eduard Berend. Weimar 1959. S. 336-383.

5 Vgl. Karl-Heinz Hahn: Im Schatten der Revolution - Goethe und Jena im letzten Jahrzehnt des 18. Jahrhunderts. In: Jahrbuch des Wiener Goethe-Vereins. Hg. von W. Martens und H. Zeman. Bd. 81/82/83.

Anders als in Teilen der bürgerlichen, handwerklichen und bäuerlichen Bevölkerung[1] verharrte der Revolutionsenthusiasmus der universitären Jugend freilich auf der Stufe aufgeregten Gefühls und vorpolitischer Phantasien. Gewöhnlich gelangte man über ein phraseologisches Gewölk »träumerische(r), kosmopolitische(r) und auf Befreiung und Veredelung der Menschheit gerichtete(r) Zwecke«[2] nicht hinaus. Georg Friedrich Schumacher, damals Student an einer der akademischen Hochburgen revolutionärer Begeisterung, nämlich der Universität Kiel, erinnert sich:

> »Fluch den Pallästen, Friede den Hütten! so schrieben wir als Motto in die Stammbücher, so riefen wir beim nächtlichen Nachhausgehn durch die stillen einsamen Gassen. Es lebe die Freiheit! nieder mit den Tyrannen! so brüllten wir oft durch die Nacht; aber wenn wir die Palläste gehörig verflucht hatten, so ließen wir sie ruhig stehen (...). Wir sangen in exaltirter Stimmung die Marseillaise: Allons enfants de la patrie, aber gingen doch nicht weiter als zu Bett; mourir pour la patrie, aber wir starben doch nur fürs Erste den Scheintod in den Armen des Schlafes (...). Mit dem äußern Schein trieben es Einige stark genug; diese trugen öffentlich die französische Nationaluniform und Kokarde; Einer hatte sich an seinem Pult eine Krone von Metall zum Fußschemel machen lassen, und schrie, während er oben studirte, von Zeit zu Zeit nach unten stampfend: à bas les tyrans! Nun, sein Tyrannensymbol da unten ließ sich das ruhig gefallen, und so war er zufrieden«.[3]

Derlei Reminiszenzen lassen sich nicht einfach als späte Karikaturen, als ironische Verharmlosung aus konservativ abgeklärtem Blickwinkel beiseitetun. Sie charakterisieren, zumindest im Durchschnitt, tatsächlich die Haltung der damaligen akademischen Jugend, die aus inneren und äußeren Gründen kaum anders sein konnte. Politische Erfahrungslosigkeit, idealistische Überspanntheit, juvenile Unselbständigkeit, ungewisse lebensgeschichtliche Situation und auf der anderen Seite der durchaus revolutionsferne Zustand des Reiches ergänzten sich und bewirkten, was Schumacher so beschreibt: Es »herrschte kein revolutionärer Sinn, *der auf Thaten ausging,* es war bloß theoretischer und enthusiastischer Beifall dessen, was in der Ferne geschah«.[4]

Das galt wohl in der Regel. Immerhin aber fanden sich einzelne junge Enthusiasten, die sich mit tatenloser Hochstimmung nicht ohne weiteres zufriedengeben mochten. Angesichts der sozialen und politischen Zustände in den deutschen Ländern, die eine revolutionäre Bewegung gleich der französischen kaum begünstigten, war freilich guter Rat teuer: umstürzlerischer Aktivismus hatte mit dem Unverständnis der Bevölkerung ebenso zu rechnen wie mit der Vigilanz einer sattelfesten Obrigkeit; regierungsfeindliche Umtriebe führten - das wurde frühzeitig erkennbar - bestenfalls ins Leere, wofern sie nicht gar die Organe der Staatsmacht auf den Plan riefen.

Es verwundert darum nicht, daß alsbald das Projekt erwogen wurde, den hoffnungslosen heimischen Verhältnissen den Rücken zu kehren und im Lande der Revolution selbst an der großen Bewegung mitzuwirken. Als Vorbilder dürften die deutschen Revolutionstouristen der ersten Stunde, wie Campe und Schulz, eine Rolle gespielt haben; mehr noch jene Männer, die sich von Beginn an aktiv der französischen Sache zur Verfügung gestellt

---

Wien 1979. S. 35-58.

1 Vgl. etwa Heinrich Scheel: Süddeutsche Jakobiner. Klassenkämpfe und republikanische Bestrebungen im deutschen Süden Ende des 18. Jahrhunderts. Berlin 1962. - Freilich ist, aufs Ganze gesehen, auch in diesen sozialen Schichten die Resonanz der Revolution weitaus geringer, als es die gewichtigen Publikationen Scheels und der übrigen »deutschen Jakobinerforschung« auf den ersten Blick suggerieren mögen.

2 Pfaff a. a. O. S. 50

3 Georg Friedrich Schumacher: Genrebilder aus dem Leben eines siebenzigjährigen Schulmannes, ernsten und humoristischen Inhalts; oder: Beiträge zur Geschichte der Sitten und des Geistes seiner Zeit. Schleswig 1841. S. 197 f.

4 Ebd.

hatten: etwa der schwäbische Pfarrersohn Karl Friedrich Reinhard oder der phantastisch-poetische »Repräsentant des Menschengeschlechts«, Johann Baptist Klotz aus Cleve, der sich selbst Anacharsis Cloots nannte.[1]

Aber auch, wo Pläne dieser Art geschmiedet wurden, gelangten sie meist über das Stadium der Phantasie nicht hinaus. Die abenteuernde Energie war zu gering, um alle heimatlichen Bindungen abzubrechen und den Schritt ins ganz Fremde und Ungesicherte zu wagen. So berichtet Christoph Heinrich Pfaff, der Kommilitone Georg Kerners, von seinem unausgeführten Vorsatz, nach der Promotion im Jahre 1792 sein »Glück in Paris« zu suchen[2]; der jüngere Bruder Kerners, der Tübinger Stiftler Louis, soll durch eine herbe Einrede des Vaters (»Du solltest, ehe Du in Paris einziehest, auch noch etwas mehr Französisch lernen als: Vive la liberté, vive la Nation!«) und eine Kuchensendung der Mutter bewogen worden sein, das schwäbische Vaterland nicht mit Paris zu vertauschen.[3] Ludwig Tieck schließlich schrieb im Dezember 1792 an seinen Herzensbruder Wackenroder:

> »(...) leider bin ich in einer Monarchie geboren, die gegen die Freiheit kämpfte, unter Menschen, die noch Barbaren genug sind, die Franzosen zu verachten. (...) Oh, in Frankreich zu sein, es muß doch ein groß Gefühl sein, unter Dumouriez zu fechten und Sklaven in die Flucht zu jagen, und auch zu fallen - was ist ein Leben ohne Freiheit?«[4]

Tiecks sehnsuchtsvolle Bekundung war freilich, genau besehen, nicht mehr als emphatischer Maulradikalismus; ganz selbstverständlich exkulpierte er sich von dem prätendierten Heldentum, da er ja Deutscher sei: »Oh, wenn ich itzt ein Franzose wäre! Dann wollt' ich nicht hier sitzen, dann - - -«.[5]

Einige der jungen Revolutionsenthusiasten machten allerdings Ernst. Georg Kerner geht, nachdem er bereits ein Jahr zuvor Straßburg aufgesucht hatte, nach seiner Promotion an der Karlsschule im Frühling 1791 über den Rhein und im Herbst nach Paris; sein Mitstudent Joseph Anton Koch flieht, ebenfalls 1791, nach Straßburg; zur gleichen Zeit treffen dort Johann Georg (»Eulogius«) Schneider, Friedrich Christoph Cotta und Karl Clauer ein; Friedrich Butenschön folgt Anfang 1793.[6] Der Tübinger Magister und Kommilitone

---

1 Über Karl Friedrich Reinhard vgl. Wilhelm Lang: Graf Reinhard. Ein deutsch-französisches Lebensbild 1761-1837. Bamberg 1896. - Über Baron Klotz vgl. Selma Stern: Anacharsis Cloots, der Redner des Menschengeschlechts. Ein Beitrag zur Geschichte der Deutschen in der französischen Revolution. In: Historische Studien. Heft 119. Berlin 1914.
2 Pfaff a. a. O. S. 51.
3 Nach Justinus Kerner: Das Bilderbuch aus meiner Knabenzeit. Erinnerungen aus den Jahren 1786-1804. In: Kerners Werke. Auswahl in sechs Teilen. Hg. von R. Pissin. Teil 1. Berlin/Leipzig/Wien/Stuttgart o.J. S. 55 f.
4 Brief vom 28.12.1792; zit. nach: Wilhelm Heinrich Wackenroder: Werke und Briefe. Hg. von Friedrich von der Leyen. Bd. 2. Jena 1910. S. 161.
5 Brief vom 28.12.1792; Ebd.
6 Zu Georg Kerner vgl.: Georg Kerner. Jakobiner und Armenarzt. Reisebriefe, Berichte, Lebenszeugnisse. Berlin 1798. - Über die Flucht Kochs vgl. den Bericht des ehemaligen Kommilitonen Pfaff, a. a. O. S. 49 f., sowie: Neuer Nekrolog der Deutschen. 17. Jg. 1839. Teil 1. Weimar 1841. S. 129 f. (Die Datierung der Emigration Kochs ins Jahr 1792 ist unrichtig.) - Über Eulogius Schneider vgl. Walter Grab: Eulogius Schneider. Ein Weltbürger zwischen Mönchszelle und Guillotine. In: Gert Mattenklott u. Klaus Scherpe (Hg.): Demokratisch-revolutionäre Literatur in Deutschland: Jakobinismus (= Literatur im historischen Prozeß, Bd. 3/1). Kronberg/Ts. 1975. S. 61-138. - Literatur über Friedrich Christoph Cotta bei Monika Neugebauer-Wölk: Der Bauernkalender des Jakobiners Friedrich Christoph Cotta. Realität und Idylle der Mainzer Republik. In: Jahrbuch des Instituts für Deutsche Geschichte. Hg. von Walter Grab. Bd. XIV. Tel-Aviv 1985. S. 76. - Zu Karl Clauer vgl. Hans Werner Engels: Karl Clauer. Bemerkungen zum Leben und zu den Schriften eines deutschen Jakobiners. In: Jakobiner in Mitteleuropa. Hg. von Helmut Reinalter. Innsbruck 1977. S. 167-194. - Zu Butenschön vgl. Friedrich Müller: Johann Friedrich Butenschön. Ein demokratischer Publizist zwischen

Hölderlins, August Wetzel, entspringt im Mai 1793 aus dem Stift nach Straßburg.[1] Der entlaufene schwäbische Mönch Franz Xaver Bronner faßt 1793 den zu diesem Zeitpunkt schon irrwitzigen Plan, »entweder als beeidigter Seelsorger oder als Erzieher«[2] in den Dienst des Bischofs von Colmar zu treten, und richtet um die Jahreswende seine Schritte tatsächlich dorthin. Aus dem Homburger Freundeskreis um Franz Wilhelm Jung und Isaak von Sinklair begibt sich Ende 1794 der junge Heinrich Brühl in die Dienste der französischen Armee[3]; 1796 tritt Friedrich Joseph Emerich, der spätere Freund Hölderlins, ins französische Genie-Korps.[4] Neben den freiwilligen Exulanten dieser Art sind nicht zu vergessen, doch hier nicht weiter zu besprechen, diejenigen, die allzu laut in ihrer Heimat der Staatsumwälzung das Wort geredet haben oder gar, wie die Mainzer Patrioten, nach dem französischen Vorbild tätig wurden. Für sie, die Cramer, Dorsch, Pape und andere, ist die anschließende Emigration nach Frankreich existenznotwendig.[5]

Wie vielfältig sich die äußeren Schicksale all dieser deutschen Revolutionäre in Frankreich auch gestalten - fast ohne Ausnahme sind sie begleitet von einem Prozeß der Desillusionierung: »Aus der Ferne sieht alles ander aus, als man es bei näherer Besichtigung findet«.[6] So klagt, kurz nach seiner Ankunft in Paris im Frühjahr 1793, selbst der vergleichsweise realistische und politisch erfahrene Georg Forster. Er berichtet von allgemeiner Wirrnis, von »blinde(r), leidenschaftliche(r) Wut, rasende(m) Parteigeist und schnelle(m) Aufbrausen«, von »Einsichten und Talente(n) ohne Mut und ohne Kraft«[7], und resümiert schließlich:

»(...) je näher man mit dem ekelhaften Labyrinthe bekannt wird, worin sich hier alles windet und dreht, desto mehr kalte Philosophie bedarf man, um nicht an allem, was Tugend heißt, zu verzweifeln und um ruhig von der Gerechtigkeit des Schicksals einen glücklichen Ausgang zu erwarten«.[8]

Erst recht enttäuschen Augenschein und unmittelbare Erfahrung die jungen Revolutionsidealisten, die dem Traum einer neuen, politisch und sozial versöhnten, »arkadischen« Ordnung angehangen hatten; die Terreurs und die zunehmend expansive Militärpolitik entziehen sich vollends einem Verständnis, dem die Revolution zunächst als moralisches Ereignis erschienen war. Welche Konsequenzen der Konflikt zwischen überspannter Revolutionsemphase und erfahrener Wirklichkeit haben konnte, zeigt das Beispiel des

französischer Revolution und deutscher Restauration. In: Jahrbuch des Instituts für Deutsche Geschichte. Hg. von Walter Grab. Bd. XV. Tel-Aviv 1986. S. 193-230.
1 Vgl. Georg Schmidgall: August Wetzel. Stiftler, Revolutionär, Techniker, Erfinder. 1772 bis nach 1827. In: Schwäbische Lebensbilder. Hg. von Hermann Häring. Bd. 5. Stuttgart 1950. S. 139-148.
2 Franz Xaver Bronner: Ein Mönchsleben aus der empfindsamen Zeit. Von ihm selbst erzählt. Hg. von Oskar Lang. Bd. 2. Stuttgart o.J. (= Memoiren-Bibliothek, Serie IV, Bd. 10). S. 322.
3 Vgl. Christian Waas: Franz Wilhelm Jung und die Homburger Revolutionsschwärmer 1792-1794. In: Festschrift Heinrich Jacobi zum 70. Geburtstag. Homburg vor der Höhe 1936. S. 67.
4 Vgl. zuletzt Sigfrid Gauch: Friedrich Joseph Emerich - Ein deutscher Jakobiner. Studien zu Leben und Werk. Frankfurt a.M./Bern/New York 1986. S. 108.
5 Über Carl Friedrich Cramer vgl. Alain Ruiz: »Cramer, der Franke«: ein norddeutscher Herold der Französischen Revolution gegen die »aristokratischen Skribenten« seiner Zeit: In: Jakobiner in Mitteleuropa a. a. O. S. 195-227. - Über die Klubistenverfolgung nach der Kapitulation von Mainz vgl. Franz Dumont: Die Mainzer Republik von 1792/93. Studien zur Revolutionierung in Rheinhessen und der Pfalz. Alzey 1982. S. 473 ff.
6 Brief an Therese Forster, 8.4.1793; zit. nach: Georg Forster: Werke in vier Bänden. Hg. von Gerhard Steiner. Bd. 4. Frankfurt am Main 1970. S. 843.
7 Ebd.
8 Brief an Therese Forster, 13.4.1793; zit. nach Forster a. a. O. S. 844 f.

jungen Adam Lux, der Charlotte Corday öffentlich zu einer neuen Jeanne d'Arc zu verklären suchte: »Auf das Schafott soll er regelrecht gesprungen sein« - hat Ulrich Enzensberger dazu ebenso makaber wie zutreffend angemerkt.[1] Selbst weniger martyrsüchtige und politisch klarere Köpfe wie Butenschön, Cotta, Kerner oder Oelsner geraten zu dieser Zeit in Gegensatz zum Jakobinerregiment und entgehen nur durch Zufall oder Flucht der Guillotine.[2]

Nur in Ausnahmefällen führt die Erfahrung der französischen Realität nicht zu tiefgreifenden Zweifeln oder gar Verzweiflung über das revolutionäre Geschehen. Justus Erich Bollmann ist hier zu nennen, der 1792 durch die wilden Auftritte beim Sturm auf die Tuilerien zu Tode erschreckt wird, sich dann jedoch besinnt und schließlich sogar die Terreurs politisch rechtfertigt.[3] Friedrich Joseph Emerich, der 1797 am Feldzug der Sambre- und Maasarmee teilnimmt, beklagt zwar, es sei »entsetzlich, daß man auch das Evangelium der Freiheit mit dem Säbel in der Hand predigen muß«[4], und hält grundsätzlich daran fest, daß »ohne Moralität (...) keine Revoluzion völlig beglückend«[5] sein könne, doch auch er stellt zur Herrschaft der »Bergpartei« fest: »Dies System war einst nothwendig, den Staat zu retten«.[6] Und Emerich mahnt die blauäugigen und darum enttäuschten Revolutionsschwärmer: »Der politische Siegwart, der auf dem Grabe seines Ideals sich zu Todte weint, ist mir ein höchst lächerliches Wesen«.[7] Emerich wird freilich seinerseits einige Jahre später existenziell am Zusammenstoß mit der französischen Staatsmacht scheitern.[8]

Wer den Schaden hat, muß für den Spott nicht sorgen: Seit Mitte der 1790er Jahre nehmen sich einige deutsche Schriftsteller der Erscheinung des jugendlichen Revolutionsenthusiasmus und seiner Enttäuschung an, zumeist in satirischer Weise. Die Werke dieser Art sind romanhafte Seitentriebe zu der Vielzahl authentischer »Reisen in die Revolution«, die von Campe (1790) bis Arndt (1802/03) literarische Darstellung gefunden haben. Eine literatur- und kulturwissenschaftliche Gesamtwürdigung dieser wie jener Verarbeitungen des Revolutionstourismus steht noch aus.[9] Es versteht sich, daß auch meine folgenden Anmerkungen

1 Georg Forster. Weltumsegler und Revolutionär. Ansichten von der Welt und vom Glück der Menschheit zusammengestellt und erzählt von Ulrich Enzensberger. Berlin 1979. S. 117.

2 Vgl. die oben genannten biographischen Darstellungen. - Über Konrad Engelbert Oelsner vgl. Klaus Deinet: Konrad Engelbert Oelsner und die Französische Revolution. Geschichtserfahrung und Geschichtsdeutung eines deutschen Girondisten. Mit einem Nachwort von Jacques Droz. München/Wien 1981.

3 Vgl. Justus Erich Bollmann: Ein Lebensbild aus zwei Welttheilen. Hg. von Friedrich Kapp. Berlin 1880; Brief an den Vater, 12.8.1792 (S. 72 ff.); Brief an Frau Staatsrat Bauer, 14.10.1793 (S. 154), Briefe an den Vater, 27.12.1793 und 4.1.1794 (S. 186 ff.).

4 Friedrich Josef Emerich: Briefe eines Marseillers während der letzten Begebenheiten bei der Sambre- und Maasarmee bis an Hoche's Tod. 2. Ausgabe. Hamburg und Altona 1799. S. 108.

5 Emerich a. a. O. S. 73.

6 Emerich a. a. O. S. 69.

7 Emerich a. a. O. S. 53.

8 Vgl. Gauch a. a. O. S. 153 ff.

9 Vgl. Alain Ruiz: Deutsche Reisebeschreibungen über Frankreich im Zeitalter der Französischen Revolution (1789-1799). Ein Überblick. In: Reiseberichte als Quellen europäischer Kulturgeschichte. Hg. von Antoni Mączak und Hans Jürgen Teuteberg (= Wolfenbütteler Forschungen 21). Wolfenbüttel 1982. S. 229. Ruiz versteht seinen Aufsatz als erste Einführung in den Gegenstandsbereich; er beschränkt sich im wesentlichen auf die Berichte der bekannteren Autoren wie Campe, Halem, Humboldt, Reichardt, Friedrich Schulz, Kotzebue, Archenholtz, Georg Forster, Rebmann und Lorenz Meyer. - Karl Hammer: Deutsche Revolutionsreisende in Paris. In: Deutschland und die Französische Revolution. Hg. von Jürgen Voss (=

nicht mehr geben können als einige kleine Bausteine an der Peripherie dieses Forschungs-
komplexes, zumal ich mich auf eine Textgrundlage von nur drei Romanen, erschienen
zwischen 1794 und 1802, beschränken werde. Gemeinsam ist diesen Werken, daß sie
formal dem Genre der Satire, substantiell der Kategorie des »Romans der Desillusionierung« angehören; im übrigen sind sie von ganz unterschiedlicher Qualität, sowohl nach
der Seite der literarischen Machart als in Rücksicht auf den jeweiligen weltanschaulichen
Standort: Die Autoren zeichnen den Weg ihrer Romanhelden, der deutschen Revolutionsenthusiasten im Lande der Freiheit, aus stark differierenden politischen Positionen und mit
wechselnder Nähe zu den geschichtlichen Tatsachen.

II

Das erste Produkt, mit dem ich den Leser, freilich nur kurz, behelligen möchte, trägt den
Titel »Magister Schnabelkopf mit seiner schönen Rebecka; oder die Abenteuer eines
französischen Götzendieners in dem buntscheckigten Lande der Freyheit«. Es ist angeblich
in Straßburg erschienen, und zwar, wie das Titelblatt ausweist, »im siebenten Jahre der
unheilbaren Republik«.[1] Der Verfasser war bisher nicht zu ermitteln, ich meine, nicht zu
seinem Schaden.

Das Titelkupfer des Büchleins zeigt einen Wirtshaussaal, im Hintergrund ragt ein Freiheitsbaum mit phrygischer Mütze. Durch die Tür dringt ein Haufe herein, teils in der Uniform
der Nationalgarde, teils sansculottisch und knüppeldrohend. Man hat es sichtlich auf eine
nur noch leicht geschürzte, barbusige Schöne abgesehen. Diese ist auf die Knie gesunken
und strebt angstverzerrt und hilfeheischend zu einem jungen Mann, der die Attacke jener
Bande mit hochgeschwungenem Parapluie abzuwehren sucht. Zwei feiste Kerle glotzen
mit faunischer Miene auf das Geschehen. Titel und Titelbild erübrigen im Grunde die
Lektüre des Buches. Ich gebe eine knappe Zusammenfassung des entsprechenden Inhalts:

Der schwäbische Winkelschulmeister und Magister Schnabelkopf eilt mit dem Dorfbarbier
als seinem Sancho Pansa und mit seiner angebeteten Braut Rebecka nach Paris. Er entflieht
dem dumpfen »Ruthenkommando« seiner Schulstube, um »in dem Lande der Freyheit
einer Armee (zu) befehlen« oder an der »Spitze des Directoriums« den ihm angemessenen

---

Beiheft der Francia. Bd. 12). München 1983. S. 26-42. Hammer zieht eine noch geringere Zahl von Autoren
zurate, um zum Schluß zu kommen: »Die Revolutionspilger kehrten in ihre Heimat zurück, nur wenige
Lebensschicksale verflochten sich mit der Revolution oder scheiterten an ihr. Revolutions- und
Reisebegeisterung hielten nicht lange an, sie waren kurzlebig. (...) Wirklich Revolutionär war eigentlich kein
Deutscher geworden!« (S. 42). - Gonthier-Louis Fink: Das Frankreichbild in der deutschen Literatur und
Publizistik zwischen der Französischen Revolution und den Befreiungskriegen. In: Jahrbuch des Wiener
Goethe-Vereins. Hg. von Wolfgang Martens und Herbert Zemann. Bd. 81/82/83. Wien 1979. S. 59-87. Fink
streift die Reiseberichte über das revolutionäre Frankreich nur am Rande. - Erich Schneider:
Revolutionserlebnis und Frankreichbild zur Zeit des ersten Koalitionskrieges (1792-1795). Ein Kapitel
deutsch-französischer Begegnung im Zeitalter der Französischen Revolution. In: Francia. Forschungen zur
westeuropäischen Geschichte. Hg. vom Deutschen Historischen Institut Paris. Bd. 8 (1980). München und
Zürich 1981. S. 277-393. Schneider klammert in seiner umfangreichen Studie die Parisberichte aus und setzt
die im Titel genannte zeitliche Eingrenzung. - Nach der (noch nicht abgeschlossenen) »Bibliographie
deutschsprachiger Reiseliteratur im 18. Jahrhundert«, die Wolfgang Griep erstellt, beläuft sich die
Materialgrundlage einer umfassenden Darstellung der »Reisen ins revolutionäre Frankreich« (1789-1806) auf
mindestens 100 Titel.

1 Magister Schnabelkopf mit seiner schönen Rebecka; oder: die Abenteuer eines französischen Götzendieners
in dem buntscheckigten Lande der Freyheit, Straßburg, im siebenten Jahre der unheilbaren Republik. -
Titelkupfer. 173 S. (Exemplar der Universitätsbibliothek Jena).

Platz einzunehmen.[1] Kaum hat er freilich die Grenze überschritten, da erweist sich das Land der »Freiheit«, »Gleichheit« und »Bruderschaft« als ein einziges räuberisches, intrigantes und geiles Tollhaus. Der Magister und seine Gefährten werden zunächst um ihr Geld gebracht. Das Mädchen kommt durch einen französischen Friedensrichter abhanden, wird als »Göttin der Vernunft« gefeiert und sodann als Liebesdienerin weitergereicht. Schnabelkopf selbst gerät, anstatt an die Spitze einer Armee, wechselweise in die Arme und das Intrigenspiel einiger zweifelhafter, doch desto einflußreicherer Damen. Diese erweisen sich als die wirklichen Urheberinnen des Parteienstreits in der Republik. Schnabelkopf bringt es dadurch endlich zum Offizier der Nationalgarde, verfängt sich aber sogleich im Dschungel fortgesetzt übler Machenschaften und wird wiederholt gefänglich eingezogen, verprügelt, als Verschwörer mit dem Tode bedroht. In erbärmlichem Zustand und mit letzter Mühe findet er den Weg zurück ins rettende schwäbische Vaterland. »Verwünschtes Paris! (...) sclavischer Unsinn der Freyheit. Der Henker hole dich mit deiner Gleichheit und Bruderschaft«.[2] So lautet Schnabelkopfs Abschiedsgruß an das Land seiner Träume. Sein tumber Begleiter, der Barbier, wird während des gesamten Abenteuers unentwegt von allen Seiten verbleut und kehrt dergestalt und kleinlaut zu seiner Xanthippe zurück, vor der er ins Reich der Freiheit ausgerissen war.

So viel - und vielleicht schon zu viel - zu diesem grobianischen Schmarren. War zu Beginn der Revolution, etwa von Campe, die Erhebung des Volkes in Paris als Ausdruck sittlicher Erneuerung gefeiert worden[3], so erscheint hier der alte Topos vom »welschen Sündenbabel« in radikalisierter Form: der Sturz der alten Ordnung entfesselt vollends die Herrschaft der niederen Triebe, denen die Franzosen seit jeher besonders hold gewesen sein sollen. Zwar ist das Argument, revolutionäre Motive und Ziele speisten sich aus verächtlichen Antrieben, grundsätzlich aus der deutschen konservativen Polemik nicht wegzudenken - erinnert sei etwa an Ifflands »Kokarden« oder an Goethes »Bürgergeneral«.[4] Doch in der rabiaten Zuspitzung der Revolution zu einem nur noch viehischen Gaunerspektakel leistet der vorliegende Roman Unübertroffenes: er repräsentiert damit die primitivste und wahrhaft indiskutable Weise, in der die deutsche Schwärmerei für die Revolution und diese selbst zu verekeln waren. Das Machwerk vergröbert selbst noch die gewiß nicht feingesponnene Greuelpropaganda eines Haudegens der Gegenrevolution wie Leopold Alois Hoffmann oder der Dunkelmänner der »Eudämonia«.[5]

---

1 Schnabelkopf a. a. O. S. 4 f.
2 Schnabelkopf a. a. O. S. 164.
3 Joachim Heinrich Campe: Briefe aus Paris zur Zeit der Revolution geschrieben. Braunschweig 1790. Neudruck mit Erläuterungen, Dokumenten und einem Nachwort von Hans-Wolf Jäger. Hildesheim 1977. Bes. S. 29 ff.
4 Vgl. Hans-Wolf Jäger: Gegen die Revolution. Beobachtungen zur konservativen Dramatik in Deutschland um 1790. In: Jahrbuch der Deutschen Schillergesellschaft. 22. Jg. Stuttgart 1978. S. 362-403.
5 Vgl. Holger Böning: Eudämonia, oder deutsches Volksglück. Ein Beitrag zur Geschichte konservativer Publizistik in Deutschland. In: Text und Kontext. Zeitschrift für germanistische Literaturforschung in Skandinavien. Hg. von Klaus Bohnen und Sven-Aage Jörgensen. Bd. 13.1. Kopenhagen und München 1985. S. 7-36.

III

Von durchaus anderem und notierenswerterem Charakter ist der 1794 erschienene Roman »Leben, Abentheuer und Heldentod Paul Roderichs des Demokraten. Eine Geschichte aus dem gegenwärtigen Kriege von seinem aristokratischen Vetter beschrieben«.[1] Verfasser ist der knapp dreißigjährige hessisch-darmstädtische Prediger Friedrich Ludwig Textor - nicht zu verwechseln mit dem Frankfurter Vetter Goethes, Friedrich Karl Ludwig Textor.[2] Mit »Paul Roderich« legte Textor seinen zweiten satirischen Roman vor; bereits 1790 hatte er des »Kilian Hieronimus Wallfahrten zu seinen Glaubensbrüdern« an die Öffentlichkeit geschickt.[3]

Die »Abenteuer des Paul Roderich« gehören in die Reihe jener Studenten-, Kandidaten- und Hofmeistergeschichten, die seit den 1780er Jahren in der satirischen Unterhaltungsliteratur relativ breiten Raum einnehmen. Das Genre reagiert auf die bekannten Mißstände im Erziehungs-, Ausbildungs- und Pastoralwesen Ende des 18. Jahrhunderts. Restriktive Stellenpolitik, obrigkeitliche oder konsistoriale Vetternwirtschaft, allgemeine provinzielle Rückständigkeit und ständischer Dünkel bildeten vielerorts ein unerfreuliches Gebräu. Leidtragende waren vor allem die jungen Akademiker niederer Herkunft, die darauf angewiesen waren, als Lehrer, Erzieher oder Pfarrer ihren Lebensunterhalt zu bestreiten. Ihre vielfach gedrückte Lage, ihre oftmals demütigenden Versuche, zu sozial und beruflich gesicherter Stellung zu kommen, ihre gelegentlich ins Krause und Exzentrische abgleiten- den Schicksale und ihre entsprechende Mentalität, die zwischen Projektenmacherei, ge- sellschaftlichem Aufbegehren und depressiver Selbstaufgabe schwankte - all das sind Motive, die nach komischer oder satirisch-polemischer Verarbeitung riefen und auch ihre Autoren fanden.[4]

---

1 Leben, Abentheuer und Heldentod Paul Roderichs des Demokraten. Eine Geschichte aus dem gegenwärtigen Kriege von seinem aristokratischen Vetter beschrieben. Frankfurt und Leipzig in der neuen Buchhandlung 1794. - Mit Titelvignette, einer satirischen Zueignung (»Dem Hochehrwürdigen, Hochgelahrten, Hochzuehrenden Herrn Magister und Oberpfarrer Theophilus, dem eifrigen Vertheidiger der reinen Lehre und Geisel aller Kandidaten, welche die Vernunft nicht gefangen nehmen unter den Gehorsam des Glauben mit schuldigem Respekt zugeeignet«, unpaginiert, 7 Seiten), einer satirischen Vorrede zur zeitgenössischen Unterhaltungsschriftstellerei (unpaginiert, 18 Seiten), sowie einer Einleitung (unpaginiert, 2 Seiten). 414 S. (Exemplar in der Universitätsbibliothek Göttingen).
2 Zur Biographie Friedrich Ludwig Textors (1765 - nach 1830) vgl. Friedrich Wilhelm Strieder: Grundlage zu einer hessischen Gelehrten- und Schriftsteller-Geschichte. Bd. 16. Kassel 1812. S. 119-127. Vgl. auch Heinrich Eduard Scriba: Biographisch-literarisches Lexikon der Schriftsteller des Großherzogtums Hessen im neunzehnten Jahrhundert. 2. Abt. Darmstadt 1843. S. 723-725. - Hinweise zu Friedrich Karl Ludwig Textor (1775-1851), den Sohn eines Onkels Goethes mütterlicherseits, finden sich bei Karl Goedeke: Grundriß zur Geschichte der deutschen Dichtung. 2. Aufl. Bd. 7. S. 560 u. Bd. 15. S. 1058.
3 Der exakte Titel des wie »Paul Roderich« anonym erschienen Romans lautet: Kilian Hieronimus des h. Predigtamts Kandidaten Wallfahrten zu seinen Glaubensbrüdern. Ein Pendant zu den Reisen zu den Tempeln der Kristen und ihren Priestern. Frankfurt bei Friedrich Eßlinger 1790. XVIII. 435 S. (Exemplar in der Stadtbibliothek Essen).
4 Auch die beiden Romane Textors sind durch leidvolle persönliche Erfahrungen motiviert; vgl. Textors autobiographischen Abriß bei Strieder a. a. O. S. 119 ff. - Eine Bibliographie der (satirischen oder kritischen) Hofmeister- und Kandidatenliteratur im 18. Jahrhundert liegt nicht vor. Bezeichnend sind Titel wie »Hillebrand oder wie könnte man wohl zu einer Pfarre gelangen? Beytrag zur Kirchengeschichte des jetzigen Jahrhunderts« (Leipzig 1785. Gottfried Grosse zugeschrieben), oder »Die Schule der Prüfung, oder das Informatorleben« (Berlin 1789. Verf. Johann Christian Weitsch). - Die grundlegende Untersuchung zur sozialgeschichtlichen Situation der akademischen Jugend Ende des 18. Jahrhunderts bleibt weiterhin Hans H. Gerths 1935 verfaßte Studie: Bürgerliche Intelligenz um 1800. Zur Soziologie des deutschen Frühliberalismus. Mit einem Vorwort u. e. ergänzenden Bibliographie hg. von Ulrich Hermann. Göttingen 1976. - Quellen und Literatur zur sozialen

Textors Roman ist weniger komisch als polemisch; die Satire trifft nicht den glücklosen Helden der Geschichte, sondern die trüben Verhältnisse und bösartigen Machenschaften, die bewirken, daß Roderich »keine Glückseligkeit unterm Monde«[1] finden kann - wie der Verfasser in der Einleitung programmatisch ankündigt. Eine weitere, seit Wezels »Belphegor« geläufige literarische Traditionslinie wird damit berührt: Wir erfahren die Lebens- und Leidensgeschichte eines »deutschen Candide«, dem Tugend, Gerechtigkeit und Freiheit über alles gehen und dem es von Kindheit an widerstrebt, sich unter das »Joch des Vorurtheils und herkommlicher Gesetze (zu) schmiegen«.[2] Der Roman beutelt zwar seinen Helden nicht in derart sadistisch-physischer Weise, wie es die literarischen Vorläufer tun, dennoch bleibt von Beginn an kein Zweifel, daß ihm das »unbeugsame Fatum« ein Leben katastrophaler Erfahrungen zugemessen hat. Ich skizziere die Stationen seines Passionsweges:

Paul Roderich, Sohn eines armen Schulkantors, erweist sich frühzeitig als heller Kopf und wird zum Gymnasium bestimmt. Schon hier scheitert um ein Haar seine weitere Laufbahn. Der servile Rektor protegiert die nichtsnutzigen Söhne reicher oder adeliger Familien und sucht zugleich zu verhindern, daß Paul und sein Freund, ein begabter Bauernsohn, zum Studium zugelassen werden. Auf der Universität wendet sich Roderich der Theologie und der Jurisprudenz zu; von den Umtrieben der Studentenorden und ihren »Bacchanalien« hält er sich fern. Als er von einem widerwärtigen Renommisten gröblich beleidigt wird, duelliert er sich, muß bei Nacht und Nebel die Universität verlassen, flieht in die Niederlande und fällt unter die Werber. Er wird allzu tüchtig exerziert, entweicht darum und schifft sich nach Amerika ein. Da er das Passagiergeld schuldig bleibt, wird er in Boston als Sklave an eine reiche Engländerin verkauft, soll deren Tochter als Hauslehrer betreuen, verliebt sich, muß das Haus verlassen und fristet eine karge Existenz als Privatlehrer. Vorübergehend kommt er in Verhaft, da man ihn verdächtigt, den offiziellen Bräutigam seiner Angebeteten ermordet zu haben. Auf die Kunde, daß diese unterdes aus Kummer verstorben sei, reist er verzweifelt ab und gelangt schließlich nach Hause zurück. Er nimmt einen neuen Anlauf als Theologiestudent, bricht den Kursus freilich ab, als man ihm nur wüsten Unsinn zumutet, und versucht sich als Informator. Er gerät an einen »früh verdorbnen Knaben« und gibt alsbald wieder auf. Eine Bewerbung als Prediger scheitert am Nepotismus des Wahlkollegiums. Kurzzeitig gelangt er, durch Glück und Protektion, zu einer Pfarre und versucht dort, Reformen durchzuführen. Seine alten Feinde aus der Schul- und Universitätszeit, die das Konsistorium dominieren, führen seine Suspendierung herbei, seine Verlobte gibt ihm daraufhin den Laufpaß. Er wird nun Kabinettssekretär eines unberechenbaren und hartköpfigen Fürsten. Als er erfährt, daß seine in Amerika verstorben geglaubte Geliebte als Mätresse dieses Fürsten lebt, findet, wie der Verfasser es ausdrückt, »eine sonderbare Metamorphose seiner Gesinnungen«[3] statt. Er verläßt Deutschland, geht als Comtoirschreiber nach Paris und tritt nach Ausbruch der Revolution als Leutnant in die Nationalgarde ein.

Bis zu diesem markanten lebensgeschichtlichen Ereignis - es beschließt das dreizehnte von insgesamt siebzehn Kapiteln - ist der Roman, wie die Inhaltsangabe zeigt, als leidlich

---

Lage der Pädagogen im 18. Jahrhundert bei Ludwig Fertig: Die Hofmeister. Ein Beitrag zur Geschichte des Lehrerstandes und der bürgerlichen Intelligenz. Stuttgart 1979.

1 Roderich a. a. O. Einleitung, vor S. 1.
2 Roderich a. a. O. S. 5.
3 Roderich a. a. O. Inhaltsverzeichnis des 13. Kapitels.

spannender Stoff im Stile zeitgenössischer Unterhaltungsliteratur zu lesen. Dabei ist noch nachzutragen, daß in die Geschichte Roderichs die Erzählung des Lebens jenes Offiziers eingeschlossen ist, der den Helden zum Militär wirbt: ein durchaus kolportagehaftes Fabulierstück mit Kindsvertauschung durch Zigeuner, entlaufenem Knaben, der mit einer Pupppenspielerbande zieht, unstandesgemäßer Liebe, Trennung, Wiederfinden und märchenhaftem happy-end. Wenn auch der Verfasser auf diese Weise dem Publikum Zucker reicht, so ist doch unverkennbar, daß die Satire auf Standesdünkel, dumpfe Ignoranz, obrigkeitliche Willkür und korrupte Geistlichkeit als scopus des Werkes zu gelten hat. Im übrigen sind die abenteuerlichen Schicksale Roderichs nicht ganz wirklichkeitsfern: Ich erinnere etwa an die traurige Biographie Karl Ignaz Geigers (»Reise eines Erdbewohners in den Mars«, 1790), der seine Talente als wandernder und bettelnder Rezitator zu Grabe tragen mußte.[1] Und schließlich motiviert die breit ausgesponnene Geschichte fortgesetzten privaten, ideellen und beruflichen Scheiterns die »Metamorphose« Roderichs zum Revolutionär in psychologisch einleuchtender Weise.

Das Datum der Revolution bezeichnet nicht nur für die Biographie des Romanhelden eine Zäsur; vielmehr ändern sich an dieser Stelle zugleich der Charakter und die Erzähltechnik des Romans. Vollzog sich die Vorgeschichte des Roderich in einem Raum, der zwar nicht ohne Realitätsbezüge war, doch insgesamt dem synthetischen Fabelreich angehörte, so tritt der Roman nun ins Historisch-Konkrete: In den abschließenden vier Kapiteln berichtet Roderich in einer Reihe präzise datierter Briefe, von »Paris, am 13ten Julius 1789« bis »Frankfurt, am 2ten December (1792) 3/4 auf 10 Uhr« über seine Erlebnisse und Taten als französischer Bürger in Uniform. Adressat ist der fingierte Erzähler des Romans, der »aristokratische Vetter«, der als Schulmeister in der hessischen Provinz sitzt. Dieser, ein rechter Pfahlbürger, kommentiert, die Tobackspfeife rauchend, in langen Anmerkungen die Briefe Roderichs und gibt seine abweichenden Meinungen kund. Durch diese Technik gewinnt das Ganze nicht bloß den Anschein des Authentischen, sondern es bietet zugleich einen Diskurs zwischen einem tätigen Revolutionsenthusiasten und einem deutschen Zuschauer, der den Vorgängen in Frankreich skeptisch und gelegentlich schroff ablehnend gegenübersteht.

Zwar behält der »aristokratische Vetter« in doppeltem Sinn das letzte Wort: als Erzähler, der den Freiheitsmärtyrer Roderich überlebt, und als Kritiker der Revolution. Dennoch scheint mir hier der Versuch vorzuliegen, die Psychologie und die Argumente eines Anhängers der französischen Sache so zu präsentieren, daß der Leser nicht von vornherein zu dem Eindruck verführt wird, jener sei ein völliger Narr. Daß dies dem Autor selbst nicht unbedenklich war, zeigt eine Anmerkung in der Vorrede. Da heißt es, er, der Verfasser, »verlange nicht auf den Königstein« und wolle das, was er gesagt habe, »einzig in Rücksicht Frankreichs und besonders seiner ersten Konstitution« verstanden wissen:

> »(...) man ist jezt mehr, als zu irgend einer andern Zeit in Gefahr misverstanden zu werden - ich halte daher diese Erinnerung nicht für unnöthig und bitte besonders meine Randglossen nicht zu übersehen.«[2]

Angesichts der Demokratenriecherei, die 1794 allenthalben um sich gegriffen hatte und zu wenig Federlesen neigte, war diese Verwahrung gewiß nicht unangebracht. Es darf sich nämlich der Held der Geschichte in seinen ersten Briefen aus Paris einem hymnischen

---

1 Vgl. den autobiographischen Abriß Karl Ignaz Geigers: Adolph. Ein Beytrag zur gelehrten Geschichte unsers Zeitalters. In: Neuer Teutscher Zuschauer. Heft 20. Zürich 1791. S. 162-193.
2 Roderich a. a. O. Vorrede (unpaginiert, S. 16.).

Überschwang hingeben, wie er in der deutschen Literatur zu diesem Zeitpunkt sonst längst verhallt ist:

»In den Annalen der Europäischen Menschheit wüste ich keine Begebenheit (...) bei welcher das Herz mehr gerührt, die Brust lieblicher gehoben wird. Europas weichlichste Nation wird auf einmal von den (!) heiligen Enthusiasmus der Freiheit entflammt. Die blasse Furcht vor den Sultanen der Erde schwindet. Sclaven, gewohnt, die Stufen des Throns zu küssen, raffen sich auf und werden Heroen. Das Gefühl des menschlichen Werthes, der unveräuserliche Anspruch auf Freiheit und Vaterland beseelt jede Brust. (...) Welch ein majestätisches Fest, als die Bastille in tausend Trümmern stürzte - all die tausend Menschen, entschlossen zu sterben, oder frei zu sein! Wie zauberisch der Patriotismus auf alle wirkt! man bringt dem Vaterland sein Geld, seine Schnallen, sein Alles. (...) Die triumphirende Menschheit ist in ihre Rechte eingesezt, die Diplomen des Adels, Urkunden menschlicher Sclavereien sind zerrissen, Wappen des Stolzes zertrümmert, der Herzog wird vom Bauer umarmt!«[1]

Der Verfasser gestattet seinem Helden, diesen Ton vom Sturm auf die Bastille über die Schilderung des Bundesfests von 1790 bis hin zum Beginn des Krieges im Jahre 1792 beizubehalten. Die Glossen des Erzähler-»Vetters« konterkarieren die Begeisterung von einem Standpunkt ex post, aus der Perspektive des Jahres 1793. Dabei richten sich die Einwände - anders als in strikt konservativer Sichtweise - nicht gegen die Revolution überhaupt. Ihr »arkadischer« Anfang erfreut sich jedenfalls völliger Zustimmung:

»In der ersten Nationalversammlung sassen große Köpfe - in der That, ein ehrwürdiger Areopagus! auch waren treflich die Gesezze und die besten Documente für die Einsichten und das erhabene Genie der fränkischen Legislatoren. Niemand wird das in Abrede stellen. (...) Ich war eingenommen für Frankreichs erste Konstitution - ich hielte sie für die schönste Blüthe der bis hieher möglichen Cultur, für ein Kind der verfeinerten Sittlichkeit und der höchsten Gerechtigkeit. Da war nicht mehr Politik von der Menschenliebe und von dem Recht getrennt. Das an sich recht und Gute war es auch in Rüksicht des Staatsinteresse. Heil der französischen Nation - Heil ihrer Konstitution! dachte ich, sie allein ist unsrer Zeit würdig.«[2]

Es sind die Begebnisse der folgenden Jahre, die der deutsche Schulmeister dem fortwährend enthusiastischen Roderich entgegenhält: die Zersplitterung der »gerühmte(n) volonté générale« in die »ewigen Factionen«, das »Beginnen der schändlichen Jacobiner«, die Überflutung »unser(es) friedliche(n) Vaterlandes« mit »zügellosen Schaaren«, die Besetzung, Plünderung und Brandschatzung rheinischer Städte durch die Armee der »Neufranken«, schließlich die Schandtaten des »Pariser Pöbels«.[3] Vor allem die »kannibalische(n) Grausamkeiten« des Septemberaufstandes 1792 werden ausführlich, um nicht zu sagen: genüßlich, ausgebreitet:

»Ströme von Blut flossen durch die Straßen von Paris, Männer wie Weiber wateten darin, mit den Piken und Mordmessern in der Hand, und riefen in wildem Jubel die Vorübergehenden zu dem Mordschauspiel herbei. Der Prinzeßin Lamball haben deine Bundesbrüder Brüste und Schamtheile ausgeschnitten. (...) Auf dem Dauphinsplatz zündeten deine Bundesbrüder ein groses Feuer an, zogen daselbst die Gräfin Perignan nebst ihren beiden Töchtern nackend aus, bestrichen den ganzen Körper mit Oel, um sie dann langsam zum Aschenhaufen zu Braten. (...) Der Ermordeten Fleisch haben deine Bundesbrüder in Pasteten gebacken - patés a la viande de Suisses; a la viande des émigrans, a la viande des prêtres verkauften rund um das Palais Royal die Pastetenbäcker - Vier Marseiller verzehrten bei dem berühmten Traiteur Bouvilliers im Palais Royal eine solche Pastete und riefen dabei aus - Hoch lebe die Nation! Ein andrer rühmte sich, daß er das Herz der Prinzeßin Lamballe zum Mittagsmahle und die Schamtheile zur Abendmahlzeit gefressen habe«.[4]

Mit solchen Schilderungen, die der gegenrevolutionären Greuelpropaganda in Deutschland

---

1 Roderich a. a. O. S. 337 ff.
2 Roderich a. a. O. S. 340 f. (Anm.)
3 Ebd.
4 Roderich a. a. O. S. 384 ff.

zu verdanken sind (der Autor nennt, auf den ersten Blick verwirrend, Archenholtzens
»Minerva« als eine seiner Quellen[1]), macht der »aristokratische« Vetter seinem Epitheton
alle Ehre; die mehrdeutige satirische Stoßrichtung des Romans kommt hier besonders
deutlich zur Geltung. Dazu fügt sich, daß der Autor den »Vetter« aus der wütenden
Empörung, in die er sich, die Schreckensbilder rhapsodisch häufend, hat steigern dürfen,
alsbald zur Besonnenheit zurückkommen und einlenken läßt:

> »Doch ich will nicht ungerecht sein - nicht deinen Bundesbrüdern, nicht der Nation darf ich diese Schandthaten
> aufbürden (...), - der niedrigste Pöbel, die abscheulichste Hefe des Volkes hat alle diese Greuel verübt - aber
> was beweist das anders, als daß eine Staatsverfassung, die so etwas nicht verhindern und nicht strafen kann
> nur von Wahnwizzigen auf Beifall und Annahme rechnen darf (...)«.[2]

Die politische Schlußfolgerung lautet darum:

> »Wir sind keine Phantasten, wie ihr seid - wir sind nicht gedrükt, wie ihr gedrükt waret - wir haben eine
> Staatsverfassung, die wenn sie auch nicht jedem Individuum behagt, doch sicher besser ist, als eure
> Gegenwärtige«.[3]

Mit dieser Auffassung repräsentiert der »aristokratische Vetter« in Wirklichkeit die Haltung
vieler liberaler Beobachter der Revolution in Deutschland seit den Jahren 1792/93.

Der Kontrast des doppelten Textes - der Briefe und des Kommentars - mindert sich übrigens
merklich, als auch die erzählte Zeit Roderichs zu den Pariser Terreurs im Herbst 1792
fortschreitet, vor allem aber, als die französischen Armeen über den Rhein dringen. Der
Held gerät nun in profunde Zweifel über sein Ideal und nähert sich so der Skepsis des
Kommentators. Dennoch geht er nicht von der Fahne, sondern hält, in Erinnerung seiner
deutschen Leidensgeschichte, an dem »Phantom« der Freiheit fest - wie er es zuletzt selbst
nennt.[4] Schließlich fällt er als tapferer Soldat der Armee Custines während des Rückzugs
von Frankfurt im Dezember 1792.

Der Erzähler(-»Vetter«) setzt ihm ein überraschend pietätvolles Epitaph:

> »Man nenne ihn Schwärmer (...), aber man lasse auch seinem Herzen Gerechtigkeit wiederfahren. nie hat
> er unedel gehandelt; nur war er bei seinen Handlungen nicht immer vorsichtig genug. (...) Hätte er kriechen
> und schmeicheln können - sicher hätte er keine unbedeutende Rolle unter seinen Mitbürgern gespielt. Er
> gieng aber immer gerade aus, und zwar nach seiner eignen nicht eben alltäglichen Manier (...). Was er
> einmal für Recht erkannte - behauptete und vertheidigte er mit Eigensinn. Daher kam es, daß er so ungern
> sein Ideal von Freiheit aufgab, und als ihn so mancher Umstand nöthigte, seine grose Ideen von
> Frankreichs Staatsverfassung herabzustimmen - er dennoch auf die Möglichkeit, sein Gedankenbild von

---

1   Roderich a. a. O. S. 387. Verwiesen wird auf einen Bericht in: Minerva. Ein Journal historischen und politischen
     Inhalts. Hg. von Johann Wilhelm von Archenhol(t)z. Band 4. Oktober 1792. S. 49 (in der 2. Abteilung des
     zweifach paginierten Monatsbandes). Es handelt sich dabei um einen Abschnitt aus Konrad Engelbert Oelsners
     (gezeichnet: C.E.O.) 13. Brief (vom 14.9.1792) der »Historische(n) Briefe über die neuesten Begebenheiten
     in Frankreich«. Oelsner referiert einen Augenzeugen des Umzugs mit der Leiche der Prinzessin Lamballe,
     während dessen sich ein Anführer gerühmt habe, das Herz der Prinzessin gefressen und ihre Schamteile für
     das Abendessen aufbewahrt zu haben. Oelsner bezweifelt den Sachverhalt nicht, weist jedoch darauf hin, daß
     dieser Greuelauftritt von den politisch Offiziellen mit Zorn quittiert worden sei. In Textors Aufnahme der
     Szene sind, wie man sieht, solche Differenzierungen entfallen. Zudem läßt sich aus Textors Quellenhinweis
     nicht entnehmen, daß er nur diese Einzelszene der »Minerva« verdankt, während die übrigen kannibalischen
     Exzesse seiner Schilderung dort keineswegs mitgeteilt werden. Textor (respektive der »aristokratische« Vetter
     des Romans) fingiert also durch den unscharfen Verweis auf die zeitgenössisch angesehene »Minerva« die
     Authentizität seines Höllengemäldes.
2   Roderich a. a. O. S. 387.
3   Roderich a. a. O. S. 384.
4   Roderich a. a. O. S. 389.

Independent-seinrealisirtzusehn, nie ganz Verzicht that. Schlaf wohl Roderich! dein Andenken lebt in meinem Herzen fort (...)«.[1]

Wir sehen, daß es dem Verfasser nicht darum zu tun ist, den »Demokraten Roderich« und seinen Revolutionsenthusiasmus schlichtweg zu diffamieren. Die Fabel zeigt vielmehr, wie ein Charakter aufrechter Art, verletzt durch die politischen und sozialen Unzuträglichkeiten in Deutschland, zu einem Parteigänger der französischen Revolution und revolutionärer Gewalt werden konnte. Der Roman ist darum eine Mahnschrift mit vorsichtig liberaler Substanz: es gilt, so lautet seine Moral, den verkalkten und korrupten deutschen Zuständen beizeiten zu steuern, um nicht dem Geist der Revolution bei den besten Gemütern Eingang zu verschaffen.

IV

In deutlich andere Richtung weist die Satire des dritten Werkes, das hier besprochen werden soll. Sein Titel lautet, in gattungsüblich komischem Barock: »Ulrich Höllriegel. Kurzweilige und lehrreiche Geschichte eines Wirtembergischen Magisters. Zum Nutz und Frommen seiner Landsleute, und aller politischen Orthodoxen und Heterodoxen, in und auser seinem Vaterlande. Herausgegeben von Athanasius Wurmsamen, Famulus in dem theologischen Stifte zu Tübingen«.[2] Der Roman wurde 1802 veröffentlicht; Verfasser ist der damals anonym verbliebene schwäbische Schriftsteller und Pfarrer Johann Gottfried Pahl. Pahl genoß zu diesem Zeitpunkt bereits eine mehr als lokale Berühmtheit als satirischer Fechter gegen die württembergische Adelswirtschaft und den klerikalen Obskurantismus.[3]

Anders als der Verfasser des »Roderich« ironisiert Pahl seinen Titelhelden als unverbesserlichen Don Quichote eines revolutionären Traumreichs. Ulrich Höllriegel ist der Sproß eines querköpfig sektiererischen »Ludi-Magisters«, der ganz unlutherisch daran zweifelt, daß die Obrigkeit von Gott sei.[4] Dieser Geist der Unruhe prägt sich dem Sohn frühzeitig ein. Als er das Theologiestudium zu Tübingen aufnimmt, ist die Revolution jenseits des Rheins eben »in ihrem glänzendsten Laufe«.[5] In Höllriegels Kopf vermischen sich Brocken theologischer Heilgeschichte, Ideen Rousseaus und Argumente aus der revolutionären Flugschriftenliteratur zu einem »neuen Evangelium«:

> »Was in Frankreich geschah, dünkte ihm, ohne Ausnahme, einzig und göttlich. Aller Werth und Unwerth der Menschen vereinigte sich in seinem Gesichtspunkte unter die beyden Prädikate, Aristokrat und Demokrat. Jeder Fürst war ihm ein Tyrann, jeder Edelmann ein Volksquäler, und jeder Beamte seines Vaterlandes ein Despotenknecht. Die Unterwerfung unter den Willen eines Einzigen schien ihm die tiefste Herabwürdigung der Menschenwürde, und das Streben zu den höhern Regionen der demokratischen Freiheit, die Bestimmung unsers Geschlechts. Die deutsche Nation hielt er für einen Haufen feiger Sklaven, und die französische für das Salz der Erde. Die Idee von dem tausendjährigen Reiche gieng in seinem Kopfe in die Vorstellung einer allgemeinen Weltrevolution über, und die Begriffe von Wiedergeburt und Durchbruch der Gnade wandte er auf die Entstehung revolutionärer Gesinnungen und Entschließungen an. Er schrieb zu verschiedenenmahlen an seinen Vater nach Beilstein: Die Zukunft des Reichs Gottes sey nahe. Bald werde der Herr seine Tenne fegen, und den Waizen in seine Scheure sammeln, aber die Spreu werde er verbrennen mit ewigem Feuer!«[6]

---

1 Roderich a. a. O. S. 414.
2 Waldangelloch und Leipzig (= Nördlingen) 1802. - 226 S. (Exemplar in der Landesbibliothek Stuttgart). - Neudruck Frankfurt am Main 1989 - Zitate i. d. F. nach der Originalausgabe.
3 Vgl. etwa Scheel a. a. O. Bes. S. 312 ff. - Vgl. auch die beiden Aufsätze über Pahl in: Dieter Narr: Studien zur Spätaufklärung im deutschen Südwesten. Stuttgart 1979. S. 317-355.
4 Höllriegel a. a. O. S. 10 ff.
5 Höllriegel a. a. O. S. 28.
6 Höllriegel a. a. O. S. 30 f.

Gemeinsam mit seinem Freund Hohlkopf, einem Magister des Stifts, predigt Höllriegel diese Frohbotschaft auch unter den Tübinger Studenten, und zwar mit großem Beifall, denn »die studirende Jugend (...) war damals allgemein von dem Revolutionsfieber angesteckt«.[1] Bald führen die Freunde die Ehrennamen »Anacharsis Cloots« und »Mirabeau der zweyte«. Als sie zum Zeitpunkt der »Rheincampagne Custines« einen »patriotischen Klubb, oder eine Verbrüderung der Freyheits- und Gleichheitsfreunde unter den Tübingischen Musensöhnen« gründen, erhalten sie regen Zulauf.[2] Der Geheimbund wird freilich verraten, Hohlkopf als Rädelsführer gefangen gesetzt und schließlich des Landes verwiesen. Er wählt Frankreich, das Land seiner Hoffnungen, zum Exil.

An dieser Stelle ist darauf zu weisen, daß die Tübinger Episode der Romanfiguren Höllriegel und Hohlkopf bei aller poetischen Verformung als früheste literarische Quelle der Umtriebe unter den Tübinger Studenten zur Zeit Hegels, Hölderlins und Schellings in Betracht kommt. Den Sachverhalt und seine Bedeutung für die bisher umstrittene Frage, welche Qualität der Revolutionsbegeisterung im Tübinger Stift in den Jahren 1792/93 beizumessen ist, habe ich andernorts ausführlich dargelegt.[3] Hier sei nur festgehalten, daß Pahl zum Zeitpunkt der Entstehung des Romans mit einigen ehemaligen Stiftlern in enger Verbindung stand, wobei besonders seine Freundschaft mit dem einstigen Vertrauten Hölderlins, Rudolf Magenau, aufmerken läßt.[4]

Doch zurück zum Fortgang des Romans: Höllriegel, seines Kommilitonen beraubt, hält nun nichts mehr an der Universität. Nach einem erfolglosen Versuch als informator domesticus - die Schüler sind wenig angetan von Höllriegels Nacherzählungen der Debatten in der französischen Nationalversammlung[5] -, nach einer mißlungenen Liebesaffäre und nach dem Tode des Vaters, entweicht auch Ulrich nach Straßburg. Dort macht er erste ernüchternde Erfahrungen mit dem wenig »philantropischen Sinn« im ansässigen Jakobinerklub.[6] Schließlich findet er auch Hohlkopf wieder, todkrank, abgerissen und gründlich enttäuscht: das »gelobte Land« hat sich »Mirabeau dem zweyten« von seiner schlimmsten Seite gezeigt; zuletzt blieb ihm nur der Eintritt in die Sansculottenarmee. Ihre Feldzüge ließen ihn endgültig am revolutionären Ideal, wie er es aus der Ferne erträumt hatte, verzweifeln. Resigniert bekennt er:

> »Freund, (...) wir haben uns schrecklich getäuscht. Ich kam in dieses Land, um für die große Sache der Menschheit, der Aufklärung und Freyheit zu wirken; aber ich fand überall gerade das Gegentheil von dem, was ich suchte. Eigennutz, Habsucht, Partheygeist, Herrsucht und die höchste Grausamkeit, um seine Entwürfe durchzuführen, und auf der andern Seite Unterdrückung, Elend, Hunger, Furcht und Thränen, - das ist das Gemälde des jetzigen Frankreichs. (...) Ich wollte Freyheit, und fand die höchste Tyranney; ich wollte Vernunft, und ich kam unter Barbaren; ich wollte Gerechtigkeit, und ich fand die Unschuld nirgends sicher vor Raub, Mord und Entehrung«.[7]

Hohlkopf rät Ulrich, schleunigst ins schwäbische Vaterland zurückzukehren und dort von

---

1 Höllriegel a. a. O. S. 32.
2 Höllriegel a. a. O. S. 34 ff.
3 Magister Ulrich Höllriegel und die Französische Revolution. Ein Roman als Quelle der politischen Umtriebe im Tübinger Stift in den Jahren 1792/93. In: Roman und Revolution. Neue Bremer Beiträge. Bd. 6. Hg. von Hans-Wolf Jäger und Harro Zimmermann. Heidelberg 1989. S. 106-153.
4 Vgl. Ebd. sowie: Johannes Weber: Neue Funde aus dem Umkreis des jungen Hölderlin. In: Spätaufklärung. Notizen zur neueren Forschung. Nr. 3. Bremen 1986. S. 5 f.
5 Höllriegel a. a. O. S. 52.
6 Höllriegel a. a. O. S. 88.
7 Höllriegel a. a. O. S. 93 f.

der Zeit »die Heilung erträglicher Uebel«[1] zu erwarten. Im Frankreich dieser Tage sei kein Deutscher vor dem Mißtrauen der Jakobiner sicher, jeder setze sich der Gefahr aus, verfolgt zu werden, zumal, wenn er begütert scheine. Ulrich mag den Worten des Freundes keinen rechten Glauben schenken; im Überschwang revolutionärer Begeisterung und im Vertrauen auf sein ehrliches Gesicht schlägt er die Warnungen Hohlkopfs in den Wind. Das rächt sich sogleich: Durch ein naives, allzu enthusiastisches Wort fällt er einem Spion der Pariser Regierung auf, wird als deutscher Emissär verdächtigt und ins Gefängnis geworfen. Mit knapper Not kann er das nackte Leben retten und über die Schweiz zurück in die Heimat fliehen. Die folgenden Jahre führt er eine unstete Existenz. Er scheitert als Hofmeister und Pfarrvikar, da er sich nach wie vor als hymnischer Lobredner der französischen Sache gebärdet. Als er seinem aus der französischen Armee desertierten Freund wiederbegegnet, erweist sich, daß dieser nunmehr vollständig auf einen konservativen politischen Standpunkt zurückgekommen ist. »Die Natur« habe, so doziert der Renegat aus böser Erfahrung, »durch ein unabänderliches Gesetz, den größten Theil der Menschen zur Knechtschaft, und den kleinern zur Herrschaft bestimmt«:

> »Es ist gleichgültig, ob die Herrscher Könige oder Senatoren, und die beherrschten Bürger oder Unterthanen sind. Der Zweck der erstern ist überall Gewalt und Bereicherung, und das Schicksal der letztern Unterdrückung und Aussaugung. Revolutionen sind Kämpfe, wo eine Tyranney mit der andern ringt, die höchstens eine Veränderung der Rollen hervorbringen. Gemeiniglich wird das Volk dadurch aufgeopfert, und ihr Resultat macht sein Loos nie erträglicher. Deßhalb ist es lächerlich, an die Träume der politischen Philosophen zu glauben, und noch lächerlicher mit ihnen zu träumen. Sie sollen die ewigen Gesetze der Natur aufheben, und die Leidenschaften der Menschen zähmen, - dann will ich Freyheit und Gerechtigkeit hoffen. Aber so lange sie das nicht können, wird es in der bürgerlichen Gesellschaft immer bleiben, wie es von jeher war, die Unterdrückung wird höchstens in abwechslenden Formen erscheinen, und der Weise wird sein Nachdenken und seine Thätigkeit nie an einem Gegenstande verschwenden, der schlechterdings und ewig unabänderlich ist«.[2]

Bei Höllriegel stößt, trotz eigener widriger Erfahrungen, die resignative Bitternis seines Freundes auf Unwillen und Empörung:

> »Wehe dir! Deine Erfahrungen haben dich aus einem philosophischen Menschenfreunde zu einem misanthropischen Schwärmer gemacht. Nein! - und dreymal nein! Die Menschheit ist nicht zur Knechtschaft bestimmt. Unsere ganze Natur deutet darauf hin, daß es mit uns besser werden soll, und ich begreife nicht, wozu uns der Schöpfer die Vernunft gegeben haben könnte, wenn es unmöglich wäre, das, was sie gut heißt und fordert, zu realisiren. Der Erfahrungsweg taugt überall nichts. Er zeigt uns nur das, was existirt, nicht aber das, was existiren sollte, und verengt das Herz«.[3]

Höllriegel folgt konsequent weiterhin seinem Vernunftglauben und der Stimme seines Herzens. Er tritt als Korrektor in eine Nachdruckoffizin und versucht sich als radikaler oppositioneller Schriftsteller: Für Württemberg empfiehlt er eine Umgestaltung nach dem Vorbild des französischen Republikanismus, erregt damit beträchtlichen Skandal und muß erneut sein »Felleisen« packen. Der weitere Abstieg des nunmehr in Schwaben »peregrinierenden Autors« ist unaufhaltsam. Zuletzt streift er als »Dorffiedler« durch den württembergischen Kreis, fortwährend und unbeirrt lauthals über die knechtische heimische Verfassung bramarbasierend. Von seinen Landsleuten wird er tüchtig zerbläut, marodierende Soldaten der grande nation berauben ihn schließlich seiner letzten Heller. Als Dea ex machina rettet ihn seine einstige Geliebte, mittlerweile eine reiche Witwe, in den Hafen

---

1 Höllriegel a. a. O. S. 94.
2 Höllriegel a. a. O. S. 132 f.
3 Höllriegel a. a. O. S. 133.

der Ehe. Sorgenfrei und ländlich lebt nun das Paar, bestellt seinen Hof und Garten. Jetzt erst ist der Politik abgeschworen.

Nach alledem mag es so scheinen, als handle es sich bei dem »Magister Höllriegel« bloß um einen etwas weniger grobschlächtigen »Magister Schnabelkopf«, als sei es also das Anliegen des Verfassers, zum Schutz der alten Ordnung den Idealismus eines deutschen Anhängers der Revolution in Bausch und Bogen ad absurdum zu führen. Dieser Eindruck trügt: der Schöpfer des »Höllriegel« war, wie schon erwähnt, alles andere als ein Parteigänger des ancien régime.

Johann Gottfried Pahl hegte, nach autobiographischem Bekenntnis, in den ersten Jahren der französischen Umwälzung die Überzeugung, es sei die Bestimmung Frankreichs, »das große Werk der Weltverbesserung zu beginnen«.[1] Nur durch seine vielköpfig nachwachsende Familie ließ er sich 1792 daran hindern, nach Mainz zu gehen, um sich »in den Ruhm und in das Verdienst der Wiedergeburt des teutschen Vaterlandes zu theilen«.[2] Seit dieser Zeit attackierte er in einer Reihe polemisch-satirischer Schriften beharrlich die adelige Privilegienwirtschaft in der württembergischen Staatsverwaltung und das geistliche Obskurantenunwesen.[3] Wenngleich ihn die Jakobinerherrschaft und die französischen Feldzüge in Schwaben gründlich ernüchterten und auf die Position eines württembergisch gesinnten Liberalen zurückbrachten, so blieb er doch innenpolitisch seiner entschieden oppositionellen Haltung treu. Im Jahre 1800, als sich die Lage in Württemberg zuspitzte und massive Maßnahmen gegen regierungsfeindliche Umtriebe eingeleitet wurden, geriet darum auch Pahl in den Verdacht, an der »großen, die Revolutionierung von Schwaben beabsichtigenden Verschwörung« beteiligt zu sein.[4] Die österreichische Geheimpolizei setzte ihn auf die schwarze Liste der Gelehrten und Schriftsteller, die als Sympathisanten der französischen Sache in Untersuchung gezogen werden sollten. Allein durch die französische Besetzung Schwabens im Frühsommer 1800 blieb Pahl davor bewahrt, »einer etwaigen militärischen Verhaftung durch die Flucht zuvorzukommen«.[5]

Die »Geschichte des Magisters Höllriegel« trägt den Erfahrungen des praktischen Politikers Pahl Rechnung. Gelegentlich klingen selbstironische Reminiszenzen an, so etwa in der Romanepisode, in der der Held, wie sonst sein Autor, als politischer Pamphletist auftritt.[6] Vor allem aber sucht Pahl seine Einsicht zu demonstrieren, daß die Konservierung

---

1 Johann Gottfried Pahl: Denkwürdigkeiten aus meinem Leben und aus meiner Zeit. Nach dem Tode des Verfassers hg. von dessen Sohne Wilhelm Pahl. Tübingen 1840. S. 102.

2 Ebd.

3 Pahl a. a. O. S. 11 ff. - Pahls kritisch-satirische Produktion setzte ein mit dem Titel: Die Philosophen aus dem Uranus. (Nach dem Literaturverzeichnis in der Autobiographie, S. 812, mit dem Untertitel und den Veröffentlichungsdaten: Blicke auf den politischen, litterarischen und moralischen Zustand von Teutschland, Constantinopel (= Oehringen) 1793; nach dem mir vorliegenden Exemplar der Universitäts- und Stadtbibliothek Köln: Freymüthige Bemerkungen über den politischen, moralischen und literarischen Zustand von Deutschland, Konstantinopel 1796). Es folgten, lt. Verzeichnis der Autobiographie, S. 812 f., vier Pamphlete gegen den württembergischen Adel sowie: Leben und Thaten des ehrwürdigen Paters Simpertus; oder Geschichte der Verfinsterung des Fürstenthums Strahlenberg. Zur Lehre und Warnung für Obskuranten und Aufklärer geschrieben, von dem Bruder Thomas, Pförtner an dem Jesuiter-Collegium zu Strahlenberg, Madrit (= Heilbronn), gedruckt auf Kosten der heil. Inquisition, 1799.

4 Pahl a. a. O. S. 126. - Gemeint sind die Bestrebungen zur Gründung einer süddeutschen bzw. schwäbischen Republik; vgl. Scheel a. a. O. S. 452-499.

5 Pahl a. a. O. S. 130. - Die Verhaftung und die Einkerkerung der »schwäbischen Verschwörer« um Christian Friedrich Baz auf dem Hohenasperg erfolgte im Januar und Februar 1800. Vgl. Scheel a. a. O. S. 528.

6 Höllriegel a. a. O. S. 169 ff.

»revolutionaire(r) Träume« unter Mißachtung der realen geschichtlichen Entwicklung »niemand fromme(n), und dem Träumer oft sein Daseyn (...) elend mache(n)«.[1] Nicht ohne melancholischen Beiton verabschiedet der Autor den inkorrigiblen Revolutionshymniker Höllriegel als realitätsblinden Querkopf, der »fliegen wollte ohne Flügel«:

> »(...) indem er (Höllriegel, J.W.) die Sonne nach seiner Hausuhr stellen, und seine Träume zu allgemeinen Regeln für die Menschheit erheben wollte, ward er unstät und flüchtig, und bald als ein Narr verachtet, bald als ein Ketzer verlacht, und bald als ein Aufrührer verfolgt. Wir sind hierinn alle ähnlich; nur macht das plus und minus den Unterschied. Darum wollen wir uns der Bescheidenheit befleißigen, (...) wollen es auf der Dornenbahn nie vergessen, daß sie ewig dornicht bleibt, wenn wir uns nicht die Mühe nehmen, klüglich und emsiglich die Dornen vor auszujäten. Der Gang geht zwar bey diesem Geschäfte langsamer, aber was hilft es, wenn wir im Galoppe hineilen, die Füsse verwunden, und dann auf der Mitte des Wegs, ferne vom Ziele, niederstürzen und verschmachten«.[2]

Indem Pahl den subjektiven Wunschtraum, es werde alles »von Grund aus anders«[3], mit dem Gewicht der historisch-politischen Realität belastet, begibt er sich auf den schmalen Grat eines Pragmatismus, der stets Gefahr läuft, ins allzu Kompromißlerische, ja ins Opportunistische abzugleiten. In seiner eigenen politischen Laufbahn gelang es Pahl zeitlebens, in der Nähe der gegebenen Machtverhältnisse praktisch zu lavieren, ohne von seinen aufgeklärten und bürgerlich-liberalen Grundsätzen abzuweichen.[4] Dieser Balance-akt forderte freilich ein Maß an Moderation, das den Zielpunkt der politischen »Dornenbahn« in die Bläue ferner Zukunft rückte.

Damit ist jedoch Pahls Kritik des voluntaristischen Radikalismus, wie er in der Epoche der französischen Umwälzung hervortrat, keineswegs entkräftet. Bereits zu Beginn des Romans, in der Schilderung der Jugendgeschichte des Helden, hebt der Autor hervor, daß die radikale Schwärmerei Höllriegels nicht ohne das Vorbild seines Vaters begriffen werden könne. Dessen obrigkeitsfeindliche Lehre wiederum sei auf »mystische« und »apokalyptische« Prämissen gegründet gewesen. Sie hätten insgeheim auch den Sohn geprägt: selbst als »später jede Spuhr seiner (Ulrichs, J.W.) pietistischen Erziehung erloschen war«, sei ihm »doch noch immer dieser Zug eines - christlichen Revolutionairs« als wesentliches Merkmal verblieben.[5]

Es macht die besondere Qualität seines Romans aus, daß Pahl mit dieser Charakterisierung eine sozialhistorisch vorhandene und folgenreiche Mentalität trifft, die vor allem bei jugendlichen deutschen Revolutionsenthusiasten verbreitet war: die Verwechslung der Revolution mit einem heilsgeschichtlichen Ereignis. Man hing der apokalyptischen, ursprünglich christlich-religiösen Vorstellung an, die Revolution werde binnen kurzem und ohne mühsames politisches Tun in eine universelle und harmonische Erneuerung der Menschheit münden. Vor dem Gang der Realgeschichte zerstob diese phantastische Erwartung alsbald, nicht aber das heilsgeschichtliche Denken, das ihr zugrunde lag. Man wich darum in nicht minder zauberische Experimente und Hoffnungen aus: in die Poetisierung der Politik, schließlich ins Schwadronieren von einer erst noch bevorstehenden »wahren«,

---

1 Höllriegel a. a. O. S. 226.
2 Höllriegel a. a. O. S. 179 f.
3 Friedrich Hölderlin: Hyperion. Bd. 1. In: Hölderlin: Sämtliche Werke. Bd. 11. Hg. von Michael Knaupp und D.E. Sattler. Frankfurt am Main 1982. S. 690, Zeile 449.
4 Zu Pahls selbständiger Position in seinem schriftstellerischen Wirken und in seiner praktisch-politischen Tätigkeit als Abgeordneter im Württembergischen Landtag vgl. Eugen Schmidt: Johann Gottfried Pahl (1768-1839). In: Zeitschrift für württ. Landesgeschichte. N.F. 1. Jg. Stuttgart 1937. S. 218 ff.
5 Höllriegel a. a. O. S. 27.

später »deutschen« Revolution. Als sich erwies, daß auch auf solchen Wegen der Wirklichkeit nicht beizukommen war, retteten sich viele einstige Revolutionsschwärmer zuletzt in die »unpolitische« Resignation oder gar ins politische Renegatentum.[1]

Angesichts dieses geschichtlichen Sachverhalts ist »Ulrich Höllriegel« in der Tat ein beachtenswertes Exempel »zum Nutz und Frommen (...) aller politischen Orthodoxen und Heterodoxen«. Der Roman beschreibt erstaunlich zeitig, nämlich noch in der Ära der Revolution selbst, aus deutscher Sicht das Phänomen der »revolutionären Ungeduld« - eine Erscheinung, die erst in dem Augenblicke auftreten konnte, in dem die geschichtlich völlig neue Erfahrung gegeben war, daß grundlegende politische Umwälzungen möglich seien. Mehr noch: »Höllriegel« demonstriert in bedenkenswerter Weise, daß »revolutionäre Ungeduld« ins Leere führt, wenn sie nicht auf strikt weltliche Motive gegründet ist und bei der Realisierung ihrer Ziele allein darauf baut, daß aufrechte Gesinnung und moralisches Wollen zureichend seien, die Schwerkraft der schlechten Wirklichkeit zu überwinden.[2]

---

1 Ein repräsentatives Beispiel bietet der Avantgardist der deutschen Romantik, Friedrich Schlegel. Vgl. etwa Paul Michael Lützeler (Hg.): Europa. Analysen und Visionen der Romantiker. Frankfurt am Main 1982. S. 36 f.

2 Ein publizistischer Sachwalter des bundesdeutschen Neokonservatismus, Michael Stürmer, hat unlängst die Tradition des »Revolutionstourismus« entdeckt. (Blaue Blumen, rote Nelken. Politische Traumreisen. In: Frankfurter Allgemeine Zeitung. 9.November 1985. S. 29 f.) Seine Ausführungen demonstrieren ein politisches Denken, das bereits vor 190 Jahren vom Verfasser des »Höllriegel« durch eine differenziertere Betrachtungsweise überholt war. Stürmer schreibt: »Paris zog im Ancien régime die kulturelle Pilgerschaft auf sich und seit 1789 die ideologische, die so enden mußte wie alle revolutionäre Wallfahrt: in zorniger Enttäuschung. Das Paradies auf Erden hatte fortan seinen Ort gefunden, und doch konnte es sich von Paris 1789 über Warschau, Turin und Frankfurt bis hin nach Petersburg und Moskau schwerelos durch die Lüfte bewegen, und seitdem nach Spanien, Jugoslawien, Kuba und Nicaragua. Die Geographie der Romantik braucht keinen Kompaß und keine Uhr, sie braucht nur die Unruhe des Glaubens, dem kein Gott mehr heilig ist. Der Name des ortlosen Paradieses ist Utopie.« Die »romantische Geographie« entstehe, so Stürmer, aus der »Säkularisierung des Paradieses« im Zeitalter der Aufklärung und sei das »Produkt sozialer Unruhe, tiefen Generationenkonflikts, eines zum Pessimismus treibenden kulturellen 'ennui', eines intellektuellen Legitimitätszweifels und einer utopischen Heilserwartung«. Es entspricht der Interessenrichtung des konservativen Ideologen, daß er die Ursachen säkularisiert-utopischer Ideen und Modelle auf derlei subjektive Motive reduziert und diese im gleichen Atemzuge diffamiert. Damit entfällt nämlich die lästige Auseinandersetzung mit der Möglichkeit, daß es objektive Gründe in der sozialen und politischen Realität sein könnten, die die Vorstellung von einer grundlegend anderen Ordnung historisch notwendig und moralisch unabdingbar machen. Die unbestreitbare Tatsache, daß die Hoffnungen auf eine humane Einrichtung der Welt seit Ende des 18. Jahrhunderts immer wieder in chiliastische (genetisch und strukturell: christlich-religiöse) Heilserwartungen überschießen und in dieser Gestalt gewöhnlich enttäuscht werden, dient Stürmer als einziges, rundum schlagendes Argument: mit dem Phänomen des überspannten und schließlich glücklosen »Revolutionstourismus« wird zugleich das fundierende Bedürfnis nach Abschaffung eines bedrückenden Gesellschaftszustandes der Lächerlichkeit preisgegeben: »Heute ist es Nicaragua und morgen vielleicht ein anderes Land: vielleicht die DDR, vielleicht Mitteleuropa mit blauen Flüssen und grünen Wiesen unter lachendem Himmel. Die unerlösten Paradiese wechseln, und nur solange sie unerlöst sind, sind sie schön. (...) Was real existiert, wie der Sozialismus an der Macht, verleidet sie eher. China geht andere Wege. Über Vietnam herrscht nur noch betretenes Schweigen. Und Nicaragua wird es ähnlich ergehen. Die romantische Geographie der Seele lädt nicht ein zum Verweilen. Wie eine Fata Morgana hebt sich das Paradies hinweg, sobald sich der durstige Wanderer nähert. Der Durst aber wird ihm bleiben.« Mit frommem Bedauern stellt Stürmer fest, daß es nicht die Erben Hobbes' seien, »die von Arkadien schwärmen«: »Es sind die Kinder von Rousseau und Marx, die mit der Seele ihre neuen Paradiese suchen, jenseits der Wirklichkeit.« - Warum aber ärgert sich der Realist Stürmer, da doch das Gesetz des Hobbes die Welt regiert, so sehr über diese weltfremden Schwärmer, daß er sie öffentlich als Narren abtun muß? Ist er sich seines eigenen »Realismus« vielleicht doch nicht ganz so sicher? - Jeder aktive Verteidiger des Status quo, so auch Stürmer, weiß ohne Zweifel, warum er tätig ist: weil sein Realitätsprinzip in Wirklichkeit ein höchst labiles ist. Marx hat natürlich, was Stürmer taktisch

V

Ungeachtet der verschiedenen politischen und literarisch-satirischen Qualität der besprochenen Romane scheint noch die Frage offen zu sein, wie sich diese fingierten Reisen in die Revolution generell zu den geschichtlichen Vorwürfen verhalten: zu den Meinungen und Schicksalen deutscher Revolutionsenthusiasten also, die wirklich solche Reisen unternommen haben. Das zu fragen liegt umso näher, als es noch nicht einmal gewiß oder, im Falle Pahls, zu verneinen ist, daß die Autoren selbst jemals französischen Boden betreten haben. Es ist darum davon auszugehen, daß sich ihr Bild des revolutionären Frankreich aus sekundären Quellen, aus sogenannten »authentischen« Erlebnis- und Reiseberichten speist. Es wäre gewiß auch nicht ganz aussichtslos, in dem einen oder anderen Fall den Nachweis bestimmter Abhängigkeiten zu führen; Textor etwa hat sicherlich Campes »Briefe aus Paris« gekannt, Pahl darüberhinaus nachweislich die Memoiren Bronners[1], wohl auch die autobiographischen Schilderungen Laukhards.

Jedoch ist es, so meine ich, letzten Endes nur von akademisch-philologischem Interesse, solchen Verbindungen nachzugehen. Weder entspringt das vorhandene breite politische Spektrum »wirklicher« Reiseberichte einer einheitlichen »unmittelbaren« Erfahrung der Revolution - dieses Spektrum gäbe es sonst nicht -, noch, und erst recht nicht, ist der Horizont eines Dritten maßgeblich durch die oder jene Beschreibung geprägt. In dem einen wie in dem anderen Fall sind es die vorausliegenden Erfahrungen und die praktische Lebenswirklichkeit, die die Sichtweisen und Meinungen bestimmen. Wenn schon für Reisende, die über die Meere fahren, der alte Satz gilt, daß sie zwar die Gestirne wechseln, nicht aber ihr Gemüt und ihren Sinn, so trifft auf die Daheimgebliebenen desto mehr zu, daß sie Fremdes und fremdes Erleben bloß als formbares Material aufnehmen, um damit ihre vorgefaßten Meinungen und ihre weltanschaulichen Standpunkte zu befestigen. In dieser Hinsicht also kommt dem Genre, das hier vorgestellt wurde, historischer Quellenwert zu. Zur Beantwortung der Frage, wie das Phänomen des geschichtlich tatsächlichen Revolutionstourismus zu bewerten ist, bedarf es dagegen vielerlei biographischer Quellen und dokumentarischer Daten, die selbst durch eine noch so feinsinnige Interpretation der romanhaften Verarbeitungen des Gegenstandes nicht substituiert werden können.

---

ignoriert, Hobbes schon längst gelesen - die »Linke«, die einstweilen noch vielfach in den Spuren (vor-)bürgerlicher schwärmerischer Utopien wandeln mag, könnte sich darauf eines Tages besinnen und aus dem Schatten heilsgeschichtlicher Phantasmagorien ins Feld weltlich-strategischen politischen Handelns treten. Dann stünde Realität gegen Realität.

1 Vgl. Höllriegel a. a. O. S. 77.

Gert Sautermeister

Spannweite der Gegensätze, Nähe der Extreme. Zur Unverjährtheit eines Unbekannten.

Jens Baggesen: »Das Labyrinth oder Reise durch Deutschland in die Schweiz 1789«.

Für Leif Ludwig Albertsen

Meine Damen und Herren,[1]
kennen Sie Baggesen, Jens Baggesen, den dänischen Schriftsteller und Verfasser einer »Reise durch Deutschland in die Schweiz 1789«, die den Obertitel »Das Labyrinth« trägt?[2] Wußten Sie, daß dieser Baggesen einfallsreich an Scherzen ist wie kaum jemand zu dieser Zeit im deutschen Sprachraum und wie nach ihm vielleicht nur Heine? Und daß diese Scherze den Tiefsinn nicht etwa fliehen, sondern ihn in anmutiger Gestalt festhalten, so etwa, wenn der Däne auf seiner Reise Klopstock besucht und den Verfasser mit einer Reseda vergleicht? Klopstock und eine Reseda! Eine Spur zu willkürlich, möchte man vermuten. Indes, so erläutert Baggesen:

> »Wie der Duft jener Blume, so rein, ätherisch, unschuldig, sanft und still-feierlich ist der Geist seiner Gesänge; wie ihre Blüten und Blätter, so einfach, unscheinbar und bescheiden ist sein Äußeres. Das Ganze ist apollinische Majestät, eingehüllt in kindliche Vertraulichkeit. (S. 66 f.)«

Verstrickt sich Baggesen unversehens in eine Lobrede? Mitnichten! Scharfäugiger Kobold und bel esprit, der er ist, fährt er im Blick auf Klopstock also fort:

> »Der häufige Gebrauch von Rauch- und Schnupftabak gibt seiner rein physischen Erscheinung mehr Ähnlichkeit mit einer verdorrten als mit einer frischen *Reseda*. Sein Lächeln ist unbeschreiblich freundlich, doch obwohl sich eine nicht unbedeutende Menge ironischer Schelmerei hineinmischt, ist es doch eher das Lächeln einer Jungfrau als das eines Mannes. Sein Lachen ist das Lächeln des letzteren.« (S. 69)

Die ironische Schelmerei Klopstocks - sie ist viel mehr noch eine Eigentümlichkeit Baggesens. Den »größten Dichter seines Zeitalters«, wie er bewundernd sagt, mit einer Mischung aus Verehrung und solcher Schelmerei zu zeichnen, setzt ein freies, ein aufgeklärtes Verhältnis zu Autoritäten voraus. Es bildet einen lebhaften Kontrast zu der unterwürfigen Schmeichelrede, womit ein anderer bürgerlicher Reisender dem Landgrafen von Kassel huldigt (S. 220). Baggesen zitiert die zeremonielle Rede fast kommentarlos, im Kontext seiner eigenen Personenskizzen stellt sie sich von selbst bloß. Daß der junge Däne - er ist erst 26 Jahre alt - bedeutenden und einflußreichen Personen mit Respekt und Witz, mit Selbstbescheidung und Selbstbewußtsein, mit Hingabe und freier Urteilskraft zu begegnen vermag, erscheint wie der verheißungsvolle Anfang einer urbanen Kultur, die bei uns kaum Wurzeln geschlagen hat. Die Tradition höfisch-servilen Verhaltens dauert

---

1 Die ursprüngliche Form dieses Beitrags - ein Vortrag - wurde beibehalten.
2 Das Werk, seit längerer Zeit erstmals wieder in deutscher Sprache greifbar, erschien 1985 bei Gustav Kiepenheuer (Leipzig und Weimar); es wurde von Gisela Perlet in ein ausnehmend lesbares Deutsch übertragen sowie mit Anmerkungen und einem informativen Nachwort versehen. - Der Stand der Forschung gestattete einen weitgehenden Verzicht auf Fußnoten.

hierzulande an und zeitigt gelegentlich, etwa in akademischen Kreisen, Redeformen, die Baggesen mit dem trefflichen Ausdruck »gelehrter Kastraten-Diskant« bedenkt (S. 223).

Revolutionsphantasien

Was nun das »Kind« und die »Jungfrau« in Klopstock anbetrifft, so mögen derlei Kennzeichnungen wie Narreteien anmuten. Doch Baggesen verleiht ihnen, wie es einem tiefsinnigen Schalk geziemt, unerwartet einen überpersönlichen Sinn. Klopstock, so sagt er, »scheint sich zur Anführung einer spielenden Kinderschar am Weihnachtsabend nicht weniger zu eignen als für die Rolle an der Spitze von Frankreichs Freiheitshelden« (S. 66). Wie? Die Französische Revolution ist eben, fast zeitgleich mit dem Antritt der Reise Baggesens, angebrochen - und da soll Klopstock, als Anführer einer Kinderschar wie geschaffen, plötzlich für eine politische Führer-Rolle tauglich sein? Nun, in der Realität wohl kaum, dafür auf den Flügeln seiner Einbildungskraft. »Indessen fällt mir auf«, schreibt Baggesen, »daß die meisten Pro-Revolutionisten *Jünglinge* sind, die meisten Kontra-Revolutionisten dagegen Greise«, und er fügt hinzu:

> »denn selbst die Jungen, die sich kontra erklären, haben ein gewisses *altmodisches Aussehen*, und die alten, die sich pro erklären, gehören zu den ewigen Jünglingen (...) Der Alte glaubt, daß alles (mit ihm) ständig abwärtsgeht - der Junge sieht die ganze Welt (mit sich) im Steigen. (S. 311)«

So hat sich der greise Revolutionsenthusiast Klopstock Baggesens Bezeichnung »ewiger Jüngling« redlich verdient. Das »Jungfräuliche« an diesem Jüngling ist seine politische Arglosigkeit, die da wähnt, die Revolution sei rein und göttlich wie die unbefleckte Empfängnis Mariä. Baggesens schelmische Verehrung findet dafür eine rhetorisch funkelnde Gleichnissprache:

> »Gegenwärtig ist die Revolution in Frankreich die zweite Messiade seiner Seele. Und hat die erste seinen Geist zum Himmel des Himmels erhoben, so hebt ihn die jetzige mit nicht minder feurigem Gespann zum Himmel der Erde empor, zu der nicht nur allen Musen und Engeln, sondern allen Prosaisten und Menschen heiligen Freiheit. Kaum erwähnt man Gallien, so verklärt sich sein Gesicht bei dem bloßen Laut, als strahlte es die Morgenröte der Freiheit wider. Die Zeitungen sind ihm interessanter als Thukydides, Plutarch und Tacitus geworden - sein Alter ist munterer geworden als seine Jugend. - Die erwachende Freiheit hat ihn zu einem neuen Leben erweckt - und gesünder, als er lange Zeit gewesen ist, scheint er, selbst ein sinkender Stern, am Abend seines Lebens stehenzubleiben, um ganz die Herrlichkeit dieses Sonnenaufgangs zu betrachten.« (S. 68)

Just diese jünglingshaft-jungfräuliche Einbildungskraft, welche die politische Revolution zum »Himmel der Erde« macht, teilt Klopstock mit zahllosen Angehörigen der kulturbürgerlichen Jugend Deutschlands. Wie der verehrte Altmeister der Ode erleben sie das Ereignis Frankreich als eine »Messiade« ihrer Seele, so, als wäre das jenseitige Heilsversprechen der Religion hic et nunc diesseitige Realität geworden. Die kindlich-heroische Illusion Klopstocks ist sozusagen die Signatur eines jugendbewegten Zeitgeists, und Baggesens so wunderlich anmutendes Individualporträt hat sich unversehens erweitert zum Bild einer Epoche.

In einer Reseda und einem jungfräulichen Lächeln den Geist eines Mannes und eines Zeitalters einzufangen, das sinnliche Detail zum hervorstechenden Zug eines Gesamtbilds zu erheben: dieses ästhetische Verfahren haben vor Baggesen wohl nur wenige Reiseschriftsteller so virtuos und ausgiebig erprobt. Es nimmt das allegorisierende Arrangement der Reisebilder eines Heine, eines Börne vorweg, die personale oder regionale Einzelphänomene behende zur Physiognomie des gesellschaftlichen Lebens verallgemeinern. Selbst dort, wo Baggesen es beim Individualporträt beläßt, bei Voss oder Friedrich Ludwig Schröder oder Gerstenberg, macht er allgemeine Vorurteile durchsichtig und taut gefrorene Gemeinplätze auf. Mit seinen zahlreichen Skizzen zeitgenössischer Poeten, Schauspieler und Gelehrten erweist er sich als meisterhafter Stratege der Aufklärung: er fesselt die Neugier eines auf private Enthüllungen versessenen Lesepublikums, um sie zu schulen, zu bilden, zu vergeistigen. Die Personenbilder Baggesens wirken wie fein ziselierte Einlege-arbeiten im Panorama seiner Städte- und Naturansichten und bilden im rhythmischen Wechsel mit ihnen die *ästhetische Komposition seiner Reisedarstellung.*

Um jedoch auf die kindlich-heroische Illusion über die Französische Revolution zurück-zukommen: Baggesen selbst wirkt an ihr kräftig mit, zumindest eine gewisse Zeit lang. Auf der Arminiusburg im Teutoburger Wald übermannt ihn die politische Begeisterung doppelt: des genius loci wegen, des deutschen Freiheitshelden Hermann des Cheruskers und um der Französischen Revolution willen. Im quasi-religiösen Pathos der Zeitgenossen phantasiert er die Niederkunft des Reiches Gottes auf Erden herbei. *Auf*klärung wird zur *Ver*klärung, kritische Rede zum raunenden Psalm:

> »Ich sah im Gedenken an Hermann die Geburt der Freiheit Europas und verfolgte mit freudetrunkenem Blick ihre Sonnenwanderung gen Westen. (...) Jetzt brach sie in Frankreichs Reichstag, der Europa bestürzte, mit doppeltem Glanz hervor. (S. 180)
>
> Beeil dich, o Sonne! mit deinem Kommen, welches die Morgenröte verkündet! Bald strahle der helle Tag der Humanität über dem geliebten Europa! Welche Wollust, den Bruder seinen Bruder umarmen zu sehen! Doch welche Seligkeit, zu sehen, wie sich Nationen umarmen! Dann wird Wahrheit der einzige Gedanke, Liebe das einzige Gefühl, Menschlichkeit die einzige Handlung sein! (S. 179)«

Das unbewältigte religiöse Erbe! Welches Unheil hat es nicht angerichtet unter denen, die das Heil auf dieser Erde hereinbrechen sahen. Als es ausblieb, als die politische Realität sich der verhimmelnden Phantasie nicht fügte, wurde sie flugs zur Hölle erklärt. Vergötte-rung und Verteufelung waren und sind die miteinander vertauschbaren Extreme der das Unbedingte begehrenden Phantasie. Sie trieb die jüngeren Romantiker ebenso um wie den ewig jungen Klopstock. Er, der die Revolution als paradiesische Verjüngungskur empfun-den hatte, dämonisierte sie nun. In einer Ode von 1792 verglich er den Jakobinerklub mit einer teuflischen, durch ganz Frankreich sich windenden Riesenschlange. Von ihr - und das heißt von der Politik - durfte man sich getrost abwenden und erneut aufbrechen zu den alten Ufern der Kunst, der Natur, der Philosophie.

Realitätsgewichte

Anders der junge Baggesen! In seinen religiös gestimmten Revolutionsenthusiasmus mischt sich früh der Gärstoff einer wachen Realitätsvergewisserung. Zum 14. Juli 1789 notiert er: »Die entsetzliche Anarchie, dieses dunkle, wilde, höllische Labyrinth, durch welches der Weg von der Tyrannei zur *Nomarchie* verläuft, hat begonnen« (S. 242). Dies ist keine Absage an die Revolution, sondern die schaudernde Ahnung, daß sie nicht auf den Heilsweg ins Paradies hinaufstürmen kann, sondern das Labyrinth der Klassenkämpfe durchirren muß. Daher auch Baggesens ironische Gegenüberstellung der Pro-Revolutio-nisten und Kontra-Revolutionisten. Ihre moralische Unbedingtheit im Für und Wider ist das Zeugnis naiven Spekulierens. Demgegenüber beharrt Baggesen auf der politischen Dynamik der Revolution, besonders auf dem verschlungenen Konflikt zwischen einer alten, noch lebenskräftigen und einer neuen, noch unfertigen Gesellschaftsordnung. Am

Ende seiner Reise scheint ihm der Alp der feudalen Tradition übermächtig auf der Revolution zu lasten:

> »Ich für mein Teil hatte auch angefangen, von dieser gallischen Erschütterung mehr zu fürchten als zu hoffen. Mir waren Zweifel gekommen, ob das von so vielen aufeinander folgenden Neronen, Tiberien, Claudien und geistig Verschnittenen aller Art vielleicht in Grund und Boden verdorbene Paris zur Wiege der Freiheit geeignet wäre. (S. 380)«

Damit stuft Baggesen seine quasi-religiösen Hoffnungen zu Beginn der Revolution zur Illusion herab. Doch ist das für ihn kein Grund, die Illusion etwa nachträglich aus seinem Reisebericht zu verbannen. Er beläßt sie vielmehr in vollem Umfang darin - und das hat seinen guten Sinn. Mochte das heilsgeschichtliche Versprechen, das mancher Deutsche in die Revolution hineingeheimnißt hat, ihn der Politik eher entfremden als verbinden, so wußte Baggesen daraus Mut zu schöpfen, dies jedoch nur aus gehöriger geographischer Distanz. Nichts erstaunt den Leser mehr an seiner Wanderung, als daß er den revolutionären Sirenentönen aus dem fernen Frankreich zwar Gehör schenkt, keineswegs jedoch seine Schritte danach lenkt. Unbeirrbar folgt er seiner Bahn, die ihn vom Norden in den Südwesten Deutschlands führt, von Kiel über Hamburg nach Kassel, Frankfurt und Mannheim in elsässisches Gebiet. Und was für ungastliche Stationen, was für unmenschlichen Teilstrecken enthält nicht diese Bahn, wahrhaft zur Flucht, nicht zum Verweilen nötigend! Da ist das »Standbild in Riesengröße«, das sich der »hochselige« Landgraf Friedrich II. zu Lebzeiten auf dem Schloßplatz in Kassel hat errichten lassen, und über das Baggesen sagt,

> »daß diese Figur von allen, die ich auf dem Platz entdeckte, die einzige war, die einigermaßen aufrecht stand; alle lebendigen, die ich antraf, gingen so krumm und so sehr gebeugt, daß man den Eindruck hatte, als hätte sich das steinerne Standbild auf ihren Rücken erhoben.« (S. 219)

Jenes schon erwähnte Verfahren Baggesens, ein Einzelphänomen schlaglichtartig in eine Physiognomie des gesellschaftlichen Lebens zu verwandeln - hier ist es erneut federführend geworden, mit jener abschließenden Pointe, die ins Herz des Despotismus trifft: abermals eine Vorwegnahme des ironisch-allegorisierenden Stils Heines und seiner sozialkritischen Pointierungen. In den Dörfern hinter Kassel verschlägt es Baggesen dann die satirisch pointierende Sprache angesichts der »Armut« und des »Elends« der Bauern (S. 226). Den Höhepunkt, vielmehr Tiefpunkt sozialen Grauens erreicht er in der Frankfurter Judengasse, wo »eine Sammlung von einigen tausend zerlumpten Männern, einigen tausend halbnackten Frauen und einigen tausend vollkommen nackten Kindern zusammengedrängt und zusammengepfercht« haust (S. 254). Der Däne setzt sich dem »grabesdunklen« Weg in eine der Wohnungen bis hin zum Dachboden aus, um das gespenstische Kleidermagazin eines jüdischen Trödlers zu besichtigen. »Hatte Mut dazugehört, die Gasse zu betreten«, schreibt er, »so gehörte Kühnheit dazu, sich diese Treppen hinaufzuwagen« (S. 257). Hier erweist Baggesen dem Titel seines Reisebuches auf schaurige Weise Reverenz. Und mehr als das: er durchwandert das *Labyrinth der Verelendung*, um es anschließend in die soziale Landschaft Europas einzuordnen; die Landschaft des christlichen Spätabsolutismus, der mit der permanenten Verstoßung der Juden aus den nationalen Gesellschaftsordnungen seine Inhumanität beispielhaft bloßstellt.

Die Frankfurter Judengasse diesseits - und die Französische Revolution jenseits des Rheins! Schwerlich läßt sich ein Spannungsfeld mit schärferen Gegensätzen denken. Mit Gegensätzen, die durch die Person Baggesens wenigstens umrißhaft vermittelt sind. Die von der Französischen Revolution ausgelöste heilsgeschichtliche Utopie ist zwar eine Illusion, aber im Schein der Illusion zeichnen sich die Konturen sozialer Verelendung schärfer als zuvor ab. Und die revolutionäre Freiheit ist gewiß zur »Morgenröte« idyllisiert, doch fällt von dort Licht auf das »Grabesdunkel« des asozialen Labyrinths. Mag der Despotismus dies Labyrinth auch verewigen wollen, so ermöglichen die Vorgänge in Frankreich gleichwohl die Idee einer Veränderbarkeit. Die versteinerten Verhältnisse erzittern zwar noch nicht, doch müssen sie nicht länger als unabänderlich gelten. Mir scheint, daß in Baggesen diese *Dialektik einer bedrückenden Nähe und einer hoffnungs-erregenden Ferne* beispielhaft konzentriert ist. Die Aufmerksamkeit ist auf das Bestehende gerichtet; von seiner Schwerkraft fast bezwungen, erwehrt er sich seiner durch die Gegen-kraft des Veränderungswillens.

Spätabsolutistische Geometrie

Dafür ein anderes, ebenfalls aktuelles Beispiel. Kennen Sie die Stadt Mannheim? Was Baggesen an ihr wahrnimmt, trifft - cum grano salis - noch heute auf sie zu, hören Sie selbst:

> »Freilich sind die Straßen ganz nach der Schnur angelegt, (...) die Häuser stehen ordentlich in Reih und Glied und man hat so viel Mühe, wie man sich wünschen kann, um ein Stadtviertel vom andern zu unterscheiden. Aber gerade Linien und rechte Winkel allein reichen kaum aus, um den Geschmack zu befriedigen.« (S. 313)

In dieser todlangweiligen Stadt nun blitzt es und wetterleuchtet es urplötzlich von den Vergleichen, Gleichnissen und Bildern Baggesens. Sie entstammen seinem 'Witz', das Wort auch in seiner aufklärerischen Bedeutung verstanden als das Vermögen, überraschen-de Beziehungen zwischen scheinbar entfernten Gegenständen zu stiften. Kraft dieses Witzes bringt Baggesen zunächst die Architektur Mannheims mit der Dichtkunst, und zwar der reimenden, in Zusammenhang:

> »Schnurgerade Straßen und zusammenpassende Viertel in einer Stadt scheinen mir etwa dasselbe zu sein wie abgemessene Zeilen und Reime in einem Buch. (...) Eine Stadt in *gebundenem Stil* (...) bringt sich in Positur, räuspert sich und fängt an zu deklamieren - wehe ihr, wenn sie nicht alle Forderungen *in arte poetica* erfüllt!« (S. 313)

Einen Augenblick lang hält Baggesen inne und fragt sich, ob er diesen gewagten Vergleich fortspinnen darf, ermutigt sich dann jedoch dazu, indem er sich auf seine Subjektivität beruft, die so ganz anders sei als Mannheim und eine bestimmte reimende Dichtkunst. Er wolle es, sagt er,

> »bei dieser günstigen Gelegenheit doch nicht unterlassen, meiner labyrinthischen Kreuz-und-quer-Natur zufolge ein wenig von ihrem geraden Weg abzuschweifen und mich in dieser interessanten Materie zu ergehen. Mein Gehirn ist nun einmal nicht wie Mannheim angelegt, meine Gedanken sind - leider! - keine stehenden Truppen. Meine Ansichten sind nicht gereimt, und in meinem Herzen stehen die Gefühle ungezäunt, unbeschnitten, ungebunden wie die Bäume in einem Wald und wie die Blumen auf dem Feld. Ich gehe, wie ich kann, und bewege mich durch mein Labyrinth mehr stolpernd als stolzierend. Also, aus meinem Weg! Und zu meiner Sache!« (S. 315)

Sie sehen, wie Baggesen sein labyrinthisches Ich expressis verbis als Widersacher der Mannheimer Architektur ins Spiel bringt - als Widersacher natürlich auch jener »*Versma-cherei*«, von der er boshaft sagt: »Sollte man Versmaß und Reim für mehr als Gängelwagen und Gängelbänder der eigentlichen Poesie ansehen?« (S. 318). Und die Beziehung der Stadt zur höfisch strengen, durch Regeln angeleiteten Dichtkunst ist es nicht allein, an der

364

Baggesen Anstoß nimmt. Er entdeckt das fatale Verhältnis der Architektur zur menschlichen Natur insgesamt, was er in einer Fülle unerwarteter Antithesen und Paradoxa umschreibt. Nein, nicht umschreibt - hier wird ein *rhetorisches Feuerwerk* sondergleichen entzündet:

>Ich weiß nicht, ob zu meiner Abscheu gegen ihre geraden Linien, Quadrate und Würfel insgeheim auch das beiträgt, daß nichts in der menschlichen Gestalt rechtwinklig oder viereckig ist. Man befürchtet, die Bewohner einer solchen Stadt müßten sich jeden Augenblick stoßen. Merkwürdigerweise hat der Geschmack noch keine viereckigen *Trinkgläser* eingeführt. Ich glaube auch nicht, daß man daraus etwas anderes als Apothekertropfen und höchstens Branntwein trinken könnte - Wein und Quellwasser unmöglich. Eis dagegen kann ich mir in viereckigen Gläsern recht gut vorstellen, und das geht so weit, daß mir Wasser, wenn ich es mitten im Sommer in einer viereckigen Flasche (es gibt leider dergleichen!) sehe, gefroren erscheint. Auch friere ich irgendwie in Mannheim, ich erstarre. Ich könnte hier unmöglich mit einer gewissen Geschwindigkeit laufen. Ich fühle im Inneren, daß ich mich hier unmöglich verlieben könnte, zumindest nicht auf der Straße, wie es doch in einigermaßen krummen Städten möglich ist. Alle Wärme, jede Bewegung, alle Liebe ist rund oder wenigstens oval, spiralförmig oder auf irgendeine Weise hügelig. Nur das Kalte, das Unbewegliche, das Gleichgültige und selbst das Haßerfüllte ist schnurgerade und eckig. Stünden die Menschen zum Beispiel in runden Kreisen statt in Kolonnen und Reih und Glied im Felde, dann würden sie sich nicht schlagen, sondern tanzen. Daher beruht auch die ganze Taktik auf Winkeln. Wann hat man je eine eckige Flamme gesehen, wenn ich den tötenden Blitzstrahl ausnehme, der doch wohl nur so erscheint? Einen schnurgeraden Bach? Eine steife Umarmung? Wie lieblich schlängelt sich die Flamme! Wie herrlich wellt und windet sich der rinnende Fluß! Und wie biegsam, wie umarmend, wie rund ist alles in der Gruppe *Amor und Psyche*! Das Geradeste am Menschen sind die kalten, unbeweglichen, beißenden Zähne - und doch hat die schöne Natur dafür gesorgt, daß sie in einem Halbkreis stehen. Das Leben ist rund, und der Tod ist eckig. Wir kommen rund gekrümmt zur Welt und gehen eckig und steif davon. Die neuesten Wiegen sind oval - eine schöne Erfindung!, denn das wachsende Leben bewegt sich darin; unsre Särge dagegen sind viereckig. Eine Stadt im Geschmack von Mannheim eignet sich für *Tote* - oder höchstens für *jene, die töten*. Ihre Gebäude sollten Mausoleen oder Baracken sein. Im ersten Fall müßte sich eine solche *Totenstadt* unter der Erde befinden, im letzten müßte eine solche *Mörderstadt* ganz davon verschwinden.« (S. 321 f.)

Mannheim - eine Stadt in Diensten des Todes! Man sollte meinen, hier habe Baggesen den Gipfelpunkt seiner Anklage erreicht. Doch nein - ein neuer rhetorischer Gipfel wird erklommen, von dem aus die Beziehung zwischen der Architektur und dem politisch-sozialen Leben ins Blickfeld gerät. Man sei gezwungen, schreibt er, sich die Insassen der Stadt »als Sklaven vorzustellen«:

>Eine Straße ist wie die andere, ein Viertel ist wie das andere, und alle Häuser sind gleich. Wie sollte es möglich sein, *vollständige Menschen* - je vollständiger, um so freier, und je freier, um so vollständiger, und je freier und vollständiger, um so verschiedenartiger - nur in diesem einen Punkt unter eine gleiche Bezeichnung, in eine Form, gewissermaßen *unter einen Hut* zu bringen? Um der Annehmlichkeit willen? Aber zusammengepfercht und zurechtgestutzt zu werden ist alles andere als angenehm. Um der Schönheit willen? Aber das ist nicht schön, zumindest ist diese Schönheit nicht zu begreifen, weder von innen noch von außen noch von oben. Also wohl um der Bequemlichkeit und des Nutzens willen? Aber kann etwas unbequemer und unnützer sein, als durch gerade Straßen zu gehen, in geraden Häusern zu wohnen und Mühe zu haben, das eine vom andern zu unterscheiden? Ließen sich Bequemlichkeit und Nutzen nicht weit besser durch mehr als durch weniger Mittel erreichen? Das ist Zwang! Ohne Zwang können Menschen in gerader Reihe weder gehen, stehen, sitzen, liegen noch wohnen! Irgend etwas muß ihnen Gewalt antun, damit sie in gerader Reihe liegen, ob es in Kriegsheeren, in Krankenhäusern (wo sie aufgereiht liegen) oder in Städten ist. Es ist die Frage, ob sie, ohne Gewalt, überhaupt *wohnen*, geschweige denn so gebunden wohnen wollen! Die Natur sagt nein! Und die Vernunft sagt nein! Nur das, was zwischen beiden ist, sagt gehorsam ja. Es gibt nur einen einzigen Hut, unter dem Menschen natürlich und vernünftig vereint werden können: das allgemeine *Gesetz*, das in ihre Herzen mit größeren oder kleineren, deutlicheren oder undeutlicheren Buchstaben eingeschrieben ist. Das aber ist im eigentlichen Sinn *der Hut der Freiheit*! Der ist rund! Jeder andere ist zu klein und drückt, wenn er den Kopf nicht gar zerdrückt! Jeder andere ist dreieckig mit viereckigem Hutkopf.

Die Ideen von vierundzwanzigtausend Menschen haben sich bis ins zweite, dritte, vierte, fünfte Glied und so weiter nach der Idee eines einzigen richten müssen. Diese Vorstellung ist unerträglich. Man sieht die Befehle des Despotismus in *Lapidarstil*. Man sieht ansässige Bürger im Haus und Hof als Buchsbäume, Soldaten, Kegel und dergleichen Dinge behandelt - und ärgert sich, falls man die geringste Hochachtung vor dem Bilde Gottes besitzt. Zur vollkommenen äußeren, ins Auge fallenden Sklaverei fehlt Mannheim nichts weiter als eine - *Nationaltracht*.« (S. 322 f.)

So fängt Baggesen in einer Einzelheit, der architektonischen Anlage einer Stadt, sämtliche bedeutenden Lebensverhältnisse der Menschen ein. Seine Vorstellungskraft erhebt dies eine Phänomen zur Allegorie der spätabsolutistischen Epoche. Es ist die Vorstellungskraft eines labyrinthischen Ichs, eines labyrinthisch-widerspenstigen Ichs, das seismographisch das steinerne Herz der Epoche aufspürt. Nur indem Baggesen sein eigenwilliges Selbst in Szene setzt, entdeckt er am äußeren Objekt die in ihm verborgenen Zeitverhältnisse. Die äußerste Subjektivität wird zur Entdeckerin der in Steinen aufgespeicherten sozialen Unnatur.

Unnatur und Unvernunft der Architektur sind seither ja keineswegs aus den Städtebildern verbannt worden. Sie erinnern sich gewiß an Mitscherlichs Traktat über die »Unwirtlichkeit unserer Städte« - und Sie haben vermutlich das Mannheim Baggesens auch anderswo erlebt - im fernen Nordamerika etwa, in Städten wie New York, Chicago, Houston oder Los Angeles...

Poetik der Subjektivität

»Ich fühle«, bekennt Baggesen in Mannheim, »daß mein Gemüt in der kurzen Zeit, in der ich mich hier aufgehalten habe, schon angefangen hat, wider seine in sich rundende Natur, ziemlich eckig zu werden. Auf solche Art erstarrt das Wasser in ein paar kalten Winternächten zu Eis« (S. 323). Ähnlich hatte die Frankfurter Judengasse seine »Laune nach und nach zur tiefsten Melancholie gestimmt« (S. 259) - und man wird wohl sagen dürfen, daß hier das Subjekt, wie gut drei Jahrzehnte später in Heines Reisebildern, zum Resonanzboden der objektiven Situation der Zeit geworden ist. Auf diese Zeitsituation muß Baggesen seiner eigenen Lebensumstände wegen besonders feinfühlig reagieren - die Melancholie ist gleichsam die Mitgift, womit Kindheit und Jugend seinen Lebensweg ausgestattet haben. So schreibt er,

> »daß ich gleichsam mit der Muttermilch eine unmäßige *Reizbarkeit* und *Empfindlichkeit* einsaugte, daß das *Elend der Armut* während meiner ersten zwei Dezennien diese traurige Eigenschaft nährte; daß übertriebenes Wachen und Studieren, unnatürliche Anstrengung und eine halb zigeunerische Lebensart sie erhöht; (...) daß meine nachherige Existenz, ohne Plan, ohne Richtpunkt, bald hier, bald dort auf der Erde, mit einer schwärmerisch, bis zur verzehrenden Leidenschaft geliebten, allmählich hinsterbenden Gattin - und eine fortdauernde Krankheit, die für sich allein hinreicht, das Dasein eines Menschen zu vergiften - nicht geschickt war, mein zerworfenes Selbst ins Gleichgewicht zu bringen; (...) daran zweifelt wohl niemand, der mich jahrelang gekannt ...« (S. 383).[1]

Das »zerworfene Selbst« - es ist auch der Grund für Baggesens »Reise durch Deutschland in die Schweiz«. Wieder einmal an einem Tiefpunkt des Lebens angelangt, preisgegeben einem »durch fünfundzwanzigjähriges Leiden zur Verzweiflung angewachsenen Kummer« (S. 16), faßt er nach einer schlaflosen Nacht den Entschluß zu verreisen. Der Entschluß zeitigt ein Hochgefühl, wie es namentlich dem Melancholiker, der sein Leidensgefängnis mit einem Schlag durchbricht, beschieden ist:

> »Unbeschreibliches Entzücken durchströmte in dunklen Ahnungen mein Herz. Alle meine Sinne schienen sich

---

1 Zitat nach Gisela Perlet (»Nachwort«).

in der Empfindung einer neuen Natur zu schärfen - meine Phantasie gab allem Leben, das ich um mich her fand, einen neuen Schwung - (...). Welch eine Veränderung! Vermag die bloße Vorstellung der Reise nach Pyrmont ein solches Wunderwerk zu vollbringen, was mag dann die Reise selbst, was mag der Brunnen von Pyrmont bewirken!« (S. 15 f.)

Immer wieder mißt der Melancholiker dem Reisen eine therapeutische Kraft bei (vgl. S. 111, S. 350). Es gewinnt die emphatische Bedeutung einer Selbstheilung auf dem dunklen Grund der Krankheit, der Langeweile, der Verlassenheit, der Selbst- und Weltverzweiflung: so erscheint es als *eines der magischen Glücksversprechen des modernen Individuums.* Dieses Individuum gewinnt in der Person Baggesens fast idealtypische Konturen, insofern er die beiden äußersten Pole eines »zerworfenen Selbst« demonstrativ zur Geltung bringt: Melancholie und Euphorie. Demonstrativ - das heißt: mit ungemilderter Direktheit. »Gestern habe ich verzweifelt über meinen Zustand gelacht, und heute lache ich nun über meine Verzweiflung« (S. 190). Ein programmatisches Selbstbekenntnis, das mit der aufklärerischen und klassischen Vorstellung eines harmonischen Ausgleichs der Seelenkräfte bricht. Baggesen durchmißt fast mutwillig die Spannweite der Gegensätze:

>»Ehrlich gesagt, ich bin wirklich ein Freund von Extremen, zumindest weiß ich mich besser in ein ganzes als in ein halbes fatales Schicksal zu fügen. Mein Gemüt ist elastisch, seine Widerstandskraft wächst im Verhältnis zum Schlag, von dem es getroffen, oder der Bürde, von der es niedergedrückt wird« (S. 189).

Mit seinem beinah experimentellen Verhältnis zum Extremen sprengt Baggesen die aufklärerisch-klassische Konzeption eines mit sich selbst identischen Ichs, das auf Versöhnung der Gegensätze, auf Vermittlung und Mittlertum, Gleichgewicht und Ausgleich angelegt ist. Er nimmt Heines »Zerrissenheit« vorweg - mitsamt der Neigung des Späteren zur unbeschönigten Selbstanalyse und Selbstdarstellung. *Das Subjekt wird in Baggesens Reisebuch zum Formgesetz der Darstellung.* Es ist Kristallisationspunkt der rasch wechselnden Eindrücke. In ihm konvergieren die weit auseinanderliegenden Städte, in ihm spiegeln sich die verschiedenartigsten Personen und Gegenden. Baggesen fängt bei seinen Fahrten durch neue Landschaften das Echo seiner Seele auf, im Spiegel seiner jeweiligen Geistes- und Körperverfassung reflektiert er seine Ansichten deutscher Stadtbilder und deutscher Kulturträger. Das könnte eine narzißtische Subjektivität vermuten lassen, in Wahrheit handelt es sich um ein sich selber bewußtes Ich mit einem strengen Wahrheitswillen und dem Willen zu rückhaltloser Offenheit:

>»Ich sollte selbst wissen, wie häufig mein Urteil über dies und jenes von meiner Unerfahrenheit, meiner Krankheit, meiner Stimmung, meinem beschränkten Verstand, meinem Mangel an den erforderlichen Kenntnissen und meinen eigenen Vorurteilen bestimmt wurde - und sollte ich das vorsätzlich oder versehentlich dem Leser verbergen?« (S. 9)

>»Du mußt dich bemühen, sagte ich, den Leser so gut wie möglich in dich und deine Verfassung hineinzuversetzen und ihn auf diese Weise genau denselben Weg zu führen, den du gekommen bist, und ihm dieselben Gegenstände zu zeigen, ganz von derselben Seite, von der du sie betrachtet hast - so daß sein Geist am Ende deiner Reise diese gewissermaßen nicht so sehr gelesen als - selbst unternommen hat. Du mußt dich selbst vollkommen preisgeben, wenn *dein Genuß* der *seine* werden soll, und darfst ihn nicht mit einem *fremden,* erfundenen betrügen, dem die wichtigste Eigenschaft fehlt, die allein ihm einen Wert verleihen kann und ohne die er schädlich wie jede Verirrung wäre - die *Wahrheit.*« (S. 7)

Welch einprägsames Beispiel für eine zugleich *leidenschaftliche und vernunftgeleitete Subjektivität!* Was heutzutage wortreich als »Authentizität« beschworen wird, steht in einer frühen Phase der Spätaufklärung schon voll in Blüte. Man darf nachgerade die These wagen, daß Baggesen eine Poetik der Subjektivität für die literarische Gattung der Reise entwirft und praktisch umsetzt. »Ist die Reise«, so bemerkt er ironisch mit Blick auf die traditionellen, enzyklopädischen Reisewerke,

> »nicht nur zählend, sondern ausprobierend, nicht nur messend, sondern wägend, nicht nur absteckend, kopierend und silhouettierend, sondern malend, nicht nur *mathematisch* - sondern *dynamisch* -, dann hängt die Richtigkeit meines Urteils über die Objekte ganz von meiner Kenntnis des Glases ab, durch welches ich sie betrachte. (...) Malt er (der Verfasser) in keiner Weise sich selbst, hat er das erwähnte Glas gewissermaßen einfach entzweigeschlagen -, so gebe ich für alle seine Berichte keinen Heller.« (S. 8)

Soviel zur Subjektivität der Reise-Perspektive. Ihr gesellt Baggesen die Subjektivität der Fortbewegung zu: zu Fuß und labyrinthisch. Ersteres, das Reisen zu Fuß, sei in Deutschland ungebräuchlich, bemerkt der Däne mit der ihm eigenen pointenreichen Ironie:

> »Es wäre unbegreiflich, woher die meisten dieser Feder-Reisenden (bei denen man nicht gut entscheiden kann, ob sie zu Lande oder zu Wasser reisen, indem sich der eine Teil ihres Wesens auf dem Trockenen bewegt, während der andere unaufhörlich im Tintenfaß schwimmt) ihre Materialien bekommen, da all ihre Zeit mit Schreiben hingeht, da sie ihre *Reise durch Europa* ebensogut in einer Pyramide Afrikas geschrieben haben könnten.« (S. 185)

Wer hingegen zu Fuß reist, besitzt vielleicht die Mittel für die Postkutsche nicht - von der Extrapost zu schweigen - oder möchte der Umwelt nicht imponieren. Vielleicht möchte er sie jenseits der ständischen Schranken für sich einnehmen, durch die stumme Sprache seiner menschlichen Erscheinung, wozu Baggesen in republikanischen Aphorismen ausdrücklich rät:

> »Reise ohne Adressen und ohne Empfehlungsschreiben! Wem dein Menschengesicht nicht Adresse genug ist, der ist nicht für dich. - Wem du dich nicht selbst empfehlen kannst, für den bist du nicht.« (S. 186)

Der republikanische Wanderer allein kann die labyrinthischen Wege beschreiben, die seitab der ausgefahrenen Straßen liegen, die unbekannten und gelegentlich auch geringgeschätzten Wege wie die Judengasse in Frankfurt:

> »Vorliegende Reise ist wirklich ein Labyrinth - oder noch eigentlicher: ein Stück jenes Labyrinths, das von der Wiege bis zum Grabe zu durchwandern in mein Los gefallen ist. Seine regellosen, sich hierhin und dahin windenden und krümmenden Winkelgänge stellen zu den regelmäßigen, schnurgeraden, nach einem sogleich ins Auge fallenden Plan angelegten Straßen, wie man sie aus den eigentlich graphischen Werken gewöhnt ist, welche man unter der Bezeichnung »Reisen« besitzt, einen so großen Gegensatz dar - daß ich nicht wage, die meine in der Klasse dieser Glänzenden vorzustellen (...).« (S. 6)

Die objektiv durchmessene Reisestrecke als Sinnbild inwendiger Subjektivität, welche die herrschende Geschichte, die sich auf »regelmäßigen, schnurgeraden« Straßen zur Schau stellt, gleichsam gegen den Strich bürstet! Der labyrinthische Lebenslauf, der sich der verwinkelten Lebensbahn niederer Stände zugesellt! Das Ich, das sich offenhält, ins Unbekannte aufbrechen will, sich noch entdecken muß in entschiedener Kehrtwendung gegen die »nach einem sogleich ins Auge fallenden Plan angelegten Straßen« und gegen die Lebenswege, wie sie der Absolutismus bevorzugt: überschaubar und kalkulierbar, reglementierbar! Nicht, als ob Baggesen solcher Städte- und Menschenarchitektur nur den Rücken zukehrte: er wendet sich ihr vielmehr frontal zu, wie das Beispiel Mannheim zeigt, und frontal will sagen: mit dem nach außen gekehrten labyrinthischen Ich, vor dem die kahle Geometrie ihre Naturwidrigkeit und Menschenfeindlichkeit offenbart. So kehrt die radikale Subjektivierung erst den Sachgehalt der objektiven Welt hervor.

Durchseelte Touristik

Baggesens Subjektivität durchwirkt außer der bebauten Landschaft auch die unbebaute, wenngleich nur von Fall zu Fall. Die bebaute Landschaft der Städte pflegt den Blick der Einwohner nach ihrem Bild zu formen - die unbebaute Natur wird dem Bild gemäß angeschaut, das die Reisenden von ihr bereits besitzen. Im letzten Drittel des 18. Jahrhunderts wandert in dieses vorgegebene Bild mehr und mehr die »romantische« und »malerische« Komponente ein. Sie wird bei Naturliebhabern eins der auffälligsten Sehmuster, das sich im 19. Jahrhundert nachgerade zum optischen Klischee verfestigt. Und einer der herausragendsten Punkte dieses Sehmusters - im symbolischen wie im wörtlichen Sinne - ist der *Gipfel*: die höchste Erhebung in einer Landschaft wird am eifrigsten erschaut und zusehends auch erwandert und stellt schließlich im neuen Jahrhundert ein obligates Reiseziel dar. Als Baggesen sich 1789 von Kopenhagen nach Deutschland aufmacht, hatte das romantisch-malerische Sehmuster sich zu formieren begonnen und sich auch seiner Naturbetrachtung bemächtigt, ja, Baggesen demonstriert es gleichsam in Reinkultur, wie eine kleine Blütenlese seiner Reisedarstellung zeigen möge:

> »Wir verließen Hannover früh am Morgen und erreichten am späten Vormittag das schöne Springe. Die Gegend hier ist sehr romantisch. Die Hügel erhoben sich mehr und mehr, je näher wir dem Deister kamen. Liebliche Weiden, bewaldete Hänge, melancholische Haine, rieselnde Bäche und abwechslungsreiche Aussichten umgaben uns im warmen Kolorit des schönsten Sommertags. Alle fühlten wir in dieser mütterlichen Umarmung der Natur ein neues Leben (...).« (S. 142)

Ein locus amoenus? Ja, aber kein stabiler mit ruhenden Requisiten, sondern ein bewegter (mit wachsenden Hügeln und wechselnden Aussichten) und ein bewegender, der das Empfinden einer den Menschen umarmenden Natur erzeugt. Dieses dynamische Element ist ein wirkungsvolles Ingrediens des malerisch-romantischen Anblicks, der seinen Charakter einbüßt, sobald etwa die Berge - wie bei Pyrmont - »gleich nah und gleich geformt« sind, sobald demnach Naturwüchsigkeit gleichsam beschnitten scheint und an ein Kulturphänomen wie den französischen Klassizismus gemahnt:

> »Die vielen in Quadrate eingeteilten Alleen, das fürstliche Wichtelschloß, das obendrein befestigt ist, die zahlreichen viereckigen Einhegungen, das häßliche Salzwerk, ein paar gemeine Springbrunnen und einige klägliche Säulen machen das Romantische und sogar das Ländliche darin zunichte. Die Natur hat einer halben Kultur Platz machen müssen - wenn man genau hinsieht, einer Viertelkultur.« (S. 168)

Spürbar der anti-absolutistische Affekt, der - seinerseits ein Kulturphänomen - in die Anschauung des Romantischen hineinspielt: der Affekt gegen die Geometrie und Rationalität der Landschafts-Architektur des Absolutismus. Die sogenannte Natur ist immer auch Resultat einer kulturbezogenen Optik. Und damit - weil die Kultur ihren Einfluß auf die Psyche der Menschen nicht verfehlt - Resultat einer seelischen Voreinstellung:

> »Schon hinter Königsberg beginnt eine verlockende, romantische Landschaft, die sich in einem Labyrinth von stillen, ländlichen wechselnden Naturszenen gen Osten erstreckt und sich unmerklich in einer Gruppe von einander sanft umarmenden Hügeln erhebt, auf deren Gipfeln man durch weite Aussichten überrascht wird. Der im Süden gelegene Mühlenberg ist ebenfalls reich an malerischen Dingen.« (S. 169)

Baggesen, der Fürsprecher des Labyrinthischen, sieht die eigene Seelenlandschaft in der Natur wiederkehren und wohl auch die eigene Liebesbedürftigkeit, sonst würde er nicht abermals eine »Umarmung« der Natur nachempfinden oder in sie hineinempfinden. Diese Fühlungnahme der Psyche macht die Natur »romantisch« - im Bunde mit den wechselnden Ansichten ihrer Berge und den überraschenden Aussichten von den Bergesgipfeln. Die

Bewegung der Landschaft und der Seele korrespondieren aufs engste miteinander. Diese Dynamik hat ihr geographisches Korrelat im Kontrast zwischen Höhe und Tiefe, Gipfel und Tal, ein auch malerischer Kontrast:

> »Zu unseren Füßen durchfloß die Weser das lieblichste Tal zwischen verstreuten Dörfern bis zu dem Flecken Grohnde. (...) Jenseits des Flusses erhoben sich oberhalb von Grohnde Wälder über Wälder auf leicht dahinwogenden Höhen. Je näher wir ihrem einladenden Busen kamen, umso freudiger wurde unsere romantische Erwartung. Die Überfahrt mit einer Fähre, zwischen vorübergleitenden Gärten und Hainen war äußerst pittoresk und bezaubernd.« (S. 197)

Die romantische Erwartung angesichts des »einladenden Busens« der Natur: ist es noch ein Zufall, wenn Baggesen, »die Ruine des Bergschlosses jenes berühmten doppeltbeweibten Ritters von Gleichen« ersteigend (S. 214), malerisch-romantische Szenenwechsel und Kontrastbildungen mit erotischen Phantasien verknüpft? Es scheint eher, als handle es sich hier um eine fast gesetzmäßig wiederkehrende Konstellation von äußerer und innerer Landschaft:

> »Ich kletterte mit großer Verwegenheit über herabrollende Kalk- und Steingerölle zur höchsten Spitze der Ruine. Meine Mühe wurde reichlich belohnt. Was für ein malerischer Standpunkt! Welch eine weite und abwechslungsreiche Aussicht über tief darunter liegende Wiesen, Wälder, Dörfer inmitten der umkränzenden Berge, um deren bewaldete Gipfel die Wolken tanzten! (...) Überall in den abfallenden Hainen sah meine Phantasie den glücklichen Mann, wie er zwischen seinen beiden schönen Gemahlinnen die liebliche Natur bewunderte und genoß, hörte ihn seine abenteuerlichen Erlebnisse erzählen und - so weit ging meine phantastische Ausschweifung - begleitete den Glücklichen in die häusliche, eheliche Schlafkammer, wo er sich - zwischen beiden auf dem Rosenlager - von Engeln in Abrahams Schoß getragen fühlte.« (S. 215)

Der malerische Kontrast zwischen Höhe und Tiefe, abwechslungsreich und bewegt auch er, setzt die erotische Phantasie in Fahrt und weckt im Betrachter das Begehren nach Glück. So dringt in die romantische Landschaft, die sich in Baggesens Zeit zum Topos verfestigt, ein persönlicher Zug - und selbst eines der konventionellsten Elemente romantischer Naturansichten, der Sonnenuntergang, wird durch diese Individualisierung zu neuem Leben erweckt:

> »Um acht Uhr stand ich also auf halbem Wege zwischen Hameln und Pyrmont zwischen den Bergen und sah hingerissen, wie die Sonne prachtvoll hinter den dunklen Wäldern unterging. Tausendfarbige Wolken sagten ihr in leuchtendem Jubel Lebewohl - ihre Strahlen küßten den höchsten Gipfel im Osten; sie verschwand und hinterließ um den dunklen Wald auf dem fernen Berg einen blutigen Schimmer, wie eine Erinnerung an das trauernde Herz. Ich starrte in diesen Glanz, bis er sich verlor - und verlor mein Bewußtsein in melancholischen Phantasien.« (S. 149)

Unverkennbar ist das Ich zunächst hinter der Konventionalität des »prachtvollen« Sonnenuntergangs, der »tausendfarbigen« Wolken, der Strahlenküsse verborgen - doch die unerwartete und ungewohnte Verschränkung des »blutigen Schimmers« und des »trauernden Herzens« gibt mit einem Mal den Blick frei auf die Seelenlandschaft des Melancholikers. Vergegenwärtigen Sie sich, wie Heine ein Vierteljahrhundert später den Sonnenuntergang als Massenerlebnis zitiert, das geläufige Pathos und das unpersönliche vorgeprägte Sehen ironisch pointierend -

> »Es ist ein erhabener Anblick, der die Seele zum Gebet stimmt. Wohl eine Viertelstunde standen alle ernsthaft schweigend, und sahen, wie der schöne Feuerball im Westen allmählig versank (...).«[1]

- vergegenwärtigen Sie sich ferner, wie der Herzog Maximilian von Bayern im Jahre 1838

---

[1] So Heine in der »Harzreise«.

dieser massenhaften Erlebnisweise entrinnen will, die Originalität *seiner* Ansicht beschwört und doch nur unpersönliche, allgemein bekannte Vergleiche dafür findet:

> »Den großartigsten Ueberblick der Stadt genießt man von der Citadelle aus. Es war gerade Sonnen-Untergang, als ich sie bestiegen hatte. (...) Man glaubt sich in die Sagen der Tausend und Eine Nacht versetzt oder in eine magische Feenwelt, so überraschend neu, so fremdartig und originell ist dieses majestätische Panorama.«[1]

- und Sie werden angesichts dieses touristischen »Man« und seiner vorgefertigten Sehmuster die individualisierende Durchdringungskraft Baggesens ermessen können, die eine Wahrnehmungskonvention noch einmal erneuert, ehe sie mehr und mehr erstarrt. *Reisehistorisch gesehen, bewegt sich Baggesen auf der schmalen Grenze zwischen einer noch individualisierbaren und bereits erstarrenden massenhaften Naturanschauung.* Er läßt diese Grenze in scharfen Umrissen hervortreten in einem lyrischen Präludium (»Der Abend«), das sein Kapitel über die Stadt Friedberg einleitet. Zunächst entfaltet sich vor ihm eine romantisch-malerische Flußlandschaft mit allen hier genannten Komponenten, die von ihrer Erstarrung im typischen Arrangement erlöst werden durch die hervorbrechende Subjektivität Baggesens - diesmal in der emphatischen Gemeinschaft mit einem Freund. Diese gleichsam verdoppelte Subjektivität begleitet und intensiviert ja von Anfang an Baggesens Landschaftsbegegnungen. Da heißt es etwa: »(...) wir teilten einander unsere Gefühle mit und verdoppelten dadurch ihre Stärke« (S. 142). Oder es heißt: »Durch ständige Teilnahme und Mitteilung und vertrauliche Gespräche wurde unser gemeinsamer Genuß erhöht« (S. 197). Der Genuß »erhöht« sich wiederum zur Ekstase, als Baggesen und der Freund in der romantisch-malerischen Flußlandschaft ihrer schmerzhaften Liebeserfahrungen gedenken und sie in der Freundschaftsemphase ver-schmerzen: »in einer solchen Abendstunde (...) vereinen sich Himmel, Erde und alles, was darin ist«, zum Glück der Liebesbedürftigen (S. 234). Natur und Eros verschränken sich geschwisterlich in diesem einen Augenblick und sprengen die Konvention der von Empfindsamkeit überfließenden Landschaftszeichen. -

Gefeit gegen eine derartige Sprengung scheint hingegen das kurz danach erwanderte Friedberg:

> »(...) von allen Städten, die ich gesehen habe, diejenige, die den Geist und alle Sinne am machtvollsten in die alte, romantische deutsche Ritterzeit zurück versetzt. Man sieht nichts als Berge, Haine, Ruinen, hört nichts als Gebetsglocken, denkt nichts als Andacht und träumt lauter Balladen. All das ist im Mondschein doppelt alt, schaurig, feierlich und abenteuerlich.« (S. 135)

Ein frühes Beispiel für die Beugung des reisenden Individuums unters Joch der künstlich konservierten, romantisch-malerischen (Stadt- und Natur-)Panoramen! Gegen sie hilft nur noch - Ironie. Sie funkelt bei Baggesen in seiner Erfindung zwölf mannhafter Amazonen, die über jedes Gefühl erhaben scheinen, aber von der übermächtigen Romantik Friedbergs gleichsam zu Boden gestreckt und in Ohnmacht versetzt werden.

---

1 »Wanderung nach dem Orient im Jahre 1838. Unternommen und skizziert von dem Herzoge Maximilian in Bayern.« Hg. von Walter Hansen. Pfaffenhofen 1978. S. 93.

Ekstase auf Abruf

Wer so hochempfindlichen, nicht nur empfindsamen Gemüts durch die malerische Romantik reist, erspürt auch andernorts Kontraste, die zur (Selbst-)Ironie reizen. Da ist ein burggräfliches Schloß - mit Garten, versteht sich. Aber was für ein Garten!

> »Der regelloseste, fruchtbarste, blumenreichste, schattigste, dort offenste und hier geheimnisvollste, überall angenehmste, den ich gesehen habe. Eine alte, mit allerlei Obstbäumen und Büschen umgebene Mauer hegte sein Labyrinth ein; vom Rand desselben entzückten uns ringsum die abwechslungsreichsten Aussichten über das ganze darunterliegende fruchtbare Land bis zu der im Osten blauen Berglandschaft.« (S. 236)

Sie ahnen es - das regellose und kontrastreiche Labyrinth, die malerischen Aussichten von der Höhe in die Tiefe: wie sollte Baggesen nicht entzückt sein! Aber sind Sie der Eigenart dieses Entzückens gewärtig? Gewärtig der unbürgerlichen Ekstase, die da einen Spätaufklärer heimsucht, vielmehr: die *er* heimsucht?

> »Die schöne Natur hat mit dem Wein und der Liebe unter anderem das gemein, daß sie berauscht und mit ihrem vollen Genuß selbst den Prosaiker zum Poeten macht. Tatsächlich taumelten wir alle drei mit einer so ausgelassenen Freude, mit so triumphierenden Gebärden und mit so superlativischen Ausrufen in diesem Garten umher (...). Bei aller Hochachtung vor den starken Köpfen, denen kein Zauber etwas anhaben kann, und vor den kalten Herzen, deren feuchte Behälter kein Funke vom Feuerzeug der Erde und des Himmels zu entzünden vermag, hätten wir unseren Wahnsinn doch nicht gegen ihre Besonnenheit eingetauscht, so lieb war uns unser Rausch - sogar, als er vorüber war.« (S. 236)

Kälte und Kalkül des höfischen Absolutismus haben ihre Entsprechung in der Rationalität und nüchternen Poesieferne der bürgerlichen Welt. Gegen beide begehrt der labyrinthisch inspirierte Baggesen auf, dem Sinnesrausch frönend, den das Umherschweifen seines entzückten Auges entfesselt. Es führt ihn zu guter Letzt an der Herrin des Gartens vorbei, vielmehr: führt ihn an ihrem lustwandelnden wohlgekleideten Torso vorbei, der seine erotische Phantasie sogleich zum Glühen bringt:

> »Mein Auge fiel zuerst auf den weißen, flatternden Rock der Burggräfin, stieg von dort zu dem - ich weiß nicht, ob grünen, blauen, gelben oder roten - Gürtel, von dort zu dem funkelnden Goldkreuz auf ihrer Brust - doch bevor es ihr Gesicht erreichte, lag ihr mein Herz schon zu Füßen.« (S. 237)

Sie sehen, wie innig die romantisch-malerische Landschaft mit der Liebesbedürftigkeit ihres Betrachters korrespondiert, so innig, daß die einfachste menschliche Landschaftszierde - ein gegürteter Rock und eine wohlverwahrte Brust - hinreichen, um phantastische Illusionen zu erwecken. Illusionen - denn dem Berauschten und kopflos Hinwegeilenden wird, noch ehe er das Antlitz der Burggräfin erschaut, die Bemerkung nachgeworfen, Hochderoselbige zähle bereits um die fünfzig Jahre. Den Trunkenen erfaßt Ernüchterung:

> »*So um die fünfzig Jahre!*« - Venus von unten und ein Semisäkulum von oben! Und mein Herz zu ihren Füßen! Ich Unvorsichtiger! Ich Wirrkopf!« (S. 237)

Flugs knüpft Baggesen an seine hochfliegende Illusion eine Lebensmaxime, die den antiromantischen Skeptiker im Romantiker verrät:

> »Was verlor ich also? einen Traum! Den Schatten eines Traumbilds! Richtig - aber das ist zweifellos auch das Höchste, was wir im Kinderspiel dieses Lebens verlieren können. (...) Aus demselben Grund sind auch alle unsere überaus prächtigen Gebäude Kartenhäuser -, ein Windhauch, und sie fallen um. (S. 237 f.)

Auf dem dunklen Grund dieser Skepsis beschwört nun Baggesen abermals seine Illusion, damit sie umso schöner leuchte. Jetzt ist es keine leichtfertige Illusion mehr, sondern eine

reflexionserprobte, wahrhaftige, die von mythologischen und philosophischen Reminiszenzen gestützt wird:

> »Gesetzt den Fall, daß sie auch nur einen Tag über die Fünfundvierzig ist, so zählt Hymen doch dreiundvier-
> zigtausendachthundertundsechsundsiebzig ihrer Lebensstunden in Amors Gesellschaft. (...) Außerdem ist
> unentschieden, ob der Herbst nicht ebenso angenehm ist wie das Frühjahr. Die Zahl der Anbeter der berühmten
> Ninon soll sogar erst jenseits der Fünfzig üppig gewachsen sein. (...) Jugend ist zudem nur ein relativer Begriff.
> Abstrakt gesehen hat das Alter sogar den Vorzug. Platon hält alles, was ein Frauenzimmer mit dem Alter
> notwendigerweise verliert, für eine Bagatelle (...).« (S. 238 f.)

Nichts könnte Ihnen die federnde Geisteskraft Baggesens einleuchtender demonstrieren
als diese Bewegungen *von der Trunkenheit zur Ernüchterung* und von dort zur bewußteren,
hellsichtigen Ekstase zurück, die mit einer lebensphilosophischen Pointe gekrönt wird,
abgewonnen der entschwundenen Gestalt der Burggräfin:

> »Und wenn ich bedenke, was mir ihr Dasein in einer einzigen Minute geschenkt hat (denn länger hatte meine
> eigentliche Verzückung oder richtiger *Aufrückung* vom Fuß über den Gürtel zum Goldkreuz nicht gedauert -
> da drehte sie sich auf dem Hacken herum), wenn ich erwäge, was ich nur in einer Stunde des Anschauens
> gewonnen hätte - so ist jene noch fruchtbare Periode im Grunde eine Ewigkeit.« (S. 238)

Das melancholische Bewußtsein der Desillusionierung hält dennoch an der Kraft der
Phantasie fest, am poetischen Vermögen zur Verzauberung der Welt und des Selbst: hält
daran mit tapferer Heiterkeit fest, wie das humoristische Verwirrspiel zwischen »Verzük-
kung« und »Aufrückung« zeigt. Die Schwebe zwischen ernüchterndem Wissen und
verzaubernder Einbildungskraft existiert auch im Zeitbewußtsein des Betrachters. Nur
»eine Minute« hat seine Wahrnehmung faktisch gedauert, aber er hat sie dank seiner
ekstatischen Erlebniskraft fast zur Ewigkeit gedehnt. Damit macht Baggesen auf eine
existentielle Erfahrungsfigur der neueren Zeit aufmerksam. Die alten Bindungen der
Religion abstreifend, lassen sich die Menschen nicht länger auf die Ewigkeit nach dem
diesseitigen Leben vertrösten. Sie suchen die Erfüllung ihrer Wünsche *in* diesem Leben,
freilich fast immer vergeblich. Eine Erfüllung wird ihnen allenfalls momentan gewährt,
weshalb der *eine* Augenblick zur Dauer verklärt, weshalb er mit solcher Erlebnisintensität
gefüllt wird, daß er wie eine Ewigkeit anmutet: so wird ein altes Versprechen der Religion
ins Irdische heimgeholt und verweltlicht. Der Augenblick erhält eine metaphysische
Würde, die uns schon in der Lyrik des Sturm und Drang auffällt (Goethes »Mailied« oder
sein »Ganymed«), aber auch von Romanfiguren wie Werther erzeugt wird, zumal in der
Begegnung mit der Natur.

Metaphysik des Augenblicks

Der Augenblick, der an das ewige Glück gemahnt und verewigt sein will - ihn verwechselt
Baggesen keineswegs mit der Ewigkeit selbst. Vor ihr und der immerwährenden Glückseligkeit schreckt er zurück; das Himmelreich auf Erden als eine dauerhafte Einrichtung
scheint ihm menschliches Erfahrungsmaß nicht nur zu transzendieren, sondern zu verlet-
zen. Als er Hamburg verläßt und die Vierlande durchreist, als sich ihm dort ein »wahres
Utopia« auftut, in dem »die Fruchtbarkeit der ganzen Erde in ihrer allerüppigsten Ausschüt-
tung« konzentriert scheint, als nach und nach der Eindruck entsteht, die »volle Befriedigung aller Sinne« schläfere Geist und Seele ein, die »wollüstige Umarmung« der Natur
erschöpfe am Ende sogar die »Genußfähigkeit« (S. 107 f.) - da bildet sich Baggesen eine
höchst zwiespältige Vorstellung vom vielbeschworenen »Paradies« nach dem Tod, aber

auch von allen Schlaraffenländern und Utopien, die das Glück losgelöst von menschlichen Gebrechen, Leiden, Konflikten malen, weshalb der skeptische Aufklärer ihnen polemisch in die Parade aus eitel Glanz und Gold fährt:

> »(...) nirgends habe ich lebendiger und sinnlicher als hier empfunden, daß ein Paradies wie das erwähnte - wenn man die Ewigkeit hinzufügt - die unerträglichste Hölle wäre, die ein einigermaßen nüchterner Verstand denken kann. Ein unaufhörliches Wollustleben, dessen Bequemlichkeit nicht durch die geringste Arbeit, Mühe oder Beschwernis versüßt wird! Wenn es schon sein muß - dann lieber das Gegenteil! Ich fühle, daß der edlere Teil meines Wesens nicht so sehr durch ewiges Unglück wie durch ewiges Glück leiden würde. Freiheit ist der Grund, auf dem sich allein das wirkliche Heil der Menschen bauen läßt; ohne Freiheit keine Seligkeit - und ohne den geringsten Widerstand, ohne den geringsten Kampf und also ohne den geringsten Sieg keine Freiheit.« (S. 108)

Sie werden bemerkt haben, daß Baggesen mit diesem Ausfall auch zeitgenössische Varianten einer aufklärerischen Philosophie treffen will, zumal die damals verbreitete Philosophie der »Glückseligkeit«. Für ihn ereignet sich Glückseligkeit *in* der Zeit und in der Spannung zu ihren Gebrechen, ereignet sich für die Dauer eines Augenblicks, der freilich unversehens die Würde ewiger Schönheit gewinnen kann. Auf diesen metaphysischen Augenblick richtet sich nach dem Geltungsverlust der Religion das Begehren aufgeklärter Zeitgenossen und mehr und mehr auch aufgeklärter Reisender. Denn ist nicht gerade die Reise wie geschaffen, um jenem Begehren Erfüllung zu verheißen? Ist sie nicht eine Folge von Stationen, die jeweils einen vielversprechenden Augenblick enthalten? Zeitigt nicht der Wechsel der Schauplätze und Personen unverhoffte Begegnungen, überraschende Situationen, ungeahnte Erlebnisse, die in einer kurzen Spanne Zeit zusammengedrängt sind? Die Reise ist geradezu ein Paradigma für die Verselbständigung und Hochschätzung des einen Anblicks, der einen Stunde, des einen Abends im Fluß des normalen Lebens. Baggesen hat an diesem Paradigma produktiv mitgewirkt, indem er nicht bloß einzelne Augenblicke aus seiner Reise herausgehoben, sondern jeden reichen Augenblick durch einen noch reicheren, jedes ergreifende Erlebnis durch ein noch überwältigenderes, jede erhebende Begegnung durch eine noch höher ragende, überragende, abgelöst hat. *Seine Reise-Stationen sind gleichsam nach der rhetorischen Figur der Hyperbel angelegt*, bilden eine Folge von Steigerungen und einander übertreffenden Superlativen. Daran läßt sich gewiß auch die merkantile Strategie dessen ablesen, der da will, daß seine Reise »für den Leser die lehrreichste, wundersamste und lustigste wird, die jemals gedruckt worden ist« (S. 16), ein verständlicher Wunsch angesichts der wachsenden Flut von Reisedarstellungen in Baggesens Zeit. Gegen die Konkurrenz auf dem Literaturmarkt gilt es den Superlativ zu bemühen und unerhörte Höhepunkte zu versprechen. Aber bei Baggesen ist dieses Versprechen verschränkt mit dem Bedürfnis des Melancholikers, den kummervollen Stillstand seiner Existenz in Bewegung zu versetzen, das bedrückende Gleichmaß der Zeit zu sprengen, Höhe- und Gipfelpunkte dem versehrten Leben abzufordern. Und letzteres in des Worts symbolischer wie buchstäblicher Bedeutung: der *Gipfel* - das ist Ihnen bei den malerisch-romantischen Landschaften bereits aufgefallen - ist Baggesens begehrtestes Reiseziel.

Höhenluft und Ich-Erhebung

Sie wissen freilich, daß Berge und Gipfel nicht nur Baggesens Begehren entzückt haben, wissen, daß seit der frühen Neuzeit bis heute dieses Begehren den Reisenden umtreibt - seit der Besteigung des Mont Ventoux über die Fernwanderungen zu den Schweizer Alpen im Zeitalter der Aufklärung bis zu den todesverachtenden Gipfelstürmereien eines Reinhold Messner in diesem Jahrzehnt. Man bemerkt einen von Jahrhundert zu Jahrhundert wachsenden Drang zum Steilen und Steigen, was beispielsweise um 1840 den Verfasser einen Reisebuches über den Harz nötigte, seinen Wanderungen eine Philosophie des menschlichen Höhen- und Gipfelsinns voranzustellen.[1] Genährt wurden derlei erbauliche Gedankenflüge gewiß durch Höhenenthusiasten wie Baggesen, dessen Gipfeldrang freilich auch in seiner eigenen Epoche, der Spätphase des aufgeklärten Zeitalters, von seltener Heftigkeit gewesen sein dürfte. Aber auch von seltener Transparenz - wie es klarer Höhenluft geziemt - und seltener Bewußtheit, so daß seine Höhenleidenschaft fast idealtypisch einen sozialpsychischen und mentalen Grundzug seiner Zeit preisgibt.

Die »Stärke des Kontrastes« sei es, notiert Baggesen, die einen nach der Wanderung durch die Ebene für das Höhenerlebnis so empfänglich mache:

> »Von allen freudigen Gefühlen kenne ich kein so lebhaftes und begeisterndes, als die reinere Luft, eine freiere Aussicht und ein himmelnäherer Standpunkt auf dem Gipfel eines Berges einflößen, wenn man auf seiner Reise langsam und mühselig, zu Fuß oder im Wagen, ein tiefes, nebelerfülltes, beengtes und das ganze Herz bedrückendes Tal durchkrochen hat. Der Kopf wird klar, die Lebensgeister werden aufgemuntert, das Gefühl erwärmt sich plötzlich in der Weitung des Herzens, die ganze höhere Vorstellungskraft erwacht, und neue, leichtbeschwingte Gedanken reißen sich aus dem Staub und schwingen sich dem Himmel entgegen. (...) Vom Wurm zum Schmetterling, von der Schnecke zum Adler verwandelt, wird man mit der gesamten Schöpfung neu geboren.« (S. 196)

Per aspera ad astra! Die Erhebung der Landschaft erhebt Organismus, Sinnen- und Seelenkraft des Reisenden. Es ist die moderne Symbiose zwischen Natur, Leib und Geist, die Baggesen an sich erfährt, bis zur radikalen Selbstverwandlung erfährt: *Neugeburt des Ichs* ist die Signatur dieses erhebenden-erhabenen Augenblicks, Neugeburt aus der Grundspannung zum alten stockigen Leben. Ein religiöses Motiv - die radikale Existenzverwandlung im Zeichen Christi - feiert auf den Bergen weltliche Auferstehung . Die Himmelfahrt des gipfelstürmenden Menschen kann beginnen - doch beginnt sie nicht blasphemisch, als verdränge der Gipfelstürmer den alten Gott, sondern ehrerbietig, als wolle er an dessen Herrlichkeit nur teilhaben. Lassen Sie uns diesen Gedanken gleichsam in der klaren Höhenluft überprüfen und mit Baggesen einen Berg zwischen Kiel und Eutin erklettern:

> »Mitten in dieser himmlischen Gegend erblickt man links von der Landstraße einen auffallend hohen Waldhügel. Wie stiegen durch labyrinthische Hecken, die schneckenförmig seinen Hang umwinden, bis zum Gipfel. Von dort schweiften unsere Augen über die wogenden Baumgruppen, über den ganzen Wald und die Haine auf den Inseln der verstreuten Seen, es war mit jedem Blick eine neue Landschaft und in einer Überschau die Natur in ihrer ganzen Herrlichkeit. Nicht einmal auf dem Gipfel der Hügel von Blankenese fühlte ich Gott in der Natur so mächtig wie hier. (...) auf dem ganzen Erdball gibt es kein zweites Paradies wie dieses. (...) Nie hat mich die allmächtige Natur derart begeistert. Gott, Liebe und Schönheit, das war der dreieinige Gedanke, der meine ganze Seele erfüllte, das dreifache Gefühl, das mein ganzes Herz berauschte. Ich betete - denn das ist die wahre Anbetung, so trunken von Wollust die Natur zu betrachten. Sei mir heilig, bezaubernder Hügel! *Herzensruh* sei von nun an dein heiliger Name! - Ich riß ein Blatt Pergament aus meiner Brieftasche,

---

1 Verfasser ist Wilhelm Blumenhagen. Sein Werk erschien in der 10-bändigen Reihe »Reisen durch das malerische und romantische Deutschland« bei Georg Wigand in Leipzig (1840-1860). - Der Verlag Lothar Borowsky (München) hat die Reihe neu zugänglich gemacht.

schrieb knieend darauf die eben genannten heiligen Namen, grub es in die heilige Erde, die dadurch dreifach geheiligt wurde; und dreifach schön erschien mir der Hügel, dreifach herrlich die Aussicht, dreifach selig die ganze Erde. (...) ich war in diesem Augenblick mit allen Schlechtigkeiten der Erde und allen Leiden des menschlichen Lebens versöhnt.« (S. 39)

Welche Frömmigkeit! mögen Sie zu denken versucht sein, von der Gipfelhöhe in den platten Hörsaal zurückkehrend. Es ist jedoch die alte demütige Frömmigkeit nicht mehr, welche die Spannung zwischen menschlicher Selbstbescheidung und Gottes Allgewalt ausmaß, es ist vielmehr die neue weltliche, die pantheistisch Gott in die Natur eingewiesen hat, in die Natur und fragmentarisch auch in den Menschen, der nun Gott in der Landschaft walten fühlt, sich in ihn einfühlt und so das Gefühl seiner Herrlichkeit mit ihm teilt: eine unerhörte Entgrenzung und Steigerung des Ichbewußtseins. Noch usurpiert das Individuum nicht Gottes Schöpferkraft, bleibt es eingedenk der Hinfälligkeit des Irdischen, doch gewährt ihm der Gipfel eine göttliche »Überschau«, die zum Sinnbild seiner neuen Souveränität wird. Als Souverän, der die Erde überschaut, kann es diese auch heiligen. Es feiert nicht nur einen Gottesdienst, sondern ist auch selbsternannter Hohepriester, der eine heilige Stätte gründet - und wahrhaftig kein heilig nüchterner Hohepriester, sondern ein in Ekstase geratener, der die »wahre Anbetung« zelebriert: »trunken von Wollust die Natur zu betrachten«. Auch dieser Trunkenheit ist der Schwebecharakter der neuen weltlichen Frömmigkeit eigentümlich: die fromme Selbstbescheidung von einst abstreifend, erhebt sich das Ich zur Seligkeit Gottes, ohne sich über die Betrachtung der Natur hinaus zu ihrem Urheber zu vergöttlichen. Die kurz darauf erzählte Desillusionierung des ekstatischen Erlebnisses warnt nachdrücklich vor dieser Grenzüberschreitung. Die Gipfel-Erfahrung ist auf den Augenblick beschränkt und läßt sich nicht in der »gebrechlichen Einrichtung« des Diesseits verewigen. Bewußtseins- und seelengeschichtlich gesprochen: Baggesen hält die Balance auf dem schmalen Grat *zwischen einer skeptischen Selbstbescheidung des Subjekts und seiner quasi-göttlichen Selbstverherrlichung*, in der sich Sturm-und-Drang-Figuren wie Werther und Karl Moor verloren. Seine Ekstase ist schwindelfrei, wie es - falls Sie mir diesen Rückweg ins Gegenständliche gestatten - einem rechten Gipfelstürmer ansteht.

Reise in die Heilsgeschichte?

Sie ist vom Schwindel der Selbstvergöttlichung auch dann frei, wenn sie Illusionen huldigt, politischen Illusionen zumal, wie sie zu Beginn der Französischen Revolution entfacht wurden. Davon war bereits die Rede, doch dürfte es sich lohnen, eine zweite Gipfelbesteigung vorzunehmen, um Baggesens eigentümliches Höhenleben zu erfassen. Folgen wir seiner Ausreise aus Pyrmont, die er mit zwei Fremden veranstaltet, einen Berg im Visier:

»Es war der schönste Morgen - wir fühlten die ganze Wollust der Freiheit und Unabhängigkeit, als wir den Gipfel des Berges erreichten, lag der ganze Erdball ausgebreitet vor uns - und wir ahnten alle, daß unsere eigentliche Reise, jene, die stets unser Schicksal bestimmen würde, hier begann.

Glückliches Alter! Glückliches Säkulum! Ja, was sage ich? Glückliches Dezennium!, dem das Licht von Galliens herrlicher Morgenröte leuchtet!, in dem die Welt - und wir - Handlungen sehen sollen, würdig, in Erz gegossen, in Marmor gehauen und in Gemälden aufgestellt zu werden zur Bewunderung der Nachwelt! Oh, Heil mir, dreimal Heil mir Glücklichem, daß mir das Schicksal vergönnte, Europa im schönsten Augenblick zu sehen, da die Vernunft begann, den langen-langen-langen *Sklavenschlummer* aus ihren lieblichen Augen zu reiben!« (S. 195)

Selten dürften Natur, Privates und Allgemeines so harmonisch einander zugesellt gewesen sein als in diesem Reise-Augenblick. Das *Private*: es ist hier nicht das vereinzelte, sondern das verdreifachte Subjekt, der Freundschaftsbund als Vorwegnahme einer Gesellschaft von Freien und Gleichen, und dieser Freundschaftsbund, der so passioniert gepflegt wurde seit beinahe drei Jahrzehnten - er schließt sich an dieser Stelle zwanglos ans *Allgemeine* an: der lange ersehnten, in Frankreich entstehenden Gesellschaftsordnung. Dieser politischen Morgenröte korrespondiert aufs glücklichste die des anbrechenden Tages, so, als wolle die *Natur* den Zusammenklang von Individuum und Gattung bekräftigen. Mehr noch, suggestiver noch: sie breitet auf ihrer höchsten Erhebung den »ganzen Erdball« vor den Freunden aus, ihr Hochgefühl zur Ekstase steigernd. Denn dieser erdumspannende Ausblick verheißt ihnen, daß die Welt darauf wartet, bereist, erwandert, erobert zu werden im Namen der Freiheit und Unabhängigkeit. Nicht abstrakt, nicht bloß programmatisch ist dieser Name an diesem Morgen aufgefaßt, sondern Freiheit und Unabhängigkeit speichern eine fühlbare »Wollust« in sich, so daß Politik sinnlich erlebbar scheint, neue Ordnungsprinzipien als körpersprachliche nachempfunden werden. Die Gesellschaft und das Individuum treten noch nicht als Abstraktum und Konkretum auseinander, sondern sie durchdringen einander. Wo, wenn nicht hier, sollte die »eigentliche Reise« beginnen? An diesem Ort, in diesem Augenblick ist die moderne Reiseerwartung in ihrem emphatischen Sinn symbolisch verdichtet: als *Reise in die Heilsgeschichte auf Erden.*

Es war die von der Zeitsituation genährte heroische Illusion. Sie beschämt keineswegs ihre Träger, die Illusionisten, die für das Sublimste schwärmen, das Menschen sich vorstellen, erhoffen, wohin sie zielen können. Das Sublimste, aber auch das Fernste, Entlegenste, das im Raum der Politik und des sozialen Lebens nie Realität werden kann: das war eine im Verlauf der Französischen Revolution sich aufdrängende Erfahrung. Erst seither ist die Illusion wohlfeil geworden, ideale Humanität lasse sich auf dem Feld des Politischen und Sozialen durchsetzen. Was sich dort durchsetzt, ist das verwickelte Geflecht der Kompromisse und Vergleiche, der Interessenkonflikte, der unterschiedlichsten Macht- und Selbsterhaltungsimpulse, der egozentrischen und solidarischen Willensbildungen, gelegentlich auch ein Geflecht nur der Irrungen und Wirrungen, der monströsen Fehlhaltungen und Verfehlungen wie vor und während der beiden Weltkriege, nie jedoch nur der gerechten, friedfertigen, vernunftgemäßen Handlungsantriebe. In diesem Geflecht ruiniert sich das Begehren nach moralischer Schönheit und idealer Ordnung: veraltet als unzeitgemäßer Jugendenthusiasmus, verglüht es als revolutionäres Strohfeuer oder nährt es das Feuerwerk politischer Roßtäuscher - etwa das Feuerwerk der herrschenden Klasse von 1914, die sich als Vertreterin des gesamten deutschen Volkes, der brüderlich geeinten Nation aufspielte und so die brüderlich gestimmte Jugendbewegung in den ersten Weltkrieg hineinzog. Daraus sollte nicht Resignation, sondern wache Skepsis entspringen: Bewahrung des Enthusiasmus und Idealismus vor politisch-sozialen Illusionen und vor dem unvermeidlichen Rückfall in die Apathie der Enttäuschungen. Humanität, moralische Schönheit, Ekstase gedeihen auf Feldern jenseits der politisch-sozialen Welt kräftiger: auf dem Feld des Spiels, der Kunst, der Kunst als Spiel, auf Festen, Liebesfeiern und - auf Reisen! Damit aber solche Domänen des Subjekts erhalten bleiben, widersetzt sich die politische Skepsis auch dem politischen Antihumanismus und seiner totalitären Besitzergreifung aller Lebensbereiche.

Moderne Transzendenz

Mancherlei deutet darauf hin, daß dieses prekäre Verhältnis zwischen Privatem und Allgemeinem schon für Baggesen eine gewisse Bedeutung gewann. Als er nach Straßburg reist, entbietet er der Stadt, ihrem Münster und zugleich dem revolutionären Frankreich einen hochachtungsvollen Gruß in Form eines Poems. Doch vor und in der Kathedrale selbst verschlägt es ihm die politische Sprache: das Individuum ist nurmehr mit sich selbst befaßt und schlägt eine Brücke nur noch zu Gott, dem Ziel absoluten Begehrens, nicht mehr zur Politik, die alles Absolute relativiert. Eine Renaissance habe jenseits des Rheins sein ganzes Wesen erfaßt, verkündet Baggesen in religiöser Bildersprache: »Ich blickte nach Deutschland zurück, wie der Auferstandene auf sein verlassenes Grab (...)« (S. 350). Auferstehung und Wiedergeburt - diese Emphase gilt dem Subjekt, sie ist jedoch innig verschränkt mit einer Renaissance und Wiedergeburt des erlebten Objekts: des Straßburger Münsters. Der junge Goethe hatte 1772 durch seinen Aufsatz »Von deutscher Baukunst« an der ästhetischen Rehabilitierung der grandiosen Kirche mitgewirkt, hatte einen eigenen Kunstbegriff entwickelt, der von einer »charakteristischen« und »lebendigen« Kunst ausging, die aus »selbständiger Empfindung« stamme und sogar »rauhe Wildheit« umfassen kann; doch hatte er Schönheit wesentlich als »Harmonie« erlebt, dergestalt, daß der künstlerische Genius die »Teile« in ein »ewiges Ganzes« bindet, daß er »aus tausend harmonierenden Einzelheiten« einen »ganzen, großen Eindruck« hervorbringt. Anders, radikal anders Baggesen: Die Kathedrale übersteigt den Charakter harmonischer Größe, ist dafür »zu ungeheuer, zu unendlich, zu unfaßbar (...)! Das Ganze ist zu weitläufig, und die Teile sind für diesen Charakter zu klein.« Es herrsche »die Hoheit des Todes und der Hölle und nicht die des Lebens und des Himmels« (S. 352). Bricht Baggesen da nicht einer ungewohnt kühnen Ästhetik Bahn? »Es gibt in diesem Wunderwerk nichts eigentlich Schönes« notiert er, und beruft sich auf seine primäre Wahrnehmung des gotischen Baus:

> »Beim ersten Blick wird man besinnungslos, wird vernichtet; das Auge fährt entsetzt zurück, als würde der lichte Himmel auf einmal schwarz. Vergebens strengt es sich bis zur Erschöpfung an, um den ungeheuren Umriß zu erfassen, es hüpft von Kante zu Kante, von Spitze zu Spitze, findet keine Ruhe und fällt von der obersten Zinne wie die vom Hagel getroffene Lerche zu Boden!« (S. 351)

Was für ein Schlußbild! Der Sturz des Auges in die Höllenfahrt der Erkenntnis ... Überwältigung und Choc des Betrachters führen ihn in Todesnähe, dorthin, wo jeder hergebrachte Begriff, jede überlieferte Vorstellung Geist und Leben aufgeben: das Modell einer Urerfahrung, die alle bisherigen Erfahrungen der Kathedrale - und ihrer sind damals schon Legion - durchbricht. Modell auch der modernen Reise par excellence, die das déjà vu aller früheren Reisenden in dem noch nie dagewesenen Blick überwinden will: der Reise in die Moderne, die auf die Originalität, Einzigartigkeit, Unwiederholbarkeit des Individuums pocht. Baggesen löst hier die Genieästhetik des Sturm-und-Drang als Schauender ein. Und er lebt gleichzeitig die Idee der christlichen Wiedergeburt ästhetisch nach, die ja den Tod des alten Ichs voraussetzt: schauend muß er sein altes ästhetisches Selbst verabschieden, um zur Anschauung des Neuen fähig zu werden. Er wird es in der Tat, wie seine Beschreibung des Hauptturms verrät, deren Syntax in einer unendlichen Reihe von Relativsätzen wahrhaft himmelan leitet, den Blick des Lesers von einer Höhe zur anderen emporführend:

> »Eigentlich ist es ein vollständiger Turm für sich über dem ersten und - unendliche Kühnheit - ebenso hoch. Sein mittleres Stück oder der oberste Absatz wird von einem senkrechten, hohlen, durchbrochenen und

durchsichtigen Gitter-Oktogon zwischen vier gleichfalls offenen Pfeilern gebildet, worin sich die inneren Wendeltreppen zu ebenso vielen Altanen hinaufwinden. Auf dieser schon schwindelnden Höhe erhebt sich ein kleineres Oktogon mit acht zusammenlaufenden Wendeltreppen, die sich zu einer offenen Rundung oder der sogenannten *Laterne* zuspitzen, deren sechs Pfeiler den obersten Altan tragen, in dem sechs weitere Pfeiler eine Krone emporheben, über welcher ein Kreuz oder ein Stern dem Firmament anzugehören scheint.

Was für ein Monument menschlicher Kraft, Verwegenheit und Unverdrossenheit!« (S. 354) Ich hoffe, daß Ihre Vorstellungskraft sich nicht aufgelöst hat in den immer luftigeren Turmhöhen des Straßburger Münsters. Baggesen hat die seine nicht nur angespannt, sondern sie gleichsam als Leitseil benutzt, woran er schließlich seinen Körper hinaufzog, unter Todesverachtung, bis zu des Turmes Spitze:

»Ich war schon über dem obersten Kranz, hoch über der Laterne - es gab keine Treppen mehr, nur Stangen, ich mußte mich buchstäblich in freier Luft außen um die Turmspitze herumwinden - ein einziger Fehltritt meines kletternden Fußes, ein plötzliches Erschlaffen meiner nach der Stange greifenden Hand - und ich wäre abgestürzt, dreimal tot, bevor ich die Erde erreichte. Ich erschauerte erst später, als ich von unten sah, wie gefährlich ich gegangen hatte, ohne einen Steinbock, an dessen Horn ich mich hätte festhalten können - ich erschauere jetzt, wenn ich daran zurückdenke; im eigentlichen Moment hatte ich keine Zeit dafür. Ich war in einer zu heftigen konvulsivischen Bewegung, um zu zittern, zu sehr von Entsetzen erfüllt, um bange zu sein - meine gesamte Seele war Eifer, mein Körper Krampf.« (S. 360 f.)

Die Herausforderung des Körpers, die an Gipfelbesteigungen Besessener erinnert, erfolgt in dieser Szene nicht ohne Gewaltanwendung: dies ist der eine Preis, der für die Ekstase der Turmeroberung zu zahlen ist. Der andere Preis ist eine bisher unbekannte Ungeselligkeit, »daß ich mich in dem Augenblick, da ich mich triumphierend auf den letzten Fußhalt schwang, insgeheim darüber freute, *allein auf der Spitze zu sein* (...)« (S. 361). Erhebung, Erhöhung, Steigerung des Ichs verführen leicht zur Selbstüberhebung, einer Gefahr, die Baggesen noch einmal bannt, um den »Triumph« des Gipfelbezwingers guten Gewissens zu durchkosten: den »Triumph« des majestätisch in die Tiefe und Weite blickenden Souveräns. Damit nicht genug: Baggesen transzendiert diese ihm bekannte Blickrichtung in des Wortes wörtlicher und übertragener Bedeutung:

»Löst sich mein zitternder Fuß vom Gipfel der Höhe, den er berührt? Trägt mich nicht die geflügelte Wolke davon, die sich pfeilschnell meinem Standpunkt nähert? Ich *Feder*! Ich *Flocke* - auf der Spitze dieses schwindelnd hohen Kolosses! Wo soll ich mich festhalten? Am glatten Stein? An dem abgeschliffenen Eisen? An der strömenden Luft? - Womit soll ich mich festkrampfen? Mit dem bebenden Fuß? Mit der zitternden Hand? - Oh, da ist sie! Die wirbelnde Wolke! Sie hüllt mich in ihre umschlingende Umarmung ein! Ich werde leichter - ich werde gehoben - sie braust mit mir vom entschwindenden Standpunkt in die Wüste des Himmels ...Wundersames, grauenvolles, himmelfahrendes Gefühl!« (S. 362)

Die neue, der Schwerkraft spottende Erhebung mag sich auf den Flügeln der Phantasie ereignen, ist jedoch als physischer Eindruck wiedergegeben. Die seelisch-geistige Ekstase wird buchstäblich bis in die Fußspitzen nachvollzogen, ein Zeugnis für ihre alles durchdringende Energie. Bis in die Fußspitzen und in die heftigsten Extreme, wie die Verschränkung des Grauens und des himmelfahrenden Entzückens anzeigt. Eine Steigerung dieser gesteigerten Ich-Erfahrung bekundet sich alsbald in der Erfahrung des Göttlichen, eingebunden in das Spannungsfeld extremer Pole auch sie:

»Alles um mich ist leer - alles ein unendlicher Raum, eine unfaßbare Öde ... Gott! ... Gott! ... (...) - Dein Name tönt am vollsten im Schweigen! Deine Allmacht ist am gewaltigsten in der Leere!« (S. 362)

In der Dialektik der unendlichen Extreme - Öde und Allmacht - erfährt das Ich durch Gott hindurch sich selbst: als »ein Staubkorn, ein Punkt«, ein »Atom nur, verloren im Raum, / Den ewige Allmacht erfüllt!« (S. 362). Der Unendlichkeit des Allgewaltigen antwortet die

Endlichkeit des hinfälligen Subjekts. Läßt sich eine Erfahrung von extremerer Polarität denken? Kaum, wohl aber eine von komplexerem Gehalt, wo die Extreme einander nicht mehr entgegengesetzt sind, sondern aufgehoben in den »Sinnen«, im »Fühlen«, im Traum und Geist des Subjekts. Auch dieser Erfahrung leiht Baggesen seine Feder:

> »Nein, die Sinne fühlen nur das Ende, / Sehn die Schöpfung hier im Leichenkleid, / An des Lebens und des Todes Wende, / Bloßer Staub, bin ich von dir befreit, / Schwindelnd hoch, fühl ich mich doch geborgen, / Träume ich vom ewgen Himmelsmorgen - / Fühle ich *Unsterblichkeit*!« (S. 363)

In der paradoxen Verschränkung von Leben und Tod, Schutzlosigkeit und Geborgenheit überwindet das Ich seine Hinfälligkeit, wenigstens für einige Augenblicke ist ihm das Vorgefühl der Unendlichkeit beschieden. Das Vorgefühl und schließlich gar die mystische Nähe zu ihr, die Teilhabe an ihr: »Meine Seele schien sich in ewiger Unendlichkeit um ihren Mittelpunkt zu drehen - im Wirbel der Allmacht - in *Gott*« (S. 363 f.).

Bei Baggesen sind Raum und Erfahrung aufs engste verschwistert: die Ersteigung immer höherer Gipfel korrespondiert mit Steigerungen der Erlebniskraft. Der Raum ist ein Abbild der Erfahrung, die Erfahrung gewinnt Kontur im Raum - daher die Geistigkeit des Raums und die Sinnlichkeit der Erfahrung in seinen Gipfelbeschreibungen. Die Höhe des Raums wiederum gewinnt eine aus Selbstversenkung und Seelentiefe des Reisenden hervorgehende Abgründigkeit, wie umgekehrt abgründige Innenschau *im hohen Raum* Transparenz und Schwerelosigkeit gewinnt. Der Höhepunkt der Selbsterfahrung ragt ins Metaphysische: das Ich findet zur leiblich-seelischen und seelisch-geistigen Ekstase in einer mystischen Kommunion, wo die Extreme des Grauens und des Entzückens, des Lebens und des Todes einander durchdringen. Gott ist mehr als eine Metapher: ist der dem Ich überlegene Weltregent. Doch ist er zugleich weniger als des Ichs absoluter Gegenpol: vielmehr Sinnbild des Göttlichen im Menschen. Mitten in seiner Vehrung Gottes experimentiert Baggesen mit dem »Göttlichen« um der ekstatischen Ich-Steigerung willen. Er führt das moderne Individuum - das die alte religiöse Demut abstreifende - auf den »Gipfel« seines Anschauungs-, Empfindungs- und Vorstellungsvermögens, freilich nur für Augenblicke. Die fortdauernde Gebrechlichkeit des Menschlich-Allzumenschlichen im Auge, ist Baggesen gefeit gegen die Hybris der prometheischen Figuren seiner Zeit: gegen das Experiment Werthers, die göttliche Erfahrung der Natur, der Liebe und des eigenen Genies zu verewigen, gegen das Experiment Karl Moors, als luziferischer Stellvertreter Gottes seinen »Privathaß« zum »Universalhaß« auszudehnen.

Privates und Öffentliches

Die Gebrechlichkeit der menschlichen Welt - gestatten Sie mir, daß ich das Ungefähr dieses Ausdrucks prägnanter fasse und noch einmal auf die Französische Revolution zurückkomme. Von Straßburg aus hätte es nahe gelegen, ins Herz der Revolution, nach Paris, zu reisen. Baggesen zieht es vor, mit den Freunden den Weg zum Schweizer Jura einzuschlagen: ein Entschluß, welchen er an einem »unvergeßlichen Morgen« den Beginn seines »eigentlichen Lebens« nennt, seine »unvergleichliche Auferstehung« (S. 376). Und wie bisher jedes Gipfelerlebnis von einem neuen übertroffen wurde, bleibt Baggesen bis zuletzt seiner rhetorischen Leitfigur, der Hyperbel, treu: alles, was ihm an »Liebreiz, Schönheit und Hoheit« bis jetzt begegnet war (S. 380), selbst die unüberbietbare »Andacht« »auf dem höchsten Punkt der Himmelsspitze« in Straßburg (S. 377) - es war nur ein »Vorspiel« zum

Hauptspiel, zum Haupt- und Festgottesdienst, wozu der sich »Gipfel um Gipfel immer höher erhebende Jura« einlädt (S. 380).

Mit dieser privaten Ekstase kann keine politische wetteifern, auch die revolutionäre nicht. Anders als die Enthusiasten des Revolutionsjahres 1789 verschließt sich der revolutionär gesinnte Baggesen einer gewissen Skepsis nicht, der Zeugin seines Wirklichkeitssinnes:

> »Wir hatten auf dem letzten Stück unserer magischen Fahrt durch das Elsaß die politische Revolution in Frankreich über der physischen um uns herum und der psychologischen in unserem Inneren ganz vergessen. Ich für mein Teil hatte auch angefangen, von dieser gallischen Erschütterung mehr zu fürchten als zu hoffen. Mir waren Zweifel gekommen, ob (...).« (S. 380)

Ich habe diese Zweifel bereits zitiert, muß sie Ihnen daher nicht noch einmal zu Gehör bringen. Worauf ich an dieser Stelle hinweisen will, ist die unmittelbare Nachbarschaft der politischen Zweifel und des unbezweifelbaren Privatglücks. Die Revolution, so notwendig sie ist, kann die »Glückseligkeit« nicht hervorzaubern, die im unpolitischen Raum gedeiht - und gedeihen darf, sofern dadurch das »Antlitz der Notwendigkeit« nicht unkenntlich wird. Vermitteln, gar mit der Zauberformel »dialektisch«, kann Baggesen das eine mit dem andern nicht. Aber wer hat es denn seither gekonnt? Hat Privates und Öffentliches miteinander versöhnt? Zwischen beiden Bereichen tut sich eine Kluft auf, so weit wir die Geschichte überblicken. Statt Brücken zu schlagen, einladende, mit Lust begehbare, hat die Geschichte allenfalls Schatten geworfen und Übergriffe getätigt: vom politischen Ufer auf das unpolitische, so daß die Menschen auch als Privatpersonen ihres Lebens nicht froh wurden. So hat denn Baggesens Reiseverlauf einen verallgemeinerbaren Sinn: er beharrt auf dem Glück, das auf die Trennung der unversöhnbaren Bereiche angewiesen ist.

Freilich - Baggesen verstand sich auf dieses Glück. Sie werden bemerkt haben, welche Kraft der Selbstentäußerung in ihm lebendig ist. Ob er in der bebauten Landschaft einer Stadt oder in der unbebauten Natur weilt - stets weiß er sich die Umgebung zu vergegenwärtigen in ihrer Eigenart, sich ihr hinzugeben und mit *seiner* Eigenart zu durchdringen. Dieser Ekstatiker entzündet sich nicht an der eigenen Person - entzündet sich vielmehr an der Welt, von Wißbegierde hingerissen. »Erkenntnislust« - ein Begriff von ihm selbst - ist bei ihm der Lust der Einfühlung verschwistert. Daher auch Baggesens schöne Gabe, aus menschlichen Begegnungen die Funken des Wohlwollens, herzlichen Einvernehmens, der Freundschaft zu schlagen: diese Gabe zur Selbstverschwendung, Hin-Gabe des mitfühlenden Bewußtseins und des bewußten Mitfühlens.

Metaphysik und Physik

Wer so wenig mit dem eigenen Reichtum geizt, darf die Reichtümer der Geschichte ungesäumt plündern. Baggesen ist bei seiner letzten Natur-Begegnung um ein grandioses Plagiat nicht verlegen. Und dies nicht nur, weil er sie zu einem Festgottesdienst gestaltet, also die christliche Kirche in die freie Landschaft versetzt, anstatt sie im Dorf zu lassen, sondern namentlich deshalb, weil er den Gottesdienst alttestamentarisch zelebriert wie weiland Moses auf dem Berg Sinai. Die ekstatische Diesseitsfeier und Selbstbeglückung des modernen Ich bedarf auf ihrem Höhepunkt einer religiösen Urerfahrung: des Schauderns vor dem Geheimnis, des Mysterium tremend. Doch vernehmen Sie selbst die alttestamentarische Beschwörung »beim Anblick des nahen Jura«:

> »Unwillkürlich entblößte ich den Kopf - unwillkürlich faltete ich die Hände - tief, ganz tief fühlte ich, daß meinem Leben, meinem Geist, meinem Herzen eine Revolution nahe war - , innig fühlte ich, daß das

wichtigste, vielleicht das letzte Blatt im Buch meines irdischen Schicksals auf einem der Altäre jenes Tempel vor mir aufgeschlagen würde. (...) Bin ich vorbereitet, bin ich reif für den hohen Himmel, herrliche Natur? Bin ich würdig, bin ich rein und unschuldig genug, um ins Allerheiligste deines Tempels, allmächtiger Schöpfer der Erde, einzutreten? Trifft mich Unheiligen nicht auf dem ersten Alpengipfel, den ich besteige, dein Blitz? (...) Ich zitterte - denn ich sah die Erde in diesem feierlichen Moment nicht als Wohnung des Menschen, sondern als den Fußschemel der Gottheit an -, und wer zittert nicht, wenn er sich ihm nähert?« (S. 381)

So lebt die Religion unterm freien Himmel fort - und ihre einst überweltliche Form kehrt als weltliche Nähe wieder. Das Individuum überschreitet die Schwelle zur Moderne, zur emphatisch begrüßten und revolutionär gestimmten Diesseitigkeit, gleichsam mit rückwärtsgewandtem, der Religion zugewandtem Antlitz. Oder rettet es, anders formuliert, mit den Anleihen bei der Religion für die Dauer von Augenblicken nur sein metaphysisches Vermögen?

Wo so viel von Metaphysik die Rede ist, darf die Physik nicht schweigen: sonst würde man einen Baggesen mit seinem unerschöpflichen Reichtum an Gegensätzen, Widersprüchen, Paradoxien vereinfachen, würde über dem Ekstatiker den Ironiker vergessen. Wenn Sie also vom letzten Gipfeltreffen sich ein wenig entspannen wollen, folgen Sie ihm doch in eine romantische Ebene und hören Sie, wie Baggesen sie entzaubert, wie seine Einbildungskraft außer der erhabensten Harmonie auch die trivialste Mechanik in der Natur zu entdecken vermag:

> »Als wir etwas später bei Sonnenuntergang durch die kleine Stadt Weingarten an der Grenze der Markgrafschaft Baden spazierten, merkte ich, daß ich in Bruchsal meine Uhr vergessen hatte, der erste Verlust, den ich bisher erlitten hatte, und gewichtig genug, um meine Laune vollkommen niederzuschlagen. Schwermütig ging ich allein hinter dem Wagen her, jeden Augenblick im Begriff umzukehren, um sie zu holen. Der Mond ging auf, und wie der schwärmende Liebhaber in jedem leidlich hübschen Phänomen das Bild seiner Geliebten erblickt, so sah ich in seiner vollen Scheibe nichts als meine silberne Uhr ohne Kette. Es war unmöglich, mir dies aus dem Kopf zu schlagen. Selbst das Quaken der Frösche erinnerte mich an ihre tickenden Atemzüge. Außerdem war die ganze Gegend so elegisch, daß ich, ganz besonders auf einer Brücke mit einer rauschenden Wassermühle auf der einen und einem kleinen, plätschernden Wasserfall auf der anderen Seite, dem ruinengekrönten Turmberg gegenüber, am Rande eines finsteren Waldes in die tiefste Melancholie versank, bis ich endlich mit gesenktem Kopf, wie Sancho, als man ihn seinen Rucio gestohlen hatte, oder wie Karl XII. nach der Schlacht von Poltawa, in Durlach ankam.« (S. 343)

Die bis zur Selbstironie forcierte Obsession gibt ein Geheimnis der Einbildungskraft preis: sie ist zur restlosen Verwandlung der Welt fähig, zur *Verwandlung in lauterste Metaphysik ebenso wie in die Physik des Alltags.* Baggesen, Poet am Herzen Gottes, ist auch hintergründig lächelnder Entzauberer, er wechselt zwischen beiden Existenzweisen spielend hin und her, und wenn dies noch einmal von seiner kühnen Subjektivität zeugt, so doch von einer sich selbst transparenten Subjektivität, welche die Geburt der Romantik - oder der Antiromantik - aus dem Geiste des Ichs aufzeichnet. So winkt nach dem Verlust der Uhr gleich am nächsten Morgen ein poetischer Sonnenaufgang als Trost - und siehe: hat das enttäuschte Subjekt die poetische Natur kurz zuvor zur physikalischen Materie herabgestuft, so stuft das entzückte jetzt dieselbe Materie zur poetischen Natur hinauf:

> »Kurz nach drei Uhr waren wir schon auf den Beinen, um vier Uhr erreichten wir den Gipfel und tranken allen Zauber des Morgens. (...) Ich hatte meine Uhr schon vergessen, als uns beim Abstieg ein Bauernknecht pustend und halb außer Atem entgegenkam. (...) Und siehe! In seiner triumphierenden Hand funkelte die Uhr wie eine zweite Sonne.« (S. 345)

Über Baggesens poetisches Verhältnis zur Materie und sein materialistisches Verhältnis zum Poetischen ließe sich mancherlei sagen, ich will es jedoch bei einer einzigen Probe bewenden lassen. Mich wandelt dabei die Scheu an, die ihn selbst überkam, als er jenem

Doppelverhältnis ein eigenes Kapitel widmete. Er hatte sich genötigt gesehen, seiner »so genußreichen, lehrreichen, abwechslungsreichen Reise« Ausdruck zu verschaffen (S. 52), und diese Nötigung des Geistes war so unabweisbar, daß sie ihn an eine Nötigung des Körpers erinnerte, wofür man in seiner Zeit den Ausdruck »Laxieren« parat hatte. Die halb ernste, halb gespielte Scheu überwindend, nennt Baggesen das Laxieren beherzt »eine Handlung der Seele wie eine des Körpers« (S. 51), notwendig, um die berühmte Lebens-maxime *Eine gesunde Seele in einem gesunden Körper* zu befolgen. Bitte, rümpfen Sie nicht voreilig die Nase, wenn Baggesen nun das Fremdwort couragiert übersetzt und dafür die Ausdrücke »Abführen«, »Luft geben«, »Ausdünsten« vorschlägt (S. 52): es geht ihm ja nicht um Frivolitäten allein, sondern um die Würde des Körpers, und was könnte dieser Würde förderlicher sein als die körperlich-materielle Bezeichnung geistiger Akte? Pardon, geistiger Verrichtungen, würde Baggesen an dieser Stelle sagen und damit auch dem Geist einen neuen Status zuweisen: einen gleichsam materiellen, körperhaften Status, der ihn aus seinen ätherischen Höhen befreit und ihm einen vitalen Stoffwechsel zur Pflicht macht. Hier argumentiert Baggesen natürlich pro domo, will er doch die tägliche Nahrung des Geistes und der Seele mit neuen Reise-Eindrücken in ein Tagebuch umsetzen, vielmehr: in ein solches abführen, weshalb es hier angemessener wäre, mit seinen eigenen Worten von argumentatio »pro loco«, nicht nur pro domo zu sprechen (S. 55). Daß der reisende Däne seinem Papier in mannigfachen Abführungen den Nachweis anvertraut, zwischen der »Ökonomie des Körpers und der Ökonomie der Seele« herrsche die »erstaunlichste Ähnlichkeit« (S. 53), berechtigt ihn schließlich zu der rigorosen Annahme,

»daß jeder Skribent, er sei *Scholiast* oder *Dichter, Philosoph* oder *Professor in Katalogen, Vers-* oder *Prosamacher* (...), dem täglichen Stuhlgang verbunden ist, dessen Gebot: *Nulla dies sine linea!*« (S. 54)

unumgänglich sei. Unumgänglich und zu Baggesens Zeit von den erstaunlichsten Wirkungen, zumindest auf dem Gebiet des literarischen Stoffwechsels beim Reisen!

Kontraste, Extreme, Rätsel

Wenn Baggesen Poetisches mechanisiert und Mechanisches poetisiert, wenn er dem Körperlichen Geist und dem Geist Körperlichkeit verleiht, so erweist er sich als Virtuose der Kontrastbildungen. Davon hatte ich einige Proben an früherer Stelle gegeben, etwa bei Gelegenheit des romantisch-malerischen Kontrastes zwischen Höhe und Tiefe. In der Reiseliteratur werden derlei Kontrastfiguren von Jahrzehnt zu Jahrzehnt auffälliger, sicher-lich nicht ohne Einfluß des literarischen Marktes. Kontraste versprechen Erregung, reizen die Neugier, stacheln die Aufmerksamkeit, kurz: sie sind eine Attraktion im Blick auf das lesende Publikum. In den zwanziger und dreißiger Jahren des 19. Jahrhunderts sind sie eine unverzichtbare Komponente der Reiseliteratur geworden, und ein Fürst Pückler-Muskau versteht sich auf das publikumswirksame Spiel mit Kontrasten wie nur irgendein moderner Tourismusführer auf die kontrastiven Reize exotischer Fremde. Baggesen selbst spielt zu oft mit Gegensätzen, als daß er nicht die Neugier des Lesepublikums im Auge haben müßte. Doch führt er seine Gegensatzpaare auch oft genug auf einen existentiellen Ursprung zurück oder läßt sie dort entstehen: so, wenn er auf der Spitze des Straßburger Münsters die Extreme des Entsetzens und Entzückens, der menschlichen Nichtigkeit und der All-macht Gottes aufruft und in eins bildet. Der Gipfel ermöglicht eine Ursprünglichkeit der Erfahrung, die mit seiner Verflachung zur touristischen Attraktion, mit seiner Einebnung in landläufige Wahrnehmungsmuster immer schwieriger wird. Geographisch bleibt er die höchste Erhebung einer Landschaft, in der Seelenlandschaft der Betrachter wird er zu einer pittoresken Pointe.

Nicht, daß Baggesen bar aller Sehgewohnheiten der Natur begegnete! Er betrachtet sie beispielsweise unter dem Blickwinkel einer nicht mehr originellen Ästhetik des Romantisch-Malerischen, wie Sie bemerkt haben. Aber er individualisiert diese Ästhetik doch von Fall zu Fall, ja er sprengt sie oder läßt sie durch die Natur sprengen. Das vielleicht bewegendste Beispiel dafür ist seine Wanderung auf den Brocken, die ihn zunächst so »romantisch« und »pittoresk« anmutet (S. 197), ehe ein unerwarteter Anblick ihm diese Anmutung mit einem Schlag raubt:

> »Auf diesem Weg begegnete mir zum erstenmal ein Gegenstand, den ich nicht nur nie zuvor gesehen, sondern von dem ich mir auch nicht den geringsten klaren Begriff gemacht hatte - ich kann nicht beschreiben, wie seine Entdeckung auf mein ganzes Nervensystem wirkte - eine nackte Klippe oder eigentlich nur ein *nacktes Felsenstück*.« (S. 198)

In einem Panorama von Wäldern plötzlich ein hochaufragender steinerner »Brocken« - das Jähe dieser Entdeckung durchschlägt die Fassungskraft des Betrachters. Sein Vorstellungsvermögen, aus gewohnten Bahnen geschleudert, explodiert. Den vernichtenden Eindruck einer steinernen Wüste kann er nur durch eine wüste Gegenwehr überleben:

> »Als ich die nackten Rippen der Erde sah, lief mir ein kalter Schauer über den Rücken. Im Handumdrehen hatte meine Einbildungskraft das ganze Gebirge, im nächsten Moment die ganze Erde entkleidet. Welch eine ungeheure Leiche! Welch ein entsetzlicher Steintoter!« (S. 199)

Das bedrängend Moderne an dieser verwüstenden Vorstellung: die Erde als Leiche ist nicht als ein Produkt hochentwickelter, aus den Fugen geratener Technik gedacht. Sie ist eine dem Menschen selber entspringende Idee, ein Entwurf seines Destruktionstriebes, der diese Technik miterzeugen hilft. Hier tritt er unverkleidet hervor, um die Welt zu zertrümmern:

> »So hatte ich mir niemals zuvor in meiner Phantasie die Erde völlig entkleidet vorgestellt - ich hatte mir zwar alles Leben, nicht aber alle Vegetation davon weggedacht - das Bild des allgemeinen Todes stand mir zum erstenmal vollständig vor Augen.« (S. 199 f.)

Baggesen stellt seine Einbildungskraft als seine ureigene, vollkommen subjektive hin - und doch droht sie heute zur objektiven Realität zu werden. Dies macht den erschreckenden Rätselcharakter seiner Subjektivität aus: Wie kann jemand vor zweihundert Jahren in apokalyptischen Visionen unsere Zeit treffen? Der Versuch einer Antwort könnte bei der Ungeschütztheit des Subjekts ansetzen: je weniger es seine Eindrücke filtert, siebt, durchmustert, je heftiger ihr Choc erlebt wird, umso greller tritt ihr Sachgehalt zutage. Statt sich ins Gehäuse der kontrollierenden, phantasiekritischen Vernunft zu flüchten, phantasiert Baggesen seine entfesselte »Unvernunft« bis zum Ende durch: bis zum Ende der Welt. Dies ist die andere, heute verkannte Seite der (Spät-) Aufklärung: sie klärt über die Konsequenzen ihrer Deformation frühzeitig auf.

»Wo aber Gefahr ist, wächst das Rettende auch« (Hölderlin). Auf dem Grund des Entsetzens angelangt, findet Baggesen sublimsten Trost. Führt ihn nicht »zwischen himmelhoch wogenden Wäldern, durch malerisch verstreute Dörfer« ein »romantisch-unterhaltender« Weg zurück (S. 200)? Nein - das Romantische wird vom Schutzbegehren des vollkommen Schutzlosen durchseelt und zum Sinnbild einer Ur-Sehnsucht verwandelt, wie sie vielleicht in der Kindheit einmal gestillt worden war:

»Alles schwieg, kein Laub regte sich, die einsame Ruine verdoppelte die Stille, Einbeck lag in der Umarmung
fruchtbarer Hügel ruhig im tiefen Tal, umgeben von Dörfern, Gutshöfen, Ruinen und Wachtürmen in dem fern
dunkelnden Waldbogen, die ganze Szene vom errötenden Himmel überwölbt.

Von Blumen, Früchten war ich ganz umgeben
Und fühlt' an deinem Busen neues Leben,
Ich lag geborgen, sicher, weich und warm,
O Erde, selig ganz in deinem Arm!
Der Himmel lächelte mit Vatermilde,
Ich fühlte mich wie an der Mutter Brust
Und fand im himmlisch-irdischen Gefilde,
War ich auch Staub nur, höchste Lust.
Am Horizont wollt' sich der Tag schon neigen
Und sich vereinen mit der Dämmerung,
Aus Nebeln sah ich Kindheitsbilder steigen,
Jetzt doppelt schön in der Erinnerung.«

Zum Ursprung des Lebens zurück - welcher Kontrast zur vorhergehenden Vision vom Ende
allen Lebens! Das Rätselgesicht der menschlichen Existenz an einem einzigen Reisetag
aufgeschlagen - die Zartheit im Lieben und Schützen, die Unaufhaltsamkeit im Vernichten.

Personenregister

Abert, Hermann 113
Adam von Bremen 8
Addison, Joseph 36, 41f., 133
Adelung, Johann Christoph 111
Adorno, Theodor W. 121
AlHakam II 196
Andromache 45
Anson, Lord 90
Antonius 13
Archenholtz, Johann Wilhelm 123, 125f., 150, 158, 160f., 164ff., 175, 180, 302ff., 352
Arndt, Ernst Moritz 306, 345
Auber, Daniel 126
August II 197
Autroche, Chappe de 231

Baggesen, Jens 360385
Bahrdt, Karl Friedrich 332
Baldinger, E.G. 143f.
Banks, Joseph 163
Bartels, Johann Heinrich 105f.
Bayle, Pierre 111
Bebel, Heinrich 196
Becker, Eduard Edwin 94
Becker, Johann Nikolaus 55
Behn, Georg Heinrich 306
Belcourt, Thesby de 233
Bellermann, Johann Joachim 234
Benjamin, Walter 115f.
Benkowitz, Karl Friedrich 125, 128
Berchtold, Graf 30
Berenger, Jean Pierre 253
Berg, Freiherr v. 98
Berkeley, George 32
Bernini, Lorenzo 77
Bernoulli, Johann 51, 196ff., 233f.
Bernstorff, Andreas Peter v. 29
Bernstorff, Johann Hartwig v. 29
Bertin 66
Bertuch, Friedrich Justin 299
Bethmann (Familie in Bordeaux) 67
Beyle, Henri (Stendhal) 121
Bianconi 184
Biester, Johann Erich 196, 198ff., 206ff.
Biscari, Fürst 101, 104, 106
Blanc Peter 200
Blotius, Hugo 30
Blumenbach, Johann Friedrich 269
Bohomolec, Franciszek 200

Boie, Christian 297
Böll, Heinrich 182195
Bollmann, Justus Erich 301
Bonstetten, Carl Victor v. 124f.
Booth, Joseph 176f.
Borch, Graf 104
Börne, Ludwig 309
Borromäus, Carl 13
Bougainville, Louis Antoine 259
Boydell, John 173
Brand, Adam 223ff.
Brand, Christian Ludwig v. 135
Brand, Thomas 180
Brandes, Ernst 159, 178, 308
Bronner, Franz Xaver 344, 359
Brosses, Charles de 120
Brosses, Charles de 125
Brüggemann, Heinz 132
Brühl, Heinrich 344
Brun von Querfurt 196
Brun, Friederike 298
Brydone, Patrick 104
Buffon, Georges 259, 267ff., 274
Burke, Edmund 208
Büsching, Anton Friedrich 186, 197
Butenschön, Friedrich 302, 343
Butler 113, 115
Butler, Eliza 88f.

Cadoudal, George 329
Cambrensis, Giraldus 185
Campe, Joachim Heinrich 54f., 300, 306ff., 314, 340f., 345, 347, 359
Camper, Petrus 267f., 271
Carosi, Johann Philipp v. 196, 201ff.
Carriera, Rosalba 77
Carteret, Philipp 272
Cataneo, Johann Baptist 234f.
Cavaceppi 98
Celtis Konrad 196
Chamfort, Sébastien Roch 50
Chateaubriand, Alphonse de Brébenbec 252
Chishull, Edmund 41
Christian VII 138.
Cicero 46
Claudius, Matthias 259
Clauer, Karl 343
Clément, Jean Pierre 50
Clodius, Christian August 116
Cloots, Anacharsis 343, 354
Cluverius, Philippus 96